황 현(黃玹)

# 매천야록(梅泉野錄)

## 中

고종 32년(1895)~광무 9년(1905)

李章熙 譯

明文堂

# 매천야록(梅泉野錄) · 中

초판 1쇄 발행일 2008년 8월 25일
초판 2쇄 발행일 2020년 8월 20일

역　자 | 李章熙
편　집 | 張壇忠
펴낸이 | 金東求
펴낸데 | 明文堂(창립 1923. 10. 1.)
주　소 | 서울특별시 종로구 안국동 17-8
우체국 | 010579-01-000682
전　화 | (영업) 733-3039, 734-4798　FAX 734-9209
(편집) 741-3237
등　록 | 1977. 11. 19. 제 1-148
ISBN 978-89-7270-893-3 04900
ISBN 978-89-7270-062-2(전3권)

값 35,000원

조선 최초의 사진관 〈천연당사진관〉이
1909년에 촬영한 매천 황현의 사진

매천사 정문
전남 구례군 광의면 수월리(월곡) 691번지

매천사(梅泉祠)

매천사에 있는 매천 선생의 위패

매천사 접견실의 현판(구례)

절명시 판각(매천사)

매천 선생의 묘소 앞 사당(생가에서 500m 거리에 있다)

매천 사당 내의 영모재

매천 황현의 선산
(생가 근처에 있다. 생가에서 500m)

매천 황현의 묘

한국고전문학사상명저대계 · 12

황현(黃玹)

# 매천야록(梅泉野錄)

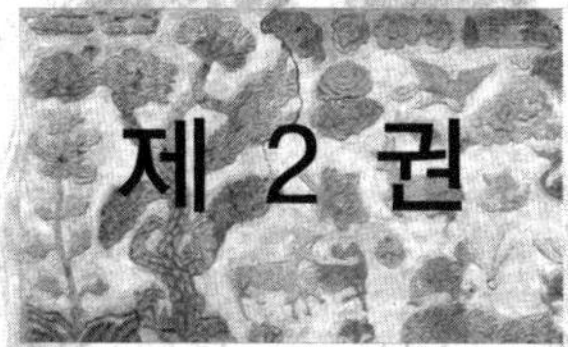


고종 32년(1895)~광무 9년(1905)

明文堂

# 일러두기

1. 본서의 번역은 국사편찬위원회에서 1955년에 간행한 『한국사료총서』 제1 『매천야록(梅泉野錄)』을 대본으로 삼았다.
2. 번역은 텍스트의 성격상 직역을 원칙으로 하였다. 어려운 단어, 고어에는 ( ) 속에 현대말로 풀이해 주었다.
3. 『매천야록(梅泉野錄)』 국편본과 김택영(金澤榮)의 교열을 거친 교정본과 대조하여 오자(誤字)가 있을 경우, 실증에 의해 수정했으며, 탈자는 □로 표시하였다.
4. 약자 · 속자 · 고자 등은 가급적 현재 통용되고 있는 정자(正字)로 바꾸었으나 간혹 이해를 돕기에 필요한 경우 원자를 그대로 두었다.
5. 기타 체재(體裁)는 초역본(抄譯本)에 따르되, 독자가 이해하기 쉽도록 하기 위해 조목마다 한 줄씩 띄어 구분하고, 너무 긴 문장은 현대적인 시각을 살려 행을 바꾸어 주었다.
6. 독자의 이해를 돕기 위해 어렵다고 생각되는 낱말은 주해(註解)를 달았다.
7. 번역문 다음에는 반드시 그 원문을 삽입하고 이해를 돕고자 한자의 음을 붙였다.
8. 책명은 『 』, 대화는 " ", ' '로 표시하였다.

# 차 례

제 1 권 (1864~1894)

## ❑ 제 2 권

## ❑ 제 3 권

### 梅泉野錄 卷之五



### 梅泉野錄 卷之六



제 3 권 (1905~1910)

한국고전문학사상명저대계 · 12

황현(黃玹)

# 매천야록(梅泉野錄)

## 제 2 권

고종 32년(1895)~광무 9년(1905)

# 을미(1895) 고종 32년
## (청 광서 21년, 일본 명치 28년)

개국 504년(청 광서 21년, 일본 명치 28년), 이해부터 청국 기년(紀年)을 비로소 폐지하였다. 그러나 역수(曆首)의 '대조선국 개국 504년 세차 을미' 밑에는 아직도 '시헌서(時憲書)'[1]라는 세 글자를 썼다. 기년을 고쳤어도 역법(曆法)은 아직 고치지 않은 까닭에 시헌서를 좇아 썼던 것이다. 그런데 '시헌력'이라 하지 않고 '시헌서'라고 한 것도 또한 예전대로 따른 것이다. 청국 고종의 이름이 '홍력(弘曆)'이므로 청국인들은 '역' 자 대신 '서' 자를 썼던 것이다. '홍', '역'의 두 글자는 갑오(1894) 전 공문에는 다 쓰기를 꺼려해서, 김홍집(金弘集)도 '홍'자를 '굉'자로 써서 김굉집이라 불렀다. 또 역관(譯官)들 중에는 현씨(玄氏) 성을 가진 사람이 많았는데, 매양 북경에 들어갈 때면 '현'을 '원(元)'으로 사용하다가, 이에 이르러 비로소 제 성을 쓰게 되었다. 그것은 청나라 성조(聖祖)의 이름자가 '현엽(玄曄)'이었으므로 '현'자의 사용을 꺼렸기 때문이다.

**註解**

1) **시헌서**(時憲書) : 시헌력. 조선 때의 역법(曆法). 1629년 독일의 선교사 탕약망(湯若望). 곧 아담 샬이 만든 역법(曆法). 태음력의 구법(舊法)에 태양력의 원리를 부합시켜 24절기의 시각과 하루의 시각을 정밀히 계산하여 만듦. 우리나라는 인조 22년(1644)에 김육(金堉)에 의해서 채택되어 실시함.

**原文**

을미개국오백사년 청광서이십일년 일본명치이십팔년<br>
乙未開國五百四年(淸光緖二十一年, 日本明治二十八年)<br>
폐청국기년시차 연역수대조선개국오백사년세차을미지하<br>
廢淸國紀年始此 然曆首大朝鮮開國五百四年歲次乙未之下<br>
유서시헌서삼자 개기년즉개 이역상미개 고준용시헌서 기<br>
猶署時憲書三字 蓋紀年則改 而曆尙未改 故遵用時憲書 其<br>
불왈역 이왈서자 역순구야 청고종휘홍역 고청인대역이서<br>
不曰曆 而曰書者 亦循舊也 淸高宗諱弘曆 故淸人代曆以書<br>
홍역이자 재갑오 고종삼십일년 전공문 개휘지 김홍집이<br>
弘曆二字 在甲午(高宗三十一年)前公文 皆諱之 金弘集以<br>
굉집행 우역관다현성 매입연 이원행 지시시완기성 개성<br>
宏集行 又譯官多玄姓 每入燕 以元行 至是始完其姓 蓋聖<br>
조휘현엽야<br>
祖諱玄曄也.

이윤용(李允用)을 경무사로 임명하였다.

**原文**

이이윤용위경무사<br>
以李允用爲警務使.

전라 감사 이도재(李道宰)는 병사 서병무(徐丙懋)가 성지(城池)를 지키지 못한 것을 들어 파출할 것을 계정(啓程, 요청)하였다. 그러나 정부에서는 중과부적(衆寡不敵)이었음을 들어 사정을 참작하는 것이 좋겠다고 하여, 죄목을 지고 공무를 수행할 것을 주청하였다. 이때에 김가진(金嘉鎭)은 김학진(金鶴鎭)을 두둔했고, 서광범은 서병무를 편들었으므로, 두 사람 다 죄를 면할 수 있었다.

**原文**

완백이도재 이병사서병무성지실수 계청파출 정부이기
完伯李道宰 以兵使徐丙懋城池失守 啓請罷黜 政府以其
중과불적 용유짐양 주청대죄행공 시시 김가진우학진 서
衆寡不敵 容有斟量 奏請戴罪行公 是時 金嘉鎭右鶴鎭 徐
광범우병무 개득면죄
光範右丙懋 皆得免罪.

전우(田愚)를 순흥 부사(順興府使)로, 곽종석(郭鍾錫)을 비안 현감으로 삼았으나 다 사양하고 나가지 않았다. 이성렬(李聖烈)을 김제 군수(金堤郡守)로 삼았으나 그 또한 힘써 사양하여 경질되었다.

**原文**

이전우위순흥부사 곽종석위비안현감 개사불배 이성열
以田愚爲順興府使 郭鍾錫爲比安縣監 皆辭不拜 李聖烈
위김제군수 성열역력체지
爲金堤郡守 聖烈亦力遞之.

박영효(朴泳孝)가 이탁(李倬)을 추천하여 무주 부사(茂朱府使)가 되었다. 이탁은 이조연(李祖淵)의 아들이다. 임금은 이탁이 아버지의 원수를 잊고 달갑게 그에 의해 등용되었다고 하여 총애가 소원해졌다. 당시 관적의 출척(黜陟)[1]은 다 박영효가 주관하였다. 그러므로 사대부가 봉록(俸祿)을 구하자면 박영효에게 면허를 청하지 않고서 얻을 수가 없었다.

**註解**

1) 출척(黜陟) : 못된 사람을 내쫓고 착한 사람을 올려 씀.

**原文**

박 영 효 천 이 탁 위 무 주 부 사　탁 조 연 자 야　왕 이 위 탁 망 부 수
朴泳孝薦李倬爲茂朱府使　倬祖淵子也　王以爲倬忘父讐
이 감 위 기 소 용　총 애 수 소　시 관 직 출 척　개 영 효 주 지　고 사 대
而甘爲其所用　寵愛遂疏　時官職黜陟　皆泳孝主之　故士大
부 간 록　비 요 알 영 효　불 능 득
夫干祿　非要謁泳孝　不能得.

허진(許璡)을 남병사로, 윤웅렬(尹雄烈)을 경상좌도 병사로 임명하였다.

**原文**

이 허 진 위 남 병 사　윤 웅 열 위 경 상 좌 병 사
以許璡爲南兵使　尹雄烈爲慶尙左兵使.

영은문(迎恩門)을 허물고 삼전도비(三田渡碑)[1]를 쓰러뜨렸다. 영은문은 서울 서대문 밖 몇 리 지점에 있었는데, 명나라 때는 연조문(延詔門)이라 부르던 것을 순치(順治)[2] 후에 영은문으로 고쳐 불러, 대개 중국의 사신을 맞이하던 곳이다. 삼전도비는 한강 삼전도에 있는데 병자호란이 일어난 다음 해인 정축년(인조 15, 1637)에 도성을 점령한 후 청국이 우리나라를 억압하여 그들의 전공을 기록한 것으로, 옛 정승 이경석(李景奭)이 비문을 지었다. 소위 '천자가 십만 군사를 이끌고 동쪽을 징벌하다'라는 내용이다. 몽고 글자로 써서 우리나라 사람들은 해득하는 이가 없었다. 이에 이르러 청과의 관계가 완전히 끊어지니, 사대(事大)의 의절(儀節)도 모두 없애 버렸다. 그래서 영은문도 파괴한 것이다. 김가진은 김상용(金尙容)[3]의 후손인데 그가 팔을 치켜들고 말하기를, "이제부터는 우리나라 여러 왕대에 걸쳐 당했던 굴욕을 씻게 되었고, 여러 백성들의 사사로운 원수뿐만 아니라 나 개인의 원수까지 갚게 되었으니 개화의 이로움이 어떠한가?"라고 하였다.

註解

1) **삼전도비**(三田渡碑) : 병자호란 때 천태종이 인조의 항복을 받고, 그 지점인 삼전도에 자기의 공덕을 자랑하기 위하여 세우게 한 비.
2) **순치**(順治) : 청조 제2대 임금, 즉 세조의 연호.
3) **김상용**(金尙容) : 인조 때 우의정을 지냈으며 병자호란 때 강화에서 순국했음.

**原文**

훼영은문 북삼전도비 문재경성서문외수리 명시칭연조
毀迎恩門 踣三田渡碑 門在京城西門外數里 明時稱延詔

문 순치후개칭영은 개영중국조사처야 비재한강삼전도
門 順治後改稱迎恩 蓋迎中國詔使處也 碑在漢江三田渡

정축 인조십오년 하성후 청인륵아국 록기전공 이고상이
丁丑(仁祖十五年)下城後 淸人勒我國 錄其戰功 而故相李

경석찬기문 소위천자동정십만기사자야 이몽고자서지 고
景奭撰其文 所謂天子東征十萬其師者也 以蒙古字書之 故

아인무해지자 지시절청이판 사대의절진삭지 고병급우차
我人無解之者 至是絶淸已判 事大儀節盡削之 故幷及于此

김가진상용지예야 양비언 금이후족설루조피폐지욕 이보
金嘉鎭尙容之裔也 攘臂言 今而後足雪累朝皮弊之辱 而報

신자지사수 개화지리하여
臣子之私讐 開化之利何如.

박영효(朴泳孝)는 그 부모의 상복을 뒤쫓아 실행하다가 정무를 보기 위해 기복(起復)[1]하였다. 갑신정변(甲申政變, 고종 21, 1884) 이후 박영효(朴泳孝) 등의 저택은 모두 헐리고 훼손되었는데, 이에 이르러 박영효는 민영주(閔泳柱)의 집을 적몰(차지)하여 서광범(徐光範)과 나누어 살았다. 민영주의 집은 대안동(大安洞)에 있었는데 크고 화려하기가 대궐과 같아서 사람들은 부정축재에 대한 업보(業報)라고 하였다. 박영효는 옹주에게 장가들었으나 옹주가 일찍 죽어 임금이 일찍이 첩을 하사했는데, 그 첩 또한 죽어서 그 첩의 동생을 또 첩으로 삼았다. 이것들은 다 갑신년(1884) 전의 일이었는데, 이에 이르러 임금이 또 첩을 구해주었다.

**註解**

1) **기복**(起復) : 상중(喪中)에 있는 관리를 탈상(脫喪)전에 관직에 복용(復用)하는 것. 후세에 이르러서는 탈상 뒤에 복용함을 기복, 전에 기용함을 탈정(奪情)이라 하였다.

**原文**

박영효추행기부모복시무 즉기복언 갑신(고종이십일
朴泳孝追行其父母服視務 則起復焉 甲申(高宗二十一
년)후 영효등제택 개입절훼 지시영효적민영주가 여광범
年)後 泳孝等第宅 皆入折毁 至是泳孝籍閔泳柱家 與光範
분거지 영주가재대안동 굉려모대내 인이위패입지보 영
分居之 泳柱家在大安洞 宏麗侔大內 人以爲悖入之報 泳
효소상주조요 상상사첩 첩역사 우첩궐첩지매 개갑신전
孝所尙主早夭 上嘗賜妾 妾亦死 又妾厥妾之妹 皆甲申前
사야 지시 상우위지매첩언
事也 至是 上又爲之買妾焉.

이때에 이르러 삼남(三南, 충청 · 전라 · 경상도) 지방의 비도(匪徒, 동학의 무리)들의 소란은 차례로 평정되었으나 황해도의 동학교도들은 다시 크게 일어나 풍천(豊川) · 수안(遂安) · 장연(長連) 등의 여러 고을에서 장계가 연달아 올라와 급박함을 알렸다. 정부에서는 감사 정현석(鄭顯奭)이 임무를 수행할 수 없다하여 파직시키고, 이어서 나감(拿勘)[1]하라는 명이 있었다.

**註解**

1) **나감**(拿勘) : 중죄를 범한 죄인을 잡아다 처벌함. 나처(拿處).

**原文**

시시 삼남비요 차제취평 이황해도동학갱대치 풍주 수
是時 三南匪擾 次第就平 而黃海道東學更大熾 豊州·遂
안 장연제읍 연장고급 정부이감사정현석 모불임사 파
安·長連諸邑 連狀告急 政府以監司鄭顯奭 耄不任事 罷
지 계유나감지명
之 繼有拿勘之命.

청나라의 위해위(衛海衛)와 유공도(劉公島)가 연달아 일본군에 함락되고 장수 대종건(戴宗騫)·유보섬(劉步蟾) 등이 전사하였다. 정여창(丁汝昌)은 항복하기로 약속하고 군사와 민간인들을 보존한 다음 약을 먹고 자결했다. 일본군은 기세를 떨치며 바로 북경으로 침범하였다. 이에 중앙과 지방이 크게 놀라 화의(강화)를 요청하자는 의론이 일어났다.

**原文**

청위해위 유공도 연함우왜 장변대종건 유보섬등 사
淸威海衛·劉公島 連陷于倭 將弁戴宗騫·劉步蟾等 死
지 정여창약항이전병민 인앙약사 왜양성직범북경 어시
之 丁汝昌約降以全兵民 因仰藥死 倭揚聲直犯北京 於是
중외계엄 걸화지의기언
中外戒嚴 乞和之議起焉.

군무 대신 조희연(趙羲淵)을 파견하여 청나라 해성현(海城縣)에 주둔한 왜군의 수고함을 위문하였다. 김홍집(金弘集)이 아뢰기를, "이번에 일본이 청국과 전쟁을 벌인 것은 오로지 우리의 독립을 보존하고, 아울러 또한 동양의 평화의 국면을 유지하고자 한 것입니다. 이제 수륙 양면으로 대첩을 하여 계속하여 큰 공을 알려오고 있으니, 한 번 사절단을 보내 위로하고 호궤(犒饋)[1]하여 임금의 거룩한 뜻을 펼쳐 보이는 일이 없어서는 안 되겠습니까?" 하므로 그 말을 따른 것이다.

**註解**

1) **호궤**(犒饋) : 군사에게 음식을 주어 위로함. 호군(犒軍), 호석(犒錫)과 같은 말.

**原文**

견군무대신조희연 노문왜인우청국해성현 김홍집주 차
遣軍務大臣趙羲淵 勞問倭人于淸國海城縣 金弘集奏 此
차일본전청 단유보아독립 겸차유지동양평화지국야 금수
次日本戰淸 亶由保我獨立 兼且維持東洋平和之局也 今水
육대첩속주부공 불가무일개노호 선시성의 종지
陸大捷續奏膚功 不可無一价勞犒 宣示聖意 從之.

공무 대신(公務大臣) 신기선(申箕善)이 상을 당하여 벼슬에서 물러났다.

**原文**

공무대신신기선 정우귀
工務大臣申箕善 丁憂歸.

조희일(趙熙一)을 황해 감사로 삼으니, 선유사(宣諭使)로부터 옮겨간 것이다.

**原文**

以趙熙一爲黃海監司 自宣諭使而移之.
(이조희일위황해감사 자선유사이이지)

2월, 각도에 시찰위원(視察委員)을 파견하였다. 경기도에 김우용(金禹用), 충청좌도에 김정택(金貞澤), 충청우도에 차학모(車學模), 경상좌도에 홍건조(洪建祖), 경상우도에 이병휘(李秉輝), 전라좌도에 권명훈(權明勳), 전라우도에 조협승(曺協承), 황해도에 안종수(安宗洙), 강원도에 김일하(金一河), 함경도에 김항기(金恒起), 평안남도에 권상문(權相文), 평안북도에 김낙구(金洛龜) 등을 보내서 전란 후의 실정을 조사하고 민간의 질고(疾苦)를 알아보게 하여, 개화 장정(章程)[1]에 관련된 일과 물산의 유통 관애(關隘)[2]의 종류에 이르기까지 두루 관여하지 않음이 없었다. 그 직무는 옛 제도의 암행어사에 견주어 더 무거웠으나 마패(馬牌)를 휴대하지 않으며 암행(暗行)을 하지 않으니 어사의 위엄에 비하면 훨씬 못하였다. 그래서 별 실효가 나타나지 않았다.

그들이 임지로 떠나기 위해 모인 폐현(陛見)[3] 석상에서, 탁지부로부터 많은 여비를 주어 지방에서 민폐를 끼치지 말도록 하였다. 그런데 각기 담당 지역에 들어가서 모두 버젓이 관에서 제공하는 음식을 대접받았으니 기타 문제는 가히 알 만하다. 이후 시찰을 위해 파견된 관리들도 물고기 뱃속의 알과 붕어떼 같아서 까닭이 있는 것이 아니면 본 것도 기록하지 않았다. 이러한 것을 실행하게 된 것은 박영효(朴泳孝)의 뜻에서 나온 것인데, 조사해야 할 조항이 무려 40조에 달했다.

**註解**

1) **장정**(章程) : 여러 조목(條目)으로 나누어 정한 규정.
2) **관애**(關隘) : 통하고 막힘. 사물의 유통을 일컬음.
3) **폐현**(陛見) : 황제나 황후를 만나 뵘.

**原文**

이 월 견 시 찰 위 원 우 각 도　경 기 김 우 용　충 좌 김 정 택　충 우
二月遣視察委員于各道 京圻金禹用 · 忠左金貞澤 · 忠右
차 학 모　경 좌 홍 건 조　경 우 이 병 휘　전 좌 권 명 훈　전 우 조 협
車學模 慶左洪建祖 · 慶右李秉輝 · 全左權明勳 · 全右曺協
승　황 해 안 종 수　강 원 김 일 하　함 경 김 항 기　평 남 권 상 문
承 · 黃海安宗洙 · 江原金一河 · 咸鏡金恒起 · 平南權相文
평 북 김 낙 구　탐 란 후 정 형　문 민 간 질 고　급 개 화 장 정 소 관
· 平北金洛龜 探亂後情形 問民間疾苦 及開化章程所關 ·
물 산 관 애 지 류　무 불 주 할　기 직 시 구 제 어 사 수 중　이 불 재 마 패
物產關隘之類 無不周轄 其職視舊制御史殊重 而不齎馬牌
불 암 행　비 어 사 위 릉 돈 감　고 실 효 불 저　기 사 조 야　자 탁 지 우
不暗行 比御史威稜頓減 故實效不著 其辭朝也 自度支優
획 자 부　물 이 폐 지 방　이 입 경 이 후　개 언 연 식 관 공　기 타 가 지
劃資斧 勿貽弊地方 而入境以後 皆偃然食官供 其他可知
야　시 후 파 원 시 찰 지 속　여 이 여 즉　비 인 사 이 견 자　불 록　시 행
也 是後派員視察之屬 如鮞如鯽 非因事而見者 不錄 是行
출 박 영 효 의　이 기 안 사 지 목 범 사 십 조
出朴泳孝意 而其按事之目凡四十條.

전라도의 (자연재해로 입은 논밭의 피해가 커서) 재결(災結) 34,301결 19부 6속을 감면해 주었다. 지난해의 조세 및 전주와 나주 등 15개 고을의 진결(陳結) 5,418결 86부의 1년 치 감면해 준 것인데, 이는 감사 이도재(李道宰)의 청에 따른 것이다. 이도재는 각 고을을 순찰하면서 힘써 조정에 백성의 고통을 알렸기 때문에 지방 사람들이 그 혜택을 입을 수 있었다.

**原文**

감전라도재결삼만사천삼백일결십구부육속 거년조세급
減全羅道災結三萬四千三百一結十九負六束 去年租稅及
전주나주등십오읍진결오천사백십팔결팔십육부 견감일년
全州羅州等十五邑陳結五千四百十八結八十六負 蠲減一年
종감사이도재지청야 도재순부열읍 력문민은우조 지방뢰
從監司李道宰之請也 道宰巡部列邑 力聞民隱于朝 地方賴
지
之.

박용후(朴用厚)를 순창 군수(淳昌郡守)에 임명했다. 박용후는 박영효(朴泳孝)의 사촌아우이다.

**原文**

이박용후위순창군수 용후영효당제야
以朴用厚爲淳昌郡守 用厚泳孝堂弟也.

3월, 지방의 병부(兵簿, 군대를 출동시키는 신표)와 마패(馬牌)를 폐지하였다. 감사·유수·병사·수사에서부터 수령, 변장에 이르기까지 일체 거두어 정부에 반납하였다.

**原文**

삼 월 폐 외 도 병 부 마 패 자 감 유 곤 수 지 수 령 변 장 일
三月廢外道兵符·馬牌 自監·留·梱帥至守令·邊將 一
체 수 상 우 정 부
切收上于政府.

법무 대신 서광범(徐光範)이, "조병갑(趙秉甲)·조필영(趙弼永)·조병식(趙秉式)·민영주(閔泳柱)는 죄가 중한 데도 벌이 가벼워 나라의 법을 펼 수 없습니다. 청컨대 모두 잡아 가두어 징치하소서."라고 아뢰어, 그대로 따르도록 하였다. 조병갑과 조필영은 적소(謫所, 유배지)에서 붙잡혀 왔으나, 얼마 안 있어 박영효(朴泳孝)가 망명하고 정국이 또다시 변하자 잡혀온 죄수들은 모두 무사히 모면하였다. 서광범(徐光範)은 비록 박영효와 함께 일을 꾸몄으나 그래도 조심성이 있어 청탁을 거절하고 관직을 팔지 않았으며, 출입할 때에 시선을 단정히 하여 서울 도성민들이 그를 '덕망재상(德望宰相)'이라 일컬었다.

**原文**

법 무 서 광 범 주 조 병 갑 조 필 영 조 병 식 민 영 주 죄 중
法務徐光範奏 趙秉甲·趙弼永·趙秉式·閔泳柱 罪重
벌 경 무 이 신 방 헌 청 개 나 수 징 판 종 지 병 갑 필 영 자 적 소
罰輕 無以伸邦憲 請皆拿囚懲辦 從之 秉甲·弼永 自謫所
나 지 미 기 영 효 주 조 국 우 변 제 수 식 언 이 면 광 범 수 여 영 효
拿至 未幾泳孝走 朝局又變 諸囚息偃以免 光範雖與泳孝

공사 초렴집 사간알 불사관직 출입불사시 도민목지이덕
共事 稍斂戢 謝干謁 不私官職 出入不邪視 都民目之以德
망재상
望宰相.

공사(公私)의 예복(禮服) 중에서 답호(褡穫, 관복)를 폐지하고, 단지 대궐에 들어올 때에는 사모 · 갖신 · 사대(絲帶)를 착용하도록 하고 주의(周衣, 두루마기)는 관민이 일체 흑색을 입도록 영(令)을 내렸다. 지난 갑신년(1884) 가을에 주의를 입으라고 영이 내렸을 때에는, 온 나라가 흉흉하여 따르지 않아서 얼마 안 있어 예전으로 돌아갔다. 지난해 여름, 주의를 입으라는 영이 종이 한 장으로 내려지자, 백성들은 흡족해 여겼는데 그 간편함을 좋아했기 때문이다. 10년 사이에 세상 변한 것이 이와 같았다. 그러나 끝내 흑색은 따르지 않았다.

**原文**

영공사례복중제답호 지어진궁시 용모혜사대 주의즉관
令公私禮服中除褡穫 只於進宮時 用帽鞋絲帶 周衣則官
민일체묵색 왕갑신 고종이십일년 추 유주의지령 일국흉
民一體墨色 往甲申(高宗二十一年)秋 有周衣之令 一國洶
흉부종 미기복구 거년하주의령하 일지이민흡연 혹자반
洶不從 未幾復舊 去年夏周衣令下 一紙而民翕然 或者反
락기간편 십년이세변여차야 연종부종흑색
樂其簡便 十年而世變如此也 然終不從黑色.

농상무 대신(農商務大臣) 엄세영(嚴世永)을 면직시키고, 협판 이채연(李采淵)을 기복하여 서리 대신으로 사무를 보게 하였다. 경재(卿宰, 재상)의 기복은 여기에서 시작되었다.

**原文**

농상무엄세영면 기복협판이변연 서리대신사무 경재기복시차

農商務嚴世永免 起復協辦李采淵 署理大臣事務 卿宰起復始此.

사은(謝恩)과 하직(下職) 등의 외정(外庭)에서 행하는 예식을 폐지하고, 다시 진하(陳賀)와 문안(問安) 등의 절목을 정하였다.

**原文**

폐사은 하직등외정행례 갱정진하 문안등절목

廢謝恩·下直等外庭行禮 更定陳賀·問安等節目.

호남의 동학교도 전봉준(全琫準)·손화중(孫化中)·최경선(崔敬善)·성두한(成斗漢)·김덕명(金德明) 등이 처형되었다. 교수형으로 하고 참수형을 하지 않아서 사람들은 형제(刑制)를 제대로 하지 않은 것이라고 한스럽게 생각했다. 전봉준이 교수형에 임했을 때 박영효(朴泳孝)·서광범(徐光範)을 역적이라고 크게 꾸짖으며 죽었다. 동학교도의 우두머리 최시형(崔時亨)은 도망쳐서 결국 잡지 못했다.

**原文**

호남적전봉준 손화중 최경선 성두한 김덕명등복
湖南賊全琫準 · 孫化中 · 崔慶善 · 成斗漢 · 金德明等伏
주 용교불용참 세한기실형 봉준임형 대매박 서역적이
誅 用絞不用斬 世恨其失刑 琫準臨刑 大罵朴 · 徐逆賊而
사 적괴최시형망명 경부득포
死 賊魁崔時亨亡命 竟不得捕.

내지(內地) 정배법(定配法)[1]을 폐지하고, 이제부터 죄가 가벼운 자는 벌금 · 면직 · 감금하고, 죄가 무거운 자는 징역 · 사형에 처하며 찬적(竄謫)[2]할 자는 섬으로만 보내도록 하였다. 형벌은 모두 6등급으로 나누었다.

**註解**

1) **정배법**(定配法) : 배소를 정하여 죄인을 유배시키던 법.
2) **찬적**(竄謫) : 일정한 지역을 시성하여 그곳으로 귀양 보냄.

**原文**

폐내지정배지법 종금죄경자벌금 면직 감금 중자징
廢內地定配之法 從今罪輕者罰金 · 免職 · 監禁 重者懲
역 사형 기찬적자 도배이이 개육등운
役 · 死刑 其竄謫者 島配而已 蓋六等云.

삼남(三南)의 선무사(宣撫使)와 초토사(招討使) 등을 그만두게 하고 경영(京營)에서 출정한 장졸들을 모두 차례로 소환하였다. 동비(동학교도)의 화가 전국에 뻗어나가서 이웃나라의 원병을 불러들임에 이르러서야 간신히 평정할 수 있었으니 그것은 큰 난리임에 틀림없다. 지경을 지킨 신하로서 이승우(李勝愚)·민종렬(閔種烈)·조원식(趙元植) 같은 이들이 있고, 초야에서 의병을 일으킨 사람으로 박봉양(朴鳳陽)·맹영재(孟英在) 같은 이가 있어 법적으로 마땅히 공훈을 기록하여 권장했어야 했으나 그렇지 못했으니 식자(識者)들이 통탄하였다. 이 때에 조정의 국면이 새로 바뀌어 날로 겨를이 없었고, 왜인들 또한 몰래 국운을 가로막고, 오직 우리나라 사람들의 충의의 분발을 꺼려하였던 까닭에 무슨 수단을 써서라도 그것을 막으려 하였다. 시세에 영합하는 무리들은 그 의중을 헤아려 공훈 내리는 문제에 대하여 입도 뻥긋하지 않았다. 김홍집(金弘集) 또한 그러하였으므로 식자들이 그것을 통탄하였다.

**原文**

파삼남선무 초토등사 경영출정장졸 병차제소환 동비
罷三南宣撫·招討等使 京營出征將卒 幷次第召還 東匪
지화만연일국 지소린원 근능집정 개대난야 수강지신 여
之禍蔓延一國 至召隣援 僅能戡定 蓋大亂也 守疆之臣 如
이승우 민종열 조원식 초야의여 여박봉양 맹영재자
李勝宇·閔種烈·趙元植 草野義旅 如朴鳳陽·孟英在者
법당록훈이권장지 이불연 식자통지 이시시조국신환 일
法當錄勳以勸奬之 而不然 識者痛之 而是時朝局新換 日
불가급 왜인우음액국명 유공아인지충의분발 기욕오멸이
不暇給 倭人又陰搤國命 惟恐我人之忠義奮發 期欲汚衊而
소저지 시배중기의 무일훼과문록훈자 김홍집역연 식자
消沮之 時輩中其意 無一喙過問錄勳者 金弘集亦然 識者
통지
痛之.

박봉양(朴鳳陽)을 내무 주사로 삼았는데, 그는 관직을 버리고 고향으로 돌아갔다. 박봉양은 동학군을 방어하고 자기 경내를 보전하여 공로가 매우 두드려졌으나 간교한 자의 모함을 받게 되어 호남 지방을 지나가던 왜인에게 체포되어 서울로 이송되었다. 그러는 동안 전봉준(全琫準) 등이 처형되자 비로소 감옥에서 풀려나서 주사에 제수되었다. 그런데 박봉양은 시국이 날로 어지러워져 가는 것을 보고 관직을 사퇴하고 고향으로 돌아간 것이다.

**原文**

이박봉양위내무주사 봉양기관귀 봉양어적보경 노예심
以朴鳳陽爲內務主事 鳳陽棄官歸 鳳陽禦賊保境 勞勩甚
저 이위간민소구 왜과호남자 전치경사 전봉준등주 시출
著 而爲姦民所構 倭過湖南者 縛致京師 全琫準等誅 始出
옥이제주사 봉양견시상일난 수사귀
獄而除主事 鳳陽見時象日亂 遂謝歸.

청국과 일본이 강화조약을 체결했는데 이것이 소위 마관조약(馬關條約)이다. 그 조약은 전4조로 되어 있다.

1. 조선이 자주 독립국임을 분명하게 인정한다.
1. 대만을 일본에 할양하고 성경(盛京, 심양) 남부의 요동 일대의 땅도 할양한다.
1. 고평은(庫平銀)[1] 2억 냥을 군비로 배상한다.
1. 통상조약을 개정한다.

실은 이 달 3월 23일 갑오에 청국군은 연패하여 드디어 화의

가 있게 되었다. 정월 중에 장음환(張蔭桓)과 소우렴(邵友濂)을 일본에 보내 강화를 청하였다. 그러나 일본은 그 사람들의 관직이 낮다하여 거절하고 받지 않아서 청국은 이홍장을 전권 대신으로 뽑아 2월 23일 마관에 이르렀다. 일본은 이등박문(伊藤博文)과 육오종광(陸奧宗光)을 뽑아 강화회담에 임하였는데, 일본 측의 요구가 너무 지나쳐서 서로 버티며 결정을 보지 못하다가 배상금을 3억 냥으로 결정짓기에 이르렀다. 이때 갑자기 일본인 한 사람이 권총으로 이홍장을 저격하니, 일본 전국이 깜짝 놀라고 이등박문 등은 부끄러움을 감추지 못해서 마침내 이홍장의 말을 좇아 2억 냥으로 약정하고 돌아갔다.

처음부터 러시아는 수연동(垂涎東) 3성에서 동아시아로 통하는 길을 탐내어 음모를 꾸며 온 지 이미 오래였다. 이에 이르러 일본이 요동을 점령하게 되었다는 소식을 듣고 크게 노하여, 독일 · 프랑스와 함께 짜고 일본에게 대만은 할양받을 수 있지만 요동반도는 결단코 할양할 수 없다고 힐책하였다. 그리하여 청국을 시켜 은 3천만 냥을 주고 일본에서 요동을 반환하게끔 하니 일본도 겁이 나서 그대로 따랐다. 이로 말미암아 요동은 빼앗기지 않았으나, 러시아는 스스로 독일과 청국을 걸머쥐고 협잡을 꺼려하지 않으니 그 손해는 도리어 요동을 일본에 반환한 것보다 더 컸다. 또한 배상금액이 커서 갑자기 상환을 마칠 수 없어서 30년 기간을 두었다. 이때 청국은 크게 곤핍하여 거의 나라를 유지하기조차 어려웠다. (조약을 체결한 지) 얼마 안 되어 이홍장의 아들 이경방(李經方)이 대만 양계사(讓界使)가 되어, 일본인에게 할양하는 작업을 진행했는데 대만 사람들은 기를 쓰고 항거하며 좇지 않아서 1년 동안 혈전을 벌였다. 을미(乙未, 1895) 여름에 이르니 죽은 자가 6만 명이나 되었다. 그러다가 결국 일본에 꺾여 할양하였다.

**註解**

1) **고평은**(庫平銀) : 세금을 받아들일 때 표준치가 되는 무게. 고평 1냥은 37.301그램으로 계산되었다.

**原文**

清·倭和約成 卽所謂馬關條約也 約凡四條. 一,確認朝鮮爲自主獨立之國. 一,割讓臺灣全島及盛京南部遼東一帶之地. 一,賠償兵費庫平銀二萬萬兩. 一,改訂通商條約.

實是月二十三日甲午也 清人連敗 遂有和議 乃以正月中送張蔭桓·邵友濂入倭講媾 倭諉以人微 拒不受 清乃差李鴻章全權大臣 二月二十三日至馬關 倭差伊藤博文·陸奧宗光以應之 而所望甚奢 相持不決 至定賠以三萬萬兩 忽有一倭以短銃狙射鴻章者 倭全國大震 博文等愧屈 竟從鴻章言 以二萬萬定約而還 初俄人垂涎東三省 欲通東亞之路 蓄謀已久 至是聞倭佔遼東 大怒 與德·法連衡 詰倭以臺

灣可割 而遼東決不可割 使淸以銀三千萬 索還遼東于倭 倭懼而從之 由是遼得不割 然俄人自負德淸 要挾無厭 其損害 反有甚於讓倭以遼者 且賠款至鉅 猝難償完 展限至三十年 於是淸國大困 殆不能國矣 未幾差鴻章子經方爲臺灣讓界使 割與倭人 而臺灣民 死拒不從 而戰歲餘 至乙未夏 死者六萬餘人 竟折入于倭.

전주(全州)에 약령(藥令)을 설치했다. 옛 습속에 약시(藥市)를 말하기를 '령(令)'이라 하였다. 매년 2월 10일에 대구 · 공주에 설치하였는데 영남에서 먼저 열리고, 호서에서 나중에 열렸다. 서로 간격이 10여 일 사이이며 돌아가며 열렸는데, 그것이 시행된 지 이미 수백 년이 되었다. 지금 임금 경인년(고종 27, 1890)과 선묘년(고종 28) 사이에 민응식(閔應植)이 청주에 통어영(統禦營)을 창설하고 공주의 약령을 옮겨와서 청주를 도우려 하였다. 그러나 상민들이 옮겨가는 것을 즐겨하지 않아서 약령의 이전이 끝내 이루어지지 않았다. 이에 이르러 전라 감사 이도재(李道宰)가 전주가 피폐한 상황을 조정에 알리고 또 공주의 약령시를 옮기려고 하였다. 그러나 청주로 옮겨간다고 할 때와 같이 소요만 일어났을 뿐이다.

**原文**

설약령우전주 구속위약시왈령 매세이월십일 설우대구
設藥令于全州 舊俗謂藥市曰令 每歲二月十日 設于大邱
공주 선령후호 상거십허일륜행 행지이루백년 금상경
·公州 先嶺後湖 相距十許日輪行 行之已累百年 今上庚
인 신묘 고종이십칠 팔년 간 민응식창통어영우청주
寅·辛卯(高宗二十七·八年)間 閔應植創統禦營于清州
욕이공주령이실청주 이상가불락부 령종불성 지시 완백
欲移公州令以實淸州 而商賈不樂赴 令終不成 至是 完伯
이도재 이전주조폐 문우조 우이공주령 연여이청주지시
李道宰 以全州凋弊 聞于朝 又移公州令 然如移淸州之時
지소요이이
只騷擾而已.

4월, 내각의 관제를 반포하였다.

서울 도성 안의 승금(僧禁)을 풀어주었다. 예로부터 내려온 제도에 승려들이 도성에 들어오는 것을 금했는데, 작년에 일본중 좌야전려(佐野前勵)가 정부에 서신을 올려 그것을 풀어줄 것은 청하니, 김홍집(金弘集)이 연주(筵奏)하여 이 명이 내려지게 되었다.

**原文**

사월반내각관제
四月頒內閣官制.

이경사승금 구제금승인지입경성자 상년왜승좌야전려
弛京師僧禁 舊制禁僧人之入京城者 上年倭僧佐野前勵
상서우정부 청이지 김홍집연주 유시명
上書于政府 請弛之 金弘集筵奏 有是命.

종정경(宗正卿)[1] 이준용(李埈鎔)을 교동(喬桐)에 유배 보내고, 전 승지 박준양(朴準陽)·전 참판 이태용(李泰容)을 죽였다. 지난해 동비의 난리 때에, 박준용과 이태용이 난리를 틈타서 이준용을 추대하고 비도(匪徒)들을 기지(畿地)[2]로 불러 모으려 하였다. 그래서 그 일당 고종주(高宗柱)·전동석(田東錫)·최형석(崔亨植)은 교수형에 처해지고 그 나머지는 차이를 두어 도형(徒刑)과 유형(流刑)에 처해졌다. 동비의 기세가 왕성하게 번져나갈 때 중앙과 지방에서는 운현(대원군)이 불러들인다는 소문이 자자했는데, 그것은 불순한 무리들이 인심을 선동하고 현혹시켰기 때문이다. 곤전(坤殿, 명성왕후)은 본디 운현을 꺼렸고, 서광범(徐光範)·박영효(朴泳孝) 제인(諸人)들도 모두 그를 두려워하고 미워했기 때문에 반드시 틈을 엿보아 해치려고 하였다. 그러던 중 김학우(金鶴羽)가 살해되자 혹자는 운현을 의심했고, 시배(時輩)들은 서로 더욱 놀라고 의심하였다. 이에 박영효는 중궁의 뜻을 받아 단련(鍛鍊)[3]하여 이준용을 옥에 가두고 반역율(反逆律)을 가하여 죽이려 하였다. 그러자 부대부인(府大夫人)이 궁궐에 들어가 자결하려 하였는데, 박영효 등은 다른 사람들의 말이 두렵기도 하여 부득이 감형의 조치를 내린 것이다.

바야흐로 이준용이 국문을 받을 때, 서광범이 신문(訊問)에 임했는데, 온갖 고문을 가하여 발가락 손가락이 다 떨어져나갔다. 이준용은 항의하며 외치기를, "오직 속히 죽기를 바랄 뿐이다. 더 할 말이 없다!"라고 하였다. 옥졸들도 다 눈물을 흘렸으며, 이러한 말을 전해들은 사람들은 분개하여 팔뚝을 걷어 붙였다.

박준양(朴準陽)은 박제순(朴齊純)의 조카로, 지난해에 죄로 얽혀들었다가 6월에 석방되었으며, 곧 시세에 영합하여 전 주사에서 협판으로 뛰어오른 자이다. 이태용은 오랫동안 민응식(閔應植)의 압객(狎客)[4]이 되었는데, 이들은 모두 행동을 조심하지 않았다는 평을 받았다.

**註解**

1) **종정경**(宗正卿) : 조선조 때 종친부에 딸린 종2품 이상의 벼슬. 종친으로 봉군(封君)된 사람과 종성(宗姓)인 관원으로 종2품 이상인 사람이 임명되었음.
2) **기지**(畿地) : 왕성(王城)을 중심으로 하여 사방 500리 이내의 임금이 직할하는 땅. 기전(畿甸).
3) **단련**(鍛鍊) : 혹독한 관리가 무리하게 사람을 죄에 빠지게 하는 것.
4) **압객**(狎客) : 터놓고 썩 가깝게 지내는 사이. 오입쟁이의 다른 말.

**原文**

流宗正卿李埈鎔于喬桐 殺前承旨朴準陽·前參判李泰容 去年東匪時 準陽·泰容欲乘亂 推戴埈鎔 招集匪徒于畿地 而其黨高宗柱·田東錫·崔亨植絞 其餘徒·流有差 東匪之滋蔓也 中外藉藉目雲峴招引 蓋不逞之徒煽惑人心也 坤殿素忌雲峴 徐·朴諸人 又皆畏惡之 必欲伺隙搆害 及金

鶴羽之死 或疑雲峴 時輩尤相驚疑 於是泳孝受坤殿旨 鍛練移獄于埈鎔 加以逆律論死 府大夫人 入宮欲自經 泳孝等亦畏人言 不得已減等 方埈鎔之鞫也 光範泣訊 慘楚萬狀 足指俱落 埈鎔抗聲對曰 惟願速死 餘無可言 獄卒皆流涕 聞者搤腕 準陽者齊純侄也 上年以罪繫 六月見釋 卽附時局 以前主事躐至協辦 奏容久爲閔應植狎客 皆有不謹之稱.

고종주(高宗柱)는 고경명(高敬命)의 후손으로 신묘년(고종 28, 1891)에 진사가 되고 나서 관상술을 익혀가지고 서울에 와서 지내다가, 갑오년(고종 31, 1894) 여름부터는 운현궁에 출입하여 참봉자리를 얻고, 조급히 출세하려는 욕심을 그치지 않다가 마침내 의외의 불행을 당했다.

이준용(李埈鎔)이 신문을 받을 때, 대원군 이하응(李昰應)에게 금오문 아래에서 명을 기다리도록 하였다. 임금은 궁내부의 관원을 보내 매일 세 번 거동을 살피게 하였다. 정만조(鄭萬朝)가 한번은 참서관으로 간 일이 있었는데, 마침 점심시간 때가 되어 모시는 자가 콩죽과 절편을 올렸다. 이때 고문을 가해 두들겨 패고 큰 소리로 울부짖는 소리가 앉아있는 자리에까지 들려왔다. 그런데도 이하응은 얼굴색 하나 변하지 않고 죽을 훌

쩍거리고 다 먹어치운 다음 소반에 떨어진 콩가루까지 젓가락으로 떡을 집어 거기에 묻혀서 모두 다 먹었다. 정만조가 일찍이 나에게 이 말을 전하면서 혀를 내두르고 말하기를, "그 늙은이는 참으로 무서운 사람이다!"라고 하였다.

**原文**

고종주 경명예야 신묘 고종이십팔년 진사 협상술유경<br>
高宗柱 敬命裔也 辛卯(高宗二十八年)進士 挾相術游京<br>
사 갑오 고종삼십일년 하 출입운현 득참봉 조진불이 경<br>
師 甲午(高宗三十一年)夏 出入雲峴 得參奉 躁進不已 竟<br>
득기화 이준용지피신야 대원군하응 서명금오문하 상견<br>
得奇禍 李埈鎔之被訊也 大院君昰應 胥命金吾門下 上遣<br>
궁내부관 일삼기거 정만조상이참서왕 시적오찬 시자이<br>
宮內府官 日三起居 鄭萬朝嘗以參書往 時適午饌 侍者以<br>
두죽절병진 이고복규호지성 문우좌 하응안색불변 철죽<br>
豆粥切餠進 而敲扑叫號之聲 聞于座 昰應顔色不變 啜粥<br>
차진 두설지낙우반자 거저협병이점지 진담내이 만조상<br>
且盡 豆屑之落于槃者 擧箸挾餠而粘之 盡啖乃已 萬朝嘗<br>
위여언 토설왈 차노진한인<br>
爲余言 吐舌曰 此老眞悍人.

역적에 대해서 성(姓)을 부르지 못하게 하던 법을 고칠 것을 명했다.

**原文**

명혁역적거성지법<br>
命革逆賊去姓之法.

지방 고을의 생사당(生祠堂)[1] · 선정비(善政碑)[2] · 만인산(萬人傘)[3] 등의 잘못된 풍습을 금지시켰다.

**註解**

1) **생사당**(生祠堂) : 감사나 수령에 대해 그 고장 백성들이 생존시에 모시는 사당.
2) **선정비**(善政碑) : 선정을 베푼 관원의 공덕(功德)을 기리기 위해 세운 비석.
3) **만인산**(萬人傘) : 착한 정치를 한 고을 원에게 그 일을 기리기 위하여 기념으로 그 고을 백성이 주는 물건. 모양은 일산과 같은데 비단으로 꾸미고 가장자리에 여러 조각의 비단을 늘이어 유지(有志)들의 이름을 적음.

**原文**

금 지 방 생 사 · 선 정 비 · 만 인 산 등 류 속
禁地方生祠 · 善政碑 · 萬人傘等謬俗.

영남의 궁핍한 백성들에게 씨나락 3,000석을 지급했다. 시배(時輩)들이 영남 사람들은 성격이 나무처럼 뻣뻣해서 길들이기가 어려우니 다른 변란이 일어날까 염려하여, 전후로 진휼하고 지원한 것이 다른 도에 비하여 훨씬 더 많았다.

**原文**

급 영 남 궁 민 종 조 삼 천 석 시 배 이 영 남 목 강 난 순 려 유 타 변
給嶺南窮民種租三千石 時輩以嶺南木强難馴 慮有他變

전 후 주 무 시 타 도 유 가
前後賙撫 視他道有加.

대원군을 대우하는 의전을 다음과 같이 제정했다.

1. 교자는 8명이 밑에서 맨다.
1. 공복(公服)의 흉배는 거북무늬로 한다.
1. 품대(品帶)를 한다.
1. 청혜(靑鞋)에 자마호(紫瑪瑚)를 착용한다.
1. 일산은 하얀 바탕에 푸른 테를 두른다.
1. 대문에 횡강목(橫杠木)을 설치한다.
1. 순검을 파견하여 대문을 지킨다.
1. 대소 신료는 칙명 외에는 사적으로 배알하지 못한다.
1. 각국 공사 등 관원이 경례를 드릴 때에는 외부(外部)에 조회를 하고, 다시 궁내부에 통지하여 선도하도록 한다.
1. 태공(太公, 대원군)이 출입할 때에는 궁내부의 관원이 배종(陪從)하여 순검하고 호위한다.

이는 대원군을 형식적인 예절로 존대하면서 더욱 감시하고 구속하려 한 것이다.

**原文**

정 대 원 군 존 봉 의 절 교 자 팔 인 저 담 공 복 흉 배 귀 형
定大院君尊奉儀節 一,轎子八人低擔 一,公服胸背龜形

품 대 청 혜 자 마 호 일 산 백 질 청 변 문 설 횡 강
一,品帶 一,靑鞋·紫瑪瑚 一,日傘白質靑邊 一,門設橫杠

木 一,派巡檢直大門 一,大小臣工 勅命外毋敢私謁 一,各國公使等官 致敬禮時 照會外部 轉通宮內府先導 一,太公出入時 宮內府官陪從巡檢·警衛 蓋尊之以虛文 而愈錮之也.

각무(務)를 부(部)로 고쳐 부르고 농상부를 혁파하고 공부(工部)에 소속시키고 관직을 나누어 칙임관·주임관·판임관 등 18등급으로 나누었다.

**原文**

改稱各務曰部 罷農桑部屬于工部 分官職爲勅·奏·判任十八等.

백관의 연봉을 제정하였다.

칙임관 1등으로 총리 대신이 5천 원, 각부 대신이 3천 원, 2등이 3천 원, 3등 1급이 2천5백 원, 2급이 2천2백 원, 4등 1급이 2천 원, 2급이 1천8백 원, 주임관 1등이 1천6백 원, 2등이 1천4백 원, 3등이 1천2백 원, 4등이 1천 원, 5등이 8백 원, 6등이 6백 원, 판임관 1등이 5백 원, 2등이 420원, 3등이 360원, 4등이 3백 원, 5등이 240원, 6등이 180원, 7등이 150원, 8등이 120원이다.

**原文**

定百官年俸. 勅任一等 總理大臣五千元 部大臣三千元 二等三千元 三等一級二千五百元 二級二千二百元 四等一級二千元 二級一千八百元 奏任一等一千六百元 二等一千四百元 三等一千二百元 四等一千元 五等八百元 六等六百元 判任一等五百元 二等四百二十元 三等三百六十元 四等三百元 五等二百四十元 六等一百八十元 七等一百五十元 八等一百二十元.

이후로도 관제가 여러 번 바뀌었으며, 봉급 또한 일정한 액수가 없어 갖추어 기록할 수 없다.

**原文**

是後 官制屢變 俸給亦無定額 不能具錄.

주일 공사 김사준(金思濬)이 귀국함에 따라 수원(隨員) 한영원(韓永源)을 서리로 임명했다. 주미 공사 이현직(李玄稙)에 대해서는 신병치료차 귀국하도록 허락하고, 번역관 박용규(朴溶奎)를 서리로 임명했다.

**原文**

주왜공사김은준환 수원한영원서리 주미공사이현직 허
駐倭公使金恩濬還 隨員韓泳源署理 駐美公使李玄稙 許
환국조병 번역관박용규서리
還國調病 繙譯官朴溶奎署理.

평양에 훈련 제3대대 두었다.

경무청에 양총(洋銃)을 지급하여 순검들로 하여금 연습하게 하였다.

**原文**

서훈련제삼대대우평양 반양창우경무청 사순검이습
署訓鍊第三大隊于平壤 頒洋槍于警務廳 使巡檢肄習.

5월, 총리 대신 김홍집(金弘集)을 면직시키고, 박정양(朴定陽)을 대신 임명했다.

**原文**

오월 총리대신김홍집면 이박정양대지
五月 總理大臣金弘集免 以朴定陽代之.

천진 주재 독리(督理) 이면상(李冕相)과 종사관 서상교(徐相喬)가 이승순(李承純)·민영철(閔泳喆)과 함께 귀국하였다.

**原文**

주 진 독 리 이 면 상 종 사 서 상 교 여 이 승 순 민 영 철 구 동 환
駐津督理李冕相 從事徐相喬 與李承純·閔泳喆俱東還.

신기선(申箕善)을 기복시켜 군부 대신으로 임명하고 서재필(徐載弼)을 외부 협판, 윤치호(尹致昊)를 학부협판, 이주회(李周會)를 군부 협판으로 각각 임명했다. 서광범(徐光範)과 박영효(朴泳孝)가 귀국할 때 서재필은 미국에 체류하다가 이때에 이르러 돌아왔다. 윤치호는 윤웅렬(尹雄烈)의 서자로 10여 세에 미국에 들어가서 대통령 복특(福特, Hoote, L. H.)의 양자가 되었으며, 갑신년(고종 21, 1884) 이후로는 수시로 여러 나라를 순방했다. 이주회는 서울 사람으로 본명은 풍영(豊詠)인데, 평소 일본인과 잘 지내 그들의 관직을 받아 10년 전에 가족과 함께 귀국하여 금오도(金鰲島, 전남 여수)에 살고 있었다. 동비(東匪)를 토벌하는데 공로가 있었던 까닭에 임금의 부름을 받아 높이 올랐으니, 그것을 박영효가 이끌어 준 때문이다.

**原文**

기 복 신 기 선 위 군 부 대 신 서 재 필 위 외 부 협 판 윤 치 호 위 학
起復申箕善爲軍部大臣 徐載弼爲外部協辦 尹致昊爲學
부 협 판 이 주 회 위 군 부 협 판 서 박 지 래 재 필 유 미 국 지 시
部協辦 李周會爲軍部協辦 徐·朴之來 載弼留美國 至是
환 치 호 자 웅 열 서 자 야 십 여 세 입 미 위 대 통 령 복 특 양 자 자
還 致昊者 雄烈庶子也 十餘歲入美 爲大統領福特養子 自
갑 신 고 종 이 십 일 년 후 거 래 무 상 주 회 경 성 인 야 본 명 풍 영
甲申(高宗二十一年)後去來無常 周會京城人也 本名豊泳

소닐왜수기관 십년전진실우김오도 급토동비유노 고내소
素昵倭受其官 十年前盡室寓金鰲島 及討東匪有勞 故內召
초승 개박영효인지야
超陞 蓋朴泳孝引之也.

고영희(高永喜)를 주일 공사로 임명하여 일본에 부임하게 했다.

**原文**

이고영희위주왜공사 부일본
以高泳喜爲駐倭公使 赴日本.

예산 현감(禮山縣監) 남궁복(南宮濮)복은 전동석(田東錫)을 심문하던 중에 그 이름이 나와 체포되어 끌려왔는데 겁에 질려 죽었다.

**原文**

예산현감남궁복위전동석소인 나지 계이사
禮山縣監南宮濮爲田東錫所引 拿至 悸而死.

감사 · 유수 · 안무사 · 통제사 · 병사 · 수사 · 방어사 · 감리 · 부윤 · 목사 · 부사 · 군수 · 서윤 · 판관 · 현령 · 현감 · 경력 · 감목관 · 첨사 · 영장 · 중군 · 우후 · 만호 · 권관 · 별장 등의 관직을 혁파하고 지방제도를 개정하였다.

전국을 나누어 23부 331군을 나누고, 부에는 관찰사를 두고 군에는 군수(郡守)를 두었다. 한성부가 11군, 인천부가 12군, 충주부가 20군, 홍주부가 22군, 공주부가 27군, 전주부가 20군, 남원부가 15군, 나주부가 16군, 제주부가 3군, 진주부가 21군, 동래부가 10군, 대구부가 23군, 안동부가 16군, 강릉부가 9군, 춘천부가 13군, 개성부가 13군, 해주부가 16군, 평양부가 27군, 의주부가 13군, 강계부가 6군, 함흥부가 11군, 갑산부가 2군, 경성부가 10군이다.

**原文**

革罷監司·留守, 按撫使·統制使·兵使·水使·防禦使·監理·府尹·牧使·府使·郡守·庶尹·判官·縣令·縣監·經歷·監牧官·僉使·營將·中軍·虞候·萬戶·權官·別將等官 改定地方制度 分全國爲二十三府 三百三十一郡 府置觀察使 郡置守 漢城府十一郡 仁川府十二郡 忠州府二十郡 洪州府二十二郡 公州府二十七郡 全州府二十郡 南原府十五郡 羅州府十六郡 濟州府三郡 晉州府二十一郡 東萊府十郡 大邱府二十三郡 安東府十六郡 江陵府九郡 春川府十三郡 開城府十三郡 海州府十六郡 平壤府二十七郡 義州府十三郡 江界府六郡 咸興府十一郡 甲山府二郡

경 성 부 십 군
鏡城府十郡.

모든 부(府)에는 관찰사 1인, 참서관 1인, 경무관 1인, 주사·총순 등의 관직을 두었다. 이때에 불령배(不逞輩)들이 모여들어 모두 시의(時義)와 영합해서 높고 좋은 벼슬에 발탁되니 사람들은 침을 뱉으며 욕을 했다. 그런 부류들을 지목하여 '입도(入道)'라고 했는데, 그들을 가리켜 동학교도와 다를 것이 없다고 생각했기 때문이다. 그러나 문벌은 이미 파괴되었고, 천한 계층들이 잠깐 동안에 공경(公卿)을 취해 시골 사람들이 그런 것을 부러워하여 명분이 날로 무너졌다. 사족들은 감히 자기 소리를 한마디도 지르지 못하여 귀천이 비로소 혼란해졌다.

**原文**

매부치관찰사일인 참서관일인 경무관일인 주사
每府置觀察使一人·參書官一人·警務官一人·主事·
총순등직 시시군불령류 개영합시의 초탁숭화 이인정타
總巡等職 是時群不逞類 皆迎合時義 超擢崇華 而人情唾
매지 목지이입도 위기여동비무이야 연문지기파 천유립
罵之 目之以入道 謂其與東匪無異也 然門地旣破 賤流立
담취공경 향곡망풍 명분일괴 사족불감출성 귀천시혼
談取公卿 鄕曲望風 名分日壞 士族不敢出聲 貴賤始混.

관찰사의 연봉은, 1급이 2,200원(1,200원은 誤), 2급이 2,000원, 3급이 1,800원이다. 참서관의 연봉은, 1급이 1,000원, 2급이 900원, 3급이 800원, 4급이 700원이다. 경무관의 연봉은, 참서관의 연봉과 같음. 군수의 연봉은 1급이 1,000원 2급이 900원, 3급이 800원, 4급이 700원, 5급이 600원이다. 주사의 연봉은, 1등이 360원, 2등이 300원, 3등이 240원, 4등이 216원, 5등이 192원, 6등이 168원, 7등이 144원, 8등이 122원이다.

**原文**

觀察使年俸一級二千二百元, 二級二千元, 三級一千八百元 參書官 一級一千元, 二級九百元, 三級八百元, 四級七百元 警務官與參書同 郡守一級一千元, 二級九百元, 三級八百元 四級七百元, 五級六百元 主事一等三百六十元, 二等三百元, 三等二百四十元, 四等二百十六元, 五等一百九十二元, 六等一百六十八元, 七等一百四十四元 八等一百二十二元.

총순(總巡)의 연봉은 주사와 같다. 이후로도 또 변동이 있어서 일정치 않았다. 그리고 13도로 바뀌자 그 제도 또한 바뀌었다. 부(府)와 군의 서리(署理)는 서기(書記) 또는 고원(雇員)으로 이름을 바꾸고 매달 7원 이하의 정해진 급료를 주었다.

**原文**

總巡與主事同 是後亦加減不一 及改爲十三道 而其制又變 至於府郡胥吏 則更名曰書記 曰雇員 每月七元以下定料.

이때 본관을 의원면직(依願免職)하는 관례가 있어 관직을 사임하면 허락하였다. 구신(舊臣)으로 지조를 지킴이 있는 자와 산림에서 천거된 선비들의 경우 벼슬을 임명받으면 바로 사직하였다. 그 외 벼슬길에 오른 자들은 모두 갑신정변 때에 난을 일으킨 무리들과 새로 진출한 거칠고 비루한 무리들뿐이어서 얼마 안 있어 관리의 질서가 날로 문란해졌다. 그러므로 본인이 사직하지 않고 강제로 면직되는 일이 있어도 또한 '의원면직'이라 하였다.

**原文**

時有依願免本官之例 辭官則許之 舊臣有操守者 及林下登薦之士 有除輒辭 其充滿仕路者 皆甲申(高宗二十一年)亂黨 及新進頑鄙之徒而已 旣而官防日紊 有不辭而勒免者 亦曰依願免.

대소 관원이 친상을 당하면 대체로 기복을 허락했다.

**原文**

大小官丁憂 率許起復.

세미(稅米) 대신 돈으로 받는다는 영(令)이 반포되자 백성들은 흡연히 좋아하여 앞을 다투어 갖다 바쳤다. 그러나 조정은 개혁하는 일에만 급급했지 감독하며 살피는 일에 소홀히 하여, 세무를 관장하는 장(長)은 단지 그 이름만 있을 뿐 누구 하나 서울로 운송하는 사람이 없었다. 이에 군읍(郡邑)에서 받아들인 것이 모두 그곳 관리들 수중으로 깊숙이 사라져, 혹은 조령(朝令)으로 진휼자금을 마련하여 흉년이 더욱 심한 곳에 베풀라 해도 정공(正供)으로 남아 있는 것이 거의 없었다. 관제가 이미 바뀌어 봉급으로 지급되는 돈이 엄청나서 일본에 진 빚이 3백만 원이 넘었으며, 빚 위에 빚이 더해져서 백관이나 유사(有司)들은 일본을 쳐다보고 손만 벌릴 뿐이었다.

탁지부 대신 어윤중(魚允中)은 나라를 위한 계책에 마음을 두어 온갖 어려움과 위험한 것도 피하지 않았다. 그러나 협조해주는 이가 없어서 혼자 외톨이로 지붕만 쳐다보며 근심하고 탄식할 뿐이었다. 간곡히 사직하려 한 것이 여러 차례 있었으나 들어주지 않아서 힘써 직무를 맡을 수밖에 없었다.

**原文**

自稅米代錢之頒令也 民情洽然 爭先輸納 然朝廷急於改革 而疏於督察 管稅長只有其名 未嘗送一人挪運上京 於是郡邑所捧 盡爲官吏消瀜 或以朝令作賑 資於荒燹尤甚處 正供存者無幾 官制旣變 頒祿鉅萬 倭債過三百萬元 而債上加債 百官有司 惟仰哺于倭 度支魚允中 留心國計 不避艱險 然獨立寡和 仰屋憂嘆 懇辭者屢而不聽去 黽俛供職.

각도의 외영(外營, 병영과 수영)에 소속한 병정들을 해산시키는 한편, 각군의 병장기(兵仗器)를 관찰부로 거두어 모으고, 각처의 봉수를 폐지하였다.

**原文**

解放各道外營兵丁 收聚各郡兵仗于觀察府 廢各處烽燧.

군제(軍制)를 개정하여 대장 · 부장 · 참장 · 정령 · 부령 · 참령 · 정위 · 부위 · 참위 등의 계급을 두었다. 먼저 육군을 새로 편제하도록 명하여 이름을 '훈련대'라 하였다.

**原文**

改定軍制 置大將・副將・參將・正領・副領・參領・正尉・副尉・參尉等官 先命編制陸軍 名曰訓鍊隊.

각부(各府)와 각 개항장에 재판소를 설치하고, 감금・징역・유배・처교(處絞) 등의 법을 제정했다.

**原文**

設各府各港裁判所 定監禁・懲役・流配・處絞等法.

장례(掌禮)・시종(侍從)・규장(奎章)・내장(內臟) 등 여러 원(院)과 사(司)를 두어 이를 궁내부에 소속시키고, 원에는 경(卿)을 두고, 사에는 장(長)을 두었다.

**原文**

置掌禮・侍從・奎章・內藏諸院司 屬之宮內府 院有卿司有長.

사범학교・외국어학교・법률학교・사관학교를 세우고, 총명한 젊은이를 선발하여 일본에 유학을 시켰다.

**原文**

건 사 범 어 학 법 률 사 관 제 학 교 선 년 소 총 준 유 학 일 본
建師範·語學·法律·士官諸學校 選年少聰俊 留學日本.

호남(전라도)과 영남(경상도) 사이에 지리산과 백운산, 두 산이 강을 끼고 대치해 있는데, 이해 여름에 그곳 산골짜기 사이 대숲이 우거진 속에 죽실(竹實)[1]이 서로 잇달아 열려 그 가루로 수제비를 끓여 먹으면 맛이 밀가루와 유사했다. 열심히 채취한 자는 집에 두서너 섬(石)쯤 쌓아 두었다. 순조 갑술년(순조 14, 1814) 이후 처음 보는 것이라고 하였다.

**註解**

1) 죽실(竹實) : 대나무 열매. 대나무에 꽃이 피고 열매가 열리면 대밭 전체가 황폐해진다. 민간에서는 불길한 징조로 여김.

**原文**

호 령 지 교 지 이 백 운 양 산 협 강 대 치 시 하 산 곡 간 총 죽 류
湖嶺之交 智異·白雲兩山 挾江對峙 是夏山谷間 叢竹纍

류 작 실 가 공 미 탁 ㅢ 류 소 맥 력 채 자 호 지 수 석 순 조 갑 술
纍作實 可供糜飥 味類小麥 力採者戶 至數石 純祖甲戌

순 조 십 사 년 이 후 초 견 운
(純祖十四年)以後初見云.

일본 공사 정상형(井上馨)이 돌아가고 독일사람 목인덕(穆麟德, 묄렌도르프)이 돌아왔다. 목인덕은 갑신년(고종 25, 1884)

겨울에 민영익(閔泳翊)과 함께 청국에 들어갔는데, 그 후 소식이 막연했다가 이에 이르러 다시 온 것이다.

**原文**

왜 공 사 정 상 형 귀 덕 인 목 인 덕 래 인 덕 어 갑 신 고 종 이 십 일
倭公使井上馨歸 德人穆麟德來 麟德於甲申(高宗二十一
년 동 여 민 영 익 구 입 청 국 자 후 막 연 지 시 우 래
年)冬 與閔泳翊俱入淸國 自後漠然 至是又來.

윤5월, 궁내부에 특진관(特進官) 16인을 두었다. 아경(亞卿)으로부터 대신에 이르기까지 선별하여 충당하였다. 이들은 왕실의 전례(典禮)와 의식을 관장하고, 임금의 자문이 있으면 받들어 대하고 의견을 진술하도록 하였다.

**原文**

윤 오 월 궁 내 부 치 특 진 관 십 육 인 아 경 이 상 지 대 신 선 충 지
閏五月 宮內府置特進官十六人 亞卿以上至大臣選充之
장 왕 실 전 예 의 식 유 자 순 즉 봉 대 진 견
掌王室典禮·儀式 有咨詢 則奉對陳見.

박영효(朴泳孝)가 일본으로 도주하였다. 개화 이래 임금은 밖으로는 일본의 견제를 받고, 안으로는 정부가 마음대로 하여 한 가지 일도 어찌할 수가 없었다. 왕후는 그것을 분하게 여겨 군권(君權)을 점차 회복하고자 비밀리 도모하여 러시아와 약속을 맺으니, 박영효는 이를 우려하였다. 그는 왕후의 권모와

계략을 겁내어 시해를 단행하지 않으면 화근을 끊을 수 없다고 생각하고, 마침내 날짜를 잡아 계획을 정하고 일본에 병력을 요청하였다. (그는) 유길준(俞吉濬)이 자기와 가깝다고 믿어 그러한 의도를 밝혔었는데 유길준은 급히 임금께 고하여 박영효의 계획이 누설되었다. (이에) 박영효는 양복으로 옷을 갈아입고 일본인의 호위를 받아 성을 빠져 나가 용산에 이르러 기선을 타고 도주한 것이다. 그의 일당 신응희(申應熙)·이규완(李圭完) 등이 따라갔다. 이때에 무성한 소문으로는 일본인 일출웅(日出雄)이 우리나라 사람 한재익(韓在益)에게 박영효의 흉계를 말하고 한재익은 심상훈(沈相薰)에게 고하여 알렸다고도 하고, 혹자는 말하기를, 서광범이 고변했다고도 하는데 다 그런 것이 아니었다.

그 후 을사년(광무 9, 1905)에 우리나라 사람 이기(李沂)가 일본 강호(江戶)에서 박영효를 만났는데, 박영효가 이기에게 위와 같은 말을 하였다고 한다. 그는 유길준을 간교한 도적놈이라 하며 국사를 그르쳐서 오늘에 이르렀다고 분통을 터뜨리고 욕을 하더라고 했다. 내가 이 말을 이기에게서 들었다.

박영효가 도주하자 서광범도 스스로 편안치 못하여 소를 올려 면직을 구했으나 윤허하지 않았다. 또 박영효의 옥안(獄案)에 대해 원악(元惡, 國事犯의 주모자) 외에는 불문에 부칠 것을 명했다.

**原文**

박영효도지일본 개화이래 상외위왜소지 내위정부소천
朴泳孝逃之日本 開化以來 上外爲倭所持 內爲政府所擅

일불능유소가부 왕후분지 밀모초복군권 체연아국 영효
一不能有所可否 王后憤之 密謨稍復君權 締連俄國 泳孝
환지 연외후권략 비행시 즉무이절화근 수지일정계 청병
患之 然畏后權略 非行弑 則無以絶禍根 遂指日定計 請兵
어왜 이유길준지닐어기야 통기의 길준거고상 영효견사
於倭 以兪吉濬之昵於己也 通其意 吉濬遽告上 泳孝見事
설 변천양복 이왜자위출성 지용산등기선이주 기당갑응
洩 變穿洋服 以倭自衛出城 至龍山登汽船而走 其黨甲應
희 이규완등종지 시시 성전왜인일출웅 대아인한재익
熙·李圭完等從之 是時 盛傳倭人日出雄 對我人韓在益
어영효흉모 재익고심상훈이문 혹왈서광범고변 개비야
語泳孝凶謀 在益告沈相薰以聞 或曰徐光範告變 皆非也
기후을사 광무구년 아인이기 견영효우강호 영효어기여
其後乙巳(光武九年) 我人李沂 見泳孝于江戶 泳孝語沂如
상 인분매길준간적 치오국사 지어금일운 여문우기 영효
上 因憤罵吉濬姦賊 致悞國事 至於今日云 余聞于沂 泳孝
도 서광범부자안 상소걸면 불윤 우명영효옥안 원악외불
逃 徐光範不自安 上疏乞免 不允 又命泳孝獄案 元惡外不
문
問.

내부 협판 유길준(兪吉濬)에게 대신의 사무를 서리하도록 하고, 안경수(安駉壽)를 경무사로 임명하였다.

**原文**

이내협유길준 서리대신사무 안경수위경무사
以內協兪吉濬 署理大臣事務 安駉壽爲警務使.

다른 나라의 동화(銅貨)를 사용하지 말 것을 명했다.

환상곡(還上穀)을 '사환곡(社還穀)'이라 바꿔 불렀으며, 백성들이 양곡을 매매할 때 관리들이 간섭하지 말 것을 지시했다.

**原文**

명 물 용 타 국 동 화 개 칭 환 상 곡 왈 사 환 영 민 조 적 관 리 물 위 간 섭

命勿用他國銅貨 改稱還上穀曰社還 令民糶糴 官吏勿爲干涉.

윤용구(尹用求)를 궁내부 대신으로, 이헌영(李𨯶永) 내부 대신으로 삼았는데, 두 사람 모두 고사하여 얼마 안 있어 면직시켰다.

**原文**

이 윤 용 구 위 궁 내 부 대 신 이 헌 영 위 내 부 대 신 이 인 구 고 사 미 기 면

以尹用求 爲宮內府大臣 李𨯶泳爲內部大臣 二人俱固辭未幾免.

나주 관찰사 한기동(韓耆東)이 힘써 사양하고 부임하지 않았다. 한기동은 정승 한계원(韓啓遠)의 아들로서, 운현(대원군)이 실권하자, 죄를 입고 6년 귀양살이하다 비로소 사면되어 돌아왔는데, 당시 사람들은 상조(常調, 常選, 관리를 뽑아 씀)로 여겼다. 갑오년(고종 31, 1894) 이후로 벼슬을 제수하면 그는 곧바로 사양하여 맑은 이름이 이건창(李建昌)과 더불어 손꼽힐

만했다.

原文

나 주 관 찰 사 한 기 동　력 사 불 부　기 동 고 상 계 원 자 야　운 현 폐
羅州觀察使韓耆東　力辭不赴　耆東故相啓源子也　雲峴廢

좌 적 육 년　시 유 환　시 인 시 이 상 조　갑 오　고 종 이 십 일 년　후
坐謫六年　始宥還　時人視以常調　甲午(高宗二十一年)後

유 제 첩 사　청 명 여 이 건 창 랄
有除輒辭　淸名與李建昌捋.

여역(癘疫)[1]이 의주에서부터 시작되어 열흘 만에 평안도와 황해도로 두루 퍼져 서울에까지 미쳐서 사망자들이 속출했다. 관격(關格)[2]이 되어 구토와 설사를 하다가 하루 이틀 만에 곧바로 죽었다. 우리나라 사람들은 '괴질'이라 부르는데, 서양 사람들은 '호열자(虎列剌, 콜레라)'라 불렀다. 서울에 검역소를 설치하고 오이 같은 날것을 먹지 말도록 금했다.

註解

1) **여역**(癘疫) : 한의에서 전염성 열병을 통틀어 일컬음.
2) **관격**(關格) : 먹은 음식이 급하게 체하여 가슴이 꽉 막히어 먹지도 토하지도 못하며 대소변도 못 보는 위급한 병.

原文

여 역 자 의 주 시　순 일 핍 양 서　급 우 경 사　사 자 상 침　관 격 토 사
癘疫自義州始　旬日逼兩西　及于京師　死者相枕　關格吐瀉

일 이 일 첩 사　아 인 위 지 괴 질　양 인 위 지 호 열 자　경 사 설 검 역 소
一二日輒死　我人謂之怪疾　洋人謂之虎列剌　京師設檢疫所

금담과과
禁啖瓜果.

영남 낙동강의 좌우 수십 군에 홍수가 났으며, 호서 지방은 금강 이북에서부터 경기 연안에 이르기까지 크게 비바람이 몰아쳤다. 그러므로 평지에 물이 몇 길이나 찼고, 언덕과 골짜기가 뒤바뀌는 지경에 이르렀는데, 서울 지역은 더욱 심하여 떠내려갔거나 침식된 집이 무려 4백여 호나 되었다. 백년 이래로 보기 드문 재앙이라고 했다.

**原文**

영남낙강좌우수십군대수 호서금강이북 지기연대풍우
嶺南洛江左右數十郡大水 湖西錦江以北 至畿沿大風雨
평지수수장 능곡변천 경중우심 표몰인가사백여호 위백
平地水數丈 陵谷變遷 京中尤甚 漂沒人家四百餘戶 爲百
년래한유지재
年來罕有之災.

청국의 양양(襄陽, 화북성)과 강녕(江寧, 강소성) 지방도 다 홍수가 났다고 한다.「상해신보」.

**原文**

청국양양 강령지방 개대수 상해신보
淸國襄陽 · 江寧地方 皆大水(上海申報).

6월, 인천에 우체사(郵遞司)를 설치했는데, 국내의 우편 업무는 이로부터 시작되었다. 이후로는 다 갖추어 기록하지 않는다.

**原文**

유월설인천우체사 국중우체자차기 이후불구록

六月設仁川郵遞司 國中郵遞自此起 以後不具錄.

이태리 국왕의 조카 아부리(阿夫里)가 서울에 들어와서 폐하를 알현했다. 윤치호(尹致昊)가 그를 영접했으며, 의화군(義和君) 이강(李堈)이 전송했다.

**原文**

이태리국왕질아부리 입경폐현 윤치호영지 의화군강송전

伊太利國王侄阿夫里 入京陛見 尹致昊迎之 義和君堈送餞.

이준용(李埈鎔)이 사면되어 돌아왔다. 무릇 김학우(金鶴羽)의 옥사에 연루되어 처벌받던 자들이 죄명을 씻고 풀려났다.

**原文**

이준용사환 범주연어김학우옥자 개탕석

李埈鎔赦還 凡株連於金鶴羽獄者 皆蕩釋.

전 대장 신정희(申正熙)가 죽었다.

**原文**

전 대 장 신 정 희 졸
前大將申正熙卒.

군부 대신 신기선(申箕善)이 기복을 사양하자, 비답을 내려 특별히 윤허하였다. 그의 상소문은 대략 다음과 같다.

"운운. 공평한 개화의 정사가 비록 지금 당면한 급무라고는 하지만, 요임금, 순임금, 주공, 공자의 가르침은 조금도 바꿀 수 없으며 의관과 예약의 풍속 또한 다 개혁하려는 것은 옳지 않습니다. 복식제도의 경장(更張, 개혁)은 너무 지나쳐서 상하의 구분이 혼동되고, 중앙이나 지방사람 할 것 없이 마음을 거스르고 있습니다. 오직 세상의 바른길을 위해 한심할 뿐 아니라 그 은우(隱憂, 아파하고 근심함)와 심려(深慮, 깊은 생각)를 진실로 다 말씀드릴 수 없습니다. 대강(大剛, 대원칙)이 세워지지 않았는데, 한갓 제목만 펼쳐 놓고 제도가 다 바뀌어 문자까지 또한 바뀌기에 이르렀습니다. 그 본의를 구명(究明, 밝힘)한다면 비록 이웃나라가 대신 헤아려준 후의와 각신(閣臣)의 법도를 세우려는 원대한 기도에서 나왔다고는 해도, 구부러진 것을 바로잡으려다가 너무 곧게 함〔교왕과직(矯枉過直)〕으로써 명교(名教)에 해를 끼쳤으며, 뜨거운 죽을 엎질러 덴 자가 부추냉채에 대고 후후 부는 격이라 실제 사정에 통할 수 없습니다. 가죽과 털만 그리고 찡그리고 웃는 것만 본받아 한결같이 외국을 모방하는 것은, 마치 나귀를 기린으로 꾸며놓은 것과 같으며[1], 도리어 한단(邯鄲)에서 예전의 걸음걸이를 잊은 것과 같으니[2],

통곡하고 큰 한숨을 내쉬며, 살을 베어 내고 침상에서 떨어질 만한 근심이 아닐 수 없습니다. 이러한 어리석은 정성을 누차 언의(言議, 설명하는 말과 의론)로써 나타냈으나 끝내 채택됨을 보지 못했으니, 백성들은 장차 흩어지려 하고 나라가 장차 위태하게 되어 가는데 구제하지 못하고 있습니다. 신은 다시 무슨 낯으로 상제(喪制)의 몸으로 공사(公事)를 좇아 하는 일 없이 두터운 봉록을 축낼 수 있겠습니까?

그 조목은 다음의 여덟 가지가 있습니다.

첫째, 기강을 바로 세우고 상벌을 밝혀서 지극히 공정하고 사사로움을 없이 할 것을 보여 주실 것이며,

둘째, 인재를 신중히 가려 뽑으시어 오래 임무를 맡기시고 성사할 수 있도록 책임을 지우셔야 합니다.

셋째, 전적(田籍)을 바로잡고 호전(戶田)을 밝히셔서 부세를 가볍고 또 고르게 하셔서, 세입을 헤아려서 세출을 잡으셔야 합니다.

넷째, 동방의 옛 제도를 어느 정도 보전하셔서 각국의 신법(新法)을 참조하고 고금을 서로 참작하여 상도(常道)와 권도(權道)의 중정(中正)을 지킬 것이며,

다섯째, 먼저 유학을 진흥시키고 서서히 신학(新學)을 논의할 것이며,

여섯째, 일로 옳은 것을 구하고, 공은 이룰 수 있는 것을 구하여, 일의 권한은 스스로 주관할 것을 기약하고, 외국인이 대신 꾀하는 것을 면하게 할 것이며,

일곱째, 안으로는 성의(誠意)를 쌓도록 하고, 밖으로는 깨우쳐 가르치고 달래서 백성의 고지식한 것을 털어버리고 유언비어를 종식시키도록 할 것이며,

여덟째, 유식(遊食, 놀고먹음)을 금하게 하고 백성의 생업을 안정시키며, 귀천의 복장(服章)을 구별하며 관방(官方)의 품위를 밝혀서 백성의 뜻이 안정될 수 있게 해야 됩니다."

신기선은 유학자로 진출했으나 벼슬한 자취는 흐트러진 모습을 보였다. 근자에는 또 기복하여 다른 사람들의 말을 듣게 되자 사퇴하는 글을 올리고 겸하여 시폐(時弊)를 아뢰었는데, 그 내용은 쓸데없는 말들이 많고 머뭇거린 데다, 또 서로 모순되는 것이 있어 시배들이 비웃었다.

**註解**

1) **나귀를 기린으로 꾸며…** : 가짜로 만든 기린을 나귀 위에 올려놓았지만 껍데기를 벗기면 그대로 나귀임이 들어난다는 말에서 유래됨. 곧 덕은 없으면서 겉만 번지르르함을 일컬음.
2) **한단(邯鄲)에서… 잊은 것과 같으니** : 연(燕)나라 사람이 조(趙)나라의 한단에 가서 그곳의 걸음걸이를 배우려다 고국의 걸음걸이까지 잊어버리게 되었다는 고사(故事)임. 한단지보(邯鄲之步).

**原文**

군 부 대 신 신 기 선 사 기 복　우 비 허 지　소 략 왈
軍部大臣申箕善辭起復 優批許之 疏略曰.

운 운　공 평 개 화 지 정　수 위 현 령 급 무　이 요 순 주 공 지 교　불 가
云云 公平開化之政 雖爲現令急務 而堯舜周孔之敎 不可

소변야 의관예악지속 불가진혁야 의제지경장태과 혼상
少變也 衣冠禮樂之俗 不可盡革也 衣制之更張太過 混上

하지분 불중외지정 불유위세도한심 기은우심려 성유불
下之分 咈中外之情 不惟爲世道寒心 其隱憂深慮 誠有不

가승언자 지어대강미진 이세목도장 제도진변 이문자역
可勝言者 至於大綱未振 而細目徒張 制度盡變 而文字亦

환 구기본의 즉수출어인방대주지후의 각신립헌지원도
幻 究其本意 則雖出於隣邦代籌之厚誼 閣臣立憲之遠圖

연혹교왕과직 이해어명교 혹징갱취해 이불통사정 화피
然或矯枉過直 而害於名教 或懲羹吹虀 而不通事情 畵皮

모 효빈소 일방외국자 유약기린지훤 이반실감단지고보
毛・效嚬笑 一倣外國者 有若麒麟之楦 而反失邯鄲之故步

무비통곡태식절부박상지우야 이차우곤 루형언의 종불견
無非痛哭太息切膚剝床之憂也 以此愚悃 屢形言議 終不見

채 민장환 국장위 이막지구야 신복하안 차길종공 좌절후
採 民將渙 國將危 而莫之救也 臣復何顔 借吉從公 坐竊厚

봉야재 기목유팔 일왈입기강 명상벌 이시지공무사 이왈
俸也哉 其目有八 一曰立紀綱 明賞罰 以示至公無私 二曰

신택인재 구임책성 삼왈정전적 명호전 사부세경차균 이
愼擇人才 久任責成 三曰正田籍 明戶田 使賦稅輕且均 而

량입위출 사왈초존동방구제 참이각국신법 사고금상작
量入爲出 四曰稍存東方舊制 參以各國新法 使古今相酌

경권득중 오왈선흥유술 서의신학 육왈사구가 공구성 기
經權得中 五曰先興儒術 徐議新學 六曰事求可 功求成 期

사권지자판 면외인지대산 칠왈내적성의 외신고유 개민
事權之自辦 免外人之代算 七曰內積誠意 外申誥諭 開民

완이식와언 팔왈금유식 정민업 별귀천지복장 명관방지
頑而息訛言 八曰禁游食 定民業 別貴賤之服章 明官方之

품위 사민지유정운운 기선이유자진 이환적퇴당 근우기
品位 使民志有定云云 箕善以儒者進 而宦跡頹唐 近又起

복 곤인언 내이사면지장 겸진시폐 연부용암아 우상모순
復 困人言 乃以辭免之章 兼陳時弊 然膚冗媕婀 又相矛盾

時輩笑之.

고산 군수(高山郡守) 장태수(張泰秀)가 스스로 면직했다. 호남의 진산(珍山)·금산(錦山) 사이에 서학(西學)이 크게 번져 성교(聖教)라 칭하고 금지령을 범하는 자들이 많았다. 장태수가 법에 의거해서 치죄하다가 서양교사(선교사)에게 욕을 당하고는 장계를 올려 체직해줄 것을 요구했다. 장태수는 대대로 금구(金溝)에 사는 호족으로 문장과 아취를 지녔으며 수양이 넉넉해 사람들이 그를 칭찬했다. 신해년(1911) 봄에 그는 일본이 주는 은사금(恩賜金)을 받지 않고 음독자살하였다.

**原文**

高山郡守張泰秀免 湖南珍·錦之間 西學大熾 稱以聖教 犯禁者衆 泰秀按法準治 爲洋教師所辱 呈狀乞遞 太秀世豪金溝 而文雅綜練 人稱之 辛亥春 不取日本恩賜金 仰藥自處.

옛 제도에 수령의 전최(殿最)[1]는 사언이구(四言二句)로 제목을 삼아 관찰사가 6월과 12월 보름에 조정에 올렸다. 이에 이르러 그 서식(書式)을 고쳐 장단에 구애받지 않고 국문을 혼용해서 구절을 만들었으며, 매해 연말에 한 번 내부(內部)에 보고하면 그에 의거해서 출척(黜陟)[2]을 하였다.

**註解**

1) **전최**(殿最) : 관찰사가 각 고을 수령의 성적을 조사하여 중앙에 보고하는 일. 성적을 조사할 때 상(上)을 최(最), 하를 전(殿)이라 하여, 매년 6월 15일과 12월 15일, 두 차례에 걸쳐 시행하였음.
2) **출척**(黜陟) : 파직하거나 승진. 못된 사람을 내쫓고, 착한 사람을 올려 씀.

**原文**

구제수령전최 이사언이구위제목 도신이유월십이월망
舊制守令殿最 以四言二句爲題目 道臣以六月十二月望
문우조 지시개기식문 불구장단 참입국문성구어 매년종
聞于朝 至是改其式文 不拘長短 攙入國文成句語 每年終
일보내부 거이위출척
一報內部 據以爲黜陟.

관동 지방 춘천군 등에 홍수가 났으며, 호서 지방의 10여 군 또한 홍수가 났다. 서울에도 달을 이어 장맛비가 내렸다.

**原文**

관동춘천군등대수 호서십여군 우대수 경사림우연월
關東春川郡等大水 湖西十餘郡 又大水 京師霖雨連月.

일본에 여역(癘疫, 전염병)이 크게 번져 3월에서 5월에 이르기까지 사망한 자를 이루 다 기록할 수 없을 지경이었다. 이달

3, 4일에는 폭풍우가 몰아쳤는데, 구주(九州)·산양(山陽)·동경(東京)·선대(仙臺) 등의 지역은 더욱 심해, 홍수로 인한 붕괴의 피해가 헤아릴 수 없을 정도였다. 그믐께까지 비가 끊이지 않았다.

**原文**

일본여역대치 삼월지오월 사망불가기 시월삼사일 폭풍
日本癘疫大熾 三月至五月 死亡不可紀 是月三四日 暴風
우 구주 산양 동경 선대등지우심 홍수궤결 손해만만
雨 九州·山陽·東京·仙臺等地尤甚 洪水潰決 損害萬萬
계 직지회간 우불절
計 直至晦間 雨不絶.

옛 제도에는 문서를 보낼 때, 서울의 관사(官司)에서 지방 각도에 하달하는 것과, 감영(監營)에서 각 고을〔邑〕로 통보하는 것을 '관자(關子)' 혹은 '감결(甘結)'이라 한다. 읍에서 감영에 상달하고, 감영에서 서울의 각사에 상달하는 것을 '보장(報狀)'이라 하며, 수령이 백성에게 유시하는 것을 '전령(傳令)'이라고도 하고 '하첩(下帖)'이라 한다. 이때에 이르러 관자와 감결을 '훈령(訓令)'과 '지령(指令)'으로, 보장은 '질품(質稟)', '보고(報告)', '청원(請願)'으로, 전령과 하첩은 '고시(告示)'라 하였다. 내용은 국한문을 섞어서 썼는데 아전이나 백성들은 그것을 괴롭고 귀찮게 여겼다.

**原文**

舊制文移 自京司飭外道 自巡營輪各邑則曰關子 曰甘結 自邑達營·自營達京司則曰報狀 守令喩民 則曰傳令曰下帖 至是改稱關·甘曰訓令 曰指令 報狀曰質稟 曰報告 曰請願 傳令·下帖曰告示 雜以國漢文 吏民厭苦之.

서울과 지방 각도에 명령을 내려 동학의 잔당들을 잡으라고 하였다. 그러나 수령들은 귀화시킨다는 핑계를 대고 모두 불문에 붙여 죄를 묻지 않았다. 오직 호남의 장흥·강진 두 고을에서는 이교(吏校)[1]들의 많은 수가 동학란에 죽은 까닭에, 그 집안들이 들고 일어나 붙잡았으며 전후로 수백 명을 죽였다.

**註解**

1) **이교**(吏校) : 관청에 속한 아전 장교.

**原文**

令京外各道誅捕東匪餘黨 守令諉以歸化 皆不問 惟湖南張興·康津吏校 多死匪難 故其家群起跟捕 前後斃數百人.

7월, 대사면령을 내려 민영준(閔泳駿)·민영주(閔泳柱)·민병석(閔丙奭)·민영은(閔泳殷)·민영순(閔泳純)·민형식(閔炯植)·조필영(趙弼永)·조병갑(趙秉甲)·이용직(李容直)·조병식(趙秉式)·이용태(李容泰)·김문현(金文鉉) 등이 다 석방되었다. 식자들은 시배들이 아무것도 할 수 없을 거라고 알고 있었다.

**原文**

칠 월 대 사 민 영 준 영 주 병 석 영 은 영 순 형 식 조
七月大赦 閔泳駿·泳柱·丙奭·泳殷·泳純·炯植·趙

필 영 조 병 갑 이 용 직 조 병 식 이 용 태 김 문 현 등 개 석
弼永·趙秉甲·李容直·趙秉式·李容泰·金文鉉等 皆釋

식 자 지 시 배 지 불 능 유 위 야
識者知時輩之不能有爲也.

다시 김홍집(金弘集)을 총리 대신으로, 박정양(朴定陽)을 내부 대신으로, 이경직(李畊稙)을 궁내부 대신으로 삼았다. 그리고 성기운(成岐運)을 의주 관찰사로, 채규상(蔡圭常)을 나주 관찰사로 삼았다.

**原文**

복 이 김 홍 집 위 총 리 대 신 박 정 양 위 내 부 대 신 이 경 직 위 궁
復以金弘集爲摠理大臣 朴定陽爲內部大臣 李畊稙爲宮

내 부 대 신 성 기 운 위 의 주 관 찰 사 채 주 상 위 나 주 관 찰 사
內府大臣 成岐運爲義州觀察使 蔡圭常爲羅州觀察使.

일본 공사 삼포오루(三浦梧樓)가 왔다.

**原文**

왜 공 사 삼 포 오 루 래
倭公使三浦梧樓來.

개국기원절(開國紀元節) 16일에 경회루에서 연회를 베풀었다. 각국 공사들도 부인을 동반하고 알현하였고, 각부의 칙임관들도 부인을 동반하고 연회에 참석하였다. 이는 구미의 풍속을 좇은 것이다. 7월 16일은 태조가 개국한 날이다. 지난해부터 비로소 새로운 기념일로 정하고 명절로 삼았는데 이 또한 서양의 법식이다.

**原文**

개 국 기 원 절 십 육 일 사 연 우 경 회 루 각 국 공 사 병 대 처 진 현
開國紀元節十六日 賜宴于慶會樓 各國公使 幷帶妻進見
각 부 칙 임 관 역 대 처 부 연 종 구 미 속 야 십 육 일 위 태 조 개 국 월
各部勅任官亦帶妻赴宴 從歐美俗也 十六日爲太祖開國月
일 자 상 년 시 정 신 기 념 이 위 각 일 역 서 법 야
日 自上年始定新紀念 以爲各日 亦西法也.

7월 16일, 보름달이 월식으로 보이지 않았는데 지구의 아래쪽에 있었기 때문이다. 단지 재계(齋戒)만 하였고 월식을 구제하는 의식을 하지 않았다.

**原文**

십 육 일 망 월 유 식 지 이 불 견　이 재 지 하 야　지 재 계　불 구 식
十六日望月有食之而不見 以在地下也 只齋戒 不救食.

서울에 달을 이어 장맛비가 크게 내렸으며 양천(陽川)과 통진(通津)에 특히 큰 비가 내렸다. 영남 지역의 20여 군과 호서 지방의 7개 군도 큰비가 내렸으며, 호남 지역의 28개 군도 홍수가 나서 산이 무너지고, 하천이 넘쳤는데, 삼남 지방 도처가 다 그러했다.

**原文**

경 사 임 우　연 월 대 수　양 천　통 진 대 수　영 남 이 십 여 군 대 수
京師霖雨 連月大水 陽川·通津大水 嶺南二十餘郡大水

호 서 칠 군 대 수　호 남 이 십 팔 군 대 수　산 붕 천 일　삼 남 도 처 동 연
湖西七郡大水 湖南二十八郡大水 山崩川溢 三南到處同然.

7월 6일, 유성이 자미원(紫微垣)으로부터 임감방(壬坎方, 북쪽으로 치우친 방향)으로 떨어졌는데, 크기가 주발만 하였다. 27일에는 관동 지방 인제군에 서리가 내렸다. 서울 이남에서는 개와 소가 미쳐서 죽었는데, 개가 사람이나 소를 물으면 그 또한 미쳐서 죽었다. 이로부터 광견병이 마침내 끊이지를 않았다.

**原文**

초 육 일　유 성 자 자 미 원 낙 임 감 방　대 여 완　이 십 칠 일 관 동 인
初六日 流星自紫微垣落壬坎方 大如椀 二十七日關東隣

제 군 상 강　자 경 이 남　견 우 광 사　견 서 인 우　역 광 사　자 시 광 견
蹄郡霜降 自京以南 犬牛狂死 犬噬人牛 亦狂死 自是狂犬

종 부 절
終不絶.

중아미리가주(中亞美利加州, 중앙아메리카)에서 지진이 발생하여 죽은 자가 453인이나 되었다.

**原文**

중 아 미 리 가 주 지 진 사 자 사 백 오 십 삼 인
中亞美利加洲地震 死者四百五十三人.

8월, 울릉도에 도감(島監)을 두었다. 오랫동안 피폐한 땅이었는데 근래에 비로소 백성들이 들어가 사는 것을 허락하여 점차 취락을 이루게 되었다. 그러므로 도감을 두어 관리하게 한 것이다.

**原文**

팔 월 울 릉 도 치 도 감 도 구 위 폐 지 근 시 허 민 입 거 초 성 취 락
八月 鬱陵島置島監 島久爲廢地 近始許民入居 稍成聚落
고 치 감 이 령 지
故置監以領之.

농상공부 대신 김가진(金嘉鎭)을 면직시키고 이범진(李範晋)으로 대신케 하였다.

**原文**

농 상 공 부 대 신 김 가 진 면 이 범 진 대 지
農商工部大臣金嘉鎭免 李範晋代之.

법무 협판 장박(張博)에게 법부의 직무를 서리케 하였다. 장박은 관북 사람으로 김학우(金鶴羽)의 스승이다. 어릴 때 어미가 장씨 집에 버려 드디어 장씨 성을 갖게 되었다. 장성함에 따라 장박은 다양한 서적들을 섭렵하였으며, 더욱 서학(西學)에 심취하였다. 시배들에 의해 추천을 받아 주사가 된 지 얼마 되지 않아 특진하여 협판에 이르렀다.

**原文**

이법부협판장박 서리부무 박북관인 이김학우지사야 유
以法部協辦張博 署理部務 博北關人 而金鶴羽之師也 幼
시모기우장가 수모장성 급장 박섭군서 우심어서학 위시
時母棄于張家 遂冒張姓 及長 博涉群書 尤深於西學 爲時
배추만 자주사미세 초천지협판
輩推挽 自主事未歲 超遷至協辦.

(8월) 20일 무자(戊子), 일본 공사 삼포오루(三浦梧樓)가 대궐에 침범해서 왕후 민비가 피살당하고, 궁내부 대신 이경직(李畊稙)과 대대장 홍계훈(洪啓薰)도 적에 대항하다 죽었다. 민비는 오랫동안 정사에 간여하지 못하다가 일본 공사 정상형(井上馨)에게 후한 뇌물을 바치고 다시 전날과 같이 정치일에 간여하려 하니, 박영효가 그를 질시한 까닭으로 5월의 음모가 있었던 것이다. 신임공사 삼포오루는 이런 정황을 박영효에게 익히 듣고는 일을 도모하려 생각한 것이다.

그 무렵 민비는 권세가 차츰 회복되어 매일밤 궁중에서 연극을 보고 가곡을 들었다. 일본인 소촌실(小村室)이란 자에게는 영리한 딸이 하나 있었는데, 민비는 그를 사랑했고 항상 불러들였다. 삼포공사는 거느리고 있는 일본인으로 하여금 하인배들과 뒤섞여서 연극을 보게 하며, 비밀히 민비의 초상을 수십장 그리게 하여 그것을 보관하고 있었다. 거사할 날짜를 벼르다가, 남의나라 국모를 죽였다는 죄가 두려워 드디어 대원군과 함께 통모(通謀)하고, 그날 밤에 공덕리(대원군의 별장)에 가서 대원군을 가마에 실어 앞세우고 대궐에 이르니, 많은 일본 사람들이 따라 들어왔다. 그들은 각자 민비의 초상을 가지고 있었으며 일본 여자 소촌실의 딸은 그들을 인도하였다. 곤녕전(坤寧殿)에 이르니 궁중에 횃불이 밝아 땅강아지와 개미새끼가 기어가는 것까지 볼 수 있을 정도였다. 이경직을 만나 민비의 소재를 물으니 이경직은 모르겠다고 대답하며 팔을 들어 일본인들을 막자, 이경직의 좌우 팔을 모두 잘라 죽였다. 민비는 벽에 걸린 옷 속에 피신했으나 일본인들이 잡아 끌어내고 소촌실의 딸이 확인해 주었다. 민비는 연상 살려달라 애걸했으나 적의 칼날이 마구 내리쳤다. 일본인들은 민비의 시신을 검은 색긴 통치마에 싸서 녹산(鹿山)[1] 밑으로 가 숲속에서 석유를 뿌리고 불태우고는 타다 남은 몇 조각의 잔해를 수습해 불 지른 땅에 파묻었다.

민비는 기지가 있고 영리하며 권모술수가 풍부하여 정사에 간여한 지 20년에 나라를 망치게 하더니 결국에는 천고에 없었던 변을 당하고 말았다.

**註解**

1) **녹산**(鹿山) : 민비는 경복궁 건청궁 옥호루(玉壺樓)에서 시해당했는데, 그 건물의 동쪽에 있는 산이다.

**原文**

이십일무자 왜공사삼포오루범궐 왕후민씨피시 궁내부
二十日戊子 倭公使三浦梧樓犯闕 王后閔氏被弑 宮內府
대신이경직 대대장홍계훈항적사 후구빈불여정 상후회
大臣李畊稙·大隊長洪啓薰抗賊死 后久擯不與政 嘗厚賄
정상형 사지환정우상 인욕거중용사류전일 박영효질지
井上馨 使之還政于上 因欲居中用事類前日 朴泳孝嫉之
소이유오월지모야 오루습문영효사욕도지 시후권세초장
所以有五月之謀也 梧樓習聞泳孝思欲圖之 時后權勢稍張
매야궁중연희 청가곡 왜인소촌실자 유녀혜할 후애지 상
每夜宮中演戲 聽歌曲 倭人小村室者 有女慧黠 后愛之 常
소견 오루사종왜 혼창우관극 밀탑후상수십본 장지 극일
召見 梧樓使從倭 混倡優觀劇 密搨后像數十本 藏之 剋日
거사 유공시인국모위죄 수여대원군통모 지기야왕공덕리
擧事 猶恐弑人國母爲罪 遂與大院君通謀 至其夜往孔德里
여대원군재전 군왜종입 각지일후상 소촌녀도지 지곤녕
舁大院君在前 群倭踵入 各持一后像 小村女導之 至坤寧
전 궁중화거통명 루의가수 우경직문후하재 경직왈 부지
殿 宮中火炬通明 螻蟻可數 遇畊稙問后何在 畊稙曰 不知
인거수장왜 좌우완구단이사 후도벽의중 왜졸지출 소촌
因擧袖障倭 左右腕俱斷而死 后逃壁衣中 倭捽之出 小村
녀심지 후연걸명 왜중인교하 과이흑말의 관석유화지우
女審之 后連乞命 倭衆刃交下 裹以黑襪衣 灌石油火之于
록산하수림중 습기편잔해 즉소지매지 후기경요권수 간
鹿山下樹林中 拾幾片殘骸 卽燒地埋之 后機警饒權數 干
정이십년 순치망국 수조천고소무지변
政二十年 馴致亡國 遂遭千古所無之變.

일본인들이 처음 입궁할 때 홍계훈(洪啓薰)이 큰 소리로 묻기를, "칙령이 있어서 군인을 부른 것인가?" 하니, 말이 채 끝나기도 전에 총탄을 맞아 쓰러졌다. (그를) 들고 돌아갔으나 수일이 지나서 이내 죽었다. 홍계훈은 졸병에서 시작해서 높은 지위에 이르렀으나 성격이 청렴결백하고 삼가하여 사대부를 대함에 예의를 저버린 적이 없었으니, 당시 출세하여 버릇없이 행동하는 자와는 달랐다. 그의 모친은 항상 '충성을 다하여 나라에 보답하라'고 훈계하였다고 한다.

**原文**

왜시입궁 홍계훈갈문 유칙령소외병야 언미이 중환이도
倭始入宮 洪啓薰喝問 有勅令召外兵耶 言未已 中丸而倒
여귀수일내사 계훈기졸오 치위륭현 이성렴결근신 대사
舁歸數日乃死 啓薰起卒伍 致位隆顯 而性廉潔謹愼 待士
대부무실례 여당시제녕행부동 기모 상계이진충보국운
大夫無失禮 與當時諸佞幸不同 其母 常戒以盡忠報國云.

정병하(鄭秉夏)는 19일 밤 대궐에서 숙직하고 있었다. 민비가 밖에서 그러한 일이 있다는 소문을 듣고 이미 피신하려고 생각하고 정병하에게 물었다. 정병하는, "일본군이 비록 대궐에 들이닥친다 하더라도 오로지 성심껏 성궁(聖躬, 민비를 가리킴)을 보호하겠습니다. 신은 이미 요량이 익숙하니 조금도 의심하고 근심할 것이 없습니다." 하였다. 민비는 평소 정병하를 자기의 사인(私人)으로 삼은 까닭에 깊이 신뢰하였으나 화가 미치게 된 것이다.

**原文**

정병하 이십구일직숙궐중 후미문외간의 이욕출피 문병
鄭秉夏 以十九日直宿闕中 后微聞外間議 已欲出避 問秉
하 병하대 이일병수입궐 단위보호성궁 신이숙췌 소무의
夏 秉夏對 以日兵雖入闕 亶爲保護聖躬 臣已熟揣 少無疑
구 후소이병하위사인 고심신지 급어화
惧 后素以秉夏爲私人 故深信之 及於禍.

변란이 일어나기 하루 전 남원 사람으로 김승집(金升集)의 집에서 자던 이가 있었다. 밤중에 어느 사람이 느릿느릿 걸어와서 김승집과 귓속말을 나누고 돌아갔는데, 김승집은 갑자기 허둥지둥 몸 둘 바를 몰라 했다. 그 사람은 괴상히 여겼으나 감히 묻지를 못했는데 다음날 변고가 일어났다.

**原文**

난전일일 남원인유숙어김승집가 야반유인양장지 여승
亂前一日 南原人有宿於金升集家 夜半有人踉蹡至 與升
집이어이거 승집홀홀불자정 기인괴지 불감문 익일난작
集耳語而去 升集忽忽不自定 其人怪之 不敢問 翌日亂作.

일본 공사 삼포오루(三浦梧樓)는 외부에 공문을 보내어 말하기를, "어제의 병변(兵變)이 밖에 전해지기를, '이달 초8일(음력 20일) 새벽 훈련대가 대궐 안에 돌진해서 소원(訴寃)[1]했는데, 편복을 한 일본인 약간 명이 섞여 들어가서 난폭한 일을 저지르는 것을 보았다'고 하니, 본 공사는 비록 이 말이 잘못 전해진 것을 알고는 있으나 사건의 관련성이 긴박하고 중요하므로 그대로 내버려두는 것은 옳지 못한 것으로 사료된다. 번거롭지만 귀 대신은 확실히 가부를 조사해서 회답해 주시오." 하였다.

김윤식(金允植)이 회답 공문을 보내서 말하기를, "우리 군대를 조사해 보니, 당일 대궐에 나아가 소원할 때에 만약 시위대와 서로 만나면 자세히 살필 수 없어서 충돌할 우려가 있었던 까닭에, 외국 복장으로 가장을 시켜 서로 격투를 벌이는 일이 없도록 기했던 것이며, 그들은 모두 일본인이 아니었음을 회답합니다."고 하였다.

이때에 훈련대를 감원해서 해산하자 군사들의 심기가 불온했던 까닭에, 삼포공사가 그렇게 꾸며서 자신은 벗어나려고 하였다. 곧 훈련대와 떠돌이 일본인이 뒤섞여 난당(亂黨)을 혼성하였다고 선언한 것은 자기들은 알지 못하는 것이라 선전했던 것이다. 김윤식이 아울러 뒤섞여 들어간 자가 일본인이 아니고, 훈련대가 일본인으로 가장한 데 불과한 것이라고 회답을 보낸 것은, 대개 일본인이 두려워서 엄호하려는 데서였다.

**註解**

1) **소원**(訴寃) : 원통한 일을 관청에 호소함.

**原文**

오루조회외부왈 일작병변 외간상전 본월초팔일 즉음
梧樓照會外部曰 日昨兵變 外間相傳 本月初八日(卽陰
역이십일 신 훈련대돌진궐내소원 견유일본인편복자약간
曆二十日)晨 訓鍊隊突進闕內訴寃 見有日本人便服者若干
명 혼동입내 사행령폭 운운 본사수지차설출자전와 사궐
名 混同入內 肆行逞暴 云云 本使雖知此說出自傳訛 事闕

緊要 未可置之不理 煩貴大臣確查是否 示覆 金允植答照曰 查我軍隊當日赴訴之際 若與侍衛隊兩下相遇 不能詳審易致衝突 故假粧外國服章 期無兵刃相接之患 幷非眞個日人也 准此函覆云云 是時減解訓鍊隊 軍心不穩 故梧樓欲因之 而自求脫免 宣言訓鍊隊與散倭 混成亂黨 而已 若不知也者 允植幷以混入者 非眞倭也 不過是訓鍊隊假裝倭人爲答 蓋畏倭而爲之掩護也.

이재면(李載冕)을 궁내부 대신으로, 조희연(趙羲淵)을 군부 대신으로, 권형진(權瀅鎭)을 경무사로 임명했는데, 이날과 같은 20일이다.

**原文**

以李載冕爲宮內府大臣 趙羲淵爲軍部大臣 權瀅鎭爲警務使 同是日也.

(8월) 22일, 조서(詔書)[1]를 내려 왕후 민비를 폐하여 서인(庶人)을 만들었다. 그 조서의 내용은 다음과 같다.

"짐이 왕위에 오른 지 32년 동안 치화(治化)[2]가 미흡했고, 왕후 민씨는 친정붙이들을 끌어들여 좌우에 펼쳐놓으며 나의 총명을 옹폐(壅蔽)[3]하고, 인명을 빼앗아 정치 기강을 흐려 어지럽게 하였다. 그리고 또한 관작을 팔아먹고 포악한 짓을 하여 재화가 커서 도적이 사방에서 일어나니 종묘사직을 더 보전하기 어렵게 되었다. 짐은 그의 악함이 극에 달했음을 알고도 벌칙을 내리지 못한 까닭은, 한갓 짐이 밝지 못해서만 그런 것이 아니라 그의 친족들을 꺼려해서 그렇게 된 것이다. 이로써 짐은 지난 해 12월에 태묘(太廟)에 서고(誓告)하여 고하되 종척(宗戚)들은 정사에 간여치 못한다고 하여, 그가 혹시 고쳐서 깨달음이 있기를 바랐던 것이다. 민씨는 구악을 고치지 못하고 군소배들을 몰래 끌어들여 짐의 동정을 엿보고, 무릇 짐이 대신들을 인접하면 모두 막아 버리는가 하면 짐의 명령을 속여 군대를 해산시키고 변란을 급격히 일어나게 하였다. 사변이 일어나자 짐을 피해서 독자로 도망쳤으니 임오군란(壬午軍亂)의 지난 변란을 도습(蹈襲)[4]한 것이다. 결국 수소문을 하나 종내 나타나지 않으니 이 어찌 왕후의 작덕(爵德)[5]을 칭하지 않는데서 그칠 뿐이겠는가? 그의 죄악은 실로 꽉 차 있어서 종묘를 이어받는 것은 옳지 못하다. 그러므로 삼가 우리 왕가 고사(故事)[6]에 의거해서 평민으로 폐한다."

삼포 공사는 궁정 사건의 수괴가 되고 보니 해외 열강과 모든 사람들이 그의 죄를 성토할까 두려워 임금을 협박하여 왕후를 폐한다는 조칙(詔勅, 조서)을 내리게 하였다. 그리고 유언비어를 조작시켜서 왕후가 난을 피하여 지방에 있다고 했으며,

민간에서는 임오군란 때와 같이 충주에 머무르고 있다는 소문이 많았으며 혹은 진주 옥천암(玉泉菴)에 있다고들 말했다.

## 註解

1) **조서**(詔書) : 임금의 선지(宣旨)를 일반에게 알리고자 적은 문서.
2) **치화**(治化) : 어진 정치로 백성을 다스려 이끎.
3) **옹폐**(壅蔽) : 임금의 총명을 막아서 가림.
4) **도습**(蹈襲) : 전에 하던 대로 따라함. 답습(踏襲).
5) **작덕**(爵德) : 작위와 덕망. 여기서는 왕후의 직위를 말함.
6) **고사**(故事) : 옛날부터 전해 오는 일. 선례.

## 原文

이십이일 하조폐왕후민씨위서인 조략왈 짐임어삼십이
二十二日 下詔廢王后閔氏爲庶人 詔略曰 朕臨御三十二

년 치화미흡 이왕후민씨원인친당 포치좌우 옹폐총명 박
年 治化未洽 而王后閔氏援引親黨 布置左右 壅蔽聰明 剝

할인명 탁난정령 죽매관작 탐학도천 도적사기 종사급급
割人命 濁亂政令 鬻賣官爵 貪虐滔天 盜賊四起 宗社岌岌

막보조석 짐지기악극 이불능항벌자 비도짐지불명 역기기
莫保朝夕 朕知其惡極 而不能降罰者 非徒朕之不明 亦忌其

당여이연야 시이짐어상년십이월 서고태묘 종척부득간정
黨與而然也 是以朕於上年十二月 誓告太廟 宗戚不得干政

기기혹유개오야 민씨부전구악 잠인군소 사짐동정 범짐소
冀其或有改悟也 閔氏不悛舊惡 潛引群小 伺朕動靜 凡朕所

인접대신 류개방알 교짐명령 해산국병 격기변란 지어사
引接大臣 類皆防遏 矯朕命令 解散國兵 激起變亂 至於事

변지출 내피짐독출 도습임오 고종십구년 왕사 방구지제
變之出 乃避朕獨出 蹈襲壬午(高宗十九年)往事 訪求之際

종불출현 시즉기지불칭왕후지작덕이이 기죄악 실시관영
終不出現 是則豈止不稱王后之爵德而已 其罪惡 實是貫盈
불가이승종묘 고근의아가고사 폐위서인운운 오루기범수
不可以承宗廟 故謹依我家故事 廢爲庶人云云 梧樓旣犯首
악 공열방자구성죄 박상강폐후조 우조와언 후도난재외
惡 恐列邦藉口聲罪 迫上降廢后詔 又造訛言 后逃亂在外
민간성전재충주 여임오시 혹언재진주지옥천암
民間盛傳在忠州 如壬午時 或言在晉州之玉泉菴.

조칙이 비록 임금의 뜻에서 나온 것은 아니지만 당시 사람들은 그것을 실록(實錄)[1]이라 여겼다.

**註解**

1) 실록(實錄) : 사실을 있는 그대로 적은 기록. 한 임금의 재위 연간의 사적(史蹟)을 연대에 따라 편찬한 것. 그 임금이 세상을 떠난 뒤에 실록청을 두고 시정기(時政記)를 거두어 찬수(撰修)함.

**原文**

조수불출상의 시인위지실록
詔雖不出上意 時人謂之實錄.

탁지부 대신 심상훈(沈相薰)이 관직을 버리고 고향으로 내려가자, 후임으로 어윤중(魚允中)을 임명했다. 왕후를 폐한다는 조칙(詔勅)이 내릴 때 김홍집(金弘集) · 이재면(李載冕) · 김윤식(金允植) · 박정양(朴定陽) · 조희연(趙羲淵) · 서광범(徐光範) · 정병하(鄭秉夏) · 심상훈 등은 정부 장관의 직임을 맡고 있으므로, 마땅히 칙지(勅旨)를 받들어 서명날인을 해야 한다. 그러나 심상훈만이 날인하지 않고 통곡하면서, “나라의 원수를 갚지 않고 출사(出仕)[1]하는 것은 옳지 않다.” 하며, 드디어 고향인 충주로 내려갔다. 박정양은 이날 궁중에 없어서 또한 서명하지 않았다.

**註解**

1) 출사(出仕) : 관리가 됨. 관청에 나아감. 출근함.

**原文**

탁지대신심상훈 기관귀향 후이어윤중대지 폐후조하 김
度支大臣沈相薰 棄官歸鄕 後以魚允中代之 廢后詔下 金
홍집 이재면 김윤식 박정양 조희연 서광범 정병
弘集 · 李載冕 · 金允植 · 朴定陽 · 趙羲淵 · 徐光範 · 鄭秉
하 심상훈등 이정부장관 봉칙당서압 이상훈독불서 통
夏 · 沈相薰等 以政府長官 奉勅當署押 而相薰獨不署 痛
곡언국수미복 불가출사 수왕귀충주 정양이시일부재궁중
哭言國讎未復 不可出仕 遂往歸忠州 定陽以是日不在宮中
역불서명
亦不署名.

외부 대신 김윤식(金允植)은 각국 공사관에 공문을 보내어 조문(詔文)[1]을 갖추어 기록하고 이어서 말하기를, “우리 대군주께서 이번 민비를 평민으로 만든 것은 진실로 종묘사직(宗廟社稷)을 위하여 백성을 구하려는 데서 나온 것이니, 단적으로 대의(大義)에서 나온 것이라.” 운운 하였다. 미국 공사 안연(安

連, Allen)은 이에 대해 회답을 하기를, "이번 조문은 감히 대군주께서 친히 내린 것이라 인정할 수 없다." 하였고, 러시아 공사 위패(韋貝, waeber)도 회답을 보내오되, "이 조문은 귀국 대군주께서 친히 내린 것이 아니니, 귀 대신에게 그렇다는 것을 통지하지 않을 수 없다." 하였다.

**註解**

1) **조문**(詔文) : 임금의 명령을 쓴 문서. 조서(詔書)와 같은 말.

**原文**

외 부 김 윤 식 조 회 각 국 공 관 비 록 조 문 계 이 왈 아 대 군 주 차<br>
外部金允植 照會各國公館 備錄詔文 繼而曰 我大君主此<br>
거 단 출 어 위 종 사 생 민 단 이 대 의 운 운 미 공 사 안 연 답 왈 차<br>
擧 亶出於爲宗社生民 斷以大義云云 美公使安連答曰 此<br>
조 불 감 인 이 대 군 지 소 친 강 아 공 사 위 패 답 왈 차 조 지 불 유 귀<br>
詔不敢認以大君之所親降 俄公使韋貝答曰 此詔之不由貴<br>
대 군 주 친 강 지 자 향 귀 대 신 불 가 불 통 지 야<br>
大君主親降之者 向貴大臣不可不通知也.

왕후를 폐위했다는 것을 장차 종묘에 고하게 되어, 전 참판 서상우(徐相雨)에게 글을 지어 올리도록 명했다. 그러나 서상우는 준엄히 거절하며 말하기를, "내 팔을 자르면 잘랐지, 이 글을 가히 지을 수 없다."고 하였다. 결국은 이승오(李承五)를 시켜 지어 바치게 하였다.

**原文**

이 폐 후 사　장 고 묘 사　명 전 참 판 서 상 우 제 문 이 진　상 우 준 거
以廢后事 將告廟社 命前參判徐相雨製文以進 相雨峻拒
지 왈　오 완 가 단　차 문 불 가 초　수 령 이 승 오 제 진
之曰 吾腕可斷 此文不可草 遂令李承五製進.

대원군이 글을 지어 국내외에 고유(告諭)[1]하였다.

"흥선 대원군(興宣大院君)이 널리 포고하노라. 근일 이래 간사한 무리가 나라를 어지럽혀 군심(軍心)이 격변하여 모든 사람들을 떨게 하여 짧은 기간이나마 더 보전할 수 없을 것 같다. 이 달 19일 밤에, 내가 대왕폐하의 밀지(密旨)를 받고 군대를 이끌고 대궐에 들어가 상감의 옥체를 보호하고 대궐을 숙청하여 종묘사직을 부지하여 평안히 했다. 슬프다. 변란이 발생하게 된 것은 일조일석의 연고로 일어난 것이 아니며 국사(國事)가 날로 말이 아니어서 생령이 도탄에 빠졌으니, 10년이 이르는 사이에 네 차례의 병변(兵變)이 있었다는 것을 어찌 차마 말할 수 있겠는가? 이제 천심을 감오(感悟)[2]시켜 종사(宗社)의 대계로써 주를 삼아 사은(私恩)을 끊어 버려서 특별히 비상한 처분을 내린 것은 결단코 크게 공평하며 지극히 정당한 데서 나온 것이다. 과감한 정치를 행한 성덕(聖德)을 누가 만족하다고 흠송(欽誦)하지 않겠는가? 오늘의 처사는 오직 위로는 종묘사직을 보존하고 밑으로는 만백성을 편안히 함이며, 우리 5백년의 어려운 대업을 떨어뜨리지 않기 위해서일 뿐이다. 이밖에 또 무슨 다른 뜻이 있겠는가? 소문만을 들은 몽매한 백성들이

웅성대며 뜬소문을 퍼뜨려 사람들의 귀를 현혹시키고 혹은 명의(名義)에 의탁해서 음흉한 생각을 품고 제도를 벗어나니, 이것은 모두 난을 좋아하고 화를 즐기는 것이니 스스로 사지(死地)로 나가는 일이다. 지방장관은 장차 이러한 이치를 일일이 깨우쳐서 우리 백성 하나하나가 모두 전주 이씨의 종사(宗社)를 위하는 마음을 품어 가슴속에 새겨두도록 하고 사설(邪說)[3]에 동요되지 말라. 모쪼록 종전의 백성을 학대한 정치는 일체 없애고 다시 고쳐서 다스리며, 각자 맡은 업무에 충실하여 함께 태평한 복을 누리도록 하라. 운운."

이것은 또한 김홍집 등이 대원군에게 죄를 뒤집어씌우려는 데서 나온 것이다.

**註解**

1) **고유**(告諭) : 백성에게 알림. 일러서 깨우쳐 줌.
2) **감오**(感悟) : 느끼어 깨닫게 함.
3) **사설**(邪說) : 올바르지 않은 말. 부정한 말.

**原文**

대원군위문고유중외왈 흥선대원군위포고사 근일이래
大院君爲文告諭中外曰 興宣大院君爲布告事 近日以來

간당난국 군심격변 대소율율 약불보조석 금월십구일야
姦黨亂國 軍心激變 大小栗栗 若不保朝夕 今月十九日夜

여봉대내밀지 조병입궐 보호상궁 숙청궁금 부안종사 오
余奉大內密旨 調兵入闕 保護上躬 肅淸宮禁 扶安宗社 嗚

호변란지생 비일조일석지고야 국사일비 생영도탄 이치
呼變亂之生 非一朝一夕之故也 國事日非 生靈塗炭 以致

십년지간 사차병변 상인언재 금자 천심감오 이종사대계
十年之間 四次兵變 尙忍言哉 今者 天心感悟 以宗社大計
위주 단절사은 특강비상지처분 단출어대공지정 확휘건
爲主 斷截私恩 特降非常之處分 斷出於大公至正 廓揮乾
단지성덕 숙불흠송만재 금일지사 유재어상보종사 하안
斷之聖德 孰不欽誦萬哉 今日之事 惟在於上保宗社 下安
여서 비아오백년간대지업 무지실추이이 차외무타의리
藜庶 俾我五百年艱大之業 毋至失墜而已 此外無他義理
비문우미지민 서동부언 현혹인청 혹가탁명의 음회불궤
比聞愚迷之民 胥動浮言 眩惑人聽 或可托名義 陰懷不軌
시개호난락화 자취사지자야 지방장관 장차사리 일일효
是皆好亂樂禍 自就死地者也 地方長官 將此事理 一一曉
유 사아백성인인 개회위이씨종사지심 각우흉중 물위사
喩 使我百姓人人 皆懷爲李氏宗社之心 刻于胸中 勿爲邪
설소동 종전학민지정 일체폐혁 갱신위치 비득명안기업
說所動 從前虐民之政 一切廢革 更新爲治 俾得名安其業
공향태평지복운운
共享太平之福云云.

차역홍집등 욕위죄어운현자야
此亦弘集等 欲委罪於雲峴者也.

왕태자는 퇴위할 뜻으로 상소를 올렸다.

**原文**

왕태자상소사위
王太子上疏辭位.

서인(庶人)으로 폐위된 민씨에게 빈호(嬪號)를 내렸다.

**原文**

賜廢庶人閔氏嬪號.
(사 폐 서 인 민 씨 빈 호)

전 참판 이건창(李建昌)이 이달 30일, 전 참판 홍승헌(洪承憲)・정원하(鄭元夏)와 더불어 연명하여 역적을 토벌하자는 소를 올렸다. 그 내용은 다음과 같다.

"아! 성상께서 처음으로 정치를 잡고 교화를 베풀어 행하심에, 신정왕후(神貞王后)께서 친히 좋은 가문에서 간택하여 드디어 원비(元妃)를 구하시고 우리 성상을 도와 종묘를 잇고 만백성을 보살피신 지 30년에 이르렀습니다. 하늘의 도움을 받아 원자를 낳으셔서 우리의 큰 기틀을 열었으니 오직 아름답고 자애로워 다함께 공경하고 있습니다. 중간에 많은 변란을 겪어 이미 갖가지로 온갖 고초를 다 맛보았는데, 작년 이래로부터 이웃나라가 질책하는 등 외환(外患)[1]이 그치지 않고 반역의 모의가 안으로 번져나가, 비록 성상의 위엄과 결단으로도 아직 자유롭지 못함이 있는데, 하물며 궁궐 안에 있어서의 왕비의 과실을 어찌 가히 말할 수 있겠습니까? 설혹 과실이 있더라도 성상으로서는 몸을 가지런히 해야 할 의(義)가 있으며, 동궁의 지극하신 효도의 정을 생각하신다면 어찌 차마 갑자기 폐위하실 수 있겠습니까? 그렇다면 지금의 거행한 일은 결코 성상의 뜻이 아님을 알 수 있습니다. 아! 천지 사이에도 볼 수 없는 바이며, 만고에도 들어보지 못한 바입니다. 길에서도 서로 전해 듣고 여러 사람들의 말이 흉흉하니, 모두 20일에 일어난 변고는 역적이 시행한 소행인데, 다만 역적놈이 우리나라 사람인지 일본 사람인지 판별할 수 없을 뿐이라고 합니다.

『예기(禮記)』에 이르기를, "신하된 자가 자기 임금을 시해하면 벼슬자리에 있는 자는 그를 죽이고 용서하지 않는다."라고 하였고, 또 이르기를, "군부의 원수와는 같은 하늘 아래 살지 않으며 무기를 돌리지 않고 끝까지 싸운다"라고 하였습니다. 『춘추(春秋)』의 예(例)에도, "소군(小君, 王后)은 군(君)과 같다."고 하였습니다. 저 각부(閣部)의 여러 대신 이하 조정에 벼슬하는 자들이라고 유독 이 의리를 모르겠습니까? 어찌해서 가려 숨기고 덮어두어 열흘이 지나고 달이 지나가도 걱정하는 기색 없이 아무 일 없었던 것 같이 할 수 있습니까? 그들 가운데 또한 화를 탐하고 변란을 요행으로 여기며 위를 협박하고 아래를 제어해서 권력을 절취하고 세력을 농락하는 꾀를 부리는 자가 없겠습니까? 그렇지 않다면 이것은 고식적인 말에 지나지 않습니다. 혹자는 으레, '복수는 오히려 늦추어야지, 급격한 변화를 다시 일으켜서는 안 된다'고들 말하는데, 설사 변란이 재차 격렬하게 일어난다고 하더라도 어찌 지난 20일에 일어난 변고보다 더할 수가 있겠습니까? 20일보다 더한 일이 일어난다면 나라는 망함이 있을 뿐입니다. 그러나 격변이 일어나지 않고 망하지 않는다고 해도 어찌 격변이 일어나서 망하는 것보다 낫겠습니까? 또한 우리가 크게 두려워하고 전율을 느끼는 것은 강한 이웃입니다. 그런데 일본인은 비록 우리 조정 대신과는 다르다고는 하더라도 외신(外臣)[2] 또한 신하이니, 정말 무도(無道)한 죄가 있다면 우리의 법으로 처단하지 못하겠습니까? 훈련대의 군사에 있어서도, 비록 그들이 아비를 잡아먹는 흉측하고 잔악하다 한들 조선인일 뿐이니 마땅히 잘라 죽여야 할 죄가 있으면 잘라 죽일 것이요, 찢어 죽일 죄가 있으면 찢어 죽일 것입니다. 만백성의 여론이 물 끓는 듯하고 만방의 공론이 사방에서 일어나는데, 저들이 어찌 감히 다시 격변을 일으키겠습니까? 요컨대 적당을 지은 자가 군에 있으면 그 병사를 가히 죽일 것이요, 조정 신하에 있다면 그 조정 신하를 죽일 것이요, 외국에 있다면 외국인 또한 죽여야 할 것입니다. 필부(匹婦) · 필부(匹夫)의 죽음에 당해서도 그 명대로 죽지 못하면 그 원한을 갚지 않을 수 없거늘, 어찌 국모가 시해를 당함에 있어서랴? 아! 변란이 일어난 지 10일이 지났는데, 위로 저궁(儲宮, 왕세자)으로부터 아래로 신서(臣庶, 신하와 서민)에 이르기까지 아직도 통곡 한 번 못하고 상복 하나 걸치지 못했으니, 하늘의 이치와 인정이 어찌 차마 이럴 수가 있겠습니까?

엎드려 바라옵건대, 성상께서는 속히 명을 내리시어 왕후를 폐한 칙령을 거두시고, 예를 갖추어 장례를 치르도록 하시고 바로 철저히 조사하여 성토하고 복수하여 8도 신민으로 하여금 다소나마 하늘에 닿고 땅에 퍼진 통한을 씻게 하소서. 아! 신 등은 모두 대대로 국록을 받고 두터이 성은을 받은 처지로 이러한 흉변을 당했으니, 마땅히 죽었어야 하나 죽지 않고 시골구석에 파묻혀 있다가 대궐 앞으로 달려가 하늘을 우러러 통곡하기를 스스로 그치지 못하고 있습니다. 30년 신하를 섬긴 의리가 여기에서 말이 그쳤으니 오직 성상께서는 헤아려주시기 바랍니다. 더 이상 말을 잇지 못하겠습니다."

이 상소는 보고 되지 않았다. 최익현(崔益鉉)·윤태흥(尹泰興)·이남규(李南珪) 또한 다 소가 있었으나 받아들여지지 않았다. 이들의 상소문은 볼 수 없어서 여기에 기록하지 못한다.

## 註解

1) **외환**(外患) : 외적이 침범해 들어오는 근심. 외부에서 받는 걱정.
2) **외신**(外臣) : 타국에 사신으로 갔을 때 상대방 왕에게 자신을 일컫는 말.

## 原文

전참판이건창 이시월삼십일 여전참판홍승헌 정원하
前參判李建昌 以是月三十日 與前參判洪承憲·鄭元夏
련명상토역소왈 오호 월재성상초복 아신정왕후친간령족
聯名上討逆疏曰 嗚呼 粤在聖上初服 我神貞王后親揀令族
율구원비 괴좌아성상승종묘자만성 흘삼십년 수천지우
聿求元妃 傀佐我聖上承宗廟子萬姓 迄三十年 受天之祐
탄육원량 용계아비비기 유휴유휼 함여공지 중경백변 역
誕育元良 用啓我丕丕基 惟休惟恤 咸與共之 中經百變 亦
기비상 자작년이래 인책외홍 역도내만 수성상위단 상유
旣備嘗 自昨年以來 隣責外訌 逆圖內蔓 雖聖上威斷 尙有
불능자유자 황재궁곤지내 안유과실지가언 자혹유지 이
不能自由者 況在宮壼之內 安有過失之可言 藉或有之 以
성상제체지의 념동궁지효지정 하인거지어폐강호 연즉금
聖上齊體之義 念東宮止孝之情 何忍遽至於廢降乎 然則今
자지거 결지비성상의야 오호 궁천지이소미도 긍만고이
者之擧 決知非聖上意也 嗚呼 窮天地而所未覩 亘萬古而

소미문 도로상전 만구흉흉 개이위이십일지변 적이행시
所未聞 都路相傳 萬口洶洶 皆以爲二十日之變 賊已行弑

단미판적지위아인위일본인이이 예왈 신시기군 재관자
但未辨賊之爲我人爲日本人而已 禮曰 臣弑其君 在官者

살무사 우왈거군부지수 불여공천하 불반병이투 춘추지
殺無赦 又曰居君父之讐 不與共天下 不反兵而鬪 春秋之

예 소군유군야 피각부제대신이하재정자 독부지사의호
例 小君猶君也 彼閣部諸大臣以下在廷者 獨不知斯義乎

내하엄닉복개 경순열월 개연약무사 무내기중역유탐화행
奈何掩匿覆蓋 經旬閱月 恝然若無事 毋乃其中亦有貪禍幸

변 이신기협상제하 절권령세지계자야 불연즉시불과식지
變 以信其脅上制下 竊權逞勢之計者耶 不然則是不過息之

설 기필이위복수상가완 격변불가재 설사변지재격 하이
說 其必以爲復讐尙可緩 激變不可再 設使變之再激 何以

가어이십일 가어이십일 즉유망이이 연불격이불망 용유
加於二十日 加於二十日 則有亡而已 然不激而不亡 庸有

유어격이망호 차아지소대공적췌자강린이 연일본인수 이
愈於激而亡乎 且我之所大恐積惴者强隣耳 然日本人雖 異

어정신 외신역신야 과유기범 독불가이복아법호 지여훈
於廷臣 外臣亦臣也 果有其犯 獨不可以伏我法乎 至如訓

련병 즉수기경흉제광 시특조선인종이 과지즉사과의 책
鍊兵 則雖其獍凶猘狂 是特朝鮮人種耳 剮之則斯剮矣 磔

지즉사책의 만민지여론여비 만방지공의사발 피역안감부
之則斯磔矣 萬民之輿論如沸 萬邦之公議四發 彼亦安敢復

격 요지작적자 재병즉병가주야 재정신 즉정신역가주야
激 要之作賊者 在兵則兵可誅也 在廷臣 則廷臣亦可誅也

재외국즉외국인역가주야 필부필부지사 이부득기명자 유
在外國則外國人亦可誅也 匹婦匹夫之死 而不得其命者 猶

무불상지원 기유국모피시 이수종불복자호 오호 변후금
無不償之寃 豈有國母被弑 而讐終不復者乎 嗚呼 變後今

십일 상자저궁 하지신서 상불능발일성곡 괘일루마 천리
十日 上自儲宮 下至臣庶 尙不能發一聲哭 掛一縷麻 天理

인정 호령인사 복원성상극하명명 환수폐후칙령 비례발
人情 胡寧忍斯 伏願聖上亟下明命 還收廢后勅令 備禮發
애 잉행국핵 이신토복 비팔역신민 소설관궁철양지통언
哀 仍行鞫覈 以伸討復 俾八域臣民 少泄貫穹徹壤之慟焉
오호 신등구이세록 후몽은조 치자흉변 의사불사 전복궁
嗚呼 臣等俱以世祿 厚蒙恩造 値玆凶變 宜死不死 跧伏窮
서 병궐분문 유천통곡 불능자이 삼십년신사지의 언지어
澨 幷闕奔問 籲天痛哭 不能自已 三十年臣事之義 言止於
차 유성상금량언 무임운운
此 惟聖上衿諒焉 無任云云.

소지불철 최익현 윤태흥 이남규 역개유소이견각 소
疏至不徹 崔益鉉·尹泰興·李南珪 亦皆有疏而見却 疏
사이부득견 고불록
辭以不得見 故不錄.

전에 상궁으로 있던 엄씨(嚴氏)를 불러 대궐로 맞아들였다. 민비가 있을 때 임금은 겁이 나서 감히 곁눈질도 해 보지 못했는데, 그 이유는 이렇다. 10년 전 우연히 엄씨를 총애한 일이 있었는데, 민비는 크게 노해서 그를 죽이려 하여 임금이 애걸해서 가까스로 죽음을 면하고 밖으로 내보냈던 것이다. 이때에 이르러 부름을 받고 입궐하니 민비가 죽은 지 5일밖에 안 되어 왕의 심간(心肝)[1]이 없다고 장안 사람들은 모두 한스럽게 여겼다. 엄씨의 생김새는 민비와 비슷하여 권모(權謀)와 재략(才略) 또한 민비와 같았다. 입궁한 후 왕의 총애를 독차지하여 정사(政事)에도 간여하여 뇌물을 받아들여 침침(駸駸)[2]함이 민비가 있을 때와 같았다.

**註解**

1) 심간(心肝) : 깊이 감추어 둔 속마음. 진심. 단심(丹心).
2) 침침(駸駸) : 일의 진행이 빠른 모양. 점점.

**原文**

소전상궁엄씨입궁 후재시 상외지 불감유사면 십년전
召前尙宮嚴氏入宮 后在時 上畏之 不敢有私眄 十年前
우행엄씨 후대에 욕살지 상간걸획면 출지외 지시소입 거
偶幸嚴氏 后大恚 欲殺之 上懇乞獲免 出之外 至是召入 距
변후보오일야 상지무심간 도민개한지 엄씨모류민후 권
變後甫五日也 上之無心肝 都民皆恨之 嚴氏貌類閔后 權
략역여지 기입궁 대피전총 간정통회뢰 침침여민후시동
略亦如之 旣入宮 大被專寵 干政通賄賂 駸駸與閔后時同.

궁내부에 영을 내려 국혼・간택의 절차를 의논하게 하였는데, 곤의(坤儀)는 하루도 비울 수 없었기 때문이다.

**原文**

령궁내부 의국혼간택지절 이곤의 불가일일허야
令宮內府 議國婚揀擇之節 以坤儀 不可一日虛也.

김가진(金嘉鎭)을 주일 공사로 임명하여 고영희(高永喜)를 대신케 했다.

**原文**

이김가진위주왜공사 대고영희
以金嘉鎭爲駐倭公使 代高永喜.

9월, 세전(稅錢)과 호전(戶錢)에 바치는 시기를 정했다. 각각 2차로 나누어 세전은 해마다 10월과 다음해 정월에, 호전은 매년 3월과 9월에 한해서 바치도록 하였다.

**原文**

九月 定稅錢·戶錢刷納期限 各分兩度 稅錢限當年十月·翌年正月 戶錢限當年三月·九月.

각부에서 세무시찰관을 두고 각군에는 세무주사를 두되, 세무시찰관은 중앙에서 파견하고 세무주사는 지방 사람을 뽑았다. 그러나 간사한 무리들이 군수와 짜고 사사로이 부정을 하여, 가끔 타도 사람을 추천하였는데 중앙〔京府〕에 속여서 보고하는 일이 있었다. 어느 도를 막론하고 서울 사람이 가장 많이 차지했다.

**原文**

置各府稅務視察官·各郡稅務主事 視察自京派送 主事命差地方人 然姦民圖囑郡守私庇 往往薦他道人 瞞報京部 毋論何道 京師人最多.

진위대(鎭衛隊)를 평양과 전주에 설치하였다.

**原文**

설진위대우평양 전주
設鎭衛隊于平壤·全州.

조칙을 내려, "삼통(三統, 夏·殷·周의 正朔, 정월 1일)을 서로 넘나들며 쓴 것은 때에 따라 마땅함을 좇은 까닭이었다. 이제 정삭(正朔, 曆法)을 개정하여 마땅히 태양력으로 사용할 것이다. 금년 을미 11월 17일 갑인은 505년 1월 1일이 된다" 하였다.

**原文**

조왈 삼통호용 소이인시제의자야 금개정삭 당용태양력
詔曰 三統互用 所以因時制宜者也 今改正朔 當用太陽曆
기이금년을미십일월십칠일갑인 위오백오년일월일일
其以今年乙未十一月十七日甲寅 爲五百五年一月一日.

일본 대사 정상형(井上馨)이 이르렀다. 갑신정변 때 정상형이 와서 크게 요구하고 마구 협잡을 하였는데 지금 또 온 것은 장차 삼포오루(三浦梧樓)가 저지른 사건을 미봉하기 위함이었다.

**原文**

일본대사정상형지 갑신 고종이십일년 지변 형래대사
日本大使井上馨至 甲申(高宗二十一年)之變 馨來大肆
요협 금우래 이장미봉오루사야
要挾 今又來 以將彌縫梧樓事也

종가(鍾街)의 타종법을 바꾸어 정오와 자정에 치도록 하였다. 전에는 정오에는 타종을 하지 않고 밤에 처서 이를 인정종(人定鍾)이라 했고, 밤이 샐 때 처서 파루종(罷漏鍾)이라 했는데, 이때에 이르러 그것을 개정한 것이다.

**原文**

개종가당종법 이오정 자정당지 구무오종 유혼당왈인
改鍾街撞鐘法 以午正·子正撞之 舊無午鍾 惟昏撞曰人
정종 야당왈파루종 지시개지
定鍾 夜撞曰罷漏鍾 至是改之.

북관남도(함경남도) 10여 고을에 크게 전염병이 돌아 7월부터 이 달에 이르기까지 사망자가 무려 2,700여 명이었으며, 호남의 전주와 고부 사이에서도 또한 500여 명이 사망했으며, 관서 지방의 강계 한 고을에서만 사망자가 3천여 명이나 되었다. 모두 이른바 호열자(콜레라) 때문이었다.

**原文**

북관남도십여군대역 칠월지시월 사자이천칠백여인 호
北關南道十餘郡大疫 七月至是月 死者二千七百餘人 湖
남전주 고부지간 역사오백여인 관서지강계일군 사자삼
南全州·古阜之間 亦死五百餘人 關西之江界一郡 死者三
천여 개소위호열자야
千餘 皆所謂虎列刺也.

민종렬(閔種烈)은 나주에서 담양으로, 조원식(趙元植)은 안의에서 상주로 전임되었는데, 동비를 방어한 공로 때문이었다. 식자들은 그들이 사임하고 돌아가기를 바랐으나 두 사람 모두 부임하였다.

**原文**

閔種烈自羅州移拜潭陽 趙元植自安義移拜尙州 用禦東匪功也 識者欲其免歸 而二人俱之任.

10월, 일본 정부는 공사 삼포오루를 소환하였다. 일본인 재판결정서(裁判決定書)에 의거해서 삼포공사 등을 범죄자로 몰았으나 별로 뚜렷한 증거가 없다 하여 모두 방면했다. 또한 각 보고문에는 대원군이 대궐에 들어가 난을 주동했다고 크게 떠들고, 삼포 공사는 왕명을 받고 구출하기 위해 들어갔으며 민비 시해사건에 참여하지 않았다고 하니, 이것은 모두 자기의 주변을 비호하려는 술책에 불과했다.

**原文**

十月 日本召其公使三浦梧樓還 據倭人裁判決定書 稱梧樓等罪犯 別無確據 幷行放免 又其各報章 盛稱大院君入闕倡亂 梧樓承王命入救 不預弑后之事 蓋皆其周遮掩護之計也.

10월 10일, 왕후 민씨의 위호(位號)[1]를 복위하고 법부에 명해서 흉범들을 체포토록 하였으며 군부 대신 조희연(趙羲淵)과 경무사 권형진(權瀅鎭)을 죄책하여 면직시켰다. 8월 이후 주한 외국 공사들이 역도들을 조사하여 정형(正刑)[2]에 처하라고 연이어 청하자 김홍집(金弘集) 등은 왕후가 도망했다는 것을 빙자하고 날짜를 끌었으나 그 실정이 점차 드러나자 더 이상 덮어둘 수 없었다. 드디어 모든 외국 사신들과 탑전(榻前)[3]에서 결재를 얻어 왕후를 복위하고, 역적을 다스리라는 칙지를 반포하여 조희연 등을 면직시켰다. 이에 이두황(李斗璜)과 우범선(禹範善) 등은 모두 도망쳤다.

### 註解

1) **위호**(位號) : 작위와 칭호.
2) **정형**(正刑) : 죄인을 사형에 처하는 형벌. 정법(正法).
3) **탑전**(榻前) : 임금의 자리 앞.

### 原文

초십일 복왕후민씨위호 영법부나획흉범제적 군부대신
初十日 復王后閔氏位號 令法部拿獲凶犯諸賊 軍部大臣
조희연 경무사권형진 이죄면 팔월이후 외국공사등 연
趙羲淵·警務使權瀅鎭 以罪免 八月以後 外國公使等 連
청국역정형 홍집등 자탁왕후도난 의위도일 급기정절초
請鞫逆正刑 弘集等 藉托王后逃難 依違度日 及其情節稍
로 불가일향엄닉 수여제외사 탑전정탈 반복위토역지칙
露 不可一向掩匿 遂與諸外使 榻前定奪 頒復位討逆之勅
면희연등 어시 이두황 우범선등개도
免羲淵等. 於是 李斗璜·禹範善等皆逃.

칙명(勅命)[1]은 이러했다.

“지난날 변란이 있을 때에 왕후가 있는 곳을 알지 못하면서 오래 지내왔으나 당일 붕서(崩逝)[2]하였다는 증거가 뚜렷하다. 8월 20일 묘시(卯時, 오전 5시~7시)를 기해 왕후가 곤령각(坤寧閣)에서 승하(昇遐)[3]하였다는 것을 중외에 발표하여 알린다.”

**註解**

1) **칙명**(勅命) : 임금의 명령. 칙지(勅旨).
2) **붕서**(崩逝) : 왕이나 왕비의 죽음.
3) **승하**(昇遐) : 임금이 세상을 떠남. 여기서는 왕비의 죽음.

**原文**

勅命 向者變亂之際 不知王后所在 日月愈久 而當日崩逝之證的矣 其以八月二十日卯時 王后昇遐於坤寧閣事 布聞中外.

10월 15일, 국휼(國喪)의 조서를 반포하였다. 백관들은 경유문(景維門)에서 모두 곡을 했으며, 빈전(殯殿)은 태안전(泰安殿)에, 혼전(魂殿)은 문경전(文慶殿)에 설치하였다. 16일에 습(襲)을 하고, 17일에 소렴, 19일에 대렴, 22일에 성복(成服)을 하였다.

**原文**

十五日 頒國恤詔 百官擧哀于景維門 設殯殿于泰安殿 魂殿于文慶殿 十六日襲 十七日小斂 十九日大斂 二十二日成服.

왕후가 이미 복위되고 나서 장차 빈(殯)·염(斂)의 의식을 갖추어야 했는데, 옥체를 찾아내지 못했다. 오운각(五雲閣) 서쪽 봉우리 밑의 녹산(鹿山) 숲 속에서 땅을 파니 오직 재와 모래가 뒤섞인 속에서 뼈마디가 나왔는데 부위를 분별할 수 없었다. 고양군에 늙은 환관이 살고 있었는데, 나이가 70여 세로 상사(喪事)에 익숙하여 후골(朽骨)도 분간할 수 있다고 소문이 나 있어서 그를 불러들였다. 오직 그의 말을 들어가며 뼈마디를 칠성판에 맞추는데 빈 곳은 남아 있는 재를 가져다가 보충하였으며, 비단 수의 수십 벌로 여러 번 싸서 묶은 다음 재궁(梓宮)에 모셨다. 대체로 장례의식의 격식을 맞추는 것을 기약했을 뿐 반드시 부위를 꼭 맞추지도 못했다. 무릇 3일 걸려서 비로소 일을 끝냈다. 나는 정만조(鄭萬朝)한테 들었는데, 정만조는 궁내부의 관리로서 그 일에 참여하여 목격하였던 사람이다.

**原文**

后旣復 將具儀殯斂 而不得玉體 之五雲閣西峰下鹿山樹

림중굴지 유회사잡촌골 부위불가변 고양군유노환 년가
林中掘地 惟灰沙雜寸骨 部位不可辨 高陽郡有老宦 年可
칠십여 한상사 이능변후골칭 중초지 유기언시청 기치우
七十餘 嫺喪事 以能辨朽骨稱 衆招之 惟其言是聽 棋置于
칠성판 국매회보지 금대수십 칭랍첩교속 납지재궁 개기
七星板 掬煤灰補之 錦襶數十 稱拉疊絞束 納之梓宮 蓋期
성례 불필핵기부위야 범삼일시천사 여문지정만조 만조
成禮 不必核其部位也 凡三日始蕆事 余聞之鄭萬朝 萬朝
이궁내관 동참목격야
以宮內官 同參目擊也.

종전의 국휼(국상) 때는 매양 성복(成服)의 기간이 촉박하여 백포립(白布笠)[1]의 값이 매우 뛰어올랐었다. 그러므로 오직 곡반(哭班)[2]에 참석한 사람만 쓰도록 하고, 일반 백성들은 백지로 칠립(漆笠)을 싸서 머리에 쓰고 다녔다. 그런데 이번에는 한 달도 못되는데 모두 백립을 쓰고 다니게 했으므로, 이에 이르러 백성들 사이에는 비아냥대며 수군거리기를, "우리에게 무슨 은혜를 입혔다고 두 번씩이나 백립을 쓰라고 한단 말인가?" 하였는데, 그것은 임오군란 때의 일을 지적한 것이다. 간교한 자들은 백지를 손바닥만한 크기로 잘라서 칠립 위에 붙였고, 완고하고 어리석은 자들은 의연히 칠립을 그대로 쓰고 다녔는데 관리들도 굳이 그것을 괴이하게 여기지도 않았다. 신기선(申箕善)이 선유사로 임명되기에 이르러 영(令)을 게시하고 엄금하였으나 끝내 따르지 않았다. 정유년(고종 33, 1896)에 이르러서도 칠립을 쓴 사람이 아직도 길에 가득했는데, 그것은 호남 · 영남뿐이 아니고 전국이 다 그러했다.

**註解**

1) **백립**(白笠) : 흰 베로 만든 갓. 국상(國喪) 때 일반 백성이 쓰거나, 대상 뒤에 상인(喪人)이 썼다.

2) **곡반**(哭班) : 국상(國喪) 때에 곡(哭)하던 벼슬아치의 반열(班列).

**原文**

從前國恤時 每成服期促 白布笠價甚翔 故惟參哭班者戴之 小民以白紙裹漆笠 主乎蓋頭 然不一月必盡戴布 至是民間相視反脣曰 何恩於我 再白我笠爲 蓋指壬午(高宗十九年)事也 黠者剪白紙掌許大 貼笠頂 頑蠢者依然漆笠 官吏恬不之怪 及申箕善爲宣喩使 揭令嚴禁 而終不從 至丁酉(高宗三十三年)春 漆笠尙滿道路 蓋非惟湖嶺 全國皆然云.

대행왕후(大行王后)의 시호를 순경(純敬), 전호(殿號)를 덕성(德成), 능호를 숙릉(肅陵)으로 올리고, 인산(因山)은 숭릉〔崇陵, 현종과 그의 비인 명승후(明聖后)의 능. 구리시 동구릉〕 오른쪽 언덕에 정하였다.

**原文**

上大行王后謚曰純敬 殿號德成 陵號肅陵 定因山于崇陵

우 강
右岡.

서광범(徐光範)을 주미 공사로, 이도재(李道宰)를 학부 대신으로, 조민희(趙民熙)를 전주 관찰사로 삼았다.

**原文**

이서광범위주미공사 이도재위학부대신 조민희위전주
以徐光範爲駐美公使 李道宰爲學部大臣 趙民熙爲全州

관찰사
觀察使.

전 시종 임최수(林冣洙)와 전 참령 이도철(李道徹) 등이 교지를 위조하여 내각의 여러 대신들을 죽일 것을 모의하다가 일이 누설되어 죽임을 당했다.

**原文**

전시종임최수 전참령이도철교지 모주내각제신 사설
前侍從林冣洙 · 前參領李道徹矯旨 謀誅內閣諸臣 事泄

견살
見殺.

김해 사람 문석봉(文錫鳳)이 충청도 보은 등지에서 많은 사람을 모아놓고 의병을 일으켜 적당들을 토벌하자고 소리치니, 인근 고을 유생들이 모두 두건과 도포를 입고 달려왔다. 그러나 얼마 후 그는 공주부에 체포되었다.

**原文**

김해인문석봉 취중우호서보은등지 성언거의토적 인읍
金海人文錫鳳 聚衆于湖西報恩等地 聲言擧義討賊 隣邑
유생 개건포부지 미기견획우공주부
儒生 皆巾袍赴之 未幾見獲于公州府.

10월 26일, 오시(午時)에 남방에서 천둥이 크게 울리고, 27일 신시(申時, 오후 3시~5시)에 말〔斗〕만한 크기의 불덩이가 서쪽 방에 떨어졌다.

**原文**

이십육일오시 남방천고대명 이십칠일신시화구여두 락
二十六日午時 南方天鼓大鳴 二十七日申時火毬如斗 落
서방
西方.

11월, 이준용(李埈鎔)에게 일본에 유학할 것을 명했다.

**原文**

십일월 명이준용 유학일본
十一月 命李埈鎔 留學日本.

8월의 역안(逆案, 민비 시해 사건)을 소급해 다스려서 이주회(李周會)·윤석우(尹錫禹)·박선(朴銑)을 처형하였다. 8월 변란 때 이주회는 군부 협판이었고, 윤석우는 훈련대 참위였는데 동모(同謀)한 흔적이 있었다. (그리고) 박선은 본래 부산 사람으로 약관의 나이에 일본말을 잘 해득하여 일본인에게 고용되었을 뿐이었다. (그러나) 김홍집(金弘集)은 반역을 다스리는 것이 엄하지 않다는 물의(物議)를 두려워하여 높은 직위에 있는 관료들은 가히 가려 낼 수 없었던 까닭에 위의 세 사람에게만 감옥에 가두고 사리가 불확실한 채 책임 추궁을 면하는 데 그쳤다.

**原文**

추리팔월역안 주이주회 윤석우 박선 팔월지변 주회
追理八月逆案 誅李周會・尹錫禹・朴銑 八月之變 周會
위군부협판 석우위훈련대참위 파유동모지적 이선본부산
爲軍部協辦 錫禹爲訓鍊隊參尉 頗有同謀之跡 而銑本釜山
인 년재약관 이해왜어 위왜고용이이 홍집이토역불엄 외
人 年纔弱冠 以解倭語 爲倭雇傭而已 弘集以討逆不嚴 畏
물의 이대료즉무가간 고이옥어삼인 몽롱색책이지
物議 而大僚則無可揀 故移獄於三人 朦朧塞責而止.

비로소 연호를 세워 '건양 원년'이라 하였다. 한 대에 한 연호를 정해 이 법을 만대에 지키도록 한 것이다.

**原文**

시건년호왈 건양원년 정제이일세일원 각수만세
始建年號曰 建陽元年 定制以一世一元 恪守萬世.

유길준(兪吉濬)을 내부 대신으로, 장박(張博)을 법부 대신으로, 정병하(鄭秉夏)를 농상공부 대신으로 각각 임명하였는데, 이들은 모두 협판에서 승진하였다.

장박은 성품이 강직하여 법을 집행함에 흔들림이 없었고, 더욱 장리(贓吏)[1]를 미워하여 법률에 의거해서 처리했다. 법부대신 서리로 있을 때 호서(湖西) 백성들이 영의정 심순택(沈舜澤)을 고소하기를, 전에 감사로 있을 때 백성에게 3만 냥의 뇌물을 받았다고 하자, 장박은 그 즉시 소장 끝에다가 '전 충청 감사 심순택을 잡아오라' 하니, 심순택은 곤궁에 빠져 그날로 3만 냥을 바쳤다. 그러자 서울의 분위기가 숙연해졌으며 권세를 부리는 귀한 족속들 또한 혀를 차고 서로 경계하였다. 임금이 비호하는 자는 더욱 아프게 다스렸다. 옛 친구로서 관직을 청탁하는 자가 있으면 장박은 정색을 하면서, "나도 대신의 자리에 있으면서 바야흐로 인재를 구하기 급한데, 제군들이 쓸만한 인재 같으면 어찌 스스로 자랑하기를 기다리겠소. 제군들이 벼슬을 하고자 하는 것은 바로 내 은전(銀錢)을 욕심내는 것이다. 내 봉급 받은 돈이 있으니 그대들이 스스로 가져가라!" 하고 나누어 주며, 끝내 관직 자리 하나도 내 주지 않았다. 당시 사람들은 그가 대신의 풍도가 있다고 말했다.

어윤중(魚允中)도 오랫동안 재부(財賦)[2]를 관장하였는데, 임금이 사사로이 요구하는 것이 있어도 뿌리쳤다. 이것을 연유로 두 사람은 임금이 미워하게 되었다. 유길준(俞吉濬)도 또한 꼬장꼬장하여 스스로 포저(苞苴)[3]와 간독(竿牘)[4]의 청이 있어도 사적(私的)인 내용은 쓰지 않았으며, 자기 스스로 대하는 것 또한 검소했는데, 밤에 그의 사저(私邸)에 와서 그의 도움으로 생활하는 자가 10여 집이나 되었다고 한다.

### 註解

1) **장리**(贜吏) : 부정한 수단으로 재물을 취득한 관리. 또는 뇌물을 받은 관리.
2) **재부**(財賦) : 재물과 공물(貢物).
3) **포저**(苞苴) : 뇌물의 성질을 띠고 사사로 보내는 물건.
4) **간독**(竿牘) : 서간. 청탁. 편지.

### 原文

이유길준위내부대신 장박위법부대신 정병하위농상공
以兪吉濬爲內部大臣 張博爲法部大臣 鄭秉夏爲農商工

부대신 개자협판승천 박성강 집법불요 우질장리 거율징
部大臣 皆自協辦陞遷 博性剛 執法不撓 尤嫉贜吏 據律懲

판 서리법부시 호서민 소령상심순택 이전감사범민장삼
辦 署理法部時 湖西民 訴領相沈舜澤 以前監司犯民贜三

만냥 박즉서미왈 전충청감사심순택착내사 순택계궁 즉
萬兩 博卽署尾曰 前忠淸監司沈舜澤捉來事 舜澤計窮 卽

일납삼만냥 경사숙연 권귀토설상계 상소비호자 우통치
日納三萬兩 京師肅然 權貴吐舌相戒 上所庇護者 尤痛治

지 고구유구관자 박정색왈 오대죄대신 방급인재 제군여
之 故舊有求官者 博正色曰 吾待罪大臣 方急人才 諸君如

가용 하대자현 제군욕관자 직욕아은전이 오유봉은 군자
可用 何待自衒 諸君欲官者 直欲我銀錢耳 吾有俸銀 君自

지거 인분급지 종불서일자 시인위기유대신풍 어윤중구
持去 因分給之 終不敍一資 時人謂其有大臣風 魚允中久

관재부 상유사구 첩억지 유시이인구위상소증 길준역갱
管財賦 上有私求 輒抑之 由是二人俱爲上所憎 吉濬亦硜

직 자용포저간독 무소사 자봉심박 이대이거화자십여가
直 自用苞苴竿牘 無所私 自奉甚薄 而待以擧火者十餘家.

(11월) 15일 신해(辛亥), 임금이 먼저 머리를 깎고 중앙과 지방의 신민에게 명하여 일체 단발하도록 하였다. 주의(周衣, 두루마기)를 입으라는 법을 반행(頒行)[1]한 이래 단발한다는 말이 점점 퍼지더니, 10월 중에 일본 공사가 임금께 위협하여 조속히 단발하도록 하였으나 임금은 인산(因山)[2]을 치른 뒤로 기한을 정했었다. 이에 이르러 유길준과 조희연 등이 일본군을 인도하여 궁성을 포위하고 주위에 대포를 설치하고 머리를 깎지 않는 자는 모두 죽이겠다고 선언했다. 임금은 긴 한숨을 들이쉬며 정병하를 돌아보고, "경이 짐의 머리를 깎는 게 좋겠소." 하니 정병하는 가위를 가지고 손을 눌러 임금의 머리를 깎았으며, 유길준은 왕태자의 머리를 깎았다. 머리를 깎으라는 명령이 이미 내려지매 곡성이 하늘을 진동하고 사람들은 분노가 치밀어 목숨을 끊으려 하였으며, 형세가 장차 격변하여 일본인들은 군대를 엄히 하여 대기시켰다.

경무사 허진(許璡)은 순검들을 인솔하고 칼을 들고 길을 막고 있다가 만나는 사람마다 머리를 깎았다. 그리고 집집마다 들어가 조사해서 찾아 헤매니 깊숙이 숨어 있지 않고서는 머리를 깎이지 않을 수 없었다. 서울에 손님으로 왔다가 나아가 상투를 잘리니 모두 상투를 집어서 주머니 속에 감추고 통곡을 하며 성을 나아갔다. 무릇 머리를 깎인 자는 빡빡 깎지 아니하고 상투만 자르고 머리털은 남겨 놓아서 장발승(長髮僧) 같았는데 오직 부인네와 어린아이들은 깎이지 않았다.

학부 대신 이도재(李道宰)는 상소하여, 개원(改元, 연호를 세움)[3]과 단발(斷髮)을 반박한 다음, 벼슬을 버리고 돌아갔다.

상소문을 요약하면 다음과 같다.

"……일간에 내각에 제출된 두 안건에 대하여 신에게 연서(聯署)[4]하라 요구했는데 개원과 삭발의 건이었습니다. 신이 생각하기로는 주상을 높이는 것은 그 이름을 높이는 것이 아니옵고 그 실(實)을 섬기는 것이오며, 백성을 교화한다는 것은 그 외모에 있는 것이 아니고 마음에 있는 것이옵니다. 이제 내란이 자주 일어나서 국세가 위태로워서, 상하가 한 마음으로 급급히 실질에 힘써도 오히려 어려움을 극복하지 못할까 걱정되는 판국입니다. (그런데) 개원 등의 일은 허명(虛名)으로 겉치레일 뿐입니다. 차라리 수년을 기다렸다가 나라가 부하고 군대가 강하여 동양을 호시탐탐(虎視耽耽)[5]하는 날이 되면 한갓 관례를 살펴 형식을 갖추는 일에 지나지 않을 터인데, 어찌 오늘날 급히 서둘러야 되겠습니까? 또한 단발의 의론도 의견이 없는 것은 아니나 신의 미련한 생각으로는 단군·기자로부터 내려오면서 편발(編髮)[6]의 풍속이 변화하여 상투가 되었으니, 두발을 아끼는 것은 매우 큰일인 듯 생각하고 있습니다. 이제 만약 하루아침에 머리를 깎는다면 4천년 교고(膠固)[7]의 풍속이 화합하기 어려우며 만백성이 흉흉하여 두려워하는 정황을 측량할 수 없으니, 어찌 난이 일어나 과격하지 않을 것을 알 수 있겠습니까? 옛적에 청국인(여진족)이 연나라에 들어가서 무력으로 협박해하여 관(冠)과 면류(冕旒)를 훼손하였는데, 그때 울분이 쌓여 3백 년이 되어도 풀어지지 않았으며, 발비(髮匪)[8]들이 한 번 호령하면 사방에서 모여들어 용병(用兵)[9]하기에 이르렀습니다. 이에 군대를 투입한 지 수십 년이 지나서야 겨우 감정(戡定)[10]하였다고 합니다. 이것은 족히 은감(殷鑑)[11]이 되는 것이오며, 진실로 나라에 이익이 되는 것이옵니다. 신이 어찌 감히 한 줌의 짧은 머리를 아껴서 국계(國計)[12]를 위하지 않겠습니까마는, 단지 여러 차례 생각하고 헤아려 보아도 그 이로움을 발견하지 못했으며 오히려 그것이 해가 된다는 견해가 뚜렷해졌습니다. 그러므로 감히 기만하면서까지 따르지 못하겠습니다."

김병시(金炳始) 또한 상소해서 극간(極諫)했는데 임금께 올려지지 못한 것은 유길준(兪吉濬) 등이 제지했기 때문이다.

**註解**

1) **반행**(頒行) : 법률이나 명령을 널리 펴서 실행하도록 함.
2) **인산**(因山) : 태상왕과 그 비, 왕과 왕비, 왕자와 그 비의 장례.
3) **개원**(改元) : 연호를 고침. 정치를 고침. 임금의 대가 바뀜.
4) **연서**(聯署) : 두 사람 이상이 연명하여 서명하는 일.
5) **호시탐탐**(虎視眈眈) : 범이 먹이를 노리어 눈을 부릅뜨고 노려봄. 기회를 노리고 있는 모양.
6) **편발**(編髮) : 예전에 관례(冠禮)를 하기 전에 남자 머리의 주위를 깎고 중앙의 머리를 땋아 늘이는 것. 또는 그 머리. 변발(辮髮).
7) **교고**(膠固) : 아교로 붙인 것처럼 굳음. 너무 굳어 융통성이 없음.
8) **발비**(髮匪) : 장발적(長髮賊). 태평천국의 난, 청조의 지배에 반대하여 난을 일으켰을 때 변발을 장발로 바꾸어 참여했음.

9) **용병**(用兵) : 군사를 부림. 병기를 씀. 전쟁을 함.

10) **감정**(戡定) : 이겨서 평정함. 전쟁에 이겨서 난리를 평정함.

11) **은감**(殷鑑) : 앞의 일을 거울삼아 경계하여야 할 전례. 은(殷)의 국민은 전대의 하(夏)가 멸망한 것을 거울삼으라는 뜻.

12) **국계**(國計) : 국가의 정책. 국가의 경제.

## 原文

十五日辛亥 上始薙髮 命中外臣民 一切開剃 自周衣頒行以來 薙髮之說漸作 十月中倭使脅上早薙 上以因山後爲期至是 吉濬·羲淵等 導倭圍宮城 環埋大砲 宣言不剃者屠之 上長歎 顧秉夏曰 汝可剃我 秉夏持鉸刀 手剃上髮 吉濬剃太子 令旣下 哭聲震天 人人憤怒欲絶 勢將激變 倭人嚴兵待之 警務使許璡 率巡檢 持刀攔路 逢人輒剃 又入人家檢覓殆遍 故非深藏者不得免 客于京者 出輒斷髻 皆拾髻藏于囊 痛哭出城 凡被剃者非淨削 但髻割髮垂 如長髮僧惟歸人童子不剃.

學部大臣李道宰上疏 駁改元斷髮 棄官歸 疏略曰.

云云 日者閣中提出二提本 要臣聯署 一是改元 一是剃髮事也 臣竊以爲 尊主者 不事其名 而事其實 化民者 不在其

形 而在其心 現今內亂頻作 國勢岌嶪 上下一心 汲汲懋實 猶懼不濟 如改元等事 是虛名粉飾 姑遲數年 國富兵强 虎視東洋之日 不過一按例應文之事 則何急乎今日 且斷髮之論 非無意見 然臣之愚慮 自檀箕以來 編髮之俗 轉化爲髺 愛惜毛髮 視若大件物事 今若一朝薙之 四千年膠固之習難化 億兆民洶懼之情莫測 安和不激成亂階乎 昔淸人入燕用武威毁冠冕 積鬱之氣 三百年未解 以致髮匪一呼 四方影從 用兵數十年 僅得戡定 此是爲殷鑑矣 苟利於國 臣何敢自愛一撮短髮 而不爲國計乎 但屢回思量 不見其利 而立見其害 故不敢詭隨云云.

金炳始亦上疏極諫 而不見者 爲吉濬等所制也.

친위대(親衛隊) 제3대대를 증설하였다.

**原文**

增設親衛隊第三大隊.

체두관(剃頭官)을 각부에 파견하고 날짜를 정해 머리 깎기를 독촉하였다. 백년을 내려오면서 우리나라 사람들도 비로소 백회(百會, 정수리 부분)를 깎아왔는데 그것을 '제두풍(除頭風)'이라고 불렀다. 그것은 대개 단발로 바뀌는 기운이 번지게 된 조짐이었었다. 이에 이르러 수령 중에는 혹 백회 부분을 넓게 깎고, 머리털을 땋아서 머리통에 감았다. 혹자는 완전히 머리털을 깎아 시국에 따르기도 했지만 그러나 아전이나 백성들은 거부하고 지시를 좇지 않아서 누차 기한을 늦추어 혹시라도 변화가 있기를 기대했다.

공주 관찰사 이종원(李淙遠)이 금강 나루를 가로막고 행인들을 강제로 머리를 깎게 하여, 길가에 왕래하는 사람이 거의 끊겼다. 이로부터 나라 전체가 물 끓는 솥같이 들끓었고 의병이 사방에서 일어났다.

**原文**

견체두관우각부 극일독삭 백년래 국인시체백회 위지제
遣剃頭官于各府 剋日督削 百年來 國人始剃百會 謂之除
두풍 개기운지점야 지시 수령혹체광백회 아발요두 이표
頭風 蓋氣運之漸也 至是 守令或剃廣百會 丫髮繞頭 以表
무계 혹전삭 이추시국 이이민거불종명 루퇴기한 요행유
無髻 或全削 以趨時局 而吏民拒不從命 屢退期限 徼幸有
변 공주관찰사이종원 파절금강 늑삭행여 도로기조 자시
變. 公州觀察使李淙遠 把截錦江 勒削行旅 道路幾阻 自是
거국정비 의병사기
擧國鼎沸 義兵四起.

강원도 의병 서상열(徐相說)이 강원도에서 봉기했고, 유인석

(柳麟錫)은 경기도에서, 주용규(朱庸奎)는 호서에서, 권세연(權世淵)은 안동에서, 노응규(盧應奎)·정한용(鄭漢容)은 진주에서 각기 일어나니, 원근이 서로 호응하여 유길준은 경군을 보내서 치게 했다. 유인석은 고 지평 유중교(柳重敎)의 종질(從姪)로서 이항로(李恒老)의 문인이며, 유학으로 이름이 널리 알려진 사람으로 강개(忼慨)[1]하여 기백과 정의감이 투철했다. 낙동강 좌우에 있는 수십 군이 봉기하여 권세연에게 호응하고, 수령으로 머리를 깎았던 자들이 가끔 살해를 당했다. 대구 관찰사 이중하(李重夏)는 관내를 잘 보살펴 평소 인심을 얻었으며, 이때에도 또한 강제로 삭발시키지 않았던 까닭에 백성들은 그를 용서했다. 이중하는 성문을 걸어 닫고 굳게 지키며 경군(京軍)의 원조를 기다렸다.

**註解**

1) 강개(忼慨) : 마음에 북받치어 분개하고 한탄함.

**原文**

강원도의병서상열등기 유인석기어경기 주용규기어호
江原道義兵徐相說等起 柳麟錫起於京畿 朱庸奎起於湖

서 권세연기어안동 노응규 정한용기어진주 원근향응
西 權世淵起於安東 盧應奎·鄭漢容起於晋州 遠近響應

길준등견경군격지 인석고지평중교종질 이이항로문인야
吉濬等遣京軍擊之 麟錫故持平重敎從侄 而李恒老門人也

이유학저 이강개유기의 낙강좌우수십군봉기 응세연 수
以儒學著 而忼慨有氣義 洛江左右數十郡蜂起 應世淵 守

령체두자왕왕견살 대구관찰사이중하 무유경내 소득중심
令剃頭者往往見殺 大邱觀察使李重夏 撫喩境內 素得衆心

시시 우불늑삭 고민서지 중하영성고수 이대경원
是時 又不勒削 故民恕之 重夏嬰城固守 以待京援.

12월, 백정〔도한(屠漢)〕들의 면천(免賤)[1]을 허락하고 칠립(漆笠)[2]을 쓸 수 있게 했다. 옛 풍속에 경상도 · 전라도 · 충청도의 백정들은 감히 칠립을 쓸 수 없었고, 오직 평량자(平凉子)[3]를 썼는데, 이에 이르러 내부(內部)로부터 여러 차례 지시하여 칠립 쓰는 것을 허락하여 평민과 같게 보이도록 하였다. 이것은 천류(賤流)의 마음을 수습하고자 한 것이었다. 그러나 백성들은 의심하고 두려워서 감히 쓰지 못했으며 완강히 후일에 쓰겠다하고 마침내 쓰지 않는 자도 있었다.

**註解**

1) **면천**(免賤) : 천한 계급을 면제하여 줌.
2) **칠립**(漆笠) : 옻칠을 한 갓.
3) **평량자**(平凉子) : 패랭이. 신분이 낮은 천인이나 상인(喪人)이 씀.

**原文**

십이월 허도한면천 대칠립 구속영호도한 불감대립 유
十二月 許屠漢免賤 戴漆笠 舊俗嶺湖屠漢 不敢戴笠 惟
착평량자 지시 자내부루칙허립 사동평민 개욕수천류지
着平凉子 至是 自內府屢飭許笠 使同平民 蓋欲收賤流之
심 이도한배 의외불감립 강이후행 종유불립자
心 而屠漢輩 疑畏不敢笠 强而後行 終有不笠者.

전 교리 조상학(趙尙學)이 의주에서 의병을 일으켰다. 조상학은 의주 사람으로 압록강을 건너 사람을 보내 청국인과 연계하여 원조를 하기로 되었다고 큰소리를 쳤다.

**原文**

전교리조상학 기병의주 상학주인야 성언견인도강 결청
前校理趙尙學 起兵義州 尙學州人也 聲言遣人渡江 結清
인위성원
人爲聲援.

러시아 신임공사 사패야(士貝耶)가 전 공사 위패(韋貝)와 함께 폐하를 알현하였다.

**原文**

아국신임공사사패야 여전공사위패동폐현
俄國新任公使士貝耶 與前公士韋貝同陛見.

전 승지 이설(李偰)·김복한(金福漢) 등이 홍주에서 의병을 일으켰다. 당시 관찰사 이승우(李勝愚)가 단발 명령을 듣고도 어기면서 관망하고 있었다. 영장(營將) 홍건(洪楗)은 체임(遞任, 교체)되었으나 돌아가지 못한 상태였는데, 민심이 분격함에 따라 이설 등과 함께 관찰사 이승우를 위협하고 단발 명령을 거부할 것을 의논했다. 그리고 참서관을 축출하고 경무관을 가두었으며, 관내 13읍의 군사를 모집하여 홍주에 웅거시키고 성을 지켰다.

**原文**

전 승 지 이 설 김 복 한 등 기 병 홍 주 시 관 찰 사 이 승 우 문 체
前承旨李偰·金福漢等 起兵洪州 時觀察使李勝宇 聞剃
령 의 위 관 망 영 장 홍 건 체 임 미 귀 인 중 심 분 격 여 설 등 협 승
令 依違觀望 營將洪楗 遞任未歸 因衆心憤激 與偰等脅勝
우 모 거 명 축 참 서 관 수 경 무 관 모 관 하 십 삼 읍 병 거 주 성 수
宇 謀拒命 逐參書官 囚警務官 募管下十三邑兵 據州城守.

함경도와 황해도 지방에서도 의병이 크게 일어났다.

**原文**

관 북 해서 의 병 대 기
關北·海西 義兵大起.

주일 공사 김가진(金嘉鎭)이 면직되었다.

**原文**

주 왜 공 사 김 가 진 면
駐倭公使金嘉鎭免.

완도(莞島)·돌산(突山)·지도(智島) 등 세 군을 호남 해역에 신설하여, 모든 도서를 관할하도록 하였다. 완도군에는 48도(島) 52서(嶼)를, 돌산군에는 52도 17서를, 지도군에는 98도 19서를 소속시켰다.

**原文**

신치완도 돌산 지도삼군어호남해중 이령제도서 완
新置莞島·突山·智島三郡於湖南海中 以領諸島嶼 莞
도속도사십팔 서오십이 돌산속도오십이 서십칠 지도속
島屬島四十八 嶼五十二 突山屬島五十二 嶼十七 智島屬
도구십팔 서십구
島九十八 嶼十九.

(12월) 27일, 임금이 출어(出御)[1)]했다. 이범진(李範晋)·이윤용(李允用) 등이 임금을 러시아 공사관으로 옮겼다. 이때 김홍집(金弘集)과 정병하(鄭秉夏)는 붙잡혀 죽임을 당했으나 유길준(俞吉濬)·장박(張博)·조희연(趙羲淵) 등은 도망하였다.

임금은 헌정(憲政)으로 속박당하게 된 것을 싫어하여 이범진(李範晋)·이윤용(李允用) 등과 더불어 러시아의 힘에 의탁하여 김홍집 등을 제거하려 꾀한 것이다. 러시아 사람들도 우리나라에 웅거하려고 엿보고 있다가 일본에게 선수를 빼앗긴 바 되어 항상 유감으로 생각하며 틈을 노리고 있었다. 8월 이후 이범진 등이 러시아 공관에 숨어 후한 뇌물을 주고 '정국을 뒤엎는 데 원조를 해줄 것 같으면 마땅히 나라 전체가 명을 듣고 일본을 섬기는 예와 같이 하겠다.' 하니, 러시아 공사는 기뻐하며 그것을 허락했다. 군대를 파견하여 인천으로부터 육지로 속속 입성했다. 이범진 등은 은 4만 냥을 엄상궁에게 주고 '매일 밤 변란이 다시 있을 것'이라 알려 임금을 두렵게 하였다. 이에 이르러 또한 울며 호소하여, '변란의 기미가 오늘 저녁에 있으니 나아가 피란하자' 하니, 임금은 놀라 의심하며 부득불 따랐다. 이범진 등이 교자(轎子) 두 개를 빌려 임금과 태자를 태우고 러시아 공관으로 옮겼던 것이다.

임금은 경무관에게 명하여 김홍집 등을 죽이라 명했다. 김홍집은 그때 직방(直房)[2]에 있었는데, 사람들이 도망치라 권고하자 김홍집은 탄식하며 말하기를, "죽을 뿐이다. 어찌 박영효(朴泳孝)를 본받아 역적의 이름을 얻겠는가?"하고 정병하(鄭秉夏)와 함께 체포되었다. 정병하도 또한 죽을 것을 알고 분규하며 말하기를, "우리 대신들을 어찌 가히 마음대로 죽이는가? 재판을 거쳐서 죽기를 원한다." 하니, 김홍집이 돌아보며, "어찌 말이 많은가? 나는 진실로 마땅히 죽겠다." 하였다. 이 두 사람은 죽임을 당한 후 그 시신이 저자에 전시되었다. 장안 사람들은 김홍집(金弘集)이 단발령(斷髮令)을 주관했다고 원망하며 다투어 기왓장과 돌멩이를 투척했으며, 그들의 몸을 찢어 그 살점을 베어 씹는 자도 있었다.

조희연(趙羲淵) · 유길준(兪吉濬) · 장박(張博) · 권형진(權瀅鎭) · 우범선(禹範善) · 이두황(李斗璜) · 이범래(李範來) · 이진호(李軫鎬) 등은 모두 일본 공사관에 숨어 있어서, 우리 군교(軍校)들이 감히 체포하지 못하였다. 수일간 서울 온 장안이 크게 어지러웠다.

**註解**

1) 출어(出御) : 임금이 내어전(內御殿)에서 밖으로 나옴.
2) 직방(直房) : 조방(朝房). 조신들이 모여서 조례를 기다리던 방.

**原文**

이십칠일 상출어 이범진 이윤용등천상우아공관 집김
二十七日 上出御 李範晋 · 李允用等遷上于俄公館 執金

홍집 정병하살지 유길준 장박 조희연등도 초상염위
弘集·鄭秉夏殺之 兪吉濬·張博·趙羲淵等逃 初上厭爲
헌정소박 여이범진 이윤용등 모욕자아력 제홍집등 초
憲政所縛 與李範晋·李允用等 謀欲藉俄力 除弘集等 初
아인 욕점거아국 이위왜소선 상감지 규사유극 팔월이후
俄人 欲佔據我國 而爲倭所先 常憾之 窺伺有隙 八月以後
범진등 닉우아관 후뇌지 여득자원번국 즉당거국청명 여
範晋等 匿于俄館 厚賂之 如得藉援飜局 則當擧國聽命 如
사왜지예 아공사희 허지 파기병 자인천육속입성 범진등
事倭之例 俄公使喜 許之 派其兵 自仁川陸續入城 範晋等
이은사만냥 담엄상궁 일야구상이변란경작 지시우읍소란
以銀四萬兩 啗嚴尙宮 日夜惧上以變亂更作 至是又泣愬亂
기재금석 적출피지 상경의부득불종 범진등세이교 여상
機在今夕 適出避之 上驚疑不得不從 範晋等貰二轎 舁上
급태자천아관 상명경무관 참홍집등 홍집재직방 인권지
及太子遷俄館 上命警務官 斬弘集等 弘集在直房 人勸之
도 홍집탄왈 사이 영효영효 성역명호 여병하구피획 병하
逃 弘集歎曰 死耳 寧效泳孝 成逆名乎 與秉夏俱被獲 秉夏
지차사 분규왈 아대신 기가천살 원경질판이사 홍집고왈
知且死 奮叫曰 我大臣 豈可擅殺 願經質判而死 弘集顧曰
호다언 아고당사 이인기사 진시우시 도인원홍집주체령
胡多言 我固當死 二人旣死 陳尸于市 都人怨弘集主剃令
쟁척와력 지체쇄렬 유할기육생담자 희연 길준 박 권
爭擲瓦礫 肢體碎裂 有割其肉生啖者 羲淵·吉濬·博·權
형진 우범선 이두황 이범래 이진호등 개닉왜관 군
瀅鎭·禹範善·李斗璜·李範來·李軫鎬等 皆匿倭館 軍
교불감포 수일도하대란
校不敢捕 數日都下大亂.

김홍집(金弘集)은 비록 일본과의 화의를 주장하다가 청의(淸議)[1]의 죄를 얻었으나 국사(國事)에 마음을 다했으며, 그 역량과 책략은 유배(流輩)들보다 뛰어났다. 죽게 되니 여론이 자못 애석해 하였다. 부인은 남편이 난에 희생되었다는 소식을 듣고 스스로 목숨을 끊었고, 젖먹이 어린것도 포대기 속에서 죽으니 사람들이 더욱 불쌍히 여겼다.

김홍집은 병자수호조약(1876) 때 흥양 현감으로 있으면서 큰 흉년이 들어 굶주리는 백성들을 위하여 여러 가지 꾀로 살렸다. 관도(官道, 큰길) 옆에 예전 사람의 충신려(忠臣閭, 정려)가 있는데, 지날 때마다 반드시 말에서 내렸다. 사환들은 으레 그것을 기억하여 비록 비오는 캄캄한 밤이라도 반드시 그냥 지나치지 않았다. 그의 조리(操履)[2]의 신중하고 돈독함이 이와 같았다.

**註解**

1) **청의**(淸議) : 올바른 의론. 높고 깨끗한 언론.
2) **조리**(操履) : 몸가짐. 품행.

**原文**

홍집 수주장화왜 득죄청의 진심국사 간략장어유배 급
弘集 雖主張和倭 得罪淸議 盡心國事 幹略長於流輩 及
사 물의파석지 부인 씨문란 자경사 유자사강보중 인우
死 物議頗惜之 夫人□氏聞亂 自經死 乳子死襁褓中 人尤
련지 홍집 병자 고종십삼년 대침 감흥양현 활기민만계
憐之 弘集 丙子(高宗十三年)大侵 監興陽縣 活飢民萬計
관도방 유고충신려 매과지필하마 복례절기지 수우야혼
官道傍 有故忠臣閭 每過之必下馬 僕隷竊記之 雖雨夜昏
흑 필불폐 기조리신독류차
黑 必不廢 其操履愼篤類此.

이범진(李範晋) 등이 아관파천(俄館播遷)을 하게 된 것은, 충의(忠義)로 한 것이 아니요, 러시아를 후하게 한 것도 아니고, 일본을 박대하려는 것도 아니며, 단지 권력다툼이었다. 소위 세상에서 김윤식 · 어윤중을 청당(淸黨)[1)]이라 하였고, 김홍집 · 유길준을 왜당(倭黨)[2)], 이범진 · 이윤용을 아당(俄黨)[3)]이라 불렀으니, 이 세 당이 바꾸어 진출하여 나라꼴은 더욱 말이 아니었다. 갑오(1894) · 을미년(1895) 사이에 일본인이 국명(國命)[4)]을 잡더니, 이에 이르러서는 러사아인에게 빼앗기게 되었으며, 바로 임인년(고종 27, 1902)에 이르러 러시아와 일본간의 전쟁을 벌인 이후로는 일본이 다시 그들의 뜻을 펴게 되었다.

**註解**

1) **청당**(淸黨) : 청나라를 숭상하는 무리.
2) **왜당**(倭黨) : 일본을 숭상하는 무리.
3) **아당**(俄黨) : 러시아를 숭상하는 무리.
4) **국명**(國命) : 나라의 사명. 또는 명령. 나라의 운명.

**原文**

범진등차거 비위충의야 비후아이박왜야 지쟁권이 세칭
範晋等此擧 非爲忠義也 非厚俄而薄倭也 只爭權耳 世稱
김윤식 어윤중위청당 김홍집 유길준 위왜당 이범진
金允植 · 魚允中爲淸黨 金弘集 · 兪吉濬 爲倭黨 李範晋 ·
이윤용 위아당 삼당질진 이유불가이국의 갑오 고종삼십
李允用 爲俄黨 三黨迭進 而愈不可以國矣 甲午(高宗三十
일년 을미 왜인집국명 지시위아인소탈 직지임인 고종
一年) · 乙未 倭人執國命 至是爲俄人所奪 直至壬寅(高宗

삼 십 구 년　개 전 이 후　왜 복 사 지 언
三十九年)開戰以後　倭復肆志焉.

대사면령을 내려 김홍집 등에게 잘못 처벌당한 사람들의 억울함을 모두 풀어 주었다.

**原文**

대 사　범 위 홍 집 등 소 괘 오 자　병 탕 석
大赦　凡爲弘集等所詿誤者　倂蕩釋.

단발령(斷髮令)을 폐지하고, 의제 제도는 백성들이 스스로 편한 대로 하도록 하였다.

**原文**

제 체 발 지 령　의 제 종 민 자 편
除剃髮之令　衣制從民自便.

토목 국장 남궁억(南宮檍)과 내부 협판 유세남(劉世南)을 춘천과 원주 등지로 보내 조서를 널리 알리고 의병을 해산토록 하였다.

**原文**

견 토 목 국 장 남 궁 억　내 부 협 판 유 세 남 우 춘 천　원 주 지　선
遣土木局長南宮檍 · 內部協辦劉世南于春川 · 原州地　宣

조 산 의 병
詔散義兵.

갑오년(고종 31, 1894) 6월 이전에 관리들의 부정과 포탈로 문서에 등재되어 있던 것을 탕감하였다.

공전(公錢)의 연체는 다 관리들의 중간 착복에 말미암은 것으로, 민간인들은 실제 단돈 한 푼도 납부하지 않은 것이 없었다. 그런 까닭에 탕감령이 내려지자 백성들은 더욱 그것을 불평했다.

**原文**

減甲午六月以前官贓 · 吏逋之登記在案者 公錢愆滯 皆由官吏中飽 而民間實無一文未納 故蕩逋令下 民尤不平之.

어윤중(魚允中)이 용인에서 피살당했다. 어윤중은 김홍집이 죽는 것을 보고 죄를 받을까 두려워 부인교(婦人轎)를 타고 동대문으로 나아가 장차 보은 고향에서 잠깐 피난하려 하였다. 용인의 어사리(魚死里)라는 이름의 객점에 이르러 마침 밥을 먹고 있었다. 군민인 정원로(鄭元老)와 안관현(安寬鉉)이 숙감(宿憾)[1]이 있었는데, 그가 도망친다는 소문을 듣고 망명하는 것으로 인식하고 가히 공적(公的)인 원수를 갚겠다 하고, 드디어 역적으로 몰아 여러 사람을 이끌고 추격하여 몽둥이로 난타하여 박살냈던 것이다. 사람들은 어사리의 객점 이름이 참언(讖言)[2]대로 들어맞았다고 하였다. 어윤중은 평소 점과(占課)[3]

를 해득하고 있었는데, 이때에 점을 쳐보니 동쪽으로 나가면 길하다 하여 동대문으로 나왔다가 죽임을 당했던 것이다. 그는 강직하고 성격이 집요(執拗)[4]하여 원한을 사는 일이 있더라도 과감히 행하여 원한 또한 많이 샀다. (그렇지만 그는) 부지런히 공무를 보살펴서 시배(時輩)들 중에 따를 자가 없었다. 그런 까닭에 김홍집과 함께 난세를 구제할 수 있는 재주가 있다고들 일컬었다. 그가 죽음에 모두들 탄식하기를 이제, '개화(開化)를 할 사람이 없다' 하였다.

갑오(甲午, 1894) 여름에 곤전(坤殿)[5]이 탁지부에 말해서 "새우젓을 보내라" 하니, 어윤중이 심부름 온 사람을 대하여 말하기를, "새우젓을 가져다 드신 것이 이미 많은데 또 찾는단 말인가?" 하였다. 일찍이 청국 서태후(西太后)를 욕하여 말하기를, "늙은 년이 반드시 청국을 망칠 것이다." 하였으니, 그것은 곤전을 빗대서 지적한 말이었다.

임금이 일찍이 노해서 조희연(趙羲淵)을 군부 대신에서 파면하려 하였으나 각부 대신들이 그는 죄가 없다고 주장하였다. 임금은 몹시 노해서 말하기를, "능히 대신 하나를 면직시킬 수 없다면 어찌 임금노릇을 해먹겠는가?" 하며 옥새를 집어던지며, "짐은 임금이 아니니 경들이 이것을 가져가라!" 하였다. 제신들이 벌벌 떨며 감히 말 한마디도 못했는데 어윤중이 천천히 일어나 물러서며, "성인이 칭하기를 '임금은 신하를 부리되 예로써 하며 신하는 임금을 섬기되 충성으로써 한다'고 하였습니다. 폐하께서 신 등을 대접하는 것이 이와 같으니 신 등은 장차 어찌 폐하를 섬길 수 있겠습니까? 바라건대 노여움을 거두시고 굽어보시사 공의(公議)를 펴소서." 하니 임금은 아무 말이 없었다. 이때 법관의(法官議)에서, 정원로 등이 원로 대신들을 함부로 죽인 죄를 논하여 교수형에 처하고자 하였으나, 임금은 특지(特旨)로 사형을 감해서 유배를 보내도록 했다. 대개 임금이 어윤중에 대한 역심(逆心)이 누적된 데서 연유한 것이다. 이때에 김윤식이 성 밖에 나와 대죄(待罪)하고 있었는데, 임금은 죄를 묻지 않았다. 그래서 사람들은 말하기를, "어윤중도 도망하지 않았더라면 죽지 않았을 것이다." 하였다.

민간의 유언비어 가운데, '민영익이 러시아에 들어가서 구원을 애걸했다느니 혹은 민영준이 들어가서 그렇게 했다느니' 하지만, 실상은 이범진이 몰래 러시아와 연락을 꾀하면서, '러시아가 장차 군대를 출동할 것'이라 떠들었다. 그러므로 일본인들은 괴로움을 억지로 참고 감히 발동하지 못했던 것이다. 이때의 상황은, 러시아 역시 기회만 엿보며 머뭇거릴 뿐이어서, 정사(政事)가 다 이범진 등에 의해서 결정지어졌다.

註解

1) **숙감**(宿憾) : 오래 전부터의 원한을 간직함. 숙원.
2) **참언**(讖言) : 앞 일의 길흉에 대한 예언.
3) **점과**(占課) : 점치는 지식.
4) **집요**(執拗) : 고집스럽고 끈질김. 자기 고집을 관철하여 하는 일.
5) **곤전**(坤殿) : 왕후. 중궁전(中宮殿).

**原文**

도살어윤중우용인지 윤중견홍집사 공수동죄 승부인교
盜殺魚允中于龍仁地 允中見弘集死 恐遂同罪 乘婦人轎
출동대문 개장잠피우보은고리야 도용인점명어사리 방끽
出東大門 蓋將暫避于報恩故里也 到龍仁店名魚死里 方喫
반 군민정원노 안관현유숙감 문기도 인이망명 가이인
飯 郡民鄭元老·安寬鉉有宿憾 聞其逃 認以亡命 可以因
공보원 수목이역적 솔중추급 난봉복살지 인위점명성참
公報怨 遂目以逆賊 率衆追及 亂棒僕殺之 人謂店名成讖
윤중소해점과 시시점동출즉길 수동출이사 윤중강항집요
允中素解占課 是時占東出則吉 遂東出而死 允中强項執拗
임원감행 분오역다 이자자봉공 시배막급 고여김홍집구
任怨敢行 憤誤亦多 而孜孜奉公 時輩莫及 故與金弘集俱
칭구시지재 급기사 함탄개화지무인
稱救時之才 及其死 咸歎開化之無人.

갑오하 곤전선탁지진하자 윤중대중사쇄왈 하자감이다
甲午夏 坤殿宣度支進鰕鮓 允中對中使碎曰 鰕鮓敢已多
의 상선색호 상분매청국서태후왈 노비필망청국 개영지
矣 尙宣索乎 嘗憤罵清國西太后曰 老婢必亡清國 蓋影指
곤전야 상상노조희연 욕면기군부 각부제신 성언기무죄
坤殿也 上嘗怒趙羲淵 欲免其軍部 閣部諸臣 聲言其無罪
상심노왈 불능퇴일재신 하용군위 인척어보왈 짐불군 경
上甚怒曰 不能退一宰臣 何用君爲 因擲御寶曰 朕不君 卿
등가지차거 제신전률막감언 윤중서기각립왈 성인칭 군
等可持此去 諸臣戰栗莫敢言 允中徐起却立曰 聖人稱 君
사신이례 신사군이충 폐하대신등여차 신등장하이사폐하
使臣以禮 臣事君以忠 陛下待臣等如此 臣等將何以事陛下
호 원제뢰정지위 부신공의 상묵연 급법관의 원노등천살
乎 願霽雷霆之威 俯伸公議 上嘿然 及法官議 元老等擅殺
죄의이교 특지감사유배 개유적오어상야 시시김윤식 출
罪擬以絞 特旨減死流配 蓋由積忤於上也 是時金允植 出

성대죄 이상부지문 고인위윤중불도 즉역당불사운
城待罪 而上不之問 故人謂允中不逃 則亦當不死云.

민간와언 민영익입아걸원 혹왈민영준 기실이범진 잠모
民間訛言 閔泳翊入俄乞援 或曰閔泳駿 其實李範晉 潛謀
연락야 성언아장동병 고왜인은인막감발 아역수서이이
連絡也 聲言俄將動兵 故倭人隱忍莫敢發 俄亦首鼠而已
정사개결어범진등
政事皆決於範晋等.

김병시(金炳始)를 총리 대신으로 임명하였으나, 김병시는 애써 사양하였다. 이에 박정양(朴定陽)을 내부 대신으로 임명하여, 내각(內閣)과 궁내부 대신의 사무를 서리하도록 하였다. 그리고 이완용(李完用)을 외부 대신으로 임명하여, 학부 및 농상공부를 서리하게 하였으며, 이범진(李範晋)을 법부 대신으로 임명하여 경무사를 겸직시켰다. 이윤용(李允用)을 군부 대신으로 임명하고, 윤용구(尹用求)를 탁지부 대신으로 임명하였으나 윤용구는 사퇴하였다.

**原文**

이김병시위총리대신 병시력사 내이박정양내부대신서
以金炳始爲摠理大臣 炳始力辭 乃以朴定陽內部大臣署
리내각급궁내부 이완용위외부대신 이완용서리학부급농
理內閣及宮內府 李完用爲外部大臣 李完用署理學部及農
상공부 이범진위법부대신겸경무사 이윤용위군부대신 윤
商工部 李範晋爲法部大臣兼警務使 李允用爲軍部大臣 尹
용구위탁지부대신 용구사
用求爲度支部大臣 用求辭.

홍주 관찰사 이승우(李勝愚)는 체포되었다가 석방되고, 김복한(金福漢)・이설(李偰)・홍건(洪楗) 등은 서울 감옥에 수감되었다. 이승우는 김복한 등의 협박을 받고 마지못해 따랐다가, 곧 일이 끝내 이루지 못할 것을 두려워하여 비밀히 모의하여, 의거한 여러 사람을 구속, 수감하고 자명소(自明疏)를 지어 조정에 올렸다. 강제로 관내의 사람들을 단발하여 벼슬아치들은 면한 사람이 없었다. 당시 서울에서는 군사를 파견하여 홍주를 기습하였는데, 도착한 즉 일이 이미 평정되었고, 이승우의 상소 또한 올라와 온화한 비답으로 용서받았다. 그리고 여러 죄수들은 압송하여 서울로 보내라고 명했다.

이번 일에 있어서 이승우는 변심과 속이는 일을 반복하여 명성과 덕망이 땅에 떨어졌다. 사대부들이 그를 멸시하여 욕하기를, "세칭 소북간신(小北奸臣)이라 하더니 참말이로구나!" 하였다. 유생 송병직(宋秉稷)・이상린(李相麟)・안병찬(安炳瓚) 등은 모두 모의에 가담한 죄목으로 잡혀갔다. 안병찬은 스스로 목을 찌르고 쏟아지는 피로 도포자락에 쓰기를, "지사(志士)는 구렁텅이에 빠지더라도 뜻을 잊지 않고, 용사(勇士)는 목숨을 잃는다 해도 그 뜻을 잊지 않는다고 했거늘, 차라리 머리 잘린 귀신이 될지라도, 상투 잘린 사람소리는 듣지 않겠다."고 하였다. 그러나 그는 자상(刺傷)이 깊지 않아서 목숨이 끊어지지는 않았다.

**原文**

체 홍 주 관 찰 사 이 승 우　석 지　수 김 복 한　이 설　홍 건 등 우
逮洪州觀察使李勝宇　釋之　囚金福漢・李偰・洪楗等于

경옥 승우위복한등소협 강종지 선공사종부제 밀모 구의
京獄 勝宇爲福漢等所脅 强從之 旋恐事終不濟 密謀 拘義
거제인수지 치자명소 문우조 늑삭일경 신금무득탈자 시
擧諸人囚之 治自明疏 聞于朝 勒削一境 紳衿無得脫者 時
경사견병습홍주 지즉사이평 이승우소우문 온비유환 명
京師遣兵襲洪州 至則事已平 而勝宇疏又聞 溫批宥還 命
압제수상경 시역야 승우변사반복 성망위지 사대부상타
押諸囚上京 是役也 勝宇變詐反覆 聲望委地 士大夫相唾
매왈 세칭소북간신 신의 유생송병직 · 이상린 · 안병찬
罵曰 世稱小北奸臣 信矣 儒生宋秉稷 · 李相麟 · 安炳瓚
병이예모피집 병찬자문 출혈사포왈 지사불망재구학 용
幷以預謀被執 炳瓚自刎 出血寫袍曰 志士不忘在溝壑 勇
사불망상기원 영위단두귀 불작체발인 자천득불수
士不忘喪其元 寧爲斷頭鬼 不作剃髮人 刺淺得不殊.

보은 군수 이규백(李圭白)은 충무공(忠武公) 이순신(李舜臣)의 후손인데, 끔찍이 사랑하는 첩이 있었다. 이규백이 상투를 자르자 그의 첩은 그를 크게 꾸짖었으며 그로 인하여 자살하였다.

**原文**

보은군수이규백 충무공순신후야 유첩심행 급규백체발
報恩郡守李圭白 忠武公舜臣後也 有妾甚幸 及圭白剃髮
대매지 인자살
大罵之 因自殺.

일본이 동로(東路, 강원도)에 병참(兵站)을 설치하였다.

**原文**

왜 설 병 참 우 동 로
倭設兵站于東路.

춘천 관찰사 조인승(曺寅承)은 본디 글씨를 잘 쓰는 것으로 이름이 알려져 있었다. 이때에 상투를 자르고 부임하다가 강원도 의병에 의해 죽임을 당했다. 그때 관리 이하 죽임을 당한 자가 20여 인이었다. (이는 창강(滄江) 김택영(金澤榮)이 고쳐 쓴 기록이다.)

춘천 관찰사 조인승(曺寅承)은 본디 글씨를 잘 쓰는 것으로 이름이 알려졌는데, 이때에 미쳐 상투를 자르고 부임하다가 춘천 경내에 이르러 의병이 장차 자기를 해칠 것이란 말을 듣고, 교(轎) 안에서 작은 칼을 꺼내어 스스로 자결하였다. (이는 난곡(蘭谷) 이건방(李建芳)이 고쳐 쓴 기록이다.)

**原文**

춘 천 관 찰 사 조 인 승 소 이 서 법 저 명 우 시 체 이 부 임 강 원 의
春川觀察使曺寅承 素以書法著名 于是剃而赴任 江原義
병 살 지 시 관 리 이 하 견 살 자 이 십 여 인 김 창 강 택 영 가 록
兵殺之 時官吏以下見殺者二十餘人〔金滄江(澤榮)加錄〕.
춘 천 관 찰 사 조 인 승 소 이 서 법 저 명 급 시 시 체 이 부 임 지 춘
春川觀察使曺寅承 素以書法著名 及是時 剃而赴任 至春
천 경 문 의 병 장 해 기 교 중 출 소 력 자 문 사 이 난 곡 개 정
川境 聞義兵將害己 轎中出小力 自刎死〔李蘭谷改正〕.

# 병신(1896) 건양 원년
## (청 광서 22년, 일본 명치 29년)

임금은 아라사 공관에 있었다.

비로소 시헌서(時憲書)를 고쳐 시헌력(時憲曆)[1)]이라 불렀는데, 국가의 기일(忌日)·사전(祀典)·경력(慶曆)의 구절(舊節)을 상란 밖에 나열해 적고, 태양력(太陽曆)의 일월화수목금토는 하란 밖에 차례로 기입하였다. 공사(公私)에서 준행하는 것은 다 음력을 썼는데 오직 조야의 문서 발송에는 양력 월일을 썼던 것이다. 그것은 수천년 내려오던 습관을 갑자기 바꿔 쓰기가 어려웠기 때문이다.

**註解**

1) **시헌력**(時憲曆) : 태음력의 구법(舊法)에 태양력의 원리를 부합시켜 이십사절기의 시각과 하루의 시각을 정밀하게 계산하여 만든 역법(조선 효종 때부터 사용함).

**原文**

상 재 아 공 관
上在俄公館.

始改時憲書 稱時憲曆 列書國忌 · 祀典 · 慶曆之舊節于上欄之外 太陽曆日月火水木金土于下欄之外 公私遵行皆因陰 而惟朝野文移署 陽曆月日 蓋習慣數千年 難乎猝變也.

서상집(徐相集)을 파주 · 개성에, 신대균(申大均)을 여주 · 이천으로 파견하여 의민(義民, 의병)들을 설득하여 해산하도록 하였다.

**原文**

遣徐相集于坡州 · 開城 申大均于驪州 · 利川 喩義民罷兵.

춘정월, 신기선(申箕善)을 남로선유사(南路宣諭使)로, 이도재(李道宰)를 동로선유사(東路宣諭使)로 삼아, 조서를 가지고 가서 의병을 설유(說諭, 타이름)하도록 하였다. 그 내용은 다음과 같다.

"아! 짐은 덕이 깊지 못하고 정사(政事)에 어두워 간사한 자를 진출시키고 어진 이를 물러나게 하여 수십년 내려오면서 해마다 난리가 일어나지 않으면 혹은 재앙이 고굉(股肱, 측근 신하)에서 일어나던가, 혹은 변(變)이 골육(骨肉)지간에서 발생하니, 참으로 얼굴이 붉어지고 등에 땀이 흐르게 되었다. 그러니 이 모두 짐이 치우쳐 듣고 간사함을 낳게 하여 스스로 결단을 잘못 내리게 되었고 누차 재해를 받을 빌미를 만들었으니, 첫째도 짐의 과실이요, 둘째도 짐의 과실이다. 이제 과연 충성스럽고 어진 이가 있어 떨쳐 일어나 흉적을 제거하였으니, 이는 곧 인심이 오래 막히면 반드시 펴지고, 천도(天道)가 비운(否運)이면 끝내는 태평이 온다는 것이다. 짐은 마땅히 오직 가벼운 법전을 쓰되, 작년 8월 역적 괴수는 단연코 죄를 용서할 수 없다. 작금에 이르러 요망하고 난잡한 무리들의 두목들이 차례로 복법(伏法, 伏誅)되어 신인(神人)의 분통함을 씻었다 할 만하다. 그런데 그 밖에 내외 관인으로부터 군인 · 서리 · 여대(輿儓 관노비)에 미치기까지 죄의 경중을 논하지 않고 모두 아울러 크게 사면하노니, 태도를 바꾸고 마음을 고쳐서 조금도 의심하거나 두려워하지 말라. 각자 계속해서 지금 맡은 일을 마음 편안히 갖고 공무를 처리하는 것이 옳을 것이다.

대저 체발(단발)한 일에 대해서는 어찌 차마 말할 수 있겠는가? 요망한 적도의 무리들이 미친 듯이 망령되이 강제로 압박하여 위로부터 아래에 이르기까지 하나같이 어찌 여기에까지 이르렀단 말인가? 또 대저 8도의 사민(士民)들이 울분을 폭발하여 정리로써 일을 행사하여 곳곳에서 봉기하여, 서로 과장된 말을 퍼뜨리어서 인심을 부추기고 서로 살상을 하여 경군이 무장을 하고 경내에까지 이르게 되었으니 이 또한 어찌 짐의 본뜻이겠는가?

아, 슬파다 경군과 의병은 다 같은 짐의 적자(赤子)[1]이다. 비유컨대 열 손가락에 어느 것을 깨문들 아프지 않겠는가? 날을 허비하며 서로 싸워대니 다 죽은 다음에야 그치겠는가? 상념이 여기에 미치니 왈칵 눈물이 나고 마음이 차가워짐을 느낀다. 경군으로 내려간 자들은 즉시 돌아올 것이며, 각 고을 의병들은 해산하여 각자 집으로 돌아갈 것이며, 다시는 의심을 품고서 짐의 근심을 더 깊게 하지 말라. 체발 1관(款, 조목)은 모름지기 다시 제기하지 말 것이며 의립(衣笠) 제도는 편한 것을 좇아 하게 할 것이다. 무릇 민간의 고막(痼瘼)[2]은 스스로 마땅히 처분이 있을 것이다. 짐은 그것을 재론하지 않을 것이니 각자 의당 알아서 할지어다."

전후 내린 윤음(綸音)은 무릇 7, 8번 내렸는데, 대의(大意)는 대략 같아서 단지 그 하나만을 적는다.

## 註解

1) 적자(赤子) : 갓난 아이, 여기서는 임금이 백성을 이르는 말.
2) 고막(痼瘼) : 바로잡기 어려운 폐단. 고질적인 폐단.

## 原文

춘정월 이신기선위남로선유사 이도재위동로선유사 재
春正月 以申箕善爲南路宣諭使 李道宰爲東路宣諭使 齎
조전왕 조유의병왈 오호 짐덕박정매 사진현퇴 십수년래
詔前往 詔諭義兵曰 嗚呼 朕德薄政昧 邪進賢退 十數年來
매년불난 혹화기고굉 혹변생골육 과연면성배한 이개유
每年不亂 或禍起股肱 或變生骨肉 果然面騂背汗 而皆由
짐지편청생간 자단치오 루성려계 일즉짐과 이즉짐과 금
朕之偏聽生姦 自斷致悞 屢成厲階 一則朕過 二則朕過 今
과유일개충량 분기제흉 차내인심구울즉필신 천도유비
果有一介忠良 奮起除凶 此乃人心久鬱則必伸 天道有否

則終泰 朕當克庸惟經之典 而至於昨年八月逆魁 則斷不可容貸者也 現今妖腰亂領 次第伏法 可雪神人之憤 而其外自內外官人及軍人·吏胥·輿儓 勿論罪之輕重 一倂大赦革面改心 少勿疑惧 各仍時任安意治公可也 若夫剃髮一事尙忍言哉 妖賊之輩 狂妄勒迫 自上達下 一何至此 決非朕之本意也 且夫八域士民 發憤仗義 處處蜂起 胥動浮言 自相殺害 以至京軍開仗之境 此亦豈朕本意也哉 噫 京軍與義兵 均是朕之赤子 譬如十指 何斫不痛 曠日相戰 盡劉乃已 言念及此 淚迸心寒 京軍下去者 可卽旋還 各邑義兵 散歸其家 勿復持疑 以滋朕憂 剃髮一款 不須更提 衣笠制度從更爲之 凡於民間痼瘼 自當有處分矣 朕之不再 各宜知悉云云 前後綸音 凡七八度 而大意略同 只錄其一.

친위대장(親衛大將) 이남희(李南熙)·신우균(申羽均)·이겸제(李謙濟)·김구현(金龜鉉) 등이 춘천 의병을 격파하였다.

**原文**

親衛隊將李南熙·申羽均·李謙濟·金龜鉉等 擊破春川

의병
義兵.

이겸제(李謙濟)는 머뭇거리며 영남에 있었고, 노응규(盧應奎) 등은 흩어져 달아났다. 이겸제는 드디어 호남으로 들어가서 연도에서 크게 약탈을 자행하였다.

**原文**

겸제인순영남 노응규등산주 겸제수입호남 연도대략
謙濟因循嶺南 盧應奎等散走 謙濟遂入湖南 沿途大掠

김택영록
(金澤榮錄).

최익현(崔益鉉)을 남북선유대원(南北宣諭大員)에 임명했다. 최익현은 본래 척화(斥和)를 강력히 주장하여 백성에게 신망을 받고 있다고 하여 기용한 것이다. 그러나 최익현은 사직소를 올려 사양하고 끝내 나가지 않았다. 체령(剃令, 斷髮令)이 내려지자 최익현은 또 소를 지어 대궐 아래 이르렀으나 받아들여지지 않아 그대로 돌아갔다.

**原文**

이최익현위남북선유대원 익현소척화심력 위견신어민
以崔益鉉爲南北宣諭大員 益鉉素斥和甚力 謂見信於民

고기지 연익현소사 종불출 체령지하야 익현우치소 도궐
故起之 然益鉉疏辭 終不出 剃令之下也 益鉉又治疏 到闕

하 부득철이귀
下 不得徹而歸.

(1월), 전 참봉 기우만(奇宇萬)이 전라도 장성에서 의병을 일으켰다. 그는 고(故) 참판 기정진(奇正鎭)의 손자로 가업을 이어받아 문유(文儒)[1]로 추대를 받았으나 다른 재주는 없었다. 당시 호남인들은 다른 도는 모두 의병이 일어났는데 유독 전라도에만 일어나지 않아서 기우만을 종용(慫慂)[2]해서 기치(旗幟)[3]를 세우게 하였다. 그러나 문족(門族, 양반)[4]들이 방자하게 날뛰어서 향리 사람들은 괴로워하였고, 그 모인 사람들은 모두 심의(深衣)를 입고 대관(大冠)을 쓰고 서열을 읍양(揖讓)[5]하여 나갔는데, 식량과 무기도 없고 기율이 잡히지 않았다. 이것을 보는 사람들은 그들이 반드시 실패하리라는 것을 짐작했다. 그 의병부대가 나아가 광주(光州)에 주둔하고 있었다. 해남 군수 정석진(鄭錫振)이 이겸제(李謙濟)에게 살해당하자 기우만은 두려워하여 무리를 해산시키고 도망갔다.

**註解**

1) **문유**(文儒) : 문학에 능한 학자.
2) **종용**(慫慂) : 꾀어서 권함. 잘 설명하고 달래어 하게 함.
3) **기치**(旗幟) : 군중에서 쓰는 온갖 기.
4) **문족**(門族) : 집안의 겨레붙이.
5) **읍양**(揖讓) : 주 · 객의 상견례. 겸허하고 온화한 행동. 공수의 예로 행하고 겸양하는 것. 현인에게 임금 자리를 사양하는 것.

**原文**

전참봉기우만 기병어장성 우만 고참판정진손야 가정승
前參奉奇宇萬 起兵於長城 宇萬 故參判正鎭孫也 家庭承

襲 以文儒見推 而無他幹諝 時湖南人以他道皆有義兵 而恥獨無之 慫慂宇萬 使之建旗 然門族恣撗 鄕里苦之 其徒會者 皆深衣·大冠 揖讓序進 無粮械 無紀律 權者卜其必僨 進屯光州 及海南郡守鄭錫振爲李謙濟所殺 宇萬惧 散衆逃去.

강제로 머리를 깎이던 초기에 국내 전체가 분노하였고 그래서 의병의 봉기를 격동시켰다. 그러나 날짜가 점점 지나가자 예기(銳氣)[1]는 점차 해소되고 경군(京軍)과 접전하면 곧 패하고 사망자가 헤아리기 어려울 만큼 많았다. 또한 충성심을 품고 정의로써 실천하는 자가 약간 명에 불과했으며, 공명심이 많은 담명자(噉名者)[2]가 앞장서면 변란을 즐겨하는 자가 따라붙어 유민(莠民)[3]들이 백여 명 천여 명씩 무리를 지어 저마다 의병이라 부르짖으며, 심지어는 동학의 여당(餘黨)들이 낯을 바꾸어 그림자처럼 따라다니는 자가 절반이 되었다. 이에 이들은 잔인하고 포악하여 함부로 약탈하는 것이 마치 미친 도적떼와 다름없었다. 남쪽 지방에서 보고 들은 바 노응규(盧應奎) 같은 이는 진주에 웅거하고 전 경내를 분탕질하니 주민들은 다시 동학교도들의 행패를 만났다고 말했다. 안동 십여 고을은 의병들이 가는 곳마다 약탈을 일삼는 데다 다시 난폭한 경군이 유린하니 공사(公私)가 도탄에 빠졌다. 이미 김홍집 등이 사형을 받고, 윤고(綸誥)[4]가 연달아 선포되고 나서야 거의 잠잠해졌다. 그런데 일을 주동했던 자들은 수령을 많이 학살하여 후환이 있을 것을 염려하여 부대를 유지한 채 해산하지 아니하여 국내가 소란하였다. 특히 기호(畿湖)[5]지방과 관령(關嶺)[6] 사이가 화를 입은 것이 더욱 치열하였다.

대개 의병을 일으킨 자는 단발령(斷髮令)을 구실로 삼아서 박정양 등이 정국을 주재하니, 반적들의 소행에 귀를 기울려 드디어 단발령을 폐지하고 백성들이 원하는 대로 따르게 하였다. 그러나 그 실제로는 의병이 두려워서 그런 것이 아니고 정국을 바꾸고자 함이었다. 우민들은 자신들의 상투를 가리켜, '이것은 의병의 힘'이라 하였으나 어찌 그러했겠는가? 어떤 이는 '단발령은 일본인의 의사가 아니고 유길준 등이 저지른 것이라.' 하였다. 이때 일본인들이 무기를 들고 그 뒤를 따라 만주족이 중국으로 들어갔을 때와 같이 했다면 어찌 백성들이 머리를 깎지 않을 수 있었겠는가?

註解

1) **예기**(銳氣) : 날카로운 성질.
2) **담명자**(噉名者) : 지나치게 세상에 이름을 알리려고 하는 사람.
3) **유민**(莠民) : 나쁜 사람.
4) **윤고**(綸誥) : 임금의 말씀.
5) **기호**(畿湖) : 서쪽 중앙부를 차지하고 있는 경기도 · 황해도 남부. 충청남북도 북부를 포함한 지역.
6) **관령**(關嶺) : 강원도와 경상도.

**原文**

勒削之初 擧國憤怒 所以激義兵之起 然日月稍久 銳氣消散 遇京軍輒敗衄 死者無算矣 且懷忠仗義者 不遇若干人 而噉名者倡焉 樂禍者附焉 莠民千百成群 咸稱義旅 而甚至東匪餘黨 換面景從者 居其半 於是殘暴淫掠 無異狂盜者有之 以南方所覩聞 如盧應奎據晉州 全境焚蕩 州民謂再逢東匪 安東十數郡 所在剽劫 重以京軍蹂躪 公私塗地 旣而 弘集等誅死 綸誥連宣 則汔可休矣 而主事者 以多殺守宰 慮有後患 擁衆不散 國內騷然 而畿湖·關嶺之間 貽禍尤烈 大抵起義者 以剃頭爲口實 故朴定陽等旣主政局 務反賊臣所爲 遂廢其令 俾從民願 然其實非畏義兵也 乃翻局也 乃愚民指其髮曰 此義兵之力 豈其然乎 或曰 剃令非倭人意 乃吉濬等所狂鶩也 使是時倭人以刀鋸隨其後 如滿洲之入中國 則民焉有不削者乎.

친위대(親衛隊) 제2대를 증설했다.

**原文**

증설친위대제이대
增設親衛隊第二隊.

윤용선(尹容善)을 총리 대신으로 삼았다. 윤용선은 사람됨이 교활하고 탐욕스러우며 비루하여 직무를 본 지 수일 만에 가까운 사람 수십 인에게 벼슬을 주었다. 탁지부 고문관 백탁안(柏卓安, Brown. J. Mcleavy)은 그들에게 월봉(月俸)을 지급하지 않았는데, 그 편당을 사사로이 만드는 것을 미워했기 때문이다. 그들 수십 인은 스스로 불안하게 여겨서 모두 다 의원면직하였다. 백탁안은 미국인으로 우리나라를 위해 절약해 써서 자못 직분을 다한다는 칭찬을 얻었다.

**原文**

이윤용선위총리대신 용선우벽탐비 시사수일 관기닐근
以尹容善爲總理大臣 容善迂僻貪鄙 視事數日 官其昵近

수십인 탁지고문관백탁안 불급월봉 오기당사야 수십인
數十人 度支顧問官柏卓安 不給月俸 惡其黨私也 數十人

자부자안 개의원면 탁안자 미국인 위국절용 파칭진직
者不自安 皆依願免 卓安者 美國人 爲國節用 頗稱盡職.

진주 관찰사 조병필(趙秉弼) · 남원 관찰사 백낙륜(白樂倫) · 나주 관찰사 조한근(趙漢根) 등이 도망쳤다. 강제로 머리를 깎여 의병에게 피살당한 자는 춘천 관찰사 조인승(曺寅承) · 안동 관찰사 김석중(金奭中) · 충주 관찰사 김규식(金奎軾) 등이다.

관찰사 이하의 관료로는 의성 군수 이관영(李觀永)·영덕 군수 정재관(丁在寬)·예천 군수 유인형(柳寅衡)·안동 경무관 임병원(林炳元)·우체 주사 김재담(金在潭)·청풍 군수 서상기(徐相耆)·단양 군수 권숙(權潚)·천안 군수 김병숙(金炳塾)·나주 참서관 안종수(安宗洙)·총순 박희호(朴喜昊)·양양 군수 양명학(楊命學)·고성 군수 홍종헌(洪鍾憲)·강릉 경무관 고준식(高俊植)·삼수 군수 유완수(柳完秀)·함흥 참서관 목유신(睦裕信)·주사 피상국(皮相國)·홍병찬(洪丙贊), 해주 경무관 이경선(李敬善)·총순 황목(黃穆)·세무시찰 인석보(印錫輔)·지평 군수 맹영재(孟英在)·광주 부윤 박기인(朴基仁)·충주 부주사 홍유정(洪裕政) 등이 모두 죽임을 당했다. 전후 관보(官報)에 나온 사람은 여기에 그쳤는데 월일은 자세하지 않다. 그러나 모두 죽은 것이 겨울과 봄 사이였다. 그 관보에서 누락된 자도 있다고 한다.

조인승은 소론(少論)의 명가(名家) 출신으로 서법이 일세에 뛰어났다. 머리를 깎고 부임하였기 때문에 가장 먼저 피살당했다. 김석중은 울산포의 백성으로 말하는 솜씨가 있고 불량한 짓을 했으며 갑오(甲午)에는 동학교도에 투신했다가 난이 평정되자, 서울에 은닉하여 박영효(朴泳孝)에게 들러붙어 백의(白衣)로써 안동 부사에 임명되었다가 곧 관찰사로 뽑혔다. 그는 사민(士民)들을 학대하고 욕되게 하였으며 제일 먼저 앞장서서 상투를 잘랐다가 단기(單騎)로 도주하다 문경에서 농부에게 피살되었다. 안종수는 문예가 뛰어나서 서광범과 박영효의 사랑을 가장 많이 받았다. 나주에 부임해서 부자들을 방략(榜掠)[1] · 약탈하여 전라우도의 연해가 소란하였다. 살해당한 뒤에 그가 장물(贓物)로 축적한 것이 폭로되었는데, 돈꿰미가 8만여 냥에 이르렀다고 한다.

**註解**

1) **방략**(榜掠) : 죄인을 고문하고 약탈함. 피의자를 때려 고통을 주어서 자백시킴.

**原文**

진주관찰사조병필 남원관찰사백낙륜 나주관찰사조
晉州觀察使趙秉弼 · 南原觀察使白樂倫 · 羅州觀察使趙

한근등도 기이늑삭위의병소살자 춘천관찰사조인승 안
漢根等逃 其以勒削爲義兵所殺者 春川觀察使曺寅承 · 安

동관찰사김석중 충주관찰사김규식 관찰이하즉의성군수
東觀察使金奭中 · 忠州觀察使金奎軾 觀察以下則義城郡守

이관영 영덕군수정재관 예천군수유인형 안동경무관
李觀永 · 盈德郡守丁在寬 · 醴泉郡守柳寅衡 · 安東警務官

임병원 우체주사김재담 청풍군수서상기 단양군수권
林炳元 · 郵遞主事金載潭 · 淸風郡守徐相耆 · 丹陽郡守權

숙 천안군수김병숙 나주참서관안종수 총순박희호
潚 · 天安郡守金炳塾 · 羅州參書官安宗洙 · 摠巡朴喜昊 ·

양양군수양명학 고성군수홍종헌 강릉경무관고준식
襄陽郡守楊命學 · 高城郡守洪鍾憲 · 江陵警務官高俊植 ·

삼수군수유완수 함흥참서관목유신 주사피상국 홍병
三水郡守柳完秀 · 咸興參書官睦裕信 · 主事皮相國 · 洪丙

찬 해주경무관이경선 총순황목 세무시찰인석보 지
贊 · 海州警務官李敬善 · 摠巡黃穆 · 稅務視察印錫輔 · 砥

평군수맹영재 광주부윤박기인 충주부주사홍유정개사
平郡守孟英在 · 廣州府尹朴基仁 · 忠州府主事洪裕政皆死

전후출관보자지차 이월일불가상 연개동춘간야 기루어관
前後出官報者止此 而月日不可詳 然皆冬春間也 其漏於官
보자파유지운 인승소론명가 서법묘일세 체이부임 고사
報者頗有之云. 寅承少論名家 書法妙一世 剃而赴任 故死
최선 석중울산포민야 변힐무뢰 갑오투동비 비평 닉경사
最先 奭中蔚山浦民也 辯黠無賴 甲午投東匪 匪平 匿京師
간영효 백의제안동부사 선탁관찰 절욕사민 수행늑삭 단
干泳孝 白衣除安東府使 旋擢觀察 折辱士民 首行勒削 單
기주 위문경야맹소살 종수유문예 최닐서 박 도나주 방
騎走 爲聞慶野氓所殺 宗洙有文藝 最昵徐·朴 到羅州 榜
략부실 우연소동 사후발기장적 강지팔만여냥
掠富室 右沿騷動 死後發其贓積 鏹至八萬餘兩.

이남규(李南珪)로 안동 관찰사를 삼았다. 영남 일대는 모두 남인(南人)이며 이남규 또한 남인이다. 조정은 그가 반드시 영남 사람에게 사랑을 받을 것이라 생각하여 그래서 절의(節義)에 의지해서 부임하게 하여 의병을 해산시키려 하였다. 그런데 그는 의병을 두려워하여 안동부로 직접 들어가지 못하고, 장계를 올려 상주군에 있으면서 다스리겠다고 하였다.

당시 영남 전지역의 수령으로 사살된 자가 연달아 나타나고 있어 주군(州郡)이 텅 비었으므로, 서울에서는 사지(死地)로 볼 정도였다. 이에 영남인으로 꾀가 많은 자는 처음에는 의병에 붙었다가 화가 미칠까 두려워하다가 이에 다시 관작을 넘겨다보고 왕왕 서울에 올라와서 큰 소리로, '만일 지방관으로 임명되면 한번 호령해 난을 그치게 할 수 있다.'고 하는 자가 더러 있었다. 정부에서는 긴가민가 믿기를 의심하였으나 결국 그들의 말에 따랐다. 그래서 봄 · 여름 간에 영남인으로 영남 여러 고을에 수령이 된 자가 40여 명이나 되었다. 그들은 임지에 도착하여 의병과 함께 몰래 통하면서 녹(祿)만 도둑질할 뿐이었다.

**原文**

이이남규위안동관찰사 영남일도개남인 이남규역남인
以李南珪爲安東觀察使 嶺南一道皆南人 而南珪亦南人
야 조정이기필위영인소애 고사장절전부 이산의병 남규
也 朝廷以其必爲嶺人所愛 故使仗節前赴 以散義兵 南珪
외의병 불감입안동부 계청교치우상주군 시전영수재살사
畏義兵 不敢入安東府 啓請僑治于尙州郡 時全嶺守宰殺死
자상망 주군일공 경사시위사지 어시영민지힐자 초부의
者相望 州郡一空 京師視爲死地 於是嶺民之黠者 初附義
병 공급화 우기관작 왕왕입경대언 여차지방관 일호령가
兵 恐及禍 又覬官爵 往往入京大言 如差地方官 一號令可
미난 정부의신 종지 고춘하간 영인재영읍자 사십여관 이
弭亂 政府疑信 從之 故春夏間 嶺人宰嶺邑者 四十餘官 而
기도군 여의병잠상문 완게절록이이
旣到郡 與義兵潛相聞 玩愒竊祿而已.

장성 군수 이병훈(李秉勳)을 전주 관찰사로 삼고, 이항의(李恒儀)를 진주 관찰사로 삼았다.

**原文**

이장성군수이병훈위전주관찰사 이항의위진주관찰사
以長城郡守李秉勳爲全州觀察使 李恒儀爲晉州觀察使.

이종건(李鍾健)을 북로선유사(北路宣喩使)로 삼고, 충추 관찰사 민영기(閔泳綺)에게 본도(本道) 선유사를 겸직시켰다.

**原文**

이 이 종 건 위 북 로 선 유 사　충 주 관 찰 사 민 영 기 겸 본 도 선 유 사
以李鍾健爲北路宣喩使　忠州觀察使閔泳綺兼本道宣喩使.

민영환(閔泳煥)을 전권 공사로 삼아 아라사 황제(니콜라이 2세)의 대관례(戴冠禮)에 참석하여 축하하도록 하고, 윤치호(尹致昊)가 서양 말을 잘하기 때문에 수행원(隨行員)으로 삼았다.

**原文**

이 민 영 환 위 전 권 공 사　왕 하 아 국 황 제 대 관 례　윤 치 호 이 한 양 어 위 수 원
以閔泳煥爲全權公使　往賀俄國皇帝戴冠禮　尹致昊以嫺洋語爲隨員.

경군 대장 이겸제(李謙濟)가 영남에서 호남경내로 들어가자, 노응규(盧應奎) 등은 흩어져 달아났다. 이겸제는 연도에서 크게 약탈을 자행하였다.

**原文**

경 군 대 장 이 겸 제　자 영 남 입 호 남 계　노 응 규 등 산 주　겸 제 연
京軍隊長李謙濟　自嶺南入湖南界　盧應奎等散走　謙濟沿

도 대 략
途大掠.

2월 2일(정묘), 전례(典禮)로 보면 마땅히 선성(先聖)에 대한 석전(釋奠)[1]을 드렸어야 한다. 그런데 당시 대행왕후(大行王后)의 인산(因山)이 끝나지 않아서 사전(祀典)이 오래도록 반포되지 않았다. 호남 지방은 혹 폐하는 고을도 있고 지내는 고을도 있었으나 영남 지방에서는 평소와 같이 거행했다.

**註解**

1) **석전**(釋奠) : 석전제. 음력 2월과 8월의 상정일(上丁日)에 문묘(文廟)에서 공자에게 지내는 제사.

**原文**

이 월 초 이 일 정 묘 　예 당 석 전 우 선 성 　이 시 이 대 행 왕 후 인 산
二月初二日丁卯 禮當釋奠于先聖 而時以大行王后因山

미 성 　사 전 구 미 반 　호 남 즉 혹 폐 혹 행 　영 남 행 지 여 평 일
未成 祀典久未頒 湖南則或廢或行 嶺南行之如平日.

아리사 공사 사패야(士貝耶)가 일본에 갔다.

**原文**

아 공 사 사 패 야 왕 일 본
俄公使士貝耶往日本.

윤길구(尹吉求)를 해주 관찰사로 삼고, 이건하(李乾夏)를 공주 관찰사로 삼았으며, 이하영(李夏榮)을 주일 공사로 삼았다. 이하영은 부산 사람인데, 일본어를 잘해서 총애를 받았으며, 불차탁용(不次擢用)[1] 되어 이하영은 처자를 데리고 갔다. 외국에 부임하는 사절이 권속(眷屬, 가족)을 데리고 가게 된 것은 이로부터 시작되었다.

**註解**

1) 불차탁용(不次擢用) : 계급의 차례를 밟지 않고 벼슬에 올려 씀.

**原文**

이윤길구위해주관찰사 이건하위공주관찰사 이이하영
以尹吉求爲海州觀察使 李乾夏爲公州觀察使. 以李夏榮
위주왜공사 하영 부산인야 이습왜어피총 불차탁용 하영
爲駐倭公使 夏榮 釜山人也 以習倭語被寵 不次擢用 夏榮
대처자이행 사외이솔권 자차시
帶妻子而行 使外而率眷 自此始.

(2월) 홍주 의병장(義兵將) 김복한(金福漢) · 이설(李偰) · 홍건(洪楗) 등을 석방했다. 홍건 등은 오랫동안 갇혀 있었으면서 판결문이 이미 작성되어 조정에 올려졌는데 임금은 특지(特旨)를 내려 말하기를, "김복한 등 여러 사람은 관리를 협제(脅制)[1]하고 민중을 선동해서 부군(府郡)의 계속적인 소란을 일게 하였으니, 어찌 옳다 하여 죄가 없다고 하겠는가? 다만 그 뜻의 본바탕은 나라의 원수를 갚고 역적을 토멸하자는 데 있었

다. 더구나 사건이 지난해 12월 28일자 조칙(詔勅)이 내리기 이전에 있었던 것이니, 이것은 요즘의 의(義)를 빙자해서 난을 음모하는 것과는 같지 않으니 일체 논단(論斷)[2]하고 특별히 석방하여 관유(寬宥)[3]의 뜻을 표시한다." 하였다.

**註解**

1) **협제(脅制)** : 을러메서 제어함. 으르대고 견제함.
2) **논단(論斷)** : 논의하여 단정함. 의논하여 단을 내림.
3) **관유(寬宥)** : 너그럽게 용서함. 관서(寬恕)와 같은 뜻.

**原文**

석홍주의병장김복한 이설 홍건등 건등 취수구지 구
釋洪州義兵將金福漢 · 李偰 · 洪楗等. 楗等 就囚久之 具
옥이문 상하특지왈 복한제인 협제관리 선동민중 이치부
獄以聞 上下特旨曰 福漢諸人 脅制官吏 煽動民衆 以致府
군지역소 오가왈무죄 이원기지 즉복수토역야 황사재상
郡之繹騷 烏可曰無罪 而原其志 則復讐討逆也 況事在上
년십이월이십팔일조칙이전 차불가여근일자의모난자 일
年十二月二十八日詔勅以前 此不可與近日藉義謀亂者 一
체논단 병위특방 이시관유지의
切論斷 幷爲特放 以示寬宥之意.

이겸제(李謙濟)가 나주에 들어가 해남 군수 정석진(鄭錫振)을 살해하자 기우만(奇宇萬)은 도망하고 담양 군수 민종렬(閔種烈)이 체포되었다. 정석진은 나주 아전으로 동학난 때 민종렬을 도와 수성의 공으로 해남 군수가 되었다. 그가 부임할 때 많은 아전들이 그를 전송한 다음 들어가서 안종수(安宗洙)를 죽였기 때문에 사람들은 정석진의 뜻을 받아서 한 일이라 여겼다. 안종수의 아우 안정수(安定洙)는 이겸제를 따라 형의 원수를 복수하려 음모했다. 어떤 이는 정석진을 권유하여 바다로 피하라 하니 정석진은 웃으면서, "죽는 것은 진실로 명이다. 어찌 피하겠는가?" 하며 편히 앉아서 결박을 당하였다. 이겸제가 후한 뇌물을 바치라 하니 응하지 않으며 말하기를, "뇌물을 주어도 죽을 것인데 한갓 노배(奴輩)[1]에게 팔리는 바가 되겠는가?" 하고 드디어 죽임을 당했다. 정석진은 여력(膂力)[2]이 다른 사람보다 뛰어나고 주략(籌略)[3]이 풍부하며 능히 대의(大義)를 알아서 호남인들은 그의 죽음을 슬퍼하지 않는 이가 없었다. 기우만은 정석진이 죽는 것을 보고 광주에서 무리들을 해산하고 도망쳤다. 당시 신기선(申箕善)이 호남에 있으면서 기우만을 비호하는데 많은 힘을 기울였던 까닭에 궁색하되 체포되지 않았다. 민종렬과 기우만이 통하였다는 것이 일시 떠들썩하게 전해져서 이겸제는 그를 죽이려 하였다. 그러나 그의 아우 민종묵(閔種默)이 마침 높은 벼슬자리에 앉아 있었고 또한 사람들이 주모자가 아니라고 하여 드디어 중앙에 알리니 벌써 석방하라는 명이 내려왔다.

임금은 개화(開化) 이래 여러 차례 변고(變故)를 겪어서 시배(時輩)[4]라면 이를 갈았다. 한 번 옮겨지면 돌아보며 어찌할 수 없음을 알았던 까닭에, 의병이 사방에서 일어나자, 모두 토벌하여 회복하는 것을 몹시 기뻐하며 다행으로 여겼다. 그러므로 출정 장사에게 교지(敎旨)를 주어 수령(首領)을 잡으면 함부로 죽이지 말라 하였다. 이로 말미암아 경옥(京獄)에 송치된 자는 대체로 가벼운 쪽으로 처리했다. 어떤 이는, "기우만이 비록 자수했다 하더라도 반드시 죽지는 않았을 것이며, 해남 군수 정석진이 죽임을 당한 것은 오로지 안종수의 사사로운 원수 때문"이라 하였다.

**註解**

1) **노배**(奴輩) : 놈들. 자식들.
2) **여력**(膂力) : 완력(腕力). 근육의 힘.
3) **주략**(籌略) : 계책과 모략.
4) **시배**(時輩) : 시속의 때를 만나 뜻을 좇는 무리들.

**原文**

이겸제입나주 살해남군수정석진 기우만도주 담양군수
李謙濟入羅州 殺海南郡守鄭錫振 奇宇萬逃走 潭陽郡守

민종렬피체 석진자 나주이야 동비시 익종렬수성록공 위
閔種烈被逮 錫振者 羅州吏也 東匪時 翼種烈守城錄功 爲

해남수 기부임야 군리전지 입이살안종수 고인위석진수
海南守 其赴任也 群吏餞之 入而殺安宗洙 故人謂錫振授

지운 종수제정수 수겸제 모복형수 혹권석진부해 석진소
旨云 宗洙弟定洙 隨謙濟 謀復兄讐 或勸錫振浮海 錫振笑

왈 사고명이 해피위 안좌수박 겸제색후회 불응왈 회지역
曰 死固命耳 奚避爲 安坐受縛 謙濟索厚賄 不應曰 賄之亦

사 도위노배매이 수사 석진려력절인 요주략 능식대의 호
死 徒爲奴輩賣耳 遂死 錫振膂力絶人 饒籌略 能識大義 湖

남인무불비지 우만견석진사 자광주산중도거 시신기선재
南人無不悲之 宇萬見錫振死 自光州散衆跳去 時申箕善在

湖南 袒護之甚力 故得不窮捕 種烈與宇萬通 一時喧傳 謙濟欲殺之 以其弟種黙方顯用 且爲人所誘 非主謀也 遂上于京師 既至命釋之 上自開化以來 屢經變故 切齒于時輩 而太阿一移 顧無如之何 及義兵四起 皆以討復爲辭 上甚喜幸之 故授旨出征將士 得首領 毋專殺 由是致之京獄者 率從末減 或者謂宇萬雖自首 必不死 而錫振之死 專由安定洙私讐云.

3월, 이경직(李畊稙)에게 대광보국 대부(大匡輔國大夫)로 추증하고 시호를 충숙(忠肅)이라 하였으며, 홍계훈(洪啓薰)을 군부 대신으로 추증하고 시호를 충의(忠毅)라 하였으며, 임최수(林㝡洙)를 내부 협판에 추증하고 시호를 충민(忠愍)이라 하였으며, 이도철(李道徹)을 군부 협판에 추증하고 시호를 충민(忠愍)이라 하였다. 대개 임최수 등은 이범진(李範晋) · 이윤용(李允用) 등과 서로 깊이 주무(綢繆)[1]하였는데, 임최수는 먼저 움직였던 까닭에 패했고, 이범진은 뒤에 움직였으므로 성사할 수 있었다.

**註解**

1) 주무(綢繆) : 미리미리 꼼꼼하게 준비함.

**原文**

삼월 증이경직대광보국시충숙 홍계훈군부대신시충의
三月 贈李畊植大匡輔國謚忠肅 洪啓薰軍部大臣謚忠毅
임최수내부협판시충민 이도철군부협판시충민 개최수등
林㝡洙內部協辦謚忠愍 李道徹軍部協辦謚忠愍 蓋㝡洙等
여이범진 이윤용심상주무 이최수선발이패 범진후동이
與李範晋 李允用深相綢繆 而最洙先發而敗 範晉後動而
성
成.

세무시찰관(稅務視察官)을 폐지하고 관찰사와 군수로 하여금 지방의 결세(結稅)[1]와 호세(戶稅)[2]를 이끌어 관리하도록 하였다.

**註解**

1) **결세**(結稅) : 토지의 결복(結卜, 토지에 매기는 결 · 짐 · 뭇의 통칭)에 의해 매겼던 조세.
2) **호세**(戶稅) : 가구(家口)에 매기는 조세.

**原文**

폐세무시찰관 령관찰사 군수 구관지방결 호양세
廢稅務視察官 令觀察使 · 郡守 句管地方結 · 戶兩稅.

한규설(韓圭卨)을 법부 대신으로 삼았다. 이때에 일본 사람들은 이미 위축되었고, 아라사 사람들의 판국 또한 형성되지 못한 까닭에 정무가 자못 임금에 의해서 결재되었다. 박정양

(朴定陽) 등은 김홍집(金弘集)의 실패를 징계하여 매사를 반드시 임금에게 품의해서 행하였다. 이에 구신(舊臣)들과 사인(私人, 측근)들이 차츰 진출하게 되었다.

**原文**

이 한 규 설 위 법 부 대 신 시 시 왜 인 기 초 출 아 인 지 국 우 미 성
以韓圭卨爲法部大臣 是時倭人旣稍絀 俄人之局 又未成
고 정 무 파 유 상 재 박 정 양 등 징 홍 집 지 패 매 사 필 품 정 이 행 어
故政務頗由上裁 朴定陽等懲弘集之敗 每事必稟定而行 於
시 구 신 사 인 초 초 진 언
是舊臣 · 私人稍稍進焉.

이희화(李喜和)를 사사(賜死)하였다. 이희화는 전직 시독(侍讀)으로 곤령각(坤寧閣)의 변(變, 乙未事變 : 1895년 8월 명성후 시해사건)에 왜인을 따라 섞여 들어와서 마음대로 조칙을 썼는데, 이에 이르러 일이 탄로 나서 '어좌(御座)에 멋대로 들어간 것과 모반의 정황을 알고 있었다'는 두 가지 죄목으로 교수형에 처한 것이다.

**原文**

사 이 희 화 사 희 화 이 전 시 독 어 곤 령 각 지 변 수 왜 혼 입 천 사
賜李喜和死 喜和以前侍讀 於坤寧閣之變 隨倭混入 擅寫
조 칙 지 시 사 로 좌 이 천 입 어 좌 모 반 지 정 양 률 처 교
詔勅 至是事露 坐以擅入御座 謀反知情兩律 處絞.

서주보(徐周輔) · 정병조(鄭丙朝) · 김경하(金經夏) · 이태황(李台

璜)·정만조(鄭萬朝)·우낙선(禹洛善)·전준기(全晙基)·이범주(李範疇)·홍우덕(洪祐德) 등을 여러 섬에 유배를 보냈다. 김홍집(金弘集)이 정권을 잡았을 때 소론(少論)을 많이 등용하였다. 서주보·정만조는 또한 다 운현궁의 문객이었는데, 시세에 편승해서 제멋대로 행동하여 사람들이 그들을 미워하였다. 왕후가 시해의 변고를 당했을 때, 서주보와 정만조가 필시 그 정황을 알고 있었을 것이라는 말이 자자했는데, 이에 이르러 차례로 잡혀 와서 무릇 70여 일을 갇혀 있었다. 혹자가 정만조의 괘오(詿誤)[1]를 밝히자 임금이 말하기를, "그날 밤 짐이 정만조를 보았다. 그는 양복을 입고 전(殿)에 올랐었다. 정만조가 오랫동안 시종으로 있었으니 어찌 오인할 이치가 있겠는가?"라고 하였다. 당시 의론이 그는 반드시 죽을 것이라 말했는데, 출옥하게 되자 아닌 게 아니라 임금의 자애로운 마음과 은혜를 베풂음에 칭송을 하였다. 여러 사람들의 죄목은 크게는 같았으나 공초(供草)의 문안에 누락된 것이 많았다. 정병조는 정만조의 아우이다. 작년 8월 19일에 세마(洗馬)로서 입직하고 있다가 집안사람의 편지 쪽지를 받고는 옷을 떨치고 바로 나갔었다. 이날 밤 난이 일어나 그 행적이 수상했었다고 한다. 춘방관(春坊官) 이시재(李蓍宰)가 증언한 바였다.

**註解**

1) **괘오**(詿誤) : 속여서 미혹시킴. 관리가 과오에 대하여 책망받는 것.

**原文**

유서주보 · 정병조 · 김경하 · 이태황 · 정만조 · 우낙선
流徐周輔 · 鄭丙朝 · 金經夏 · 李台璜 · 鄭萬朝 · 禹洛善

·全晙基·李範疇·洪祐德于諸島 金弘集當國 多用少論周輔·萬朝 又皆雲峴客也 乘時縱恣 人嫉之 殺后之變 藉藉稱徐·鄭必知情 至是次第就囚 凡繫七十餘日 或明萬朝詿誤 上曰當夜脫見萬朝 穿洋服上殿 萬朝久在侍從 寧有誤認之理 時議 謂其必死 及出獄 未嘗不頌上之慈善也 諸人所坐大同 而供案多漏 丙朝 萬朝弟也 上年八月十九日以洗馬入直 接家人赫蹶 拂衣徑出 是夜亂作 情跡殊常 爲春坊官李蓍宰所證.

심상훈(沈相薰)을 탁지부 대신으로 삼았다. 심상훈은 충주에 있으면서 처음에 의병과 더불어 서로 의논이 있었으나 성공할 수 없음을 헤아리고 서울로 올라왔던 것이다.

**原文**

以沈相薰爲度支大臣 相薰在忠州 始與義兵相聞 料其無成 走還京師.

친위대(親衛隊) 제4대와 제5대를 합하여 독립된 대대(大隊)

를 설치하였다.

**原文**

합 친 위 제 사 제 오 대 설 독 립 대 대
合親衛第四 · 第五隊 設獨立大隊.

연조문(延詔門, 모화관 앞에 있던 문, 뒷날 이곳에 독립문이 세워짐) 옛터에 독립공원(獨立公院)을 설치했다.

**原文**

취 연 조 문 고 지 설 독 립 공 원
就延詔門故址 設獨立公院.

이용익(李容翊)을 서북 지역 여러 금광의 감리(監吏)로 삼았다.

**原文**

이 이 용 익 감 리 서 북 제 금 광
以李容翊 監理西北諸金礦.

윤석우(尹錫禹)와 박선(朴銑)을 신원해 주었다. 역옥(逆獄)의 단서가 차차 밝혀졌다. 윤석우 등은 나직(羅織)[1]의 죄에 걸려든 것이었으나 오직 이주회(李周會)만은 죄안(을미왜변)에 있게 되었다.

**註解**

1) **나직**(羅織) : 없는 죄를 무고(誣告)하여 죄를 얽음.

**原文**

신윤석우 박선원 이역옥단서초명 이석우등좌나직야
伸尹錫禹·朴銑寃 以逆獄端緒稍明 而錫禹等坐羅織也
유이주회재안
惟李周會在案.

창릉(昌陵)[1]에 불이 났다.

**註解**

1) **창릉**(昌陵) : 조선조 8대 예종(睿宗)과 순안왕후(順安王后)의 능으로 고양(高揚)에 있음.

**原文**

창릉화
昌陵火.

법국(法國, 불란서) 판리 대신(辦理大臣) 겸 총영사 갈림덕(葛林德, V. Collin de Plancy)이 부임하였다.

**原文**

법국판리대신겸총령사갈임덕래
法國辦理大臣兼摠領事葛林德來.

을미년(고종 32, 1895) 9월, 서울에 비(蜚)가 떨어졌다. 우리나라 사람들은 물명(物名)에 밝지 못하여 취슬(臭蝨, 빈대)을 '갈(蝎)'로 잘못 알고 있는데, 이미 우리말로 굳어져 고칠 수 없게 되었다. 서울에는 예전에 '비(蜚)'가 없었고 점방(店房)에만 간혹 있었는데 생기는 대로 잡았기 때문에 종자가 번성하지 못했다. 이에 이르러 하룻밤 사이에 땅에 가득한 것이 다 '비(蜚)'였다. 그러므로 그것을 이르되 '비(蜚)'가 비 오듯 했다고 말했다. 이로부터 집집마다 생겨나는데 마치 샘이 솟는 것 같아서 인력으로 조치할 수가 없었다. 궁궐 안에는 더욱 심하여 임금이 잠을 잘 수 없을 정도였다. 식자들은 말하기를, '궁궐이 텅 비게 된 징조라고 하였다.

**原文**

을 미 고 종 삼 십 이 년 구 월 경 사 우 비 동 인 불 한 명 물 이 취
乙未(高宗三十二年)九月 京師雨蜚 東人不閒名物 以臭

슬 오 칭 위 갈 방 언 이 구 불 가 개 야 경 중 구 무 비 점 방 혹 유 지
虱誤稱爲蝎 方言已久 不可改也 京中舊無蜚 店房或有之

이 수 육 수 제 종 부 득 번 지 시 일 야 간 만 지 개 비 고 위 지 비 우
而隨育隨除 種不得蕃 至是 一夜間滿地皆蜚 故謂之蜚雨

자 시 가 가 화 생 여 천 용 인 력 무 소 시 대 내 우 심 상 부 득 수 식
自是家家化生如泉涌 人力無所施 大內尤甚 上不得睡 識

자 이 위 성 궐 공 허 지 상
者以爲城闕空虛之象.

일본이 대만(臺灣)과 북해도(北海道)에 척식부(拓殖部)를 설치하였다.

**原文**

일 본 설 척 식 부 우 대 만 급 북 해 도
日本設拓殖部于臺灣及北海道.

4월, 일본 공사 소촌수태랑(小村壽太郎)이 국서를 바친 후 얼마 있다가 돌아갔고, 서기관 가등증웅(加藤增雄)이 서리로 임무를 수행하였다.

**原文**

하 사 월 왜 공 사 소 촌 수 태 랑 정 서 국 이 이 환 국 서 기 관 가 등 증 웅 서 리 사 사
夏四月 倭公使小村壽太郎 呈書國 已而還國 書記官加藤增雄 署理使事.

조서를 내렸는데, 그 내용은 다음과 같다.

"무릇 탄핵과 소장이 어느 때인들 없었겠는가? 그런데 이러한 때 이곳에서 전례를 좇아 발판을 삼고 붙잡고 늘어지니, 분수나 도리로 볼 때 극히 해괴하여 탄식할 일이다. 설사 혹자는 옛 허물을 고치는 것을 귀하다 하지만, 항차 얼마 전의 애통한 뜻을 표한 조서에서 남김없이 다 풀어 버리라고 했으니, 중앙과 지방의 신민들이 다 알아서 더 이상 문제 삼을 것이 없음에랴? 지금 이후로는 스스로 해명하거나 의리를 자처하는 것으로 감히 번거롭게 하거나 귀찮게 하지 말고 조정의 체모를 존중하라."

이때에 군신(群臣)들이 자책하여 사직하는 자가 서로 이어졌고, 또한 환국(換局, 시국이 바뀜)이 됨으로 인해서 분연히 탄핵하고 공박하였던 까닭에 이러한 조서가 내렸던 것이다.

**原文**

조왈 범탄장 하시무지 이차시차지 순예시애 분의도리
詔曰 凡彈章 何時無之 而此時此地 循例撕捱 分義道理
극위해탄 설혹구건개정위귀 이황경일애통지조 동석무여
極爲駭歎 設或舊愆改靖爲貴 而況頃日哀痛之詔 洞釋無餘
중외신서 균실무은 종금이후 자명여처의 무감번독 이존
中外臣庶 均悉無隱 從今以後 自鳴與處義 無敢煩瀆 以尊
조체 시군신자핵사직자상계 차인환국 탄박분연 고유시
朝體 時群臣自劾辭職者相繼 且因換局 彈駁紛然 故有是
명
命.

윤헌(尹瀗)을 나주 관찰사로 삼고, 윤창섭(尹昌燮)을 홍주 관찰사로 삼았다.

**原文**

이윤헌위나주관찰사 윤창섭홍주관찰사
以尹瀗爲羅州觀察使 尹昌燮洪州觀察使.

각 지방에 명령하여 전에 정원에 올라 있는 군사를 편성하여 지방대라 일컫고, 관찰사와 군수로 하여금 장령(將令)을 겸하도록 하였다. 각군은 포수(砲手)를 뽑되 1등 군은 50인을 두고

5등 군에는 30인으로 하여 5인씩 차이를 두도록 하였다. 이때에 의병활동을 하다가 흩어진 이들은 토비(土匪)로 전향하여 경보(警報)가 끊이지 않았다. 그러므로 지방에 병대(兵隊)를 설치하자는 의론이 일어나게 되었다. 그러나 이름뿐이고 힘써 행하려 하였으나 도리어 더 말썽만 일으켰다.

**原文**

령각지방 편구액병 칭지방대 사관찰 군수겸기장령 각
令各地方 編舊額兵 稱地方隊 使觀察·郡守兼其將領 各
군선치포수 일등군오십인 지오등군삼십인 이오인위차솔
郡選置砲手 一等郡五十人 至五等郡三十人 以五人爲差率
시시의병산자 전성토비 경보부절 고지방설병지의기 연
是時義兵散者 轉成土匪 警報不絶 故地方設兵之議起 然
명언이이 기력행자 반자요
名焉而已 其力行者 反滋擾.

이범진(李範晋)을 종1품으로 승격시켜 서광범(徐光範)을 대신하여 주러시아 공사로 임명하자 처자를 데리고 떠났다. 이범진은 시국이 또 바뀌면 도망가지 못하고 먼저 처형당할 것이 두려워 힘써 외국 공사직을 구하여 떠나갔다.

**原文**

승이범진종일품 대서광범 위주아공사 대처자이행 범진
陞李範晋從一品 代徐光範 爲駐俄公使 帶妻子而行 範晉
공시국우변 난환수주 력구외사이출
恐時局又變 難逭首誅 力求外使而出.

전 참판 김상덕(金商悳), 전 참판 이건창(李建昌)을 고군산도(古群山島)에 귀양 보냈다. 임금은 봄에 김상덕을 홍주 관찰사에, 이건창은 해주 관찰사에 임명하였으나 김상덕은 소를 올려 의를 지켜 사직하였고, 이건창은 또한 그러했다. 세 번 소를 올려 애써 사직하므로 치대(置對)[1]를 명하고 2년간 유배를 보내라고 하였다. 한 섬에 같이 유배되었는데 두 달이 지나자 특지로 사면되어 돌아왔다.

**註解**

1) 치대(置對) : 벼슬아치에게 죄책을 묻기 위하여 대기하도록 함.

**原文**

찬 전 참 판 김 상 덕 전 참 판 이 건 창 우 고 군 산 도 상 이 춘 간 배
竄前參判金商悳·前參判李建昌于古群山島 上以春間拜
상 덕 홍 주 관 찰 사 건 창 해 주 관 찰 사 상 덕 진 소 처 의 건 창 역 연
商悳洪州觀察使 建昌海州觀察使 商悳陳疏處義 建昌亦然
삼 소 력 사 명 치 대 의 유 이 년 동 배 일 도 경 양 월 특 지 사 환
三疏力辭 命置對 擬流二年 同配一島 經兩月 特旨赦還.

5월, 안경수(安駉壽)가 독립협회(獨立協會)를 세웠는데, 윤치호(尹致昊)와 고영근(高永根)이 그를 도와주었다.

**原文**

오 월 안 경 수 창 독 립 협 회 윤 치 호 고 영 근 등 조 지
五月 安駉壽倡獨立協會 尹致昊·高永根等助之.

일본 공사 원경(原敬)이 부임했다.

**原文**

왜 공 사 원 경 래
倭公使原敬來.

민영철(閔泳喆)을 해주 관찰사로 임명하고, 이채연(李采淵)을 경인철도(京仁鐵道) 부설의 감독으로 임명하였다.

**原文**

이 민 영 철 위 해 주 관 찰 사  이 채 연 감 독 경 인 철 도
以閔泳喆爲海州觀察使 李采淵監督京仁鐵道.

6월, 묘사(廟社)·전궁(殿宮)·능원(陵園)의 각 사전(祀典)을 모두 복구할 것을 명하였다. 또 제사 지내는 월일(月日)은 한결같이 음력을 따르도록 하였다. 김홍집(金弘集) 등이 사전(祀典)을 축소하였다. 양력과 음력의 날짜에 차이가 있어 예의에 어긋남이 있었다.

**原文**

유 월  명 묘 사 전 궁 능 원 각 사 전  개 복 구  월 일 일 종 음 력  이 김
六月 命廟社殿宮陵園各祀典 皆復舊 月日一從陰曆 以金
홍 집 등 재 감 사 전  이 신 구 력 월 일 차 호  유 흠 경 근 야
弘集等裁減祀典 而新舊曆月日差互 有欠敬謹也.

(6월) 서울로부터 전보국을 설치하여 의주까지 도달하게 되었는데, 육전(陸電)은 이에서 비롯되었다. 이후로는 이에 대한 기록을 생략하겠다.

**原文**

자 경 성 설 전 보 국  달 우 의 주  육 전 시 차  후 불 구 록
自京城設電報局 達于義州 陸電始此 後不具錄.

박규희(朴珪熙)를 충주 관찰사로 삼았다.

**原文**

박 규 희 위 충 주 관 찰 사
朴珪熙爲忠州觀察使.

관립소학교를 서울에 증설하고 8세에서 15세에 이르는 아동들을 모집하였다.

**原文**

증 건 관 립 소 학 교 우 경 중  모 아 동 팔 세 지 십 오 세
增建官立小學校于京中 募兒童八歲之十五歲.

종전의 23부제를 폐지하고 13도로 하며 도에는 관찰사를 두기로 하였다. 경기도는 수원을 도청 소재지로 하고, 충청북도는 충주, 충청남도는 공주, 전라북도는 전주, 전라남도는 광

주, 경상북도는 대구, 경상남도는 진주, 황해도는 해주, 평안남도는 평양, 평안북도는 정주, 강원도는 춘천, 함경남도는 함흥, 함경북도는 경성(鏡城)을 도청 소재지로 정하였다. 경기도가 28군, 충북이 17군, 충남이 37군, 전북이 26군, 전남이 33군, 경북이 41군, 경남이 30군, 황해도가 23군, 평남이 23군, 평북이 21군, 강원이 26군, 함남이 14군, 함북이 10군이었다. 군은 다섯 등급으로 나누었다.

**原文**

廢二十三府定爲十三道 道置觀察使 京畿道治水原 忠淸北道治忠州 南道治公州 全羅北道治全州 南道治光州 慶尙北道治大邱 南道治晉州 黃海道治海州 平安南道治平壤 北道治定州 江原道治春川 咸鏡南道治咸興 北道治鏡城 京畿三十八郡・忠北十七郡・忠南三十七郡・全北二十六郡・全南三十三郡・慶北四十一郡・慶南三十郡・黃海道二十三郡・平南二十三郡・平北二十一郡・江原二十六郡・咸南十四郡・咸北十郡 郡分五等.

서울에는 5서(五署)에 특별히 1부(府)를 두어 '한성부(漢城府)'라 하고 장(長)에 '판윤(判尹)'・'소윤(小尹)'을 두었다. 광주

(廣州) · 개성 · 강화 · 인천 · 동래 · 덕원 · 경흥에도 아울러 부를 두고 그의 장을 '부윤(府尹)'이라 하며 제주도에는 '목사(牧使)'를 두었다.

**原文**

경사오서 별치일부왈 한성부 기관왈판윤 왈소윤 광주
京師五署 別置一府曰 漢城府 其官曰判尹 曰少尹 廣州
개성 강화 인천 동래 덕원 경흥병치부 기관왈부
· 開城 · 江華 · 仁川 · 東萊 · 德源 · 慶興幷置府 其官曰府
윤 제주치목사
尹 濟州置牧使.

관찰부의 참서관과 경무관을 폐지하였으며, 각군의 세무주사(稅務主事) 및 좌수(座首)를 폐지하고, 고쳐서 '향장(鄕長)'을 두었다.

**原文**

폐관찰부참서 경무관 폐각군세무주사급좌수 개치향
廢觀察府參書 · 警務官 廢各郡稅務主事及座首 改置鄕
장
張.

연봉(年俸)이 관찰사 2,000원, 판윤 2,000원, 소윤 600원, 부윤 1,200원, 목사 1,500원이고, 군수는 을미년(고종 32, 1895)에 정한 대로 따랐다. 각도의 주사와 총순 이하, 각군의 향장과 서기 이하, 순검 · 순교 · 통인 · 사령 · 용동(傭僮) · 청사(廳使) ·

사직(舍直) 등의 인원도 다 정해진 봉급이 있었다. 무릇 13도 관리의 연봉과 지방 경비의 합계는 950,696원이었다.

**原文**

관찰사연봉이천원 판윤이천원 소윤육백원 부윤일천이<br>
觀察使年俸二千元 判尹二千元 少尹六百元 府尹一千二<br>
백원 목사일천오백원 군수의을미격 매도주사·총순이하<br>
百元 牧使一千五百元 郡守依乙未格 每道主事·摠巡以下<br>
매군향장·서기이하 우유순검·순교·통인·사령·용동<br>
每郡鄕長·書記以下 又有巡檢·巡校·通引·使令·傭僮<br>
·청사·사직지속 개유정봉 범십삼도관리연봉 급지방각<br>
·廳使·舍直之屬 皆有定俸 凡十三道官吏年俸 及地方各<br>
비 합계구십오만육백구십육원<br>
費 合計九十五萬六百九十六元.

지방관의 과기(瓜期, 기한)를 기년(朞年, 4년)이 돌아오는 것으로 한정하였으며, 기한 전에 다른 곳으로 옮겨가는 것을 허락하지 않았다. 관리들의 말미(휴가)는 1년에 두 번을 허용하지 않았다. 무릇 자리를 비우게 되면 봉급의 3분의 1을 깎아 서리관에게 지급하도록 하였다. 만약 부득이 하여 세 번 휴가를 받았을 때는 봉급의 3분의 2를 깎아 국고에 납입하였다. 봉급을 주는 것은 임지에 도착한 날로부터 시작하고, 무릇 경비는 각군의 세전(稅錢)에서 공제하였다.

**原文**

정지방관과기 이회기위한 한전물허이천 관리급유일년<br>
定地方官瓜期 以回朞爲限 限前勿許移遷 官吏給由一年

물재허 범광관시 할봉삼지일 급서리관 약부득이삼급유
勿再許 凡曠官時 割俸三之一 給署理官 若不得已三給由
즉할봉삼지이 납우국고 범반봉자도임일시 범경비이각군
則割俸三之二 納于國庫 凡頒俸自到任日始 凡經費以各郡
세전구제
稅錢扣除.

인천 · 동래 · 덕원(원산) · 경흥 4개 항구에 감리관(監理官)을 다시 설치하였다.

**原文**

부치인천 동래 덕원 경흥사항구감리관
復置仁川 · 東萊 · 德源 · 慶興四港口監理官.

지방대(地方隊)의 병력수를 정했다. 고성이 4백, 대구 3백, 강화 3백, 청주 2백, 공주 · 해주가 각 2백, 북청 4백, 춘천 2백, 강계 1백으로 합 2천3백 명이다. 지방대는 이미 설치되었으나 장수들은 탐학하고 병졸들이 교만하여 오직 백성들을 동요한 것을 일삼게 되니 토비(土匪)들을 소탕할 때가 있어도 약한 고양이가 힘센 쥐를 피하려는 것 같은 느낌이 들어 힘을 얻는 바가 없었다.

**原文**

정지방대병액 고성사백 대구삼백 강화삼백 청주이백
定地方隊兵額 固城四百 大邱三百 江華三百 淸州二百
공주 해주각이백 북청사백 춘천이백 강계일백 합이천
公州 · 海州各二百 北靑四百 春川二百 江界一百 合二千

삼백인 대기설 장완병교 유요민위사 유시정초토비 여약
三百人 隊旣設 將頑兵驕 惟擾民爲事 有時征勦土匪 如弱
묘지피강서 무소득력
猫之避强鼠 無所得力.

오익영(吳益泳)을 경기 관찰사로 삼고, 윤창섭(尹昌燮)을 전북 관찰사로 삼았으며, 윤웅렬(尹雄烈)을 전남 관찰사로 삼고, 조병필(趙秉弼)을 강원 관찰사로 삼고, 이용익(李容翊)을 평북 관찰사로 삼고, 이근명(李根命)을 평안 관찰사로 삼았다.

**原文**

이오익영위경기관찰사 윤창섭위전북관찰사 윤웅렬전
以吳益泳爲京畿觀察使 尹昌燮爲全北觀察使 尹雄烈全
남관찰사 조병필위강원관찰사 이용익위평북관찰사 이근
南觀察使 趙秉弼爲江原觀察使 李容翊爲平北觀察使 李根
명위평남관찰사
命爲平南觀察使.

7월 9일, 일식이 있었다.

**原文**

추칠월초구일 일식
秋七月初九日 日食.

유생 정성우(鄭惺愚)를 고군산도(古群山島)에 유배 보냈다. 정성우는 항의하는 소를 올려, 시정의 궐실(闕失, 과실)을 논했는데, 그 말이 매우 강경하고 신랄하여 그것을 읽은 사람은 혀를 내둘렀다. 그때 이건창이 고군산도에 귀양 가 있다가, 사면을 받고 채 떠나기도 전에 정성우가 이르렀다. 그를 본 이건창은 탄식하기를, "정성우를 보니 다른 사람으로 하여금 부끄러워 죽게 하는구나."라고 하였다.

**原文**

유 유 생 정 성 우 우 고 군 산 성 우 항 소 논 시 정 궐 실 사 심 경 랄
流儒生鄭惺愚于古群山 惺愚抗疏 論時政闕失 詞甚勁辣
관 자 토 설 시 이 건 창 몽 유 미 발 이 성 우 지 건 창 탄 왈 견 정 성
觀者吐舌 時李建昌蒙宥未發 而惺愚至 建昌嘆曰 見鄭惺
우 영 인 괴 사
愚 令人愧死.

각군의 전패(殿牌)[1]의 명칭을 고쳐서 '궐패(闕牌)'라 하였다.

**註解**

1) **전패**(殿牌) : 각 고을의 객사(客舍)에 '전(殿)'을 새겨 세운 나무 패. 이는 임금을 상징한다.

**原文**

개 칭 각 군 전 패 왈 궐 패
改稱各郡殿牌曰闕牌.

충주·홍주·상주·원주의 지방대를 증설하였는데, 도합 600명이었다.

**原文**

증설충주 홍주 상주 원주지방대합육백인
增設忠州 · 洪州 · 尙州 · 原州地方隊合六百人.

윤이병(尹履炳)이, 김춘희(金春熙)와 유세남(劉世南)이 모의하여 이준용(李埈鎔)을 추대하려 한다고 무고를 하여, 그들을 잡아 국문해 본 결과 사실 무근이었으므로 반좌율(反坐律)의 적용을 받았다.

**原文**

윤이병무고김춘희 유세남 모추대이준용 나국무실 용
尹履炳誣告金春熙 · 劉世南 謀推戴李埈鎔 拿鞫無實 用
반좌율
反坐律.

동쪽과 남쪽으로 출정했던 장졸들이 모두 돌아왔다. 당시 여러 도의 의병들은 모두 해산하였는데, 유인석(柳麟錫)은 양서(兩西)[1]로 전입하여 압록강을 건너 청국 지방으로 들어갔다. 그 부대가 지나는 곳마다 노자와 양식을 토색(土索)하여 단속하지 못한다는 비방까지 있었다. 관서 지방의 유사(儒士)의 연원은 모두 이항로(李恒老)로부터 비롯되었는데, 또한 유인석의 충의에 감화되어 추종하는 자가 수천 인이었다. 요동 산중으로 들어가 큰 촌락 여러 곳을 이루었다. 유인석은 공자의 사당을 세우고 조두(俎豆)[2]를 익히며 농사일을 권장하였다. 이에 변방 풍속이 동화되고 청국인도 또한 돈꿰미를 지고 이르니 우리나라의 명성을 떨쳤다.

### 註解

1) 양서(兩西) : 황해도와 평안도.
2) 조두(俎豆) : 도마와 접시. 제기(祭器)의 이름. 제사를 지냄.

### 原文

東南出征將卒幷班師　時諸道義兵皆散　柳麟錫轉入兩西渡鴨綠江入淸國地方　所過索資糧　頗有不戢之謗　關西儒士淵源　皆自李恒老　又感麟錫忠義　從之者數千人　就遼東山中　成大村落者數處　麟錫建夫子廟　習俎豆　勤畊稼　邊俗化之　淸人亦襁負而至　聲聞東方.

엄세영(嚴世永)을 경상북도 관찰사로 삼고, 서정순(徐正淳)을 함경남도 관찰사로 삼았다. 서정순은 재임명된 것이다.

### 原文

以嚴世永爲慶北觀察使　徐正淳爲咸南觀察使　正淳爲再任.

공립소학교를 세웠는데, 서울에서부터 각도의 각 항구에까지 세워지게 되었다.

**原文**

건 공 립 소 학 교 자 경 사 달 우 각 도 각 항 구
建公立小學校 自京師達于各道各港口.

8월, 대행왕후(大行王后)의 빈전(殯殿)을 경복궁에서 경운궁으로 옮기고 첫해 기일(忌日)의 별전(別奠)[1]을 행하였다. 임금은 왕후를 위해 애써 길지를 택하느라 봉표(封標)를 자주 바꾸어 능자리를 끝내 정하지 못하였다. 이에 이르러 장례를 치르지 못한 채 연기(練期)[2]가 이미 이르게 된 것이다. 그런 까닭에 대신과 유신(儒臣)들의 의견을 수렴하고자 한 것이다.

유신 송병선(宋秉璿)은 전례(典禮)에 어둡다 하여 대답을 회피했고, 대신 송근수(宋近洙)·조병세(趙秉世)·정범조(鄭範朝) 등은 주자(朱子)의 설(說)을 인용하여 대답했다. 임금은 도리어 친히 별전(別奠)에 나오며 예경(禮卿, 學部大臣) 민종묵(閔種默)이 대신과 유현들에게 전례상의 의문점을 물을 것을 청하자 임금은 그것을 좇았다. 각자 헌의(獻議)할 것을 명하자, 봉조하 김병국(金炳國)과 영중추부사 신응조(申應朝)는 병으로 헌의하지 않았고, 봉조하 송근수는 다음과 같이 아뢰었다.

"신은 본디 예학(禮學)에 어두워 비록 여항의 일반적인 예절도 함부로 입을 놀리기가 어렵거늘 하물며 왕조의 드물게 있는 변례(變禮)이겠습니까? 또한 엎드려 생각하옵건대 예당(禮堂)[3]이 올

린 몇 조목은 이미 분명하여 증거가 될 수 있는 것이니 더욱 다시 쓸데없이 덧붙일 말이 없다고 여겨집니다."

특진관 김병시(金炳始)가 또 다음과 같이 아뢰었다.

"무릇 상례에 있어서 이미 장사를 지내니 우제(虞祭)를 마쳐야 제례가 비로소 갖추어지는 것입니다. 신이 『상례비요(喪禮備要)』[4]의 대상(大祥) 조를 살펴보니, 『개원례(開元禮)』[5]를 인용하였는데, 1년 후에 장례를 할 경우 장례 치른 다음달 소상(小祥)을 지낸다 하였습니다. 또한 주자가 증무의(曾無疑)[6]에게 답한 서신에서 연상(練祥)의 예는 마땅히 성복한 월일의 실제 수를 계산하고, 그 사이 기일에는 별도로 제전을 설치한다고 하였습니다. 이는 다 사상례(士喪禮)로 장례와 연상의 절차를 뒤쫓아 행하는 것이니, 왕조의 전례에 있어서는 지극히 신중하고 또한 중차대한 것이라 감히 질문에 바로 대답하기가 어렵습니다."

특진관 조병세(趙秉世)가 또 다음과 같이 아뢰었다.

"예경이 상고한 『상복소기(喪服小記)』와 『증자문례의류집(曾子問禮疑類輯)』은 모두 적확한 근거가 있사오니 이제 다시 번거롭게 의론할 것은 없다고 봅니다. 다만 주자가 증무의에게 답한 것 같은, '그 사이 기일은 별도로 제전을 설치한다'고 한 것이 비로소 인정(人情)을 다한 것이라 볼 수 있으므로 실로 오늘날 원용하는 것이 합당하다고 봅니다. 인봉(因封)[7]이 아직 이루어지지 않았고, 우제 또한 아직 행해지지 않았으니 지금 삼헌(三獻)을 갖추어 예를 마련할 수 없는 즉, 오직 별전으로 일을 치를 뿐입니다. 선유(先儒)들의 정론(定論)을 가히 살펴서 알 수 있겠습니다만, 왕조의 예와 사서(士庶)의 예는 다름이 있으니 오직 널리 자문하시어 처리하시기를 바라옵니다."

특진관 정범조(鄭範朝)도 다음과 같이 아뢰었다.

"11개월이 되면 연제(練祭)를 치르고 13개월이 되면 소상을 치르게 되니, 제례(祭禮)는 우제로부터 비롯됨은 고금의 통례였습니다. 대행왕후의 인봉을 아직 행하지 못했고, 연제와 상제의 절차도 행할 수 없는 지금 기일(忌日)을 당하였으니, 극진히 애도하는 행사가 없을 수 없습니다. 신이 『독례통고(讀禮通考)』를 살펴보니, '장례를 때에 맞춰 지내지 못한다'는 조목에 '개원례(開元禮)에 1년이 되어 장례를 치를 경우 장례를 치른 다음달에 소상을 치른다' 하였습니다. 또 주자가 증무의의 편지에 답하기를, '연 · 상(練祥)의 예는 마땅히 성복한 날로부터 계산해서 절차를 잡는다. 그 사이에 기일이 있게 되면 별도로 제전을 치러야 비로소 인정을 다하는 것이다' 하였습니다. 이것은 사상례(士喪禮)에 있는 것으로 원용할 만한 것이옵니다. 그러나 왕조의 전례는 지극히 중하고 또 삼가야 하기 때문에, 감히 질문에 확정지어 대답하지 못하겠습니다."

전 좨주(祭酒) 송병선(宋秉璿)은 예학에 어둡다는 이유를 들어 사양하고 헌의하지 않았다. 임금의 명을 받은 대신들의 의론이 이와 같았기 때문에 임금이 친히 별전(別奠)을 행하는 것으로 마련하였다.

### 註解

1) **별전**(別奠) : 조상에게 임시로 지내는 제사.
2) **연기**(練期) : 상례에 13개월이 지나면 연복을 입었다. 소상(小祥)을 말함.
3) **예당**(禮堂) : 예조의 당상관. 곧 예조 판서, 예조 참관, 예조 참의를 두루 이르는 말.
4) **상례비요**(喪禮備要) : 초상에 관한 제반 의식을 정리한 책. 1621년 신의경(申義慶)이 편찬한 책.
5) **개원례**(開元禮) : 책이름. 당(唐)의 소추(蕭樞) 등이 칙명을 받들어 편찬한 것으로 모두 158권임. 당 현종 때의 예제(禮制)를 적은 것인데, 일명 『대당개원례(大唐開元禮)』라고도 함.
6) **증무의**(曾無疑) : 송(宋) 증삼이(曾三異). 호는 운량(運糧), 무의는 자. 주희(朱熹)와 경학(經學)에 대해 많은 논변을 하였다.
7) **인봉**(因封) : 왕 · 왕비 · 왕세자 · 세자빈 등의 장사(葬事). 인산(因山).

### 原文

팔월 자경복궁 이대행왕후빈전우경운궁 행초기진별전
八月 自景福宮 移大行王后殯殿于慶運宮 行初忌辰別奠
상위후력택길양 봉표루이 이릉조종미정 지시이장미행
上爲后力擇吉壤 封標屢易 而陵兆終未定 至是以葬未行
이연기이지 고수의우대신유신 유신송병선 탁이매례불부
而練期已至 故收議于大臣儒臣 儒臣宋秉璿 託以昧禮不不
대 대신송근수 · 조병세 · 정범조등 인주자설이대 상수친
對 大臣宋近洙 · 趙秉世 · 鄭範朝等 引朱子說以對 上遂親
행별전 예경민종묵청순의례우대신유현 상종지 명각묵
行別奠 禮卿閔種默請詢疑禮于大臣儒賢 上從之 命各默
의 봉조하김병국 · 령중추신응조병미헌의 봉조하송근수
議 奉朝賀金炳國 · 領中樞申應朝病未獻議 奉朝賀宋近洙

이위 신소매례학 수여항심상의절 유난용훼 황왕조한유
以爲 臣素昧禮學 雖閭巷尋常儀節 有難容喙 況王朝罕有
지변례호 차복견예당소진수조 기유분명가거 우무용갱췌
之變禮乎 且伏見禮堂所陳數條 旣有分明可據 尤無容更贅
특진관김병시이위 범유상 기장기우 제례시비 신안상례
特進官金炳始以爲 凡有喪 旣葬旣虞 祭禮始備 臣按喪禮
비요대상조 인개원례주이장자 장후월소상 우주자답증무
備要大祥條 引開元禮周而葬者 葬後月小祥 又朱子答曾無
의서 연상지례 당계성복월일실수 기간기일 별설제전 시
疑書 練祥之禮 當計成服月日實數 其間忌日 別設祭奠 是
개사상례 추행장연지절 이왕조전례 지신차중 불감질대
皆士喪禮 追行葬練之節 而王朝典禮 至愼且重 不敢質對
특진관조병세이위 예경소고상복소기 증자문례의류집
特進官趙秉世以爲 禮卿所考喪服小記·曾子問禮疑類輯
개유적거 금무용경번 이여주자답증무의소운 기간기일
皆有的据 今無容更煩 而如朱子答曾無疑所云 其間忌日
별설제전 시진인정자 관합원용어금일의 인봉미성 우제
別設祭奠 始盡人情者 寬合援用於今日矣 因封未成 虞祭
미행 금불가이구삼헌비례 즉유유별전행사이이 선유정론
未行 今不可以具三獻備禮 則惟有別奠行事而已 先儒定論
가안이지 연왕조예여사서유이 유원박순이처지 특진관정
可按以知 然王朝禮與士庶有異 惟願博詢而處之 特進官鄭
범조이위 십일월이연 십삼월이상 이제례자우이시 고금
範朝以爲 十一月而練 十三月而祥 而祭禮自虞而始 古今
지통례야 대행왕후인봉미행 무이행연상지절 금당기진
之通禮也 大行王后因封未行 無以行練祥之節 今當忌辰
불가무치애지거 신안독례통고장불이시조왈 개원예 주이
不可無致哀之擧 臣按讀禮通考葬不以時條曰 開元禮 周而
장자 즉이장지후월소상 우주자답증무의서왈 연상지예
葬者 則以葬之後月小祥 又朱子答曾無疑書曰 練祥之禮
당계성복월일위절 기간기일 별설제전 시진인정 차위사
當計成服月日爲節 其間忌日 別設祭奠 始盡人情 此爲士

喪禮 可以援引 而王朝典禮 至重且愼 不敢質對 前祭酒宋秉璿 以昧於禮學 辭不獻議 奉旨大臣之議如此 以親行別奠 磨鍊.

임금은 왕후의 죽음을 애통히 여겨 옆에서 말만해도 눈물을 흘렸으며, 경대와 대야 등속만 보고도 탄식하면서 어루만지며 차마 놓지 못하였다. 한 환관이 자기와 절친한 한 사람의 성명을 써서 왕후의 경대 속에 접어서 넣어두었다. 임금이 그것을 발견하고 돌아보며, "이 웬 사람이며 무슨 연고로 여기에 이 이름이 들어 있는가?"라고 물었다. 그 환관은 울먹이며 대답하기를, "마마께서 살아계실 때 이 늙은 놈에게 수령 재목을 물으시기에 제가 감히 이 사람을 아뢰었던 것입니다. 마마께서 손수 써 보관하신 모양인데, 변고로 말미암아 결국 기용되지 못하였습니다."라고 하였다. 그러자 임금은 "그런 일이 있었구나. 슬프도다." 하고는, 곧 그 사람을 군수로 임명하였다. 왕후를 추념하는 간절함이 이와 같았다. 매월 삭망이면 반드시 친히 제문을 지어 제사를 지내니, 사람들은 공민왕(恭愍王)이 원나라 공주[1]를 위해 슬퍼한 일에 견주곤 하였다.

註解

1) **원나라 공주** : 노국대장공주(魯國大長公主), 즉 노국공주를 말한다.

**原文**

상 통 도 후 불 이 어 급 첩 왕 연 루 락 견 염 이 지 속 탄 차 마 사
上慟悼后不已 語及 輒汪然淚落 見奩匜之屬 嘆嗟摩挲
불 인 거 수 유 일 환 사 절 기 자 일 인 성 명 납 치 후 염 구 중 상 열
不忍去手 有一宦 寫切己者一人姓名 拉置后奩具中 上閱
지 고 왈 차 하 인 연 하 록 지 재 차 엄 억 대 왈 마 마 재 시 방 노 노
之顧曰 此何人緣何錄之在此 掩抑對曰 媽媽在時 訪老奴
수 령 재 노 노 감 이 차 진 마 마 수 장 지 인 변 고 불 과 용 상 왈 유
守令材 老奴敢以此進 媽媽手藏之 因變故不果用 上曰 有
시 호 비 부 즉 제 기 인 군 수 기 추 념 지 절 유 차 매 삭 망 필 친 찬
是乎 悲夫 卽除其人郡守 其追念之切類此 每朔望 必親撰
문 이 제 인 비 지 공 민 왕 지 곡 원 공 주
文以祭 人比之恭愍王之哭元公主.

내각(內閣) 제도를 폐지하고 의정부(議政府)로 환원했다. 의정 1인, 참정 1인, 찬정 5인, 참찬 1인을 두었다. 김병시(金炳始)로 의정을 삼고, 김영수(金永壽)·민영환(閔泳煥)·윤용구(尹用求)·남정철(南廷哲)·윤용선(尹容善)을 찬정으로 삼았다. 김병시는 사양하였으나 임금이 윤허하지 않았고, 민영환은 그때 러시아 전권공사로 갔다가 아직 돌아오지 않았다.

**原文**

폐 내 각 환 칭 의 정 부 치 의 정 일 인 참 정 일 인 찬 정 오 인
廢內閣 還稱議政府 置議政一人·參政一人贊政五人·
참 찬 일 인 이 김 병 시 위 의 정 김 영 수 민 영 환 윤 용 구 남
參贊一人 以金炳始爲議政 金永壽·閔泳煥·尹用求·南
정 철 윤 용 선 위 찬 정 병 시 사 불 윤 영 환 시 사 아 미 환
廷哲·尹容善爲贊政 炳始辭不允 泳煥時使俄未還.

학부 대신 신기선(申箕善)을 면직시키고 민종묵(閔種默)으로 대신하게 하였다.

민영준(閔泳駿)을 서배(敍拜)하여 중추원 의장으로 삼고 원우상(元禹常)을 함경북도 관찰사로 삼았다.

**原文**

학 부 대 신 신 기 선 면 민 종 묵 대 지 서 배 민 영 준 위 중 추 원 의 장 이 원 우 상 위 함 북 관 찰 사

學部大臣申箕善免 閔種默代之 敍拜閔泳駿爲中樞院議長 以元禹常爲咸北觀察使.

일본 공사 원경(原敬)이 본국으로 돌아가고, 가등증웅(加藤增雄)을 다시 대리로 삼았다.

**原文**

왜 공 사 원 경 회 국 가 등 증 웅 부 위 대 리

倭公使原敬回國 加藤增雄 復爲代理.

9월, 공주 · 충주 · 홍주 · 춘천 · 원주 · 강계 · 상주 일곱 군의 지방대를 폐지하였다. 정령(政令)[1]의 무정견함이 모두 이와 같았다.

**註解**

1) **정령**(政令) : 정치상의 모든 명령.

原文

구월폐공주 충주 홍주 춘천 원주 강계 상주칠
九月廢公州·忠州·洪州·春川·原州·江界·尙州七
군지방대 정령지무정 개차류야
郡地方隊 政令之無定 皆此類也.

탁지부에 도둑이 들어 은화 7,790원을 훔쳐갔다.

原文

도입탁지부 절은화칠천칠백구십원
盜入度支部 竊銀貨七千七百九十元.

아라사에 파견되었던 공사 민영환(閔泳煥)이 귀환하였다.

原文

부아공사민영환환
赴俄公使閔泳煥還.

영국 총영사 희재명(禧在明, Hillier Water Caine)이 교체되고 신임 영사 주이전(朱邇典, Jordan. J.N.)이 부임하였다.

原文

영국총영사희재명체 신임령사주이전래
英國摠領事禧在明遞 新任領事朱邇典來.

일본 의인친왕(依仁親王)이 유람차 서울에 왔다.

**原文**

왜 의 인 친 왕 유 람 입 경
倭依仁親王 游覽入京.

이윤용(李允用)을 농상공부 대신으로 삼고, 민영환(閔泳煥)을 군부 대신으로 삼았다.

**原文**

이 이 윤 용 위 농 상 공 부 대 신 민 영 환 위 군 부 대 신
以李允用爲農商工部大臣 閔泳煥爲軍部大臣.

10월, 중앙과 지방의 신민들에게 영(令)을 내려 대행왕후의 상복을 벗지 말도록 하고 우제(虞祭, 상례 때 장사를 지내고 곧 지내는 제사. 초우·재우·삼우의 통칭)와 졸곡(卒哭, 삼우가 지난 뒤에 지내는 제사)을 기다리게 하였다. 이때는 이미 소상의 달을 당하였으나 아직 장례를 치르지 않은데다 연제(練祭, 연제사)도 하지 못한 처지라 지금 소상이 되었다고 해서 상복을 벗을 수는 없었다. 그런 까닭에 대신과 유신의 의론을 수합하도록 한 것이다. 예경(禮卿) 김규홍(金奎弘)이 상소하여 의례(疑禮)를 물을 것을 청하였는데, 그것은 임금의 뜻을 좇은 것이다. 임금이 다시 대신과 유현들에게 헌의(獻議)할 것을 명하자, 봉조하 김병국(金炳國)·영중추 신응조(申應朝)·특진관 심순택(沈舜澤)은 병환중이라 헌의하지 못했고, 의정 김병시(金炳始)는 정황이 염려스럽고 황축(惶蹙)[1]하다 하여 사양하고 헌의하

지 않았다.

봉조하 송근수(宋近洙)가 다음과 같이 아뢰었다.

"우선 『상복소기(喪服小記)』의 '오랫동안 장례를 치르지 못하고 있다'는 조목을 살펴보면, '오직 주상(主喪)은 상복을 벗지 않는다'고 나와 있는데, 그 주(註)에, '주상'은 자식이 부모에 대해서, 신하가 임금에 대해서를 가리키는 것이다. 그런데 이미 자최(齊衰)[2]와 참최(斬衰)[3]의 구별이 없으니, 지금 이 조정 신하들의 기제(朞制, 기년복)는 다른 기년이나 대공복(大功服)[4]과는 혹 다름이 있을 것 같아 두렵습니다. 엎드려 바라옵건대 상의하시어 확실히 처리하시기 바랍니다. 신은 감히 감추지 못하고 망령되이 이치에 맞지 않는 소견을 아뢰오니 너무나도 송구스럽습니다."

특진관 조병세(趙秉世)가 다음과 같이 아뢰었다.

"『춘추(春秋)』에 '장례를 지냈다고 쓰지 않은 것〔不書葬〕과 '장례를 치렀다고 쓴 것'은 각각 그 뜻이 있습니다. 호씨(胡氏, 胡援을 가리킴)는 송나라 유학자인데, 집전(集傳)에서 '복을 벗지 않고 정해진 기한이 없이 일을 마친다'고 하였으니, 과연 당시에 행해졌던 것을 적확(的確)이 알아서 이러한 주석과 해설이 있었을 것입니다. 『상복소기(喪服小記)』에서 말한 '오랫동안 장례를 치르지 못했을 경우, 오직 주상자만 상복을 벗지 않고 그 나머지는 시마(緦麻)[5]로 달수를 채우고 상복을 벗고 그친다'라고 하였다. 한나라 『석거예의(石渠禮儀)』[6]에 또 있기를, '상복을 벗을 때가 되어도 장례를 치르지 못했으면 장례를 치를 때 다시 상복을 입으며 서민들도 또한 그와 같이 한다' 하였습니다. 경전의 예설에 실려 있는 것이 비록 그와 같다 하더라도 왕조의 드물게 있는 변례(變禮)에 관계되는 이상, 노쇠하고 우매한 신으로서는 감히 억측해서 대답하기 어렵습니다."

특진관 정범조(鄭範朝)는 다음과 같이 아뢰었다.

"삼가 『상복소기(喪服小記)』를 살펴보건대 '오래도록 장례를 치르지 못했을 때 오직 주상만 상복을 벗지 않고 그 나머지는 달수를 마치는 대로 상복을 벗고 그친다' 하였습니다. 주상이 상복을 벗지 않는다는 것에 대해서는 이미 예신(禮臣)들의 진소(陳疏)로 확실히 인증되었습니다. 그래서 신민으로서 상복을 벗는 일만은 지금 말씀드리고자 합니다. 『춘추호씨전(春秋胡氏傳)』에 이르기를, '장례를 치렀다고 쓰지 않았다면 상복을 벗지 않고 정해진 기한이 없이 마친다'고 하였다. 이것은 그 '불서장(不書葬)'의 의리를 밝힌 것이다. 그런데 이미 절문(節文)의 상세한 논의는 없고 오직 '예(禮)의 시마를 마치는 달수'라는 주에 이르기를, '기복 이하 시마복은 달수가 차면 벗고 주인이 장례를 치른 후에 벗는 것을 기다리지 않는다. 그리고 그 상복은 반드시 거두어 보관해 두었다가 송장(送葬)[7]할 때까지 기다린다'고 하였습니다. 한나라 『석거예의(石渠禮儀)』의 기록에도 '시마복으로 달수를 마친 자는 이미 상복을 벗었더라도 장례일이 닥치면 다시 상복을 입으며 서민들도 나라를 위해 또한 이같이 한다' 하였습니다. 이것은 다 장례를 치르기 전에 먼저 상복을 벗는 경우가 되겠습니다. 지금 이 왕조의 드물게 있는 변례(變禮)에 신이 어찌 감히 망령되이 논할 수가 있겠습니까?"

전 좨주 송병선(宋秉璿)은 예학에 어둡다는 것을 들어 사양하고 헌의하지 않았다. 이에 임금은 명하여 다시 김병시에게 물으니, 김병시가 다음과 같이 아뢰었다.

"『춘추(春秋)』의 '장례를 치렀다고 쓰지 않는다'는 것과 같은 것은 노(魯)나라의 사관(史官)이 그것을 숨겼던 까닭입니다. 『호씨전(胡氏傳)』에 있는 '상복을 벗지 않고 정해진 기한이 없이 일을 마친다'고 한 것은 혹 근거할 만한 자세한 언급이 없는 것 같고, 또한 경전의 뜻에도 뚜렷이 나타나 있는 것이 없으며, 오직 『상복소기』에서 말한 '오랫동안 장례를 치르지 못했을 경우, 주상(主喪)만 상복을 벗지 않는다' 하고, 그 주(註)에 이르기를 '기복이하 시마복은 달수가 차면 벗는다, 그런데 그 상복은 반드시 거두어 보관해 두었다가 송장(送葬)할 때를 기다린다' 하셨습니다. 또한 개원례(開元禮)에는 '오랫동안 장례를 치르지 못했을 경우 오직 주상자만 상복을 벗지 않고 그 나머지는 다 달수를 마치고 상복을 벗었다가 장례를 치를 때면 다시 그 복을 입고 우제를 치르고 나면 벗는다'고 되어 있습니다. 지금 이 변례는 신의 고루하고 혼미하며 신으로서는 감히 확실한 의론을 말씀드릴 수 없습니다."

이와 같은 여러 논의를 관찰하건대 모두 확정적인 것은 없는데, 봉조하 송근수는 다른 기년복과 대공복을 주장한 것과는 다른 의론이 있지만, 그 경전의 뜻이나 예의(禮疑)에 또한 반드시 근거할 만한 것이 없지 않았다. 신민의 복제는 그 우제와 졸곡을 기다려 벗도록 했던 것이다. 임금은 왕후의 상에 있어서 그 예를 융성하게 함을 그치지 않고 조금이라도 더 슬픈 감정을 풀려고 하였다. 그런 까닭에 경전을 무시하고 여론을 어기면서까지 애써 3년상을 행하였으니, 이것은 천고의 비웃음을 남겼다. 이에 여러 신료들도 머뭇거리며 진술하되, 그 뜻을 조금 나타내는데 지나지 않았으며 한 사람도 정론(定論)을 펴서 그것을 꺾는 자가 없었다. 송병선 같은 이는 이른바 한 세상의 최고의 종유(宗儒)로서 입을 다문 채 한마디도 하지 않았으니 사람들은 더욱 그를 한심하게 여겼다.

註解

1) **황축**(惶蹙) : 황공하여 몸을 움츠림.
2) **자최**(齊衰) : 오복(五服)의 하나. 약간 굵은 삼베로 짓되 아래 가를 조금 좁게 접어 꿰맨 상복. 모상(母喪)에는 3년, 조부상에는 1년, 증조부모상에는 5월, 고조부모상에는 3월간 입음.
3) **참최**(斬衰) : 오복 중 가장 무거운 복으로 거친 베로 짓되 아랫단을 꿰매지 아니한 상복. 아버지와 남편 · 맏아들 · 시아버지가 이에 속함. 3년임
4) **대공복**(大功服) : 오복의 하나. 대공친(大功親)의 상사에 9개월 동안 입는 복제. 대공(大功). 대공친은 종형제 자매 · 중자부(衆子婦) · 중손(衆孫) · 중손녀 · 질부와 남편의 조부모 · 백숙부모 · 질부들의 겨레붙이를 일컬음.
5) **시마**(緦麻) : 상복의 하나. 가는 베로 만들어 종증조(從曾祖) · 삼종형제(三從兄弟) · 중증손(衆曾孫) · 중현손(衆玄孫) 등 8촌 이내의 존비속의 상사에 석 달 동안 입는 복. 대공(大功)
6) **석거예의**(石渠禮儀) : 대성(戴聖)이 찬한 예론서. 한유(漢儒)들이 석거각(石渠閣)에서 예를 논하여 붙여짐.

7) **송장**(送葬) : 사람을 장사지내기 위해 떠나는 것을 이별하여 보냄.

**原文**

동십월 령중외신서 물석대행왕후복 이대우졸 시이당상
冬十月 令中外臣庶 勿釋大行王后服 以待虞卒 時已當祥
기지월 이전기미장이미련 금불가상지이제복 고수의대신
期之月 而前旣未葬而未練 今不可祥之而除服 故收議大臣
유신 예경김규홍상소 청순의례 개종상지야 상복명대
·儒臣 禮卿金奎弘上疏 請詢疑禮 蓋從上旨也 上復命大
신 유현헌의 봉조하김병국 영중추신응조 특진관심순
臣·儒賢獻議 奉朝賀金炳國·領中樞申應朝·特進官沈舜
택 병미헌의 의정김병시 사이정종황축 불헌의
澤 病未獻議 議政金炳始 辭以情悰惶蹙 不獻議.

봉조하송근수이위 제안상복소기 구불장조 유주상불제
奉朝賀宋近洙以爲 第按喪服小記 久不葬條 惟主喪不除
주 주상위자어부모 신어군 이기무자참지별 즉금차정신
註 主喪謂子於父母 臣於君 而旣無齊斬之別 則今此廷臣
기제 여타기대공지기 공혹유이 복걸상확이처지 신불감
朞制 與他朞大功之朞 恐或有異 伏乞商確而處之 臣不敢
유은 망진고견 태재심송 특진관조병세이위 춘추지불서
有隱 妄進瞽見 汰哉甚悚 特進官趙秉世以爲 春秋之不書
장 서장 각유기의 이호씨송유야 집전지복부제무시이종
葬 書葬 各有其義 而胡氏宋儒也 集傳之服不除無時而終
사과적지기행어당세 이유차주설여 상복소기유왈 구이미
事果的知其行於當世 而有此註說歟 喪服小記有曰 久而未
장자 유주상자부제 기여이마종월수 이제상즉이 한석거
葬者 惟主喪者不除 其餘以麻終月數 而除喪則已 漢石渠
례의우왈 제상복미장자 개지장반복 서인역여지 성경예
禮議又曰 除喪服未葬者 皆至葬反服 庶人亦如之 聖經禮
설지소재 수여차 계시왕조한유지변례 즉이신후매 불감
說之所載 雖如此 係是王朝罕有之變禮 則以臣朽昧 不敢

억대 특진관정범조이위 근안상복소기왈 구이부장자 유
臆對 特進官鄭範朝以爲 謹按喪服小記曰 久而不葬者 惟

주상자부제 기여이마종월수자 제상즉이 주상부제 이유
主喪者不除 其餘以麻終月數者 除喪則已 主喪不除 已有

예신지진소확인 이이신제복사 금유청순의 춘추호씨전유
禮臣之陳疏確引 而以臣除服事 今有請詢矣 春秋胡氏傳有

운 불서장즉복부제 무시이종사자 차명기불서장지의 이
云 不書葬則服不除 無時而終事者 此明其不書葬之義 而

기무절문지상론 유예지마종월수주왈 기이하복마 이지월
旣無節文之詳論 惟禮之麻終月數註曰 朞以下服麻 以至月

수족이제 불대주인장후지제야 기복필수장 이사송장 한
數足而除 不待主人葬後之除也 其服必收藏 以竢送葬 漢

석거예의왈 이마종월수자 이제상복 지장반복 서인위국
石渠禮議曰 以麻終月數者 已除喪服 至葬返服 庶人爲國

역여지 차개미장선제자야 금차왕조한유지변례 신하감망
亦如之 此皆未葬先除者也 今此王朝罕有之變禮 臣何敢妄

론호 전좨주송병선 사이몽루 불헌의 어시상명경순어김
論乎 前祭酒宋秉璿 辭以懵陋 不獻議 於是上命更詢於金

병시 병시이위 약춘추불서장 노사소이휘지야호씨전유운
炳始 炳始以爲 若春秋不書葬 魯史所以諱之也胡氏傳有云

복부제 무시이종사자 사혹가거 이기무제절지지적 미유
服不除 無時而終事者 似或可据 而旣無制節之指的 未有

경지지저견 유상복소기 구이부장 주상부제복 주운 기이
經旨之著見 惟喪服小記 久而不葬 主喪不除服 註云 朞以

하복마지월수족제 이기복필수장 이사송장 우개원례구이
下服麻至月數足除 而其服必收藏 以竢送葬 又開元禮久而

부장자 유주상부제 기여개종월수제지 지장내반기복 우
不葬者 惟主喪不除 其餘皆終月數除之 至葬乃反其服 虞

즉제지 금차변례 이신유루혼외 불감질대 봉지관차제의
則除之 今此變禮 以臣諛陋昏聵 不敢質對 奉旨觀此諸議

구무정적 이송봉조하 여타기공유이지론 기어경지예의
俱無定的 而宋奉朝賀 與他朞功有異之論 其於經旨禮疑

亦未必無据 臣民服制其待虞卒除之 上於后之喪 欲隆其禮無已 少伸悲哀之情 故蔑聖經咈輿論 力行三年之制 此貽譏千古之事也 乃諸臣媕婀敷陳不過微露其意 而無一人正論以折之者 若宋秉璿則所謂一世宗儒 而噤不出聲 人尤恥之.

임금은 황제 위에 오르는 것을 기다려 왕후를 황후(皇后)의 예로 장례를 치르고자 하였던 까닭에 그 장례의 기일을 늦추었던 것이다.

**原文**

上待進皇帝位 欲葬后以皇后禮故 故遲其葬期.

철도 부설의 역사를 정지하도록 명했으니 일년이 되어서 재정이 고갈되었기 때문이다.

**原文**

命停鐵道之役 期盡一年 以財絀也.

비서원 승(丞) 김홍륙(金鴻陸)을 학부 협판에 임명했다. 김홍륙은 함경도 단천 민가의 소생으로 러시아말을 익혀서 통역이 되었다. 임금의 총애함이 날로 융성했으니 당시 임금은 러시아 공사에 의뢰하여 말하면 따르지 않는 것이 없었다. 그런데 러시아 말을 통역하기가 어려웠으며 통역자는 단지 김홍륙 한 사람뿐이었다. 이로 말미암아 방자한 마음을 갖고 기만과 농락을 다하였다. 문득 말하기를, '러시아 공사가 아무개를 벼슬시키려 한다' 하면 임금은 바로 승낙하여, 경재(卿宰)와 방백(方伯) 수령들의 많은 수가 그의 문(門)에서 나왔다.

**原文**

이 비 서 원 승 김 홍 륙 위 학 부 협 판 홍 륙 단 천 민 가 야 습 아 어
以秘書院丞金鴻陸爲學部協辦 鴻陸端川民家也 習俄語
위 통 역 상 총 일 륭 시 상 의 뢰 아 사 언 무 부 종 이 아 어 난 역 역
爲通譯 上寵日隆 時上倚賴俄使 言無不從 而俄語難譯 譯
자 지 홍 륙 일 인 유 시 자 의 만 롱 첩 왈 아 사 욕 관 모 인 상 즉 윤
者只鴻陸一人 由是恣意瞞弄 輒曰 俄使欲官某人 上卽允
지 경 재 방 악 다 출 기 문
之 卿宰方岳 多出其門.

인산(因山) 전에 사가(私家, 민가)의 장례와 상제(祥祭) · 담제(禫祭)를 금지하지 말도록 명했다. 임금은 예에 어긋나는 상복을 신료와 서민들에게까지 입도록 억압을 가한 까닭에 다른 사람들의 의론(議論)을 두려워하여 이같이 간소하게 하도록 한 것이다.

**原文**

명 인 산 전 사 가 폄 장 여 상 담 병 물 금 상 이 비 례 지 복 늑 가 후
命因山前私家窆葬與祥禫幷勿禁 上以非禮之服 勒加后
상 어 신 서 고 공 인 의 기 유 차 구 간 지 거
喪於臣庶 故恐人議己 有此苟簡之擧.

조병식(趙秉式)을 법부 대신으로 삼았다.

**原文**

이 조 병 식 위 법 부 대 신
以趙秉式爲法部大臣.

11월, 산릉 총호사(山陵摠護使) 조병세(趙秉世)는 일곱 군데의 땅을 재차 살펴보았다. 그러나 모두 적합하지 않아서 3차로 살펴본 후에야 양주(楊州)의 청량리(淸凉里)에 봉표(封標)[1]를 정하고 탁지부에 장례비 10만 원을 마련하도록 명했다.

**註解**

1) **봉표(封標)** : 능 터를 미리 정하여 흙을 모아 봉분하고 세우는 표.

**原文**

십 일 월 산 릉 총 호 사 조 병 세 재 간 심 칠 처 병 불 협 삼 간 심
十一月 山陵摠護使趙秉世 再看審七處 幷不叶 三看審
권 정 봉 표 우 양 주 지 청 량 리 령 탁 지 판 장 비 십 만 원
權定封標于楊州之淸凉里 令度支辦葬費十萬元.

순경왕후(純敬王后)의 시호를 명성(明成)이라 고쳐 올리고, 능을 홍릉(洪陵), 전(殿)은 경효(景孝)라 하였다. 시호는 처음에는 문성(文成)으로 하려 하였으나 임금이 또한 부끄럽게 여겨 부망(副望, 시호를 정할 때 삼망 중 두 번째)에 오른 것을 좇은 것이다.

**原文**

개상순경왕후시호왈명성 능왈홍릉 전왈경효 시초의문
改上純敬王后諡號曰明成 陵曰洪陵 殿曰景孝 諡初擬文

성 상역괴기불칭 내종부망
成 上亦愧其不稱 乃從副望.

일본의 황태후가 세상을 뜨자, 임금은 궁중에서 9일 복을 입었다. 이는 각국의 보복(報服)[1)]의 예를 좇은 것이다.

**註解**

1) 보복(報服) : 존속(尊屬)이 비속(卑屬)에 대하여 입은 복(服).

**原文**

왜황태후홍 상자궁중행구일복 종각국보복지예
倭皇太后薨 上自宮中行九日服 從各國報服之例.

김영수(金永壽)에게 명하여 명성왕후(明成王后)의 시책(諡冊)을 짓도록 하고, 김병시(金炳始)에게는 애책(哀冊)을 짓게 하였으며, 정범조(鄭範朝)에게는 행장(行狀)을 짓도록 하고 윤용선(尹容善)에게는 능지(陵誌)를 짓도록 하였다.

**原文**

命金永壽撰明成王后諡冊 金炳始撰哀冊 鄭範朝撰行狀 尹容善撰陵誌.

남정철(南廷哲)을 내부 대신에 삼고, 박정양(朴定陽)을 찬정으로 삼았다.

**原文**

以南廷哲爲內部大臣 朴定陽爲贊政.

안면도(安眠島)를 홍주군(洪州郡)에 소속시켰다.

**原文**

屬安眠島于洪州郡.

한선회(韓善會)·장윤선(張允善)·김사찬(金思燦)·이용호(李容鎬)·이근용(李根鎔) 등이 정부를 전복하려는 모의를 하다가 일이 발각되어 체포되고, 신문(訊問)을 받고 나서 제주에 유배되었다.

**原文**

한선회 · 장윤선 · 김사찬 · 이용호 · 이근용등 모복정부
韓善會 · 張允善 · 金思燦 · 李容鎬 · 李根鎔等 謀覆政府
사각수신 이이유제주
事覺囚訊 已而流濟州.

12월 13일을 흥경절(興慶節)로 삼았다. 이날은 곧 계해년(1863) 지금의 임금이 즉위한 날이었고, 또 갑오년(고종 31, 1894)에 태묘(太廟)에 서고(誓告)한 날이어서 두 가지 경사가 겹쳐진 날로 비로소 일컫게 된 것이다. 이것은 이재순(李載純)의 청을 좇은 것이었다.

**原文**

십이월 이십삼일위흥경절 시일즉계해금상어극지일 우
十二月, 以十三日爲興慶節 是日卽癸亥今上御極之日 又
갑오서고태묘지일야 합양경이조칭지 종이재순지청야
甲午誓告太廟之日也 合兩慶而肇稱之 從李載純之請也.

민영환(閔泳煥)을 영국(英國) · 덕국(德國, 독일) · 아국(俄國, 아라사) · 의국(義國, 이태리) · 법국(法國, 불란서) · 오국(奧國, 오스트리아) 주재 공사로 임명하고, 겸하여 영국 여왕의 즉위 60년을 경축하는 축하사절로 삼아 윤돈(倫敦, 런던)에 부임하도록 하였다.

**原文**

이민영환위영 덕 아 의 법 오주차공사 겸영국여
以閔泳煥爲英 · 德 · 俄 · 義 · 法 · 奧駐箚公使 兼英國女

주 즉 위 육 십 년 칭 경 시 하 사 부 윤 돈
主卽位六十年稱慶時賀使 赴倫敦.

김홍집(金弘集)・정병하(鄭秉夏) 등에게 토역(討逆)의 죄목을 추가로 적용하였다. 법부 대신 조병식(趙秉式)이 다음과 같이 상주하였다.

"역적의 괴수 김홍집은 교목세신(喬木世臣)[1]으로, 지위가 정승의 자리에 이르렀으나 갑오년(고종 31, 1894) 이후로 외교를 빙자하여 임금의 권한을 빼앗고 자기의 당을 심어 음모를 꾸몄으니, 작년 8월 20일 사변에는 김홍집이 실로 군흉(群凶)들의 수괴가 되고 유길준(兪吉濬)・정병하(鄭秉夏)・조희연(趙羲淵) 등이 우익(羽翼)[2]으로 동조하고 호응하였습니다. 대소 사무를 총리 대신으로 하여금 결재토록 하는 조서를 내리도록 위협하며 즉시 반포할 것을 요청하였으니 오로지 위세와 복록을 마음대로 행사하여 이르지 않은 곳이 없었습니다.

(8월) 22일에 이르러서는 난병을 종용하여 칼날을 빼어들고 총을 겨누며 비밀리에 합문(閤門)을 포위하고서 정병하로 하여금 사람들을 놀라게 하는 무서운 말로 협박하여 속히 왕후를 폐하는 조칙을 내리게 하고는, 그와 유길준, 조희연은 스스로 위조 조칙을 만들어 건청궁(乾淸宮) 행궁에서 제멋대로 서명하여 반포하였습니다. 다급하고 창황하여 어찌할지 모를 때를 당하여 스스로 간택을 아뢰는 글을 지어 궁내부에 이르게 하고는 강압적으로 윤허할 것을 청했던 것입니다.

11월 15일에 이르러서는 군대를 임금이 계시는 가까운 곳에 배치하고, 또 병기를 국문(國門, 국도(國都)의 성문)에서 함부로 휘두르게 하여 백방으로 위협하고는 바로 임금의 처소에 들어가 강제로 임금의 두발을 자른 것입니다.

8월 20일 이후부터 군대가 지척(咫尺, 궁궐)을 포위해서 물샐 틈도 주지 않고 충량(忠良)들을 살해하여 더욱 임금의 형세를 고립시켰으니, 그 죄는 왕망(王莽)과 조조(曹操)보다 더하며 그 악독함은 이각(李傕)과 곽사(郭汜)보다 넘칩니다. 그날에 흉역 정병하는 본디 비천한 출신으로 국은을 두터이 입어 외람되이 경(卿)의 반열(班列)에까지 올랐는데 외국인과 교통(交通)하고 역당들과 체결하여 음모를 꾸몄던 것입니다.

8월 20일에는 대행왕후가 재화의 기미를 피하고자 하였으나 길을 막고 주달하며 피하지 말 것을 청하고, 외국 군대가 난입하는 것에 놀라자, 감히 저들은 우리의 난군을 진압하기 위한 것이라 속였습니다. 처음에는 악의가 없는 것 같이 교묘하게 언사를 꾸며서 오직 그 흉악한 계책을 혹 수행하지 못할까 두려워하여, 외국 군대가 와서 호위하는 것이라는 허위 조서를 작성하여 전준기(全晙基)로 하여금 가서 전하게 하였으니, 그가 호응하여 흉측한 짓을 하였다는 것은 너무나 자명하여 가릴 수가 없습니다. 그는 급히 위조된 조서를 반포할 것을 청하고 급히 단발(斷髮)하자는 의론을 갖고 나왔으니, 극히 흉악한 정절(情節, 정황)이 남김없이 드러났던 것입니다. 그 흉악함은 종무(鍾巫)[3]에서 칼을 품은 것보다 더 심하고, 흉계는 진회(秦檜)[4]가 나라를 팔아먹은 것보다 더욱 교활하다고 하겠습니다.

사사로이 이들 두 적(賊)이 죽던 날을 생각하면 일이 창황 중에 있었기 때문에 천토(天討)[5]를 제대로 행사하지 못했으니, 이는 형벌을 제대로 행사하지 못한 큰 실책입니다. 신이 몸담고 있는 법부(法部)로부터 죄명을 바르게 밝혀 극형으로 추가 시행할 것을 청하옵니다."

비답은 이러했다.

"전후로 올라온 장소(章疏)는 이들 죄인을 성토한 것이었다. 그런데 아직도 그 진장(眞贓)[6]을 밝혀 단안(斷案)을 내린 것을 볼 수 없으므로, 항상 개탄하며 매양 한 번 생각이 여기에 미치면 아직도 떨리면서 마음이 차가워진다. 8월의 변고에서 저들의 허다한 흉계는 다 짐이 저들에게서 보고 들은 것이 있는데, 저들 무리들로 저들 무리들을 증명하니 만고 천하에 어찌 이러한 일이 있겠는가? 지금 이 상주한 바는 역적질을 행한 사실을 분석하고 모든 흉악한 음모를 낱낱이 간파한 것이라 공평한 논의가 크게 볼 만하니, 짐이 어찌 되풀이하여 말하겠는가? 상주한 바대로 그것을 윤허한다."

註解

1) 교목세신(喬木世臣) : 여러 대(代)를 두고 높은 지위에 있으면서 운명을 나라와 같이 하는 신하.
2) 우익(羽翼) : 새의 날개처럼 좌우에서 보좌하는 일, 또는 그 사람.
3) 종무(鍾巫) : 노(魯)의 은공(隱公)이 종무(鍾巫)에게 제사를 지냈는데 그때 시해당한 것을 뜻함. 종지지무(鍾地之巫).

4) **진회**(秦檜) : 송나라 재상. 금(金)과의 화의에 힘써 충신 악비(岳飛) 등을 무고하여 죽였으며, 19년 정권을 뒤흔들며 충신양장(忠臣良將)을 다 죽였다. 역적의 표본임.

5) **천토**(天討) : 하늘이 내리는 주벌(誅罰). 하늘을 대신하여 내리는 주벌. 천주(天誅).

6) **진장**(眞贓) : 장물죄를 범한 실적(實跡).

## 原文

추시김홍집 정병하토역지전 법부조병식상주왈
追施金弘集·鄭秉夏討逆之典 法部趙秉式上奏曰

역괴홍집 이약교목세신 위지정태 이일자갑오 고종삼
逆魁弘集 以若喬木世臣 位至鼎台 而一自甲午(高宗三

십일년 이후 자외교이탈군권 수당여이결음모 작년팔월
十一年)以後 藉外交而奪君權 樹黨與而結陰謀 昨年八月

이십일사변 홍집실수군흉 길준 병하 희연 우익이화응
二十日事變 弘集實首群凶 吉濬·秉夏·羲淵 羽翼而和應

지 이대소사무령 총리대신재결지조 공동위협 극청반포
之 以大小事務令 總理大臣裁決之詔 恐動威脅 亟請頒布

전천위복 무소부지 지입이일 종용난병 로인안포 밀위합
專擅威福 無所不至 至廿二日 慫慂亂兵 露刃按砲 密圍閤

문 사병하위언협지 극강폐후지조 거여길준 희연 자제
門 使秉夏危言脅持 亟降廢后之詔 渠與吉濬·羲淵 自製

위조 어건청궁행합 사연서명 이반포지 당창황망조지시
僞詔 於乾淸宮行閤 肆然署名 而頒布之 當蒼黃罔措之時

자지간택지주 지궁내부 늑청윤유 지십일월십오일 종병
自持揀擇之奏 至宮內府 勒請允兪 至十一月十五日 縱兵

근밀지지 우사사횡흉기어국문 백방공하 즉입와내 늑단
近密之地 又使肆橫凶器於國門 百方恐嚇 卽入臥內 勒斷

성발 자팔월이십일후 병위지척 불통수설 장해충양 익고
聖髮 自八月二十日後 兵圍咫尺 不通水泄 戕害忠良 益孤

主勢 罪加莽操 惡淨傕汜矣 同日凶逆秉夏 以若卑微 厚被國恩 濫躋卿班 而交通外人 締結逆黨 設謀秘詭 八月二十日 大行王后 欲避禍機 則遮路奏達 請以無避 震驚乎外兵之攔入 則敢欺以彼爲鎭壓我亂軍 初無惡意 巧設言辭 惟恐其凶謀之或不遂 作外兵來衛之僞詔 全晙基往傳之 其和應做凶昭不可揜 其亟請僞詔之頒 急持斷髮之議 則窮凶情節綻露無餘 惡有甚於鍾巫之懷刃 計尤狡於奏檜之賣國矣 竊念二賊就死之日 事在蒼黃 未得夬行天討 此失刑之大者也 請自臣部覈正罪名 追施極律.

批曰 前後章疏之聲討此罪人也 未見其發眞贓 而成斷案者 朕常所慨歎 每一念及 尙爲之懍然而心寒 八月之變 渠輩之許多凶圖 皆朕有見有聞於渠輩者也 以渠輩證渠輩 萬古天下寧有是耶 今此所奏剖析行逆之事 覰破諸凶之謀 公議大可見 朕何必疊喩爲哉 所奏其依允.

20일 경진에 임금이 아라사 공관에서 경운궁(慶運宮)으로 이어(移御)하자 백관이 하례하였으며 대사면령을 내렸다. 궁궐은 서부 정릉방(貞陵坊)에 있는데, 곧 선조가 계사년(선조 26, 1593) (피란처에서) 도성으로 돌아왔을 때 머물러 있던 곳이며, 인목대비(仁穆大妃, 선조의 계비)가 유폐되었던 서궁이다. 그 당시 구미 각국의 공관이 모두 대소정동(大小貞洞)[1]에 있었으며 아라사 공관은 더욱 가까운 곳에 있어서 임금이 항상 긴급한 변고를 우려하여 아라사 공관을 귀의처로 여겼다. 그렇기 때문에 궁을 수리하여 임시 어소(御所)로 삼았다. 장주(章奏, 상소)가 수레에 가득할 정도로 옛 궁궐로 돌아갈 것을 청하였으나 끝내 듣지 않았다. 드디어 날마다 토목공사를 벌여 깨끗하고 화려한 경관이 두 대궐(경복 · 창덕궁)보다 더하였다.

**註解**

1) **대소정동**(大小貞洞) : 정동은 원래 정릉(貞陵)이 있었던 데서 유래되었다. 곧 정릉은 대정릉과 소정릉이 있었으므로 대정동 · 소정동이 있다.

**原文**

이십일경진 상자아관이어경운궁 백관진하대사 궁재서
二十日庚辰 上自俄館移御慶運宮 百官陳賀大赦 宮在西

부정릉방 즉선묘계사 선조이십육년 회란후소어 이인목
部貞陵坊 卽宣廟癸巳(宣祖二十六年)回鑾後所御 而仁穆

대비폐처지서궁야 시구미각공관 개재대소정동 이아관우
大妃廢處之西宮也 時歐美各公館 皆在大小貞洞 而俄館尤

여핍근 상항려급변 시아위귀 고선수지 위시어소 장주새
與逼近 上恒慮急變 視俄爲歸 故繕修之 爲時御所 章奏塞

공거 청환구궁 이종불청 수일사토목 정려지관 태과양궐
公車 請還舊宮 而終不聽 遂日事土木 精麗之觀 殆過兩闕.

김병시(金炳始)를 의정으로 삼았으나 여러 차례 사양하여 물러나는 것을 허락받았다. 김병시는 삼남어사(三南御史)를 불러들일 것을 청하여 피폐한 백성을 소생시키고, 백사(百司, 百官)의 차함(借啣)[1]을 혁파할 것을 청하였다. 그로써 벼슬길을 맑게 하고, 지방대(地方隊)에 엄히 지시하여 토비(土匪)를 평정할 것을 청하였으나, 임금은 그저 옳다는 대꾸만 할 뿐이었다.

**註解**

1) **차함**(借啣) : 실제로 근무하지 않고 벼슬의 이름만을 가지던 일. 또는 그 벼슬.

**原文**

이김병시위의정 루사허면 병시청소환삼남어사 이소피
以金炳始爲議政 屢辭許免 炳始請召還三南御史 以蘇疲
민 청파백사차함 이청사로 청엄칙지방대 이집토비 상유
民 請罷百司借啣 以淸仕路 請嚴飭地方隊 以戢土匪 上唯
유이이
唯而已.

# 정유(1897) 건양 2년
(청 광서 23년, 일본 명치 30년)

1월, 평안북도 관찰부를 정주(定州)로부터 영변군(寧邊郡)으로 옮기고, 완도군(莞島郡)의 비금(飛禽)·도초(都草) 두 섬을 지도군(智島郡)에 속하게 하였다.

**原文**

춘 정 월 평 북 관 찰 부 치 자 정 주 이 우 영 변 군 이 완 도 군 비 금
春正月平北觀察府治 自定州移于寧邊郡 以莞島郡飛禽
도 초 양 도 이 속 지 도 군
·都草兩島 移屬智島郡.

5일 을미, 세 개의 해가 모두 나와서 이로부터 5일간 계속되었다.

**原文**

초 오 일 을 미 삼 일 병 출 자 시 연 오 일
初五日乙未 三日幷出 自是連五日.

우체 규칙 51조(條)를 발표했다. 우체의 설치는 이로부터 시작되었다.

**原文**

반 우 체 규 칙 오 십 일 조 　우 체 지 설 　자 차 기
頒郵遞規則五十一條 郵遞之設 自此起.

교전소(校典所)[1]를 설치하고 대신으로 총재를 삼았다. 이는 신구의 전식(典式)을 절충하여 하나의 책을 편찬하려는 의도로, 남정철(南廷哲)의 상주에 기인한 것이었다.

**註解**

1) **교전소(校典所)** : 신법과 구법을 절충하는 법전을 편찬하기 위하여 설치된 기관. 1899년에 법규 교정소로 바뀌었다.

**原文**

설 교 전 소 　이 대 신 위 총 재 　장 절 충 신 구 전 식 　휘 성 일 서 　인 남
設校典所 以大臣爲摠裁 將折衷新舊典式 彙成一書 因南
정 철 지 주 야
廷哲之奏也.

영국 공사 두납락(竇納樂, Macdonald, Claude M.)이 서울에 들어왔다가 곧 돌아갔다.

**原文**

영 공 사 두 납 락 입 경 선 발
英公使竇納樂 入京旋發.

박제억(朴齊億)을 충청북도 관찰사로 삼았다.

**原文**

이 박 제 억 위 충 북 관 찰 사
以朴齊億爲忠北觀察使.

홍문관의 시독(侍讀)을 고쳐서 학사(學士), 부시강(副侍講)을 부학사(副學士), 규장각의 교서(校書)를 직각(直閣) 또는 대제(待制)라 하였다.

**原文**

개 홍 문 관 시 독 왈 학 사 부 시 강 왈 부 학 사 규 장 각 교 서 왈 직
改弘文館侍讀曰學士 副侍講曰副學士 奎章閣校書曰直

각 왈 대 제
閣 曰待制.

이용익(李容翊)을 철도(鐵島)에 귀양 보냈는데 10년으로 한정하였다. 이용익은 박인환(朴寅煥)·조종순(趙鍾純)과 더불어 김홍륙(金鴻陸)·김중환(金重煥)·한규설(韓圭卨)·이윤용(李允用)을 죽을죄에 얽어 넣었으나 조사한 결과 사실이 아니므로 이용익은 반좌율(反坐律)을 받은 것이다.

原文

유 이 용 익 우 철 도 한 십 년 용 익 여 박 인 환 조 종 순 구 김 홍
流李容翊于鐵島限十年 容翊與朴寅煥·趙鍾純 搆金鴻
륙 김 중 환 한 규 설 이 윤 용 어 사 죄 질 지 무 실 용 익 피 반
陸·金重煥·韓圭卨·李允用於死罪 質之無實 容翊被反
좌
坐.

3월, 일본 공사 가등증웅(加藤增雄)이 친서 및 훈장을 올렸다.

原文

삼 월 일 본 공 사 가 등 증 웅 정 친 서 급 훈 장
三月 日本公使加藤增雄呈親書及勳章.

서상우(徐相雨)가 평안북도 관찰사가 되었으며, 김가진(金嘉鎭)이 황해도 관찰사가 되었고, 권응선(權膺善)은 강원도 관찰사가 되고, 고령 군수 조시영(曺始永)이 경상남도 관찰사가 되었다. 서상우는 명성왕후를 폐위한다는 조서를 초(草)하지 않아서 임금이 아름답게 여겨 상을 준 것이다. 조시영은 집이 부유하여 거만금의 재산가였으므로 김홍륙(金鴻陸)에게 수레로 실어다 주어 이 벼슬에 제수된 것이다. 김가진은 입으로는 개명(開明)을 빙자하고 구습을 꾸짖고 욕하더니, 해주에 도착하자 팔인교를 타고 출입할 때 벽제(辟除)[1]를 하였다. 그 사치스러움이 옛날의 감사와 비슷했으며 감영의 부엌에서 거두어 가는 것도 다 옛날의 예를 따랐다.

**註解**

1) **벽제**(辟除) : 지위 높은 사람이 지나 갈 때 구종별배(驅從別陪)가 잡인의 통행을 통제하는 일.

**原文**

이 서 상 우 위 평 북 관 찰 사　김 가 진 위 황 해 관 찰 사　권 응 선 위
以徐相雨爲平北觀察使　金嘉鎭爲黃海觀察使　權膺善爲
강 원 관 찰 사　고 령 군 수 조 시 영 위 경 남 관 찰 사　상 우 불 초 폐 후
江原觀察使　高靈郡守曺始永爲慶南觀察使　相雨不草廢后
조　상 가 이 상 지　시 영 가 호 부　옹 화 거 만　연 수 김 홍 륙　고 유 시
詔　上嘉而賞之　始永家豪富　擁貨鉅萬　輦輸金鴻陸　故有是
제　가 진 자 구 개 명　치 매 구 습　급 도 해 주　가 팔 인 교　출 입 피 제
除　嘉鎭藉口開明　嗤罵舊習　及到海州　駕八人轎　出入辟除
치 연 유 석 일 감 사　영 주 징 색　실 안 구 례
侈然類昔日監司　營廚徵索　悉按舊例.

4월, 이전까지 전라 좌수영이던 순천(順天) 땅을 나누어 여수군을 신설하였다.

**原文**

하 사 월　즉 전 전 라 좌 수 영 분 순 천 지　신 설 여 수 군
夏四月　卽前全羅左水營分順天地　新設麗水郡.

선희궁(宣禧宮)을 옮겨 세우고, 또 경복궁의 만화당(萬和堂)을 경운궁(慶運宮)에 옮겼으며 어진(御眞, 임금의 화상)을 모셨다.

**原文**

이 건 선 희 궁 우 이 경 복 궁 지 만 화 당 우 경 운 궁 봉 어 진
移建宣禧宮 又移景福宮之萬和堂于慶運宮 奉御眞.

휘릉(徽陵, 인조의 계비 장렬왕후(莊烈王后)의 능) 정자각(丁字閣)에 화재가 나자 중건비 2만 원을 내렸다.

**原文**

휘 릉 정 자 각 화 하 중 건 비 이 만 원
徽陵丁字閣火 下重建費二萬元.

5월, 남정철(南廷哲)의 건의를 받아들여 중추원에 사례소(史禮所)를 열고, 교전소(校典所)에서부터 『서품통편(敍品通編)』을 올렸다.

**原文**

오 월 용 남 정 철 의 개 사 례 소 우 중 추 원 자 교 전 소 진 서 품 통
五月 用南廷哲議 開史禮所于中樞院 自校典所 進敍品通
편
編.

영남의 비안(比安)·웅천(熊川)·거제(巨濟), 호서의 옥천(沃川), 관동의 양구(楊口) 등지에 모두 큰 우박이 내렸는데 거제가 더욱 심했다.

**原文**

영남지비안 웅천 거제 호서지옥천 관동지양구 개
嶺南之比安·熊川·巨濟 湖西之沃川·關東之楊口 皆
대우박 이거제우심
大雨雹 而巨濟尤甚.

이달 이후로 가뭄이 들고 비가 오지 않았다. 서울은 장마가 개이지 않아서 드디어 영제(禜祭)[1]를 올렸다.

**註解**

1) 영제(禜祭) : 산천의 신에게 빌어 재앙, 수재(水災), 한재(旱災), 여역(癘疫) 등을 막게 하는 제사.

**原文**

시월이후 시한종우 경사음료불개 수설영제
是月以後 始旱終雨 京師霪潦不開 遂設禜祭.

홍삼을 쪄서 만드는 것을 폐지하였다.

**原文**

폐홍삼증조
廢紅蔘蒸造.

전 시독(侍讀) 홍현철(洪顯哲), 총순(摠巡) 송진용(宋鎭用) 등이 각국의 공관(公館)과 짜고 정부를 전복할 모의를 하다가 일이 발각되어 교수형에 처해졌다.

**原文**

前侍讀洪顯哲·摠巡宋鎭用等 締各國公館 謀覆政府 事覺處絞.

민영준(閔泳駿)을 서배(敍拜)하여 궁내부 특진관으로 삼았다.

**原文**

敍拜閔泳駿爲宮內府特進官.

영국 공사로 나갔던 민영환(閔泳煥)이 돌아왔다. 임금은 그가 공사의 임무를 끝내지 않고 곧장 먼저 귀국하자 벼슬을 면직할 것을 명했다. 민영환은 윤돈(倫敦, 런던)에 이르러서 각국의 축하사절이 다 삭발을 하고 양복을 입은 것을 보고 자기만 유독 다른 사람들과 다르다는 것을 겸연쩍게 여겨서 또한 머리를 깎고 양복을 입었다. 영국 여왕은 일찍이 조선은 아직도 머리를 깎지 않았다는 말을 듣고 조선 공사의 위의(威儀)를 보고자 앞으로 데리고 올 것을 명했다. 그가 앞에 이르자 무연(憮然)[1]히 손을 저었다는 것이다. 이러한 말을 들은 사람들이 그가 나라의 체면을 실추시켰다고 허물하자, 민영환은 또한 그렇게 한 것을 후회하였다. 그러나 돌아와서도 그로 인하여 (복장을) 고치지는 않았다.

**註解**

1) 무연(憮然) : 크게 낙심하여 허탈해 하고 있는 모양.

**原文**

부영공사민영환환 상이미준사사 경선귀국 명면관 영환
赴英公使閔泳煥還 上以未竣使事 徑先歸國 命免官 泳煥
지윤돈 견각국하사개치발양복 겸기독이어중 역치발양복
至倫敦 見各國賀使皆薙髮洋服 慊其獨異於衆 亦薙髮洋服
영여황숙문조선불개치 욕견사자위의 명인지전 기지무연
英女皇夙聞朝鮮不開薙 欲見使者威儀 命引至前 旣至憮然
휘지 문자구기실국체 이영환역시회지 연급귀수인이불
麾之 聞者咎其失國體 而泳煥亦始悔之 然及歸遂因以不
개
改.

6월, 삼화(三和)의 증남포(甑南浦, 鎭南浦의 별칭)와 무안(務安)의 목포(木浦)에 신항구를 열고 군수를 승격시켜 부윤(府尹)으로 삼고, 감리사무(監理事務)를 겸하여 관장하도록 하였다.

**原文**

육월 개신항구우삼화지증남포 무안지목포 승군수위
六月 開新港口于三和之甑南浦·務安之木浦 陞郡守爲
부윤 겸관감리사무
府尹 兼管監理事務.

수원 · 원주 · 공주 · 안동 · 광주(光州) · 황주 · 안주 · 종성에 지방대를 증설했다. 각기 6백 명씩으로 장관(將官)을 두어 참령(參領)이라 하였으며, 병사(兵使)와 비슷한 직급인데 관찰사와 더불어 항례(抗禮, 대등의 예)를 하며 이로 말미암아 탄압할 사람이 없어 지방에 폐를 끼치게 되니 전일 병사가 있었을 때에 비하여 도리어 지나친 감이 있었다. 병졸들 또한 스스로 뽐내며 수령과 더불어 같은 급수로 생각하여 두려워하는 바가 없었다. 매양 경보(警報)가 있으면 나가 주둔하고 있으나 적을 보면 먼저 도망치고 오직 평민을 못 살게 굴며 사족을 능욕(凌辱)[1]하니 나라 안이 소란하게 되었다. 그러나 임금은 그들을 몹시 비호하여 간혹 군부관이 그 심한 자를 잡아내어 군율을 적용하려 하면 특조(特詔)[2]를 내려 용서해 주니 군율은 날로 문란하여졌다.

**註解**

1) **능욕**(凌辱) : 호되게 부끄러움을 줌. 무례한 짓을 가함. 폭력으로 여자에게 음란한 짓을 함.
2) **특조**(特詔) : 특별 조칙(詔勅).

**原文**

증설지방대우수원 원주 공주 안동 광주 황주
增設地方隊于水原 · 原州 · 公州 · 安東 · 光州 · 黃州 ·

안주 종성 각육백인 치장관왈참령 질류병사 여관찰사
安州 · 鍾城 各六百人 置將官曰參領 秩類兵使 與觀察使

항례 유시탄압무인 이폐지방 시구일영곤 반과지 병졸역
抗禮 由是彈壓無人 貽弊地方 視舊日營梱 反過之 兵卒亦

자 과 여 수 령 동 품 무 소 품 외 매 인 경 출 주 견 적 선 주 유 어 렵
自夸 與守令同品 無所稟畏 每因警出駐 見賊先走 惟漁獵

평 민 능 욕 사 족 거 국 소 연 이 상 비 호 지 심 간 유 군 부 관 적 기
平民 凌辱士族 擧國騷然 而上庇護之甚 間有軍部官摘其

우 자 의 이 일 률 첩 특 조 유 지 군 률 일 문
尤者 擬以一律 輒特詔宥之 軍律日紊.

27일, 관동의 인제군(麟蹄郡)에 서리가 내렸는데, 나흘 밤 동안 계속하여 매우 혹심하였다.

**原文**

이 십 칠 일 관 동 인 제 군 상 강 연 사 야 심 엄
二十七日 關東麟蹄郡霜降 連四夜甚嚴.

모충(蟊虫, 농작물의 해충)이 영남에서 생겨나 한 달 만에 나라 전체에 퍼졌는데, 삼남 지방이 더욱 심했다.

**原文**

모 충 자 영 남 기 순 월 편 국 중 이 삼 남 우 심
蟊虫自嶺南起 旬月遍國中 而三南尤甚.

7월, 다시 심순택(沈舜澤)을 의정으로 삼았다. 심순택은 그때 청양(靑陽)의 향제(고향집)에 머무르고 있었는데, 돈독한 부름이 이어졌다. 이는 장차 칭제(稱帝)·개원(改元)을 해야 하는데 심순택이 아니고는 봉행할 사람이 없었기 때문이다.

**原文**

추 칠 월 부 이 심 순 택 위 의 정 순 택 시 거 청 양 향 제 돈 소 상 속
秋七月 復以沈舜澤爲議政 舜澤時居靑陽鄕第 敦召相屬
이 장 칭 제 개 원 비 순 택 즉 무 인 봉 행 야
以將稱帝改元 非舜澤則無人奉行也.

16일 계묘, 금년 7월을 광무(光武) 원년 8월(양력)로 하는 조서를 내리고 천지와 종묘·사직에 고하였다. 조서가 반포되자 백관이 조하(朝賀)하였다. 심순택(沈舜澤)이 개정할 연호를 논의하여 광무와 경덕(慶德)을 의망(擬望)하여 주유(硃喩)[1]를 받들어 광무로 정하였다. 조서의 내용은 다음과 같다.

"대군주는 이르노라. 우리 국가는 하늘이 보살피는 명을 받아 성신(聖神)이 승계하사, 조종(祖宗)의 공덕이 중희누흡(重熙累洽)[2]하여 왕통의 기초가 드리워졌는데, 짐대(朕代)에 이르러 큰 어려움이 남겨졌다. 돌이켜보건대 짐은 덕이 적고 사리에 어두운데 끝없는 큰 운명을 이으려 하니 아침에 일찍 일어나고 밤늦게까지 조심하여 대업(大業)을 보살피되, 연못의 살얼음을 밟은 듯 감히 스스로 한가하고 편안히 지내지 못했다. 왕위에 오른 이후 실로 하늘의 보우하심과 종묘사직에 내린 신령함에 의뢰하여 환우(寰宇, 강토)가 근심이 없고 경사스러운 징조가 여러 차례 이르러 아름다움이 길이 이어질 것으로 여겼다. 그런데 어쩌다가 태평한 세월이 오래 이어져서 맡은 사무를 게을리 하는 것이 버릇처럼 되어 다스림이 뜻대로 기다려주

지 않고 백 가지 법도가 시들어졌거니와 근래에는 간난이 계속 이르렀으니, 재화와 변괴가 극에 달했음을 어찌 차마 다 말할 수 있겠는가?

그때에 적신(賊臣)들이 오로지 권력을 잡고 일처리를 하여 절문(節文)[3]이 많이 무너졌으며, 향사(享祀)가 쉬거나 폐지되기에 이르렀다. 짐은 드디어 급히 다시 옛 전례를 회복하여 먼저 조상의 법도를 받들고 다스림을 구하고 요란한 것을 수정할 것이다. 우방과 더불어 친목을 강구할 것이며, 맹약을 체결하되, 자주(自主)로 조정해야 될 것이다. 이를 참작하고 옛 것을 준거(準據)하되 거기에는 전장(典章)에 있어 뺄 것은 빼고 더할 것을 더해야함이 있은즉, 그것은 주(周)의 왕업이 일어났으나 예(禮)는 비로소 성왕(成王)·강왕(康王) 대에 와서 정해졌으며, 한(漢)의 제국이 창업했어도 원조(元肇)는 문제(文帝)와 경제(景帝) 연간에 처음 일컬어졌던 것이다. 이에 금년 8월 16일에 삼가 천지와 종묘사직에 고하여 광무(光武)로 연호를 세우노라.

우러러 생각하건대 하늘의 보살핌이 융성하고 열성(列聖)의 대계(大計)의 지궁함을 이어받아 막힌 것을 어루만지고, 스스로를 돌보아 예전의 아름다운 덕을 밝혀 윤음(綸音)을 선포하노니, 먼 곳까지 미치지 않는 곳이 없도록 하라. 지금부터 시작하여 발행할 모든 일에 사의(事宜, 事理)에 적합하게 행할 것을 아래에 조목조목 열거한다.

아! 국정의 추기(樞機)[4]와 역사의 사적을 장악하여 행사 참여는 반드시 시의에 맞게 제정할 것이며, 정사를 펼침에 있어서는 인정(仁政)을 베풀되, 만물과 더불어 고쳐서 변화해 갈 것을 기약해야 한다. 무릇 모든 조정에 있는 문무 신료들은 나 한 사람을 보필하여 하늘의 아름다운 도리에 보답하여 온 세상을 길이 맑게 하여야 할 것이다. 이를 온 나라에 포고하노니 다들 깨닫고 알도록 하라."

## 註解

1) **주유**(硃喩) : 신하의 상주문을 임금이 친히 주필(朱筆, 붉은 글씨)로서 선택하는 것. 주비(硃批).
2) **중희누흡**(重熙累洽) : 광명을 거듭하고 은덕이 널리 퍼짐. 역대의 임금이 모두 훌륭하여 태평세월이 계속됨.
3) **절문**(節文) : 예절 규정. 일을 알맞게 갖춤.
4) **추기**(樞機) : 매우 요긴함. 정무.

## 原文

십육일계묘 조이금년칠월위광무원년팔월양력 고천지묘
十六日癸卯 詔以今年七月爲光武元年八月陽曆 告天地廟

사 반조진하 심순택의개년호 이광무 경덕의망 봉주유
社 頒詔陳賀 沈舜澤議改年號 以光武·慶德擬望 奉硃喩

정이광무 조왈
定以光武 詔曰.

대군주약왈 유아국가 수천권명 성신승계 조공종덕 중
大君主若曰 惟我國家 受天眷命 聖神承繼 祖功宗德 重

희루흡 통수기서 유대투간우짐신 고짐과매 사무강대력
熙累洽 統垂基緒 遺大投艱于朕身 顧朕寡昧 嗣无彊大曆

복 숙야극업 약섭연빙 불감자가자일 임어이후 실뢰호궁
服 夙夜棘業 若涉淵氷 不敢自暇自逸 臨御以後 實賴昊穹

수우 종사강령 환우무우 휴징루진 서기가휴지영부 내승
垂祐 宗社降靈 寰宇無虞 休徵屢臻 庶幾嘉休之永孚 奈升
평일구 념희성습 치불혜지 백도위미 이래간회천지 화변
平日久 恬嬉成習 治不徯志 百度委靡 邇來艱會荐至 禍變
지극 상인언재 기시적신 전천용사 이치절문다괴 향사침
之極 尙忍言哉 其時賊臣 專擅用事 以致節文多壞 享祀寢
폐 짐수선복구전 봉선성헌 이구치수양 여우방강목체맹
廢 朕遂旋復舊典 奉先成憲 而求治修攘 與友邦講睦締盟
자주권강 작금준고 궐유전장지읍익 개주왕작흥 예시정
自主權綱 酌今准古 厥有典章之揖益 蓋周王作興 禮始定
어성강지세 한제창업 원조칭어문경지년 내어금년팔월십
於成康之世 漢帝創業 元肇稱於文景之年 乃於今年八月十
육일 지고천지종묘사직 건원광무 앙유상천권우지융 열
六日 祗告天地宗廟社稷 建元光武 仰惟上天眷佑之隆 列
성이모지중 무궁자휼 식소전휘 선윤포혜 무원불기 자금
聖貽謨之重 撫躬自恤 式昭前徽 宣綸布惠 無遠不曁 自今
이시 함유발생 합행사의 조열어좌 어희 악추병록 필인시
伊始 咸囿發生 合行事宜 條列於左 於戲 握樞秉籙 必因時
이제의 부정시인 기여물이갱화 범재정문무신료 기상필
以制宜 敷政施仁 期與物而更化 凡在廷文武臣僚 其尙弼
여일인 용답천휴 영청사해 포고하이 함사문지
予一人 庸答天休 永淸四海 布告遐邇 咸使聞知.

전 좌의정 정범조(鄭範朝)가 사망하였다. 정범조는 녹을 유지하면서 자리를 보존하고 세상 돌아가는 데 따라 취하고 수용하여, 그런 까닭에 세상에서 명예를 훼손하는 일이 없었다. 그렇지만 본디 성품이 신중하고 검약하여 지나친 허물을 범하지 않았다. 갑오년(고종 31, 1894) 이후로는 괴로운 마음으로 천장만 바라보고 빨리 죽기를 바랐는데, 마침내 그의 뜻대로 되었으니 나이 65세였다.

**原文**

전 좌 의 정 정 범 조 졸 범 조 지 록 보 위 부 담 취 용 고 무 훼 예 어
前左議政鄭範朝卒 範朝持祿保位 浮湛取容 故無毁譽於
세 연 소 성 신 약 불 범 과 오 자 갑 오 고 종 삼 십 일 년 후 읍 읍
世 然素性愼約 不犯過惡 自甲午(高宗三十一年)後 悒悒
앙 옥 기 속 사 경 여 기 지 년 육 십 오
仰屋 祈速死 竟如其志 年六十五.

조존우(趙存禹)를 함경북도 관찰사로 삼았다.

**原文**

이 조 존 우 위 함 북 관 찰 사
以趙存禹爲咸北觀察使.

전권 공사 이하영(李夏榮)이 일본에 부임하였다.

**原文**

전 권 공 사 이 하 영 전 부 일 본
全權公使李夏榮 前赴日本.

민영익(閔泳翊)을 전권 공사로 삼아 영국(英國)·덕국(德國, 독일)·아국(俄國, 아라사)·의국(義國, 이태리)·법국(法國, 불란서)·오국(奧國, 오스트리아)에 부임하여 편의에 따라 주재토록 하였으니, 민영환(閔泳煥)을 대신한 것이다. 민영익은 그때

향항(香港, 홍콩)에 머무르고 있으면서 10년이 되어도 돌아오지 않고 있었으므로 조정에서는 멀리서 임명했을 따름이다.

**原文**

이 민 영 익 위 전 권 공 사　전 왕 영　덕　아　법　오　편 의 주
以閔泳翊爲全權公使　前往英·德·俄·法·奧　便宜駐
답　이 대 민 영 환　영 익 시 유 향 항　십 년 불 반　조 정 요 수 지 이 이
箚　以代閔泳煥　泳翊時留香港　十年不返　朝廷遙授之而已.

서광범(徐光範)이 미국에서 사망했는데 화장하라고 유언했다. 미국 사람이 그의 유산을 처분하여 그의 처 김씨에게 보내왔다. 김씨는 김석규(金錫圭)의 누이이다.

**原文**

서 광 범 사 우 미 국　유 언 화 장　미 인 매 기 유 산　송 환 우 기 처 김
徐光範死于美國　遺言火葬　美人賣其遺産　送還于其妻金
김 석 규 지 매 야
金錫奎之妹也.

8월, 아라사 공사 사패야(士貝耶, IIIneйер)가 공관으로 부임하고, 전 공사 위패(韋貝, Ве бер)는 교체되어 돌아갔다.

**原文**

팔 월　아 공 사 사 패 야　환 도 공 관　전 사 위 패 체 귀
八月　俄公使士貝耶　還到公館　前使韋貝遞歸.

미국인들이 그 공사관 참찬 안련(安連, Allen, Horace N.)을 공사로 승진시키고 총영사를 겸하게 하였다. 그는 황제를 알현하고 국서(國書)를 바쳤다.

**原文**

미 인 이 기 공 사 관 참 찬 안 련 승 임 공 사 겸 총 령 사 폐 현 정 국
美人以其公使館參贊安連 陞任公使 兼摠領事 陛見呈國
서
書.

원구단(圜丘壇)을 축조하고 천지와 일월(日月)·성신(星辰)·풍운(風雲)·뇌우(雷雨)·악진(岳鎭)·해독(海瀆)의 여러 신령들에게 함께 제사를 지냈다. 원구단은 남서(南署, 남부) 회현방 소공동에 있으며, 해좌(亥坐, 북북서향) 사향(巳向, 동남쪽)으로, 이는 예경(禮卿) 김규홍(金奎弘)이 상주한 바에 의거해 의정 심순택(沈舜澤)이 재가하여 결정한 것이다.

**原文**

축 원 구 단 합 제 천 지 이 급 일 월 성 진 풍 운 뢰 우 악 진 해 독 제
築圜丘壇 合祭天地 以及日月星辰風雲雷雨岳鎭海瀆諸
신 단 재 남 서 회 현 방 소 공 동 해 좌 사 향 거 예 경 김 규 홍 소 주
神 壇在南署會賢坊小公洞 亥坐巳向 據禮卿金圭弘所奏
이 의 정 심 순 택 재 정 언
而議政沈舜澤裁定焉.

조민희(趙民熙)를 평안남도 관찰사로 삼았다.

**原文**

이 조 민 희 위 평 남 관 찰 사
以趙民熙爲平南觀察使.

민영규(閔泳奎)를 궁내부 대신으로, 박정양(朴定陽)을 탁지부 대신으로, 조병직(趙秉稷)을 학부 대신으로, 정낙용(鄭洛鎔)을 농부 대신으로 삼았으며, 부장(副將) 이종건(李鍾健)을 군부 대신으로 겸직시켰다. 이윤용(李允用)과 심상훈(沈相薰)은 찬정(贊政)이 되었다.

**原文**

이 민 영 규 위 궁 내 부 대 신 박 정 양 위 탁 지 대 신 조 병 직 위 학
以閔泳奎爲宮內府大臣 朴定陽爲度支大臣 趙秉稷爲學
부 대 신 정 낙 용 위 농 부 대 신 부 장 이 종 건 겸 군 부 대 신 이 윤 용
部大臣 鄭洛鎔爲農部大臣 副將李鍾健兼軍部大臣 李允用
심 상 훈 위 찬 정
· 沈相薰爲贊政.

9월 17일 계묘, 임금이 황제 위에 오르고 국호를 '대한제국(大韓帝國)'이라 개칭하였다. 을미 이래 정부는 임금의 뜻을 헤아려 황제로 칭할 것을 권했으나 러시아 · 프랑스 · 미국 등의 외국 공사들은 옳지 않다 하였고, 일본 공사 삼포오루(三浦梧樓) 또한 "시일을 늦추는 것이 좋겠다."고 하였다. 삼포 공사가 을미사변(乙未事變)의 죄를 지고 물러가자, 조정의 의론이 다시 일어나 차츰 의전의 절차를 검토하고 있었는데, 각국 공사들이 이를 강력히 저지했다.

러시아 공사가 말하기를, "귀국이 참호(僭號)[1]를 반드시 가지려 한다면 우리 러시아국은 마땅히 절교하겠다."하니 임금은 비로소 두려워하였다. 그러나 일이 거의 이루어져 달리 어찌해볼 수 없었다. 이에 신료(臣僚)에게 교지를 주어 진청(陳請)을 계속하게 하였으며 임금의 뜻을 굽혀 백성을 좇는 것같이 보였다. 이에 기신(耆臣)[2] 김재현(金在顯) 등의 연명소(聯名疏)가 있었으며 의정 심순택(沈舜澤)과 특진관 조병세(趙秉世)가 그것을 좇아 백관을 거닐고 대궐 뜰에서 청하였다. 그 상주한 내용은 다음과 같다.

"엎드려서 숙고(熟考)하옵건대 『예기』에 이르기를, '덕이 천지(天地)에 떨치는 자를 황제라 이른다'고 하였으니, 대개 삼황오제(三皇五帝)[3] 의 공덕(功德)이 황(皇)과 천(天)이 함께 합치되는 것입니다. 그러므로 높여서 써 칭하는 것이며, 덕이 더없이 높으면 위상의 칭호도 따라서 높아지며 고이 더할 수 없이 크면 공경하는 전례 또한 커지는 것입니다. 이는 곧, 예경(禮敬)이 크게 되어 지대하고 막경(莫敬)한 예로써 위가 없고 최고로 높은 호칭을 천명하는 것이오니 이것은 성제명왕(聖帝明王)과 같이 말미암은 바이므로 천리(天理) 인사(人事)의 처소를 어길 수 없는 것입니다. 때문에 신 등이 앞자리에서 정성을 쌓아 경진(罄陳)[4]하였으나 성심(聖心)이 허락지 않으시고 계속해서 미루어 오시니 진실로 답답함을 이길 수 없습니다.

아아, 우리나라는 개국한 지 오백년에 성신(聖神)[5]이 대대로 서로 이었으며, 중희누흡(重熙累洽)[6]하여 예악전장(禮樂典章)[7]과 의관제도(衣冠制度)[8]가 중국 한나라 · 당나라 · 송나라와 참작하되 한결같이 명나라에 기준을 삼았으니 문물이 성하고 예의의 순후함이 직접 함께 통하였습니다. 오직 우리나라만이 그러했고 우리 성상은 총명하시고 용지(勇智)하시어 많은 임금 중에 더욱 뛰어나셨으며, 천자(天姿)가 양의(兩儀)[9]에 합치되며 현덕(玄德)[10]이 신명(神明)에 통하시니 삼황(三皇)의 도를 술(述)하시고 오제(五帝)의 마음을 전하시와 재위 30년에 공화(公化)는 선정(善政)의 모범이 되시고 치법(治法)은 청사(靑史)에 빛나는 바입니다.

지난날에 환난을 만났으나 많은 어려움을 무릅쓰고 나라를 튼튼히 하셨으며 깊은 근심으로써 성명(聖明)을 개발하셨으며 힘자라는 데까지 분발하시고 백방으로 잘 생각하시어 종사(宗社)가 뇌안(賴安)[11]하게 되었으며 철류(綴旒)[12]를 높이시고 반태(盤泰)를 조치하사 방우(方隅)[13]를 평평히 하셨으며 기침(氣祲)[14]을 없애시고 인온(絪緼)[15]을 응결하시어 홍업(弘業)을 회복하시고 치화(治化)가 흉흉하여 독립의 기반을 세우시고 자주권을 행하시게 되었습니다. 이것은 하늘이 권유하여 은근히 환영하여 계속하라는 명을 내리신 것이옵니다.

『만국공법(萬國公法)』에 이르기를 각국의 자주라는 것은 가히 의사에 따라 스스로 존호(尊號)를 붙이는 것이며 명하여 백성이 추대하는 것이지 다른 나라가 그것을 인정할 권한은 없는 것이옵니다. 하문(下文)에 모국이 칭왕(稱王) · 칭황(稱皇)을 할 때에 모국이 먼저 그것을 인정하고 다른 나라가 후에 그것을 인정한다는 말은 대저 존호를 붙이는 것은 아국에 있는 것이라는 뜻입니다. 그러므로 자주(自主)라 하며 그것을 인정하는 것이 다른 사람에게 있으면 무권(無權)이라 말하니 다른 사람에게 권한이 없는 까닭에 우리나라의 자주권을 폐한다는 것은 듣지 못했습니다. 이로써 왕이라 칭하든가 황제라 칭하는 것은 타국의 승인을 기다리는 것이 아니라 스스로 존호를 세우는 것입니다. 그 까닭에 모국이 먼저 그것을 인정하고 타국이 나중에 인정하는 예는 그 소위 먼저 인정하는 것은 호를 세우는데 우선하는 데 있지 않고 타국이 앞서는데 우선하는 것이면 어찌 스스로 존호를 세우지 않고서 먼저 타국의 인정을 구하겠습니까? 이제 폐하는 높고 넓은 덕이 하늘과 같이 크며 통달한 도가 하늘과 더불어 함께 밝았으니 큰 것으로써 '황(皇)'이라 말하는 것이요, 밝힘〔諦〕을 가지고 '제(帝)'라 일컫는 것입니다. 그야말로 복희(伏羲)·신농(神農)·요(堯)·순(舜)과 같은 성인에서부터 한(漢)·당(唐)·송(宋)·명(明)의 계통을 이어받았으니 금일 대황제 위호를 높이는 것은 옛것에 준하고, 이제의 것에 합치하여 그때를 상고하는 것이 옳을 뿐만 아니라 『예기(禮記)』에 의거하더라도 또한 당연한 것입니다.

하늘의 뜻에 응하고 사람의 마음에 따르는 뜻과 유신(維新)[16]의 명을 고려해 보아도 우러러 응답하지 않을 수 없으며, 거국적으로 크게 일고 있는 논의를 불가불 힘써 좇으셔야 합니다. 그런데도 성상께서는 조화의 자취를 거두어 마치 없는 듯이 하시고 겸손한 마음으로 성(聖)의 지위에 자처하지 않으시니, 비록 깊이 흠앙(欽仰)함이 많다 하더라도 옛날 제왕들의 혜향(盻蠁)[17]의 다스림과 겸손한 풍은 일찍이 어기어 받지 않고 사양하며 거하지 않는 글이 있어 본 적이 없습니다. 감히 모두 모여들어 일제히 소리 높여 우러러 부르짖으며 엎드려 유음(兪音)[18]을 내리시기를 원하오며 분장(賁章)을 얻어 천만번 옹축(顒祝)하오며 황공스럽게도 감히 아뢰옵니다."

다음날에도 다섯 차례, 또 다음날에도 두 차례 올렸다. 그러자 교지를 받들어 말〔告〕하셨다.

"짐은 부덕해서 왕위에 오른 지 34년에 많은 어려운 일을 당했고 마침내 만고에 없었던 변을 당하였으며 또한 다스려나감에 있어서도 나의 뜻을 기다리지 않고 근심스러운 일이 눈을 넘쳐서 매양 스스로 생각함에 오직 부끄러운 땀이 등을 적시노라. 이제 막대한 자리를 칭하지 않으려는 처지를 진신(搢紳)들이 서신을 갖추어 청하고 대신들이 경연에 올라 청하며, 육군만민(六軍萬民)이 복합(伏閤)하여 청하고 상하가 서로 지지하니, 급박함을 쉴 수 있는 기간이 없으며 여러 사람의 정성을 끝까지 저버릴 수 없도다. 이에 두고두고 생각해서 이제 부득이 마지못해 따르는 것이다. 그런데 이러한 대사는 마땅히 예의를 참작해서 행하도록 하라."

이날 예부 대신 김영수(金永壽)가 장차 이 일을 원구(圜丘)[19]에 고제(告祭)하여 단을 만들고 임금은 나아가 대위(大位)에 올랐다. 이어서 태묘사직(太廟社稷)에 나아가 고사(告社)를 마치고 정전(正殿)으로 돌아오니 백관들은 표(表)[20]를 올려 경하를 드렸다.〔임금이 태묘에 고할 때 헌종실(憲宗室)에는 효제(孝弟)라 칭하였고 철종실(哲宗室)에는 효종자(孝從子)라 칭했다.〕

**註解**

1) 참호(僭號) : 자기의 신분을 넘어서 제왕의 신분을 가짐.
2) 기신(耆臣) : 기로소(耆老所)에 들어간 정2품 이상의 관원.
3) 삼황오제(三皇五帝) : 복희(伏羲)・신농(神農)・여와(女媧)의 삼황(三皇)과 황제(黃帝)・전욱(顓頊)・제곡(帝嚳)・요(堯)・순(舜)의 오제(五帝), 혹은 황제 대신에 소호(少昊)를 넣음. 이들은 모두 중국 고대의 전설상에 나오는 임금들임.
4) 경진(罄陳) : 성의를 다함. 소진함. 없어짐.
5) 성신(聖神) : 임금. 지덕이 뛰어나서 통달하지 못한 것이 없고 영묘(靈妙)하며 불가사의한 신.
6) 중희누흡(重熙累洽) : 광명을 거듭하고 은덕이 널리 퍼짐. 역대의 임금이 모두 훌륭하여 태평세월이 계속됨.
7) 예악(禮樂) : 예절과 음악. 중국 고대의 예는 세상의 질서를 바로잡고, 악은 인심을 화합하게 한다 하여 사회 교육과 국가 통치상 중요하게 여겼음.
8) 의관제도(衣冠制度) : 그 나라 사람들의 몸 차림새 따위를 법률로써 제도화한 것.
9) 양의(兩儀) : 천지(天地). 또는 음양(陰陽).
10) 현덕(玄德) : 속에 깊숙이 간직하고 있고 밖에 나타내지 않는 덕. 천지의 현묘한 도리. 공덕을 베풀고도 그 공덕을 잊어버림.
11) 뇌안(賴安) : 의뢰하여 편안함.

12) **철류**(綴旒) : 깃술. 잡아맨 기(旗)의 술. 기치.
13) **방우**(方隅) : 경계선. 전면적 중의 한 모퉁이.
14) **기침**(氣祲) : 요악스러운 기운. 바다 위에 낀 짙은 안개
15) **인온**(絪縕) : 천기(天氣)와 지기(地氣)가 서로 합하여 어림. 봄 날씨가 화창함.
16) **유신**(維新) : 만사가 개신(改新)됨. 정치체제를 새롭게 혁신함.
17) **혜향**(盻蠁) : 눈여겨 살펴봄.
18) **유음**(兪音) : 신하의 아뢰는 말에 대하여 내리는 임금의 대답.
19) **원구**(圜丘) : 천자가 동지(冬至)에 하늘에 제사지내던 곳.
20) **표**(表) : 과문육체(科文六體)의 하나. 표문(表文).

## 原文

구월십칠일계묘 상즉황제위 개국호왈대한 을미이래 정
九月十七日癸卯 上卽皇帝位 改國號曰大韓 乙未以來 政

부췌상지 권칭제 아법미제사균불가 왜사삼포역언 지지
府揣上旨 勸稱帝 俄法美諸使均不可 倭使三浦亦言 遲之

내가 급삼포획죄거 정의부기 초강의절 각국력조지 아사
乃佳 及三浦獲罪去 廷議復起 稍講儀節 各國力阻之 俄使

즉왈 귀국필욕참호 아아당절교 상시구 연수성이저 수불
則曰 貴國必欲僭號 我俄當絶交 上始懼 然垂成而沮 殊不

아관 내수지신료 상계진청 유약상지굴의순중자 어시기
雅觀 乃授旨臣僚 相繼陳請 有若上之屈意徇衆者 於是耆

신김재현등 유연명소 의정심순택 · 특진관조병세종지 솔
臣金在顯等 有聯名疏 議政沈舜澤 · 特進官趙秉世踵之 率

백관정청 기주왈
百官庭請 其奏曰.

복이기왈 덕모천지자 위지황제 개삼황오제공덕 여합황
伏以記曰 德侔天地者 謂之皇帝 蓋三皇五帝功德 與合皇

천 고존이칭지야 덕존무상 이위호여존 공대막상 이예경
天 故尊以稱之也 德尊無上 而位號與尊 功大莫尙 而禮敬

위대 이지대막경지례 천무상극존지호 식성제명왕지소동
爲大 以至大莫敬之禮 闡無上極尊之號 寔聖帝明王之所同

유야 천리인사지소불불야 소이신등어전석 적성경진 성
由也 天理人事之所不咈也 所以臣等於前席 積誠罄陳 聖

심불개 근지내강 성불승회황재울지지 의아방국개오백년
心不槩 靳旨乃降 誠不勝回皇齎鬱之至 猗我邦國開五百年

성신상계 중희루흡 예악전장 의관제도 손익호한 당
聖神相繼 重熙累洽 禮樂典章 衣冠制度 損益乎漢·唐·

송 일이명대위준칙 욱문순례지직접일통 유아방시이 아
宋 一以明代爲準則 郁文醇禮之直接一統 惟我邦是耳 我

성상총명용지 탁관백왕 천자합어양의 현덕통호신명 술
聖上聰明勇智 卓冠百王 天姿合於兩儀 玄德通乎神明 述

삼황지도 전오제지심 임어삼기 공화즉질융지소유상야
三皇之道 傳五帝之心 臨御三紀 功化則郅隆之所由尙也

치법칙전모지소기재야 낭치간회 다난이고방국 은우이계
治法則典謨之所紀載也 曩値艱會 多難以固邦國 殷憂以啓

성명 건단곽분 백도유정 종사뢰안 전철류이조반태 방우
聖明 乾斷廓奮 百度惟貞 宗社賴安 奠綴旒而措盤泰 方隅

지평 소분침이응인온 중회홍업 치화흥융 건독립지기 행
砥平 消氛祲而凝絪縕 重恢弘業 治化興隆 建獨立之基 行

자주지권 시천권유밀경명아속지회야 안만국공법유운 각
自主之權 是天勸有密景命迓續之會也 按萬國公法有云 各

국자주자 가수의자립존호 영기민추대 단무권령타국인지
國自主者 可隨意自立尊號 令己民推戴 但無權令他國認之

야 하문유모국칭왕칭황지시 모국선인지 타국후인지지어
也 下文有某國稱王稱皇之時 某國先認之 他國後認之之語

부존호재아 고왈자주 인지재인 고왈무권 미문이무권어
夫尊號在我 故曰自主 認之在人 故曰無權 未聞以無權於

인지고 이폐아자립지권야 시이칭왕칭황지국 불대타국지
人之故 而廢我自立之權也 是以稱王稱皇之國 不待他國之

승인 이자립존호 소이유모국선인지 타국후인지지예 기
承認 而自立尊號 所以有某國先認之 他國後認之之例 其

소위선인자 불재호립호지선 이선어타국지위 즉안유불자
所謂先認者 不在乎立號之先 而先於他國之謂 則安有不自

립존호 이선구타국지인자재 금폐하외탕지덕 여천동대
立尊號 而先求他國之認者哉 今陛下巍蕩之德 與天同大

통달지도 여천동체 이대이언황야 이체이언제야 이희
通達之道 與天同諦 以大而言皇也 以諦而言帝也 以羲·

농 요 순지성 접한 당 송 명지통 금일존대황제위
農·堯·舜之聖 接漢·唐·宋·明之統 今日尊大皇帝位

호 준고합금 고기시즉가의 거어례역당연 재응천순인지
號 準古合今 考其時則可矣 據於禮亦當然 在應天順人之

의 권고유신지명 불용불앙답야 거국대동지의 불가불면
義 眷顧維新之命 不容不仰答也 擧國大同之議 不可不勉

순야 내조화지적 렴이약무 충읍지충 성불자거 수심흠앙
循也 乃造化之跡 斂而若無 沖挹之衷 聖不自居 雖甚欽仰

만만 이고석제왕혜향지치 읍손지풍 미증유불이불수 양
萬萬 而古昔帝王盻蠁之治 揖遜之風 未曾有咈而不受 讓

이불거지문 용감제목상솔 제성앙유 복원극사유음 획거
而不居之文 用敢齊沐相率 齊聲仰籲 伏願亟賜兪音 獲擧

분장 천만옹축 황공패주운운
賁章 千萬顒祝 皇恐敗奏云云.

명일우오차 우명일우이차 봉지약왈 짐이부덕 임어삼십
明日又五次 又明日又二次 奉旨若曰 朕以否德 臨御三十

사재 조시다간 경유만고소미유지변 차치불혜지 우우일
四載 遭時多艱 竟有萬古所未有之變 且治不徯志 憂虞溢

목 매자사 유괴한협배 금이막대지전 의제불칭지지 진신
目 每自思 惟愧汗浹背 今以莫大之典 擬諸不稱之地 搢紳

구독이청 대신등연이청 육군만민복합이청 상하상지 헐
具牘而請 大臣登筵而請 六軍萬民伏閤而請 上下相持 歇

박무기 대동지정 불가종고 적비상량 자부득이면종언 자
泊無期 大同之情 不可終孤 積費商量 玆不得已勉從焉 玆

유대사 의기짐작예의이행야 시일예경김영수 장사고제원
惟大事 宜其斟酌禮儀而行也 是日禮卿金永壽 將事告祭圜

구 설의단측 상진등대위 잉예태묘사직고사 환어정전 백
丘 設椅壇側 上進登大位 仍詣太廟社稷告祀 還御正殿 百
관상표칭하 상고태묘시 어헌종실칭효제 어철종실칭효종자
官上表稱賀 上告太廟時 於憲宗室稱孝弟 於哲宗室稱孝從子.

왕대비(王大妃) 홍씨(洪氏)를 추존하여 명헌태후(明憲太后)라 하고 금보(金寶)[1]를 올렸다. (그리고) 황후 · 황태후 · 황태후비를 책봉하였다. 심순택(沈舜澤)을 정사(正使)로 김영수(金永壽)를 부사(副使)로 삼아 예식을 행하였다.

**註解**

1) 금보(金寶) : 죽은 임금이나 왕후에 대해 사후에 추상존호(追上尊號)를 새긴 도장.

**原文**

존왕대비홍씨위명헌태후 상금보 책황후 황태자 황
尊王大妃洪氏爲明憲太后 上金寶 冊皇后 · 皇太子 · 皇
태자비 이심순택위정사 김영수위부사 행예
太子妃 以沈舜澤爲正使 金永壽爲副使 行禮.

대사면을 반포한 조서의 내용은 다음과 같다.

봉천승운(奉天承運)의 황제는 고하노라. 짐은 생각하건대 단군(檀君) · 기자(箕子)이래 강토가 분리되어 각기 한 쪽씩을 차지하고 서로 패권을 다투어 오다가, 고려 때에 이르러 마한 · 진한 · 변한 지역의 삼한을 통합하였다고 이른다. 우리 태조께서 개국하기에 이르러 영토 밖으로 땅을 더욱 넓혀 북쪽으로 말갈의 경계에 닿아 치혁(齒革)·염사(檿絲)[1] 등을 얻었고, 남쪽으로 탐라국을 취하여 귤과 유자와 해산물을 조공받아 폭원(幅員)[2] 4천리에 일통(一統)의 대업을 세우게 되었다. 예악과 법도는 당우(唐虞, 堯舜)를 조술(祖述)[3]하였고 국토 산하가 공고해져 우리 자손만대에 반석의 터전을 드리워 주셨다. 오직 짐이 부덕하여 마침 어려운 때를 만났으되 상제(上帝)의 보살핌을 받아 위기를 돌려 평안을 회복하였으니, 독립의 기틀을 세우고 자주의 권리를 행사할 수 있게 되었다. 여러 신하와 백성들, 군대와 시정의 사람들이 한결같은 소리로 대궐문을 두드리고 호소하며 수십 차례나 글을 올려 반드시 황제의 칭호를 올리려하므로, 짐은 여러 번 사양하였으나 끝내 사양할 수 없어서 이에 금년 9월 17일 백악(白岳, 北岳山)의 남쪽에서 하늘과 땅에 제사지내고 황제의 자리에 올랐다.

천하에 이름을 정하여 '대한(大韓)'이라 하고, 이해를 광무(光武) 원년으로 삼고, 〔종묘(宗廟)·사직(社稷)의 이름을〕 태사(太社)·태직(太稷)으로 바꾸며, 왕후 민씨를 황후로, 왕태자를 황태자로 책봉한다. 오직 이에 하늘의 명을 따라 크게 가다듬어 비로소 거전(鉅典, 大典)을 행하였다.

(또한) 역대의 고사를 상고하여 대사면을 내리노라. 아, 처음 보록(寶籙, 이태조의 등극을 예언한 책)에 부응함은 진실로 하늘의 도움을 받은 것이니, 빛나는 이 큰 이름은 온 나라 백성의 마음에 들 것이다. 천하에 포고하노니 다들 듣고 알지어다.

## 註解

1) **치혁**(齒革)·**염사**(檿絲) : 치혁은 이빨과 가죽, 염사는 생사를 가리키는 말. 여러 가지 동물과 누에고치를 얻었다는 뜻.

2) **폭원**(幅員) : 지면(地面)의 넓이와 둘레·넓이. 폭(幅)은 면적, 원(員)은 둘레의 뜻.

3) **조술**(祖述) : 스승이나 조상의 도를 이어 받아서 서술하는 것.

## 原文

대사반조왈
大赦頒詔曰.

봉천승운황제조왈 짐유단기이래 강토분장 각거일우 호
奉天承運皇帝詔曰 朕惟檀箕以來 疆土分張 各據一隅 互

상웅쟁 급고려시 마한 진한 변한시위통합삼한 급아태
相雄爭 及高麗時 馬韓·辰韓·弁韓是謂統合三韓 及我太

조용흥지초 여도이외 탁지익광 북진말갈지계 이치혁염
祖龍興之初 輿圖以外 拓地益廣 北盡靺鞨之界 而齒革檿

사출언 남취탐라지국 이귤유해착공언 폭원사천리 건일
絲出焉 南取耽羅之國 而橘柚海錯貢焉 幅員四千里 建一

통지업 예악법도 조술당우 산하공고 수유아자손만세반
統之業 禮樂法度 祖述唐虞 山河鞏固 垂裕我子孫萬世盤

석지종 유짐부덕 적우간회 상제권고 전위회안 창독립지
石之宗 惟朕否德 適于艱會 上帝眷顧 轉危回安 刱獨立之

기 행자주지권 군신백성 군오시정 일사동성 규혼제유 장
基 行自主之權 群臣百姓 軍伍市井 一辭同聲 叫閽齊籲 章

수십상 필욕추존제호 짐읍양자루 무이종사 내어금년구
數十上 必欲推尊帝號 朕揖讓者屢 無以終辭 乃於今年九

월십칠일 고제천지우백악지양 즉황제위 정유천하지호왈
月十七日 告祭天地于白岳之陽 卽皇帝位 定有天下之號曰

대한 이시년위광무원년 개제태사태직 책왕후민씨위황후
大韓 以是年爲光武元年 改題太社太稷 冊王后閔氏爲皇后

왕태자위황태자 유자비리경명 조칭거전 원계력대고사
王太子爲皇太子 惟玆丕釐景命 肇稱鉅典 爰稽歷代故事
령행대사 어희 초응보록 실하자천지우 환사대호 식부솔
另行大赦 於戲 初膺寶籙 實荷自天之祐 渙斯大號 式孚率
토지심 포고천하 함사문지
土之心 布告天下 咸使聞知.

황후 민씨를 명성황후(明成皇后)로 추존하여 책봉하였다. 그 조칙은 다음과 같다.

"봉천승운(奉天承運) 황제는 고하노라. 예로부터 어진 후비는 천명을 받들고 도에 따라 안으로는 위상을 바로 하여 풍화(風化)[1]를 첫자리로 삼는 것에 기반을 잡고, 나라의 교육을 이루고 아름다운 덕을 드러내어 밝게 드리웠으니, 반드시 임종하면 행적을 드러내 일컫고 공덕을 표창하고자 한다. 이에 휘호를 내려 백세를 징험하는 것은 이륜(彝倫)[2]의 아름다운 규범이며, 역대의 큰 의전이다.

황후 민씨는 재능이 뛰어나고 마음이 밝고 지혜로우며, 선량하고 어질며 온화하고 단아하여 사록(沙麓)[3]의 중첩되는 경사로 경실(京室, 왕실)의 배필이 되었는 바, 신정왕후(神貞王后)를 이어받아 효성이 돈독하고 지극하였다. 뿐만 아니라 종묘를 받드는데 엄숙하고 공경하여 게을리 하지 않았으며, 궁중의 복도에는 계명(鷄鳴)[4]의 잠(箴, 교훈)이 되었고, 갑관(甲觀, 한(漢)의 궁정 이름)에는 연매(燕禖)[5]의 복이 넘쳤도다. 황후는 경서와 역사에 박통(博通)하고 고사와 의전에 익숙하여 짐의 내치(內治)를 도와줌이 크고 많았다. 거듭 어려운 시절을 만남에 이르러 근심과 걱정을 두루 체험하였으며 변고에 처하여 정도(正道)와 권도(權道)로 합당하게 대처하여 의절에 하자가 없었다. 나아가 위기를 전환하여 태평으로 인도하였으며 큰 기틀을 마련하였으니, 거룩하고 아름답도다.

짐이 즉위한 32년이 되는 을미년(1895) 8월 20일에 붕서(崩逝)의 변고는 만고에 있지 않았던 일이었다. 원수를 갚지 못하고 상례의 기한이 지났으니 짐의 슬픔과 애통은 하늘과 땅에 이르지 못할 것이다. 돌이켜보건대 금일의 대업을 다시 돌이켜 자주권을 세움에 실로 황후의 도움으로 이룬 것이었다. 하늘의 보살핌과 조종의 음덕으로 짐은 대호(大號, 皇帝位)를 받아 배위(配位)도 높여야 할 것이다. 새로운 명을 이어받아 전대를 빛나게 하고 후세를 넉넉히 하리라. 이에 융성하고 빛나는 자취를 돌아보니 참으로 대명(大名)을 숭상하여 드날리기에 마땅하다. 이에 그 관청에 신칙하여 떳떳한 법도를 자세히 상고하여 천지(天地)·종묘(宗廟)·태사(太社)·태직(太稷)에 경건히 고하고, 금년 음력 10월 11일에 시호를 명성황후(明成皇后)로 책봉하니, 그 실상과 표현이 꼭 적합하고 그 은혜가 깊고 넓도다. 아! 요전(瑤鐫)이 크고 꽃다워 멀리 만국(萬國)에 미치니, 동관(彤管)[6]이 빛남을 더하여 길이 천추에 남아 있으리라. 천하에 반포하노니 모두 듣고 알도록 하라."

**註解**

1) **풍화**(風化) : 교육이나 정치의 힘으로 풍속을 잘 교화시킴.

2) **이륜**(彛倫) : 사람으로서 떳떳이 지켜야 할 도리.

3) **사록**(沙麓) : 훌륭한 여성이 출현할 것이라는 뜻을 갖는 말.

4) **계명**(鷄鳴) : 어진 왕후의 내조를 이르는 말.

5) **연매**(燕禖) : 태자의 탄생을 기원한다는 말.

6) **동관**(彤管) : 후궁에서 기록을 담당한 궁녀가 사용하는 붉은 붓대의 뜻인 듯.

## 原文

추 책 왕 후 민 씨 위 명 성 황 후 조 왈
追冊王后閔氏爲明成皇后 詔曰.

봉 천 승 운 황 제 조 왈 자 고 현 후 승 천 순 도 정 위 호 내 기 풍 화
奉天承運皇帝詔曰 自古賢后 承天順道 正位乎內 基風化

이 위 시 성 교 어 국 저 령 덕 이 소 수 필 유 숭 종 현 칭 적 행 표 공
而爲始 成敎於國 著令德而昭垂 必有崇終 顯稱跡行表功

절 일 혜 이 징 백 세 이 륜 지 의 규 역 대 지 거 전 야 유 황 후 민 씨
節壹惠而徵百世 彛倫之懿規 歷代之鉅典也 惟皇后閔氏

영 예 숙 철 온 인 단 장 사 록 중 경 빈 우 경 실 사 휘 신 정 성 효 독
英睿淑哲 溫仁端莊 沙麓重慶 嬪于京室 嗣徽神貞 誠孝篤

지 지 승 종 묘 숙 경 비 해 영 항 흥 계 명 지 잠 갑 관 육 연 매 지 지
至 祗承宗廟 肅敬匪懈 永巷興鷄鳴之箴 甲觀毓燕禖之祉

박 경 사 한 전 장 좌 짐 내 치 비 익 홍 다 천 조 간 회 비 상 우 우 처
博經史 嫺典章 佐朕內治 裨益弘多 洊遭艱會 備嘗憂虞 處

변 이 합 경 권 적 의 불 하 전 위 이 도 형 태 홍 기 전 안 위 호 의 재
變而合經權 翟儀不瑕 轉危而導亨泰 鴻基奠安 韙乎懿哉

짐 지 즉 조 삼 십 이 년 을 미 팔 월 이 십 일 붕 서 지 변 만 고 소 미 유
朕之卽祚三十二年乙未八月二十日 崩逝之變 萬古所未有

야 수 원 미 복 예 제 과 기 짐 도 예 통 궁 양 미 계 고 금 일 중 회 대
也 讐寃未復 禮制過期 朕悼睿慟 穹壤靡屆 顧今日重恢大

업 자 주 권 강 실 유 곤 도 지 보 성 천 권 유 밀 조 종 즐 우 짐 수 대
業 自主權綱 實有坤度之輔成 天眷宥密 祖宗騭佑 朕受大

號 壼位儷尊 迓續新命 光前裕後 迺睠盛烈之彰休 亶宜大
名之崇颺 爰勅攸司 詳稽彝憲 祇告天地宗廟太社太稷 以
本年陰曆十月十一日 冊諡爲明成皇后 情文允諧 恩霈用覃
於戲 瑤鐫闡芳 遠攸暨于萬國 彤管增耀 永有辭于千秋 頒
示天下 咸使聞知.

즉조당(卽祚堂)의 편액을 태극전(太極殿)이라 하였다가 조금 지나 중화전(中和殿)으로 고쳤다. 역서의 명칭도 명시력(明時曆)으로 정했으며, 국기도 태극기(太極旗)로 정하고 즉위일을 계천기원절(繼天紀元節)로 삼았다. 경축하는 예식에 들어가는 비용이 5만 원, 어보금(御寶金)이 1천 냥으로 그 가격은 4만5천 원이다.

**原文**

扁卽祚堂額曰大極殿 已而改以中和殿 改曆名曰明時曆
定國旗爲太極旗 以卽位日爲繼天紀元節 慶禮需用費五萬
元 御寶金一千兩 價四萬五千元.

각국의 사신들이 황제를 뵙고 진하(陳賀)[1]하였다. 일본은 공사 가등증웅(加藤增雄), 서기관 일치익(日置益), 일등 영사 추일좌도

부(秋日左都夫), 역관 국분상태랑(國分象太郎), 보병소좌 상파전경요(桑波田景堯), 보병대위 야진진무(野津鎭武) 등이며, 미국은 공사 안련(安連, Allen, Horace N.), 위관 급손(伋遜)·화과도(花鍋道)·덕돈(德頓), 기관 제립시(齊立蓍, James), 군의 불락걸리(佛樂傑里), 고문관 인시덕(仁時德, Ninstead), 아라사는 공사 사패야(士貝耶) 참찬관 극배(克培, Kep б pr), 영사 얼로시포포(蘖老時甫甫), 탁지부 관원 알륵세포(謁勒世布) 갈필도(葛必道), 참령 돌얼비치가(突蘖非治哥), 해군 사관 희말노포(希秣老布) 학교 교사 말우고포(秣尤高布) 군의 처리변기(妻里邊奇), 육군 사관 아파락시(牙波落時)·구시민(具時民)·구루진기(求婁珍奇)·석시(石時)·나달옥(羅達玉) 등이, 법국(法國)은 판사 대신 갈림덕(葛林德, Plancy, Collin) 부영사 노비부(盧飛鳧, Le fevrs, G.) 등이, 영국은 총영사 주이전(朱邇典, Jordan, J. N), 서기관 오례사(吳禮司), 함장 아달우(阿達友), 고문관 백탁안(柏卓安, Brown, J. M.)·설필림(薛弼林, Stripling, A. B.) 등이, 덕국(德國)은 영사 구린(具麟, Krien, F.) 등이 참석하였다.

**註解**

1) 진하(陳賀) : 나라에 경사가 있을 때 백관이 조정에 나아가 임금에게 하례하던 일.

**原文**

각국사신폐현진하 왜공사가등증웅 서기관일치익 일등
各國使臣陛見陳賀 倭公使加藤增雄 書記官日置益 一等

領事秋月左都夫 譯官國分象大郎 步兵少佐桑波田景堯 步兵大尉野津鎭武 美公使安連 尉官曰伋遜 曰花鍋道 曰德頓 旗官齊立著 軍醫佛樂傑里 顧問官仁時德 俄公使士貝耶 參贊官克倍 領事蘗老時甫甫 度支官員曰謁勒世布 曰葛必道 參領突蘗非治哥 海軍士官希秣老布 學校敎師秣尤高布 軍醫妻里邊奇 陸軍士官曰牙波落時 曰具時民 曰求婁珍奇 曰石時 曰羅達玉 法國辦事大臣葛林德 副領事盧飛凫 英國摠領事朱邇典 書記官吳禮司 艦長阿達友 顧問官曰柏卓安 曰薛弼林 德國領事具麟.

10월 26일 임오, 해시(亥時, 오후 9~11시)에 황제의 셋째아들 은(垠)이 출생했다. 상궁 엄씨(嚴氏)를 귀인(貴人)에 봉했는데, 은은 엄씨의 소생이다. 아이를 분만할 때 산기가 없어 울음소리가 들려서야 비로소 출산한 것을 알게 되었다. 임금은 이 아기를 남달리 사랑하여 늘 무릎에 앉혀 놓고 오줌과 똥을 닦아주는 것을 웃으며 즐겼다.

**原文**

二十六日壬午亥時 皇三子垠生 封尙宮嚴氏爲貴人 垠嚴

씨 출 야 임 만 무 산 후 고 성 출 이 시 각 기 생 상 기 애 지 상 접 치
氏出也 臨娩無産候 呱聲出而始覺其生 上奇愛之 常接寘

슬 상 식 수 편 이 위 소 락
膝上 拭溲便以爲笑樂.

이봉의(李鳳儀)를 경무사로 삼았다.

**原文**

이 이 봉 의 위 경 무 사
以李鳳儀爲警務使.

민영규(閔泳奎)에게 명하여 명성황후(明成皇后)의 행장을 지어 올리도록 하였다. 전에 정범조(鄭範朝)가 마치지 못하고 죽었기 때문이다.

**原文**

명 민 영 규 찬 진 명 성 황 후 행 장 이 정 범 조 미 취 이 졸 야
命閔泳奎撰進明成皇后行狀 以鄭範朝未就而卒也.

10월 27일, 술시(戌時, 오후 7~9시)에 큰 벼락이 쳤다.

**原文**

동 시 월 이 십 칠 일 술 시 대 뇌 진
冬十月二十七日戌時 大雷震.

10월 28일 갑신, 명성황후(明成皇后)를 홍릉(洪陵)에 장사지내

고 구우제(九虞祭)를 거행했다. 당초에 임금은 황후의 능을 장려(壯麗)하게 꾸미고자 하여 사람을 청나라 남경(南京)에 보내서 명나라 고황후(高皇后)의 효릉(孝陵)를 그려오게 하였다. 그것을 보니 계단과 난간이 다 문옥(文玉)으로 조각하여서 우리나라 국고의 일 년 경상 수입을 계산하여도 오히려 그 경비의 십분의 일에도 미치지 못하여 드디어 그치게 되었다. 억지로 줄여서 간단하게 한다고는 하였으나, 전후 들어간 비용이 거억(巨億)이나 되어 역대 산릉의 으뜸이 되었다. 제육가(祭肉價, 제수용 고기값)가 6천 냥에 이르렀으며, 상여꾼에게 호궤한 돈이 6만2천여 냥이나 되었는데, 상여꾼은 7천여 명이나 동원되었다. 등롱(燈籠)은 관례로 준비한 것을 제외한 것 외에 1,100쌍을 추가했다. 능을 지키기 위한 복호(復戶)가 105결이나 되었고, 달리 들어간 물건들도 이에 상응하여 다 기록할 수 없을 지경이었다. 임금이 친히 황당(皇堂)에 나가 땅을 치며 통곡하여 차가운 눈물을 줄줄 흘리자, 여러 신하들이 추운 기운이 몸에 닿아 옥체가 상할까 염려하고 번갈아 간하였으나 끝내 듣지 않았다.

**原文**

이십팔일갑신 장명성황후우홍릉 행구우 초상욕장후릉
二十八日甲申 葬明成皇后于洪陵 行九虞 初上欲壯后陵

제 견인청국남경 화대명고황후효릉이진 견기계척난순
制 遣人淸國南京 畵大明高皇后孝陵以進 見其堦墄欄楯

개문옥조루 계아국고일년경입지수 상불급십지비 수이지
皆文玉雕鏤 計我國庫一年經入之數 尙不及什之費 遂已之

강종성약 연전후미비거억 위국조산릉지관 제육가지육천
强從省約 然前後靡費巨億 爲國朝山陵之冠 祭肉價至六千

냥 호여전육만이천여냥 여군칠천인 등롱제예비외 가열
兩 犒饗錢六萬二千餘兩 饗軍七千人 燈籠除例備外 加列
일천일백쌍 수릉복호일백오결 타물칭시 불가실기 상친
一千一百雙 守陵復戶一百五結 他物稱是 不可悉記 上親
예황당 고지통절 동루루루 군신이촉한연섭질간 종불청
詣皇堂 叩地慟絶 凍淚纍纍 群臣以觸寒捐攝迭諫 終不聽.

일본 황제가 특파 공사(特派公使) 가등증웅(加藤增雄)을 보내 신임장을 봉정하였는데, 그 내용은 다음과 같다.

천우(天佑)를 보유한 만세일계(萬世一系)의 제위에 오른 대일본국 대황제(大皇帝)는 공손히 위엄과 덕망이 융성한 양우(良友) 대한국 대황제 폐하에게 아룁니다. 짐은 폐하께서 대황후(大遑后) 폐하의 인산을 봉행할 즈음, 특별히 귀국에 주재하는 판리공사(辦理公使) 정오위훈오등(正五位勳五等) 가등증웅을 특별히 명하여 특파 공사로 삼아 장례의식에 참석하도록 하였습니다. 또한 짐이 가등증웅을 특파 공사로 삼은 것은 오로지 짐의 애도의 간절함을 표하기 위한 것이었으니 폐하께서는 이 뜻을 받아주시기를 바라옵니다. 이에 이때를 당하시어 폐하의 강녕을 기원합니다. 신무천황(神武天皇) 즉위 기원 2557년, 명치 30년 11월 초8일.

동경 궁성에서 친히 서명하고, 인하여 어명의 국새를 찍도록 영을 내린 후, 외무 대신 남작 서덕이랑(西德二郞)에게 관인을 찍도록 했다.

**原文**

倭皇帝 使特派公使加藤增雄 奉呈信任狀曰 保有天佑 踐萬世一系帝祚之大日本國大皇帝敬白 威德隆盛之良友 大韓國大皇帝陛下 朕際茲陛下奉行大皇后陛下因封 特命駐紮貴國之辦理公使正五位勳五等加藤增雄爲特派公使 趨會葬儀 抑朕以增雄爲特派公使 專爲表朕痛悼之切也 卽望陛下接納此意爲盼 爰當此機祈陛下康寧 神武天皇卽位紀元二千五百五十七年 明治三十年十一月初八日 於東京宮城親署名 因令鈐璽御名國璽 外務大臣男爵西德二郞蓋印.

발인할 때에 각국 공사들이 조위(弔慰)[1]의 예를 행했다.

**註解**

1) 조위(弔慰) : 죽은 이를 조상하고 유족을 위로함.

**原文**

發引時 各國公使 行弔慰禮.

명성황후(明成皇后)의 연제(練祭)는 12월 12일에 행하고 상제

(祥祭)는 무술년(광무 2, 1898) 정월 21일에 거행할 것을 명했다. 신민들은 이때 상복을 벗었다. 경효전(景孝殿, 文慶殿을 개칭한 이름)에서는 아침저녁으로 상식(上食)을 올리고 낮에는 다례(茶禮)를 드렸는데, 8월에 기신(忌辰, 기제사)까지 행했다. 이어서 혼전(魂殿)[1]을 설치하고 상생(象生)[2]의 예를 오래 머물도록 그치지 않았다. 재물이 아주 풍성하여 차를 올림에 녹용탕을 쓰는 데까지 이르렀으니 사승(祀丞)[3]들은 모두 갑자기 부자가 되었다.

**註解**

1) 혼전(魂殿) : 임금 또는 왕비의 국장을 치른 뒤에 3년 동안 신위(神位)를 모시는 궁전.
2) 상생(象生) : 제사를 지낼 때 죽은 사람이 생전에 썼던 물건을 상징으로 삼는 것.
3) 사승(祀丞) : 제사 의식을 담당하는 관원.

**原文**

命明成皇后練祭行于十二月十二日 祥祭行于戊戌正月二十一日 臣民因卽釋服 景孝殿朝夕上食晝茶禮 限八月忌辰 仍設魂殿象生之禮 淹久不輟 而物極豐 至茶用鹿茸湯 祀丞皆致驟富.

인산의 일이 끝나자 장예원 경(掌禮院卿) 김영목(金泳穆)이

대신에게 상복을 벗는 절차를 물을 것을 청하니, 의정 심순택(沈舜澤)이 다음과 같이 의견을 제시했다.

"삼가 『대명회전(大明會典)』을 살펴보건대, 홍무(洪武) 15년 고황후(高皇后)의 상복제도는 송나라 제도에 의거하여 명을 청한 문무관에 대해서는 복을 벗는 것을 허용하고, 관원들은 모두 참최복(斬衰服)[1)]을 입되 27일 만에 복을 벗고, 군민(軍民) 남녀는 모두 소복(素服)을 3일간 입게 하였으며, 황비 · 황태자비 · 공주 · 종실 이하는 자최복(齊衰服)[2)]을 3년간 입도록 하였다. 영락(永樂) 5년(태종 7, 1407)에 문황후(文皇后)의 상복은 모두 고황후 때의 의례를 따랐으며, 또 제왕(諸王)과 공주 등의 복제와 세자 · 군주는 모두 자최복을 입되 부장기(不杖朞)로 정하여 지팡이를 짚지 않았고 성복일(成服日)로부터 27일 만에 복을 벗었다. 가정(嘉靖) 7년(중종 23, 1528) 효결황후(孝潔皇后)의 상에는 문무백관이 성복한 지 27일 만에 상복을 벗었고, 가정 26년 효열황후(孝烈皇后)의 상에는 백관이 참최복을 갖추어 입었다가 27일 만에 복을 벗었고, 군민은 소복을 입되 상을 들은 날로부터 시작하여 27일 만에 복을 벗었다. 친왕(親王)과 군왕(郡王) · 세자 · 왕비 이하는 참최복을 입되 27일 만에 복을 벗었다. 군민 남녀는 소복을 13일 간 입었다. 이것은 대개 참최 · 재최의 구별을 물론하고 일을 월로 바꾸어 적용한 제도이다. 그런데 지금 이 황후 복제는 반드시 27개월을 준하도록 하는 것이 명나라 예에 부합하는 것이라 생각되며, 이미 국조에도 행해졌던 전례가 있으나, 신과 같은 얕은 지식으로는 억단할 수 없다."

이에 뜻을 받들어 의정의 논의가 이와 같으니, 홍무 고황후의 상례에 의거하여 신민의 복제는 상제(祥祭)를 행한 다음 벗도록 하였다.

**註解**

1) **참최복**(斬衰服) : 아버지나 할아버지의 상(喪)에 입는, 거친 베로 짓되 아랫도리를 접어서 꿰매지 않은 상복.
2) 자최복(齊衰服) : 조선 때 오복(五服)의 하나. 굵은 삼베로 짓되, 아래 가를 좁게 접어 꿰맨 상복. 자최.

**原文**

因山旣成　掌禮院卿金永穆請詢釋服之節于大臣　議政沈
舜澤議曰　謹按大明會典洪武十五年高皇后喪服之制　因宋
制爲請命文武官聽除　官員人皆斬衰二十七日而除服　軍民
男女　皆素服三日　皇妃 · 皇太子妃 · 公主 · 宗室以下　服齊
衰三年　永樂五年文皇后喪服　悉遵高后時儀　又定諸王 · 公
主等服制　世子 · 郡主　皆齊衰不杖期　自成服至二十七日而
除　嘉靖七年孝潔皇后喪　文武百官成服二十七日而除　嘉靖
二十六年孝烈皇后喪　百官具斬衰服二十七日而除　軍民素

복문상일위시 이십칠일이제 친군왕 세자 왕비이하 참
服聞喪日爲始 二十七日而除 親郡王·世子·王妃以下 斬
최이십칠일이제 군민남녀소복십삼일 차개무론참자지별
衰二十七日而除 軍民男女素服十三日 此蓋無論斬齊之別
이일역월지제야 연즉금차황후복제지필준이십칠월 공합
以日易月之制也 然則今此皇后服制之必準二十七月 恐合
유명지예 이기유국조이행지전 여신부천불능억단운운 봉
有明之禮 而旣有國朝已行之典 如臣膚淺不能臆斷云云 奉
지 의정지의여차 의홍무고황후상예이정 신민복제 상이
旨 議政之議如此 依洪武高皇后喪禮釐正 臣民服制 祥而
제지
除之.

홍릉의 석물이 까닭 없이 넘어졌다. 임금이 크게 노하여 제조관 이하에게 죄를 주고 다시 김병시(金炳始)를 제조관으로 삼아 중건비 3만 원을 내렸으나 김병시가 애써 사양하여 심순택(沈舜澤)으로 대신하게 하였다.

**原文**

홍릉석물 무고도탑 상대노죄제조관이하 갱이김병시위
洪陵石物 無故倒塌 上大怒罪提調官以下 更以金炳始爲
제조 하중건비삼만원 병시력사 심순택대지
提調 下重建費三萬元 炳始力辭 沈舜澤代之.

11월 2일, 지진이 일어났다.

김윤식(金允植)과 이승오(李承五)를 제주에 유배 보냈다. 당시의 의론이 김윤식은 위조(僞詔, 거짓 조서)에 서명하고 왜인에게 아첨하여 그들을 비호했으며, 이승오는 역적에 아부하여 글을 지어 종묘에 고했다고 하여 유사(有司)에 회부 속히 나라의 형률을 바로잡을 것을 청하였다. 임금은 군권(君權)이 아직 확장되지 못한데다 외국의 의론에 많이 경색되어 있어서 그것을 참고 견디며 말감(末減)[1]하는 쪽을 좇았던 것이다. 이승오는 유배지에서 수년 만에 죽었는데, 그의 아들 이충직(李忠稙)은 조정에서 귀장(歸葬)[2]을 허락하지 않아 감히 분상(奔喪)[3]도 하지 못했다. 김윤식은 첩을 사서 아들 둘을 낳았으며, 스스로 몸을 잘 봉양하여 나이 칠순이 되어서도 정력이 강하여 소년 같았다. 사람들은 그가 장차 다시 권력을 잡을 징조라고 하였다.

**註解**

1) **말감**(末減) : 형벌을 내릴 때 가벼운 쪽을 택하는 말.
2) **귀장**(歸葬) : 타향에서 시체를 고향으로 옮겨나가 장사지냄.
3) **분상**(奔喪) : 먼 곳에서 부모의 부음(訃音)을 듣고 집으로 급히 돌아가는 일.

**原文**

십일월초이일 지진
十一月初二日 地震.

장유김윤식 이승오우제주 시의이윤식서명위조 미왜
長流金允植·李承五于濟州 時議以允植署名僞詔 媚倭
엄호 승오아부역적 제문고묘 청부유사극정방형 상이군
掩護 承五阿附逆賊 製文告廟 請付有司亟正邦刑 上以君
권미장 외의다경 은인지 고종말감 승오지배소수년졸 기
權未張 外議多梗 隱忍之 姑從末減 承五至配所數年卒 其

자충직 이조정불허귀장 불감분상 윈식매첩 생이자 자봉
子忠稙 以朝廷不許歸葬 不敢奔喪 允植買妾 生二子 自奉

심유 년향칠순 정강류소년 인이위장부병용지조
甚裕 年向七旬 精强類少年 人以爲將復柄用之兆.

12월, 임금이 아리사의 명명일(命名日)[1]에 축전을 보냈다.

"이번 폐하의 경절(慶節) 가신(佳辰)을 만나 짐은 삼가 축하를 드리며 돈독한 우호의 정성을 표하고자 합니다. 아울러 폐하의 치세(治世)가 영원히 융성하고 복되기를 바랍니다. 광무원년 12월 18일 경운궁에서."

임금의 이름으로 서명하였다. 아라사 황제가 답전(答電)을 보내왔는데 (그 내용은), "대한국 대황제 폐하, 짐의 깊은 감사와 지극한 바람을 귀 폐하께 표합니다. 아라사와 대한제국 간의 친밀한 우의는 갈수록 더욱 돈독해질 것입니다."라고 하였다. 끝에 황제의 이름으로 서명하였다.

**註解**

1) **명명일**(命名日) : 아라사 황제 니콜라이 2세의 영세식(세례명을 받은 날)인 듯.

**原文**

십이월 상전하아국명명일왈 치자폐하경절가신 짐용하
十二月 上電賀俄國命名日曰 値玆陛下慶節佳辰 朕庸賀

축 이신독비지침 병기폐하치세영원융희 광무원년십이월
祝 以伸篤毗之忱 並冀陛下治世永遠隆禧 光武元年十二月

십팔일 재경운궁 어성함 아황답전왈 대한경대황제폐하
十八日 在慶運宮 御姓啣 俄皇答電曰 大韓京大皇帝陛下

朕之深謝及至願伸於貴陛下 俄及韓間親誼 去益敦篤 御名.

(12월) 16일 신미, 부대부인(府大夫人) 민씨(閔氏)가 사망하였다. 임금이 운현궁에 가서 성복을 하려고 하는데, 조병세(趙秉世)가 간하여 그만두었으니, 그것은 임금의 뜻이었다. 임금은 대궐 안에서 거애(擧哀, 發喪 : 머리를 풀고 곡을 하는 의식)하였다. 예관(禮官)이 부대부인에 대한 복제(服制)를 올렸는데, 황제는 자최(齊衰)에 부장기(不杖朞)로 하고, 대원군은 자최에 장기(杖朞)로 하였다. 조병세는 대배(大拜, 의정)에 오른 후로 차츰 시망(時望)이 있었는데, 이에 이르러 임금에게 영합하여 옳지 못한 일에 앞장서니, 세상에서 그를 매우 좋지 않게 여기게 되었다.

**原文**

十六日辛未 府大夫人閔氏卒 上欲幸雲峴宮成服 而趙秉世諫止之 蓋上旨也 遂擧哀于闕內 禮官上服制 皇帝齊衰杖朞 大院君齊衰杖朞 秉世自大拜後 稍有時望 至是 逢君倡惡 世甚薄之.

이유인(李裕寅)을 법부 대신으로 삼았다.

**原文**

이 이 유 인 위 법 부 대 신
以李裕寅爲法部大臣.

이해 가을에 기호 지방에 기근이 들었다.

**原文**

시 추 기 호 기
是秋畿湖饑.

# 무술(1898) 광무 2년
(청 광서 24년, 일본 명치 31년)

1월, 명시력(明時曆)을 비로소 시행하였다.

**原文**

춘 정 월 시 행 명 시 력
春正月 始行明時曆.

2월 2일 병진(丙辰), 대원군(大院君) 이하응(李昰應)이 별세하니 향년 79세였다. 임금은 대유재(大猷齋)에서 발상(發喪)을 하고 신기선(申箕善)을 파견하여 전헌(奠獻)을 대신 행하게 하였다. 복제(服制)를 정하여 자최(齊衰)[1]는 장기(杖朞)[2]로 하지 않고 호상의절(護喪儀節)은 부대부인(대원군 부인)과 합해서 예장청(禮葬廳)에서 시행하도록 하였다. 대원군은 병이 위독하게 되자 맏아들 재면(載冕)을 불러, "나는 주상(主上)을 보았으면 죽어도 한이 없겠다. 어떻게 하면 좋겠는가?" 하였다. 이렇게 서너 차례 외쳤으나 재면은 죄를 얻을까 두려워 마침내 알리지 않았는데 조금 있다가 또 "주상이 거둥하지 않으셨느냐?"고 묻더니 길게 한숨을 짓고 절명하여 이 말을 들은 사람들은 몹시 슬퍼하였다. 이하응은 10년을 집권하는 동안 공과 죄가 반반이었다. 갑술(고종 11) 이후 며느리인 명성황후(明成皇后)와 원수 관계가 날로 깊어 위급한 지경에 빠졌던 것이 수차 있었으며, 두문불출한 지 십수 년에 매양 국가의 변란이 생기면 여러 사람에게 밀어 올려 끌려서 들어왔다. 여러 차례 일어났다가 여러 차례 쓰러졌으며, 스스로 자숙할 수도 있을 터인데도 은혜와 원수의 일념으로 죽음에 이르기까지 변함이 없었다. 그래서 사람들은 그를 헐뜯었으나 나이가 많고 경력이 풍부하여 이름이 외국에까지 알려졌으니 조야는 의지하고 대로(大老)로 삼았으며 그가 죽으매 원근(遠近)이 모두 애도하였다.

**註解**

1) **자최**(齊衰) : 상중의 옷, 삼베로 지으며 옷단을 접어 꿰맨 것.
2) **장기**(杖朞) : 상중에 든 사람이 지팡이를 짚고 자최(齊衰)로 1년 동안 입는 복.

**原文**

이월이일병진 대원군하응졸 년칠십구 상거애우대유재
二月二日丙辰 大院君昰應卒 年七十九 上擧哀于大猷齋

견신기선섭행전헌 정복제 자최불장기 호상의절 합부대
遣申箕善攝行奠獻 定服制 齊衰不杖期 護喪儀節 合府大

부인예장청행지 하응병혁 호재면왈 아득알주상 사차불
夫人禮葬廳行之 昰應病革 呼載冕曰 我得謁主上 死且不

한 하위이가 여시자삼 재면공획죄 종불감문 유경우문 경
恨 何爲而可 如是者三 載冕恐獲罪 終不敢聞 有頃又問 驚

부 동 호 장 희 이 절 문 자 오 열 하 응 십 년 병 균 공 죄 참 반 갑 술
不動乎 長噫而絶 聞者嗚咽 昰應十年秉均 功罪參半 甲戌
고 종 십 일 년 후 여 명 성 구 극 일 심 빈 위 자 수 두 문 십 수 년
(高宗 十一年)後與明成 仇隙日深 瀕危者數 杜門十數年
매 국 가 유 변 첩 위 중 소 추 만 루 기 루 지 흘 가 자 애 이 은 수 일
每國家有變 輒爲衆所推挽 屢起屢躓 汔可自艾 而恩讐一
념 지 사 불 변 고 인 소 지 연 년 고 포 경 력 명 문 외 국 조 야 의 위
念 至死不變 故人少之 然年高飽經歷 名聞外國 朝野倚爲
대 노 급 기 사 원 근 진 도
大老 及其死 遠近震悼.

제주도에서 민란이 일어나서 목사 이병휘(李秉輝)를 축출했다. 육지에 살던 백성 방성칠(房星七)이란 자가 갑오년에 제주도에 들어와 요사스러운 점괘(占卦)를 풀어 백성들을 현혹시키더니, 섬을 거점으로 하여 스스로 왕이 되려 하였다. 마침 이병휘는 탐욕스럽고 포학하였으므로 방성칠은 백성들을 충동시켜 그를 축출하고, '귀양살이 하는 전직 관원에게 전의 벼슬을 그대로 주겠다'고 말하면서 가히 소조정(小朝廷)을 만들 수 있다고 하였다. 그때에 김윤식(金允植) · 이승오(李承五) · 서주보(徐周輔) · 정병조(鄭丙朝) 등이 모두 귀양살이를 하고 있다가 크게 놀라 명월포로 피신한 후 방문을 붙여 반역 행위임을 알려 백성들을 모집하여 역적을 토벌하기에 이르렀다. 이에 아전과 군교들 또한 내응해서 방성칠을 결박하여 죽이니, 조정에서는 그 소식을 듣고 6월에 김윤식 등을 육지 고을에 소속된 여러 섬으로 이배(移配)시켰다.

**原文**

濟州民亂 逐牧使李秉輝 有陸民房星七者 以甲午(高宗三十一年)入濟州 解妖讖星曆惑衆 欲據島自王 會秉輝貪虐 星七鼓衆逐之 聲言署諸謫客官職 可作小朝廷 時金允植·李承五·徐周輔·鄭丙朝等 皆在謫 大驚 逃于明月浦 榜喩逆順 募民討賊 吏校應于內 縛星七斬之 朝廷聞之 以六月移配允植等于內郡諸島.

조병호(趙秉鎬)를 탁지부 대신으로 삼고 민종묵(閔種默)을 외부 대신으로 삼았으며, 이완용(李完用)을 전라북도 관찰사에, 민영기(閔泳綺)를 황해도 관찰사에, 안경수(安駉壽)를 경기 관찰사에, 황기연(黃耆淵)을 황경남도 관찰사로 각각 삼았다.

**原文**

以趙秉鎬爲度支大臣 閔種默爲外部大臣 李完用爲全北觀察使 閔泳綺爲黃海觀察使 安駉壽爲京畿觀察使 黃耆淵爲咸南觀察使.

백탁안(柏卓安)을 탁지부 고문관 자리에서 파직하였다. 백탁안은 3년간 국가의 재정을 담당하여 쓰임새를 절감하고 재용을 풍부하게 하였으며 일본에 진 빚을 반이 넘게 갚았다. 매양 임금이 돈을 요구하면 굳게 버티면서 받들어 행하지 않았다. 임금이 그것을 곤란하게 여겼는데, 민영준(閔泳駿)이 상소를 올려 전(錢)·곡(穀)·갑병(甲兵)에 관한 것을 여러 외국인에게 맡기는 것은 옳지 않다고 일컫자, 백탁안은 스스로 불안하게 여겨 그만두기를 요구했던 것이다.

**原文**

罷伯卓安度支顧問官 卓安掌國計三年 節用度贏 償倭債過半 每上有需索 堅持之不奉行 上患之 及閔泳駿疏稱錢·穀·甲兵不可委諸外人 卓安不自安 求罷.

내부 대신 남정철(南廷哲)을 면직시켰다. 그는 오래도록 그 자리를 누리고자 하였으나 김홍륙(金鴻陸)을 알지 못했다. 당시 백관들을 출척하는데 반은 김홍륙에 달려 있었다. 남정철은 자기의 첩과 김홍륙의 첩이 자매 관계를 맺도록 해서 스스로 의탁하기를 바랐으며 드디어 서로 내왕하게 되었으며 남정철의 첩은 그로 인해 김홍륙과 내통하게 되어 김홍륙의 첩은 질투하게 되었다. 남정철이 어느 날 연회를 베풀었다. 빈객이 가득히 앉아 있는데 갑자기 기생 하나가 당(堂)으로 뛰어 올라오며 욕을 퍼붓기를, "남정철이 어디에 있느냐?" 하면서, "나는 김

협판(김홍륙을 가리킴)의 첩이다."라고 밝히고 남정철을 향하여, "네가 너의 벼슬자리를 오래도록 누리려면 스스로 꾀를 부릴 것이지 어찌 첩을 내놓아 간통질을 하게 하여 나의 사적인 애정을 훼방하려 하느냐? 그러고도 네가 대신이냐?" 하니, 좌객들이 귀를 가리고 일어났다. 남정철은 다른 일을 핑계하여 체직(遞職)을 걸청(乞請)하여 세 번 상소를 올려서야 면직이 되었다.

**原文**

內部大臣南廷哲免 廷哲欲久其位 而不識金鴻陸 時百官黜陟 半出鴻陸 廷哲使其妾 結姊妹于鴻陸之妾 冀得自托 遂相往來 其妾因與鴻陸通 爲鴻陸之妾所妬 廷哲一日宴會 賓客滿座 忽一妓上堂罵曰 南廷哲安在 我金協辦妾也 汝欲久汝位 則自有其術 何至縱妾姦人 間我燕昵之私 汝亦大臣乎 坐客掩耳而起 廷哲因他事乞遞 三疏獲免.

「황성신문(皇城新聞)」이 비로소 창간되었다. 국한문을 섞어서 문장을 꾸몄는데, 시정(時政)을 논박하고 인물을 비판하면서 배척하기도 하여 돌아보아 꺼리는 것이 없어서 사방에서 다투어 먼저 사보려고 하였다.

**原文**

황성신문시간행 이국한문연철성문 폄박시정 기척인물
皇城新聞始刊行 以國漢文連綴成文 貶駁時政 譏斥人物
무소고기 사방쟁선구람
無所顧忌 四方爭先購覽.

3월, 흉년으로 먹을 것을 구하기 어려워 조서를 내려 각 항구에 명하여 5개월에 한하여 미상(米商)에게 부과하는 선세(船稅)를 면제해 주도록 하였으니, 이는 백성들에게 식량의 어려움을 풀어주려 함이었다. 당시 경기 · 충청 · 강원 · 함경 네 도는 아울러 진휼을 펼쳤으나, 관에 비축된 곡식이 없어서 단지 기민들을 헤아려 돈을 지급하였다.

**原文**

삼월 조이겸황간식 명각항구 한오삭면미상선세 이유민
三月 詔以歉荒艱食 命各港口 限五朔免米商船稅 以裕民
식 시경기 충청 강원 함경사도병설진 이관무곡저 지
食 時京畿 · 忠淸 · 江原 · 咸鏡四道並設賑 而官無穀儲 只
계구급전
計口給錢.

박정양(朴定陽)을 내부 대신으로, 이도재(李道宰)를 농부 대신으로, 조병직(趙秉稷)을 외부 대신으로, 조병호(趙秉鎬)를 학부 대신으로, 심상훈(沈相薰)을 탁지부 대신으로 삼고, 민영기(閔泳綺)를 군부 대신으로 삼았으며, 이근명(李根命)을 찬정으로 삼았다.

**原文**

박정양위내부대신 이도재위농부대신 조병직위외부대
朴定陽爲內部大臣 李道宰爲農部大臣, 趙秉稷爲外部大
신조병호위학부대신 심상훈위탁지대신 민영기위군부대
臣趙秉鎬爲學部大臣 沈相薰爲度支大臣 閔泳綺爲軍部大
신 이근명위찬정
臣 李根命爲贊政.

안경수(安駉壽)를 황해도 관찰사로, 김영덕(金永悳)을 경기도 관찰사로, 정주영(鄭周永)을 충청남도 관찰사로 삼았으며, 민영철(閔泳喆)을 전라남도 관찰사로 삼았다.

**原文**

안경수위황해관찰사 김영덕위경기관찰사 정주영위충
安駉壽爲黃海觀察使 金永悳爲京畿觀察使 鄭周永爲忠
남관찰사 민영철위전남관찰사
南觀察使 閔泳喆爲全南觀察使.

러시아 공사 사패야(士貝耶)가 면직되고 신임 공사 겸 총영사로 마주녕(馬丟寧)이 부임했다.

**原文**

아공사사패야면 신임공사겸총령사마주녕래
我公使士貝耶免 新任公使兼摠領事馬丟寧來.

윤 3월 26일 기묘, 대원군을 장사지내고 부대부인(府大夫人) 민씨(閔氏)를 합장하였으며 오우제(五虞祭)를 행하였다. 임금은 장례비 6만5천 원을 내렸으며, 장지는 공덕리(孔德里)에 잡은 수광(壽壙, 假墓)을 썼다. 이순익(李淳翼)에 명하여 묘지(墓誌)를 찬(撰)하게 하고, 이용원(李容元)이 신도비(神道碑)를 지었다. 발인할 때에 도성 안팎의 방민(坊民)들이 자원해서 상여를 메려하였으나 경무청에 지시하여 금하고 못하게 하였다. 임금은 당초에 곡을 하고 영연(靈筵)에서 영결하려고 하였으나 호위를 이미 배치하고 나니 갑자기 그만두었다. 상여가 서문(西門, 서대문) 밖으로 나감에 미처 임금은 궁전 난간에 임하여 바라보다가 한참동안 큰소리로 통곡하여 그 소리가 밖에까지 들렸다. 사람들은 말하기를, '아직도 천륜의 느낌이 남아 있다'고 하였다.

**原文**

윤월이십육일기묘 장대원군 부대부인민씨부지 행오우
閏月二十六日己卯 葬大院君 府大夫人閔氏祔之 行五虞
내하장비육만오천원 장지용공덕리수광 명이순익찬묘지
內下葬費六萬五千元 葬地用孔德里壽壙 命李淳翼撰墓誌
이용원찬신도비 발인시 내외방민 자원담여 영경청금단
李容元撰神道碑 發引時 內外坊民 自願擔轝 令警廳禁斷
상초의결곡영연 호위기설 홀우파지 급여출서문 상임헌
上初擬訣哭靈筵 扈衛旣設 忽又罷之 及轝出西門 上臨軒
망지 양구대곡 성철우외 인이위유유천윤지감
望之 良久大哭 聲徹于外 人以爲猶有天倫之感.

영국 영사 주이전(朱邇典, Jordan, J. N.)이 공사로 승진하여 임금을 알현하였다.

**原文**

영 영 사 주 이 전 승 임 공 사 폐 견
英領事朱邇典 陞任公使 陛見.

성기운(成岐運)을 전권 공사로 삼아 영국(英國) · 덕국(德國, 독일) · 의국(義國, 이탈리아)에 가서 공사의 임무를 수행하도록 하였다.

**原文**

이 성 기 운 위 전 권·공 사 전 왕 영 덕 의 각 국 이 사 사
以成岐運爲全權公使 前往英 · 德 · 義各國 理使事.

법국 사람 도울도(都蔚陶, Gleen, Delort)를 파리에서 열리는 만국박물회(萬國博物會)에 파견하고, 대한박물국 총무대원(大韓博物局摠務大員) 민병석(閔丙奭)을 한성박물국 총재대원으로 삼고, 민영찬(閔泳瓚)을 부원(副員)으로 삼았다.

**原文**

이 법 인 도 울 도 위 흠 파 법 경 파 리 만 국 박 물 회 대 한 박 물 국 총
以法人都蔚陶爲欽派法京巴里萬國博物會 大韓博物局摠
무 대 원 민 병 석 위 한 성 박 물 국 총 재 대 원 민 영 찬 위 부 원
務大員閔丙奭 爲漢城博物局摠裁大員 閔泳瓚爲副員.

4월, 조병직(趙秉稷)을 법부 대신으로 삼고, 서정순(徐正淳) · 이종건(李鍾健)을 찬정으로 삼았다. 그리고 박봉빈(朴鳳彬)

을 평안북도 관찰사, 이은용(李垠鎔)을 황해도 관찰사로 삼았다.

**原文**

하사월 이조병직위법부대신 서정순·이종건위찬정 박
夏四月 以趙秉稷爲法部大臣 徐正淳·李鍾健爲贊政 朴
봉빈위평북관찰사 이은용위황해관찰사
鳳彬爲平北觀察使 李垠鎔爲黃海觀察使.

모든 광산을 궁내부로 이속하였다.

**原文**

이속제광우궁내부
移屬諸礦于宮內府.

미국인 이선득(李善得, 李仙得, Le Gendre, Chs, W.)을 궁내부 고문관으로 삼았다.

**原文**

이미인이선득위궁내부고문관
以美人李善得爲宮內府顧問官.

대원수부(大元帥府)를 설치하고 소속 관원을 두었다. 황제가 친히 육군과 해군을 통솔하며, 황태자가 원수가 되어 일체를 통솔하게 하였다. 모든 군무와 관계되는 것은 원수부의 공문으로 내외에 행하도록 하였으니, 유럽 여러 나라와 미국의 예에 의거한 것이었다.

**原文**

설대원수부 치관속 상친통육해제군 황태자위원수 일체
設大元帥府 置官屬 上親統陸海諸軍 皇太子爲元帥 一體
통솔 범계군무 이원수부문이행내외 의구미각국예야
統率 凡係軍務 以元帥府文移行內外 依歐美各國例也.

김재풍(金在豊)·이충구(李忠求)·이용한(李龍漢)·이종림(李鍾林)·김기황(金基璜)·이조현(李祖鉉)을 호남 여러 섬에 귀양 보냈다. 안경수(安駉壽)는 망명하였다. 안경수 등은 임금을 협박하여 내선(內禪)[1]을 하도록 거짓 칙서를 지어, 장차 발표하려다가 이남희(李南熙)의 고발로 실패하게 되었다. 당시 의론이 자자하였는데 혹은 이르기를, '박영효(朴泳孝)가 바야흐로 일본에 있으면서 의화군(義和君) 이강(李堈)을 추대하고자 하였으나 본국에 틈이 없었다. (그렇기 때문에) 안경수 등으로 하여금 내선을 남모르게 도모하고, 그러한 뒤에 복벽(復辟)[2]을 구실 삼아서 이강을 받들고 나와 시국을 바꾸려고 한 것'이라 하였다. 안경수는 그의 사주를 받았던 까닭에 조정에서는 박영효를 두려워하여 깊이 이 옥사를 살피지 않고 서둘러서 대충 처리하였다. 안경수는 도망해서 일본 공관에 있었으며 박정양(朴定陽)과 민영준(閔泳駿)도 연루되었다는 말이 있었으나 아울러 불문에 붙였다.

**註解**

1) **내선**(內禪) : 왕이 그 자제에게 양위(讓位)하는 일.

2) **복벽**(復辟) : 물러났던 임금이 다시 왕위에 오름.

**原文**

유김재풍 이충구 이용한 이종림 김기황 이조현
流金在豊 · 李忠求 · 李龍漢 · 李鍾林 · 金基璜 · 李祖鉉
우호남제도 안경수망명 경수등욕협상내선 찬위칙장발
于湖南諸島 安駉壽亡命 駉壽等欲脅上內禪 撰僞勅將發
위이남희소고이패 시의자자위 박영효방재일본 욕추대의
爲李南熙所告而敗 時議藉藉謂 朴泳孝方在日本 欲推戴義
화군강 이이본국무흔 사경수등밀모내선 연후자구복벽
和君堈 而以本國無釁 使駉壽等密謀內禪 然後藉口復辟
봉강출래 이환시국 경수수기주 고조정외영효 불심구시
奉堈出來 以換時局 駉壽受其嗾 故朝廷畏泳孝 不深究是
옥 초초감단 경수도재왜관 사연박정양 민영준 병물문
獄 草草勘斷 駉壽逃在倭館 辭連朴定陽 · 閔泳駿 幷勿問.

원구단(圜丘壇)의 목재 창고에 불이 났다.

**原文**

원구단목창화
圜丘壇木廠火.

5월 15일, 강원도 삼척군에 이틀 밤 연달아 서리가 내려 콩 농사를 망치게 했다.

**原文**

오 월 십 오 일 강 원 도 삼 척 군 연 야 상 강 살 숙
五月十五日 江原道三陟郡 連夜霜降 殺菽.

양지아문(量地衙門)을 설치하여 박정양(朴定陽)·심상훈(沈相薰)·이도재(李道宰)를 총재로 삼고 이채연(李采淵)·고영희(高永喜)를 부총재로 삼았다.

**原文**

설 양 지 아 문 박 정 양 심 상 훈 이 도 재 위 총 재 이 채 연
設量地衙門 朴定陽·沈相薰·李道宰爲摠裁 李采淵·
고 영 희 부 지
高永喜副之.

철도사(鐵道司)를 설치하고 이용익(李容翊)으로 감독을 삼고 백탁안(柏卓安)을 파견하여 지형을 조사케 하였다. 서울에서 목포까지, 북쪽으로는 원산에 가서 경흥에 이르기까지, 원산에서 평양을 경유하여 증남포에 이르기까지, 경흥에서 의주에 이르기까지 조사케 하였다.

**原文**

설 철 도 사 이 이 용 익 위 감 독 견 백 탁 안 답 감 지 형 자 경 지 목
設鐵道司 以李容翊爲監督 遣柏卓安踏勘地形 自京至木
포 북 경 원 산 지 경 흥 자 원 산 경 평 양 지 증 남 포 자 경 흥 지 의 주
浦 北經元山至慶興 自元山經平壤至甑南浦 自慶興至義州.

조종필(趙鍾弼)을 강원도 관찰사로 삼고, 이종관(李鍾觀)을 함경북도 관찰사로 삼았으며, 조한국(趙漢國)을 경상북도 관찰사로 삼았다. 조병호(趙秉鎬)를 학부 대신으로 삼고, 김영수(金永壽)를 참정으로 삼았다.

**原文**

이조종필위강원찰사 이종관위함북관찰사 조한국위경
以趙鍾弼爲江原察使 李鍾觀爲咸北觀察使 趙漢國爲慶
북관찰사 조병호위학부대신 김영수위참정
北觀察使 趙秉鎬爲學部大臣 金永壽爲參政.

김병시(金炳始)를 의정(議政)으로 삼았으나 한사코 사양하였다. 김병시는 여러 번 쉴 새 없이 재촉하여 마지못해 머리를 숙이고 나간 적도 있었으나 월봉(月俸)을 물리치고 받지 않았다.

**原文**

이김병시위의정 력사 병시루피돈박 혹시면출 연각월봉
以金炳始爲議政 力辭 炳始屢被敦迫 或時俛出 然却月俸
불수
不受.

동학교주 최시형(崔時亨)을 복주(伏誅, 사형을 당함)했다. 갑오년에 최시형은 이천·원주 등지의 산속에 숨어 있었는데, 같은 무리 황만기(黃萬己)·박윤대(朴允大)·송일회(宋一會)의 밀고로 체포되어 교형(絞刑)에 처형당하니 나이 72세였다. 탑영(塔影)[1]이 국내에 퍼졌는데 인상이 몹시 흉하고 괴상했다. 고발한 세 사람은 징역에 처했다. 전 현감 황기인(黃夔仁)이 상소한 말에 의하면, "내외 신료들이 일찍이 최시형과 통모한 자들이 많으니 봉서(封諝)[2]의 연결이 장각(張角)[3]과 이어진 것과 다름이 없다. 청컨대 밑바탕을 조사하라." 하였으나 법사(法司)에서는 황기인을 무함(誣陷)[4]으로써 또한 묶어서 태형으로 징벌했다.

**註解**

1) **탑영**(塔影) : 얼굴 모형을 본뜬 그림. 사진.
2) **봉서**(封諝) : 후한(後漢) 때의 환관. 황건적에게 뇌물을 받고 내통하였으나 일이 발각되어 죽임을 당함.
3) **장각**(張角) : 후한(後漢) 때 '황건(黃巾)의 난'을 일으킨 사람.
4) **무함**(誣陷) : 없는 사실을 꾸며 남을 함정에 몰아넣음.

**原文**

동비적괴최시형복주 갑오후시형찬복이천 원주산중 위
東匪賊魁崔時亨伏誅 甲午後時亨竄伏利川·原州山中 爲
동당황만기 박윤대 송일회소고 피획처교 시년칠십이
同黨黃萬己·朴允大·宋一會所告 被獲處絞 時年七十二
탑영파국중 상심흉괴 고자삼인징역 전현감황기인 상소언
塔影播國中 像甚凶怪 告者三人懲役 前縣監黃夔仁 上疏言
내외신료증여시형통모자중 무이봉서지연장각 청핵근주
內外臣僚曾與時亨通謀者衆 無異封諝之連張角 請覈根株
법사이기인무함 역좌태징
法司以夔仁誣陷 亦坐笞懲.

온 나라에 홍수가 났는데, 호남 지방은 평지까지 물이 한 척(尺)이 넘게 차올랐다.

**原文**

통국대수 호남평지수척여
通國大水 湖南平地水尺餘.

함경북도 길주(吉州)에 성진군(城津郡)을 신설하였다.

**原文**

신설성진군우함북지길주
新設城津郡于咸北之吉州.

6월, 윤용선(尹容善)을 참정으로 삼고, 조병직(趙秉稷)을 외부 대신으로 삼았다.

**原文**

유월 이윤용선위참정 조병직위외부대신
六月 以尹容善爲參政 趙秉稷爲外部大臣.

김홍륙(金鴻陸)을 흑산도에 귀양 보냈다.

조칙에서 말하기를, "외국과 교섭할 즈음에는 한마디의 말의 차이로 관계가 가볍지가 않은데, 오직 저자는 교활하여 국은을 생각하지 않고 동쪽을 가리켜 서쪽이라 말하며, 옳은 것〔可〕을 바꾸어 불가하다고 하여 양국간에 서로 어긋나게 만들며, 공무를 자탁(藉托)[1] 하여 사적인 이익을 도모하여 이르지 않는 곳이 없었다. 그 죄상을 살피건대 어떠한 벌에 처함이 합당할 것인가?"라 하고 전 한성 판윤 김홍륙을 법부에 명령하여 법률에 의거하여 유배 보내도록 한 것이다.

**註解**

1) **자탁**(藉托) : 어떤 일의 잘못을 다른 일에 미루어 핑계함.

**原文**

유김홍륙우흑산도 조왈 교섭지제 일사차이 관계불경
流金鴻陸于黑山島 詔曰 交涉之際 一辭差異 關係不輕
이유피교회 망념국은 지동설서 전가위부 이치양국규위
而惟彼狡獪 罔念國恩 指東說西 轉可爲否 以致兩國睽違
이자탁영사 무소부지 구궐죄상 합치하벽 전한성판윤김
而藉托營私 無所不至 究厥罪狀 合置何辟 前漢城判尹金
홍륙 령법부조률유배
鴻陸 令法部照律流配.

이근명(李根命)을 내부 대신으로 삼고, 이윤용(李允用)·민병석(閔丙奭)을 찬정으로 삼았다.

**原文**

이이근명위내부대신 이윤용 민병석위찬정
以李根命爲內部大臣 李允用·閔丙奭爲贊政.

서북민들이 해삼위(海蔘威)[1]로 들어가 사는 자가 6만여 호나 되었는데, 정부에 글을 올려 관청을 설치하고 보호해 줄 것을 청하였다.

**註解**

1) **해삼위**(海蔘威) : 블라디보스토크.

**原文**

西北民流寓海蔘威者 爲六萬餘戶 上書政府 願得設官保護.

전 참판 이건창(李建昌)이 사망했다. 그는 청렴결백하여 악을 미워했으며 시국과 더불어 부앙(俯仰)[1]하지 않았고 벼슬길을 탐탁하게 생각지 않아서 벼슬한 지 40년에 비로소 가선(嘉善)에 올랐다. 갑오 6월 통곡하며 고향에 돌아가서 다시 서울에 들어오지 않았다. 이에 이르러 풍비(風痺)[2]로 앓다가 강화도의 전사(田舍, 시골집)에서 죽으니, 나이 47세로 이 소식을 듣는 사람들은 서로 애도를 표했다. 이건창은 문장이 아름다워 홍석주(洪奭周)와 함께 안행(雁行)[3]한다 하였다.

**註解**

1) **부앙**(俯仰) : 위를 올려다봤다 내려다봤다 함. 눈치를 살핌.
2) **풍비**(風痺) : 뇌척수의 탈로 인하여 몸과 팔다리가 마비되고 감각과 동작에 장애가 있는 병. 중풍.

3) 안행(雁行) : 줄지어 가는 기러기처럼 조금씩 기울어 날아가는 것. 선두에 서는 것. 서로 견줄만함.

**原文**

前參判李建昌卒 建昌淸介嫉惡 不與時俯仰 蹭蹬仕路 釋褐四十年 始階嘉善 甲午六月 痛哭還鄕 不復入都 至是風痺 卒于江華田舍 年西十七 聞者相弔 而建昌文章爾雅 與洪奭周當雁行云.

경상남도 각군에 큰 장맛비가 내리고 모충(蟊虫, 농작물 뿌리를 잘라 먹는 해충)이 또 성했다.

**原文**

慶南各郡大霖雨 蟊虫又起.

아비리가주(阿非利加州, 아프리카) 희망봉(喜望峰) 아래에 큰 별이 떨어졌는데, 길이가 48마(碼, 야드) 너비가 40마이며, 무게는 50톤(噸)이나 되며, 땅에 50영척(英尺, 피트)의 웅덩이가 파였다.

**原文**

아 비 리 가 주 희 망 봉 하 유 대 성 운 지 장 사 십 팔 마 광 사 십 마
阿非利加州喜望峰下 有大星隕地 長四十八碼 廣四十碼
중 오 십 돈 지 위 굴 와 오 십 영 척
重五十噸 地爲掘窪五十英尺.

7월, 이유인(李裕寅)을 고금도(古今島)에, 이대준(李大峻)을 임자도(荏子島)에 귀양 보냈다. 갑오년 후에 이대준이 해삼위(海蔘威, 블라디보스토크)에 들어가서 러시아 관원 마주녕(馬丢寧)한테 본국의 화변(禍變) 때 일본에게 위협을 받은 상황을 호소하니, 마주녕은 분함을 느끼면서 장차 자기 정부에 알선해서 군대를 파견하여 보호해 주겠다고 하였다. 이해 봄에 마주녕이 공사로 부임해 오게 되니 이대준은 이유인에게 말하여 임금께 알리고 밀칙(密勅)을 지어 러시아에 의지하려는 뜻을 뚜렷이 밝혔다. 이대준이 이유인을 수행하여 그곳에 가서 인사하고 러시아 공사와 함께 배를 타고 돌아왔다. 일본인은 이 사실을 염탐해 알고 공개적으로 문책하자 임금은 두 사람에게 죄를 주기 위해 이러한 명령을 내린 것이다.

**原文**

추 칠 월 유 이 유 인 우 고 금 도 이 대 준 우 임 자 도 갑 오 후 대 준
秋七月 流李裕寅于古今島 李大峻于荏子島 甲午後 大峻
입 해 삼 위 견 아 관 마 주 녕 소 본 국 화 변 피 왜 겁 지 지 상 주 녕
入海蔘威 見俄官馬丢寧 訴本國禍變 被倭劫持之狀 丢寧
감 분 장 알 선 기 정 부 파 병 래 호 시 춘 주 녕 이 공 사 지 대 준 언
感憤 將斡旋其政府 派兵來護 是春丢寧以公使至 大峻言

우유인 백상작밀칙 성진부아지의 대준대왕도견동선이래
于裕寅 白上作密勅 盛陳附俄之意 大峻帶往道見同船而來
왜인형지 사책언 상위죄이인 유시명
倭人詗之 肆嘖言 上委罪二人 有是命.

7월 26일 정축, 특진관 김병시(金炳始)가 사망했다. 임금이 친히 제문을 지어 제사를 지내주었으며, 시장(諡狀)이 올라오는 것을 기다리지 않고 의논하여 '충문(忠文)'이라는 시호를 내렸으니 은졸(隱卒)[1]의 의전이 매우 두터웠던 것이다. 그의 집에서는 유의(遺意, 본인의 뜻)로써 예장(禮葬)[2]을 사양하였다.

김병시는 귀족 가문에서 태어나서 성장하였으나 본디 성품이 청렴하고 검소하여 전원(田園, 농장)의 수입으로는 의식(衣食)이 부족한 데도 애써 권력을 쓰는 자리를 피하였으니, 시류(時流)들과 함께 더럽힘을 당할 것을 꺼려하였던 것이다. 그러나 임금은 평소에 보살핌이 융성하였으며 끝내 버리지 않았다. 매양 임금 앞에 나가 대하매 논의하는 말이 꼬장꼬장하여 궐실(闕失, 과실)을 바로 공박하였으며, 관(冠)을 벗고 머리를 두드리며 눈물을 흘린 일이 여러 번에 이르렀지만 그런데도 임금은 또한 그것을 미워하지 않았다. 처음 김병시의 종형 김병덕(金炳德)이 의관제도를 간하다가 한 번 배척을 당하자 다시 벼슬하지 않고 향리로 돌아가 죽었다. 그런데 김병시는 서울에서 배회하며 벼슬이 몸에서 떠나지 않았다. 그러므로 혹자는 그가 김병덕의 용기와 결단에는 미치지 못한다고 헐뜯어 말하기도 하였다.

서자 김택규(金宅圭)는 장흥 군수(長興郡守)로 기복하여 부임하였는데 배가 파손되어 빠져 죽었다. 맏아들인 김용규(金容圭)는 앉은뱅이였는데 임금은 일찍이 대과(大科)에 발탁하였다가 김병시가 '고칠 수 없는 병을 가진 사람이 분수에 넘치는 은혜를 받는 것은 옳지 않다.' 하고, 소를 올려 힘써 사양하였다. 사람들은 명예를 얻기 위한 것이라 말하기도 했는데 후에 마침내 과거에 올랐다.

**註解**

1) **은졸**(隱卒) : 나라에서 죽은 이에게 애도의 뜻을 표하거나 시호를 내리고, 증직(贈職)을 하는 등의 일을 일컬음.

2) **예장**(禮葬) : 예식을 갖추어 치르는 장사. 인산(因山).

**原文**

이십육일정축 특진관김병시졸 상친찬문제지 부대장의
二十六日丁丑 特進官金炳始卒 上親撰文祭之 不待狀議

시 시왈충문 은졸지전심후 기가이유의사예장 병시생장
諡 諡曰忠文 隱卒之典甚厚 其家以遺意辭禮葬 炳始生長

환기 이소성청검 전원지입 부족이섬의식 력피세위 공여
紈綺 而素性淸儉 田園之入 不足以贍衣食 力避勢位 恐與

시류동피점오 연상권소융 종불사야 매진대 논설간간 직
時流同被玷汚 然上眷素隆 終不舍也 每進對 論說侃侃 直

공궐실 지어탈모고두유체자루 이상역부지오 초병시종형
攻闕失 至於脫帽叩頭流涕者屢 而上亦不之忤 初炳始從兄

병덕 간의제 일척불부 귀전이몰 이병시배회경연 관불이
炳德 諫衣制 一斥不復 歸田以沒 而炳始徘徊京輦 官不離

신 고혹자기불급병덕지용결운 서자택규 이장흥군수 기
身 故或訾其不及炳德之勇決云 庶子宅圭 以長興郡守 起

복 부 임 선 파 사 장 자 용 규 병 벽 상 상 탁 대 과 병 시 이 폐 질 인
復赴任 船破死 長子容圭 病躄 上嘗擢大科 炳始以廢疾人
불 가 모 람 상 소 력 사 인 이 위 요 예 후 경 등 제
不可冒濫 上疏力辭 人以爲要譽 後竟登第.

다시 심순택(沈舜澤)을 의정으로 삼았다.

**原文**

부 이 심 순 택 위 의 정
復以沈舜澤爲議政.

북촌에 있는 여학당(女學堂) 부인들이 여제자를 모집하여 입학시켰다. (이들은) 공문을 내어 돌려가며 알려 남녀의 동등권(同等權)을 얻기를 청원하였다.

**原文**

북 촌 여 학 당 부 녀 등 모 여 제 자 입 학 발 문 윤 고 원 득 남 녀 동
北村女學堂婦女等 募女弟子入學 發文輪告 願得男女同
권
權.

8월, 민영돈(閔泳敦)을 아라사국 · 법국(法國, 프랑스) · 오국(奧國, 오스트리아) 전권 공사로 삼아 출발시켰다.

**原文**

팔 월 이 민 영 돈 위 아 법 오 전 권 공 사 진 발
八月 以閔泳敦爲俄 · 法 · 奧全權公使 進發.

민영환(閔泳煥)을 군부 대신으로, 조병호(趙秉鎬)를 탁지부 대신, 박제순(朴齊純)을 외부 대신으로, 이도재(李道宰)를 학부 대신으로, 민병석(閔丙奭)을 농부 대신으로 삼았으며, 박정양(朴定陽)을 찬정으로 삼았다.

**原文**

이 민 영 환 위 군 부 대 신　조 병 호 위 탁 지 대 신　박 제 순 위 외 부
以閔泳煥爲軍部大臣　趙秉鎬爲度支大臣　朴齊純爲外部
대 신　이 도 재 위 학 부 대 신　민 병 석 위 농 부 대 신　박 정 양 위 찬 정
大臣 李道宰爲學部大臣 閔丙奭爲農部大臣 朴定陽爲贊政.

(8월) 김홍륙(金鴻陸)을 사형에 처했다. 김홍륙이 장차 적소(謫所, 유배)를 떠나면서 아편연(鴉片烟) 한 봉을 꺼내서 어선주사(御膳主事) 공홍식(孔洪植)에게 주면서 음식을 만들 때 이 독약을 넣어 임금께 바치라 하였다. 공홍식은 또 김종화(金鍾和)를 시켜 살해하자 하고 대가로 은 천 원을 약속하였다. 김종화는 평소 서양요리를 맡아서 상감께 올리는 자이다. 만수절 날 아편연을 소맷자락에 숨겨 주방에 들어갔는데 마침 커피를 끓여오라 하여 드디어 거기에다 투입했다. 임금은 한 모금 마시고 바로 토하자, 태자가 그것을 맛보다가 혼절하였다. 내시와 희빈(姬嬪) 등 맛본 사람은 모두 구토를 하고 트림을 하면서 복통을 일으켜 대궐 안은 왈칵 뒤집혔다. 국청(鞫廳)을 설치하자 김종화와 공홍식은 지레 겁을 먹고 자복하였다. 김홍륙을 잡으러 가서 아직 이르지 않았고, 김홍륙을 잡아오기 전에 공

홍식은 입을 다물고 스스로 반문하면서 이상한 기색이 없다가 김홍륙이 이르니 큰 말로 승복(承服)[1] 하였는데 무도한 말이 많았다.

김홍륙 · 공홍식 · 김종화를 모두 교수형에 처하고, 김홍륙의 처 김씨는 마침 임신한 지 다섯 달이 되어 가벼운 형을 좇아 3년간 유배를 내렸다. 장안 사람들은 김홍륙의 시체가 나오자 살점을 베었다. 이로부터 민영소(閔泳韶)가 금중(禁中)[2]에 숙직하면서 음식을 보면 반드시 맛을 보게 하여 이러한 일을 사전에 방지케 하였다.

**註解**

1) 승복(承服) : 잘 이해하여 복종함. 죄를 스스로 고백함.
2) 금중(禁中) : 궁궐의 안. 궁중.

**原文**

김홍륙복주 홍륙장부적 출아연일봉 속어선주사공홍식
金鴻陸伏誅 鴻陸將赴謫 出鴉烟一封 屬御膳主事孔洪植
조선진독 홍식우사김종화행지 약수은천원 종화소장양료
調膳進毒 洪植又使金鍾和行之 約酬銀千元 鍾和素掌洋料
이진어자야 이만수절수아연입주방 적회가배다비 수투지
理進御者也 以萬壽節袖鴉烟入廚房 適會咖啡茶沸 遂投之
상재일합 변토 태자상지 역훈도 환시희빈상자 구얼복통
上纔一呷 便吐 太子嘗之 亦暈倒 宦侍姬嬪嘗者 嘔噦腹痛
궐내진해 급설국 종화 홍식 망풍승관 나홍륙미지 홍식
闕內震駭 及設鞫 鍾和 · 洪植 望風承款 拿鴻陸未至 洪植
욕멸구 자자불수 홍륙지 대언승복 어다부도 홍륙 홍식
欲滅口 自刺不殊 鴻陸至 大言承服 語多不道 鴻陸 · 洪植

종 화 병 교 홍 륙 처 김 방 임 오 삭 종 경 배 삼 년 도 민 출 홍 륙
· 鍾和幷絞 鴻陸妻金 方姙五朔 從輕配三年 都民出鴻陸
시 연 할 자 시 민 영 소 직 숙 금 중 시 선 필 상 이 방 지
尸臠割 自是閔泳韶直宿禁中 視膳必嘗以防之.

의정 심순택(沈舜澤)이 배장(拜章)[1]을 올리고 바로 돌아갔다. 특지로 윤용선(尹容善)에게 대광보국숭록대부(大匡輔國崇祿大夫)의 품계를 주어 심순택을 대신하게 하였다.

**註解**

1) **배장**(拜章) : 관직에 임명되었을 때 삼가 받는다는 것을 아뢰는 글. 또는 소임을 훌륭히 마치고 위로받은 것을 고맙게 여김.

**原文**

의 정 심 순 택 배 장 경 귀 특 수 윤 용 선 대 광 계 이 대 지
議政沈舜澤 拜章徑歸 特授尹容善大匡階以代之.

김홍륙(金鴻陸)의 옥사(獄死)에 대해서 독립회장 윤치호 등이 상소하여, 법부 대신 신기선(申箕善)과 재판장 이인우(李寅祐)를 논박하여 감금(監禁)을 제대로 하지 못했다 하고, 심순택(沈舜澤)과 윤용선(尹容善)은 성토가 엄하지 않았다고 하였으며, 이재순(李載純) · 심상훈(沈相薰) · 민영기(閔泳綺)는 커피를 미리 맛보지 않았다고 하여, 한 안건으로 묶어서 죄를 성토함이 몹시 준엄했다. 더욱이 심순택을 괴수로 몰아치니 심순택은 분노를 이기지 못하여 사표를 내고 성 밖으로 나갔다.

김홍륙이 이미 처형당하니 신기선은 추원(樞院) 의장으로서 청하여 구전(舊典)에 따라 죄인을 잡아 죽이기를 청하였다. 윤치호 등은 또 새로 반포한 홍범(洪範)[1]의 죄인을 잡아들이지 말라는 문구를 끄집어내어 연소(連疏)를 올려 공박했으며, 겸해서 일곱 대신의 죄상을 공박하며 대궐에 엎드려 물러가지 않았다. 또한 찬정 조병식을 면박하여 말하기를, "벼슬살이 50년에 나라를 좀먹게 하고 백성을 병들게 하였으며, 늙어도 죽지 아니하니, 이제 쉴 때가 다 되지 않았는가? 그런데도 파리가 윙윙대며 지렁이가 꿈틀대듯이 대정(大政)[2]에 참여하니 반드시 종사가 폐허로 되는 것을 본 연후에야 마음이 상쾌하겠는가?" 하니 조병식은 부끄러워 아무 대꾸도 하지 못했다.

당시 장안의 민심은 정부에 대하여 이를 갈았으되 가히 일어설 만한 기회를 갖지 못했었다. 이에 독립협회(獨立協會)가 능히 공의를 부지하여 대중의 추세가 따라 양반으로부터 여항(閭巷)에 이르기까지 무릇 강개하여 뜻을 잃었던 자들이 모여드니 형세가 드디어 크게 형성되었다. 윤치호(尹致昊)는 드디어 일곱 대신을 공격했고, 고영근(高永根)은 조병식(趙秉式) · 민종묵(閔種默) · 유기환(兪箕煥) · 이기동(李基東) · 김정근(金禎根)을 지적하여 오흉(五兇)으로 삼고, 여섯 차례 상소하여 배척하고 죽이라고 청하였다. 많은 사람들이 대궐에 몰려들어 큰 소리로 함성을 질러 땅이 울렸으며, 종가(鍾街)에 대책(大柵)을 설치하고 단결하여 흩어지지 아니하였다. 임금이 엄비(嚴批)[3]를 내려 온화한 말로 여러 차례 해산할 것을 명령했으나 끝까지 듣지 않았으니 난(亂)의 형태가 이미 뚜렷하여졌다.

### 註解

1) **홍범**(洪範) : 1894년 12월에 제정 공포된 정치 혁신의 14개 조의 강령. 홍법14조.
2) **대정**(大政) : 도목정사(都目政事). 나라에서 행하는 정기적인 인사. 6월에는 소정(小政), 12월에는 대정(大政)이라 하였다.
3) **엄비**(嚴批) : 상주한 글에 대한 임금의 하답.

### 原文

홍륙지옥 독립회장윤치호등상소 론법부신기선 · 재판
鴻陸之獄 獨立會長尹致昊等上疏 論法部申箕善 · 裁判

장이인우 불선감금 심순택 · 윤용선 성토불엄 이재순 ·
長李寅祐 不善監禁 沈舜澤 · 尹容善 聲討不嚴 李載純 ·

심상훈 · 민영기불상다 혼성일안 토죄심준 이우이순택위
沈相薰 · 閔泳綺不嘗茶 混成一案 討罪甚峻 而尤以舜澤爲

괴 순택불승분노 경사출성 급홍륙기주 기선이추원의장
魁 舜澤不勝憤怒 徑辭出城 及鴻陸旣誅 箕善以樞院議長

청종구전나륙 치호등 우인신반홍범죄인불나지문 연소박
請從舊典拏戮 致昊等 又引新頒洪範罪人不拏之文 連疏駁

지 겸공칠신죄상 복궐불퇴 우면수찬정조병식왈 종환오
之 兼攻七臣罪狀 伏闕不退 又面數贊政趙秉式曰 從宦五

십년 두국병민 노이불사 흘가휴의 승영인결 우참대정 필
十年 蠹國病民 老而不死 汔可休矣 蠅營蚓結 又參大政 必

욕견종사위허 연후내쾌어심야 병식참불능대 시도하군민
欲見宗社爲墟 然後乃快於心耶 秉式慚不能對 時都下軍民

절치정부 이무가승지기 급문독립협회지능지공의 중추여
切齒政府 而無可乘之機 及聞獨立協會之能持公議 衆趨如

불급 신금지여항 범강개실지자 흡자귀부 기세수성 치호
不及 紳衿至閭巷 凡慷慨失志者 翕訿歸附 其勢遂成 致昊

수공칠신 고영근지조병식 민종묵 유기환 이기동 김
遂攻七臣 高永根指趙秉式・閔種默・兪箕煥・李基東・金
정근위오흉 범육소척지 극청주극 만중수궐 눌함은지 설
禎根爲五凶 凡六疏斥之 亟請誅殛 萬衆守闕 吶喊殷地 設
대책우종가 결이불산 상엄비온유 루령해산 이종불청 난
大柵于鍾街 結而不散 上嚴批溫諭 屢令解散 而終不聽 亂
형이저의
形已著矣.

정범조(鄭範朝)에게는 '문헌(文獻)'이란 시호를, 한장석(韓章錫)에게는 '효문(孝文)'이란 시호를 내렸다.

**原文**

시정범조왈문헌 한장석왈효문
諡鄭範朝曰文獻 韓章錫曰孝文.

민병석(閔丙奭)을 궁내부 대신으로, 김명규(金明圭)를 농부 대신으로, 조병직(趙秉稷)을 탁지부 대신으로, 박정양(朴定陽)을 참정으로 삼고, 최익현(崔益鉉)을 찬정으로 삼았는데, 최익현은 사양하고 받지 않았다. 신태휴(申泰休)을 경무사로 삼았다.

**原文**

이민병석위궁내부대신 김명규위농부대신 조병직위탁
以閔丙奭爲宮內府大臣 金明圭爲農部大臣 趙秉稷爲度
지대신 박정양위참정 최익현위찬정 익현사불배 신태휴
支大臣 朴定陽爲參政 崔益鉉爲贊政 益鉉辭不拜 申泰休
위경무사
爲警務使.

9월, 일본 공사 가등증웅(加藤增雄)이 자기 나라로 돌아갔다.

**原文**

구월 왜공사가등증웅 귀기국
九月 倭公使加藤增雄 歸其國.

(9월) 중추원(中樞院)의 관제를 개정하여 의장·부의장 각 한 사람씩 의관 50인을 두었는데, 반은 정부가 추천했고 반은 협회에서 추천을 하도록 하였다. 임금은 사헌부와 사간원을 오래 폐하여 언로(言路)가 막혀 있었으나 드디어 중추원이 대간(臺諫)[1]의 직을 겸하게 하여 논열(論列)[2]하는 바 되었다. 그러나 이름만 있었을 뿐이며 모든 의관들이 비어 있었고, 돈 천 민(緡)을 바치면 그 직을 얻어서 매관(賣官)의 길이 이로부터 더욱 넓어졌다.

**註解**

1) 대간(臺諫) : 사헌부(司憲府)와 사간원(司諫院).
2) 논열(論列) : 죄목을 하나하나 들어 말함. 시비를 따짐.

**原文**

개정중추원관제 치의장 부의장각일인 의관오십인 반
改定中樞院官制 置議長·副議長各一人 議官五十人 半
허정부천 반허협회천 상이대간구폐 언로옹색 수령중추
許政府薦 半許協會薦 上以臺諫久廢 言路壅塞 遂令中樞
원겸대간지직 유소론열 연명언이이 매의관유궐 납전천
院兼臺諫之職 有所論列 然名焉而已 每議官有闕 納錢千
민 첩득지 매관지로 자차익광
緡 輒得之 賣官之路 自此益廣.

윤치호(尹致昊)가 신기선(申箕善)에게 편지를 보내서 김홍륙(金鴻陸)에 대해 연좌죄를 주장한 것을 문책하고 물러가 쉴 것을 권고했다. 신기선은 회답을 보내어 다음과 같이 말하였다. "이번에 독약을 타서 올린 커피 사건은 개국 이래 없었던 일로써 무릇 우리 조정에서 신하가 된 사람이면 누구나 이 적당들을 수참(手斬)하여 살점을 씹고 가죽을 깔지 않으려 하겠습니까? 갑오경장 이후 사형제도는 크게 피하여 교형(絞刑)에서 그치기로 하였으니, 비록 각국의 통례가 그렇다고 해서 우리나라의 기풍도 그렇게 정하여 대역의 형도 초초(草草)[1]히 교형에 처단하여 신인의 원통함을 풀어 난적의 쓸개를 빼낼 길이 없습니다. 그러한 까닭에 법률을 고친 지 1년이 채 못 되어 을미(1895) 8월에 천고에 없었던 역변이 있었고, 계속해서 난을 음모한 옥사가 없는 해가 없었으며 금년의 변고가 극에 달하기에 이른 것은 치옥(治獄)이 엄하지 않은 까닭이기 때문입니다. 그 까닭에 모든 의관들도 격분함을 참지 못하고 회의를 열자마자 연소(聯疏)하여, 「명률(明律)」[2]을 적용하라 직청(直請)을 한 것입니다. 대개 그 충분(忠憤)이 격동하여 언사가 지나칠 정도로 과당(過當) 시의(時宜)에 다소 어긋난 점도 없지 않으나, 이는 그 추세가 그러하기 때문입니다. 이제 여러 분들은 단지 법률이 조금 변한 것을 옳지 않다 하여, 준엄한 말로 엄히 배척하고 소인이 정치를 어지럽게 하여 나라 일을 그르친 것같이 할 뿐 아니라 나 홀로 곁의 의견을 생각하지 않는다고 하는 것입니다. 여러분들은 국가의 난역이 점점 커지는 것을 생각지 않고 다만 법률의 적용이 타당하지 않은 것만 걱정합니까?

진실로 저에게도 본디 성산(成算)이 있어서 일찍이 능지노륙(凌遲孥戮)[3)]이 금일에 행해지는 것은 옳지 못하다는 것을 알고 있습니다. (그러나) 단지 대역(大逆)죄의 참형에 관해서는 마땅히 청의하여 주품(奏稟)하고 인준을 받지 못할 것 같으면 반드시 사직하고 물러날 것이며 여러분의 말을 기다리지도 않았습니다. 또한 우리들이 비록 기여한 바는 없다고 하더라도 대신 자리에 있으니 진퇴출척(進退黜陟)을 어찌 민회(民會)에서 가히 마음대로 할 수 있겠습니까? 이것도 또한 외국의 법규란 말입니까? 위에서 밑을 업신여기어 갈아 치우는 것은 막을 수 없고, 대신을 나가라 들어가라 하는 것은 스스로 직권 안의 일이 되는 것이라 생각합니다. (그런데 어찌) 술 취한 것 같고 미치광이 같이 행동하여 오직 내 말을 따르고 어기지 말라고 합니까? 성인의 가르침에 말하기를, '위에서 그 도를 잃으면 백성들은 흩어지는 것이다' 또한 말하기를 '천하에 도가 있으면 서민들은 나쁜 말을 논의하지 않는다' 했으니, 이것 또한 위에 있는 자의 허물이니 여러분에게 근심이 되는 바입니다."

**註解**

1) **초초**(草草) : 총총해서 자상하지 못한 모양. 걱정하는 일.
2) **명률**(明律) : 중국 명대의 기본적인 형법전(刑法典).
3) **능지노륙**(凌遲孥戮) : 능지는 머리 · 몸통 · 팔 · 다리를 토막 쳐 죽이던 극형. 노륙은 처자(妻子)까지 사형에 처하여 죽이던 형벌.

**原文**

윤치호 여신기선서 책기청노륙김홍륙 차권퇴휴 기선답
尹致昊 與申箕善書 責其請孥戮金鴻陸 且勸退休 箕善答
서왈
書曰.

금번선소사변 개국이래 소미유자야 범북면어아조자 숙
今番膳所事變 開國以來 所未有者也 凡北面於我朝者 孰
불욕수참차적 식육이침피재 경장이후 대벽지어교 수왈
不欲手斬此賊 食肉而寢皮哉 更張以後 大辟止於絞 雖曰
각국통례 규이아국풍기 즉대역지형 초초처교 만무이설
各國通例 揆以我國風氣 則大逆之刑 草草處絞 萬無以泄
신인지분 치난적지담 소이개률미주년 이유을미(고종삼
神人之憤 褫亂賊之膽 所以改律未周年 而有乙未(高宗三
십이년)팔월천고소무지역변 계이모난지옥 무년무지 지
十二年)八月千古所無之逆變 繼而謀亂之獄 無年無之 至
어금년지변이극의 즉적시치옥불엄지고야 소이제의관불
於今年之變而極矣 則的是治獄不嚴之故也 所以諸議官不
승분격 개회연소 직청안용명률 개기충분지격 사혹과당
勝憤激 開會聯疏 直請按用明律 蓋其忠憤之激 辭或過當
불면소승시의 기세연야 금첨군자 단념법률지필동어타국
不免少乘時宜 其勢然也 今僉君子 但念法律之必同於他國
신장지불가이소변 준사엄척 불시여난정오국지소인 독불
新章之不可以少變 峻詞嚴斥 不翅如亂政悞國之小人 獨不
사구안군자지절의어방 위첨군자불우국가난역지자장 이
思具眼君子之竊議於傍 謂僉君子不憂國家亂逆之滋長 而
독우법률지과당호 복즉고유성산 조지능지노륙지불가행
獨憂法律之過當乎 僕則固有成算 早知淩遲孥戮之不可行
어금일 이단대역참형 종당청의주품 약불획준 즉필사면
於今日 而但大逆斬刑 終當請議奏稟 若不獲準 則必辭免
이퇴 부대첨군자지언야 차복등수무사 첨재대신 진퇴출
而退 不待僉君子之言也 且僕等雖無似 忝在大臣 進退黜

척 기민회지소가천호 차역외국지규호 상릉하체 탕무방
陟 豈民會之所可擅乎 此亦外國之規乎 上陵下替 蕩無防
한 진퇴대신 자이위직권내사 여취여광 유기언이막여위
限 進退大臣 自以爲職權內事 如醉如狂 惟其言而莫予違
성훈왈 상실기도 민산구의 우왈천하유도 서인불의 차역
聖訓曰 上失其道 民散久矣 又曰天下有道 庶人不議 此亦
재상자지과야 절위첨군자우지
在上者之過也 竊爲僉君子憂之.

한규설(韓圭卨)을 법부 대신으로, 심상훈(沈相薰)을 내부 대신으로 삼았으며, 민병한(閔丙漢)을 경무사로 삼았다.

**原文**

이한규설위법부대신 심상훈위내부대신 민병한위경무
以韓圭卨爲法部大臣 沈相薰爲內部大臣 閔丙漢爲警務
사
使.

조병세(趙秉世)를 의정으로, 이헌영(李𨯶永)을 참정으로 삼았으며, 유기환(兪箕煥)·박기양(朴箕陽)을 찬정으로 삼았다.

**原文**

이조병세위의정 이헌영위참정 유기환 박기양위찬정
以趙秉世爲議政 李𨯶永爲參政 兪箕煥·朴箕陽爲贊政.

독립협회(獨立協會) 두령 이상재(李商在)·방한덕(方漢德)·유맹(劉猛)·정항모(鄭恒謨)·현제창(玄濟昶)·홍정후(洪正厚)

・이건호(李建鎬)・변하진(卞河璡)・조한우(趙漢禹)・염중모(廉仲謨)・한치유(韓致愈)・남궁억(南宮檍)・정교(鄭喬)・김두현(金斗鉉)・김구현(金龜鉉)・유학주(俞鶴柱)・윤하영(尹夏榮)이 법부에 수감되어 형률에 의거 태(笞) 40을 판결했다.

염중모(廉仲謨)는 재신 정범조(鄭範朝)의 시중꾼으로 갑오 후에 조반(朝班)[1]에 기록되었다. 일찍이 중추원(中樞院)에 도착해서 모든 재신들을 향하여 말하기를, "제공들은 옛날 티가 뱃속에 가득하니 능히 어느 날에 개화할 수 있겠는가? 반드시 개화하려고 한다면 이 염중모가 황실과 결혼하는 날을 기다리면 될 것이오." 하니 이 말을 듣는 사람들이 분하고 원통히 여겼다. 당시 유품(流品)[2]이 이미 혼동되어 명분의 한계가 없어졌으며, 사대부가 예전의 하인배와 마주 앉아 항례(抗禮)하며 오히려 맞부딪치는 바되어 가끔 생각지 않았던 욕을 당하는 일도 종종 있었다.

**註解**

1) **조반**(朝班) : 조회에 참여하는 벼슬아치들이 벌여 서 있는 차례. 조열(朝列).
2) **유품**(流品) : 문무 관원의 품계.

**原文**

囚獨立協會頭領李商在・方漢德・劉猛・鄭恒謨・玄濟昶・洪正厚・李建鎬・卞河璡・趙漢禹・廉仲謨・韓致愈

남궁억 정교 김두현 김구현 유학주 윤하영우법
· 南宮檍 · 鄭喬 · 金斗鉉 · 金龜鉉 · 兪鶴柱 · 尹夏榮于法
부 조률태사십징판 중모정상범조겸인야 갑오후득치조반
部 照律笞四十懲辦 仲謨鄭相範朝傔人也 甲午後得齒朝班
상도중추원 향제재왈 제공고진만복 능하일개화호 필욕
嘗到中樞院 向諸宰曰 諸公故塵滿腹 能何日開化乎 必欲
개화 대중모가통인황실지일시야 문자분완 시유품기혼
開化 待仲謨家通姻皇室之日是也 聞者憤惋 時流品旣混
만무명분지한 사대부여구일시역대의항예 이유위기소자
漫無名分之限 士大夫與舊日廝役對椅抗禮 而猶爲其所榨
찰 왕왕유불우지욕
拶 往往有不虞之辱.

함경도 정평군(定平郡)에 큰 우박이 내렸다.

**原文**

관북지정평군대박
關北之定平郡大雹.

국내의 광산 · 어염 · 선곽 · 미역 등에 대한 조세 및 각 둔토(屯土)를 탁지부로 귀속시켰다가, 바로 내장사(內藏司)에 소속시키도록 명했다.

**原文**

명환속국내광산 어염 선곽세급각둔토우탁지부 선부
命還屬國內礦産 · 漁鹽 · 船藿稅及各屯土于度支部 旋付
내장사
內藏司.

10월, 민영규(閔泳奎)를 궁내부 대신으로, 민영환(閔泳煥)을 내부 대신으로, 권재형(權在衡)을 참정으로 삼고, 김명규(金明圭)를 찬정으로 삼았으며, 이근호(李根澔)를 경무사로 삼았다.

**原文**

동시월이민영규위궁내부대신 민영환위내부대신 권재
冬十月以閔泳奎爲宮內府大臣 閔泳煥爲內部大臣 權在
형위농부대신 박정양위참정 김명규위찬정 이근호위경무
衡爲農部大臣 朴定陽爲參政 金明圭爲贊政 李根澔爲警務
사
使.

의정 조병세(趙秉世)가 면직되고, 박정양(朴定陽)을 농부 대신으로, 심상훈(沈相薰)을 군부 대신으로, 한규설(韓圭卨)을 법부 대신으로, 민영기(閔泳綺)를 탁지부 대신으로, 김명규(金明圭)를 학부 대신으로, 이근명(李根命)을 내부 대신으로 삼았으며, 박제순(朴齊純)을 외부 대신으로 삼았다. 또 민영환(閔泳煥)을 참정으로 삼고, 서정순(徐正淳) · 권재형(權在衡)을 찬정으로 삼았다.

**原文**

의정조병세면 이박정양위농부대신 심상훈위군부대신
議政趙秉世免 以朴定陽爲農部大臣 沈相薰爲軍部大臣
한규설위법부대신 민영기위탁지대신 김명규위학부대신
韓圭卨爲法部大臣 閔泳綺爲度支大臣 金明圭爲學部大臣
이근명위내부대신 박제순위외부대신 민영환위참정 서정
李根命爲內部大臣 朴齊純爲外部大臣 閔泳煥爲參政 徐正

순 권재형위찬정
淳·權在衡爲贊政.

황기연(黃耆淵)을 평안남도 관찰사로 삼고, 민영주(閔泳柱)를 함경남도 관찰사로 삼았는데, 함경남도 백성들이 민영주가 관찰사가 되었다는 소식을 듣고 수천 명이 대궐로 가서 바꾸어 줄 것을 요청하면서, 그가 부임하기를 기다렸다가 응당 밟아 죽이겠다고 외치니, 민영주는 두려워 사퇴하였다.

**原文**

이황기연위평남관찰사 민영주위함남관찰사 함남민문
以黃耆淵爲平南觀察使 閔泳柱爲咸南觀察使 咸南民聞
영주위관찰사 수천인부궐청체 성언대기래 당답살지 영
泳柱爲觀察使 數千人赴闕請遞 聲言待其來 當蹋殺之 泳
주구이면
柱惧而免.

박정양(朴定陽)을 탁지부 대신으로, 서정순(徐正淳)을 참정으로 삼았으며 민영환(閔泳煥)·조병호(趙秉鎬)·이도재(李道宰)·김명규(金明圭)·윤용구(尹用求)·한기동(韓耆東)을 찬정으로 삼았다. 윤용구는 힘껏 사양하였고, 한기동은 바야흐로 상중이어서 또한 힘써 사양하였다. 김영준이 경무사가 되었다.

**原文**

이박정양위탁지대신 서정순위참정 민영환·조병호·
以朴定陽爲度支大臣 徐正淳爲參政 閔泳煥·趙秉鎬·

李道宰 · 金明圭 · 尹用求 · 韓耆東爲贊政 用求力辭 耆東方守制 亦力辭 金永準爲警務使.

민영기(閔泳綺)를 평안남도 관찰사로 삼고, 조종필(趙鍾弼)을 함경남도 관찰사로 삼았으며, 김영준(金永準)을 강원도 관찰사로 삼았다.

**原文**

以閔泳綺爲平南觀察使 趙鍾弼爲咸南觀察使 金永準爲江原觀察使.

11월, 홍종우(洪鍾宇)와 길영수(吉永洙) 등이 민회(民會)를 공격하여 흩어져 달아났다. 이석렬(李錫烈)이란 자가 상소하여 박영효(朴泳孝)를 사면하여 돌아오게 하라고 했으며, 이어서 윤시병(尹始炳)이 정부에 들어앉힐 만한 인물 10명을 천거하였는데 박영효도 그 가운데 있었다. 두 사람은 모두 독립협회(獨立協會) 사람이었다. 임금은 연달아 엄한 교지를 내리고 대궐문에 임하여 선유하였으나 대중들은 순순히 복종하지 않았다. 홍종우 등이 임금의 칙지를 받아 평안도와 경기도의 상인 수천 인을 데리고 정릉으로부터 신문로(新門路)에 이르러 앞뒤에서 협공하였다. 몽둥이로 때려죽인 사람이 10여 인이나 발생했으며 나머지 무리들은 사방으로 흩어졌다. 시민들은 상점 문을 닫고 군부에서는 군사를 출동시켜 정동을 지키며 노표(路票)를 검사하니 장안이 발칵 뒤집혔다. 고영근(高永根)은 일본 공사관에 숨어 있었다. 다음날 백성들은 다시 대회를 열어 홍종우(洪鍾宇)·길영수(吉永洙)·조병식(趙秉式)·이기동(李基東)·민종묵(閔種默)·민영기(閔泳綺) 등의 집을 때려 부수었다. 그러나 이로부터 민회는 드디어 부진하였다.

**原文**

十一月 洪鍾宇·吉永洙等 擊民會 散走之 有李錫烈者上疏請赦還朴泳孝 繼而尹始炳 薦可居政府者十餘人 而泳孝在其中 二人皆協會也 上連下嚴旨 臨門宣喩 而衆不帖服 鍾宇等受上旨 驅關畿商民數千人 自貞陵至新門 首尾夾擊 白棓雨下 死者十餘人 餘黨四散 市民閉肆 軍部派兵守貞洞 驗路票 都下大亂 高永根逃匿倭公館 明日民復大會 折毁鍾宇·永洙·及趙秉式·李基東·閔鍾默·閔泳綺等家第 然自是會 遂不振.

일본 공사 가등증웅(加藤增雄)이 돌아왔다.

原文

왜 공 사 가 등 증 웅 환
倭公使加藤增雄還.

이근용(李根溶)을 경무사로 삼았는데, 그는 이근호(李根澔)의 아우이다.

原文

이 이 근 용 위 경 무 사 근 호 지 제 야
以李根溶爲警務使 根澔之弟也.

11월, 시원임 칙임관 외에는 진소논사(陳疏論事, 상소하여 정사를 논하는 일)를 허락하지 말라고 명했다. 당시 독립협회(獨立協會) 회장 고영근(高永根)이 자주 상소하여 시정을 논하고 비판하였는데, 고영근의 관품(官品)은 주임관에 그쳤다. 그러므로 참정 서정순(徐正淳)으로 하여금 이 의론을 제출케 한 것이다. 주임관 이하 및 사서인(士庶人)이 반드시 따져 논할 일이 있으면, 일단 중추원의 헌의(獻議)를 얻어야 한다고 하였다.

原文

십 일 월 명 시 원 임 칙 임 관 외 물 허 진 소 노 사 시 독 립 협 회 장
十一月 命時原任勅任官外 勿許陳疏論事 時獨立協會長

고 영 근 삭 상 소 논 척 시 정 이 영 근 관 품 지 주 임 고 령 삼 정 서 정
高永根數上疏 論斥時政 而永根官品止奏任 故令參政徐正

순 제 출 차 의 령 주 임 이 하 급 사 서 인 필 욕 유 소 론 열 지 득 헌 의
淳提出此議 令奏任以下及士庶人 必欲有所論列 只得獻議

우 중 추 원
于中樞院.

아라사 공사 마주녕(馬丟寧, 마튜닌)이 돌아가고, 신임 판사 파우로후(巴禹路厚, 파블로프)가 황제를 알현하고 국서를 바쳤다.

**原文**

아 공 사 마 주 녕 거 신 임 판 사 파 우 로 후 폐 견 정 국 서
俄公使馬丟寧去 新任辦事巴禹路厚 陛見呈國書.

이도재(李道宰)를 법부 대신으로 삼고, 심상훈(沈相薰)·윤웅렬(尹雄烈)을 찬정으로 삼았다. 또 유기환(兪箕煥)으로 하여금 이도재를 대신하게 하고, 이도재를 옮겨 찬정으로 삼았다. 이때 정부는 여관과 같아서 수일 만에 교체되기 때문에 낭관과 이속들이 문서를 싸들고 맞춰서 좇는 것을 알 수 없을 정도였다.

**原文**

이 이 도 재 위 법 부 대 신 심 상 훈 윤 웅 렬 위 찬 정 우 이 유 기
以李道宰爲法部大臣 沈相薰·尹雄烈爲贊政 又以兪箕
환 대 도 재 이 도 재 위 찬 정 시 시 정 부 여 려 사 수 일 체 역 낭 사
煥代道宰 移道宰爲贊政 是時政府如旅舍 數日遞易 郎史
포 독 부 지 적 종
抱牘不知適從.

진위대(鎭衛隊)·지방대(地方隊) 등 군제를 개편하여 각 부대(部隊)마다 360명으로 하였다.

**原文**

개 편 진 위 지 방 등 대 군 제 매 대 삼 백 육 십 인
改編鎭衛地方等隊軍制 每隊三百六十人.

민영기(閔泳綺)를 탁지부 대신으로 삼고, 신기선(申箕善)을 학부 대신으로 삼았다. 신기선은 유사(儒士)에게 경의(經義)와 시무(時務)를 꾀하여 신구(新舊) 학문을 융통성 있게 활용하고자 하였으나 끝내 실효를 거두지 못했다.

**原文**

이 민 영 기 위 탁 지 대 신 신 기 선 위 학 부 대 신 기 선 책 경 의 시
以閔泳綺爲度支大臣 申箕善爲學部大臣 箕善策經義時
무 우 유 사 욕 통 융 신 구 학 이 사 경 무 실
務于儒士 欲通融新舊學 而事竟無實.

충청남도와 전라북도의 수십 개 군에 해일이 일어 빠져죽은 사람이 수천이었다. 이는 백년 이래 처음 있는 재난이었다. 구휼금으로 만 원을 내렸다.

**原文**

충 남 전 북 수 십 군 해 일 엄 사 수 천 인 백 년 초 유 지 재 야 하 휼
忠南全北數十郡海溢 渰死數千人 百年初有之災也 下恤
금 만 원
金萬元.

12월, 청국 공사 서수붕(徐壽朋)이 부임해 오자, 박제순(朴齊純)

을 전권 대신으로 삼고 약장(約章)을 상정(商訂)케 하였다. 서수붕이 국서(國書)를 바쳤는데 그 국서 내용은 다음과 같았다.

"대청국 대황제는 대한국 대황제를 공경하여 문안드립니다. 우리 두 나라는 함께 아시아 대륙에 위치하여 수륙으로 긴밀히 이어져 있으며 수백 년을 내려오면서 휴척(休戚)[1]이 서로 관련되어 피차의 구분이 없었습니다. 상부상조함에 마음과 힘을 다 바쳐 전안(奠安)을 기약했음은 귀국의 전적(典籍)에도 모두 보존되고 있으니 번거롭게 여러 말을 술회할 필요는 없다고 사료됩니다. 광서(光緖) 초년에 귀국은 유럽 여러 나라와 조약을 맺고 이어 문성(文聲)을 갖추어 사리를 폈으니, 귀국의 오랜 인연을 잊지 않은 뜻을 족히 알 수 있습니다. 근년에 이르러 세계 각국이 고루 자주와 자보(自保)로써 공의(公義)를 삼으니, 이로써 광서 21년에(고종 32, 1867) 중국과 일본이 체결한 마관조약(馬關條約) 제1조에, 중국은 귀국의 독립과 자주를 인정해 명확히 밝혔습니다. 멀리는 옛날의 우호관계를 생각하고 가까이는 현실의 어려움을 통찰하여 보거순치(輔車脣齒)[2]의 의(義)를 더욱 함께 간절히 강구해야 마땅할 것입니다. 이에 이품함(二品啣) 후보인 삼품경당(三品京堂, 관직명) 서수붕을 출사 대신으로 파견해서 친히 국서를 가지고 한성으로 달려가 짐의 뜻을 대신 전하도록 합니다. 이 대신은 박실하고 충성스러우며 일처리가 밝고 능숙하니, 대황제의 너그러운 접대를 기대합니다. 귀국 정부와 통상조약을 약증(約證)하여 오래 가게 하소서. 이로부터 두 나라가 영구히 화호(和好)를 돈독히 하며 함께 승평(昇平)[3]을 향유하기를 짐은 두터이 바라고 있습니다."

## 註解

1) 휴척(休戚) : 기쁜 일과 슬픈 일. 편안함과 근심.
2) 보거순치(輔車脣齒) : 순망치한(脣亡齒寒)과 보거상의(輔車相依)를 합친 말로, 곧 서로 없어서는 안 될 밀접한 관계.
3) 승평(昇平) : 세상이 고요하고 잘 다스려짐. 태평.

## 原文

十二月 淸國公使徐壽朋來 以朴齊純爲全權大臣 商訂約章 壽朋呈國書 書曰.

大淸國大皇帝 敬問大韓國大皇帝 好我兩國 同在亞洲 水陸緊連 數百年來 休戚相關 無分彼己 凡可相扶助之事 輒竭心力 以期奠安 貴國典藉俱存 無煩縷述 光緒初年 貴國與墨歐諸國立約 仍備文聲敍 足徵貴國久要不忘之義 比年環球各國 均以自主自保爲公義 是以 光緒二十一年(高宗三十二年) 中・日馬關條約第一款 中國認明貴國獨立自主 遠懷舊好 近察時艱 輔車唇齒之義 尤當共切講究 玆派二品卿候補 三品京堂徐壽朋 爲出使大臣 親賚國書 馳詣漢城 代宣朕意 該大臣樸實忠誠 辦事明練 尙望大皇帝 優加接待 俾貴國政府 約證通商條約 以垂久遠 從此兩國 永敦

화호 공향승평 짐유후망언
和好 共享昇平 朕有厚望焉.

민형식(閔亨植)을 평안남도 관찰사로 삼고, 박봉빈(朴鳳彬)을 함경남도 관찰사로 삼았으며, 조민희(趙民熙)를 평안북도 관찰사로 삼았다.

**原文**

이민형식위평남관찰사 박봉빈위함남관찰사 조민희위
以閔亨植爲平南觀察使 朴鳳彬爲咸南觀察使 趙民熙爲
평북관찰사
平北觀察使.

나주 군수 김직현(金稷鉉)을 경상북도 관찰사로 임명했다. 김직현은 결세전(結稅錢) 8만 원을 빼내어 군리(郡吏) 김용규(金容圭)를 시켜 서울에 올라가 사적인 뇌물로 바치게 하여 관찰사자리를 얻은 것이다. 그의 문객인 심상호(沈相瑚)는 영암 군수가 되고 김용규 또한 해남 군수가 되었으니, 이때에 중앙과 지방의 관직을 옮기고 임명하는 것이 대체로 이와 비슷했다.

**原文**

이나주군수김직현위경북관찰사 직현나결세전팔만원
以羅州郡守金稷鉉爲慶北觀察使 稷鉉挪結稅錢八萬元
사군리김용규입경사헌 득승친찰 기객심상호위영암군수
使郡吏金容圭入京私獻 得陞親察 其客沈相瑚爲靈岩郡守
용규역위해남수 시시 내외천제 대솔류차
容圭亦爲海南守 是時 內外遷除 大率類此.

담양군(潭陽郡)의 국재봉(鞠在奉)과 국재준(鞠在俊)을 사면하였다. 갑오년(고종 31, 1894) 가을, 국재봉의 아버지 국홍묵(鞠弘默)이 동비(東匪, 동학교도) 정인악(鄭寅岳)에게 살해당했는데, 국재봉 형제가 이해 정월 미행하여 그를 체포하고 직접 찔러 죽였다. 법리(法吏)가 징역형에 처했는데 국씨 집안에서 조정에 원통함을 호소하여 특명으로 사면을 받은 것이다.

**原文**

赦潭陽鞠在奉·在俊, 甲午(高宗三十一年)秋 在奉父弘默 爲東匪鄭寅岳所殺 在奉兄弟 以是年正月 跟捕而手刃之 法吏擬以懲役 鞠家鳴寃于朝 特命全宥.

내장사(內藏司)에 수륜과(水輪課)를 설치하였다. 임금은 사재(私財)가 없음을 근심하여 궁내부에 한 관서를 두고 '내장사'라 칭하고 이용익(李容翊)을 사장(司長)으로 삼았다. 무릇 나라에서 부과하여 정식으로 바치는 이외의 잡세는 다 여기에 귀속시켜서 재원이 탁지부와 비등했다. 이때에 수륜과를 창설하여 높고 메마른 땅을 옥토로 만든다는 명목으로 관개세(灌漑稅)를 거두어 들였다.

**原文**

設水輪課于內藏司 上患無私財 宮內府置一司 曰內藏 以

이용익위사장 범국과정공이외잡세 개속지 재여탁지랄
李容翊爲司長 凡國課正供以外雜稅 皆屬之 財與度支埒
지시 창수윤 이옥고조 수기관개지세
至是 創水輪 以沃高燥 收其灌漑之稅.

남관왕묘(南關王廟)에 화재가 났다. 화재는 관왕묘 안에서 발생하여 서묘(西廟)로 번져 어필각(御筆閣)이 모두 불에 탔다. 창황히 소상(塑像)을 옮기느라 그 머리가 떨어졌다.

**原文**

남관왕묘재 화자묘중출 연급서묘 어필각진소 창황이소
南關王廟災 火自廟中出 延及西廟 御筆閣盡燒 蒼黃移塑
상 치두락
像 致頭落.

전라북도에서 서울에 이르기까지 천둥이 20여 일간 끊이지 않았다. 초4일에는 흰 무지개가 해를 꿰뚫었다.

**原文**

전북지경사 천고이십여일부절 초사일 백홍관일
全北至京師 天鼓二十餘日不絶 初四日 白虹貫日.

이달에 남정순(南廷順)과 김명규(金明圭)가 잇달아 죽었다.

**原文**

시월남정순 김명규상계졸
是月南廷順 · 金明圭相繼卒.

## 梅泉野錄 卷之三

### 기해(1899) 광무 3년
(청 광서 25년, 일본 명치 32년)

춘정월(1월), 민병석(閔丙奭)을 농부 대신으로 삼고, 권재형(權在衡)·민종묵(閔種默)을 찬정으로 삼았으며, 원우상(元禹常)을 경무사로 삼았다.

**原文**

춘 정 월 이 민 병 석 위 농 부 대 신 권 재 형 민 종 묵 위 찬 정 원 우 상 위 경 무 사
春正月 以閔丙奭爲農部大臣 權在衡·閔種默爲贊政 元禹常爲警務使.

김석규(金碩圭)를 주일 공사로, 주미 공사 이범진(李範晋)을 주 아라사국·법국(法國, 프랑스)·오국(奧國, 오스트리아) 공사로, 민영환(閔泳煥)을 주미 공사로 삼았다.

**原文**

이 김 석 규 위 주 왜 공 사 주 미 공 사 이 범 진 위 아 법 오 공 사
以金錫圭爲駐倭公使 駐美公使李範晋爲俄·法·奧公使

민 영 환 위 주 미 공 사
閔泳煥爲駐美公使.

전주 건지산(乾止山)에 조경단(肇慶壇)을 축조했다. 임금이 황제 자리에 오름을 얻게 된 것은 이것이 조종(祖宗)의 발상(發祥)[1]에 연유한 것이라 여기고, 지사(地師)를 파견하여 각처의 능을 봉심(奉審)하도록 하였다. 그런데 지사는 모두 아니라고 하더니, 건지산에 이르러 두 번 절하고 말하기를, "여기가 천자를 낸 자리이다." 하고, 임금에게 권하여 추원(追遠)[2]의 도리를 극진히 하라고 하였다.

건지산은 전주부의 북쪽 10리쯤에 있는데, 예전부터 전해오기로는, 태조 이전의 의총(疑塚)[3]이 있었다고 하던 곳이다. 국초로부터 경계를 정하여 출입을 금지하며 보호해 왔는데, 세월이 흐름에 따라 법마저 해이해져서 백성들이 몰래 쓴 무덤들이 서로 잇달아 있었다. 이에 이르러 그 무덤들을 다 파내고 곧 의총에 봉분을 더 쌓고 시조인 신라 사공(司空)의 묘임을 인식시켰다. 역역(力役)[4]이 매우 넓고 커서 원망하고 탄식하는 소리가 길에 가득하였다. 지사는 관북(함경도) 사람으로 성이 주씨(朱氏)였는데, 몰래 거짓 참서(讖書)를 파묻어 놓았다가 그것이 탄로 나자 황제를 칭한 후 나라의 운세가 300년까지 이어질 것이라 얼버무렸다. 임금은 크게 기뻐하여 역역은 드디어 그만둘 수 없게 되었다. 경관(京官)으로는 이호익(李鎬翼)과 심상황(沈相璜)이 내려와서 감독하였으며, 본도에서는 관찰사 이완용(李完用)이 관장하였다. 그러나 재원이 모자람을 근심하여 김창석(金昌錫) · 정귀조(鄭貴朝)를 별감동(別監董)[5]으로 차출하여 그 모자라는 비용을 지불하도록 하였다. 두 사람은 다 전주의 갑부였다.

또한 삼척의 노동(蘆洞)과 동산(東山)의 의총에도 단(壇)을 쌓도록 하였는데 모두 건지산의 예에 의거하였다. 이중하(李重夏)를 보내서 감독하도록 하였는데, 노동의 묘는 '준경단(濬慶壇)'이란 이름을 붙였고, 동산의 묘는 '영경단(永慶壇)'이란 이름을 붙였다.

**註解**

1) **발상**(發祥) : 천명을 받아 천자가 될 징조를 나타냄. 운(運)이 트여 복이 닥침. 발복(發福).
2) **추원**(追遠) : 조상의 덕을 추모하여 그 공양을 게을리 하지 않음.
3) **의총**(疑塚) : 전주 이씨(全州李氏)의 시조인 신라 사공(司空) 이한(李翰)의 묘를 가리킨 것이나 확실치 않아 의총(疑塚)이라 하였다. 이 묘를 위해 세운 조경단이 전주 덕진동에 있다.
4) **역역**(力役) : 나라에서 과(課)하는 부역(賦役).
5) **별감동**(別監董) : 국가의 공사를 감독하기 위해 임시로 정한 관원.

**原文**

축조경단우전주건지산 상이득천제위 식유조종발상 견
築肇慶壇于全州乾止山 上以得踐帝位 寔有祖宗發祥 遣

지사봉심각능 개왈비야 지건지산재배왈 차천자지야 권
地師奉審各陵 皆曰非也 至乾止山再拜曰 此天子地也 勸

상진추원지도 산재전주부북십허리 구전태조이상의총재
上盡追遠之道 山在全州府北十許里 舊傳太祖以上疑塚在

焉 自國初定界禁護 然世遠法弛 民塚攙入者纍纍 至是盡掘之 就疑塚加封築 認作始祖新羅司空之墓 力役浩大 怨咨載路 地師北關人姓朱者 潛埋僞讖露之 槩稱稱帝後國祚三百年 上大喜 役遂不可罷 京官 則李鎬翼·沈相璜來監 本道則觀察李完用管之 然患財絀 差金昌錫·鄭貴朝別監董 以支其費 二人皆全州鉅富也 又於三陟蘆洞東山 就疑塚築壇 一依乾止山例 遣李重夏董之 號蘆洞墓曰濬慶 東山墓曰永慶.

민병한(閔丙漢)을 철도(鐵島)에, 심상훈(沈相薰)을 지도(智島)에 유배 보냈다. 민병한은 서리내부 대신으로서 내전의 비답을 받아 군수 100여 인을 임명하였는데, 심상훈이 탄핵하여 시행하지 말 것을 청했다. 민병한이 임금 앞에서 다투며 서로 상투를 잡고 주먹다짐을 하였다. 임금은 조정의 체모를 손상시켰다고 하여 모두 귀양 보낸 것이다.

**原文**

流閔丙漢于鐵島 沈相薰于智島 丙漢署理內部 承內批 除郡守百餘人 相薰劾請勿施 丙漢在上前鬨鬩 相捽髻拳毆

상 이 괴 손 조 의 명 구 폄
上以壞損朝儀 命俱貶.

의학교(醫學校)을 설립하였다. 고 김홍집(金弘集)의 집을 학교 숙사로 하였으며, 지석영(池錫永)을 교장으로 삼았다. 지석영은 일본에 가서 우두법(牛痘法)을 배워와 기묘(고종 16, 1879)・경진(고종 17, 1880) 연간에 우리나라에 종두법을 실시하여 어린이가 비로소 천연두(天然痘)로 죽는 것을 면하게 하였다. 중국과 서양의 의술에도 능통하여 의학으로 이름이 나고 훈장을 받기에 이르렀다.

**原文**

설 의 학 교 이 고 김 홍 집 가 위 교 숙 지 석 영 위 교 장 석 영 입 왜
設醫學校 以故金弘集家爲校塾 池錫永爲校長 錫永入倭
학 우 두 자 기 묘 고 종 십 육 년 경 진 고 종 십 칠 년 간 전 종
學牛痘 自己卯(高宗十六年)・庚辰(高宗十七年)間 傳種
아 국 유 치 시 면 두 상 인 겸 통 중 서 법 이 의 학 문 지 수 훈 장
我國 幼稚始免痘殤 因兼通中西法 以醫學聞 至受勳章.

여형섭(呂衡燮) 등이 소를 올려 해삼위(海蔘威, 블라디보스토크)에 영사관을 설치하여 서북 지방의 유민들을 보호해 줄 것을 청했다.

**原文**

여 형 섭 등 상 소 청 설 해 삼 위 영 사 관 이 호 서 북 유 민
呂衡燮等上疏 請設海蔘威領事館 以護西北流民.

신현표(申鉉豹)와 장윤상(張允相)을 잡아들여 나문(拿問)[1]하였다. 당시에 유언비어가 떠돌았는데, 박영효(朴泳孝)가 이준용(李埈鎔)을 끼고서 환국하여 추대하고 임금은 태상황(太上皇)으로 올린다는 것이었다. 이 말이 신현표 등에게 연루된 것인데, 신현표는 도망쳤고 장윤상은 종신역에 처해졌다.

**註解**

1) **나문**(拿問) : 죄인을 잡아다가 죄상을 신문함.

**原文**

나문신현표 장윤상 시유와언 박영효협이준용 반국추
拿問申鉉豹·張允相 時有訛言 朴泳孝挾李埈鎔 返國推
대 존상위태상황 사연현표등 현표도 윤상역종신
戴 尊上爲太上皇 詞連鉉豹等 鉉豹逃 允相役終身.

3월, 도적이 현릉(顯陵, 文宗陵)에 들어 한식의 제수(祭需)를 훔쳐갔다.

**原文**

삼월도절현릉 문종릉 한식제찬
三月盜竊顯陵(文宗陵)寒食祭饌.

3월, 성균관(成均館)에 박사 10인을 두어 문학의 뛰어난 선비를 뽑았는데, 대개 지방에 있는 유생들의 마음을 위로하려는 것이었다. 임금은 사교(邪教, 天主教)가 만연하고 유교학술이 침체되고 쇠약해져서 조칙을 내려 최고의 가르침을 베풀게 하되, 공맹(孔孟)의 학문을 숭상하여 성균관의 관제를 개편하고 초현당(招賢堂)을 설치하여 숙학(宿學)[1]으로서 은둔해 있는 선비를 받아들이고자 하여 이러한 선발이 있게 된 것이다. 그러나 형식만 꾸몄을 뿐이었다.

이때 국내에 양교(洋敎, 耶蘇敎)에 물든 자가 4만 명에 이르렀다. 못된 백성들이 선동하여 한번 야소교에 의탁하면 부군(府郡)에서는 감히 묻지도 못하였다. 민영주(閔泳柱)는 일생 동안 악행을 쌓아 여론에 용납될 수 없는 자였는데, 마침내 종현교당에 들어가서 많은 사람들로부터 성원이 있기를 바랐으나 사람들은 더욱 그를 미워했다. 신문사 사장 남궁억(南宮檍)은 '부처가 천교(天敎)에 입교하다(佛入天敎)'라는 제목으로 신문에 보도하였는데, 대개 민영주를 불자(佛子)의 제목으로 삼은 것은 백성의 재산을 긁어 살아서 부처님과 같다고 한 것이다. 민영주는 크게 노하여 그의 무리들을 시켜 남궁억을 붙잡아 욕을 보였다.

**註解**

1) **숙학**(宿學) : 오랫동안 깊이 학문을 연구하여 학리(學理)에 통한 사람. 석학. 노유(老儒).

**原文**

삼월성균관치박사십인 이선문학지사 개이위향유지심
三月成均館置博士十人 以選文學之士 蓋以慰鄕儒之心

야 상이사교만연 유술침쇠 하조부식종교 숭공맹지학 개
也 上以邪教蔓延 儒術浸衰 下詔扶植宗教 崇孔孟之學 改

편성균관관제 설초현당 연숙학은윤지사 수유시선 연문
編成均館官制 設招賢堂 延宿學隱淪之士 遂有是選 然文

구이이 시시국중염양교자지사만인 유민선동 일탁야소
具而已 是時國中染洋教者至四萬人 莠民煽動 一托耶蘇

부군불감문 민영주일생임악 불용물의 수투입종현교당
府郡不敢問 閔泳柱一生稔惡 不容物議 遂投入鍾峴教堂

기유당원 입익악지 신문사장남궁억 이불입천교위제 파
冀有黨援 入益惡之 新聞社長南宮檍 以佛入天教爲題 播

지보장 개영주유불자지목 위미민재이활 동평불야 영주
之報章 蓋泳柱有佛子之目 謂糜民財以活 同平佛也 泳柱

대노 사기도 졸욕지
大怒 唆其徒 捽辱之.

남부의 종현(鍾峴)은 명동(明洞)과 저동(苧洞) 사이에 있는데 지대가 높고 탁 트여 조망이 좋았다. 윤정현(尹定鉉)의 옛 집이 그 마루턱에 자리잡고 있었는데, 10년 전에 서양인이 사서 헐고 평지로 만들어 교당(教堂)을 세웠다. 6년에 걸쳐 공사를 마쳤는데 높다란 것이 마치 산을 깎아 놓은 것과 유사했다. 가히, 수만 명을 수용할 수 있었으며, 세상에서 이른바 종현학당(鍾峴學堂)이라 일컬었다. 천주교 영세를 받는 남녀들이 주야로 몰려들어 마치 저자에 사람들이 몰려드는 것 같았다. 옛 인습에 젖은 노신들이 지나다가는 지팡이를 세우고 바라보며 한숨을 쉬며 탄식하고 발길을 돌리지 못하였다.

**原文**

남부종현재명동 저동지간 지상개 편조망 윤정현구제
南部鍾峴在明洞·苧洞之間 地爽塏 便眺望 尹定鉉舊第

거기전 십년전 양인매이훼지 잔작평지 축교당 육년내필
居其顚 十年前 洋人買以毁之 剗作平地 築教堂 六年乃畢
궁연유단산 가용수만인 세소위종현학당자야 남녀영세자
穹然類斷山 可容數萬人 世所謂鍾峴學堂者也 南女領洗者
주야잡답 여귀시 고노과자 주장망지 자차불능거
晝夜匝沓 如歸市 故老過者 拄杖望之 咨嗟不能去.

임오(고종 19, 1882) 청국인들이 우리나라에 원병을 보냈을 때 장안에 걸식하는 어린이들을 붙잡아 중국에 팔아넘긴 것이 1년에 수천수만 명이었다. 종현학당(鍾峴學堂)이 세워지자 서양 사람들이 영아원(嬰兒院)을 설립하고, 어린이들을 보호하며 기른다는 것을 빙자하고 거지행각을 하며 버려진 아이들을 모아 한 무리를 편성하여 선척에 가득 싣고 떠나갔다. 청나라 사람들에 비해 거의 갑절이나 되는 숫자였다.

**原文**

임오 고종십구년 청인지동원야 약경중개아 판매중국
壬午(高宗十九年)淸人之東援也 掠京中丐兒 販賣中國
세천만계 급종현학당지건 양인설영아원 자칭호양 취유
歲千萬計 及鍾峴學堂之建 洋人設嬰兒院 藉稱護養 聚遺
기행걸지유 편성일대 만선재거 비청인 우기배언
棄行乞之流 編成一隊 滿船載去 比淸人 尤幾倍焉.

삼남 지방에 양전(量田)[1]을 실시하였다. 지방 수령으로 재간이 있고 기민한 자를 택하여 감리관으로 삼았는데, 남만리(南萬里)・김성규(金星圭)・이태정(李台珽)・정도영(鄭道永) 등이 그

선발에서 뽑혔다.

**註解**

1) **양전**(量田) : 논밭을 측량함.

**原文**

행양전우삼남 택지방간민수재 위감이관 남만리 김성
行量田于三南 擇地方幹敏守宰 爲監理官 南萬里 · 金星
규 이태정 정도영등 응기선
圭 · 李台珽 · 鄭道永等 膺其選.

한강에 철교를 가설하여 장차 경인철도(京仁鐵道)가 개통되기에 이르러 인천항에 행궁(行宮)을 지었다.

**原文**

가철교우한강 이경인철도지장통야 영행궁우인천항
架鐵橋于漢江 以京仁鐵道之將通也 營行宮于仁川港.

13도의 모든 군에 명하여 군지(郡誌)를 편찬하여 내부에 올리도록 하였다.

**原文**

영십삼도각군 수상군지우내부
令十三道各郡 修上郡誌于內部.

아라사 공사 파우로후(巴禹路厚, 파블로프)가 휴가를 얻어 귀국하고, 참찬관 덕밀(德密)이 특명서리로 황제를 알현하였다.

**原文**

아공사파우로후 걸가회국 삼찬관덕밀 특서리폐견
俄公使巴禹路厚 乞暇回國 參贊官德密 特署理陛見.

기복령(起復令)을 반포하였다. 기복령은 모두 10조(條)로 이루어졌는데, 그 내용은 다음과 같다.

1. 현재 관직에 있는 자로 기복을 하지 않으면 안 되는 경우, 백일 이후에 허락한다.
2. 칙임관(勅任官)은 특지(特旨)로써 행한다.
3. 주임관(奏任官)과 판임관(判任官)은 본부의 장관이 해당자의 자격과 사장(事狀)을 기록하여, 정부에 알려서 임금의 재가를 기다린다.
4. 무관학교를 졸업하고 영군(領軍)의 자리에 있는 자와 법학교를 졸업하고 재판의 임무를 맡고 있는 자로, 3년 이상이 되는 자와, 순검으로 점차 승진해서 경무관을 맡고 있는 자는 아울러 일체 허락한다.
6. 관아에 출근 및 대궐에 들어갈 때는 길복(吉服)을 입되, 공무에서 물러나면 다시 상복을 입도록 한다.
7. 단, 현재 직무를 맡고 있는 자에게는 조하(朝賀) · 공연(公宴) · 제향(祭享) 등의 일에 참여하지 말도록 한다.
8. 관직에 있으면서 부모상을 당한 자는 해당 관청에서 바로 통첩을 하고 관보(官報)에 게재한다.

9. 현재 기복을 한 사람은 행세에 좇아 그대로 직무를 맡아보는 것을 허락한다.

5조와 10조는 생략한다.

기복을 시작한 이래 상례의 기강이 크게 무너져 아침에 단괄(袒括, 성복 전에 행하는 의식)을 했다가 저녁에 비주(飛走, 관복)를 갈아입기도 하였으며, 천 가지 백 가지 방도로 기복을 도모하는데 힘을 기울이는 자도 있었다. 서울 사람들은 왕왕 최마(衰麻)를 걸치지 않고 백립(白笠)을 쓰고 성복을 하였다가 백일 만에 탈상하기도 하였다. 하인으로부터 사대부에 이르기까지 편안해 하며 그 괴이하다는 것을 알지 못하고 있으니, 시배들까지도 움츠리고 불안해하였다. 신기선(申箕善)이 이 의론을 앞장서서 행하자고 하였으나, 사람들은, "이같이 널리 열어 놓았으니 상제(喪制)를 지킬 자가 누구인가? 막는 것이 아니라 권하는 것이다."라고 하였다.

**原文**

반기복령 영범십조
頒起復令 令凡十條.

현임관직 비차막가 즉허백일이후
一, 現任官職 非此莫可 則許百日以後.

칙임관행이특지
二, 勅任官行以特旨.

주판임즉본부장관 록해원자격 사장 여진정부 대
三, 奏判任則本部長官 錄該員資格·事狀 臚陳政府 待

상주재가
上奏裁可.

사 무학졸업재영군지임 법학졸업재재판지임 병삼년이
四, 武學卒業在領軍之任 法學卒業在裁判之任 幷三年以

상자 순검점차승임 재경무지임자 일체허지
上者 巡檢漸次陞任 在警務之任者 一切許之.

육 지허부아급예궐시길복 공퇴부괘효
六, 只許赴衙及詣闕時吉服 公退復挂孝.

칠 단시현대직무 물삼조하 공연 제향등사
七, 但視現帶職務 勿參朝賀·公宴·祭享等事.

팔 대관정우자 해관청수즉통첩 게지관보
八, 帶官丁憂者 該官廳隨卽通牒 揭之官報.

구 현재기복인 고허종권잉임
九, 現在起復人 姑許從權仍任.

오여십약지 자개기복이래 상기대괴 유조단괄 이석비주
五與十略之 自開起復以來 喪紀大壞 有朝袒括 而夕緋朱

자 유천기백경력도기복자 경사민인 왕왕불괘최마 이백
者 有千歧百徑力圖起復者 京師民人 往往不掛衰麻 以白

립성복 백일즉길 자여대연급사부 염부지괴 시배역축뉵
笠成服 百日卽吉 自輿儓延及士夫 恬不知怪 時輩亦縮恧

불안 신기선창차의행지 인위여차광개 수제자부하인 비
不安 申箕善倡此議行之 人謂如此廣開 守制者復何人 非

저야권야
沮也勸也.

봄 가뭄으로 보리와 밀이 장차 말라 죽게 되어 서울에서 우제(雩祭)를 지냈다.

**原文**

춘한 이맥장고 경사설우제
春旱 二麥將枯 京師設雩祭.

영선사(營繕司)에 불이 나서 이미 다듬어 놓은 큰 나무 수천 주가 소실되었다.

**原文**

영 선 사 화 소 대 목 이 공 자 수 천 장
營繕司火 燒大木已攻者 數千章.

4월, 주일 공사 이하영(李夏榮)이 부임차 떠났다.

**原文**

하 사 월 주 왜 공 사 이 하 영 출 거
夏四月 駐倭公使李夏榮出去.

김석규(金碩圭)를 충청북도 관찰사로 삼았다. 병신(건양 1, 1896)년에 내린 칙령에, '지방관은 임기를 4년으로 한다'는 조문이 있었다. 이로부터 임금은 자기 사람을 빨리 승진시키기고 싶은데, 관례를 깨기가 어려워 이달 중에 고칠 것을 명한 것이다. 지방관으로 부득이 전보를 시켜야 한다면 구전(舊典)에 의거하여 만 2년이면 비로소 옮길 수 있다고 한 것이다.

**原文**

이 김 석 규 위 충 북 관 찰 사 병 신 건 양 원 년 칙 령 유 지 방 관
以金錫圭爲忠北觀察使 丙申(建陽元年)勅令 有地方官
허 임 사 년 지 문 자 시 상 욕 취 승 사 인 이 난 어 파 예 시 월 중 개 명
許任四年之文 自是上欲驟陞私人 而難於破例 是月中改命

지 방 관 유 부 득 이 전 조 자　즉 가 의 구 전　만 이 년　시 허 이 천
地方官有不得已轉調者　則可依舊典　滿二年　始許移遷.

(4월) 조동만(趙東萬)이 상소하여, 자기 당제(堂弟) 조동윤(趙東潤)이 두 아내를 거느리게 해줄 것을 청하여 이를 허락했다. 갑신정변 때 조영하(趙寧夏)는 홍영식(洪英植)에게 죽은 바 되었다. 조영하의 아들 조동윤은 홍영식의 형인 홍만식(洪萬植)의 딸에게 장가를 들었다. 정과 사랑이 매우 두터웠으나 이에 이르러 조동윤은 원수의 딸이라 이혼하고, 다시 김상준(金商濬)의 딸을 재취로 맞아들였다. 그러나 홍씨 부인은 처녀로 분장하고 맹세하여 말하기를, "죽기 전에 반드시 다시 조씨의 며느리가 되어 보겠다."고 하였다. 갑오 후에 모든 역당들이 죄가 풀렸으나 조동윤은 물의를 일으킬까 두려워하며 감히 다시 결합하지 못했는데, 조동만이 여성제(呂聖齊)[1]의 고사(故事)를 이유로 들어 두 아내를 거느릴 것을 상소하니 이를 허락한 것이다.

**註解**

1) **여성제**(呂聖齊) : (1625~1691). 숙종 때 영의정을 지냈다. 소현세자빈 강씨의 오빠 강문성(姜文星)의 딸과 혼인했는데, 강빈(姜嬪)의 옥사로 강문성이 옥사하자 관에 소장을 내어 이혼을 허락받고 재혼하였다. 후에 강빈의 옥사가 신원되자, 다시 전처를 받아들였다.

**原文**

조 동 만 상 소　청 기 당 제 동 윤 병 축 양 처　허 지　갑 신　고 종 이
趙東萬上疏　請其堂弟東潤幷畜兩妻　許之　甲申(高宗二

十一年)之亂 趙寧夏爲洪英植所殺 寧夏子東潤 娶英植兄萬植女 情愛甚篤 至是東潤以讐家女離婚 因再娶金商濬女洪女歸家 解髻作辮 粧處子 誓曰 生前必再爲趙家婦 甲午(高宗三十一年)後 諸逆畢伸 而東潤畏物議 不敢復合 東萬乃引呂聖齊故事 上疏立兩妻 奉旨依允.

홍릉(洪陵, 명성황후의 능)으로 가는 전차를 개설하였다. 임금이 자주 그곳에 행행(行幸, 거둥)해서 신속히 가기 위하여 갖추어진 것이다. 전차가 매우 빨라서 치어 죽는 아이들이 날마다 수 명씩이나 되었다.

**原文**

設電車于洪陵 以上數行幸 備迅捷也 車甚駛 童兒爲轢斃者 日數人.

공주 유생 이건중(李建中)을 불러 중추원 의관으로 삼았다. 이건중과 곽종석(郭鍾錫)을 함께 불렀는데, 곽종석은 사양하고 나오지 않았다. 이건중이 이르러 (임금 앞에서) 말을 하는데 의론이 오활(迂濶)[1]하여 서로들 비웃었다.

**註解**

1) 오(우)활(迂濶) : 실제와는 관련이 멀다. 사정에 어두움.

**原文**

징 공 주 유 생 이 건 중 위 중 추 원 의 관 건 중 여 곽 종 석 구 징 종
徵公州儒生李建中 爲中樞院議官 建中與郭鍾錫俱徵 鍾
석 사 불 기 건 중 지 언 의 오 활 전 상 치 소
錫辭不起 建中至 言議迂濶 傳相嗤笑.

고등재판소를 평리원(平理院)으로 고치고, 특별공원(特別公院)을 설치하여 황족의 범죄를 다스리게 하였다.

**原文**

개 고 등 재 판 소 왈 평 리 원 건 특 별 공 원 치 황 족 죄 범
改高等裁判所曰平理院 建特別公院 治皇族罪犯.

이근용(李根鎔)을 함경북도 관찰사로 삼았다.

**原文**

이 이 근 용 위 함 북 관 찰 사
以李根鎔爲咸北觀察使.

선원보(璿源譜)[1]를 중수하였다.

**註解**

1) 선원보(璿源譜) : 조선왕조 왕가의 족보. 왕가의 세계(世系)를 밝히

고 권위를 세우기 위해 여러 차례 편찬, 간행되었다.

**原文**

중 수 선 원 보
重修璿源譜.

경주 석촌리(石村里)에서 산이 3일간 울었는데, 우레 치는 소리가 났다. 산 정상에서 하단에 이르기까지 140길이나 갈라져 계곡이 바뀌고 봉우리가 들 가운데 치솟았다.

**原文**

경 주 석 촌 리 산 명 삼 일 작 벽 력 성 자 정 지 지 탁 열 일 백 사 십
慶州石村里 山鳴三日 作霹靂聲 自頂至趾 坼裂一百四十
장 계 곡 역 처 봉 기 야 중
丈 溪谷易處 峰起野中.

5월, 윤용선(尹容善)을 의정으로 삼고, 남명선(南命善)을 경무사로 삼았는데, 10일만에 이유인(李裕寅)으로 대신했다.

**原文**

오 월 이 윤 용 선 위 의 정 남 명 선 위 경 무 사 순 일 이 이 유 인 대
五月 以尹容善爲議政 南命善爲警務使 旬日以李裕寅 代
지
之.

덕국(德國, 독일)의 현리(顯利, H,von Pressen) 친왕(親王, 황

제의 형제 또는 아들)이 그들 공관에 와서 머물러 있어서, 임금이 태자를 데리고 가서 친히 접견하고, 인하여 경희궁(慶熙宮)에 나가 군대가 조련하는 모습을 관람했다. 이도재(李道宰)가 간하였으나 따르지 않았다.

**原文**

덕국현리친왕래유기공관 상여태자친행접견 인어경희
德國顯利親王來留其公館 上與太子親幸接見 因御慶熙
궁 연조이친지 이도재간부종
宮 演操以親之 李道宰諫不從.

군수의 해유법(解由法)을 정했다. 세부(稅簿)를 제대로 정리하지 못하면 해유(解由)[1]를 허락하지 않는 것이 관례였다. 당시에는 양세(兩稅)를 모두 돈으로 바쳤는데, 조정에서 운송비용을 고려하여 매번 10분의 1을 태비(駄費)로 지불하도록 하였다. 그러자 군수가 그것을 착복하였는데, 혹은 내외의 높은 관리들이 권력을 빙자하여 가로채니 군수는 추호의 염지(染指)[2]도 가질 수 없었다. 돈으로 환납(換納)하는 장사치들이 이 때문에 태비(駄費)를 잃게 되고 아울러 전체를 결손내고 도망치는 자가 속출했다. 이로 말미암아 국가는 앉아서 수만 금에 달하는 세금 수입의 손실을 입었으며, 이는 모두 중간의 착복으로 들어갔다. 세금의 수입을 제대로 감부(勘簿)[3]를 살피는 군이 없어, 관리들이 이로 인해 공공연히 방자하게 장물죄를 범하여 쌓인 포흠(逋欠)[4]이 가히 견줄 수 없을 지경에 이르렀다. 법령이 비록 갖추었다 해도 조종하는 데 기준이 없으니 왕왕 해유를 거치지 않고 곧장 스스로 승진하여 옮겨가는 자도 있었다.

**註解**

1) **해유**(解由) : 관아의 물품을 맡아 관리하던 벼슬아치가 교체될 때, 후임자에게 사무와 세무를 인계하고 호조에 보고하여 책임의 해제를 받는 절차. 해유장(解由狀).
2) **염지**(染指) : 부적당한 물건을 남 몰래 가짐.
3) **감부**(勘簿) : 금곡(金穀) 따위 출납에 관한 문서를 조사함.
4) **포흠**(逋欠) : 관물(官物)을 사사로이 소비함. 흠포(欠逋).

**原文**

定郡守解由法 稅簿未勘 則不許解由 例也 時兩稅皆以錢朝廷慮輪運 每十抽一 使支馱費 而郡守舔之 或內外大吏藉權移挪 郡守毫無染指 商估領錢換納者 因失馱費 並本致欠 逃亡相屬 由是國家坐損經費鉅萬 而盡歸中飽 稅無勘簿之郡 官吏因緣公肆 犯贓積逋 至不可較 法令雖具 操縱無準 往往有未經解由 而經自陞遷者.

교민(敎民) 황의수(黃義秀)가 함녕전(咸寧殿)[1]에 들어가, "내가 마땅히 천자가 되어야 한다."고 크게 외쳤다. 이에 난언률(亂言律)이 적용되어 교수형을 당하였다.

**註解**

1) **함녕전**(咸寧殿) : 보물 제820호. 덕수궁 안에 있다. 1897년에 건축, 1904년에 화재로 소실된 것을 그해 중건하였다.

**原文**

교민황의수입함녕전 대호아당작천자 좌난언율 교
敎民黃義秀入咸寧殿 大呼我當作天子 坐亂言律 絞.

(5월) 서울에 사는 권세 있고 높은 벼슬아치 집에 폭탄을 던지는 일이 있었다. 밤만 되면 계속 발생하였는데, 신기선(申箕善)의 낭무(廊廡)[1]가 불타서 주청하여 세밀히 조사했으나 범인은 잡히지 않았다. 임금은 몹시 무서워하여 러시아 공관에 알지 못하게 (은밀히) 행차한 것이 여러 차례였다. 최후로 임병길(林炳吉)이란 자를 잡아 심문하니, 장차 대궐을 범할 음모가 있었다고 밝혀졌다. 그러나 끝까지 구명하지 못하고, 다만 야순(夜巡)을 실시하여 묘사(廟社, 종묘사직) · 궁전과 정권을 휘두르는 몇몇 재상집을 호위하는 데 그쳤다.

**註解**

1) **낭무**(廊廡) : 사랑채. 정전(正殿)에 부속된 건물.

**原文**

경사유투폭발탄어권귀가자 연야속발 소신기선낭무 주
京師有投爆發彈於權貴家者 連夜續發 燒申箕善廊廡 奏

청궁핵 적미획 상대공 잠행아관자루 최후포임병길자 안
請窮覈 賊未獲 上大恐 潛幸俄館者屢 最後捕林炳吉者 按

지 장유범궐지모 연역불구 단설야순 호위묘사 전궁급병
之 將有犯闕之謀 然亦不究 但設夜巡 護衛廟社 殿宮及柄
용제재가
用諸宰家.

윤용선(尹容善)이 시찰관(視察官)을 소환할 것을 청했는데, 임금이 사헌(私獻)[1]으로써 감싸주려 하였으나 매우 강력히 따지어 말하자 윤허를 받았다.

**註解**

1) **사헌**(私獻) : 사사로이 물건을 올림. 은밀히 물건을 바침.

**原文**

윤용선청소환시찰관 상이사헌근지 쟁심력 몽윤
尹容善請召還視察官 上以私獻靳之 爭甚力 蒙允.

선혜청(宣惠廳) 별창(別倉)에 화재가 발생하였다.

**原文**

선혜별창화
宣惠別倉火.

표훈원(表勳院)을 설치하였다.

**原文**

설표훈원
設表勳院.

채회(采會)를 금지하였다. 채회는 일명 만인계(萬人契)[1]라고도 한다. 외국으로부터 우리나라에 들어왔는데, 곧 도박으로 재물을 속여서 빼앗는 데 뛰어나다.

**註解**

1) **만인계**(萬人契) : 예전에 천 명 이상의 계원을 모아 각각 돈을 걸게 하고 계알을 흔들어 뽑아서 등수에 따라 돈을 타게 하던 계.

**原文**

금채회 채회일명만인계 방자외양 연입아국 즉도기편재
禁采會 采會一名萬人契 仿自外洋 延入我國 卽賭技騙財
지우야
之尤也.

김영수(金永壽)가 사망하였다. 시호는 '문헌(文獻)'이다.

**原文**

김영수졸 시문헌
金永壽卒 諡文獻.

서울에 홍수가 났다.

민영주(閔泳柱)를 경기 관찰사로 삼았다.

**原文**

경사대수 민영주위경기관찰사
京師大水 閔泳柱爲京畿觀察使.

미국 뉴육부(紐育府, 뉴욕)에서 네 발 달린 닭이 태어났다.

**原文**

미 국 뉴 육 부 산 사 족 계
美國杻育府産四足鷄.

6월, 일본 공사 가등증웅(加藤增雄)이 해임되고 새로 임명된 임권조(林權助)가 부임했다.

**原文**

유 월 왜 공 사 가 등 증 웅 해 임 신 차 임 권 조 래
六月倭公使加藤增雄解任 新差林權助來.

윤용선(尹容善)이 이건하(李乾夏)를 면직시키고, 민영주(閔泳柱)를 유배 보낼 것을 아뢰었다. 이건하는 내부 대신으로 있으면서 내비(內批)를 봉행함에 군수 100여 인을 제수하였다. 그런데 민영주가 명을 받고 왕래하면서 반이나 속이고 바꿔치기를 했다. 그런 까닭에 윤용선이 탄핵한 것이다. 민영주의 아들 민경식(閔景植)이 소를 올려 윤용선을 추하게 헐뜯어 아울러 면직시켰다.

**原文**

윤 용 선 주 면 이 건 하 관 유 민 영 주 건 하 이 내 대 봉 행 내 비
尹容善奏 免李乾夏官 流閔泳柱 乾夏以內大 奉行內批

제 군 수 백 여 인 이 영 주 승 명 왕 래 반 출 교 환 고 용 선 주 폄 지
除郡守百餘人 而泳柱承命往來 半出矯幻 故容善奏貶之

영 주 자 경 식 상 소　추 저 용 선　병 좌 면
泳柱子景植上疏 醜詆容善 並坐免.

일본인이 망명한 우리나라 사람들을 사면하여 돌아오도록 하고, 일체 서용(敍用)할 것을 청했으나 임금이 정부에 영을 내려 응하지 말도록 했다.

**原文**

왜 인 청 사 환 아 국 제 망 명　일 체 서 용　상 령 정 부 물 응
倭人請赦還我國諸亡命 一切敍用 上令政府勿應.

김영덕(金永悳)을 충청남도 관찰사로 삼았다.

**原文**

이 김 영 덕 위 충 남 관 찰 사
以金永悳爲忠南觀察使.

미국인 보시(寶著)가 어진(御眞)과 예진(睿眞)을 그려 바치니, 상금 1만 원을 내렸다.

**原文**

미 인 보 시　화 진 어 진　예 진　하 상 금 일 만 원
美人寶著 畵進御眞·睿眞 下賞金一萬元.

영어 교사 할치신(轄治臣, 허치슨 Hutchision)에게 2품 금장

(金章)을 하사하고 교육에 바친 노고를 치하하였다.

**原文**

사 영 어 교 사 할 치 신 이 품 금 장 이 교 육 효 노 야
賜英語教師轄治臣二品金章 以教育効勞也.

일본에는 동(銅)이 귀한데 우리나라 돈이 동의 성분을 다량 함유하고 있는 까닭에 사 모았다. 그 값이 100이면 20을 더해 주고 그것을 녹여서 구리를 얻었다. 연해민들이 돈을 가지고 운집하여 6개월이 채 못 되어 녹인 돈이 17만5천여 냥에 이르렀다.

**原文**

왜 중 동 귀 이 아 전 다 함 동 질 구 모 지 기 직 백 가 이 십 용 해 취
倭中銅貴 以我錢多含銅質 購募之 其直百加二十 鎔解取
동 연 민 지 전 운 집 미 유 월 소 용 지 십 칠 만 오 천 여 냥
銅 沿民持錢雲集 未六月 所鎔至十七萬五千餘兩.

전라남도의 함평(咸平) · 무장(茂長) · 영광(靈光) 등 여러 군에 해일이 발생하여 백성들이 많이 빠져 죽었다. 충청북도 청주군에는 달걀만한 크기의 우박이 내려 하루 밤낮이 지나서야 녹았고, 경상남도의 김해군에서는 어름덩어리 우박이 떨어졌다.

**原文**

전 남 지 함 평 무 장 영 광 제 군 해 일 민 다 엄 몰 충 북 지 청
全南之咸平 · 茂長 · 靈光諸郡海溢 民多渰沒 忠北之清

주군우박 대여난 과일주야시소 경남지김해군빙박
州郡雨雹 大如卵 過一晝夜始消 慶南之金海郡氷雹.

7월, 민병석(閔丙奭)을 내부 대신으로 삼고, 이건하(李乾夏)를 학부 대신으로 삼았다. 조종필(趙鍾弼)을 경기도 관찰사로, 이은용(李垠鎔)을 경상남도 관찰사로 삼고, 민형식(閔亨植)을 황해도 관찰사로 삼았으며, 안동 군수 정세원(鄭世源)을 평안남도 관찰사로 삼았다.

**原文**

추칠월 이민병석위내부대신 이건하위학부대신 조종필
秋七月 以閔丙奭爲內部大臣 李乾夏爲學部大臣 趙鍾弼
위경기관찰사 이은용위경남관찰사 민형식위황해관찰사
爲京畿觀察使 李垠鎔爲慶南觀察使 閔亨植爲黃海觀察使
안동군수정세원위평남관찰사
安東郡守鄭世源爲平南觀察使.

안렴사(按廉使)를 파견하였다. 이도재(李道宰)를 전라도에, 조병호(趙秉鎬)를 경상도에, 김종한(金宗漢)을 함경도에 보내고, 이어서 한규설(韓圭卨) · 심상훈(沈相薰) · 박정양(朴定陽) · 조병직(趙秉稷) · 신기선(申箕善)을 여러 도에 나누어 보낼 것을 명했다.

**原文**

견안렴사이도재어전라도 조병호어경상도 김종한어함
遣按廉使李道宰於全羅道 趙秉鎬於慶尙道 金宗漢於咸

경도 계명한규설 · 심상훈 · 박정양 · 조병직 · 신기선분왕
鏡道 繼命韓圭卨 · 沈相薰 · 朴定陽 · 趙秉稷 · 申箕善分往

제도
諸道.

고성(高城)과 통천(通川)에 지방대(地方隊)를 설치하였다.

**原文**

설지방대어고성 · 통천
設地方隊於高城 · 通川.

전 담양 군수 민종렬(閔種烈)이 사망하였다.

**原文**

전담양군수민종렬졸
前潭陽郡守閔種烈卒.

의화군(義和君) 이강(李堈)의 유학비 2,000원을 일본으로 보냈다. 황자 이은(李垠)이 차츰 성장하자 엄귀인(嚴貴人)은 기유(覬覦)[1]의 바람이 있었고, 귀족 집안의 얼자들인 김영준(金永準) · 민병선(閔秉璇) 등이 이강에게 붙어 누차 돌아오기를 간청하였으나 임금은 소장지화(蕭墻之禍)[2]를 염려하여 거듭 머물러 있도록 하명했다.

**註解**

1) 기유(覬覦) : 분에 넘치는 희망을 품음.

2) 소장지화(蕭墻之禍) : 궁궐의 환란. 왕실의 내부나 집안에서 서로 간에 다툼이 일어나는 일.

**原文**

송의화군강유학비이천원우일본 황자은초장 엄귀인유
送義和君堈留學費二千元于日本 皇子垠稍長 嚴貴人有
기유지망 이제귀얼김영준 · 민병선등부지강 루간반국 이
覬覦之望 而諸貴蘖金永準 · 閔秉璇等附之堈 屢懇返國 而
상려소장지화 연명고유
上慮蕭墻之禍 連命姑留.

청나라 백성들이 제멋대로 용천군(龍川郡)에서 탄광을 개발하고 향비(響匪) 유패진(劉佩珍) · 손양한(孫良漢) · 노귀시(盧貴時) 등이 후창군(厚昌郡)과 장진군(長津郡) 등지를 침범했다.

**原文**

청민천개탄광우용천군 향비유패진 · 손양한 · 노귀시등
淸民擅開炭礦于龍川郡 響匪劉佩珍 · 孫良漢 · 盧貴時等
창범후창 · 장진제군
搶犯厚昌 · 長津諸郡.

7월 28일(계유), 장헌세자(莊獻世子)를 추존하여 장종대왕(莊宗大王)으로 하고, 시호를 신문환무 장헌광효(神文桓武莊獻廣孝)로 올리고, 능의 이름을 융릉(隆陵)으로, 전호(殿號)를 경모전(景慕殿)이라 하였다. 혜빈(惠嬪) 홍씨(洪氏)의 휘호(徽號)를 인철계성왕후(仁哲啓聖王后)로 올리고, 또 정종대왕의 존호를 따라서 올려 경천명도 홍덕현모(敬天明道弘德顯謨)로 하고, 효의왕후(孝懿王后)를 장휘(莊徽)로 하였다. 홍봉한(洪鳳漢)을 영풍부원군(永豐府院君)으로, 그의 처 이씨(李氏)를 한산부부인(韓山府夫人)으로 추증하고, 윤숙(尹塾)·임성(任珹)·임덕제(林德躋)·권정침(權正忱)·이이장(李彝章)·한광조(韓光肇)·조중회(趙重晦)·이익원(李翼元)·이종성(李宗城)·이천보(李天輔)·이후(李㬱)·민백상(閔百祥)·김종수(金鍾秀)·유언호(兪彦鎬)·윤시동(尹蓍東)·채제공(蔡濟恭)·박종악(朴宗岳)·김조순(金祖淳)·서유린(徐有隣)의 사당에 치제(致祭)하도록 하였다. 특진관 서상조(徐相祖)는 일계(一階)를 올려주었다.

6월에 서상조가 소를 올려 장헌세자를 추숭(追崇)할 것을 청하니, 임금은 종친과 문무관 2품 이상 및 시원임 대신과 유현들의 의론을 수렴할 것을 명하였다. 심순택(沈舜澤)은 그때 청양(青陽)에 있으면서 의견을 올렸는데 그 내용은 다음과 같다.

"신은 융병(癃病)[1]으로 거의 죽게 되어 날로 부(符)가 이르기를 기다리는데, 뜻밖에 예부의 낭관이 와서 청문(請文)을 전하였습니다. 이것은 국가의 대례(大禮)에 관계되는 바, 쇠잔한 실낱같은 목숨이 아직 끊어지지 않았으니, 어찌 감히 입을 다물고 말을 하지 않을 수 있겠습니까? 오직 황제 폐하께서는 풍공(豐功) 대덕(大德)이 삼황(三皇)[2]을 겸하고 오제(五帝)[3]를 능가할 만하여 새로 천명을 받으사 대보(大寶, 황제의 위(位))를 이어받아 백가지 예에 부합하여 거사를 마치지 않은 것이 없습니다. 무릇 계술(繼述)[4]하는 일에 있어서도 더욱 그 지극

함을 활용하지 않은 것이 없습니다. 엎드려 생각하옵건대, 경모궁(景慕宮)의 의절(儀節)에 있어서는 곧 정묘(正廟)께서 25년간 정미한 뜻을 두었던 바요, 영묘(英廟)께서 금등(金藤)의 어서(御書)[5]를 남기셨던 바, 운한(雲漢)이 밝게 돌아가니, 아! 양성조(兩聖祖, 영조·정조)의 측달(惻怛)[6]의 뜻을 백세의 아래에서 신하된 자라면 누군들 감읍하여 눈물을 흘리지 않겠습니까? 이제 이 재신의 장소(章疏)는 곧 그 가문에 대대로 지키는 의리이지만 그러나 또한 어찌 한 사람 한 가문만이 지키는 사사로운 논의에 그치겠습니까? 실로 온 나라의 대동(大同)의 의론이옵니다. 하늘에 계시는 두 성조의 영령께서 또한 기뻐하실 것이며, 열성(列聖)들께서 미처 손쓰지 못한 것은 마치 오늘을 기다림이 있었기 때문인 것 같습니다. 엎드려 바라옵건대, 빨리 아름다운 의전을 거행하여 선대의 광렬(光烈)을 빛내시기 바라옵니다."

봉조하 김병국(金炳國)·송근수(宋近洙)·특진관 신응조(申應朝)·조병세(趙秉世)·송병선(宋秉璿) 등은 발언하기가 곤란하여 모두 병을 핑계대고 의견을 들이지 않았다. 영남인들은 또 유소(儒疏)를 올려 속히 전례(典禮)를 거행할 것을 청하였다. 대체로 영남 사람들은 정조이래로부터 누차 장헌세자(莊獻世子)를 추숭할 것을 청하였으니, 이 문제를 하나의 큰 의리로 보았던 것이다.

처음에 영종(영조)이 장헌세자를 죽이고 나서 백세 뒤에 추숭의 의론이 일어나 자기가 큰 악에 빠질 것을 두려워한 나머지 드디어 진종(眞宗, 영조의 아들로 추존)으로 계통을 잇도록 하고, 그 신위를 종묘에 모시도록 하였으며, 정조를 데리고 태묘에 가서 맹세하고 고하기를, '후세에 사론(邪論)과 영합하는 일이 있을 것 같으면 역률(逆律)로 논하겠다'고 맹세해 고하도록 하였다. 곧 심순택(沈舜澤)의 상소에서 이른바 금등이라는 것이다. 그런 까닭에 정조는 종신토록 감히 개정하지 못하고 그러한 말을 하는 자가 있으면 곧바로 죽임을 내렸다. 이로부터 추숭의 논의는 세상에서 엄하게 금지되었다.

지금 임금은 장헌세자에 대해 후손으로 사친(私親)이 되며, 임오년(영조 38, 1762) 일을 익히 들었으며, 그리고 또 이때에 이미 황제를 칭하였으니, 예로 보면 마땅히 4대를 황제로 추존하는 것이 마땅했다. 그런 까닭에 드디어 뜻을 전해주어 서상조(徐相祖)로 하여금 소를 올리게 하고, 심순택으로 하여금 의론을 제출하게 하여 안팎에서 창화(倡和)[7]하여 과감히 단행했던 것이다. 그러나 장종(莊宗)을 이미 종묘에 모시고 축(祝)을 '고황조(高皇祖)'라 칭했으니 진종은 또한 어디에 두어야 할 것인가? 비록 헛되고 잘못된 예문으로 일시 분식(粉飾)을 하였다고는 하지만 기실은 영조의 죄인이다. 또한 임오년 이후로 시파(時派)와 벽파(僻派)의 싸움이 계속되어 승부가 정해짐이 없이, '충(忠)이다 역(逆)이다' 하여 서로 배척해 왔는데, 지금 일괄해서 포유(褒諭)를 하고 뒤섞어 치제(致祭)를 내리니 또한 공의(公議)가 아니다.

나라의 제도에 아들이 대과(大科)에 급제하면 아비는 과거에 나가는 것을 허락하지 않았다. 서상조(徐相祖)는 늙어서 음직으로 벼슬살이를 하였는데, 대과를 치를 때마다 그 아들에게 권하여 시권(試券)을 내지 말도록 하고, "내가 아직 70이 못 되어 과거를 그만두지 않았다."고 하였다. 임오년(1882) 가을에 소를 올려 명성후의 복귀를 청하고 곧 대과에 뽑혔다. 이에 이르러 또 특별히 품계를 더했으니 세상 사람들은 그의 교사(巧詐)한 짓을 하여 벼슬 구하는 것을 타매(唾罵, 꾸짖음)하였다.

註解

1) **융병**(癃病) : 노인들의 몸이 수척하여지는 병.
2) **삼황**(三皇) : 고대 중국 전설에 나타난 세 임금. 태호 복희씨(太昊伏羲氏)·염제 신농씨(炎帝神農氏)·황제 유웅씨(黃帝有熊氏). 또는 천황씨(天皇氏)·지황씨(地皇氏)·인황씨(人皇氏).
3) **오제**(五帝) : 옛날 중국에 있던 전설상의 다섯 황제. [황제(皇帝)·전욱(顓頊)·제곡(帝嚳)·요(堯)·순(舜). 또는 태호(太皞)·염제(炎帝)·황제(黃帝)·소호(少昊)·전욱(顓頊), 또는 소호(少昊)·전욱(顓頊)·제곡(帝嚳)·요(堯)·순(舜), 또는 복희(伏羲)·신농(神農)·황제(皇帝)·요(堯)·순(舜)]
4) **계술**(繼述) : 앞 사람이 하던 일을 이어 명백하게 서술한 것.
5) **금등**(金藤)의 **어서**(御書) : 영조가 사도세자를 죽인 일을 후대에 문제 되지 않기 위하여, 주나라 성왕(成王) 때 금등(金藤)의 고사를 믿어서 약속하는 문서를 남긴 것을 뜻함. 금등은 금궤(金櫃)임.
6) **측달**(惻怛) : 가엾게 여겨 슬퍼함.
7) **창화**(倡和) : 한 사람이 선창하면 다른 사람이 이에 따라 부르는 일.

**原文**

二十八日癸酉 追尊莊獻世子 爲莊宗大王 上謚號神文桓武莊獻廣孝 陵號隆陵 殿號景慕殿 上惠嬪洪氏徽號仁哲啓聖王后 追上正宗大王尊號敬天明道弘德顯謨 孝懿王后莊徽 贈洪鳳漢永豊府院君 妻李氏韓山府夫人 致祭于尹塾·任城·林德躋·權正忱·李彛章·韓光肇·趙重晦·李翼元·李宗城·李天輔·李㻈·閔百祥·金鍾秀·兪彦鎬·尹蓍東·蔡濟恭·朴宗岳·金祖淳·徐有隣之廟 加特進官徐相祖一資.

六月 相祖上疏請追崇莊獻 上命收議于宗親文武二品以上及時原任大臣儒賢 沈舜澤時在青陽 獻議曰 臣癃病垂死日俟符到 不意禮郎來傳淸問 此係國家大禮 殘縷未絶 何敢泯默 欽惟皇帝陛下 豐功大德 兼三邁五 新受天命 誕膺大寶 百禮旣合 靡不畢擧 凡於繼述之事 尤無所不用其極 伏惟景慕宮儀節 乃正廟二十五年精義所在 而英廟御書金縢之篇 雲漢昭回 嗚乎 兩聖朝惻怛之旨意 百世之下 爲人

신자 숙불감읍타체 금차재신지장 내기가세수지의리 이
臣者 孰不感泣墮涕 今此宰臣之章 乃其家世守之義理 而
역기일인일가지사론이재 실잡역대동지론야 양성조재천
亦豈一人一家之私論已哉 實匝域大同之論也 兩聖朝在天
지영 역장열예 이열성미황지전 약유대어금일 복원극거
之靈 亦將悅豫 而列聖未遑之典 若有待於今日 伏願亟擧
욕의 용광전열운운
縟儀 用光前烈云云.

봉조하김병국 송근수 특진관신응조 조병세 송병
奉朝賀金炳國·宋近洙·特進官申應朝·朝秉世·宋秉
선등 난어발언 개사병불헌의 영남인 우상유소 청극행전
璿等 難於發言 皆辭病不獻議 嶺南人 又上儒疏 請亟行典
례 개영인자정종이래 루청추숭장헌 간작일대의리자야
禮 蓋嶺人自正宗以來 屢請追崇莊獻 看作一大義理者也
초영종살장헌 공백세후 유추숭지론 함기어대악 수이진
初英宗殺莊獻 恐百歲後 有追崇之論 陷己於大惡 遂以眞
종계세부묘 솔정종서고태묘 후세여유영합사론 즉론이역
宗繼世祔廟 率正宗誓告太廟 後世如有迎合邪論 則論以逆
율 즉순택소위금등자야 고정종종신불감개 유언자첩주륙
律 卽舜澤所謂金縢者也 故正宗終身不敢改 有言者輒誅戮
자시추숭지론 위세려금 상어장헌 위소후가사친 습문임
自是追崇之論 爲世厲禁 上於莊獻 爲所後家私親 習聞壬
오사 이우시시기칭제 예당추존사대위황제 고수수지사서
午事 而又是時旣稱帝 禮當追尊四代爲皇帝 故遂授旨使徐
상조상소 심순택헌의 내외창화 단연행지 연장종기부 이
相祖上疏 沈舜澤獻議 內外倡和 斷然行之 然莊宗旣祔 而
축칭황고조 즉진종우하이처지 수허문류례 분식일시 기
祝稱皇高祖 則眞宗又何以處之 雖虛文謬禮 粉飾一時 其
실영종지죄인야 차임오년이후 시벽지전 승부무정 호척
實英宗之罪人也 且壬午年以後 時僻之戰 勝負無定 互斥
충역 이금내일개포유 혼윤사제 역비공의야
忠逆 而今乃一槩褒諭 混淪賜祭 亦非公議也.

국제 자석갈 부불허부거 상조년노음사 매대과권기자물
國制 子釋褐 父不許赴擧 相祖年老蔭仕 每大科勸其子勿
정권왈 오미칠십 불폐거 임오추 상소청복명성위 선탁대
呈劵曰 吾未七十 不廢擧 壬午秋 上疏請復明成位 旋擢大
과 지시우가특자 세매기교환
科 至是又加特資 世罵其巧宦.

채동술(蔡東述)은 채제공(蔡濟恭)의 증손인데, 안기영(安驥泳) 옥사[1]에 죽임을 당해서 그의 집은 충청도로 내려가게 되었다. 이때 치제(致祭)[2]의 의전이 내려지자 그 집안사람들은, "채제공이 지어 비밀히 봉합되어 세전(世傳)되어 온 것이 있는데, 금년 모월(某月) 모일(某日)을 기다려 개봉하도록 한 것이 있다."고 일컬었다. 글에 쓰여 있기를, "씩씩하고도 너그러우며 아름답고도 또한 효성스럽도다. 문손(文孫)을 열어 억만년의 기틀을 세웠도다. 신은 배례를 올리고 간직하여 공손히 백년을 기다리렷다."라고 되어 있었으며, 끝에 기미년 원일(元日, 초하루)이라고 쓰여 있었다. 그 연월에 근거하면 꼭 100년이 되었다. 이 일이 보고 되자 임금은 크게 기뻐하며 말하기를, '황제의 칭호를 받고 장종(莊宗)으로 추존한 일은 다 앞서 정해졌던 것으로 이미 백 년 전에 조짐이 있었던 것'이라고 하였다. 이러한 말을 들은 사람들은 기이하게 여겼다.

**註解**

1) **안기영(安驥泳) 옥사** : 1881년 개화파를 제거할 목적으로 승지 안기영이 대원군의 서자인 이재선(李載先)을 추대하여 정변을 꾀하려다

실패한 사건.

2) **치제**(致祭) : 공신이 죽은 경우, 임금이 재물과 제문을 내려 그 공신을 제사 지냄. 또는 그 제사.

**原文**

蔡東述 濟恭曾孫也 誅於安驥泳獄 其家撤歸湖中 及祭典下 家人稱有濟恭所著秘緘世傳 待今年月日發之 有文曰 莊而裕懿且孝 啓文孫基萬億 臣拜藏恭俟百 末署己未元日 據其年月 恰滿百年 事聞 上大喜 以爲受帝號 尊莊宗事 皆前定 已兆於百年之前 聞者異之.

충주 사람 성강호(成康鎬)라는 자가 '자기는 귀신을 볼 수 있다'고 하여 임금은 그를 불러들여서 죽은 명성황후(明成皇后)를 보여달라고 명했다. 하루는 경효전(景孝殿)에서 다례(茶禮)를 드리는데 성강호가 갑자기 서둘러 계단 밑에 엎드렸다. 임금이 '무슨 연고인가' 물으니 대답하여 말하기를, "명성황후가 오셔서 탑(榻)으로 올라오십니다." 하였다. 임금은 탑을 어루만지면서 크게 통곡하니 성강호가 말하기를, "통곡이 심할 것 같으면 신령은 다시 오시지 않습니다." 하니 임금은 억지로 참으면서 눈물을 거두었다. 이로부터 전릉(殿陵)에 일이 있으면 문득 "황후가 오셨는가? 오지 않았는냐?" 하고 물으니 대답하기를, "유명(幽明)은 다름이 있어서 혹은 내려오시기도 하고 내려오시지 않기도 한다."고 하였다. 임금은 매번 민비를 생각할 때면 반드시 그를 불러들였으니, 1년간에 벼슬이 뛰어 협판이 되었고 그의 대문은 사람들로 시장 같이 붐볐다.

**原文**

충주인성강호자 자언견귀물 상소지 영견명성후 일일
忠州人成康鎬者 自言見鬼物 上召之 令見明成后 一日
행경효다례 강호홀추복계하 상문하고 대왈 후임행의 승
行景孝茶禮 康鎬忽趨伏階下 上問何故 對曰 后臨幸矣 陞
탑의 상모탑대통 강호왈 약통심 즉신령불부래임 상강위
榻矣 上摸榻大慟 康鎬曰 若慟甚 則神靈不復來臨 上强爲
수루 자시유사전릉 첩문왈 후래부 대왈 유명유이 혹강혹
收淚 自是有事殿陵 輒問曰 后來否 對曰 幽明有異 或降或
불강 상매사후즉필소지 주년초지협판 기문여시
不降 上每思后則必召之 周年超至協辦 其門如市.

8월 3일(갑자), 전 판서 엄세영(嚴世永)이 사망하였다. 엄세영은 사람이 맑으면서도 우량(踽凉)[1]하여 특별히 일으켜 놓은 실적이 없었다. 여러 엄씨들이 갑자기 귀하게 되자 엄세영을 끌어들여 우족(右族)[2]이 되고자 하여, 순비(淳妃, 嚴妃)가 족보를 함께 하도록 명했다. 이에 엄세영은 거절한 채 응하지 않고 두문불출하여 아무 일도 하지 않았다. 간혹 두건이나 삿갓을 쓰지 않은 채 술집에 들어가 술을 마시고 안주를 갖고 나와 길을 걷다가 먹기도 하여 사람들이 그를 미친 사람으로 여겼다. 이렇게 하기를 5, 6년 하다가 죽은 것이다.

**註解**

1) **우량**(踽凉) : 친근히 접촉할 사람이 없는 모양. 우우량량(踽踽凉凉).
2) **우족**(右族) : 명문거족의 고귀한 겨레붙이.

**原文**

초삼일갑자 전판서엄세영졸 세영부담우량 무소건수 급
初三日甲子 前判書嚴世永卒 世永浮湛踽凉 無所建竪 及
제엄폭귀 욕인세영위우족 순비명통보 세영절부응 두문
諸嚴暴貴 欲引世永爲右族 淳妃命通譜 世永絶不應 杜門
자폐 혹불건불립 입사음주 지효선 차행차철 인이광역목
自廢 或不巾不笠 入肆飮酒 持肴膳 且行且啜 人以狂易目
지 여차오육년이사
之 如此五六年而死.

통천(通川)의 김원동(金元同)이란 자는 방탕하게 굴다가 그 아비에게서 사랑을 잃었다. 전전하다가 동구릉(東九陵)에 이르렀을 때, 길에서 작은 병 하나를 발견하였다. 폴짝폴짝 뛰면서 소리를 내는데 사람이 말하는 것과 유사했다. 김원동은 그 병의 입을 막고 시험 삼아 두드리며 말하기를, "나는 지금 어디에서 밥을 얻어먹을 것인고?" 하고 물으니, 응답하기를, "아무 방향으로 가라!" 하여 그것을 시험해 보았더니 과연 그러했다. 그는 그것을 신기하게 여겨 바로 집어넣어 서울에 들어왔다. 점치러 오는 사람들이 운집하였으며, 드디어 강석호의 집에 유숙하고 있으면서 이원근(李元根)으로 변성명을 하였다. 마침 영친왕이 병이 들었는데 강석호가 병이 나을 시기를 점친 것이 틀리지 않았다고 하여 크게 고임(총애)을 받아 즉시 금화 군수

(金化郡守)를 제수하였다. 대궐 안에 빌고 굿을 하는 일을 주관하여 그 위복(威福)이 도 안에 떨쳤으며, 그 아비가 찾아와도 거절하여 쫓아버렸다.

**原文**

통천김원동자 탕야 실애어부 전지동구릉 노견일소병
通川金元同者 蕩冶 失愛於父 轉至東九陵 路見一小甁
도약작성유인어 동색기구 시고지왈 오금우하득식 응왈
跳躍作聲類人語 同塞其口 試叩之曰 吾今于何得食 應曰
향모방 시지과연 동신지 유고첩입 휴지입경 서자운집 수
向某方 試之果然 同神之 有叩輒入 携之入京 筮者雲集 遂
객강석호소 변성명이원근 회영왕병 석호이문 각차기불
客姜錫鎬所 變姓名李元根 會英王病 錫鎬以聞 刻差期不
상 대유총 즉제금화수 주대내기초 위복선일도 기부래방
爽 大有寵 卽除金化守 主大內祈醮 威福煽一道 其父來訪
거축지
拒逐之.

도둑이 문충공(文忠公) 윤두수(尹斗壽)의 신주를 훔쳐다가 감추었는데, 그 본가에서 7천 냥을 주고 찾아갔다.

**原文**

도절문충공윤두수신주닉지 기가손칠천냥색환
盜竊文忠公尹斗壽神主匿之 其家損七千兩索還.

의정부 찬무(贊務) 미국인 이선득(李善得, Le Gendre, Chs. W.)이 사망했다.

**原文**

의 정 부 찬 무 미 인 이 선 득 사
議政府贊務美人李善得死.

아라사 공사 덕밀특(德密特, 드미트리프스키)이 사망했다. 양화진(揚花津) 위에 땅을 내려 장사를 지내게끔 하였다.

**原文**

아 공 사 덕 밀 특 사 　사 장 양 화 진 상
俄公使德密特死 賜葬楊花津上.

함경남도 함흥군(咸興郡)에 홍수가 나서 만세교(萬歲橋)가 떠내려갔고, 장진군(長津郡)에는 3일 밤 된서리가 내렸다. 경상북도 경주군(慶州郡)과 영천군(永川郡)에는 비바람과 함께 우박이 내렸으며, 평안남도 영원군(寧遠郡)에는 큰 홍수가 나서 8백여 집이 떠내려가고, 7백여 명이 물에 빠져죽었다.

**原文**

함 남 지 함 흥 군 대 수 　표 만 세 교 　장 진 군 삼 야 엄 상 　경 북 지 경
咸南之咸興郡大水 漂萬歲橋 長津郡三夜嚴霜 慶北之慶
주 　영 천 군 　대 풍 우 박 　평 남 영 원 군 대 수 　표 팔 백 여 가 　익 사
州 · 永川郡 大風雨雹 平南寧遠郡大水 漂八百餘家 溺死
칠 백 여 인
七百餘人.

호남 지방에는 소들의 역병(疫病)이 크게 발생했다.

**原文**

湖南 牛大疫.

일본에서는 폭풍우로 민가 9천8백여 호(戶)가 파괴되었으며 7천여 명이 사망했다. 또한 적리(赤痢, 이질)가 크게 번져 사망자가 7천6백여 명에 이르렀다.

**原文**

倭中暴風雨 損壞民屋九千八百餘戶 死者七千餘人 又亦痢大熾 死至七千六百餘人.

8월, 특진관 이희로(李僖魯)가 소를 올려 김종수(金鍾秀)를 공박하고 추탈(追奪)할 것을 청하니, 민경호(閔京鎬)·조희영(曺喜永)·이필구(李泌久)·이문구(李文九) 등이 그에 호응하였으나, 이희로는 죄를 입고 유배를 가게 되었다. 그때 나라가 어지러워 망할 징조가 이미 나타났는데도 조저(朝著, 조정)에서는 오히려 해묵은 이야기를 들추어내어 서로들 다투었으니, 듣는 사람들은 비웃었다.

**原文**

八月 特進官李僖魯上疏 攻金鍾秀 請追奪 閔京鎬·曺喜

永·李泌久·李文久等和之 僖魯坐竄 時亂亡已形 而朝著之間 猶以陳談相訐 聞者齒冷.

8월, 종정원(宗正院)에 명하여 군(君)·도정(都正)·정(正)·부정(副正) 등의 직위를 증원하였다. 이는 경모전(景慕殿)을 추숭한 후에 장차 사친(私親)들이 직위를 승습(承襲)하기 위한 절차였다. 이재원(李載元)을 완림군(完林君), 이재긍(李載兢)을 완영군(完永君), 이재근(李載覲)을 인양도정(仁陽都正), 이재덕(李載悳)을 덕안도정(德安都正)으로 추증하고, 이재완(李載完)을 완순군(完順君), 이재순(李載純)을 청안군(淸安君), 이재각(李載覺)을 의양도정(義陽都正), 이재성(李載星)을 경은도정(景恩都正), 이재규(李載規)를 예양부정(禮陽副正)으로 각각 봉하였다. 각국 황실의 전범(典範)에 의거하여 행정의 직은 허용하지 말도록 하고, 종전에 받은 직첩은 계속해서 유지하도록 하였다.

**原文**

八月 命宗正院增置君·都正·正·副正等職 以景慕殿追崇後 將有私親承襲之節也 贈李載元完林君·李載兢完永君·李載覲仁陽都正·李載悳德安都正 封李載完完順君·李載純淸安君·李載覺義陽都正·李載星景恩都正·李

재 규 예 양 부 정 명 의 각 국 황 실 전 범 물 허 행 정 지 직 기 종 전 수
載規禮陽副正 命依各國皇室殿範 勿許行政之職 其從前授

직 첩 득 잉 수
職牒 得仍授.

평락정(平樂亭)을 선희궁(宣禧宮)에 세웠다.

**原文**

건 평 락 정 우 선 희 궁
建平樂亭于宣禧宮.

경복궁(景福宮)의 영보당(永保堂)에 불이 났다.

**原文**

경 복 궁 지 영 보 당 재
景福宮之永保堂災.

김영준(金永準)을 경무사로 삼았다. 이승오(李承五)의 집을 적몰(籍沒)[1] 하였다.

**註解**

1) **적몰(籍沒)** : 중죄인의 가산을 모두 몰수하던 일.

**原文**

이 김 영 준 위 경 무 사 적 이 승 오 가
以金永準爲警務使 籍李承五家.

일본인이 울릉도에 들어가 점거하자, 도감(島監) 배계주(裵季周)가 일본으로 건너가 담판을 하였다.

**原文**

왜 인 입 거 울 릉 도 도 감 배 계 주 입 왜 질 판
倭人入據鬱陵島 島監裵季周 入倭質判.

서울에 큰 바람이 불어 나무가 꺾이고 많은 비가 내렸다.

**原文**

경 사 대 풍 절 목 인 대 우
京師大風折木 因大雨.

9월, 전 영의정 신응조(申應朝)가 사망하였는데, 나이가 96세였다. 신응조는 임오년(고종 19, 1882) 이후로 서울에 들어오지 않고, 광주(廣州)에서 진잠(鎭岑)으로 옮겨가 살면서 두문불출하고 빈객조차 받아들이지 않았다. 나이가 비록 많았지만 정력이 쇠퇴하지 않아서 94세에 이르도록 사적(史籍)에 의거하여 저술활동을 계속하였으며, 한 시대의 명망을 짊어지고 있어서 '참재상'으로 여겼다. 그가 세상을 떠나자 원근(遠近)에서 놀라 탄식을 하고, 임금은 임오군란 때에 불러도 나오지 않는 것을 큰 절개로 삼아서 은졸(隱卒)[1]을 매우 융숭하게 하였다.

**註解**

1) 은졸(隱卒) : 임금이 좋은 공신에게 애도의 뜻을 표하는 일. 은졸지

전(隱卒之典).

**原文**

구월 전영의정신응조졸 년구십육 응조임오후 불입경사
九月 前領議政申應朝卒 年九十六 應朝壬午後 不入京師

자광주이거진잠 두문불접빈객 년수고 정력부쇠 지구십
自廣州移居鎭岑 杜門不接賓客 年雖高 精力不衰 至九十

사 유원거사적 저술불철 부일세중망 이위진재상 급기졸
四 猶援據史籍 著述不輟 負一世重望 以爲眞宰相 及其卒

원근경탄 상이기임오 고종십구년 불출위대절 은졸심악
遠近驚歎 上以其壬午(高宗十九年)不出爲大節 隱卒甚渥.

10월, 일본인이 전 통제영(統制營)의 군기(軍器)를 탈취하여 싣고 가다가 썩거나 무딘 것은 바다 가운데 던져버렸다.

**原文**

동시월 왜인탈전통영군기 곤재이거 간후둔자 투해중
冬十月 倭人奪前統營軍器 梱載以去 揀朽鈍者 投海中.

영국 여의사 전류(典柳)를 초빙하여 부인의 질병을 치료하게끔 하였는데 월봉은 300원으로 정했다.

**原文**

빙영여의전류 요치부인질병 월봉정삼백원
聘英女醫典柳 療治婦人疾病 月俸定三百元.

서울의 김씨 성을 가진 여인이 엄귀인(嚴貴人)의 뜻을 받고 김해 땅에서 치성을 드리다가 화적 마중군(馬中軍)에게 노략질을 당했다. 마중군은 호서 사람으로 갑오년(고종 31, 1894)에 동비(東匪)에 투신했고, 병신년(건양 원년, 1896)에는 의병에 가담하여 도망자들을 불러 모아 수백 리 사이를 홀연히 출몰해도 관군은 그들을 추적하지 못했다. 자못 조정의 귀함을 알아서 서찰을 올려 죄를 용서해 주고 등용시켜 준다면 의당 온 나라에 경계할 일이 없어질 것이라 하였으나, 정부에서는 받아들이지 않아서 다시 화적질을 하였으니 이때에 화적의 수괴(首魁)로 마중군과 맹감역(孟監役)이 일컬어졌다.

**原文**

京師金姓女 受嚴貴人旨 祈醮于金海地 爲火賊馬中軍所掠 馬湖西人 甲午(高宗三十一年)役東匪 丙申(建陽元年)投義兵 亡命嘯聚 倏忽數百里 官軍莫之跡 頗識朝貴貽書 願貰罪效用 則當使域中無警 政府不省 遂復作賊 是時 賊魁有馬中軍 · 孟監役之稱.

11월, 태조대왕을 태조고황제(太祖高皇帝)〔태(太)는 광명을 천년에 열었다는 뜻이며, 고(高)는 기원을 시작하고 표준을 세웠다는 의미〕로 추존하고 신의(神懿) · 신덕왕후(神德王后)를 아울러 고황후(高皇后)라 하여, 4세를 함께 추존하였다. 그리고 장종대왕(莊宗大王)을 장조의황제(莊祖懿皇帝), 헌경왕후(獻敬王后)를 의황후(懿皇后), 정종대왕(正宗大王)을 정조선황제(正祖宣皇帝)로, 효의왕후(孝懿王后)를 선황후(宣皇后)로, 순조대왕(純祖大王)을 순조숙황제(純祖肅皇帝)로, 순원왕후(純元王后)를 숙황후(肅皇后)로, 익종대왕(翼宗大王)을 문조익황제(文祖翼皇帝)로, 신정왕후(神貞王后)를 익황후(翼皇后)라 하였으며, 이종성(李宗城)과 민백상(閔百祥)을 장조(莊祖)를 모신 실(室)에 배향하고, 이천보(李天輔)·이후(李𤩘)·민백상(閔百祥)의 부조묘(不祧廟)를 허락하였다.

**原文**

십 일 월 추 존 태 조 대 왕 왈 태 조 고 황 제 광 계 천 재 왈 태 조 기 입
十一月 追尊太祖大王曰太祖高皇帝 光啓千載曰太 肇紀立
극 왈 고 신 의 신 덕 왕 후 병 고 황 후 병 추 존 사 세 장 종 대 왕 왈
極曰高 神懿·神德王后幷高皇后 並追尊四世 莊宗大王曰
장 조 의 황 제 헌 경 왕 후 왈 의 황 후 정 종 대 왕 왈 정 조 선 황 제 효
莊祖懿皇帝 獻敬王后曰懿皇后 正宗大王曰正祖宣皇帝 孝
의 왕 후 왈 선 황 후 순 조 대 왕 왈 순 조 숙 황 제 순 원 왕 후 왈 숙 황
懿王后曰宣皇后 純祖大王曰純祖肅皇帝·純元王后曰肅皇
후 익 종 대 왕 왈 문 조 익 황 제 신 정 왕 후 왈 익 황 후 이 이 종 성
后 翼宗大王曰文祖翼皇帝 神貞王后曰翼皇后 以李宗城·
민 백 상 배 향 장 조 실 허 이 천 보 이 후 민 백 상 부 조
閔百祥 配享莊祖室 許李天輔·李𤩘·閔百祥不祧.

인조(仁祖)의 존호를 추상(追上)하여 '개천조운 정기선덕(開

天肇運正紀宣德)'으로 하고, 인열왕후(仁烈王后)를 정유(正裕), 장렬왕후(莊烈王后)는 숙목(肅穆)이라 하고, 효종(孝宗)을 '흠천달도 광의홍렬(欽天達道光毅弘烈)'로 하고, 인선왕후(仁宣王后)를 정범(貞範), 명성황후(明成皇后)를 홍공(洪功)이라 하였으며, 명헌태후(明憲太后)를 강수(康綏), 대황제(大皇帝)를 '외훈홍업 계기선력(巍勳洪業啓基宣曆)'이라 하였다.

**原文**

추상인조존호왈개천조운정기선덕 인열왕후왈정유 장
追上仁祖尊號曰開天肇運正紀宣德 仁烈王后曰正裕 莊
열왕후왈숙목 효종왈흠천달도광의홍열 인선왕후왈정범
烈王后曰肅穆 孝宗曰欽天達道光毅弘烈 仁宣王后曰貞範
명성황후왈홍공 급명헌태후왈강수 대황제왈외훈홍업계
明成皇后曰洪功 及明憲太后曰康綏 大皇帝曰巍勳洪業啓
기선력
基宣曆.

동지에 고황제(高皇帝)를 남교(南郊)에서 배천(配天, 조상을 하늘과 함께 제사지냄)하고, 대사면을 내렸다.

**原文**

동지 이고황제배천우남교 대사
冬至 以高皇帝配天于南郊 大赦.

김사철(金思轍)이 소를 올려 엄귀인(嚴貴人)을 비(妃)로 봉할 것을 청하였다.

**原文**

김사철상소 청봉엄귀인위비
金思轍上疏 請封嚴貴人爲妃.

진주에 약령(藥令)을 설치하였다. 우리나라 풍속에 약시(藥市)를 '영(令)'이라고 하였다. 예전에는 봄·가을에 대구와 공주에서 약령을 설치했는데, 민응식(閔應植)이 통어사로 청주에 있을 때 공주에서 청주로 옮겼다가 곧 폐지했다. 조시영(曺始永)이 경남 관찰사로 있으면서, 진주가 조폐(彫弊)[1]한 것을 민망스럽게 여기고 약령(藥令)을 설치하여 실(實)하게 하고자 조정에 알리고 강력히 설치했다. 그러나 대구의 번성한 것에 미치지는 못했다. 이은용(李垠鎔)이 새로 부임해 오더니 관애(關隘)[2]에 지시하여 상민들을 붙잡아오게 하니 은은(狺狺)[3]함이 첨정(簽丁)[4]과 비슷했다. 이로 말미암아 교역의 길은 막혔으며 장사꾼들은 몹시 궁색해졌다.

**註解**

1) **조폐**(彫弊) : 마르고 시들어 쇠약해짐. 조잔(彫殘).
2) **관애**(關隘) : 상인을 관리하는 기관.
3) **은은**(狺狺) : 개가 싸우며 짖듯 시끄러운 소리. 소란한 소리.
4) **첨정**(簽丁) : 일꾼.

**原文**

설약령우진주 동속약시왈령 구이춘추설우대구 공주
設藥令于晉州 東俗藥市曰令 舊以春秋設于大邱·公州

민 응 식 이 통 어 사 치 청 주 시 　이 공 주 우 청 주 　선 폐 　조 시 영 이 경
閔應植以統禦使治淸州時 移公州于淸州 旋廢 曺始永以慶
남 관 찰 　민 진 주 조 폐 　욕 설 령 이 실 지 　문 우 조 　강 설 지 　연 불 급
南觀察 憫晉州彫弊 欲設令以實之 聞于朝 强設之 然不及
대 구 지 성 　급 이 은 용 종 지 　칙 관 애 　구 나 상 민 　은 은 유 첨 정 　유
大邱之盛 及李垠鎔踵之 飭關隘 句拿常民 狺狺類簽丁 由
시 교 역 로 조 　상 여 대 곤
是交易路阻 商旅大困.

강북(江北) 대원(大員)을 위원(渭原)으로 파견해서 흘러들어와 사는 청국 사람들을 관할하도록 하였다.

**原文**

파 송 강 북 대 원 우 위 원 　관 할 청 인 유 우
派送江北大員于渭原 管轄淸人流寓.

경기 · 충청 지방과 경상 · 전라 지방에 화적떼가 크게 일어났다. 성주(星州) 사람 김기준(金基俊)은 일찍이 대구 영장(營將)을 지내면서 화적 50여 명을 토벌해 죽였다. 이에 이르러 하동 군수로 있다가 면직되어 돌아왔는데, 화적이 그의 집을 포위하고 불을 질러 그 아들을 죽였다.

**原文**

기 호 지 양 남 　화 적 대 치 　성 주 인 김 기 준 　증 위 대 구 영 장 　초 살
畿湖至兩南 火賊大熾 星州人金基俊 曾爲大邱營將 勦殺
화 적 오 십 여 　지 시 이 하 동 수 면 귀 　적 위 기 가 　소 기 자 살 지
火賊五十餘 至是以河東守免歸 賊圍其家 燒其子殺之.

일본에게 강원 · 함경 · 전라 · 경상 등 4도의 해상에서 고래잡이를 허락했다.

**原文**

許倭捕鯨于江 · 咸 · 全 · 慶四道海面.

김종한(金宗漢)을 함경북도 관찰사로 삼았다. 김종한은 안렴사로 나가 원습(原隰)[1]을 꺼려하여 대충 일을 끝내고 돌아왔다. 임금은 크게 노하여, "김종한은 삼수(三水) · 갑산(甲山)에서 몇 년 살고자 하는가?"라고 하였다. 그것은 장차 먼 곳으로 귀양 보내겠다는 의미이다. 김종한은 매우 두려워하여 자기의 개인 전장을 팔아서 돈 수만 냥을 바치고 무사할 수 있었으며, 이어서 관찰사의 명을 받았다.

**註解**

1) **원습**(原隰) : 높고 마른 땅과 낮고 젖은 땅. 험한 땅을 일컬음.

**原文**

以金宗漢爲咸北觀察使 宗漢以按廉使 憚原隰 草草竣事 還 上大怒曰 宗漢欲處三水 · 甲山幾年乎 謂將遠竄也 宗漢甚懼 鬻私庄 納錢數萬兩 得無事 繼有觀察使之命.

청나라 비적이 삼수군(三水郡)을 크게 노략질하였다.

**原文**

청 비 대 략 삼 수 군
淸匪大掠三水郡.

일본 공사 임권조(林權助)가 휴가를 받아 귀국했다가 10여 일만에 돌아왔다.

**原文**

왜 공 사 임 권 조　득 가 귀 국　십 여 일 내 환
倭公使林權助　得暇歸國　十餘日乃還.

박물 대원(博物大員) 민영찬(閔泳瓚)을 법국(法國)의 수도 파리(巴里)로 부임케 하였다.

**原文**

박 물 대 원 민 영 찬　부 법 경 파 리
博物大員閔泳瓚　赴法京巴里.

김창석(金昌錫)이 하옥되었다가 죽었다. 경무사 김영준(金永準)이 날마다 만 민(緡)의 돈을 헌납하도록 하니, 서울과 시골의 부자들이 무고하게 걸려들어 파산한 자가 수백 집이나 되었다. 김창석은 전후로 60만 민의 돈을 징수당했으며, 고문을 견뎌내지 못하다가 죽었다. 상여가 고향으로 돌아오는데 그를 불쌍히 여기는 자가 없었다.

**原文**

김 창 석 하 옥 사 경 무 사 김 영 준 일 헌 만 민 경 향 부 인 라 직 파
金昌錫下獄死 警務使金永準 日獻萬緡 京鄕富人 羅織破
산 자 수 백 가 창 석 전 후 좌 징 육 십 만 민 불 승 고 략 이 사 상 환
産者數百家 昌錫前後坐徵六十萬緡 不勝侤掠而死 喪還
향 리 무 련 지 자
鄕里無憐之者.

대구 약령시(藥令市)에 큰 불이 났다.

**原文**

대 구 약 령 시 대 화
大邱藥令市大火.

12월, 조한국(趙漢國)을 충청북도 관찰사로 삼고, 정일영(鄭日永)을 강원도 관찰사로 삼았다.

**原文**

십 이 월 이 조 한 국 위 충 북 관 찰 사 정 일 영 위 강 원 관 찰 사
十二月 以趙漢國爲忠北觀察使 鄭日永爲江原觀察使.

심상훈(沈相薰)을 주청 공사(駐淸公使)로 삼았으나 얼마 안 가서 면직되었다.

原文

이 심 상 훈 위 주 청 공 사 이 이 면
以沈相薰爲駐淸公使 已而免.

황태자가 명년이면 임금의 연세가 49세가 되니 경축연을 열 것을 세 번이나 올려 청한 끝에 그렇게 하라고 허락받았다.

原文

황 태 자 이 명 년 상 수 사 십 유 구 삼 소 청 칭 경 허 지
皇太子以明年上壽四十有九 三疏請稱慶 許之.

미국인 산도(山島, Sands, W. F.)를 궁내부 찬의관(贊議官)으로 삼았다.

原文

이 미 인 산 도 위 궁 내 부 찬 의 관
以美人山島爲宮內府贊議官.

전 참판 윤태흥(尹泰興)이 소를 올려 과거제도를 부활할 것을 청했다.

原文

전 참 판 윤 태 흥 상 소 청 부 과 거
前參判尹泰興上疏 請復科擧.

서울의 청국 상인 점포에서 큰 불이 일어났고, 전주 서문 밖의 점포에서도 큰 화재가 났다.

**原文**

경 사 청 상 포 대 화 전 주 서 문 외 상 전 대 화
京師清商舖大火 全州西門外商廛大火.

윤용선(尹容善)을 의정으로 삼았다.

**原文**

이 윤 용 선 위 의 정
以尹容善爲議政.

아라사 공사 파우로후(巴禹路厚, 파블로프)가 귀환했다.

**原文**

아 공 사 파 우 로 후 환
俄公使巴禹路厚還.

흥선대원군(興宣大院君)의 사당을 건립했다.

**原文**

건 흥 선 대 원 군 사
建興宣大院君祠.

양현당(養賢堂)이란 호를 가진 김씨 여성이 여학교 교장이 되었다.

**原文**

이 김 씨 여 호 양 현 당 자 위 여 학 교 교 장
以金氏女號養賢堂者 爲女學校校長.

우리나라 사람으로 신학술을 연구하여 공예 부문에 있어 새로운 것을 창조하기까지 한 경우로, 이여고(李汝古)・이태진(李泰鎭)・이인기(李仁基)・이태호(李泰浩) 등이 자동 방직기를 만들었고, 유긍환(兪肯煥)이 자동 도정기를 제조하였고, 한욱(韓昱)이 전보기(電報機)를 제조하였으며, 고영일(高永鎰)이 양지기(量地機)를 제조하였고, 민대식(閔大植)이 유성기와 사진판을 제조하였다. 서상면(徐相勉)은 유럽으로 유학 가서 1년에 7, 8차례나 누에를 키우는 양잠법을 배워왔고, 양주의 구선동 사람들이 중국에 소주・항주와 유럽의 뽕나무 수십만 주를 심은 것이 모두 신문에 게재되었다. 그러나 위에서 권장하는 사람이 없어서 곧 폐지되고 말았다.

**原文**

아 인 지 연 구 신 학 지 어 창 조 공 예 자 유 이 여 고 이 태 진
我人之硏究新學 至於創造工藝者 有李汝古・李泰鎭・
이 인 기 이 태 호 조 자 직 기 유 긍 환 조 자 도 연 기 한 욱 조 전
李仁基・李泰浩 造自織機 兪肯煥 造自擣練機 韓昱造電
보 기 고 영 일 조 량 지 기 민 대 식 조 유 성 기 사 진 판 서 상 면 유
報機 高永鎰造量地機 閔大植造留聲機・寫眞板 徐相勉游

학구주 득해일년칠팔차양잠법 양주구선동민 종소 항
學歐洲 得解一年七八次養蠶法 楊州九仙洞民 種蘇·杭·
구미상수십만주 병게신문 연상무장권지인 선즉폐격
歐美桑數十萬株 並揭新聞 然上無奬勸之人 旋卽廢格.

## 경자(1900) 광무 4년
### (청 광서 26년, 일본 명치 33년)

1월(춘정월), 망명죄인 안경수(安駉壽)가 일본으로부터 서울에 들어와 자수하여 감옥에 갇혔는데, 심리해 줄 것을 청하였다. 안경수는 일본 땅에 오래 머무르면서 답답한 나머지 분을 참지 못하고, 일본의 후원을 받아 귀국하면 사람들이 자기를 어떻게 할 수 없을 것이라 생각하고, 귀국하기를 결심하였다. 여러 망명자들의 다수가 그만둘 것을 권했으나 듣지 않고 마침내 버젓이 자수한 것이다.

상인 나유석(羅裕錫) 등이 소를 올려 사리를 밝혀서 그를 사관(私館)에 거처하게 할 것을 청하기에 이르렀다. 시배들이 위로 차 서로 찾아가서 술잔을 나누며 흥청거리기도 하였다.

대개 안경수는 갑오년(고종 31, 1894)에 일본과의 조약을 위협하여 맹세하도록 한 일, 을미년(고종 32, 1895)에 명성왕후를 시해한 일, 무술년(광무 2, 1898) 내선(內禪)을 음모한 일 등 제반 사변에 앞장서서 호응하지 않은 것이 없었다. 그런데도 뭇 아랫사람들이 임금의 실덕(失德)을 원망하여 그에게 죄를 묻는 자가 하나도 없었다. 안경수 또한 가벼운 죄라고 자처하였다. 그는 수감되자, 민영준(閔泳駿)·민영환(閔泳煥)·한규설(韓圭卨) 등을 끌어들여 내선(內禪)의 모의에 참여하였다고 하여, 여러 사람들의 죄를 밝히자는 상소는 데면데면한 가운데 불문에 붙여졌다.

**原文**

춘정월 망명죄인안경수 자일본입경 자현취수 청심리
春正月 亡命罪人安駉壽 自日本入京 自現就囚 請審理

경수재왜일구 울울사분 위협왜원환국 즉인막아하 결의
駉壽在倭日久 鬱鬱思奮 謂挾倭援還國 則人莫我何 決意

서환 제망명다지지 불청 수언연자수 상민나유석등 지상
西還 諸亡命多止之 不聽 遂偃然自首 商民羅裕錫等 至上

소신리 청택관처지 시배위언상속 배주란만 개경수자갑
疏伸理 請擇館處之 時輩慰唁相屬 杯酒爛漫 蓋駉壽自甲

오겁맹 을미행시 무술내선 제사변 무불창화 이군하원상
午刧盟 乙未行弑 戊戌內禪 諸事變 無不倡和 而群下怨上

실덕 무심귀죄자 경수 역이경범자처 기수 인민영준 영
失德 無甚歸罪者 駉壽 亦以輕犯自處 旣囚 引閔泳駿·泳

환 한규설등 동내선지모 제인소변 불문
煥·韓圭卨等 同內禪之謀 諸人疏卞 不問.

강성형(姜盛馨)·윤세용(尹世鏞)·박희택(朴喜宅) 등을 유배 보냈다. 강성형 등은 박영효(朴泳孝)와 내통하여 임금을 경복궁으로 옮기고 이어서 정부를 전복하려고 하다가 일이 발각되었다. 이는 모두 극률(極律, 극형)에 해당되는 죄이지만 임금은 그 일이 박영효와 관련되어 있어서 앞날의 성패를 알 수 없으므로 대략 가벼운 형을 적용하였던 것이다.

**原文**

流姜盛馨 · 尹世鏞 · 朴喜宅等 盛馨等 通朴泳孝 欲奉上移御景福宮 因覆政府 事發 皆當極律 然上以事關泳孝 前頭成敗 未可知 率用輕典.

김영준(金永準)을 아산군(牙山郡)에 귀양 보내고 윤웅렬(尹雄烈)을 대신 경무사로 삼았다.

**原文**

金永準竄牙山郡 尹雄烈代爲警務使.

윤용선(尹容善)은 소를 올려 두 가지 일을 논하였다. 첫째는 궁금(宮禁)을 엄숙하게 하자는 것이요, 둘째는 잡세를 폐지시키고 파견한 관원을 혁파하자는 것이었다. 대강을 요략해 보면 다음과 같다.

"궁금은 엄중하여 빈틈이 없게 해야 되는데 과연 어떻습니까? 근래 기강이 퇴이(頹弛)[1]해 공사를 빙자하여 사사로운 일을 도모하고 있으니, 그 폐가 만 가지 실마리가 됩니다. 대개 승후관(承候官)은 본래 내전의 입진(入診)[2]을 위해 있는 것이니, 종친이나 척족의 경우 모두 촌수를 한정하였으며, 혹 문학에 단아한 선비라도 모르게 대할 수 없으며, 특별히 부르지 않는다면 감히 들어가 알현할 수 없는 것이 조정의 옛 규칙이었습니다. 그런데 근일에는 조정 신하에 처음부터 돈녕(敦寧)이란 직함이 없어졌으며, 사방의 부잡(浮雜)[3]한 무리들이 연줄을 타고 출입해서 거의 금하는 한계가 없어졌습니다. 그리하여 기밀이 누설되고 위엄과 복록을 도적질하여 농락하고 요행의 문을 크게 열어 백 가지 폐단이 성하게 되었습니다. 엎드려 바라옵건대 금단(禁斷)을 엄히 가하여 종친이나 척족, 승후관이라 하더라도 또한 반드시 옛 법도를 거듭 밝히어 이를 범하는 자가 있으면 신의 부서인 의정부에서 논경(論警)[4]하도록 해주십시오.

갑오년(고종 31, 1894) 이래 누차 많은 어려움을 겪었지만 그런데도 나라의 형세가 아직도 이와 같이 유지되고 있는 것은 오직 요역과 부세를 가볍고 작게 매겨서 백성들이 안도할 수 있었던 까닭입니다. 근래에 이르러 징수하는 것이 여러 갈래인데다 명목이 하나가 아니며 사방으로 관원을 파견하여 백단(百端)으로 침학하고 있으니, 민심이 한 번 동요되면 비록 지혜가 있는 자라도 뒷일을 잘 처리할 도리가 없습니다. 천지가 재물을 낳는 데도 단지 일정한 수량이 있는 것이니 그것이 나라에 있지 않으면 백성에게 있는 것입니다. 백성들이 풍족하면 임금은 누구와 더불어 부족하겠습니까? 엎드려 바라옵건대, 속히 명철한 칙령을 내리시어 한결같이 혁파하시고 만약 사용할 경비가 군졸(窘拙)[5]되어 반드시 여기에 의지하여 보충을 해야 한다면 차라리 그 권한을 탁지부에 맡기십시오. 그래서 옛 제도와 근일의 제도를 참작하여, 혹 뺄 것은 빼고, 거두어들일 것은 거두어들여 그 들어오는 바를 경비로 이관하여 쓰도록 계획을 세운다면 오히려 박할(剝割)[6]을 면하고, 중간에서 착복하는 폐단도 없어질 것입니다."

이때 별입시(別入侍)의 명색이 나날이 늘어나 청별입시(廳別入侍) · 계별입시(堦別入侍) · 지별입시(地別入侍) 등이 있었다. 청별입시란 청(廳)에 오르는 자요, 계별입시란 계단에 나열해 선 자이며, 지별입시는 마당에 서 있는 자이다. 위로는 대관으로부터 아래로는 무당 · 백정 · 장사치의 부류에 이르기까지 참여하지 않는 자가 없으므로, 임금은 능히 다 기억하지 못하고 매번 나아가 알현할 때마다 고개만 끄덕일 뿐이었다. 이에 입시한 자는 임금이 돈을 좋아하기 때문에 기회를 틈타 다투어 나가서 아뢰기를, '어느 땅에는 광산이 난다, 어느 땅에는 수리(水利)가 있다, 어떤 물건은 마땅히 전매를 해야 한다, 어떤 회사를 마땅히 세워야 한다'고 하면, 임금은 바로 허가해 주었다. 그러나 서북 지방은 민속이 강하고 사나워 파견된 관원들이 누차 쫓겨나거나 혹은 구타를 당하였다. 그런 까닭에 감히 마음대로 하지 못했다. 오직 영호남(전라 · 경상도) 지방이 가장 그 피해를 입어 원성이 날로 들려오니, 윤용선은 시위소찬(尸位素餐)[7]하는 것을 부끄럽게 여겨 힘써 궁리한 끝에 이 소를 올렸던 것이다.

## 註解

1) **퇴이**(頹弛) : 사회도덕이나 마음의 긴장이 무너지고 느스러짐.
2) **입진**(入診) : 임금을 진찰하러 들어감.
3) **부잡**(浮雜) : 사람이 경솔하고 추잡스러운 것.
4) **논경**(論警) : 상관이 아랫사람의 잘못을 경계하는 것.

5) **군졸**(窘拙) : 있어야 할 것이 없어서 군색함. 사정이 궁핍함.
6) **박할**(剝割) : 탐관오리 따위가 백성의 재물을 강제로 빼앗음. 할박(割剝).
7) **시위소찬**(尸位素餐) : 직책을 다하지 않고 자리만 차지하여 녹(祿)만 먹는 일. 약칭 시소(尸素).

**原文**

윤용선소론이사 일왈숙궁금 이왈정잡세혁파원 약왈
尹容善疏論二事 一曰肅宮禁 二曰停雜稅革派員 略曰.

궁금지엄밀 과하여 이만근기강퇴이 빙공영사 기폐만단
宮禁之嚴密 果何如 而挽近紀綱頹弛 憑公營私 其弊萬端

개승후관 본위내전입진이유야 종척구이촌수위한 혹유문
蓋承候官 本爲內殿入診而有也 宗戚俱以寸數爲限 或有文

학단량지사 밀물악대자 비특소 불감진현 조종조구규야
學端良之士 密勿幄對者 非特召 不敢進見 祖宗朝舊規也

근일조신지초 무돈령함 급사방부잡지배 인연출입 태무
近日朝臣之初 無敦寧啣 及四方浮雜之輩 因緣出入 太無

방한 루설기밀 절롱위복 행문대개 백폐자생 복망엄가금
防限 漏泄機密 竊弄威福 倖門大開 百弊滋生 伏望嚴加禁

단 수종척승후자 역수신명구전 유범자 자신부논경 갑오
斷 雖宗戚承候者 亦須申明舊典 有犯者 自臣府論警 甲午

이후 루경다난 이국세지상차유지자 유경요박부 민득안
以後 屢經多難 而國勢之尚此維持者 惟輕徭薄賦 民得安

도고야 근래징수다문 명목불일 파원사출 침학백단 민심
堵故也 近來徵收多門 名目不一 波員四出 侵虐百端 民心

일동 즉수유지자 무이선기후의 천지생재 지유차수 부재
一動 則雖有智者 無以善其後矣 天地生財 只有此數 不在

국즉재민 백성족 군숙여부족 복망극강명칙 일병혁파 약
國則在民 百姓足 君孰與不足 伏望亟降明勅 一倂革罷 若

위경용군졸 필뢰차위보 즉무녕이기권전속탁지 사지참상
謂經用窘拙 必賴此爲補 則無寧以其權專屬度支 使之參商

久近 或除或收 以其所入 移劃於經用 猶得免剝割中飽之弊也.

是時 別入侍名色 日日增加 有廳別入侍·堦別入侍·地別入侍之等 廳者 廳升者也 堦者 堦列者也 地者 地立者也 上自大官下 至巫覡·屠沽之流 無所不參 上不能盡記 每進見點頭而已 於是 入侍者 以上之嗜錢也 乘間競進 一說某地出礦産 某地有水利 某物當搉 某社當設 上輒可之 然西北 則民俗强悍 派員等屢見舁逐 或毆之 故不敢肆 惟兩南最受其毒 怨讟日聞 容善愧尸素 黽俛奏之.

심상훈(沈相薰)을 탁지부 대신으로 삼았고, 김규홍(金奎弘)을 학부 대신으로 삼았으며, 민병석(閔丙奭)을 농부 대신으로 삼았다.

**原文**

以沈相薰爲度支大臣 金奎弘爲學部大臣 閔丙奭爲農部大臣.

의화군(義和君) 이강(李堈)과 이준용(李埈鎔)의 학자금 1,375원을 일본에 지불했다.

**原文**

지 발 의 화 군 강 이 준 용 학 자 금 일 천 삼 백 칠 십 오 원 우 일 본
支撥義和君堈·李埈鎔學資金一千三百七十五元于日本.

홍릉(洪陵)을 양주 금곡(金谷)의 청량리로 다시 정하였다.

**原文**

개 정 홍 릉 우 양 주 금 곡 지 청 량 리
改定洪陵于楊州金谷之淸凉里.

동학의 여당들이 진주와 곤양 사이에 집결해 있어 관찰사 이은용(李垠鎔)이 토벌할 것을 전보로 요청하였다. 또한 보은군에서 보고하되, 상주 땅에서부터 어떠한 사람들인지 알 수 없는 백여 명이 속리산 천왕봉에 올라가서 기도한다고 자칭하며 한 깃발을 세웠는데, 큰 글자로 천지합덕(天地合德)[1], 척왜양창의기(斥倭洋倡義旗)[2]라 써 있었으며, 3일간 머물러 있다가 가버렸다고 하였다.

**註解**

1) **천지합덕**(天地合德) : '하늘과 땅에 덕이 합했다'는 뜻으로 동학교도를 표시한 것.
2) **척왜양창의기**(斥倭洋倡義旗) : 일본과 서양을 물리치고 의병을 일으

키자는 뜻을 나타낸 깃발.

**原文**

동비여당 취우진주 곤양지간 관찰사이은용 전청조초
東匪餘黨 聚于晉州·昆陽之間 觀察使李垠鎔 電請調勦
우보은군보 자상주지유하허인백여명 상속이산천왕봉 자
又報恩郡報 自尙州地有何許人百餘名 上俗離山天王峰 自
칭기도 건일기 대서천지합덕 척왜양창의기 유삼일내거
稱祈禱 建一旗 大署天地合德 斥倭洋倡義旗 留三日乃去.

경상남도에서 반복(半卜)의 소요가 일어났다. 영남우도의 옛 습속은 장주(庄主, 地主)와 전객(佃客, 소작인)이 수확에 따라 고르게 나누어 갖는데, 소출이 2석(石)일 것 같으면 각기 1석(石)씩 나눈다. 매결(每結) 1부(負)에 먼저 1두(斗)의 조(租)를 공제해서 결세(結稅)를 충당하였다. 대개 장주와 전객이 각기 5승(升)씩을 맡기 때문에 반복(결부에 負를 卜이라 함)이라고 한 것이다. 절전(折錢)은 매 1부에 30전이었다. 그런데 조(租)의 값이 올라서 두마다 100전이 넘게 되자, 이에 장주는 전객을 협박하여 부마다 여전히 조(租)로 5승(升)을 거두어들이고 대신 30전을 납부하였다. 그리고 그 나머지를 챙겨 먹으니 마을마다 원성이 들끓었다. 그런 까닭에 궁내부에서 관원을 파견하여 부민(富民)들의 이득을 거두어들이려고 하니, 부민들이 모두 동요하여 떼를 지어 불평불만을 늘어놓으며 금방이라도 변란이 일어날 형세였다. 이은용(李垠鎔)이 그들을 효유하고 조제(調劑)하여 간신히 진정되었는데, 그것은 구습을 바꾸기가 이같이 어려운 것을 나타낸다.

**原文**

경남도유반복지요 영우구속 장주여전객 수숙균분 여출
慶南道有半卜之擾 嶺右舊俗 庄主與佃客 隨熟均分 如出
이석 즉각일석 매결일부 선제일두조 이충결세 절전이매
二石 則各一石 每結一負 先除一斗租 以充結稅 折錢而每
일부삼십전 조즉가등 매두과백전 어시장주협전객 매부
一負三十錢 租則價騰 每斗過百錢 於是庄主脅佃客 每負
수조오승 체납삼십전 이지기영 여리원자 고자궁내부송
收租五升 替納三十錢 而舐其贏 閭里怨咨 故自宮內府送
파원 욕추쇄부민지리 당민서동붕주군저 유격변지형 이
波員 欲推刷富民之利 當民胥動朋譸群詛 有激變之形 李
은용효유조제 근득진정 개구습지난변류차
垠鎔曉喩調劑 僅得鎭定 蓋舊習之難變類此.

일본인 견양의(犬養毅) 등이 돈을 모아 김옥균(金玉均)의 묘비를 세웠다.

**原文**

왜인견양의등 구김옥균묘비
倭人犬養毅等 鳩金玉均墓碑.

이해 겨울과 봄 사이에 전염병이 유행하였다. 그 증세가 역질로는 가벼우나 감기보다 무거운 것이어서 열흘에서 한 달 남짓한 사이에 경향 각지에 퍼져 왕왕 죽는 사람도 있었다. 약포(藥舖)는 밤에도 잠을 자지 못했고 반하(半夏)와 백지(白芷)의 값이 세 배나 뛰었다. 외국인들은 그것을 흑사병(黑死病)이라 부르고 예방을 매우 엄하게 하였다. 상해, 향항(香港, 홍콩)・일본 각지에서도 수만 명이 사망했다는 보고가 있었는데, 우리나라는 그 끝 무렵에 만난 까닭에 증상이 가벼웠고 치료하기가 대체로 용이하였다고 한다.

**原文**

冬春之交 癘氣流行 疫則輕 感冒則重 旬月遍京鄉 往往有死亡 藥舖夜不能眠 半夏・白芷 價至三倍 外人謂之黑死病 調防甚嚴 上海・香港・日本各地 報死數遇人 我國則過其末勢 故症輕易治云.

2월, 윤용선(尹容善)을 파견하여 영흥(永興)의 준원전(濬源殿)에 있는 태조의 어진(御眞)을 흥덕전(興德殿)으로 옮겨 모셨다.

**原文**

二月 遣尹容善 移奉永興濬源殿太祖御眞于興德殿.

2월, 신묘(고종 28, 1891)・갑오(고종 31, 1894) 두 식년(式年)의 『사마방목(司馬榜目)』[1]을 간행하였다. 처음에 두 식년의 방목은 난리를 치르느라 미처 간행하지 못했는데, 이재순(李載純)·김종한(金宗漢) 등이 간행하여 그것을 생원, 진사 합격자에게 팔면 가히 많은 이득을 획득할 수 있다고 생각하여 궁내부에 국(局)을 설치하였으나 이루지 못했다. 이에 이르러 수진방(壽進坊)에 회사(會社)를 여니 생원, 진사의 합격자로 가난하여 굶주리는 자들은 이맛살을 찌푸렸다.

**註解**

1) **사마방목**(司馬榜目) : 조선 때, 새로 소과(小科)에 합격한 진사·생원의 성명·연령·주소 및 사조(四祖, 부·조부·증조부·외조부)를 기록한 책.

**原文**

이월 간신묘 갑오 고종이십팔 삼십일년 식사마방
二月 刊辛卯·甲午(高宗二十八·三十一年) 式司馬榜
초양시방 경난미간 이재순 김종한등이간 이매지생진 가
初兩試榜 經亂未刊 李載純·金宗漢等以刊 而賣之生進 可
획중리 설국궁내부미취 지시 개회사우수진방 생진궁아자
獲重利 設局宮內府未就 至是 開會社于壽進坊 生進窮餓者
거축수언
擧蹙首焉.

아국(俄國)·법국(法國)·오국(奧國, 오스트리아)·영국(英國)·덕국(德國)·미국(美國)·청국(淸國)·일본 등 여러 나라에 훈장을 보냈다.

**原文**

송훈장우아 법 오 영 덕 미 청 왜제국
送勳章于俄・法・奧・英・德・美・淸・倭諸國.

조병식(趙秉式)을 탁지부 대신으로 삼고, 권재형(權在衡)을 법부 대신으로 삼았으며, 심상훈(沈相薰)을 찬정으로 삼았다.

**原文**

이조병식위탁지대신 권재형위법부대신 심상훈위찬정
以趙秉式爲度支大臣 權在衡爲法部大臣 沈相薰爲贊政.

(2월) 동학교도들이 해서 지방의 여러 군에서 다시 일어났으며, 양호(兩湖) 지방의 동학의 여당들이 덕유산에서 하늘에 제사를 지냈다. 이에 상무사원 이규환(李圭煥)이 급히 밀어닥치자 동학교도들은 전도차첩(傳道差帖)・염주・투서(套署)[1] 등을 버리고 도망쳤다.

**註解**

1) 투서(套署) : 도장. 인장.

**原文**

동비부기우해서제군 양호여비 제천우덕유산 상무사원
東匪復起于海西諸郡 兩湖餘匪 祭天于德裕山 商務社員

이규환 궁박지 적기전도차첩 념주 투서등물이도
李圭煥 窮迫之 賊棄傳道差帖・念珠・套署等物而逃.

경흥부에서 민란이 일어나서 감리 남명직(南命稙)을 수감했다. 남명직은 가는 곳마다 탐학하고 잔혹하여 남주뢰(南周牢)[1)]라 불렀다. 원산항에서도 민란이 일어나서 경무서를 때려 부수었는데, 경관 유한원(劉漢源)은 서울로 송치되어 심문을 받았다.

**註解**

1) 주뢰(周牢) : 형벌의 하나. 죄인을 심문할 때 죄인의 두 발목을 한데 묶고 다리 사이에 주릿대를 끼워서 엇비슷이 트는 형벌.

**原文**

경흥부민란 수감리남명직 명직도처탐혹 호남주뢰 원산
慶興府民亂 囚監理南命稷 命稷到處貪酷 號南周牢 元山
항민란 쇄경무서 경관유한원 해경청감
港民亂 碎警務署 警官劉漢源 解京聽勘.

함경북도 관찰사 김종한(金宗漢)과 함경남도 관찰사 박봉빈(朴鳳彬)에게 명하여 서로 자리를 바꾸도록 하였다. 갑오년(고종 31, 1894) 이후 자리바꿈은 여기서 시작되었다.

**原文**

명함북관찰사김종한 함남관찰사박봉빈상환 갑오후상
命咸北觀察使金宗漢 咸南觀察使朴鳳彬相換 甲午後相
환시차
換始此.

경인철도(京仁鐵道)가 비로소 개통되어 하루 네 번 왕복하였다.

**原文**

경 인 철 도 시 통  일 일 사 왕 반
京仁鐵道始通 一日四往返.

충청남북도에 도적떼가 일어나서 스스로 '활빈당(活貧黨)'이라 부르면서 대낮에도 협박하여 약탈하였다. 내포(內浦)로부터 관동부(關東府)의 여러 고을까지 만연하여 토벌을 요청하는 전보가 연달아 이어졌다.

**原文**

충 청 남 북 도 도 기  자 호 활 빈 당  백 주 표 략  자 내 포 만 연 관 동
忠淸南北道盜起 自號活貧黨 白晝剽掠 自內浦蔓延關東
부 군  연 전 청 초
府郡 連電請勦.

박승조(朴承祖)를 주청 영사관으로 삼아 연대(烟臺, 옌타이)로 가게 했다. 이때 청국에 큰 난리가 있었기 때문에 또한 공사가 가던 것을 중지하고 먼저 영사를 보냈던 것이다.

**原文**

이 박 승 조 위 주 청 영 사 관  선 왕 연 대  시 인 청 국 대 난  고 정 공
以朴承祖爲駐淸領事官 先往烟臺 時因淸國大亂 姑停公
사 지 행  선 송 영 사
使之行 先送領事.

호랑이가 서울 삼청동(三淸洞)에 밤마다 들어왔다.

**原文**

호 입 경 사 삼 청 동 연 야
虎入京師三淸洞連夜.

미국에는 타조라는 새가 있는데 능히 수레를 끌 수 있고, 키가 9척6촌이나 되며 한 걸음의 간격은 18척이라고 한다.

**原文**

미 국 유 타 조 　능 가 거 　척 고 구 척 육 촌 　일 보 활 십 팔 척
美國有駝鳥 能駕車 脊高九尺六寸 一步濶十八尺.

3월, 덕국(德國)의 참찬관 뇌은덕(賴恩德, Reindorf, F.)이 와서 폐현(陛見)[1]하였다.

**註解**

1) **폐현**(陛見) : 임금에 알현하는 것. 배알(拜謁). 폐근(陛覲).

**原文**

삼 월 　덕 국 참 찬 관 뇌 은 덕 폐 현
三月 德國參贊官賴恩德陛見.

충청북도 관찰사 조한국(趙漢國)이 공전(公錢)을 유용하고 채우지 못하여 면직되었다. 수령들 가운데 파출된 자가 매우

많았다.

原文

충 북 관 찰 사 조 한 국 좌 체 공 전 면 수 령 파 출 자 심 중
忠北觀察使趙漢國 坐滯公錢免 守令罷黜者 甚衆.

지금부터 종묘・사직과 전궁(殿宮)에서 지내는 한식 향례(享禮)를 청명일로 바꿀 것을 정식(定式)으로 삼으라는 조서를 내렸다. 한식절은 개자추(介子推)[1]에서 비롯되었으니, 임금이 의당 행해야 할 예는 아니라는 이유에서이다.

註解

1) 개자추(介子推) : 중국 춘추(春秋) 시대의 은사(隱士). 진(晉)나라 문공(文公)이 공자(公子)로서 망명할 때 함께 19년을 모시었는데, 문공이 귀국 후에 봉록(封祿)을 주지 아니하였으므로 면산(緜山)에 숨으니, 문공이 잘못을 뉘우치고 자추가 나오도록 그 산(山)에 불을 질렀는데, 자추는 나오지 아니하고 타죽었다고 함. '한식(寒食)'은 자추가 타죽은 날이라고 함. 개지추(介之推).

原文

조 자 금 묘 사 전 궁 한 식 향 예 개 용 청 명 일 위 정 식 이 한 식
詔自今廟社・殿宮寒食享禮 改用淸明日 爲定式 以寒食
절 시 우 개 자 추 비 인 군 당 행 지 예 야
節始于介子推 非人君當行之禮也.

서상룡(徐相龍)을 경무사로 삼았다.

**原文**

以徐相龍爲警務使.

호남 안렴사 이도재(李道宰)가 양무총재(量務摠裁) 박정양(朴定陽)을 해임하고, 조병식(趙秉式)으로 대신하게 했다. 이도재는 뜻이 맑고 깨끗함을 숭상하여 묵리(墨吏, 부정한 관리) 수명을 위에 아뢰어 파직시켰는데 모두 권력가 집안이었다. 그를 비방하는 말이 날로 들리자, 임금은 그것을 싫어하여 차츰 그의 권한을 억눌러서 이도재는 결국 복명하였다.

**原文**

湖南按廉使李道宰 解量務摠裁朴定陽 趙秉式代之 道宰志尙澄淸 奏罷墨吏數人 皆權要家也 謗言日聞 上嗛之 稍抑其權 道宰遂復命.

(3월) 전 감찰 최재호(崔載浩)가 관군을 거느리고 속리산을 수색하여 동학교도 40명을 체포하고 문서를 획득하여 임금에게 보고하였다. 그 가운데 '용왕에게 제사하는 글〔제용왕문(祭龍王文)〕'이란 것이 있었는데 내용은 다음과 같다.

"경자(庚子, 1900) 3월 15일 자시(子時)에 선봉 대원수와 중봉 삼황(三皇)과 후봉 오제(五帝)가 행차하여 장차 한강을 건너 서울로 들어간다. 이에 연유해서 북해 용국(北海龍國)에게 제사를 드리고 재물을 바치니, 주인은 제향 후에 용왕이 선봉이 되고 흑제장군은 후봉이 되어 수군 병마 3천 명을 이끌고 3월 15일 인시(寅時)에 한양에 도달하도록 하라. 만약 이 명령을 어기면 별도로 태(笞) 3백대를 가하고 순종하지 않는 어별(魚鼈)들의 불순한 죄는 북방 불모의 땅으로 정배를 보내고 흑룡국(黑龍國)을 혁파할 것이다."

그리고 깃발에는 '남조선산여곡륙사명후봉(南朝鮮山如谷陸四明後鋒)'의 11글자를 크게 썼는데 대개 그 비리(鄙俚)[1]하고 탄망(誕妄)[2]함이 이와 같았다. 그런데도 우매한 백성들이 믿고 좇는 자가 끝내 끊어지지 않았다.

또한 보은군의 서리 이한호(李漢鎬)가 청주대(淸州隊, 청주에 주둔한 부대)와 함께 활빈당(活貧黨) 30여 명을 쫓아 잡았으며, 청산군에서도 또한 동학교도 세 사람을 잡았는데, 공칭(供稱)에 그 당원이 수천 명이며 앞으로 한식 때 속리산 천왕봉에 모여 최제우(崔濟愚)를 제사지내고 서울로 향한다고 진술하였다 한다. (그들은) 각자 효복(孝服)[3] 한 벌씩을 가지고 있었는데 제사지낼 때 그 옷을 입을 것이라 하였다.

**註解**

1) **비리**(鄙俚) : 풍속·언어 등이 낮고 거칠어 촌스러움.
2) **탄망**(誕妄) : 허망한 것. 거짓말.
3) **효복**(孝服) : 상복(喪服)의 다른 명칭.

**原文**

前監察崔載浩 率官軍 搜俗離山 捕匪徒四十人 獲文書上聞 中有祭龍王文 曰庚子三月十五日子時 先鋒大元帥·中鋒三皇·後鋒五帝之行次 將渡漢江 而入京城 玆以緣由奉祭物于北海龍國 主人祭享後 龍王爲先鋒 黑帝將軍爲後鋒率水軍兵馬三千 三月十五日寅時 得達于漢陽 若違此令則別笞三百 以魚鱉不順之罪 定配于北方不毛之地 革罷黑龍國云云 旗面大書南朝鮮山如谷陸四明後鋒十一字 蓋其鄙俚誕妄如此 而愚民信從者 終不絶 又報恩郡吏李漢鎬與清州隊 合逐捕活貧黨三十餘人 青山郡又捉東匪三人 供稱其黨數千 將以寒食聚天王峰 祭崔濟愚 因向京城 各持孝服一領 用之祭時云.

왜인들이 사울 왜장대(倭將臺)에 갑오전역기념비(甲午戰役紀念碑)를 세웠다.

**原文**

倭人立甲午(高宗三十一年)戰役紀念碑于京城倭將臺.

서울의 종로거리에 처음으로 전등(電燈)을 밝혔다.

**原文**

경 성 종 가 시 연 전 등
京城鍾街 始燃電燈.

외부(外部)의 관원 정대유(丁大有)와 양종언(梁宗彦)을 파견하여 마산포(馬山浦) 10리 땅을 아국인(俄國人)에게 조차지(租借地)[1]로 팔았다.

**註解**

1) 조차지(租借地) : 특별한 합의에 따라 어떤 나라가 다른 나라 영토의 일부를 빌려, 일정 기간 차지하는 일.

**原文**

견 외 부 관 정 대 유 양 종 언 조 매 마 산 포 십 리 지 우 아 인
遣外部官丁大有 · 梁宗彦 租賣馬山浦十里地于俄人.

천주교 교사 일약명(日若明)과 유세환(兪世煥)이 경기 · 강원 및 양서(황해 · 평안도) 지방에 가서 전도(傳道)하였다.

**原文**

천 주 교 사 일 약 명 유 세 환 전 왕 전 도 우 경 기 강 원 급 양 서 지
天主教師日若明 · 兪世煥 前往傳道于京畿 · 江原及兩西地.

의화군(義和君) 이강(李堈)의 학자금 750원을 일본에 보냈다.

**原文**

送義和君堈學資金七百五十元于日本.

궁례(宮隷) 탄용성(炭龍成)에게 최씨(崔氏) 성을 하사하였다.

**原文**

賜宮隷炭龍成姓曰崔.

아국인(俄國人)이 인천 월미도(月尾島)에 석탄고(石炭庫)를 설치하였다.

**原文**

俄人 建石炭庫于仁川月尾島.

훈장조례를 반포하였는데, 금척대수장(金尺大綬章)·이화대훈장(李花大勳章)·태극장(太極章)·자응장(紫鷹章)이라는 명칭들을 붙였다.

**原文**

頒勳章條例 曰金尺大綬章 曰李花大勳章 曰太極章 曰紫

응 장
鷹章.

청국인들이 국경 강가의 여러 고을에 마구 들어와서 삼림을 도벌하였다. 경성 사람 김진수(金鎭洙)가 보호삼림위원이 되겠다고 스스로 나섰다.

**原文**

청 인 난 입 강 변 제 군 창 벌 삼 림 경 성 인 김 진 수 자 천 위 보 호
淸人闌入江邊諸郡 搶伐森林 鏡城人金鎭洙 自薦爲保護
삼 림 위 원
森林委員.

일본에서 흑사병(黑死病)이 처음 발생하자 일본은 검역소를 설치하여 병원균을 찾아 구명하였다. 그 병원균이 쥐에서 나온 것으로 보고 드디어 쥐를 구해 부검해보니 과연 그러하였다. 이에 전후로 잡혀 죽은 쥐가 3만여 수(首)가 되었다. 또한 잉어에도 균이 있다하여 사람들이 잉어 먹는 것을 금했다. 대체로 병균은 전염병을 퍼뜨리는 것인데, 그것이 미세하여 현미경으로 관측해야만 비로소 보인다고 한다. 저들이 마음을 써서 사물의 헤아림이 다 이와 같았다.

**原文**

왜 중 흑 사 병 지 시 야 왜 설 검 역 소 추 구 병 균 균 자 서 출 수 구
倭中黑死病之始也 倭設檢疫所 推究病菌 菌自鼠出 遂購

鼠 剖驗之 良然 鼠前後死者 三萬餘首 又鯉亦有菌 禁人食鯉 蓋病菌者 沴毒流行之氣 而其微如絲 以現微鏡測之始現 其留心窮格 皆此類也.

인도에 큰 기근이 들어 영국인들이 진휼금으로 수십 만을 내놓았다.

**原文**

印度大饑 英人賑金數十萬.

남미주(南美洲, 남아메리카)에 몸 하나에 머리가 두 개 달린 아이가 출생하였다.

**原文**

南美洲産合體雙顔兒.

이재순(李載純)·민영환(閔泳煥)·권재형(權在衡)·조병식(趙秉式)·박제순(朴齊純)·이윤용(李允用) 등에게 모두 공로가 있다 해서 아울러 3등 서훈을 내리고 태극장(太極章)을 주었다. 훈장이란 것은 본디 서양에서부터 창출한 것으로 군주끼리 서로 주고받으며 신하도 특별한 공훈이 있으면 주었다. 비록 외신(外臣)이라 해도 수고한다는 소문이 들리면 보내 주는데 주는 자는 명성이 있게 되고 받는 사람은 영예를 얻게 된다. 임금은 외국을 사모하는데 들떠서 또한 표훈원(表勳院)을 설치하고 장격(章格)[1]을 정하였다. 세상 사람들이 매국자라고 칭하는 자들이 모두 훈장을 받아서 1년이 지난 뒤에는 졸병이나 머슴꾼들도 훈장을 차지 않은 사람이 없어서 차고 다니는 사람들은 서로 보고 웃었다. 혹은 외국에 보내면 받기를 사양하는 사람도 있으며, 일본 사람은 그것을 받으면 수일간 차고 다니다가 바로 녹여서 값을 취하기도 하였다. 다른 사람에게 업신여김을 받는 것이 이와 같아도 여전히 깨닫지 못하고 있었다. 이후부터는 훈장을 주는 것도 아울러 기록하지 않겠다.

**註解**

1) **장격(章格)** : 훈장을 수여하는 격식과 절차 문제를 정한 규칙.

**原文**

이이재순 민영환 권재형 조병식 박제순 이윤용
以李載純 · 閔泳煥 · 權在衡 · 趙秉式 · 朴齊純 · 李允用
균유노예병서훈삼등 사태극장 훈장자 창자서양 혹군주
均有勞勩並敍勳三等 賜太極章 勳章者 創自西洋 或君主
상증유 신하유특훈 즉사지 수외신이근로문즉송지 수자
相贈遺 臣下有特勳 則賜之 雖外臣以勤勞聞則送之 授者
유명 수자유영 상부모외국 역설표훈원 정장격 세소칭매
有名 受者有榮 上浮慕外國 亦設表勳院 定章格 世所稱賣
국자개획사 기년지후 졸오시역 무인불패 패자상시이소
國者皆獲賜 期年之後 卒伍廝役 無人不佩 佩者相視而笑

혹송외국이유견각자 왜인득지 패수일 즉용지취치 기취
或送外國而有見却者 倭人得之 佩數日 卽鎔之取直 其取

모어인여차 이유불오 자후사훈 병불록
侮於人如此 而猶不悟 自後賜勳 並不錄.

4월, 양호(兩湖, 충청 · 전라) 지방에 도적 무리 정사제(丁士濟) 등이 진주부에 정문(呈文)을 올려 스스로 창의(倡義)했다고 칭하자, 관찰사 이제용(李堤鎔)이 그들을 수감했다.

**原文**

하사월 양호비류정사제등 정문진주부 자칭창의 관찰사
夏四月 兩湖匪類丁士濟等 呈文晉州府 自稱倡義 觀察使

이제용수지
李堤鎔囚之.

전 통영(統營)에 진남군(鎭南郡)을 설치하고 고성(固城)의 지방대를 폐지했다.

**原文**

설진남군우전통영 파고성지방대
設鎭南郡于前統營 罷固城地方隊.

망명 죄인 권형진(權瀅鎭)이 일본에서 건너와 자수하여 평리원(平理院)에 수감되었다. 권형진은 을미년(고종 32, 1895) 8월 을미사변(乙未事變)이 일어난 후 일본에 망명했었다. 그는 안경수(安駉壽)와 더불어 명성과 위세를 부리며 서로 의지하고 지내다가 이에 이르러 안경수가 자수하여 오래되도록 별일이 없자, 살 길이 있다고 하여 마침내 뒤따라 온 것이다.

**原文**

亡命罪人權瀅鎭 自倭來現 就囚于平理院 瀅鎭自乙未(高宗三十二年)八月變後 逃入日本 與安駉壽聲勢相依 至是 見駉壽自現 久無他 謂有生路 遂踵而至.

김성근(金聲根)·김규홍(金奎弘)·이건하(李乾夏)·민병석(閔丙奭)·권재형(權在衡)·윤정구(尹定求)·박제순(朴齊純)·심상훈(沈相薰)·민종묵(閔種默)·이윤용(李允用)·민치헌(閔致憲)·이재극(李載克) 등이 연명으로 토역소(討逆疏)를 올렸다. 그 내용은 다음과 같다.

"갑신(고종 21, 1884)년 이후 난신적자(亂臣賊子)가 연달아 일어나고 있는데, 아! 저 안경수는 곧 을미난적(乙未亂賊) 중의 하나입니다. 그는 그때 군부 대신으로 전군의 진퇴를 행사함이 그의 조종에 달려 있었는데도 불구하고 알지 못해서 막지 못했다면 이것은 불명죄(不明罪)에 해당되며, 그것을 알고도 고하지 않았다면 이는 불충죄인 것입니다. 그가 스스로 생각해도 반드시 이것 중에 하나에 해당될 것입니다. 그런데 신들이 듣기로는 바야흐로 그 변란이 일어났던 밤에 훈련대 병정 10명, 또는 100명씩 떼를 지어 그 집에 모여 있었고, 그가 곧바로 대궐문에 들어서자마자 궐 안에서 변란이 일어났으니, 그가 병력을 풀어 도과(倒戈)[1] 했다는 것을 여기에서 가히 알 수 있습니다.

이해 10월, 마침 의병이 일어났을 때 그가 스스로 투신한 것은 일시의 명예를 빌려 8월에 지은 죄의 흔적을 없애고자 한 것입니다. 그 자의 내심을 헤아려 보건대 교활하고도 또한 지독합니다. 또 무술년(광무 2, 1898) 5월, 신하로서 감히 말해서는 안 될 말을 앞장서서 하고, 신하로서 감히 행할 수 없는 일을 억지로 도모하려다가 여러 사람의 눈이 무섭고 많은 사람의 입을 가리기가 어려워 스스로도 그 죄를 알고 법망을 빠져나가 해외로 도피하였습니다. 진실로 (그 자가) 만리 밖에서 어떠한 음모를 꾸몄으며, 3년 동안에 누구와 결탁했는지 알 수 없었는데, 그런 그가 하루아침에 버젓이 나타나 자수하였으니 왕법이 있는 한 진실로 마땅히 죽여 없애야 함은 머뭇거리며 시일을 기다릴 필요가 없습니다. 망설이고 늑장부리다가 살려주게 된다면 법의 기강이 서지 않을 것은 말할 것도 없고 난적에게 길을 열어주게 되어 어떠한 형태의 환란의 기미가 어느 곳에 잠복해 있을지 알 수 없습니다.

일전에 이르러 적신(賊臣) 권형진(權瀅鎭)이 과연 헤아린 바와 같이 뒤를 이어 또 이르렀으니 다른 적신들이 계속해서 다시 이를 것이란 것을 장차 얼마 안 되어서 가히 볼 수 있을 것입니다. 권형진의 흉악한 범죄는 어찌 단지 우리나라에서만 알 수 있는 것이겠습니까? 이는 천하 각국이 다 함께 아는 바로써 다 죽여야 한다고 하니, 사람들이 다 죽이려 한다는 것은 이것을 두고 하는 말입니다. 그는 한미한 출신으로 권요(權要, 권력)를 차지하기 위해 마침내 군흉(群凶)들과 더불어 내통하고 백방으로 꾀를 짜내어 당일의 변란을 주출(做出)[2]하였으니, 이것은 진실로 천고 만고(千萬古)에 없던 극악무도한 일입니다. 전일에 잠적한 것은 어찌 그리 지극히 흉측하며 지금 나타나 자수한 것을 어찌 그리도 무엄합니까? 이를 종합해 보건대, 하지 않을 못할 짓이 없음을 행사한 것이며, 마음만 먹으면 하지 않을 바가 없음을 우려하여, 외국에서 기회를 엿보는 자가 어찌 안경수 하나에 그치겠습니까? 그 가운데서 따르며 일을 꾸미는 자는 거의 앞으로 백 명의 권형진은 될 것입니다.

대저 형법은 천하의 공법인데, 법이 있어도 능히 사용하지 못하고, 죄를 저질렀는데도 능히 처벌하지 못한다면 나라는 나라 구실을 할 수 없게 되고, 난적들의 싹을 가히 거둘 수 없을 것입니다. 신들은 충분(忠憤)[3]에 격동되는 바, 안주할 수 없어 이에 감히 일제히 소리 내어 부르짖으니, 바라옵건대 황상께서는 용단을 내리시어 속히 나라의 형법을 바르게 하시고, 기왕의 저지른 죄를 징계하시어 뒷날의 죄를 막는다면 (국가의) 큰 다행이겠습니다."

**註解**

1) **도과**(倒戈) : 창을 거꾸로 함. 아군을 배반하여 적에게 통함. 반역함. 변절함.
2) **주출**(做出) : 업는 사실을 꾸며 만듦. 주작(做作).
3) **충분**(忠憤) : 임금에게 충성을 다하려는 마음에서 우러나는 분개심. 충절과 격분.

**原文**

金聲根 · 金奎弘 · 李乾夏 · 閔丙奭 · 權在衡 · 尹定求 · 朴齊純 · 沈相薰 · 閔種默 · 李允用 · 閔致憲 · 李載克 聯名上討逆疏 略曰.

蓋自甲申(高宗二十一年)以後 亂臣賊子 接踵而起 而噫彼駉壽 卽乙未亂賊之一也 渠以其時軍部大臣 一軍之坐作進退 在渠操縱 則不知而不禁 是不明之罪也 知之而不告是不忠之罪也 渠自思之 必居一於此 而臣等竊聞之 方其變出之夜 訓練隊兵于十百成群 齊會于渠家 渠乃直入闕門變出宮闈 其所以縱兵倒戈 於此可見矣 是年十月 適有義擧而渠自投入者 欲借一時之名義 以掩八月之罪跡 究厥心肚 狡且慘矣 又於戊戌(光武五年)五月 倡出人臣所不敢道之說 勒圖人臣所不敢行之事 及其衆目如電 萬口難掩 自知其罪 漏網逃海 固未知萬里之外 有何陰謀 三載之間 誰與締結 乃者一朝肆然來現 王法所在 固當誅滅之 不待時日 而因循遷就 尚保首領 法綱不立 已極無謂 而開亂賊之

로 미지하양화기 벌재하지 지우일전 적신형진 과여소료
路 未知何樣禍機 伐在何地 至于日前 賊臣瀅鎭 果如所料
섭후이우지 타적지계이부지 장불일이가견의 형진흉범기
躡後而又至 他賊之繼而復至 將不日而可見矣 瀅鎭凶犯豈
단아국소공견 내천하각국지소공지 이개왈가살 이인인득
但我國所共見 乃天下各國之所共知 而皆曰可殺 而人人得
이주지자시야 거이한종도점권요 수여군흉연장접두 백반
以誅之者是也 渠以寒蹤圖占權要 遂與群凶連膓接肚 百般
설계 주출당일지변 차성천만고소무지극악대대야 전지잠
設計 做出當日之變 此誠千萬古所無之極惡大憝也 前之潛
종 하기지흉 금지현형 하기무엄 합이관지 행무소불위 려
踪 何其至凶 今之現形 何其無嚴 合而觀之 行無所不爲 慮
무소부도 재외이첨기자 기지일경수 종중이용사자 태장
無所不到 在外而覘機者 豈止一駉壽 從中而用事者 殆將
위백형진 부형법자 천하지공야 유법이불능용 유형이불
爲百瀅鎭 夫刑法者 天下之公也 有法而不能用 有刑而不
능행 즉국불가이위국 이난적지맹 불가득이집지의 신등
能行 則國不可以爲國 而亂賊之萌 不可得以戢之矣 臣等
충분소격 접주부득 자감제성앙유 복망황상 곽휘건단 극
忠憤所激 接住不得 玆敢齊聲仰籲 伏望皇上 廓揮乾斷 亟
정방형 이징기왕지죄 이두후일지화 국가행심운운
正邦刑 以懲旣往之罪 以杜後日之禍 國家幸甚云云.

5월, 경무사 이유인(李裕寅)이 안경수(安駉壽)와 권형진(權瀅鎭)을 처형하였다. 안경수와 권형진이 나타나자 국내에서는 울분을 느끼고 한탄하며, 을미년의 정절(情節, 가엾은 정상)이 다 들어나자, 임금은 더욱 그들을 죽여야겠다고 마음을 결의하였다. 그러나 일본이 두려워 앞서 물리치기를 오래도록 하다가 드디어 이유인에 명하여 그들을 죽이도록 했는데, 마치 자기 스스로 죽은 것 같이 했다. 이유인은 그 명을 따르지 않을 수 없어 이에 밤중에 들어가 그들을 교살(絞殺, 목을 졸라 죽임)하였다. 두 사람은 그 죽음을 헤아리지 못하고 속수무책으로 있다가 살해된 것이다. 이유인은 다음날 방문(榜文)을 내걸었다.

"세상에 어찌 사람의 자식이 되어 어머니의 원수를 갚지 않는 자가 있으리오. 아! 애통하도다. 난신적자가 어느 시대인들 없으리오마는, 을미(고종 35, 1895)사변에 이르러서는 천지가 개벽한 이래 만고의 세월 동안 듣지도 못하고 보지도 못한 성정(性情)이 매우 음험(陰險)하고 흉악하며 가장 참혹한 일이었다. 그런데 무릇 우리나라의 신하된 자가 그 당일에 함께 죽지도 못하고 실오라기 같은 잔명을 구차하게 목숨을 붙여 눈으로 홍릉(洪陵)을 쳐다보고 있으니 피눈물이 눈언저리를 가리며 초목은 참담하고 해는 빛을 잃었다. 어량(魚梁)[1]에서 도망친 물고기들 같은 저들이 마침내 뒤따라 일본에 들어갔는데, 대역무도한 안경수(安駉壽)와 권형진(權瀅鎭)이 자칭(藉稱)[2] 스스로 자수를 한다면서 아무 거리낌 없이 귀국하였다. 그들이 전후로 저지른 흉악한 범죄와 정절이 다 밝혀져서 몸이 백 개라도 속죄할 수 없으니, 가히 법에 의거하여 일을 따라야 했는데, 단지 절차만을 염두에 두고 실행해야 되겠다는 생각에 몇 날이 늦추어지고 있다. 하루, 이틀 참아가면서 같은 하늘을 이고 있자니 울분의 혈기가 끓어올라 미처 아룀을 거치지 못하고, 내 마음대로 교율(絞律)[3]을 행사하여 위로는 하늘에 잠들지 못하고 계신 우리 성모(聖母, 명성황후)의 영령에게 고하고, 아래로는 만고의 망극한 통분을 느끼는 우리 동포들을 위로하고자 한다. 생각건대 우리나라의 혈기 있는 사람이라면 다 이 의로움을 함께하기 바란다."

논자들은 그 법을 바로잡지 못한 것과, 왕령이 떨치지 못한 것, 그리고 이유인(李裕寅)이 혈기가 앞선 사람으로 되어버린 것은 잘못이라고 지적하였다.

## 註解

1) **어량**(魚梁) : 한 군데로만 물이 흐르도록 물길을 막고, 그곳에 통발을 놓아 고기를 잡는 장치.
2) **자칭**(藉稱) : 다른 일을 빙자하여 핑계함.
3) **교율**(絞律) : 목 졸라 죽이는 법

## 原文

오월 경무사이유인 주안경수 권형진 안 권기현 국내
五月 警務使李裕寅 誅安駉壽・權瀅鎭 安・權旣現 國內
분완 급을미정절진로 상우결의주지 연외왜 전각구지 수
憤惋 及乙未情節盡露 上尤決意誅之 然畏倭 前却久之 遂
명유인살지 유약천살 연유인불감부종 내입야교지 양인
命裕寅殺之 有若擅殺 然裕寅不敢不從 乃入夜絞之 兩人
불료기사 속수취절 유인이명일장방왈
不料其死 束手就絶 裕寅以明日張榜曰.

세기유위인자 이불복모수자호 오호통재 난신적자 하대
世豈有爲人子 而不復母讐者乎 嗚乎痛哉 亂臣賊子 何代
무지 지아을미 고종삼십이년 사변 개천지긍만고소미문
無之 至我乙未(高宗三十二年)事變 開天地亘萬古所未聞

미견지궁흉절참 이범위아국신자자 부득동사어당일 일루
未見之窮凶絶慘 而凡爲我國臣子者 不得同死於當日 一縷
잔명 투생불운 목첨홍릉 혈루폐애 초목참담 천일무광 내
殘命 偸生不隕 目瞻洪陵 血淚蔽睚 艸木慘憺 天日無光 乃
자도양지어 경유입호지일 대역부도경수 형진 자칭자현
者跳梁之魚 竟有入扈之日 大逆不道駉壽·瀅鎭 藉稱自現
언연귀국 전후흉범정절필로 백신잡속 가이의법종사 이
偃然歸國 前後凶犯情節畢露 百身雜贖 可以依法從事 而
제념행이절차 즉기일우완 일일이일 인대동천 분혈비등
第念行以節次 則幾日又緩 一日二日 忍戴同天 憤血沸騰
미급경주 천행교율 상고아성모재천불매지영 하위아동포
未及經奏 擅行絞律 上告我聖母在天不昧之靈 下慰我同胞
만고망극지통 념아역중혈기지유 공실차의운운
萬古罔極之痛 念我域中血氣之流 共悉此義云云.

논자 구기불능정법 왕영부진 이유인모위혈성인의
論者 咎其不能正法 王靈不振 而裕寅冒爲血性人矣.

이유인(李裕寅)을 철도(鐵島)에 귀양 보냈다. 안경수와 권형진의 죽음은 뜻하지 않은 데서 나온 것으로, 서울 사람들은 놀라서 허둥대며 물어보고, 각국 공사들은 다투어 그 이유를 힐문하여 의사를 대동하고 그 시신을 검사하였다. 질책하는 소리가 날마다 이르자 임금은 그 죄를 이유인에게 돌리고 그를 해직했다. 유배됨에 이르러 그를 구하려는 소를 올리는 신료와 민서(民庶)들이 줄을 이었다.

**原文**

찬이유인우철도 안 권지사 출불의 도인구구상문 각국
竄李裕寅于鐵島 安·權之死 出不意 都人瞿瞿相問 各國

공사 경힐기유 대의험기시 분언일지 상위죄유인 이해지
公使 競詰其由 帶醫驗其尸 噴言日至 上委罪裕寅 以解之
급찬 신료민서 소구자상속
及竄 臣僚民庶 疏救者相屬.

일본인이 공사 임권조(林權助)를 경질하고 일본 조정으로 잡아가자 논의가 크게 일어났다. 임권조는 우리나라에 있으면서 안경수·권형진의 죽음에 대해 전혀 알아채지 못한 것이 자국을 욕되게 하고 직무를 감당하지 못했다 하여 마침내 즉시 소환된 것이다. 각국에서는 공사가 직분상 실수를 하면 돈으로 속죄하였는데, 임권조는 웃으며 말하기를, "한국 조정이 있는데 내가 무슨 근심이 있겠는가?" 하였다.

**原文**

왜인체기공사임권조 나거왜정 논의대발 이권조재아국
倭人遞其公使林權助 拿去倭廷 論議大發 以權助在我國
이안 권지사 몽불각찰 욕국닉직 수불일소환 각국이공
而安·權之死 懵不覺察 辱國溺職 遂不日召還 各國以公
사실직 장속환 권조소왈 유한정재 오하우재
使失職 將贖鍰 權助笑曰 有韓廷在 吾何憂哉.

이준용(李埈鎔)의 죄를 묻기 위해 잡아들이라는 명을 내렸으나 일본 사람들은 그를 계속 머물게 하고 보내지 않았다. 이준용은 안경수·권형진의 초청으로 나갔기 때문에 임금이 잡아오라고 명령을 내렸던 것이다. 주일 공사 이하영(李夏榮)이 보낸 답전에는, "일본인이 보내주지 않으니 어찌할 도리가 없다."

고 하였다. 드디어 그의 학자금 송금을 끊었고, 이준용도 인하여 감히 돌아오지 못했다.

**原文**

명나이준용문죄 왜인유지불견 준용출안 권지초 상명
命拿李埈鎔問罪 倭人留之不遣 埈鎔出安·權之招 上命
나래 주왜공사이하영답전왈 일인불송 무가내야 수철기
拿來 駐倭公使李夏榮答電曰 日人不送 無可奈也 遂輟其
학자 준용인불감반
學資 埈鎔因不敢返.

윤용선(尹容善) 등이 연명소를 올려 이재면(李載冕)과 김윤식(金允植)을 처형할 것을 청했다. 을미사변(乙未事變) 때 왕후를 폐할 것을 청한 신하들은 혹은 사망했거나 혹은 도주하였지만, 이재면 등은 이때까지 살아 있었기 때문이다.

**原文**

윤용선등연소 청주이재면 김윤식 이을미 고종삼십이
尹容善等聯疏 請誅李載冕·金允植 以乙未(高宗三十二
년 사변시 청폐후제신 혹사혹도 이재면등 상재야
年)事變時 請廢后諸臣 或死或逃 而載冕等 尚在也.

이정로(李正魯)·유진만(兪鎭萬) 등이 소를 올려 복수청(復讐廳)을 설치하고 을미사변(乙未事變) 때 거짓 조서에 서명한 모든 대신 및 폐후고유문(廢后告由文)을 지어 올린 사람과 고유(告由)[1]할 때의 제관(祭官)을 모두 사형에 처할 것을 청하였다. 혹자는 정만조(鄭萬朝)가 고유문을 지었으므로 법으로 하면 의당 잡아들여 신문해야 한다고 하였다.

**註解**

1) 고유(告由) : 사삿집이나 나라에서 큰일이 있을 때, 사당 · 신명(神明)에게 고함.

**原文**

이정로 유진만등 설복수청 상소청죄을미교조서명제
李正魯 · 兪鎭萬等 設復讐廳 上疏請罪乙未矯詔署名諸
대신급폐후고유문제진인 고유시제관 병일체정법 혹위
大臣及廢后告由文製進人 · 告由時祭官 幷一切正法 或謂
제출정만조 법의나신
製出鄭萬朝 法宜拿訊.

(5월) 친위대 · 시위대 · 진위대를 합하여 헌병대(憲兵隊)로 통칭하고 무관학교 생도 2백여 명을 선발했는데, 모두 칙임관의 아들 · 사위 · 동생 · 조카들이었다. 응모했다가 떨어진 자가 5백여 명이나 되었다.

**原文**

합친위 시위 진위대 통칭헌병대 선무관학도이백여
合親衛 · 侍衛 · 鎭衛隊 統稱憲兵隊 選武官學徒二百餘
인 개칙임관자서제질야 모응견태자오백여
人 皆勅任官子婿弟姪也 冒應見汰者五百餘.

전라북도 관찰사 이완용(李完用), 전라남도 관찰사 민영철(閔泳喆), 경상북도 관찰사 김직현(金稷鉉), 경상남도 관찰사 이은용(李垠鎔), 평안북도 관찰사 조민희(趙民熙), 평안남도 관찰사 정세원(鄭世源), 강원도 관찰사 정일영(鄭日永), 황해도 관찰사 민형식(閔亨植) 등은 백성을 할박(割剝)[1]하고 착취하였으므로 모두 관직을 해임시키고 부정을 조사하라 명했다. 그러나 마침내 징벌하지 못했다.

**註解**

1) 할박(割剝) : 가죽을 벗기고 살을 도려냄. 탐관오리 따위가 백성의 재물을 건음질함. 박할(剝割).

**原文**

觀察使全北李完用 · 全南閔泳喆 · 慶北金稷鉉 · 慶南李垠鎔 · 平北趙民熙 · 平南鄭世源 · 江原鄭日永 · 黃海閔亨植 以瘝曠割剝 並命免官查辦 然竟無懲罰.

영남의 비적 우두머리 손숙개(孫叔介)가 어사 김화영(金華榮)에게 체포되었다. 손숙개는 동학도 28포(包)를 이끄는 바, 무리를 합치면 48,000명이었다. 손숙개가 체포된 후에 그의 일당들은 차츰 흩어져 없어지게 되었다.

**原文**

영남비괴손숙개 위어사김화영소획 숙개소통동도이십
嶺南匪魁孫叔介 爲御使金華榮所獲 叔介所統東徒二十
팔포 중합사만사천인 숙개포후 기당차제산망
八包 衆合四萬四千人 叔介捕後 其黨次第散亡.

전 참봉 기우만(奇宇萬)을 중추원 의관으로 제수하였으나 그는 나가지 않았다.

**原文**

제전참봉기우만중추원의관 불배
除前參奉奇宇萬中樞院議官 不拜.

6월, 이규원(李奎遠)을 함경북도 관찰사로 삼았는데, 편한 길로 부임할 것을 허락하였다. 이규원은 일찍이 안무사로 있으면서 북관(北關)에서 혜정(惠政, 선정)을 베풀었으며, 이때는 금화(金化)의 고향집에서 지내고 있었다.

**原文**

유월 이이규원위함북관찰사 허편도부임 규원증이안무
六月 以李奎遠爲咸北觀察使 許便道赴任 圭遠曾以按撫
사 유혜정어북관 이시거금화향제
使 有惠政於北關 而時居金化鄕第.

6월, 의화군(義和君) 이강(李堈)이 일본에서 미국으로 건너갔다.

**原文**

유 월 의 화 군 강 자 일 본 입 미 국
六月 義和君堈自日本入美國.

경무청(警務廳)을 경부(警部)로 바꾸어 독립된 아문으로 삼았으며, 다른 부(部)의 예와 같이 대신과 낭관을 두었다.

**原文**

개 경 무 청 왈 경 부 위 독 립 아 문 치 대 신 낭 관 일 의 제 부 예
改警務廳曰警部 爲獨立衙門 置大臣郎官一依諸部例.

상무사(商務社)를 상비대(商備隊)로 개칭하였다. 군액(軍額) 1,000명을 두고 보부상을 모집하였다.

**原文**

개 상 무 사 왈 상 비 대 치 군 액 천 인 모 이 부 상
改商務社曰商備隊 置軍額千人 募以負商.

천릉도감(遷陵都監)을 설치하여 윤용선(尹容善)을 총호사(摠護使)로 삼고, 금곡(金谷)에 있는 양주 조씨(楊州趙氏)의 무덤 40개를 파서 옮기게 하였는데, 능을 옮기는 비용 3만 원을 미리 내렸다.

**原文**

설 천 릉 도 감 이 윤 용 선 위 총 호 사 굴 이 양 주 조 씨 사 십 여 총
設遷陵都監 以尹容善爲摠護使 掘移楊州趙氏四十餘塚

우 김 곡 선 하 천 릉 비 삼 만 원
于金谷 先下遷陵費三萬元.

오랫동안 가뭄에 경기와 충청남도 산천에서 기우제(祈雨祭)를 지냈다.

**原文**

구 한 행 우 제 우 기 내 충 남 산 천
久旱 行雩祭于畿內·忠南山川.

박용대(朴容大)를 경상남도 관찰사로, 조종필(趙鍾弼)을 전라남도 관찰사로, 조한국(趙漢國)을 전라북도 관찰사로, 윤상연(尹相衍)을 평안남도 관찰사로, 이도재(李道宰)를 평안북도 관찰사 겸 찰변사(察邊使)[1]로, 이성렬(李聖烈)을 경상북도 관찰사로, 주석면(朱錫冕)을 강원도 관찰사로, 윤용식(尹容植)을 충청북도 관찰사로, 윤길구(尹吉求)를 황해도 관찰사로, 김영덕(金永悳)을 충청남도 관찰사로, 이재극(李載克)을 경기 관찰사로 각각 삼았다. 박용대는 소를 올려 사퇴하니, 김영덕과 더불어 서로 자리를 바꿀 것을 명했다. 이성렬도 힘써 사퇴하였는데, 엄한 분부를 내려 보외(補外)[2]로 부임케 하였다. 조종필은 명년이 회갑인데, 임금이 그것을 생각하여 관찰사의 녹봉으로 그 연회비를 충당토록 하였다. 그때 요하(遼河)와 심양(瀋陽) 등지의 유비(流匪)들이 동쪽으로 침입할 형세가 있어 임금은 이도재가 변방을 지키는 재주가 있다고 생각하여 뽑아 보낸 것이다.

**註解**

1) **찰변사**(察邊使) : 변방을 경계하고 방어할 목적으로 설치한 관직. 여연 · 무창 · 우예 · 자성 등.
2) **보외**(補外) : 높은 지위에 있는 관원이 잘못이 있을 때에 지방의 수령으로 좌천시켜서 징계하는 일.

**原文**

以朴容大爲慶南觀察使 趙鍾弼全南觀察使 趙漢國爲全北觀察使 尹相衍爲平南觀察使 李道宰爲平北觀察兼察邊使 李聖烈爲慶北觀察使 朱錫冕爲江原觀察使 尹容植爲忠北觀察使 尹吉求爲黃海觀察使 金永悳爲忠南觀察使 李載克爲京畿觀察使 容大疏辭 命與永悳相換 聖烈力辭 嚴旨以補外赴 鍾弼回甲在明年 上念之 得以觀察俸 充其宴費時遼瀋流匪 有東搶之形 上以道宰有邊才 差遣之.

(6월) 서북 지방에 진위대대를 설치하였다. 함경북도의 북청 · 종성과 평안북도의 의주 · 강계에 각각 1천 명씩을 배치하고, 북청과 종성의 지방대는 폐지하였다. 청국 변방의 어지러움이 날로 급하여 불의에 압록강을 건너 침략해 들어올 것 같으면 지방대로서는 방어할 수 없는 까닭에 군제를 변경하여 장

정들로 증강시킨 것이다.

**原文**

치서북진위대대 함북지북청 종성 평북지의주 강계
置西北鎭衛大隊 咸北之北靑·鍾城 平北之義州·江界
각천인 폐북청 종성지방대 청국변모일극 약불의도강
各千人 廢北靑·鍾城地方隊 淸國邊耗日亟 若不意渡江
즉비지방대소가어 고변군제 이증장지
則非地方隊所可禦 故變軍制 以增壯之.

주일 공사 이하영(李夏榮)이 일본 동경에 공관을 신축하였다. 종전에는 공사가 집을 세내어 주재하고 있었다. 이하영이 이를 부끄럽게 여기고 전보로 새 건물을 신축할 것을 청하니, 8만 원의 비용을 확정해 받았던 것이다.

**原文**

주왜공사이하영 축공관우일본동경 종전공사 개세옥이
駐倭公使李夏榮 築公館于日本東京 從前公使 皆貰屋而
주 하영치지 전청신건 획자팔만원
駐 夏榮恥之 電請新建 劃貲八萬元.

석탄광을 흡곡(歙谷)에서 개발했는데, 통천군(通川郡)에서 생산되는 석탄의 질이 매우 양호했다.

**原文**

개매광우흡곡 통천군매산심량
開煤礦于歙谷 通川郡煤產甚良.

일본 공사 임권조(林權助)가 돌아왔는데, 덕국 공사 와이벽(瓦爾璧, Weipert, H.)과 더불어 임금을 알현하였다.

**原文**

왜 공 사 임 권 조 환 여 덕 공 사 와 이 벽 폐 현
倭公使林權助還 與德公使瓦爾璧陛見.

비서랑(秘書郎) 이병소(李秉韶)가 강화(江華)에서 실록을 포쇄(曝曬)[1]하였는데, 인조조 정축년(인조 15, 1637)에 편찬된 두 책의 실록이 누락되어 있는 것을 아뢰었다. 즉시 등서(謄書)해서 보충할 것을 명하고, 종전의 쇄사관원(曬史官員)을 모두 엄중히 추궁할 것을 명했다.

**註解**

1) **포쇄(曝曬)** : 젖거나 습기 찬 것은 바람 쏘이고 햇볕에 말리는 것.

**原文**

비 랑 이 병 소 쇄 사 우 강 화 주 인 조 조 정 축 인 조 십 오 년 편
秘郎李秉韶 曬史于江華 奏仁祖朝丁丑(仁祖十五年)編
이 책 견 루 즉 명 등 보 명 종 전 쇄 사 관 원 병 중 구
二冊見漏 卽命謄補 命從前曬史官員 並重究.

러시아 사람들이 우리 근해에서 고래잡이를 하였는데, 통상구안(通商口岸)이 아니어서 조정에서는 4천 원을 벌금으로 물게 하였다. 그러자 러시아 공사는 반대로 포경선(捕鯨船)이 구류됨에

따라 파손되었다고 하면서 마땅히 4만 원을 배상하라 하고, 이어서 관련자를 응당 처벌하는 것이 옳다 하여 공문이 오가면서 시끄럽고 떠들썩하였다. 그러나 결국 러시아에게 굴복하였다.

**原文**

아인포경우아해불통상구안 조정징벌사천원 아사반이 경선피구치손 당배사만원 내가응벌 문이분괄 연경위아 굴

俄人捕鯨于我海不通商口岸 朝廷徵罰四千元 俄使反以鯨船被拘致損 當賠四萬元 乃可應罰 文移紛聒 然竟爲俄屈.

청국으로 가던 일본 군함 한 척이 흑산도(黑山島) 남쪽 해안에 좌초되었다.

**原文**

왜병함왕청국자일소 좌초우흑산도남안

倭兵艦往淸國者一艘 坐礁于黑山島南岸.

압록강이 홍수로 물이 불어났으며, 파주(坡州)와 장단(長湍) 등 여러 군에는 호환(虎患)이 크게 일어났다.

**原文**

압록강적탁비명 파주 장단제군 호환대치

鴨綠江赤濁沸鳴 坡州・長湍諸郡 虎患大熾.

7월, 귀인(貴人) 엄씨(嚴氏)를 순빈(淳嬪)으로 삼고, 궁인 이씨(李氏)를 소의(昭儀)로 삼았다.

**原文**

추 칠 월　봉 귀 인 엄 씨 위 순 빈　궁 인 이 씨 위 소 의
秋七月　封貴人嚴氏爲淳嬪　宮人李氏爲昭儀.

(7월) 임금의 둘째아들 의화군 강(堈)을 의친왕으로 삼고, 셋째아들 은(垠)을 영친왕으로 삼아 부(府)를 개설하고 관속들을 두었다.

**原文**

봉 황 이 자 의 화 군 강　위 의 친 왕　황 삼 자 은　위 영 친 왕　개 부 치 관 속
封皇二子義和君堈　爲義親王　皇三子垠　爲英親王　開府置官屬.

조병직(趙秉稷)을 참정으로 삼고, 이윤용(李允用)을 찬정으로 삼았다.

**原文**

이 조 병 직 위 참 정　이 윤 용 위 찬 정
以趙秉稷爲參政　李允用爲贊政.

조병식(趙秉式)을 주일 공사로 삼았다. 조병식은 일본이 안

경수(安駉壽)와 권형진(權瀅鎭)을 교살한 사실에 대해 책임을 물을 것을 두려워하여 간곡히 사양했으나, 엄한 비답(批答, 신하의 상소에 대한 임금의 하답)으로 윤허하지 않았다.

**原文**

以趙秉式爲駐倭公使 秉式恐倭責安駉壽·權瀅鎭死狀 懇辭 嚴批不允.

(이조병식위주왜공사 병식공왜책안경수 권형진사상 간사 엄비불윤)

유기환(兪箕煥)이 상소하여 윤용선(尹容善) · 조병식(趙秉式) · 민종묵(閔種默) · 이건하(李乾夏) · 권재형(權在衡)을 핵주(劾奏)[1] 하여 인신(人臣)의 의가 없으니 청컨대 극률(極律)을 시행하여 온 국민들에게 보여야 한다고 탄핵 하였다. 이에 윤용선은 도성 밖에 나가 있었는데, 임금이 계속 들어오라고 간곡히 말했으나 움직이지 않고 있다가 만수절(萬壽節)에 이르러서야 비로소 축하석상에 참석하였다. 조병식 등은 자핵소(自劾疏)[2]를 올렸고, 권재형은 유기환과 대질 심사를 청하였다. 임금은 유기환의 이번 상소가 조정을 들춰서 편안치 못하게 하였다고 해서 5년의 유배형을 명했다.

**註解**

1) **핵주**(劾奏) : 관리의 죄과를 탄핵하여 임금에게 아룀.
2) **자핵**(自劾) : 자기 죄를 스스로 탄핵함. 자신이 죄상을 들어 논란하여 책망함(반성함).

**原文**

兪箕煥上疏 劾奏尹容善·趙秉式·閔種默·李乾夏·權在衡 無人臣之義 請施極律 以謝國人 於是容善 迸出城外 敦召相屬 不起 至萬壽節 始入參賀班 秉式等上疏自劾 在衡請與箕煥質査 上以箕煥一疏 擧朝不靖 命流五年.

강화 군사 120명을 함경북도에 파견하여 진위대(鎭衛隊)로 충당하였다.

**原文**

派送江華兵一百二十人于咸北 充鎭衛隊.

자성 군수 박항래(朴恒來)가 청국의 비적 무리를 격파하여 몰아냈다. 도적떼 수천 명이 대동구(大東溝)[1]에서부터 강을 건너가겠다고 으름장을 부려 압록강 연안 일대가 크게 진동했다. 박항래는 군내의 사람들을 부륵(部勒)[2]하여 강을 건너 만주 안동현(安東縣)[3]에 이르러 복병을 매설하고 있다가 적을 요격(邀擊)[4]했는데, 마침 밤이 칠흑같이 어두워 비적들은 서로 밟히거나 강물로 추락하였으며 사망자들이 즐비하여 놀라 달아났다. 이도재는 이 사실을 조정에 알려서 공훈과 표장할 것을 청하였다. 내부 대신 이건하(李乾夏)는 이도재(李道宰)와 사이가 서로 나빠서 헤아려 펴지 않았는데, 한참 지난 뒤에야 마지못해 한 등급을 올려 주었다. 박항래(朴恒來)는 본시 청렴하고 위엄이 있었으며 다스림이 도내에서 으뜸이었다. 청국인으로 우리나라에 흘러 들어와 사는 사람들이 강 건너편 언덕에 비석을 세워, 이웃을 구휼하고 도적떼를 평정시킨 공로를 칭송했다.

**註解**

1) **대동구**(大東溝) : 신의주 건너편의 연해 지방. 당시에는 안동현에 속해 있었다.
2) **부륵**(部勒) : 부서를 정하여 배치함.
3) **안동현**(安東縣) : 지금의 단동(丹東), 신의주와 마주하고 있는 압록강 하류의 국경 도시.
4) **요격**(邀擊) : 도중에서 기다리고 있다가 적을 마주치는 일. 기다리고 있다가 적을 맞아 침.

**原文**

慈城郡守朴恒來 破清匪走之 嚮賊數千人 自大東溝 聲言渡江 沿江大震 恒來部勒郡中 過江至安東縣 設伏邀擊 會夜天黑 賊蹈藉墮水 及兵死者相枕 駭而走 李道宰聞于朝請錄功 內部李乾夏 與道宰交惡 格不敍 久之轉一級 恒來廉能有威 治冠一道 清民流寓者 立碑于對岸 以頌其恤隣靖寇之功.

신문사 사장 남궁억(南宮檍)[1]을 구속하였다. 일본인의 보도에 의하면 러시아와 일본 두 나라가 한국을 나누어 갖는다는 말이 있었는데, 남궁억이 이러한 사실을 신문에 실어 알렸다. 조병식이 민심을 놀라게 한 것이라 하여 구속시킬 것을 상주하였다. 8월 중에 비로소 석방되었다.

**註解**

1) **남궁억**(南宮檍) : 1863~1939. 서재필 · 이상재 등과 함께 독립협회(獨立協會)를 창립, 1898년 「황성신문(皇城新聞)」을 발간함.

**原文**

수 신 문 사 장 남 궁 억 왜 인 보 장 유 아 왜 분 한 지 설 억 등 전
囚新聞社長南宮檍 倭人報章 有俄·倭分韓之說 檍謄傳
신 문 조 병 식 위 기 경 동 중 심 주 구 지 팔 월 중 시 석
新聞 趙秉式 謂其驚動衆心 奏拘之 八月中 始釋.

이용익(李容翊)이 죄로 벌봉(罰俸, 減俸)의 조처를 당했다. 이용익은 임금의 총애를 믿고 교만 방자하여 매번 알현할 때마다 군신(群臣)이 열을 지어 있는 자리에서도 문득 손으로 임금을 불러 귀에다 대고 말을 하기도 하여 군신의 예를 돌보지 않았다. 중앙과 지방에서 몹시 그를 미워하였으나 임금은 그가 보내주는 이익에 의지하고 있었기 때문에 그를 멀리할 수 없었다. 이에 이르러 윤정구(尹定求)가 죄를 들추어내어 아룀으로써 가벼운 벌을 받게 된 것이다.

**原文**

이용익유죄벌봉 용익시총교자 매연견 치군신총열 첩수
李容翊有罪罰俸 容翊恃寵驕恣 每燕見 値群臣叢列 輒手
초상 취이어 무복군신례 중외통질지 이상의기치리 막능
招上 就耳語 無復君臣禮 中外痛嫉之 以上倚其致利 莫能
간 지시윤정구알주 유경벌
間 至是尹定求訐奏 有輕罰.

유럽 여러 나라와 미국·러시아·일본제국의 연합군이 청국의 의화단(義和團)을 격파하고 북경(北京)으로 진입하니 청국 황제는 서안(西安)으로 달아났다. 임금은 친히 전문을 보내서 연합군의 대첩을 축하하고 오인택(吳仁澤) 을 파견해서 연합군을 위로하고 상품을 주었다.

처음에 청국 황제 광서제(光緖帝)는 갑오년 청·일 전쟁에서의 참패를 핑계 삼아, 서양 제도를 본받고자 정치 개혁을 실시하기 위해 점차 한족(漢族)을 기용하였다. 무술(광무 2, 1898) 봄에 변법(變法)의 조칙을 반포하고 신진세력인 양지수(楊枝秀)·담사동(譚嗣同)·강유위(康有爲) 등이 연이어 굄을 받아 발탁되었다. 이때 만주족의 권세가는 권병(權柄)을 상실할까 두려워 서태후(西太后)를 끼고 수렴청정을 다시 하게하고 황제를 온명원(溫明園)에 유폐시키니, 정치는 모두 구정(舊政)을 회복하였고 강유위 등은 혹은 죽거나 망명하였다. 이것을 소위 무술정변(戊戌政變)이라 한다. 이로부터 만주족과 한족은 수화(水火) 상극이 되어 나라를 꾀할 여가가 없었다. 또한 민간인들은 교인(敎人)들에게 이를 갈았는데 교회당이 즐비하게 늘어

섰다. 이해 봄에 산동(山東)의 백성들이 봉기하여 교회당을 불사르고 서양 선교사를 죽이며 의병을 일으켜 서양을 물리치자고 부르짖고 의화단(義和團)이라 불렀다.

원근 지역에서 잇달아 봉기하여, 대하(大河) 남북이 열흘 동안에 향응(響應)하여 드디어 천진을 격파하고 독일 공사와 일본 서기관 삼촌빈(杉村彬)을 사살하고, 급히 북경에 격문을 돌려 각국 공사를 죽이게 하니 서태후는 비밀히 내응(內應)하였었다. 이에 각국은 많은 군대를 동원하여 동청(東淸) 지방에 모였는데, 이것이 즉 소위 말하는 연합군이다.

(연합군은) 의화단과 첫 번째로 태고(太沽)에서 싸웠고, 천진에서 두 번째 싸움을 벌이고, 북창(北倉)에서 세 번째 싸움을 벌였으며, 통주(通州)에서 네 번째 싸움을 벌여 모두 의화단을 대파하였다. 이달 18일, 북경을 침범하니 황제와 서태후는 달아났고, 연합군은 방자한 마음으로 분탕과 약탈을 일삼아 천리가 황량해졌다. 이에 앞서 논자(論者)들은 일지병(一枝兵)을 파견하여 연합군 대열에 편입시키자 하였으나 임금은 차마 그렇게 할 수 없다 하였다. 북경이 이미 격파당했다는 소식이 들리자 비로소 전보를 쳐서 대첩한 것을 축하하고 이어서 오인택을 파견하여 백미 1천 석과 밀가루 1천5백 포, 권연 2천 갑을 싣고 가 군사들을 위로하였다.

**原文**

歐(구)·美(미)·俄(아)·倭諸國聯合軍(왜제국연합군) 破淸國義和團(파청국의화단) 入北京(입북경) 淸帝(청제)

주서안 상친전하대첩 견오인택호상지 초청제징갑오지패
走西安 上親電賀大捷 遣吳仁澤犒賞之 初清帝懲甲午之敗

욕효서법 행신정 초인용한인 지무술 광무이년 춘 하조
欲效西法 行新政 稍引用漢人 至戊戌(光武二年)春 下詔

변법 신진양지수 담사동 강유위등 연피총탁 만인권귀
變法 新進楊枝秀·譚嗣同·康有爲等 連被寵擢 滿人權貴

공실권병 협서태후 갱수렴 유제우온명원 정함복구 유위
恐失權柄 挾西太后 更垂簾 幽帝于溫明園 政咸復舊 有爲

등 혹륙혹도 차소위무술정변야 자시만한유수화 무가위
等 或戮或逃 此所謂戊戌政變也 自是滿漢愈水火 無暇爲

국모의 우민간절치교민 이교당위기수 시년춘 산동민군
國謀矣 又民間切齒教民 而教堂爲其藪 是年春 山東民群

기 소교당 살양교사 성언창의척양 호왈의화단 원근봉기
起 燒教堂 殺洋教師 聲言倡義斥洋 號曰義和團 遠近蜂起

대하남북 순일향응 수파천진 살덕공사급왜사서기삼촌빈
大河南北 旬日響應 遂破天津 殺德公使及倭使書記杉村彬

이격북경 주각국공사 서태후잠응우내 어시각국대발병
移檄北京 誅各國公使 西太后潛應于內 於是各國大發兵

회우동청지방 즉소위연합군야 여의화단 일전태고 재전
會于東清地方 卽所謂聯合軍也 與義和團 一戰太沽 再戰

우천진 삼전우북창 사전우통주 개대파지 이시월십팔일
于天津 三戰于北倉 四戰于通州 皆大破之 以是月十八日

범북경 제급태후출주 연군자의분략 천리소연 선시 의자
犯北京 帝及太后出走 聯軍恣意焚掠 千里蕭然 先是 議者

욕견일지병 참연군지열 이상불인 급문북경이파 시발전
欲遣一枝兵 參聯軍之列 而上不忍 及聞北京已破 始發電

하첩 계견인택 재백미일천석 맥분일천오백포 권연이
賀捷 繼遣仁澤 齎白米一千石·麥粉一千五百包·卷烟二

천갑 이호지
千匣 以犒之.

강유위(康有爲)는 광동 사람으로 그의 무리 양계초(梁啓超)와 힘써 신학문을 주창하였다. 일이 실패하자 강유위는 영국 런던으로 도망치고, 양계초는 일본으로 도망쳤다. 양계초는 이때 나이 28세로 타고난 재주가 특이하게 뛰어났으며 문장이 아름답고 박식하였다. 일본에 있으면서 『음빙실집(飮氷室集)』의 방대한 저작을 하였는데 그 의론이 종적으로나 횡적으로 뛰어나고 방대하여 힘써 번역하여 오대주에 퍼졌으며 독자들은 혀를 내둘렀다. 또한 손일선(孫逸仙, 孫文)은 혁명당(革命黨)으로서 외국을 두루 다녔는데, 중국 정부에서 수배령을 내려 체포하려 하였으나 잡지 못하였다.

**原文**

康有爲廣東人也 與其徒梁啓超 力唱新學 及事敗 有爲逃英倫 啓超逃日本 啓超時年二十八 天才絶異 文章奇博 在日本著淸議報 以刺貶當世 著飮氷室集數千萬言 其議論縱橫瑰偉 力飜成案 風行五洲 讀者吐舌 又有孫逸仙者 以革命黨 周流外洋 政府至令錮之 而不能得.

의화단(義和團)은 부적을 지니고 주문을 외우면 포탄이나 총알 방어할 수 있다고 하였으니, 그것은 우리나라의 동학교도의 사고와 비슷하였다. 그 당에는 흥중회(興中會) · 중우회(中友

會) · 대도회(大刀會) · 소도회(小刀會) · 가로회(哥老會) · 백련회(白蓮會) · 천지회(天地會) · 영웅회(英雄會) · 안경회(安慶會) · 도우회(道友會) · 연장회(聯莊會) 등의 이름이 있었으며, 깃발에는 혹은 '청에 의지하고 서양을 멸한다〔부청멸양(扶淸滅洋)〕'고 되어 있거나, 또는 '명(明)에 부지해서 청나라를 멸한다〔부명멸청(扶明滅淸)〕'고 써 있었다. 그것은 중국 한족(漢族)이 원한을 쌓아온 지 오래되었음을 뜻하는 것이다. 비록 입으로는 '서양을 물리치자' 떠들어대고 있으나 그것을 연유로 만주족을 내쫓자는 것도 또한 엿보인다. 외국인 피살자는 수만 명에 이르렀다. 의화단은 오합지졸(烏合之卒)에 불과한 까닭에 군율도 엄하지 않았으며 무기도 정교하지 못하여 급히 봉기하였다가 갑자기 쓰러지곤 하였다.

**原文**

의 화 단 자 행 부 주 위 어 포 환 개 류 아 국 지 동 비 야 기 당 유 흥
義和團者 行符呪 謂禦砲丸 蓋類我國之東匪也 其黨有興
중 회 중 우 회 대 도 회 소 도 회 가 노 회 백 연 회 천 지
中會 · 中友會 · 大刀會 · 小刀會 · 哥老會 · 白蓮會 · 天地
회 영 웅 회 안 경 도 우 연 장 회 등 명 목 기 면 혹 서 부 청 멸
會 · 英雄會 · 安慶 · 道友 · 聯莊會等名目 旗面或書扶淸滅
양 혹 서 부 명 멸 청 개 한 인 적 한 기 구 수 자 구 척 양 욕 인 지 이
洋 或書扶明滅淸 蓋漢人積恨旣久 雖藉口斥洋 欲因之以
구 축 만 주 자 역 유 지 외 국 인 피 살 자 수 만 인 이 기 오 합 야 고
驅逐滿洲者 亦有之 外國人被殺者數萬人 以其烏合也 故
군 률 불 엄 자 계 부 정 훌 기 이 취 쇠 언
軍律不嚴 資械不精 欻起而驟衰焉.

이 당시 청국 동북 지역의 일대는 철로와 전선이 의화단(義和團)에 의해 모두 절단되어서 청국으로부터 일본에 통하려면 오직 우리나라를 거치는 길밖에 없었다. 이에 인천항이 그 길목이 되어 전보치는 것이 옷감을 짜는 소리같이 요란했고 기사관의 눈은 모두 퉁퉁 부었다.

**原文**

시시 동청일대 철로 전선 개피의단절단 자청통왜 유
是時 東淸一帶 鐵路·電線 皆被義團截斷 自淸通倭 惟
유아국일로 어시인항관기구 전보여직 기사관목진종
有我國一路 於是仁港綰其口 電報如織 汽司官目盡腫.

산동에서 우리나라로 피난 온 사람들이 전후 수천 명이었다. 평안도·황해도 지방으로부터 삼남 지방까지 흘러 들어와서 우리나라 사람들은 몹시 괴로움을 느꼈다.

**原文**

산동민피란동출자 전후수천인 자양서유이삼남 민심고
山東民避亂東出者 前後數千人 自兩西流離三南 民甚苦
지
之.

얼마 안 있어 청국은 양광총독 이홍장(李鴻章)을 전권 대신으로 삼아, 구미의 여러 나라들과 화의를 의논케 했다.

**原文**

미기 청이양광총독이홍장위권대신 의화구미제국
未幾 淸以兩廣總督李鴻章爲權大臣 議和歐美諸國.

윤용선(尹容善)을 다시 의정으로 삼았는데, 그의 손자 윤덕영(尹德榮)으로 하여금 돈 30만 냥을 바치게 하여 얻은 것이다.

**原文**

윤용선부위의정 사기손덕영 납전삼십만이득지
尹容善復爲議政 使其孫德榮 納錢三十萬以得之.

심순택(沈舜澤)을 총호사(摠護使)로 삼았다. 심순택은 명을 받고 바로 나갔는데 당시 나이 78세였다.

**原文**

이심순택위총호사 순택문명즉기 시년칠십팔
以沈舜澤爲摠護使 舜澤聞命卽起 時年七十八.

영남 지방에 있는 활빈당이 통도사(通度寺)를 약탈하고 운산사(雲山寺)에 모였다. 이때에 말이 잘못 전하여져서 '토비(土匪)들이 보화를 약탈하여 동래관(東萊館, 日本人商館)에 보내 위탁하였다. 그것은 박영효(朴泳孝)가 그 일당들을 앞세워 한편으로 재물을 모으고 한편으로 백성들을 동요시키는 것이다.' 하였다. 이때에 지방대가 속속 토벌에 나섰는데 그 소란함이 도리어 비적들보다 더욱 심하였다.

**原文**

嶺南活貧黨 掠通度寺 大會于雲山寺 是時訛言 土匪掠貨輸委于萊館 蓋以朴泳孝 縱其黨還國 一則募財 一則擾民云 地方隊陸續出勦 而其擾反甚於匪燹.

임금이 금배(金盃)와 표피(豹皮)를 일본 추밀관(樞密官) 이등박문(伊藤博文)에게 보냈다.

**原文**

上以金盃·豹皮 寄賜倭樞密官伊藤博文.

8월, 다시 윤용선(尹容善)을 총호사로 삼아서, 하역비 20만 원으로 금곡 신릉(新陵)에 철도와 전선을 설치하도록 하였다. 신릉 해자(垓子)[1] 안에 있는 정승이나 일반인의 선대 무덤 2만여 기를 파내도록 하였다.

양주 조씨 18대 이하 110여 총을 모두 파내야 했으며, 그 외에 종척 명신으로 영응대군 이염(李琰) 부처·의창군 이강(李玒) 부처·안양군 이항(李㤚) 부처·효순공주 부마(駙馬)[2] 구사안(具思顔)·정정옹주 부마 조선(趙璿)·숙혜옹주 부마 이정녕(李正寧)

·반성부원군 박응순(朴應順) 부처·능안부원군 구사맹(具思孟) 부처·한원부원군 조창원(趙昌遠) 부처·능천군 구수영(具壽永)·능성부원군 구인후(具仁垕)·능풍부원군 구인기(具仁墍)·고상신 신용개(申用漑)·사산군 이호(李灝)·동성군 이순(李詢)·금성도정 이위(李韋+韋)·금계정 이기(李祺)·문강공 조말생(趙末生)·호양공 구치홍(具致洪) 등의 묘를 모두 파내게 되었다. 그 나머지는 이루 다 기록할 수 없다.

금곡 땅은 옛날부터 많은 사람들이 길지(吉地)라고 불렀던 까닭에 경재(卿宰)의 무덤들이 가장 많았다. 양주 조씨의 선산은 풍수가들이 더욱 대지(大地)라고 떠들던 곳인데, 막상 무덤을 파내자 해골이 다 사라지고 단지 한 병이 될 뿐이었다. 그 외에 많은 무덤들이 길하다고 하던 것이 반대로 흉하게 되고, 흉하다고 했던 것은 반대로 길하게 되어 종종 뒤틀어졌으며, 하찮은 머슴살이 천한 계층의 사람들이 쓴 묘지에서 왕왕 따뜻한 기운이 일어나는 것 같고 골부(骨部)가 금빛이 나서 이에 무덤을 파는 감독관은 놀라며 괴이하게 느꼈다. 이에 비로소 지학(地學)의 징험(徵驗)이 믿을 것이 못된다는 것을 알게 되었다고 한다. 보령에 있는 전 수영(水營) 터와 양주 조운서원(朝雲書院) 터 및 서산 주마골〔住馬谷〕을 하사하여 조씨의 무덤 이장지(移葬地)로 삼게 했다. 서상조(徐相祖)는 상소하여 능을 옮기는 것은 잘못이라 말하니, 임금은 대로하여 비답(批答)을 내리지도 않고 그의 사위인 이재극(李載克)을 불러 책망하기를, "자네의 장인이 노망이 들었는가? 어찌 감히 그럴 수가 있나?"

하였다.

**註解**

1) **해자**(垓子) : 능원(陵園)이나 묘의 경계. 성 밖으로 둘러싼 호(壕).
2) **부마**(駙馬) : 공주나 옹주의 남편, 왕의 사위.

**原文**

팔월 부이윤용선위총호사 하역비이십만원 설철도 전
八月 復以尹容善爲摠護使 下役費二十萬元 設鐵道·電
선우금곡신릉 굴신릉해자내신서선묘이만여 양주조씨십
線于金谷新陵 掘新陵垓字內臣庶先墓二萬餘 楊州趙氏十
팔대이하 일백십여총진굴 기외종척명신 영응대군염부처
八代以下 一百十餘塚盡掘 其外宗戚名臣 永膺大君琰夫妻
의창군강부처 안양군항부처 효순공주부마구사안
·義昌君玒夫妻·安陽君㤚夫妻·孝順公主駙馬具思顔·
정정옹주부마조선 숙혜옹주부마이정녕 반성부원군박
貞靜翁主駙馬趙璿·淑惠翁主駙馬李正寧·潘城府院君朴
응순부처 능안부원군구사맹부처 한원부원군조창원부
應順夫妻·綾安府院君具思孟夫妻·漢原府院君趙昌遠夫
처 능천군구수영 능성부원군구인후 능풍부원군구인
妻·綾川君具壽永·綾城府院君具仁垕·綾豊府院君具仁
기 고상신신개 사산군호 동성군순 금성도정위 금계
墍 故相臣申漑·蛇山君灝·東城君詢·錦城都正褘·錦溪
정기 문강공조말생 호양공구치홍지묘구굴 여불가진기
正祺·文剛公趙末生·胡襄公具致洪之墓俱掘 餘不可盡記
김곡호다길양 고경재분묘최다 조씨조산 형가우추대지
金谷號多吉壤 故卿宰墳墓最多 趙氏祖山 形家尤推大地
급개굴 해골진소 지유일호 기외중총 인길자반흉 인흉자
及開掘 骸骨盡消 只有一壺 其外衆塚 認吉者反凶 認凶者
반길 종종위려 지어용개맹례지장 왕왕난기여증 골부금
反吉 種種違戾 至於庸丐甿隷之藏 往往煖氣如蒸 骨部金

색 어시감굴자 악이괴탄 시신지학지불가징운 사보영전
色 於是監掘者 愕眙怪歎 始信地學之不可徵云 賜保寧前
수영지 양주조운서원지급서산주마곡 이위조총이장지지
水營址 楊州朝雲書院址及西山住馬谷 以爲趙塚移葬之地
서상조상소 진천능지비 상대노 불하비 소기서이재극 절
徐相祖上疏 陳遷陵之非 上大怒 不下批 召其婿李載克 切
책지왈 여옹기노망야 호감내이
責之曰 汝翁其老妄耶 胡敢乃爾.

권재형(權在衡)을 법부 대신으로 삼고, 이종건(李鍾健)을 경부 대신으로 삼았다.

**原文**

이권재형위법부대신 이종건위경부대신
以權在衡爲法部大臣 李鍾健爲警部大臣.

동비(東匪)의 잔당이 정읍향교(井邑鄕校)를 점거하고 있다가 전주대(全州隊)에 패해 달아났다.

**原文**

동비여당 거정읍향교 위전주대소파주
東匪餘黨 據井邑鄕校 爲全州隊所破走.

성진군(城津郡)의 백성들이 크게 소요를 일으키자 북청대(北靑隊)를 파견하여 토벌하였다. 이순하(李舜夏)를 안핵사(按覈使)로 삼았다.

**原文**

성 진 민 대 요 견 북 청 대 초 지 이 이 순 하 위 안 핵 사
城津民大擾 遣北靑隊勦之 以李舜夏爲按覈使.

경강(京江) 통진(通津)[1] 일대에 수적(水賊)이 크게 일어났다.

**註解**

1) **경강**(京江) **통진**(通津) : 한강 뚝섬에서부터 양화진 사이를 경강이라고 불렀으며, 통진은 한강 하구를 일컫는 말이다.

**原文**

경 강 통 진 일 대 수 적 대 기
京江通津一帶 水賊大起.

청국 공사 서수붕(徐壽朋)의 아우가 선박에다 식구들을 대동하고 우리나라에 왔는데 '권비(拳匪)의 난'을 피하기 위함이었다. 의화단(義和團)을 일칭 권비(眷匪)라고도 한다.

**原文**

청 공 사 서 수 붕 제 의 즙 대 권 동 래 위 피 권 비 난 야 의 화 단 일 칭 권 비
淸公使徐壽朋弟 依楫帶婘東來 爲避拳匪亂也 義和團一稱眷匪.

홍종우(洪鍾宇)가 상소하여 시폐(時弊)를 수천 언으로 진술하였다. 정부의 제신들을 모두 탄핵 공격하였으며, 임금에 대해서

도 잘못을 두루 거론하여 빠뜨린 것이 없었다. 홍종우는 비록 삐뚤어진 사람이나 말이 모두 절실히 옳은 소리라 한때 명소(名疏)로 칭하게 되었다.

**原文**

홍종우상소 진시폐수천언 정부제신 거피탄격 지어상궁
洪鍾宇上疏 陳時弊數千言 政府諸臣 擧被彈擊 至於上躬
궐실 역진무유 종우수횡인 언개절당 일시칭명소
闕失 歷陳無遺 鍾宇雖橫人 言皆切當 一時稱名疏.

궁인 장씨(張氏)를 숙원(淑媛)으로 추증하였으니, 이강(李堈)의 어머니이다.

**原文**

증궁인장씨숙원 강지모야
贈宮人張氏淑媛 堈之母也.

민영준(閔泳駿) · 민응식(閔應植)에게 산릉도감(山陵都監)의 일을 관장하도록 하였다. 임금이 두 민씨의 재산이 부유한데, 국고는 바닥이 난 형편이라 가재(家財)를 내어 공역의 비용을 충당하도록 명한 것이다.

**原文**

이민영준 민응식 구관산릉도감 상이양민자심부 이국
以閔泳駿 · 閔應植 句管山陵都監 上以兩閔貲甚富 而國

탕 방 출　명 진 가 재　충 역 비
帑方絀 命進家財 充役費.

평양부에 진위대(鎭衛隊) 1대대를 증설하였다.

**原文**

증 설 평 양 부 진 위 일 대 대
增設平壤府鎭衛一大隊.

민영환(閔泳煥)과 이윤용(李允用)을 진위대 순찰사로 삼아 함경도와 평안도에 가서 강 연안의 형세를 두루 살피게 하였다.

**原文**

이 민 영 환　이 윤 용　위 진 위 대 순 찰 사　왕 함 평 양 도　주 시 연
以閔泳煥 · 李允用 爲鎭衛隊巡察使 往咸平兩道 周視沿
강 형 세
江形勢.

창원 대룡산(大龍山)에서 동맥(銅脈)이 발견되고 또 동래에서도 발견되어 일본인을 고용하여 채굴을 시작하였다. 또한 탄전(炭田, 석탄이 묻혀 있는 땅)이 경주와 영해 등지의 고을에서 발견되었다.

**原文**

창 원 대 룡 산　동 맥 발 견　우 현 우 동 래　고 왜 인 개 채　우 탄 묘 현
昌原大龍山 銅脈發見 又現于東萊 雇倭人開採 又炭苗現

우경주 영해등군
于慶州·寧海等郡.

조병식(趙秉式)은 일본에 이르러 머리를 깎고 양복으로 차려 입고 천황 앞에 나가니, 일본 황제가 힐문(詰問)하기를, "그대 나라 군신들이 모두 실덕(失德)을 하였는데, 그대가 능히 바꾸어 놓을 수 있겠는가? 그대가 능히 독립을 고쳐 중립으로 일컬을 수 있겠는가?"라고 하였다. 조병식은 감히 대답하지 못하고 급전(急電)으로 이 사실을 알리자 우리 조정이 크게 놀랐다. 조병식은 또 유학생들이 국고만 소비한다고 그들을 소환할 것을 청하였다.

**原文**

조병식지왜 이체두양복진 왜황힐문 여국군신개실덕 여
趙秉式至倭 以剃頭洋服進 倭皇詰問 汝國君臣皆失德 汝
능역치부 여능개독립칭중립부 병식불감대 비전이문 조
能易置否 汝能改獨立稱中立否 秉式不敢對 飛電以聞 朝
정대진 병식우이유학생도 비국탕 청소환
廷大震 秉式又以留學生徒 費國帑 請召還.

동비(東匪) 서장옥(徐章玉)과 손사문(孫思文) 등이 처형되었다. 그리고 양사봉(梁士奉)·이일문(李日文)·정성현(鄭成鉉) 등은 또 김산(金山, 김천시와 금릉군 사이)과 양산군(梁山郡) 등에서 체포되어 옥에 갇혔다.

**原文**

동비서장옥 손사문등복주 양사봉 · 이일문 · 정성현등
東匪徐章玉 · 孫思文等伏誅 梁士奉 · 李日文 · 鄭成鉉等
우피획우김산 · 양산군
又被獲于金山 · 梁山郡.

두만강 북쪽에 청비(淸匪)들이 우리 유민들을 살육하여 머리를 소나무 위에 달아 놓고, 그 곁에 세운 목패에다 다음과 같은 글이 쓰여 있었다.

"融和保練 勇戢獲劉 高麗沿江一帶 逢井遇河 散藥送交 神拳現經 活佛審明 實被日本傭遣不諱 故就地正法 以昭炯戒 特示云云."[1)]

**註解**

1) 경고한 문구인 듯한데, 의미가 제대로 통하지 않아 원문을 번역하지 않고 그대로 실었다.

**原文**

강북청비 살아유민 현수송상 서목패우방왈
江北淸匪 殺我流民 懸首松上 書木牌于傍曰.
융화보연 용집획유 고려연강일대 봉정우하 산약송교
融和保練 勇戢獲劉 高麗沿江一帶 逢井遇河 散藥送交
신권현경 활불심명 실피일본용견불휘 고취지정법 이소
神拳現經 活佛審明 實被日本傭遣不諱 故就地正法 以昭
형계 특시운운
炯戒 特示云云.

미국에 큰 회오리바람이 불었는데 사망자가 1만여 명이나 이르렀다고 한다.

**原文**

미 국 대 선 풍 사 자 만 여 인
美國大旋風 死者萬餘人.

두란사발국(杜蘭斯勃國, 트란스발)[1]이 영국에 의해 멸망되었다. 두란사발(杜蘭斯勃)이란 나라는 남미주(南美洲, 남아프리카공화국)에 있는 공화국인데, 영국인이 무력으로 제압하려 하자, 두란사발인들이 죽기로 저항하다가 해를 넘겨 힘이 다하자 이에 항복하게 되었다. 영국인들은 그들을 의롭다 하여 자주를 허락하였다. 영국군 사망자는 4만여 명이나 되었다.

**註解**

1) **두란사발국**(杜蘭斯勃國) : 네덜난드계 보어족(Boer族)이 아프리카에 이민하여 세운 나라. 남아프리카공화국 북동쪽에 있었다.

**原文**

두 란 사 발 국 견 멸 우 영 두 란 사 발 자 남 미 주 일 공 화 국 야 영
杜蘭斯勃國 見滅于英 杜蘭斯勃者 南美州一共和國也 英
인 강 이 병 위 압 지 두 인 사 거 경 년 력 진 내 항 영 인 의 지 허 기
人强以兵威壓之 杜人死拒 經年力盡乃降 英人義之 許其
자 주 영 군 사 자 사 만 여 인
自主 英軍死者四萬餘人.

윤달에 공포장률(公逋贓律)[1]을 고쳐 정했는데 이서(吏胥)는 만 냥, 군수는 4만 냥, 관찰사는 5만 냥으로 하고, 범한 자는 교수형에 처하고 사촌까지 한해서 족징(族徵)[2]한다. 형벌에 참형(斬刑)을 첨가시키고 참형을 당한 자는 재산을 몰수한다.

**註解**

1) **공포장률**(公逋贓律) : 공금을 횡령하거나 축낸 것을 공포라 하고, 뇌물을 받은 벼슬아치를 처벌하는 형률(刑律)을 장률이라 한다.
2) **족징**(族徵) : 관원이 축낸 공금을 친족에게 물어내게 하던 일.

**原文**

윤월 경정공포장률 이서만냥 군수사만냥 관찰사오만냥
閏月 更定公逋贓律 吏胥萬兩 郡守四萬兩 觀察使五萬兩

범자교 족징한사촌 첨입참형우률예 참자적산
犯者絞 族徵限四寸 添立斬刑于律例 斬者籍産.

양총 600정(挺)과 탄환 30궤(櫃)를 덕국(德國)에서, 인수통(引水筒) 15좌(座)를 영국에서 구입하였다.

**原文**

구양총육백정 탄환삼십궤우덕국 인수통십오좌우영국
購洋銃六百挺·彈丸三十櫃于德國 引水筒十五座于英國.

인화문(仁化門)의 목창(木廠)에 큰 불이 났다.

**原文**

인 화 문 목 창 대 화
仁化門木廠大火.

선원전(璿源殿)[1]에 불이 나 여러 임금의 초상화 7본(本)이 다 소실되었다. 임금은 함릉(咸陵) 준원전(濬源殿)[2] 본(本)을 모사해서 대궐 안에 선원전을 세워 봉안하도록 했던 것이다. 불이 밤중에 발생하자, 청국·일본 공사가 구화기(救火器, 소화기)를 가지고 대안문(大安門)에 도착했으나, 임금은 변란이 있을 것을 두려워하여 저지하였기 때문에 결국은 송두리채 불타게 된 것이다.

**註解**

1) 선원전(璿源殿) : 창덕궁 안에 조선 왕조의 태조·숙종·영조·정조·순조·익종·헌종 등의 어진(御眞)을 모셔 놓았던 건물.
2) 준원전(濬源殿) : 함경남도 영흥군 순영면에 있던 전각. 조선 왕조 태조의 태(胎)를 묻었던 곳에 세웠다.

**原文**

선 원 전 재 열 성 진 용 칠 본 개 소 상 모 함 릉 준 원 전 본 건 전 우
璿源殿災 列聖眞容七本 皆燒 上摸咸陵濬源殿本 建殿于
궐 내 이 봉 지 급 화 이 야 발 청 왜 공 사 지 구 화 기 도 대 안 문
闕內 以奉之 及火以夜發 淸·倭公使 持救火器到大安門
상 구 유 변 지 지 수 성 탄 신
上惧有變 止之 遂成炭燼.

민충단(愍忠壇)을 세워 갑오년(고종 31, 1894) 이후의 전망장사(戰亡將士, 전몰장졸)들을 제사지냈다.

**原文**

건민충단 제갑오 고종삼십일년 이래전망장사
建愍忠壇 祭甲午(高宗三十一年)以來戰亡將士.

울릉도의 도감(島監)을 울릉 군수로 개칭했다.

**原文**

개울릉도도감왈울릉군수
改鬱陵島島監曰鬱陵郡守.

일본인들이 개성의 삼포(蔘圃)에서 기른 인삼을 마구 캐어가므로 외부 대신 박제순(朴齊純)은 인삼을 대신해 해상의 어채권(漁採權)을 허용하였다. 이에 대해서 일본인 역장장(役場長) 국지경춘(菊池景春)이 비로소 인삼을 뽑지 말라고 방문을 게시했다. 그러자 이젠 전라도 · 경상도 · 강원도 · 함경도 근해는 일본의 고깃배가 줄을 지어 있어서 연해민들은 생업을 잃었다. 주객이 전도된 것이다.

**原文**

왜인창채개성포삼 외부박제순 허이해면어채권대삼 어
倭人搶採開城圃蔘 外部朴齊純 許以海面漁採權代蔘 於
시왜인역장장국지경춘 시게방금창삼 이전 경 강 함
是倭人役場長菊池景春 始揭榜禁搶蔘 而全 · 慶 · 江 · 咸

지해 왜범교직 연민실업 주반위객의
之海 倭帆交織 沿民失業 主反爲客矣.

윤진학(尹進學)과 이증하(李曾夏)가 통문을 돌려 남부(南部)에 모여서, 황제의 공덕을 송축하여 솥과 북에 새길 것을 청하였다.

**原文**

윤진학 이증하 통문회남부 청송황제공덕 늑지정고
尹進學·李曾夏 通文會南部 請頌皇帝功德 勒之鼎鼓.

영남 유생들이 경의(經義)와 시무(時務) 두 과(課)를 개설하여 과(科)를 열어 인재를 뽑을 것을 청하였으나 윤허하지 않았다.

**原文**

영남유생 청설경의 시무양과 개과취사 불윤
嶺南儒生 請設經義·時務兩課 開科取士 不允.

명년부터 전부(田賦)를 증세(增稅)한다는 조칙을 발표했다. 김가진(金嘉鎭)이 매 결당 산간 고을은 15냥을 더 내고, 연해 고을은 20냥을 더 징수할 것을 청하여, 절목(節目)을 작성하여 반포했다. 조병식(趙秉式)이 일본에서 돌아오자 임금이 독대(獨對)할 것을 명했다. 조금 지나서 갑자기 증병(增兵)의 논의가 있었는데, 군량이 모자라는 것을 근심하더니, 드디어 결세(結稅) 인상이 단행되었다.

**原文**

조이명년가전부 김가진 청매결산군가십오냥 해군가이
詔以明年加田賦 金嘉鎭 請每結山郡加十五兩 海郡加二
십냥 성절목반하 조병식자왜환 상명독대 이이졸유증병
十兩 成節目頒下 趙秉式自倭還 上命獨對 已而猝有增兵
지의 이환무향 가결수행
之議 而患無餉 加結遂行.

선원전(璿源殿)을 중건하고 여러 임금의 어진(御眞)을 옮겨 모셨다. 이보다 먼저 윤용선(尹容善)이 어진의 봉안을 위해 두 번 관북 지방에 갔는데, 돌아올 때에 챙겨온 것이 매우 많았다. 온 조정이 그것을 부러워하여 서상조(徐相祖)가 부사로 가기를 굳이 요청하였는데, 이에 이르러 신기선(申箕善)으로 하여금 모셔오도록 하였다.

**原文**

중건선원전 이봉열성어진 선시 윤용선이봉안어진 재왕
重建璿源殿 移奉列聖御眞 先是 尹容善以奉安御眞 再往
관북 귀탁심중 거조염지 서상조 고구부개 지시 사신기선
關北 歸橐甚重 擧朝艷之 徐相祖 固求副价 至是 使申箕善
배래
陪來.

양주(楊州)의 잠사(蠶社)에서 추잠(秋蠶)을 마쳤다. 금년 들어 모두 세 차례 거둔 것이다.

**原文**

양주잠사 추잠필 금년범삼도
楊州蠶社 秋蠶畢 今年凡三度.

양주 군장리(群場里)를 홍릉으로 개정하였다. 금곡은 수만 개의 무덤을 파내어서 많은 사람들이 가슴 아파했다. 다투어 와언(訛言)을 만들어 내서 혹은 능을 옮기면 '국맥(國脈)이 끊어진다느니, 또는 지손(支孫)에게 불리하다느니' 하여 이 소문이 엄빈(嚴嬪)에게 전해지자 드디어 다른 데로 택정하라는 명이 있게 되었다.

**原文**

개정홍릉우양주군장리 금곡소굴수만총 중정통원 경조
改定洪陵于楊州群場里 金谷所掘數萬塚 衆情痛寃 競造
와언 혹언참칭능이국절 혹언불리지손 문지엄빈 수유개
訛言 或言讖稱陵移國絶 或言不利支孫 聞之嚴嬪 遂有改
복지명
卜之命.

황해도의 금천(金川)·수안(遂安)·신계군(新溪郡) 등지에 초나흗날 밤에 서리가 내렸다.

**原文**

해서지금천 수안 신계군 이초사야상강
海西之金川·遂安·新溪郡 以初四夜霜降.

9월, 김정근(金禎根)을 강원도 관찰사로, 조병식을 참정 대신으로, 성기운(成岐運)을 주일 공사에, 민철훈(閔哲勳)을 영국·독일·이태리 주재 공사(公使)로 삼았다.

**原文**

구월 이김정근위강원관찰사 이조병식위참정 이성기운
九月, 以金禎根爲江原觀察使 以趙秉式爲參政 以成岐運
위주왜공사 민철훈위주영 덕 의공사
爲駐倭公使 閔哲勳爲駐英·德·義公使.

북청(北靑)에서 민요(民擾)가 일어나 이용관(李容觀)을 안핵사로 삼았다.

**原文**

북청유민요 이이용관위안핵사
北靑有民擾 以李容觀爲按覈使.

도호(屠戶)[1]의 면천(免賤)을 허락하고 호적에 올리도록 하였다.

**註解**

1) 도호(屠戶) : 도살업에 종사하는 호구, 곧 짐승을 잡거나 가축을 다루는 일 등에 종사하는 천한 신분. 양수척 혹은 백정, 특히 짐승을 잡는 사람을 도한(屠漢)이라 불렀다.

**原文**

허도호면천입적
許屠戶免賤立籍.

동대문 밖 각심동(覺心洞, 노원구 각심사가 있던 곳)에 사는 김태식(金太植)이란 자가 있었는데, 큰 호걸로 집안이 가난했다. 하루는 술이 취해서 여러 사람을 대해 놓고 말하기를, "나라꼴이 그릇되어 날로 말이 아니니, 신민(臣民)이 되어 차마 어찌 앉아서만 볼 수 있겠는가? 여러분들과 작별을 청하노라." 하더니 그날 밤으로 선영 곁에 가서 한구덩이를 파놓고 독약을 마시고 목숨을 끊었다.

**原文**

동대문외각심동민 유김태식자 조호이빈 일일주감 대중
東大門外覺心洞民 有金太植者 粗豪而貧 一日酒酣 對衆
태식왈 국사일비 위신민자 불인좌시 청여제군결 야왕선
太息曰 國事日非 爲臣民者 不忍坐視 請與諸君訣 夜往先
영방 천일광 음독이절
塋傍 穿一壙 飮毒而絶.

유럽 사람이 비행선을 발명하였다.

**原文**

구주인창비행선
歐洲人創飛行船.

청국의 태학사(太學士) 이홍장(李鴻章)이 사망하였다. 향년 78세, 태부(太傅)로 추증하고 일등후(一等侯)로 추봉했으며 시호를 문충이라 하였다. 아들의 이름은 경술(經述) · 경매(經邁) · 경방(經方)이고, 손자의 이름은 국걸(國杰) · 국연(國燕) · 국후(國煦) · 국웅(國熊) · 국도(國燾)가 있다.

**原文**

청 태 학 사 이 홍 장 졸 년 칠 십 팔 증 태 부 추 봉 일 등 후 시 문 충
清太學士李鴻章卒 年七十八 贈太傅 追封一等侯 諡文忠

자 경 술 경 매 경 방 손 국 걸 국 연 국 후 국 웅 국 도
子經述 · 經邁 · 經方, 孫國杰 · 國燕 · 國煦 · 國熊 · 國燾.

10월, 예부 대신 민치헌(閔致憲)이 상소하여 개가(改嫁)를 허락할 것을 청하였다. 그 상소의 내용은 다음과 같다.

"제가 여러 모로 혼자서 생각하니 시집가고 장가든다는 것은 인륜의 대사입니다. 선왕께서 예로써 정하기를, '군자는 해로(偕老)[1]하고 부인은 두 남편을 섬기지 않는다' 하였으니, 이것은 만고불역(萬古不易)[2]의 떳떳한 도리이옵니다. 그런데 일의 기틀을 따라 잘 처리해 가며 시의(時宜)를 좇아 변통하는 것은 또한 가히 한 임금이 제정하게 되어 있는 것입니다. 그러므로 호양공주(瑚陽公主)[3]가 송(宋)을 택했어도 광무제(光武帝)[4]는 나쁘다고 하지 않았으며, 범성(范姓)을 주성(朱姓)으로 바꿔서 불러도 문정공(文正公)[5]은 부끄럽게 생각하지 않았으니, 그것은 세속적인 기호(嗜好)에서 그러한 것입니다. 우리 조선의 정

신(正臣) 송시열(宋時烈)은 우윤 권시(權諰)의 편지를 받고 회답을 보내어 말하기를, '주공(周公)[6]이 예를 제정할 때 어찌하여 개가한 어머니와 의붓아버지의 복(服)은 제정했겠습니까? (주공이) 어찌 예로써 가르침을 삼지 않았으며, 또한 어찌 재가(再嫁)해서는 안 된다는 것을 예로 삼는 것을 알리지 않았겠습니까?'라 하였고, 정자(程子)[7]는 말하기를, '상부(喪婦)가 재가하는 것은 옳지 않다 하고 이어 그의 생질녀를 재가하라.' 말했으며, 주자(朱子)가 말하기를, '대강(大綱)이 이와 같음이 어찌 이제의 어진 것이며, 도리어 일성(一聖) 이현(二賢)[8]보다 어짐이 있겠는가?' 하였습니다.

지나간 시대에는 청환(淸宦)[9]을 허락하지 말라 하였으며, 지금 사대부들도 예양(禮讓)[10]을 숭상하고 명교(名敎)[11]를 중히 여기는 사람들은 여자의 행실을 가르치되, 단지 길〔經〕이 있는 것만 알았지 권리가 있는 것은 알지 못하였습니다. 촌구석의 필부(匹夫) 또한 절개를 지키지 않는 것을 부끄럽게 생각하고 있어서 드디어 나라에서 크게 금지하게 된 것입니다. 경상도와 전라도 지방의 풍속도 일변한 것 같으며 서울의 풍속도 또한 아름답지 않다고 하는 것이 아닙니다. 당초 법을 세운 뜻이 또한 형벌로 묶거나 금해 막는데 있었던 것이 아닙니다.

저들 젊은 청춘의 여성이 지아비를 갑자기 잃게 되매 홍안의 처지가 가련하며, 낮에 촛불을 켜놓아 깜박이게 하는 모습이나 잠자리에서 근심하며 한탄하는 소리는 듣는 자로 하여금 등골을 싸늘하게 하며, 그것을 보는 자로 하여금 창자가 찢어지게 하옵니다. 새도 쌍으로 날고 신도 짝이 있는데, 가히 사람이 저만도 못하여 울분이 쌓이고 기쁨이 줄어드니 그럴 수가 있습니까? 늙어서 남편이 없으면 나라에서 마땅히 우선적으로 진휼하는데, 하물며 젊은 사람을 그래서야 되겠습니까? 갑오경장 이후 시무(時務)를 아는 사람은 우선적으로 개가의 소통을 명확히 건의하였습니다. 그러나 겉으로 성습(成習)[12]을 꾸며서 예전 풍속이 아직도 붙어 있어 남편을 잃은 청상과부가 다시 시집가서 결합했다는 소리를 듣지 못했습니다. 설사 시집을 간 과부가 있다고 해도 다른 사람이 침을 뱉고 꾸짖을까봐 예로써 맞이하지 못하며, 담장을 넘어서 끌어들임을 면치 못하니, 또 어찌 예속(禮俗)이 무너지지 않았다고 하겠습니까?

신의 어리석은 생각으로는 이제부터 묘년(妙年)[13]의 과부가 살고 있는 집은 반드시 길일을 택해서 혼례(婚禮)를 치르는 것과 똑같이 납폐(納幣)[14]를 드리며, 15세에서 20세까지를 초초(初醮)[15]로써 짝하며, 30세에서 40세까지를 재초(再醮)·삼초(三醮)로써 짝하며, 이것이 지난 자는 때를 놓친 것으로 버려두게 하여 이것을 어긴 자는 이속(異俗)으로써 빈척(擯斥)[16]하며, 부모가 권유하고 동리 사람들이 타일러도 끝내 말을 듣지 않는 자는 꼭 뜻을 빼앗지는 아니하나 칠거지악(七去之惡)[17]을 엄명하여 강제로 물리치게 하는 것을 엄격히 금지시키고, 한 마을이 그것을 실행하고 한 국가가 그것을 본받으면 안으로는 원망하는 과부가 없어지고 밖으로는 홀아비가 없게 될 것입니다. (그러므로) 각박한 연분이 가히 좋은 연분으로 지속되며 깊숙이 박혀 있던 답답증은 길상(吉祥)[18]으로 바뀌며, 이 세상은 융숭하고 화기가 넘치는 강역으로 바뀔 것입니다.

신의 이러한 논의는 감히 예의를 무너뜨리고 풍속을 해치는 것이 아니라, 실로 여러 임금님들이 두루 행하던 제도를 준수하는 것입니다. 엎드려 빌면서 신의 이 소문(疏文)을 정부와 중추원으로 하여금 의논하여 결정해서 반포하여 실행케 하시고 백성 한 사람이라도 알지 못함이 없도록 하시옵소서."

민치헌(閔致憲)은 민씨의 서족(庶族)이라 이러한 상소가 민치헌에게서 나왔다 하여 어떤 사람은 비방하여 비웃었지만 실상은 고금의 통론이었다.

**註解**

1) **해로**(偕老) : 부부가 일생을 함께 늙음.
2) **만고불역**(萬古不易) : 만고에 변함이 없음. 만고불변.
3) **호양공주**(湖陽公主) : 후한 광무제의 손윗누이. 신하 등신(鄧晨)에게 시집 가 그가 죽은 후 과부로 살았다.
4) **광무제**(光武帝) : 중국 후한의 시조 유수(劉秀).
5) **문정공**(文正公) : 중국 북송 때에 명신 범중엄(范仲淹)의 시호. 인종 때 참정지사가 되어 정치의 개혁을 꾀하여 십개조(十個條)를 상소하였으나 반대파 때문에 실패하였음. 어려서 아버지를 잃고 주씨(朱氏)에게 재혼한 어머니를 따라가 주씨 성을 쓰다가 후에 자기 성씨를 회복하였음.
6) **주공**(周公) : 중국 주나라의 정치가. 문왕의 아들이며 무왕의 동생. 이름은 단(旦). 무왕을 도와 은(殷)을 멸망시켰으며 무왕이 죽자 성왕을 도와 주 왕실의 기초를 튼튼히 하였음.

7) **정자**(程子) : 중국 북송 때 대유학자 정호(程顥)와 정이(程頤).
8) **일성**(一聖) **이현**(二賢) : 일성은 공자(孔子). 이현은 안자(顔子)와 맹자(孟子).
9) **청환**(淸宦) : 학식과 문벌이 높은 사람이 하던 홍문관 · 규장각 · 선전관청 따위의 벼슬.
10) **예양**(醴讓) : 예의를 지켜 겸손하게 하는 것.
11) **명교**(名敎) : 인륜의 명분을 밝히는 가르침.
12) **성습**(成習) : 버릇처럼 됨. 습관.
13) **묘년**(妙年) : 젊은 여자의 꽃다운 나이. 묘령(妙齡).
14) **납폐**(納幣) : 약혼하였을 때 신랑집에서 신부집에 보내는 물건. 푸른 비단과 붉은 비단을 보냄.
15) **초초**(初醮) : 처음으로 혼인을 치르는 예식.
16) **빈척**(濱斥) : 아주 물리쳐 버림.
17) **칠거지악**(七去之惡) : 아내를 내쫓는 이유가 되는 일곱 가지 허물. 곧 시부모에게 불순한 것. 아이를 낳지 못하는 것. 행실이 음탕한 것. 질투하는 것. 나쁜 병이 있는 것. 말이 많은 것. 도둑질하는 것을 말함.
18) **길상**(吉祥) : 운수가 좋을 조짐. 경사가 날 조짐.

**原文**

동시월 예경민치헌상소 청허개가 소왈
冬十月 禮卿閔致憲上疏 請許改嫁 疏曰.

절유가취 인지대윤야 선왕제지이례 군자해로 이부불경
竊惟嫁娶 人之大倫也 先王制之以禮 君子偕老 二夫不更

시만고불역지상경 이지어처변종권 역가위일왕지제작 고
是萬古不易之常經 而至於處變從權 亦可爲一王之制作 故

호양택송 이광무불이위비 범성모주 이문정불이위치 개
湖陽擇宋 而光武不以爲非 范姓冒朱 而文正不以爲耻 蓋

이속상이연야 흘아조선정신송시열 답우윤권시서왈 주공
以俗尙而然也 迄我朝先正臣宋時烈 答右尹權諰書曰 周公
제례 하이제가모계부지복야 주공기불이예위교 이우기부
制禮 何以制嫁母繼父之服耶 周公豈不以禮爲敎 而又豈不
지부재가지위예야 정자왈 상부불가재가 이내령기생녀재
知不再嫁之爲禮耶 程子曰 孀婦不可再嫁 而乃令其甥女再
가 주자왈 대강임지 기금지현 반유현어일성이현자호 근
嫁 朱子曰 大綱恁地 豈今之賢 反有賢於一聖二賢者乎 近
고물허청환 당세사대부상예양중명교자 교이여행 단지유
古勿許淸宦 當世士大夫尙禮讓重名敎者 敎以女行 但知有
경 이부지유권 이지여항필서 역치언실절지사 수위국가
經 而不知有權 以至閭巷匹庶 亦恥言失節之事 遂爲國家
지대금 유약이남지풍화일변 강한지속 비불성차미의 당
之大禁 有若二南之風化一變 江漢之俗 匪不盛且美矣 當
초입법지의 역비규형방금자야 애피청춘지소천거실 홍안
初立法之意 亦非糾刑防禁者也 哀彼靑春之所天遽失 紅顔
지처지가련 주촉고경지상 야침수탄지성 문지자골냉 견
之處地可憐 晝燭孤耿之狀 夜枕愁歎之聲 聞之者骨冷 見
지자장열 조유쌍 이구유량 가이인이부지 적울감화 막차
之者膓裂 鳥有雙 而屨有兩 可以人而不知 積鬱減和 莫此
위심 노이무부 왕정지소당선휼 이황소자호 경장이후 식
爲甚 老而無夫 王政之所當先恤 而況少者乎 更張以後 識
시무자 주이개가지소통위확의 연이외식성습 구속유교
時務者 朱以改嫁之疏通爲確議 然而外飾成習 舊俗猶膠
청산지곡 미문유홍승지중결 설혹유행지자 외인지타매
靑山之哭 未聞有紅繩之重結 設或有行之者 畏人之唾罵
이불이예영지 미면위유장지루 역기불유양어예속야재 신
而不以禮迎之 未免爲踰墻之摟 亦豈不有壤於禮俗也哉 臣
우이위자금인가여유묘년과거자 필추길납폐 일여혼의 자
愚以爲自今人家如有妙年寡居者 必諏吉納幣 一如昏儀 自
십오지우이십 배이초초 삼십지사십 배이재초삼초 과차
十五至于二十 配以初醮 三十至四十 配以再醮三醮 過此

자 치지이실시 위차자빈지이이속 여혹부모권지 향리유
者 置之以失時 違此者擯之以異俗 如或父母勸之 鄕里喩
지 종실미타자 불필탈지 이엄명칠거 통금강겁 일향행지
之 終失靡他者 不必奪志 而嚴明七去 痛禁强劫 一鄕行之
일국효지 내무원여 외무광부 즉박연가속호연 유울보위
一國効之 內無怨女 外無曠夫 則薄緣可續好緣 幽鬱輔爲
길상 유사세어융화지역의 신지차론 비감위괴예패속 이
吉祥 囿斯世於瀜化之域矣 臣之此論 非敢爲壞禮敗俗 而
실준백왕통행지제야 복걸하신차소 사정부 추원의정반
實遵百王通行之制也 伏乞下臣此疏 使政府·樞院議定頒
행 비무일민지부지운운
行 俾無一民之不知云云.

치헌민지서족야 차소지출자치헌 혹자산소 연실고금지
致憲閔之庶族也 此疏之出自致憲 或者訕笑 然實古今之
통론야
通論也.

일본 공사 임권조(林權助)가 본국으로 돌아가고, 서기관 산좌원차랑(山座圓次郎)이 서리를 맡았다.

**原文**

왜공사임권조귀기국 서기관산좌원차랑서리
倭公使林權助歸其國 書記官山座圓次郎署理.

경상북도 관찰사 이성렬(李聖烈)이 면직되었다. 이성렬은 부임한 뒤로, 무릇 경내에 들어와 있는 시찰(視察)이나 파원(派員)들을 일체 추방하였으며, 결세를 추가 징수하는 새 법령을 반포하지 않고 전보로 누차 철회해 줄 것을 청했다. 조정이 이를 허락해 주지 않자 이성렬은 드디어 부모의 병을 핑계하여 사직하고 바로 돌아갔다.

**原文**

경북관찰사이성렬면 성렬리임후 범시찰 파원지재경
慶北觀察使李聖烈免 聖烈莅任後 凡視察·波員之在境
자 일체축지 가결지행 불반신령 전청격환자루 조정불허
者 一切逐之 加結之行 不頒新令 電請繳還者屢 朝廷不許
성렬수사이친병 경귀
聖烈遂辭以親病 徑歸.

윤길구(尹吉求)를 충청북도 관찰사로 삼고, 안악 군수(安岳郡守) 김완수(金完秀)를 승진시켜 황해도 관찰사로 삼았다.

**原文**

이윤길구위충북관찰사 승안악군수김완수위황해관찰
以尹吉求爲忠北觀察使 陞安岳郡守金完秀爲黃海觀察
사
使.

박제순(朴齊純)을 전권 대신으로 삼아서 벨기에 사신 방갈(方葛)과 함께 통상조약을 맺었다.

**原文**

이박제순위전권대신 여백이의 일명비리시 사신방갈
以朴齊純爲全權大臣 與白耳義 (一名比利時)使臣方葛
정통상조약
定通商條約.

서반아(西班牙, 스페인)의 발발친왕(勃勃親王)이 서울에 와서 아라사 사신과 더불어 임금을 알현하였다.

**原文**

서반아발발친왕입경 여아사폐현
西班牙勃勃親王入京 與俄使陛見.

이천(伊川)의 백성 김주화(金周和)가 천주교에 입교하여 제사를 폐지하고 사당의 신주(神主)를 불태웠다.

**原文**

이천민김주화 입천주교 정폐제사 분사묘신주
伊川民金周和 入天主教 停廢祭祀 焚祠廟神主.

일본 사람들이 적리(赤痢, 이질의 일종)에 걸려 사망한 자가 9천여 명이나 되었다. 드디어 병균을 찾아 없애려고 현상금을 걸고 쥐를 사들였다. 4개월이 되어 대판시(大阪市)에 쌓여 있는 죽은 쥐가 176,816마리나 되었다.

**原文**

왜인이적리 사자구천여 수채병균 현금구서 미사월 이
倭人罹赤痢 死者九千餘 遂採病菌 懸金購鼠 未四月 而
사서지적대판시자 십칠만육천팔백십육두
死鼠之積大阪市者 十七萬六千八百十六頭.

법국령(法國領) 인도의 동산안(東山岸)에 큰 회오리바람이 46시간 불어 사망자가 1천6백여 명이나 되었다.

**原文**

법령인도동산안 대선풍사십육시 사자천육백여인
法領印度東山岸 大旋風四十六時 死者千六百餘人.

미국인은 장수하는 사람이 많았다. 금년 통계만 보더라도 백세를 채운 자가 남자는 1,396, 여자가 2,583명이었다. 뉴육부(紐育府, 뉴욕)의 폐류(幣留)라는 이가 자동인간(自動人間) 하나를 만들었는데, 신장이 7척 5촌이고, 바퀴 하나가 달린 수레를 끌며 1시간에 20리를 간다고 하였다. 그것은 10년 연구한 것이라 했다.

**原文**

미국다수인 금년도통계 만백세자남천삼백구십팔인
美國多壽人 今年度統計 滿百歲者男千三百九十八人·
여이천오백팔십삼인 뉴육부유폐류자 조자동인일구 장칠
女二千五百八十三人 紐育府有幣留者 造自動人一軀 長七
척오촌 예일량차 일시양행이십리 개십년연구운
尺五寸 曳一輛車 一時量行二十里 蓋十年硏究云.

11월, 지리산 비적의 수괴 김태웅(金太雄)이 복주되었다. 지리산 청암동(靑嵒洞)에 진주암(眞珠菴)이 있는데, 가장 깊숙하고 궁벽하였다. 이곳에 유민(莠民)들을 불러 모아 하늘에 제사를 지내고 거짓 벼슬자리를 배정하고는 날짜를 잡아 몰래 출발하려고 하였는데, 일이 탄로 나서 진주부에서 정탐을 하자 혹 달아나는 자도 있고 붙잡히는 자도 있었다. 비적 7명이 서울로 압송되었는데, 그 중에 정씨(鄭氏) 성을 가진 자는 손바닥에 문신을 떠서 왕(王)자를 새겼다. 호남과 영남의 산골 백성들은 이에 연루된 자가 매우 많았는데, 관찰사 김영덕(金永悳)은 그들을 불쌍히 여겨 용서받은 자가 많았다.

**原文**

十一月 智異山匪魁金太雄伏誅 智異山靑嵒洞 有眞珠菴 最邃僻 莠民嘯聚 祭天署僞官 克日竊發 事露 爲晉州府所詗 或逸或捉 押上七賊于京師 有鄭姓者 黥其掌 作王字 兩南峽民 株連甚衆 觀察使金永悳愍之 原宥者衆.

11월, 종인학교(宗人學校)를 종정원(宗正院)에 설치하였다.

**原文**

十一月 設宗人學校于宗正院.

군악대를 설치하였다.

**原文**

치 군 악 대
置軍樂隊.

갑오년(고종 31, 1894) 이전 관에 진 포흠(逋欠)[1]을 다시 징수하였다.

**註解**

1) 포흠(逋欠) : 관청의 물건을 사사로이 소비함.

**原文**

갱 징 갑 오 고 종 삼 십 이 년 이 전 공 포
更徵甲午(高宗三十二年)以前公逋.

윤웅렬(尹雄烈)을 전라남도 관찰사로 삼았다. 당시 바쳐야 할 돈이 8만 냥이었는데, 전 관찰사 조종필(趙鍾弼)은 이를 마련할 수 없어 교체당했다.

**原文**

이 윤 웅 렬 위 전 남 관 찰 사 시 징 전 팔 만 냥 전 사 조 종 필 무 이
以尹雄烈爲全南觀察使 時徵錢八萬兩 前使趙鍾弼 無以

판 고 견 체
辦 故見遞.

이조현(李祖鉉)과 이승린(李承麟)을 귀양 보냈다. 그 두 사람

은 일본에서 돌아와 박영효(朴泳孝)의 서신을 한규설(韓圭卨)에게 전해주었는데, 은 2만 원을 보내주기를 바라는 내용이었다. 그 돈은 박영효가 환국하기 위한 자금이었다. 일이 발각되어 두 사람은 유배가게 되었다. 한규설 또한 구금되었다가 수개월만에 석방되었다.

**原文**

유이조현 이승린 양인환자일본 전박영효서우한규설
流李祖鉉 · 李承麟 兩人還自日本 傳朴泳孝書于韓圭卨

원송은이만원 자기환국 사발좌유 규설역피수 수월내석
願送銀二萬元 資其還國 事發坐流 圭卨亦被囚 數月乃釋.

영희전(永禧殿)[1]을 이전의 경모궁(景慕宮) 터에 중건하였다.

**註解**

1) **영희전(永禧殿)** : 조선 왕조의 태조 · 세조 · 원종 · 숙종 · 영조 · 순조의 영정(影幀)을 함께 모시던 전각.

**原文**

중건영희전우전경모궁
重建永禧殿于前景慕宮.

이용태(李容泰)를 주미 전권 대신으로 삼아 미국 대통령에게 대수장(大綬章)을 보냈는데, 저들이 그러한 예가 없었다고 사양하여 돌려보냈다.

**原文**

이 이 용 태 위 주 미 전 권 대 신　송 대 수 장 우 미 국 대 통 령　사 이
以李容泰爲駐美全權大臣　送大綬章于美國大統領　辭以
무 기 예　격 환 지
無其例　繳還之.

이태리(伊太利) 사람이 자기의 임금을 시해하였는데, 범인을 체포하여 종신형에 처하였다.

**原文**

이 태 리 인 시 기 군　획 행 흉 자　처 역 종 신
伊太利人弑其君　獲行凶者　處役終身.

12월, 이재극(李載克)을 경상남도 관찰사로 삼았다.

**原文**

십 이 월　이 이 재 극 위 경 남 관 찰 사
十二月　以李載克爲慶南觀察使.

12월, 태조의 어진을 개성 목청전(穆淸殿)[1)]에 봉안하였다. 윤용선(尹容善)이 어진을 모시고 갔다.

**註解**

1) **목청전(穆淸殿)** : 태종(太宗)이 태조 이성계가 살던 개성의 집터에 지은 전각. 태조의 어진을 모셔 제사 지냈다.

**原文**

십이월 봉태조어진우개성목청전 윤용선배왕
十二月 奉太祖御眞于開城穆淸殿 尹容善倍往.

충청북도 관찰부에 밀칙(密勅)하여 유인석(柳麟錫)을 체포하라 하였다. 유인석은 당시 요동에 있으면서 본국에 격문을 보내서, 명성황후 민비의 억울한 죽음을 복수하겠다고 하여 군대를 이끌고 압록강을 건너오려 하였다. 그의 문인들의 다수가 충청북도와 강원도에 있었던 까닭에 혹 왕래하지 않을까 의심했던 것이다.

**原文**

밀칙충북부 포유인석 인석시재요동 이격본국 위명성복수 의장병동도 이기문인다재충북·강원지간 고의혹왕래야
密勅忠北府 捕柳麟錫 麟錫時在遼東 移檄本國 爲明成復讐 擬將兵東渡 而其門人多在忠北·江原之間 故疑或往來也.

청국 공사 서수붕(徐壽朋)이 본국으로 돌아가고, 참찬관으로 와 있던 허태신(許台身)이 서리공사로 집무했다. 서수붕이 처음 임금을 뵈올 적에 우리나라의 기수(氣數)[1]가 왕성하고 풍속이 아름답다고 말하였다. 임금이 괴이하게 생각하고 물으니 그가 대답하기를, "폐방(敝邦)은 벼슬을 팔아먹은 지 10년이 못되었는데 천하가 크게 혼란하며 종사(宗社)가 몇 번씩 전복되

었는데, 귀국은 벼슬을 팔아먹은 지 30년이 되어도 보좌(黼座)[2]가 아직도 근심이 없으시니 기수가 왕성하지 못하고 풍속이 아름답지 않았으면 능히 여기에 이를 수 있겠습니까?" 하였다. 이에 임금이 크게 웃으며 부끄러움을 알아차리지 못하자 서수붕은 나가면서 다른 사람에게 말하기를, "슬프다, 한국민이여!" 하였다고 한다.

**註解**

1) **기수**(氣數) : 스스로 오고 가고 한다는 길흉화복의 운수.
2) **보좌**(黼座) : 임금이 앉는 자리. 제위(帝位)의 자리.

**原文**

청 공 사 서 수 붕 귀 국　참 찬 관 허 태 신　서 리 사 무　수 붕 지 시 견
清公使徐壽朋歸國 參贊官許台身 署理使務 壽朋之始見
야　성 칭 아 한 기 수 지 왕　풍 속 지 미　상 괴 문 지　대 왈　폐 방 매
也 盛稱我韓氣數之旺 · 風俗之美 上怪問之 對曰 敝邦賣
관 미 십 년　천 하 대 란　종 사 기 복　귀 국 매 관 삼 십 년　보 좌 상 무
官未十年 天下大亂 宗社幾覆 貴國賣官三十年 黼坐尙無
고　기 수 불 왕　풍 속 불 미　이 능 치 차 호　상 대 소　부 지 괴　수 붕 출
羔 氣數不旺 風俗不美 而能致此乎 上大笑 不知愧 壽朋出
어 인 왈　애 재 한 민
語人曰 哀哉韓民.

양주 고을 백성에게 호세(戶稅)를 견감(蠲減)[1]해 주었다. 이는 능역(陵役)[2]으로 고생했기 때문이다.

**註解**

1) **견감**(蠲減) : 조세 등의 임무를 감하여 줌.
2) **능역**(陵役) : 능에 관한 역사(役事). 부역함. 양주에는 동구릉과 광릉이 있고 홍릉의 역사를 벌였다.

**原文**

견 양 주 민 호 세 이 능 역 지 노 야
蠲楊州民戶稅 以陵役之勞也.

일본 황제가 우리 황태자에게 국화대수장(菊花大綬章)을, 궁내부 대신 민종묵(閔種默)과 외부 대신 박제순(朴齊純)에게 대훈장(大勳章)을 증정해 보냈다.

**原文**

왜 황 증 송 국 화 대 수 장 우 아 황 태 자 대 훈 장 우 궁 내 부 민 종 묵
倭皇贈送菊花大綬章于我皇太子 大勳章于宮內府閔種默
외 부 박 제 순
外部朴齊純.

화폐조례(貨幣條例)를 제정하여 금을 본위 화폐로 삼고, 은과 적동(赤銅)·백동(白銅)을 보조 화폐로 삼았다.

**原文**

정 화 폐 조 례 이 금 위 본 위 화 은 적 동 백 동 위 보 조 화
定貨幣條例 以金爲本位貨 銀·赤銅·白銅爲補助貨.

양총(洋銃) 300정(挺)과 탄환 1만 발을 덕국(德國)에서 구입하였다.

**原文**

구 양 총 삼 백 정 탄 환 일 만 발 우 덕 국
購洋銃三百挺・彈丸一萬發于德國.

영국 여황 유다리아(維多里亞, 빅토리아)가 죽었다. 재위 62년에 향년 81세였다. 결혼하기 1년 전에 왕위를 이었으며, 41세에 부군을 잃었다. 다섯 아들과 세 딸이 있으며, 내외손 29명으로 둘째아들이 왕위를 잇게 되었다. 주 러시아 공사 이범진(李範晋)에게 명하여 장례식에 참석케 했다.

**原文**

영 여 황 유 다 리 아 사 재 위 육 십 이 년 수 팔 십 일 성 혼 전 일 년
英女皇維多里亞死 在位六十二年 壽八十一 成婚前一年
사 위 사 십 일 상 부 유 오 남 삼 녀 내 외 손 이 십 유 구 제 이 자 위
嗣位 四十一喪夫 有五男三女 內外孫二十有九 第二子爲
사 명 주 아 공 사 이 범 진 회 기 장
嗣 命駐俄公使李範晋會其葬.

# 신축(1901) 광무 5년
(청 광서 27년, 일본 명치 34년)

1월(춘정월), 서울에서 지진이 발생하였다.

**原文**

춘정월 경사지진
春正月 京師地震.

대구의 양교관(洋敎館, 교회)에 불이 났고, 조금 지나서 용산의 전환국(典圜局, 鑄錢所)에서 또 불이 나서 백동화(白銅貨) 100만 원을 태웠다.

**原文**

대구양교관화 이이용산전환국우화 소백동화백만원
大邱洋敎館火 已而龍山典圜局又火 燒白銅貨百萬元.

이유인(李裕寅)을 경상북도 관찰사로 삼았다. 이유인은 예천군(醴泉郡)에 자기 집을 크게 꾸몄다.

**原文**

이 이 유 인 위 경 북 관 찰 사 유 인 대 치 제 사 우 예 천 군
以李裕寅爲慶北觀察使 裕寅大治第舍于醴泉郡.

평안북도 태천군에서 동학교도가 다시 일어났다. 강성택(康聖澤) · 이지점(李枝漸) · 손규동(孫圭東, 秉熙)을 추대하여 접주(接主)로 삼았으며 지당(支黨)들이 매우 많았다.

**原文**

평 북 태 천 군 동 학 부 기 추 강 성 택 이 지 점 손 규 동 위 접 주
平北泰川郡東學復起 推康聖澤 · 李枝漸 · 孫圭東爲接主
지 당 심 중
支黨甚衆.

전국 연안(沿岸)에 포대를 설치하였다.

**原文**

설 포 대 우 전 국 연 안
設砲臺于全國沿岸.

김만수(金晩秀)를 주미 공사로, 민영돈(閔泳敦)을 주영국 · 의국(義國, 이태리) 공사로, 조민희(趙民熙)를 주법국 공사로, 민철훈(閔哲勳)을 주덕국(德國) · 오국(奧國) 공사로 삼아서, 2월 27일에 출발할 것을 명했다.

**原文**

以金晩秀爲駐美公使 閔泳敦駐英義公使 趙民熙駐法公使 閔哲勳駐德奧公使 命以二月二十七日起程.

김영준(金永準)은 죄가 있어 복주했다. 전번에 민영주(閔泳柱)가 러시아인에게 월미도를 몰래 팔았는데 장차 큰 죄를 받게 되었다. 그의 아들 민경식(閔景植)이 김영준에게 구원해 달라고 애걸하자 김영준은 민경식을 시켜 러시아 공관에서 군대를 빌려다가 임금을 겁박하고 엄비와 여러 권신들을 살해하고 정부를 전복시키려고 하였다. 민경식이 그것을 좇으려 하였으나 일이 오래도록 결정되지 아니하자 두려워하여서 고변을 하고 주석면(朱錫冕)을 증인으로 끌어들였다. 주석면은 정황을 알고 있으면서 알리지 않아 죄를 받았고, 민경식도 함께 모의하다 늦게야 고해 바쳐서 모두 종신유형(終身流刑)에 처해졌다.

처음에는 김영준을 참형에 처하려 하였으나 조칙으로 교형으로 고쳤는데, 법사(法司)는 옥변(獄變)을 두려워하여 서둘러 죽였던 것이다. 백성들은 길가에서 만나면 서로 경사가 났다고 즐거워했다. 임금은 그를 죽일 뜻이 없었으나 그가 죽었다는 소식을 듣자 탄식하며 말하기를, "어찌 공사(公事)를 받들어 재물을 바치는데 김영준 같은 자를 다시 얻을 수 있겠는가?" 하였다.

김영준은 본래 서자 신분으로 버림받았던 사람인데, 갑자기 높은 벼슬에 오르자 적자(嫡家)를 짓밟으며 윤리를 저버렸다. 제 어미의 신주(神主)를 만들고 그 형 김영철(金永哲)을 꾸짖어 아버지 사당에 함께 모시도록 하였다. 그 어미의 무덤을 파서 아비의 묘에다 합폄(合窆)[1]하며 말하기를, "어찌 살아서 함께 살았는데 죽어서 같은 무덤에 들어가지 못하는 법도 있는가?" 하였다. 경재(卿宰)들이 그에게 서신을 보낼 때에, 자기를 '생(生)'이라 칭하고 '제(弟)'라 칭하지 아니하면 서신을 구겨서 땅바닥에 동댕이치며 말하기를, "이놈 살고 싶지 않은가? 생이란 것이 누구의 이름이냐?" 하여 많은 사람들이 두려워 함께 사귀는 것을 끊었다. 그가 공분(公憤)을 사게 된 것이 이와 같았다. 이 당시에 문벌은 이미 무너지고 청요(淸要)[2]의 직책도 서류(庶流)들이 반 이상을 차지하였으며, 권세가 등등한 곳에는 본래 교만하고 경솔했던 사대부들도 벗을 허락하고 '제(弟)'라 칭하지 않을 수 없었다. 그러나 혼가(婚嫁) 문제에 있어서는 아직도 통하지 못했다.

**註解**

1) **합폄**(合窆) : 한 무덤에 묻음. 합장(合葬).
2) **청요**(淸要) : 청환(淸宦)의 요직. 곧 학식이나 문벌이 높은 사람이 차지하던 규장각·홍문관·선전관청 등의 벼슬. 비록 지위나 봉록은 낮으나 뒷날 높이 될 자리였음.

**原文**

김영준유죄주 선시민영주 잠매월미도우아인 장획중죄
金永準有罪誅 先是閔泳柱 潛賣月尾島于俄人 將獲重罪

기자경식 걸원어영준 영준교경식 차병아관 겁상살엄빈
其子景植 乞援於永準 永準教景植 借兵俄館 劫上殺嚴嬪

급제권귀 인역정부 경식욕종지 사구불해 구이상변 증인
及諸權貴 因易政府 景植欲從之 事久不諧 惧而上變 證引
주석면 석면좌지정 경식좌만고 개처유종신 시의영준참
朱錫冕 錫冕坐知情 景植坐晩告 皆處流終身 始擬永準斬
조개이교 법사공옥변 촉살지 백성상경우도 상개무의살
詔改以絞 法司恐獄變 促殺之 百姓相慶于道 上盖無意殺
지 이문기사 탄왈 안득봉공납재여김영준자호 영준서얼
之 而聞其死 歎曰 安得奉公納財如金永準者乎 永準庶孼
빈기 기폭귀 능력적가 무복윤리 작기모신주 질기형영철
擯棄 旣暴貴 陵轢嫡家 無復倫理 作其母神主 叱其兄永哲
부부묘 우굴기모 합폄우부묘왈 안유생동침 이사부동혈
祔父廟 又掘其母 合窆于父墓曰 安有生同寢 而死不同穴
지법호 경재이서 칭생불칭제 즉랍지저지왈 차배욕불생
之法乎 卿宰貽書 稱生不稱弟 則拉之抵地曰 此輩欲不生
호 생시하호 중외지 절배행여교 기범공분자여차 시시 문
乎 生是何號 衆畏之 折輩行與交 其犯公憤者如此 是時 門
벌기파 청요지직 서유과반 권염소훈 사대부소교오자 막
閥旣破 淸要之職 庶流過半 權燄所薰 士大夫素驕傲者 莫
불허붕칭제 이혼가 즉상불통
不許朋稱弟 而婚嫁 則尙不通.

주석면(朱錫冕)은 북관(北關, 함경도) 사람이다. 갑오(甲午, 1894) 이래 함경도 출신으로 갑자기 출세한 사람은 김학우(金鶴羽)·장박(張博)·이용익(李容翊)·김홍륙(金鴻陸)·조윤승(曺潤承)·강홍대(康洪大)의 무리들이며, 모두 횡포가 지나쳐서 세상 사람들의 주목을 받게 되었다. 오직 주석면은 유순하게 행동하고 겸양하게 받아들여 오래도록 능히 자신을 보전할 수 있었다. 그러나 주석면은 그의 집안이 보잘것없음을 부끄럽게 생각하고 주자(朱子)[1]를 원조(遠祖)로 삼았다. 주자의 4대손이 세상을 피하여 동쪽으로 나와서 드디어 능주(綾州)에 본적을 두었다고 말하면서, 임금께 힘써 청하여 본관을 신안(新安)으로 바꾸었다. 그리고는 모든 주씨들을 합하여 족보를 꾸몄으며, 윤용선과 이근명(李根命)이 서문을 써서 그 일을 꾸며 주었다. 세상 사람들은 이를 두고 천서(賤庶)의 본색을 드러냈다고 욕을 하였다.

**註解**

1) 주자(朱子) : 주희(朱熹)를 높인 말. 성리학을 대성한 남송(南宋)의 대유학자. 그의 학문은 송나라의 주문숙·정명도·정이천·나예장·이연평 등의 학(學)과 도(道), 그리고 불학(佛學)을 종합 집대성한 것으로 우주에는 이(理)와 기(氣)의 이원(二元)이 있다고 하고 그 실천 강목으로서 거경(居敬)·궁리(窮理)의 이대강(二大綱)을 들었음.

**原文**

錫冕 北關人也 甲午(高宗三十一年)以來 北人驟貴者 如金鶴羽·張博·李容翊·金鴻陸·曺潤承·康洪大之徒 皆以橫濫 爲世所目 惟錫冕巽處謙收 得衆譽 故久能自全 然錫冕恥其寒微 乃托朱子爲遠祖 言朱子四世孫避世東出 遂籍綾州 力請于上 改貫新安 合諸朱而譜之 尹容善·李根命作序 張其事 世罵之爲賤庶本色.

길영수(吉永洙)는 청주 도가(屠家) 출신이다. 모든 길씨를 위협하여 스스로 길재(吉再)의 종손이라 하며, 그의 집에 야은(冶隱) 길재(吉再)의 신주를 봉안하였다. 하상기(河相驥)는 서울의 천인 출신인데 임금의 교지(敎旨)를 내리게 하여 하위지(河緯地)의 종손이 되었다. 송병준(宋秉畯) 또한 은진(恩津) 송씨(宋氏)에 붙어서 송시열(宋時烈)의 후예 행세를 하였는데, 여러 송씨들이 도리어 따라 붙었다. 송병위(宋秉瑋) · 송병옥(宋秉玉) · 송병찬(宋秉瓚) 등의 대과(大科) 급제도 모두 그의 손에서 나온 것으로, 대개 이러한 유(類)는 매우 많았으며 주석면 혼자만이 그런 것은 아니었다. 그런데 주석면은 우리나라에 살고 있는 주씨로는 뛰어난 조상이 없었던 까닭에 궁여지책에서 주자(朱子)를 끌어댄 것이다.

**原文**

吉永洙 清州屠家也 脅諸吉 自爲再之宗孫 奉治隱神主于其家 河相驥 京師賤人也 出上旨奉爲緯地宗孫 宋秉畯 亦附恩津爲時烈之裔 諸宋反趨之 秉瑋 · 秉玉 · 秉瓚等 大科皆出其手 蓋此類甚多 不獨錫冕 而錫冕則以朱於本朝無顯祖 故計窮 而之朱子也.

민영준(閔泳駿)은 이름을 영휘(泳徽)로 고쳤는데, 김영준(金

永準)과 발음이 같은 것을 싫어했기 때문이다. 이은용(李垠鎔) 또한 지용(趾鎔)으로 개명하였는데, 영친왕 이은(李垠)의 '은(垠)자'를 피한 것이었다.

**原文**

민 영 준 개 명 영 휘　오 여 김 영 준 동 음 야　이 은 용 역 개 명 지
閔泳駿改名泳徽　惡與金永準同音也　李垠鎔亦改名趾趾
용　피 영 친 왕 야
鎔　避英親王也.

서울에 '고(高)'씨 성을 가진 여인이 있었는데, 러시아 부인(夫人)을 자칭하며, 호를 정길당(貞吉堂)이라 불렀다. 그의 남편 양감찰(梁監察)을 데리고 임천(林川) 땅에 내려와서 희랍교(希臘敎)[1)]를 전하면서 십자기를 세우고 송사(訟詞)에까지 간섭하였다. 갑오년 동학란이 일어날 때와 같았다. 충청남도 관찰부가 그를 체포하려 하였으나 도망쳤다.

**註解**

1) **희랍교**(希臘敎) : 희랍정교. 동방교회, 정교회, 러시아정교회라고도 함.

**原文**

경 사 유 고 성 여　자 칭 아 부 인　호 정 길 당　협 기 부 양 감 찰 자 귀
京師有高姓女　自稱俄夫人　號貞吉堂　挾其夫梁監察者歸
임 천　전 희 랍 교　입 십 자 기　간 섭 사 송　여 갑 오 동 비 지 초　충 남
林川　傳希臘敎　立十字旗　干涉詞訟　如甲午東匪之初　忠南
부 포 지 이 일
府捕之而逸.

경부(警部)를 다시 경무청(警務廳)으로 바꾸고 경무사(警務使)를 두었다.

**原文**

부 이 경 부 위 경 무 청 치 사
復以警部爲警務廳 置使.

청비(淸匪)가 삼수군(三水郡)을 침범하였는데, 그 군의 병사들이 공격하여 그들을 내쫓았다.

**原文**

청 비 범 삼 수 군 군 병 격 주 지
淸匪犯三水郡 郡兵擊走之.

일본에 독두병(禿頭病, 대머리가 되는 병)이 발생하였다.

**原文**

일 본 유 독 두 병
日本有禿頭病.

아비주(阿非洲, 아프리카)의 새로 발견된 한 지역에 '핍미(逼靡, 피그미, Pygmy)'라고 불리는 인종이 있는데, 신장이 4척 4, 5촌밖에 안 되는데, 칼과 창을 쓰며 화기(火器)를 알지 못했다.

**原文**

아비주신현일국토왈핍미 인장사척사오촌 용도쟁 부지
阿非洲新現一國土曰逼靡 人長四尺四五寸 用刀鎗 不知
화기
火器.

덕국(德國) 황제가 밖에 나갔다가 거리의 백성에게 맞아 그의 뺨에 상처를 입었다. 그런데 미치광이의 짓이라 하여 그 자를 석방하고 불문에 붙였다.

**原文**

덕황출유위가민소박 상기협 이기유풍광 석불문
德皇出遊爲街民所扑 傷其頰 以其類瘋狂 釋不問.

2월, 주일 공사 성기운(成岐運)이 귀국하였다.

**原文**

이월 주왜공사성기운환
二月 駐倭公使成岐運還.

양총(洋銃) 1만 정(挺)과 탄환 100만 발을 구입하였다.

**原文**

구양총일만간 탄환백만발
購洋銃一萬桿·彈丸百萬發.

일본인이 화장지(火葬地)를 청하여 얻었다. 전에 일본인들은 서울에 거주하면서 죽게 되면 수구문(水口門)[1] 밖에다 화장을 했는데, 타는 냄새가 더럽고 독해서 사람들에게 피해를 끼쳤다. 일본 공사는 지역을 바꾸어 줄 것을 청하여, 이에 남서(南署)의 두모포(斗毛浦)[1] 대현동에 있는 민간인의 밭 한 구역을 허락한 것이다.

**註解**

1) **수구문(水口門)** : 시구문(屍口門). 도성의 동남쪽에 있는 광희문(光熙門)을 일컬음.
2) **두모포(斗毛浦)** : 한강변 광나루 쪽의 살곶다리 근처. '두무깨'라고도 불렀다.

**原文**

倭人請獲火葬地 先是 倭在漢城 死則燒于水口門外 以其穢毒害人 倭使請易地 乃以南署斗毛浦大峴洞 民田區 許之.

창릉(昌陵, 예종과 비 안순왕후의 능)에 불이 났고, 온릉(溫陵, 중종의 원비(元妃) 단경왕후의 능)에도 불이 났으며, 숙릉(淑陵, 태조의 증조모의 능)에 또 불이 났다.

原文

昌陵火 溫陵又火 淑陵又火.

홍릉(洪陵)을 도로 금곡(金谷)에다 정하였다. 군장리(群場里)에서 모혈을 파다가 바위가 나와서 그만두고 드디어 금곡에 쓰기로 정한 것이다. 새 능 터를 잡았던 지사 구본순(具本淳)과 제갈형(諸葛炯)은 참형에 처하려 하였고, 길영수(吉永洙)·박인근(朴寅根) 등은 종신 징역형에 처하려 하였는데, 임금이 특명을 내려 감등해 주고 얼마 안 있어 석방시켰다. 구본순은 능주(陵州)에서 지냈는데, 관상술로 이끌려 대궐에 들어가서 크게 은총을 받았으며, 모년(暮年, 老年)에 비서승(秘書丞)에까지 이르렀다. 매양 나아가 알현할 때면 임금은 용안을 들어 묻기를, "오늘은 휴구(休咎, 吉과 凶, 복과 화)가 어떠한가?"라고 물었고, 구본순은 "만안(萬安)하시옵니다."라고 하였다. 또한 그는 지술(地術, 風水)에 대한 지식도 갖고 있어 능역(陵役)을 하는데 있어서도 좌지우지하였다.

금곡(金谷)에 박동윤(朴東尹)의 묘가 있어 또한 파헤치게 되었다. 그의 후손 박제형(朴齊馨)이 드러난 유골을 거두기 위해 그곳에 이르렀는데, 그때 마침 땅이 얼어붙어 있었다. 파헤쳐 무너진 사이에서 표석(標石)을 얻었는데, 다음과 같이 쓰여 있었다.

"목복(木卜)이 일찍이 점지한 땅이 마침내 밝은 세상의 능이 되었으니, 홍씨(洪氏)·홍지(洪址)로 이름하여 황제의 업(業)을 도

울 것이니 모름지기 군신이 복을 함께 누리고, 국운의 길고 원대한 광혈(壙穴, 墓穴)을 더함이라. 무학(無學)이 어찌 알았으리오? 신사(神師)가 가려낸 곳이로다. 그 당시의 계시를 따를 것이니, 속사(俗師)의 잘못된 말을 들어 찾으려 하지 말라. 양택(陽宅)은 오히려 음택(陰宅)과 같은 것이니, 이는 형제(荊帝, 관우를 가리키는 듯) 이후로 기간이 400년이로다."

글자는 무릇 62자였다. 또, '曾人秘埋(일찍이 사람이 모르게 묻어두었다.)' 네 자가 쓰여 있었다. 그것은 또한 간사한 사람들이 몰래 묻어 놓고 장차 그것을 가지고 임금을 현혹시켜 총애와 이득을 얻으려 한 것이었다. 그런데 박제형은 우연히 그것을 얻어 보고 놀랍고 괴이하여 감히 숨길 수가 없어서 그것을 일가인 박정양(朴定陽)에게 보였다. 박정양이 대궐에 들어가 이 일을 아뢰자 임금은 매우 기뻐하는 듯하였으나 이윽고 끝내 말이 없었다.

박제형은 구례(求禮)에 살아서 나와는 잘 아는 사이였다. 성실하고 신중하여 감히 비행을 저지를 사람이 아니었다. 나를 대하여 그 전말을 설명하면서 나에게 그 이일을 기록해 달라고 청하면서 집에다 보관하겠다고 하였다.

**原文**

환정홍릉우금곡 천혈우군장리우석 수정용금곡 신점지
還定洪陵于金谷 穿穴于群場里遇石 遂定用金谷 新占地

사구본순 제갈형 의참 길영수 박인근등 의역종신 상
師具本淳·諸葛炯 擬斬 吉永洙·朴寅根等 擬役終身 上

특명감등 이이석지 본순거능주 이상술인입내 대피은총
特命減等 已而釋之 本淳居綾州 以相術引入內 大被恩寵

기년지비서승 매진현 상거안문왈 금일휴구하여 대왈 만
朞年至秘書丞 每進見 上擧顔問曰 今日休咎何如 對曰 萬
안 우부지술 어능역 파좌우언
安 又負地術 於陵役 頗左右焉.

금곡유박동윤묘 역피굴 기예제형 장수로해 지기처 시
金谷有朴東尹墓 亦被掘 其裔齊馨 將收露骸 至其處 時
적동호 득석표어붕애 유문왈목복증점지 종위호세능 호
適凍沍 得石標於崩厓 有文曰木卜曾占地 終爲皞世陵 號
홍씨홍지제업필 수증군신동복 국조장원지광 무학하지
洪氏洪址帝業弼 須增君臣同福 · 國祚長遠之壙 無學何知
신사소채지 청당시속사 막왕심 양택유여음택 시형제이
神師所採之 聽當時俗師 莫枉尋 陽宅猶如陰宅 是荊帝以
후기유사백 범육십이자 우서증인비매사자 개역간인잠매
後期有四百 凡六十二字 又書曾人秘埋四字 蓋亦奸人潛埋
장지이혹상 희도총리자 이제형우득지 경괴불감은 시기
將持以惑上 希圖寵利者 而齊馨偶得之 警怪不敢隱 示其
종인정양 정양입백언 천안심예 이후경적연 제형거구례
宗人定陽 定陽入白言 天顔甚豫 而後竟寂然 齊馨居求禮
여여선 원근불감작비 대여술전말 청여기기사 장우가
與余善 願謹不敢作非 對余述顚末 請余記其事 藏于家.

평안북도 시찰관 문봉오(文鳳梧)가 유인석(柳麟錫)을 유인하여 붙잡아서 우리나라 국경으로 들어오는데, 청국인 왕무충(王務忠) 등이 강을 건너와서 빼앗아 창성(昌城)으로 들어갔다. 문시언(文時彦)도 함께 결박 지어 끌고 갔는데 그는 문봉오의 집안사람이다.

**原文**

평북시찰관문봉오 유집유인석입계 청민왕무충등 도강
平北視察官文鳳梧 誘執柳麟錫入界 淸民王務忠等 渡江

탈지 입창성 박문시언이거 내봉오가인야
奪之 入昌城 縛文時彦以去 乃鳳梧家人也.

영국 공사 고빈사(高斌士, Gubbins, J. H.) 가 우리 황제에게 두훈대수훈장(頭勳大綬勳章)을 바쳤다. 그것은 전 여황의 유명(遺命)에 따른 일이라고 하였다.

**原文**

영공사고빈사 헌두훈대수훈장우아황제 출기선군여황
英公使高斌士 獻頭勳大綬勳章于我皇帝 出其先君女皇

유명운
遺命云.

법국(法國)에 태어나면서부터 손발이 없는 사람이 있었는데, 매우 재주가 있고 지혜로워서 입으로 물건을 제조까지 한다고 한다.

**原文**

법국유생이무수족자일인 심교혜 구수제조
法國有生而無手足者一人 甚巧慧 口授製造.

2월, 이은용(李垠鎔)을 함경북도 관찰사로 삼았다.

**原文**

이월 이이은용위함북관찰사
二月 以李垠鎔爲咸北觀察使.

3월, 조병식(趙秉式)을 법부 대신으로, 김규홍(金奎弘)을 농부 대신으로, 민영소(閔泳韶)를 학부 대신으로 각각 삼고, 서정순(徐正淳)을 참정으로, 권재형을 찬정으로 각각 임명하였다.

**原文**

삼월 이조병식위법부대신 김규홍위농부대신 민영소위
三月 以趙秉式爲法部大臣 金奎弘爲農部大臣 閔泳韶爲
학부대신 서정순위참정 권재형위찬정
學部大臣 徐正淳爲參政 權在衡爲贊政.

(3월) 민영기(閔泳綺)가 형수인 민영익의 아내 김씨를 데리고 환국했다. 민영익(閔泳翊)은 홍콩에 거주하면서 오래도록 돌아오지 않아서 부인 김씨가 그곳으로 가서 보살폈다. 임금은 민영익의 양자 정식(珽植)을 파하라 명하고 민겸호(閔謙鎬)의 아들 민영찬(閔泳瓚)을 시켜 두 국구(國舅)[1]의 제사를 겸행하도록 하였다. 이로부터 민영익은 민승호(閔升鎬)의 아들이 아닌 것이다. 김씨가 홍콩에 이르러 여러 해 만에 다시 돌아오려고 하니 민태호(閔台鎬)의 서자 민영선(閔泳璇)이 가서 맞이하였으며, 이에 이르러 민영기를 따라서 돌아왔다.

민영익(閔泳翊)은 본디 천엄(天閹)으로 양도(陽道)가 약해서 자식을 낳을 수 없었는데, 오랫동안 해외에 있으면서 좋은 약을 복용하여 양도(陽道)가 회복되어 첩을 얻어 아들 하나를 낳으니 이름을 보(寶)라 하였다. 민영익은 본국의 상란(喪亂)[2]을 알고 돌아갈 뜻이 없었다. 홍콩과 관동의 대포현(大捕懸)을 왕래하면서 스스로 만전의 계책을 세웠으며, 홍삼의 이익을 관장하여 자본이 누만금(累萬金)에 이르러 상해에 은행을 설치하였다. 지나친 사치가 왕공(王公)을 능가하였으며 난초 그림을 익혀서 '운미란(芸楣蘭)'[3]이 천하에 두루 퍼졌다.

## 註解

1) **두 국구**(國舅) : 민비의 부친 민치록(閔致祿)과 숙부 민치구(閔致久)를 가리킴.
2) **상란**(喪亂) : 민비의 죽음을 뜻함.
3) **운미란**(芸楣蘭) : '운미'는 민영익의 호임. 따라서 민영익이 그린 난초를 '운미란'이라 함.

## 原文

민영기봉기수영익처김씨환국 영익거향항 구불반 김씨
閔泳綺奉其嫂泳翊妻金氏還國 泳翊居香港 久不返 金氏
왕성지 상명파영익양자정식 사겸호자영찬섭행양국구사
往省之 上命罷泳翊養子珽植 使謙鎬子泳瓚攝行兩國舅祀
자시영익불위승호자의 김씨지향항 수세부사귀 태호서자
自是泳翊不爲升鎬子矣 金氏至香港 數歲復思歸 台鎬庶子
영선 왕영지 지시수영기이귀 영익소천엄 구유해외 득기
泳璇 往迎之 至是隨泳琦以歸 泳翊素天閹 久游海外 得奇
약 양도내회 매첩산일자 명왈보 영익견본국상란 무귀지
藥 陽道乃回 買妾産一子 名曰寶 泳翊見本國喪亂 無歸志
고상항포 위자전계 관홍삼지리 자지루거만 설은행우상
翺翔港埔 爲自全計 管紅蔘之利 貲至累鉅萬 設銀行于上
해 참치유왕공 공화란 운미란편천하
海 僭侈踰王公 工畫蘭 芸楣蘭遍天下.

덕국(德國) 황제가 우리 황제에게 대수장(大綬章)을 증정하였다.

**原文**

덕 황 증 유 대 수 장 우 아 황 제
德皇贈遺大綬章于我皇帝.

법국인(法國人) 살태래(薩泰來, Saltarel, P.M.)를 주법국 공관 참서관으로 임명하였다.

**原文**

이 법 국 인 살 태 래 위 주 법 공 관 참 서 관
以法國人薩泰來爲駐法公館參書官.

독일인 목인덕(穆麟德)이 사망했다. 목인덕은 계미년(고종 20, 1883)부터 인천・원산・부산 세 항구의 세무관과 외무 협판 등의 관직을 지내면서, 여러 곳에서 찬획(贊畫)[1)]한 바가 있으며 이에 이르러 청국 영파항의 세무사로 있다가 병사했다.

**註解**

1) **찬획(贊畫)** : 도와서 꾀함.

**原文**

덕 인 목 인 덕 사　인 덕 자 계 미　고 종 이 십 년　간　위 인 천　원
德人穆麟德死　麟德自癸未(高宗二十年)間　爲仁川・元

산 부산삼항세무관 외무협판 다소찬획 지시 이청국영
山·釜山三港稅務官 外務協辦 多所贊畫 至是 以淸國寧
파항세무사병사
波港稅務司病死.

청국인이 전 순무(巡撫) 육현(毓賢)을 난주(蘭州)에서 사사(賜死)하였다. 육현은 만당(滿黨, 의화단통령)의 우두머리라 그를 죽여 외국을 설득하려 한 것이다. 두 첩이 따라 죽었는데, 육현은 죽음에 임하여 스스로 만사(挽詞)를 지어 불렀다.

"신의 죄는 죽어 마땅하지만 신의 뜻은 다른 생각이 없습니다. 소자는 살으나 죽으나 거리낄 것이 없으니 삼자옥(三字獄)[1]을 끝내 짓지 않으리로다. 임금의 은혜를 내가 저버렸으니, 임금의 근심을 누가 풀어 주리오? 바라옵건대, 제공들은 잘 주선하여 돕고 구원해 주어서 양궁(兩宮)의 마음을 위로해 주기를 간절히 바랍니다. 신은 나라를 위해 죽고 처첩은 신을 위해 죽으니, 누군들 마땅하다 하지 않으리오. 가장 마음 아픈 일은, 노모는 90살이고 어린 딸은 7살이라, 노인과 어린아이 온전하기 어려우니 자애와 효성 잃게 됨을 면할 수 없게 되었구나. 내가 살인한 일을 다스려 조정이 나를 죽이니 내가 다시 무슨 유감이 있겠는가? 스스로 부끄러운 바, 임금을 받든 지 20년, 삼성(三省, 상서성, 중서성, 문하성)의 벼슬을 거쳤으되, 물방울 하나, 티끌 하나의 보탬도 되지 못했도다. 아! 성명(聖明)의 은혜를 저버림이 있을 뿐이로다."

이 만사를 읽은 사람들은 몹시 슬퍼하였다.

**註解**

1) 삼자옥(三字獄) : 어물어물 처리함. 이상야릇한 옥사(獄事). 송(宋)의 진회(秦檜)가 충신 악비(岳飛)를 무고하여 죽게 한 데서 유래함. 한세충(韓世忠)이 진회에게 악비의 죄를 물으니, '그런 일이 있지 않겠느냐〔莫須有〕'라고 대답했다는 고사에 나온 말임.

**原文**

청 인 사 전 순 무 육 현 사 우 난 주   육 현 자   만 당 지 괴 야   살 지 이
清人賜前巡撫毓賢死于蘭州 毓賢者 滿黨之魁也 殺之以
설 외 국   이 첩 순 이 종   현 임 사   자 호 만 련 왈   신 죄 당 주   신 지 무
說外國 二妾殉而從 賢臨死 自呼挽聯曰 臣罪當誅 臣志無
타 념   소 자 생 사 광 명   불 사 종 성 삼 자 옥   군 은 아 부   군 우 수 해
他念 小子生死光明 不似終成三字獄 君恩我負 君憂誰解
원 제 공 전 선 보 구   절 수 조 위 양 궁 심   신 사 국   처 첩 사 신   수 왈
願諸公轉旋補救 切須早慰兩宮心 臣死國 妻妾死臣 誰曰
불 의   최 감 련   노 모 구 순   교 녀 칠 령   모 치 난 전   미 면 치 상 자 효
不宜 最堪憐 老母九旬 嬌女七齡 耄稚難全 未免致傷慈孝
치 아 살 인   조 정 살 아   부 부 하 감   소 자 괴   봉 군 입 재   역 관 삼 성
治我殺人 朝廷殺我 夫復何憾 所自愧 奉君廿載 歷官三省
연 애 막 보 공   차   유 부 성 명 은   독 자 비 지
涓埃莫補空 嗟 有負聖明恩 讀者悲之.

4월, 이용태(李容泰)를 주일 공사로 삼았다.

**原文**

하 사 월   이 이 용 태 위 주 왜 공 사
夏四月 以李容泰爲駐倭公使.

유생 김병규(金炳奎) 등이 헌의(獻議)하여 오대산(五臺山)에 봉선(封禪)[1]하고 비석을 세워 덕을 칭송할 것을 청했다.

**註解**

1) **봉선(封禪)** : 흙을 쌓아 단(壇)을 만들어 하늘에 제사지내고, 땅을 깨끗이 하고 제사지내는 일. 옛날 중국의 천자가 태산에 행하던 의식. 우리나라가 칭제를 하였기 때문에 이 의식을 행하였음.

**原文**

유 생 김 병 규 등 헌 의　청 봉 선 오 대 산　입 석 송 덕
儒生金炳奎等獻議 請封禪五臺山 立石頌德.

제주도민이 큰 혼란을 일으켰다. 프랑스 사람이 제주도에서 포교 활동을 하였는데, 적객(謫客)[1]인 전 교리 이용호(李容鎬)가 먼저 입교를 하였고, 이어서 주민들이 따르는 자가 수만 명이었으며 관과 결탁하여 탐학을 부채질하였다. 온 경내가 크게 떠들썩하였는데, 많은 사람들이 봉기하여 그들을 공격하고 교인 250여 명을 죽였다. 사건의 소식이 전해지자 황기연(黃耆淵)을 찰리사로 삼고 강화의 군대 1백 명, 수원·전주의 군대 각 2백 명, 광주의 군대 1백 명을 대동하고 내려가서 무마시키고 5월에 돌아왔다. 모든 죄수들을 다른 섬으로 이배(移配)시켰다.

**註解**

1) **적객(謫客)** : 귀양살이하는 사람.

**原文**

濟州民大亂 法人布教于濟州 謫客前校理李容鎬 首先投入 州民從之者數萬 助之煽虐 全境大譟 群起攻之 殺教民二百五十餘人 事聞 以黃耆淵爲察理使 帶江華兵百·水原·全州兵各二百·光州兵百 前往勦撫 五月乃還 移配諸罪囚于他島.

오천군(鼇川郡, 수군이 주둔한 곳. 대천)을 전 충청도 수영(水營)의 땅에 설치하였다.

**原文**

置鼇川郡于前忠清水營址.

황태자가 백관을 거느리고 임금의 50세 탄신 경축연을 행할 것을 청하여, 세 번 소를 올린 끝에 허락을 받았다.

**原文**

皇太子率百官 請上五旬稱慶 三疏許之.

윤용선(尹容善)을 의정으로 삼고, 신기선(申箕善)을 법부 대신으로 삼았으며, 조중목(趙重穆)을 경기 관찰사로 삼았는데, 조중목은 조병세(趙秉世)의 손자이다.

**原文**

이 윤 용 선 위 의 정　신 기 선 위 법 부 대 신　조 중 목 위 경 기 관 찰

以尹容善爲議政　申箕善爲法部大臣　趙重穆爲京畿觀察

사　중 목　병 세 손 야

使　重穆　秉世孫也.

덕국(德國) 여성 송씨(宋氏)를 초빙하여 전선(典膳)[1] 교사로 임명하였다.

**註解**

1) 전선(典膳) : 전선사(典膳司). 임금에게 올리는 음식과 국빈 대접의 일을 맡아보던 관청.

**原文**

빙 덕 여 송 씨　위 전 선 교 사

聘德女宋氏　爲典膳教師.

서양인이 인조 사향(麝香)을 만들었는데, 진짜 사향과 다름이 없었으나 한 달이 지나면 향기가 없어졌다.

**原文**

양 인 조 사 향　여 진 사 무 별　경 월 향 소

洋人造麝香　與眞麝無別　經月香消.

대동강에서 한 쌍의 석불(石佛)이 솟아 나왔고, 한강에서는 금불(金佛) 한 구(軀)가 나왔으며, 서울 동대문 밖에서도 또 석불 한 개가 나왔다.

**原文**

대동강용출쌍석불 한강출금불일구 경사동문외 우출석불일
大同江湧出雙石佛 漢江出金佛一軀 京師東門外 又出石佛一.

5월, 크게 가물었다. 경기도 연해가 더욱 심하여 기우제를 지냈으며, 8월에 이르러서야 가뭄이 그쳤다.

**原文**

오월 대한 기연우심 행우제 지팔월이지
五月 大旱 畿沿尤甚 行雩祭 至八月而止.

명헌태후(明憲太后, 헌종의 계비 홍씨(洪氏))가 망팔(望八)[1]이 되자, 경축하는 잔치를 열고 기녀에게 관품(官品, 品階)을 내려 주었는데, 종2품이 두 명, 정3품이 세 명이었다. 명기(名器)의 남용이 이 지경에까지 이르렀다.

**註解**

1) **망팔(望八)** : 여든을 바라본다는 뜻으로, 일흔한 살을 가리키는 말.

**原文**

명헌태후망팔 칭경진찬 상기녀관자 종이품이인 정삼품
明憲太后望八 稱慶進饌 賞妓女官資 從二品二人 正三品
삼인 명기지람지차
三人 名器之濫至此.

온양군(溫陽郡)에서 냉천(冷泉)이 나왔는데, 온천과의 거리가 10리쯤 떨어졌다. 맹씨 마을에서 한 우물을 파다가 냉천을 얻었는데, 마시거나 목욕을 하면 효험이 있었다. 대내(大內, 대궐)에 알려지자 장차 행궁(行宮)을 세우고 절을 지으려 해서 온 군내가 들끓었다.

**原文**

온양군출냉천 거온천십리 유맹성촌 천일정득냉천 음욕
溫陽郡出冷泉 距溫泉十里 有孟姓村 穿一井得冷泉 飮浴
유험 문우대내 장건행궁 치승사 일군정비
有驗 聞于大內 將建行宮 置僧寺 一郡鼎沸.

(5월) 이용익(李容翊)을 시켜서 안남미 30만 석을 사오도록 하였는데, 품질이 나빠 팔리지 않았다. 서울에서는 가뭄으로 쌀값이 날로 폭등하여 돈을 가지고도 굶주림을 호소하는 자가 줄을 이었다. 정부는 각 공관에 공문을 보내서 항구로 빠져 나가는 쌀을 금하게 하였다.

**原文**

사 이 용 익 무 안 남 미 삼 십 만 석 미 악 불 수 경 사 우 한 미 가 일
使李容翊貿安南米三十萬石 米惡不售 京師憂旱 米價日
용 지 전 호 기 자 상 망 정 부 지 조 각 공 관 금 출 구 미
踊 持錢呼飢者相望 政府知照各公館 禁出口米.

조서를 내려 가뭄이 심하니 급하지 않은 토목공사는 중지할 것을 명했다.

**原文**

조 이 한 재 명 정 토 목 지 불 급 자
詔以旱災 命停土木之不急者.

김영준(金永準)의 관작을 회복시키도록 명했다.

**原文**

명 복 김 영 준 관
命復金永準官.

강화 병사 500명을 추가로 모집하였다.

**原文**

가 모 강 화 병 오 백 인
加募江華兵五百人.

서울 장안 각 큰거리에 비로소 전등불을 밝히게 되었다.

**原文**

경 사 각 대 가　시 통 연 전 등
京師各大街 始通燃電燈.

공납전(公納錢)의 운반비를 정하되, 100민(緡)의 돈을 운반하는 자는 10리(里)마다 2푼5리(厘)를 지급하니 이전에 비하면 반으로 감소된 것이다.

**原文**

정 공 납 전 태 비　운 백 민 자　매 십 리 이 분 오 리　감 전 수 지 반
定公納錢駄費 運百緡者 每十里二分五厘 減前數之半.

7월, 전 교리 윤두영(尹斗榮)이 소를 올려 엄빈(嚴嬪)을 봉하여 비(妃)로 삼을 것은 청하였다. 윤용선(尹容善)·조병식(趙秉式) 등이 이어서 소를 올렸다.

**原文**

추 칠 월　전 교 리 윤 두 영 상 소　청 봉 엄 빈 위 비　윤 용 선　조 병 식 등　계 지
秋七月 前校理尹斗榮上疏 請封嚴嬪爲妃 尹容善·趙秉式等 繼之.

흥선대원군(興宣大院君)을 추존하여 대원왕(大院王)으로 하였다.

**原文**

추존흥선대원군위대원왕
追尊興宣大院君爲大院王.

수빈(綏嬪) 박씨(朴氏)를 추증하여 비(妃)로 하고 크게 사면하였다. 수빈 박씨는 곧 가순궁(嘉順宮)[1]이다. 당시 엄빈(嚴嬪)을 비로 봉하려는 계획이 날로 급하여 윤용선(尹容善) 등이 먼저 박빈(朴嬪)을 추존하고자 청했으니, 그것은 엄빈을 위해 터를 닦은 것이다.

**註解**

1) **가순궁(嘉順宮)** : 수빈(綏嬪) 박씨(朴氏). 정조(正祖)의 빈, 순조와 숙선옹주를 낳았다.

**原文**

증수빈박씨위비 대사 비즉가순궁야 시엄빈봉비지계일
贈綏嬪朴氏爲妃 大赦 妃卽嘉順宮也 時嚴嬪封妃之計日

급 윤용선등 청선존박빈 개위엄빈지야
急 尹容善等 請先尊朴嬪 蓋爲嚴嬪地也.

심순택(沈舜澤)을 의정으로 삼았다.

**原文**

이심순택위의정
以沈舜澤爲議政.

이용익(李容翊)이 수령으로 포흠(逋欠, 관청의 물건을 사사로이 소비함)을 진 200여 명을 임금에게 아뢰어, 100일로 기한을 정해서 이들을 면직, 징계토록 하였다. (그러자) 2일 안에 27만 원이나 청산되었다. 집을 저당 잡히고 재산을 파는 자가 길에 이어질 정도였다.

**原文**

이용익주핵수령범포자이백여인 한백일면관징죄 이일
李容翊奏劾守令犯逋者二百餘人 限百日免官懲罪 二日
내청쇄이십칠만원 전옥죽산 상망어도
內淸刷二十七萬元 典屋鬻産 相望於道.

만수절(萬壽節)에 안팎으로 베푼 연회비용이 100만 원이 들었다. 앞서 기녀들을 뽑아서 음악을 연습시키고, 기우제도 함께 행하니, 서양인들이 마구 대궐 안으로 몰려 들어와 악기를 파손하고 크게 꾸짖다가 갔다. 축하연이 끝난 다음, 황태자는 백지(白紙) 3속(束), 면포(綿布) 10필(疋), 돈 500냥을 실어 여러 문마다 한 짐씩 실어 나가서 유리걸식하는 자들에게 은혜를 베풀어 나누어 주게 하였다.

**原文**

만수절설내외연 비가백만원 전기선기이악 여우제병행
萬壽節設內外宴 費可百萬元 前期選妓肄樂 與雩祭竝行
양인난입금중 답파악기 대후이거 연후황태자령재백지삼
洋人闌入禁中 踏破樂器 大詬而去 宴後皇太子令載白紙三

속 면포십필 전오백냥 각문출일태 은사유개
束・綿布十疋 錢五百兩・各門出一馱 恩賜流丐.

(7월) 일본인들이 한국에 자유로이 건너오겠다고 발표하였다. 처음에 일본과 함께 약조를 맺을 때, 여권과 호조(護照)[1]가 없으면 건너오는 것을 허락하지 않았었다. 이에 이르러 우리나라를 업신여겨 멸시하고 아무 장애 없이 식민(殖民)[2]을 하기 위한 발판으로 장애를 없애고자하여 이와 같이 탐색하여 시험하려던 계책이었다. 지난해 중국에서 있었던 연합군의 협동작전 때 러시아와 일본이 만주 문제로 다투다가 잠시 후 일본은 러시아에게 만주를 양보하고 조선에 대해서는 간섭하지 말 것을 청하여 정약(訂約)이 있기에 이르렀다. 대개 서로 만주와 조선 문제를 교환한 것이다.

**註解**

1) 호조(護照) : 외국인에게 나라에서 내려주던 여행권.
2) 식민(殖民) : 본국 이외의 미개지에 국민을 이주시켜 영주하게 하는 일. 이민(移民). 식민(植民).

**原文**

왜인성언자유도한 시여왜약 무여권호조 즉불허항도 지
倭人聲言自由渡韓 始與倭約 無旅劵護照 則不許航渡 至

시모멸아국 욕기무애식민 위차탐시지계 상년연군지역
是侮蔑我國 欲其無礙殖民 爲此探試之計 上年聯軍之役

아왜쟁만주 이이왜양우아 청물간예조선 지유정약 개류
俄倭爭滿洲 已而倭讓于俄 請勿干預朝鮮 至有訂約 蓋類

호 상 교 환 연
互相交換然.

가뭄이 날로 심하였다. 외신보도에 나온 것을 보면, 청국의 산동성(山東省)·직예성(直隷省)·산서성(山西省)·섬서성(陝西城), (그리고) 강남 지역과 구주(歐洲)의 일이만(日耳曼, 게르만)·파사(波斯, 페르시아)·아라사(俄羅斯) 및 북미주(北美洲)에 모두 큰 가뭄이 들었는데, 오직 일본만이 홍수가 났다.

**原文**

한 기 일 치 출 외 보 자 청 산 동 직 예 산 섬 강 남 구 주
旱氣日熾 出外報者 淸山東·直隷·山陝·江南·歐州·

일 이 만 파 사 아 라 사 급 북 미 주 개 대 한 유 일 본 대 수
日耳曼·波斯·俄羅斯及北美洲 皆大旱 惟日本大水.

청국은 문과와 무과를 폐지하고, 각성(省)에 무비학당(武備學堂)을 건립하였다.

**原文**

청 인 폐 문 무 과 건 무 비 학 당 우 각 성
淸人廢文武科 建武備學堂于各省.

청나라 건륭제(乾隆帝) 때에 진(晉)나라 왕우군(王右軍, 王羲之)의 진적(眞蹟) 행서 30여 자를 얻었는데, 13자를 뽑아 안배하여 벽옥(碧玉)에 새겼다. 그 옥은 길이가 8촌(寸)이며 너비가

1척(尺)으로 궁궐에 보관해 두었던 것이다. 북경이 연합군에게 격파될 때에 서양인이 획득한바 되었는데, 가격이 1,400금이나 된다고 하였다.

**原文**

淸乾隆時 得晉王右軍眞蹟行書三十餘字 排作十三字 刻于碧玉 玉長八寸 闊一尺 藏之大內 北京破時 爲洋人所獲 索價一千四百金.

8월, 심순택(沈舜澤)이 면직되고 윤용선(尹容善)이 다시 의정이 되었다. 윤용선은 정령(政令)을 시행하고 조치하는 것이 심순택과 별로 차이가 없었다. 그런데 문학(文學)의 재능은 조금 나은 편이었다. 사람들은 남을 해치는 그의 심술을 두려워하여 심순택의 어리석음을 대하는 것과는 크게 달랐다.

**原文**

八月 沈舜澤免 尹容善復爲議政 容善政令施措 與舜澤無別 而文學少優 人畏忮克 大異舜澤之侗愚.

(8월) 일본인들이 서울과 부산 사이의 철도 공사를 시작하였다. 울릉도에 들어가서 삼림들을 마구 벌채했다.

**原文**

왜 인 시 경 부 철 도 지 역 입 울 도 창 벌 삼 림
倭人始京釜鐵道之役 入鬱島 搶伐森林.

민영주(閔泳柱)를 구속하여 돈 39,000원을 추징하고, 다시 월미도를 회수하여 일본인과 계약을 맺었다.

**原文**

수 민 영 주 징 전 삼 만 구 천 원 환 추 월 미 도 계 우 왜 인
囚閔泳柱 徵錢三萬九千元 還推月尾島 契于倭人.

엄빈(嚴嬪)을 봉하여 순비(淳妃)로 삼고, 그 궁을 '경선(慶善)'이라 일컬었다. 영친왕(英親王) 궁고(宮庫)를 장흥고(長興庫) 터에 세웠다.

**原文**

봉 엄 빈 위 순 비 호 기 궁 왈 경 선 건 영 친 왕 궁 고 우 전 장 흥 고 기
封嚴嬪爲淳妃 號其宮曰慶善 建英親王宮庫于前長興庫基.

혜민원(惠民院)[1]을 세워 진정(賑政)을 강구하였는데, 혹은 외국에서 쌀을 구입할 것을 청하기도 하고, 혹은 부자들로 하여금 권분(勸分)[2] 하도록 하게 하였다.

**註解**

1) **혜민원**(惠民院) : 가난한 백성을 구호하고 치료해 주는 일을 맡아보던 관아.
2) **권분**(勸分) : 고을 수령이 관내의 부자들을 권하여 극빈자를 구휼하도록 하는 일.

**原文**

건혜민원 강구진정 혹청구외미 혹령부민권분
建惠民院 講求賑政 或請購外米 或令富民勸分.

지계아문(地契衙門)을 설치하였다. 그 제도는 지방관이 전주(田主)를 불러서 새 문서를 발급해 주도록 하는 것인데, 그것을 반으로 나누어 우편 쪽지는 전주에게 주고, 좌편 쪽지는 관고에 보관하도록 하는 것이었다. 문서 한 건에 1전을 징수하며, 구권(舊券)은 돌려받아 소각시킨다고 되어 있었다. 의관(議官) 김중환(金重煥)의 상소에 좇은 것이나 이 일은 마침내 실행하지 못했다.

**原文**

설지계아문 기법사지방관 초전주사급신권 할기반 우속
設地契衙門 其法使地方官 招田主寫給新券 割其半 右屬
전주 좌유관고 일권징일전 구권격소 종의관김중환지소
田主 左留官庫 一券徵一錢 舊券繳燒 從議官金重煥之疏
야 사경불행
也 事竟不行.

이태리(伊太利) 황제, 오국(奧國) 황후, 비국(比國, 벨기에) 대군주, 미국과 법국의 대통령이 모두 백성들에게 시해되었다. 이는 외신보도에서 나온 것이다.

**原文**

이태리황제 오국황후 비국대군주 미 법대통령 개
伊太利皇帝 · 奧國皇后 · 比國大君主 · 美 · 法大統領 皆
위민소시 출외보
爲民所弑 出外報.

온 나라에 홍수가 크게 나 집이 떠내려가고 시체가 떠다니는 등 곳곳마다 폐허가 되었다. 양서(兩西, 황해 · 평안도) 지방으로부터 호서우도(湖西右道)에 이르기까지 떠도는 백성들이 줄을 이었다. 각 고을에서는 정공(正供)을 견감(蠲減)[1]해 줄 것과, 진휼을 실시해 달라며 급박함을 호소해 왔다. 그렇지만 묘당(廟堂, 정부)에서는 눈여겨 바라보기만 할 뿐 아무런 대책도 세우지 못하였다. 이에 도둑떼들이 사방에서 들끓고 서울에서는 대낮에도 훔치고 약탈을 자행하여 십가작통(十家作統)[2]으로 규합하고 단속할 것을 전하였으나 그래도 막아낼 수가 없었다.

**註解**

1) **견감**(蠲減) : 조세 등의 일부를 감(減)해 줌.
2) **십가작통**(十家作統) : 열 집을 하나로 묶은 편제. 통(統)은 민호편제(民戶編制)를 일컬음. 일반적으로 5가(家)를 한 통으로 묶었었다.

**原文**

통국대수 표호유시 소재탕연 자양서지호우 강부유리
通國大水 漂戶流尸 所在蕩然 自兩西至湖右 襁負流離
각군청견정공 시진휼설편고급 이묘당숙시무책 어시 도
各郡請蠲正供 施賑恤雪片告急 而廟堂熟視無策 於是 盜
경사비 경사백주표략 십가작통 전상두집 유불능금
警四沸 京師白晝剽掠 十家作統 傳相糾戢 猶不能禁.

청국의 강소성(江蘇省)과 절강성(浙江省) 이남 7개 성(省)에 대홍수가 났는데, 그 재해는 가뭄보다 더 심했다.

**原文**

청강절이남칠성대수 재심어한
淸江浙以南七省大水 災甚於旱.

9월, 이용익(李容翊)이 안남미(安南米)를 구입해 올 때 그 배에다 코끼리 두 마리를 실어왔는데 그 중 한 마리가 죽었다.

**原文**

구월 이용익구안남미 선부이상이래 일상사
九月 李容翊購安南米 船附二象以來 一象死.

장조(莊祖)의 귀인(貴人) 박씨(朴氏)에게 '경빈(景嬪)'이란 칭호를 더 추증하였다.

**原文**

가 증 장 조 귀 인 박 씨 경 빈
加贈莊祖貴人朴氏景嬪.

박제순(朴齊純)을 찬정으로 삼고, 민종묵(閔種默)을 농부 대신으로 삼았으며 이종건(李鍾健)을 경무사로 삼았다.

**原文**

이 박 제 순 위 찬 정 민 종 묵 위 농 부 대 신 이 종 건 위 경 무 사
以朴齊純爲贊政 閔種默爲農部大臣 李鍾健爲警務使.

성진군(城津郡)을 길주(吉州)에 다시 합병했다. 성진군과 길주군이 분리되고부터 여러 차례 민요(民擾)가 발생했기 때문이다.

**原文**

부 합 성 진 군 우 길 주 이 성 길 분 속 루 치 민 요 야
復合城津郡于吉州 以城 · 吉分屬 屢致民擾也.

이근호(李根澔)를 충청남도 관찰사로 삼고, 서정규(徐廷圭)를 함경북도 관찰사로 삼았다.

**原文**

이 이 근 호 위 충 남 관 찰 사 서 정 규 위 함 북 관 찰 사
以李根澔爲忠南觀察使 徐廷圭爲咸北觀察使.

윤헌섭(尹憲燮)을 삼남 시찰사(三南視察使)로 삼고, 이만재(李萬在)를 삼남 도검찰사(三南都檢察使)로 삼았다. 이때 송경인(宋敬仁)·김홍제(金弘濟)·강용구(康瑢九) 등이 연이어 시찰사의 임무를 띠고 있었는데, 전임자가 떠나기도 전에 후임자가 또 내려왔다. 잠깐 있다가 소환의 명이 떨어지면 문득 뇌물을 바치는 것이 더 늘어나는 까닭에 임금은 여러 도에 시찰사 등 관리를 파견하는 것을 외부(外部, 궁궐 밖에 있는 재고(在庫)라는 뜻)로 삼았던 것이다. 이로 말미암아 백성들은 더욱 삶을 감내하기 어려웠다.

**原文**

이 윤 헌 섭 위 삼 남 시 찰 사 　 이 만 재 위 삼 남 도 검 찰 사 　 시 시 송
以尹憲燮爲三南視察使　李萬在爲三南都檢察使　是時宋
경 인 　 김 홍 제 　 강 용 구 등 　 연 대 시 찰 　 전 자 미 거 　 후 자 우 래
敬仁·金弘濟·康瑢九等　連帶視察　前者未去　後者又來
사 유 초 환 지 명 　 즉 첩 증 기 뇌 　 고 상 시 제 로 시 찰 파 원 지 속 위 외
乍有招還之命　則輒增其賂　故上視諸路視察派員之屬爲外
부 　 유 시 민 우 불 감 명
府　由是民尤不堪命.

연안군(延安郡)의 남대지(南大池)를 준설할 것을 명했다. 남대지는 나라 안에 있는 큰 제언(堤堰)[1]으로 여름에 큰 가뭄이 들면 먼지가 날리고 음화(陰火)[2]가 나와 수십일 동안 저절로 탔다.

**註解**

1) **제언**(堤堰) : 물을 가두어 놓기 위해 강이나 계곡을 가로질러 막은 둑. 댐. 저수지.
2) **음화**(陰火) : 도깨비불. 귀화(鬼火). 밤에 바다 위에 멀리 보이는 까닭모를 불. 여기서는 알 수 없는 불.

**原文**

명준연안군남대지 지위국중대제언 하대한양진 출음화 자연수순
命浚延安郡南大池 池爲國中大堤堰 夏大旱揚塵 出陰火 自燃數旬.

또 홍릉(洪陵)에 새로 벌이는 공역비로 3만 원을 지급하였다.

**原文**

우하홍릉신역비삼만원
又下洪陵新役費三萬元.

의친왕(義親王) 이강(李堈)의 학자금 3만 원을 미국에 보냈다. 7월 중에 일본 함선이 자주 인천에 들어왔으므로 임금은 이강이 보낸 사서(私書)가 있을 것이라 여기고, 그 비(妃) 김씨(金氏)를 독촉하여 바치라고 하였으나 온 편지가 없다고 아뢰었다. 이에 그 궁의 하녀를 엄히 국문하였으나 끝내 실효가 없었다. 사람들은 임금이 참간(讒間)[1]에 빠진 것으로 의심하였다.

**註解**

1) 참간(讒間) : 참소하여 남의 사이를 벌어지게 함. 이간질 함.

**原文**

발송의친왕강학자금삼만원우미국 칠월중왜함삭저인천
撥送義親王堈學資金三萬元于美國 七月中倭艦數抵仁川
상의강지필유사서야 독기비김씨납지 대이무유 내엄국궁
上意堈之必有私書也 督其妃金氏納之 對以無有 乃嚴鞫宮
비 경무실 인의상지입참간야
婢 竟無實 人疑上之入讒間也.

전라북도 옥구군(沃溝郡)에 해일이 있었다.

**原文**

전북옥구군해일
全北沃溝郡海溢.

10월, 채광묵(蔡光默)을 내부 주사에 제수하였으나 나가지 않았다. 채광묵은 일찍이 (명성왕후에 대한) 복수소(復讐疏)를 올렸는데 '원수는 가히 복수할 기간이 정해져 있는 것이 아니다. 그런데 먼저 영예로운 직함을 받는 것은 의리나 명분상으로 흠이 된다.' 하고 힘껏 사양하였던 것이다.

**原文**

동시월 제채광묵내부주사 불배 광묵증상복수소 위수무
冬十月 除蔡光默內部主事 不拜 光默曾上復讐疏 謂讐無

가 복 지 기 이 선 부 영 함 유 흠 의 분 력 사
可復之期 而先膚榮啣 有欠義分 力辭.

서공(西貢, 사이공)의 말 300필을 구입하여 원수부(元帥府, 최고의 군통수 기관)에 들여보냈다.

**原文**

구 서 공 마 삼 백 필 입 원 수 부
購西貢馬三百匹 入元帥府.

신기선(申箕善)을 법부 대신으로 삼았다. 또 민경호(閔京鎬)를 평안남도 관찰사로, 정태현(鄭泰鉉)을 충청북도 관찰사로 각각 삼았다. 정태현은 영남 지방의 이름난 부자로, 돈 25만 냥을 바치고 그 자리를 얻었다. 부임한 후에는 잘 다스린다는 칭송이 있었다.

**原文**

이 신 기 선 위 법 부 대 신 민 경 호 위 평 남 관 찰 사 정 태 현 위 충
以申箕善爲法部大臣 閔京鎬爲平南觀察使 鄭泰鉉爲忠

북 관 찰 사 태 현 영 남 명 부 야 납 전 이 십 오 만 냥 득 지 기 이 부 소
北觀察使 泰鉉嶺南名富也 納錢二十五萬兩得之 旣莅府 所

부 칭 치
部稱治.

사진도감(寫眞都監)을 설치하여 임금과 황태자의 어용(御容)을 그렸다.

**原文**

설 사 진 도 감 모 화 상 급 황 태 자 어 용
設寫眞都監 模畵上及皇太子御容.

수옥헌(潄玉軒)에 화재가 발생하였다. 문화각(文華閣)과 정이재(貞彝齋)도 소실되었다.

**原文**

수 옥 헌 화 소 문 화 각 정 이 재
潄玉軒火 燒文華閣 · 貞彝齋.

경운궁(慶運宮)에 경위원(警衛院)을 설치하였다.

**原文**

설 경 위 원 우 경 운 궁
設警衛院于慶運宮.

전라남도 순천(順天)과 낙안(樂安) 등의 고을에 서학(西學)이 크게 일어났다.

**原文**

전 남 순 천 낙 안 등 군 서 학 대 기
全南順天 · 樂安等郡西學大起.

(10월) 토지 측량하는 일을 중지했다. 기해(광무 3, 1899) 여름

부터 비로소 측량을 시작하여 이 해 7월에 이르러 이미 측량한 것은 경기도가 14군, 충청북도가 13군, 충청남도가 18군, 전라북도가 14군, 전라남도가 13군, 경상북도가 22군, 경상남도가 8군, 황해도가 2군, 도합 104개 군이었다. 이 사업에 든 비용은 탕전(帑錢)[1] 199,146원 41전 4리였으며, 누결(漏結)이 66,901결 52부(負), 누호(漏戶) 188,832호를 파악하였으나 흉년으로 잠시 중지할 것을 명한 것이다.

**註解**

1) **탕전**(帑錢) : 내탕전(內帑錢). 내탕고(內帑庫)에 보관된 돈.

**原文**

정량전지역 자기해 광무삼년 하시행개량 지시시칠월
停量田之役 自己亥(光武三年)夏始行改量 至是時七月
이량자경기십사군 충북십삼군 충남십팔군 전북십사
已量者京圻十四郡 · 忠北十三郡 · 忠南十八郡 · 全北十四
군 전남십삼군 경북이십이군 경남팔군 황해이군 합
郡 · 全南十三郡 · 慶北二十二郡 · 慶南八郡 · 黃海二郡 合
일백사군 비탕전십구만구천일백사십육원사십일전사리
一百四郡 費帑錢十九萬九千一百四十六元四十一錢四釐
득루결육만육천구백일결오십이부 루호십팔만팔천팔백삼
得漏結六萬六千九百一結五十二負 漏戶十八萬八千八百三
십이호 명이년황잠정
十二戶 命以年荒暫停.

이때에 탁지부는 재정이 부족하여 오래도록 백관의 녹봉을 주지 못했었는데, 이에 내장원(內藏院)의 돈을 가져다가 지급하였다. 얼마 안 가서 공납전(公納錢)은 차츰 줄어들었다. 임금이 바로 탁지부에 명하여 내장원에서 빌려간 돈을 갚을 것을 독촉하였다. 그것은 임금이 탁지부의 소관을 공물(公物)로 여기고 내장원의 소관을 개인의 사적인 돈으로 여겨, 마치 진(秦)나라와 월(越)나라의 사이[1]처럼 전혀 관계가 없는 것으로 보았기 때문이다.

**註解**

1) **진(秦)나라와 월(越)나라의 사이** : 진나라는 중국 서북쪽이고, 월나라는 남쪽에 있어 문화 제도와 풍습 등이 전혀 달랐다.

**原文**

시시 탁지재출 구철백관봉 내이나내장원전이지지 미기
是時 度支財絀 久輟百官俸 乃移挪內藏院錢以支之 未幾
공납초서 상입명탁지 독상우원 개상시탁지위공물 내장
公納稍紓 上立命度支 督償于院 蓋上視度支爲公物 內藏
원위사물 절연약진월지무여야
院爲私物 截然若秦越之無與也.

함흥 사람 주계옹(朱桂翁)은 금년 나이가 103세나 되었다. 그래서 종1품의 품계를 특별히 제수하였다.

**原文**

함흥민주계옹 년금일백삼세 특수종일품
咸興民朱桂翁 年今一百三歲 特授從一品.

11월, 도적이 법부에 들어와서 관리의 의관과 물품을 훔쳐갔다. 치도율(治盜律)을 개정하여 장물(贓物) 50관(貫) 이상을 훔친 자 및 재범·삼범자는 아울러 물을 것도 없이 교수형에 처하도록 하였다. 근래 남의 물건을 빼앗고 훔치는 일이 서울에서부터 먼 시골에 이르기까지 솜옷에 물이 번지듯 퍼져나가도 관리들은 박멸할 방법을 찾지 못했다. 게다가 기근까지 겹쳐 공공연히 겁략(刦掠, 약탈)이 행해진 관계로 상인과 여행하는 사람들이 끊어질 지경이었다. 이에 형벌을 무겁게 개정했지만 끝내 금지할 수 없었다.

**原文**

十一月 盜入法部 搶奪官吏衣物 改定治盜律例 贓五十貫 以上及再三犯 並勿問處絞 比年剽竊之患 自京輦至遐陬 如火延爇 官吏無以撲滅 加以飢饉 公行刦掠 商旅斷絕 乃重其律 然終不能禁.

김성근(金聲根)이 건의하여 석고(石鼓)를 제작하여 임금의 중흥한 성공(聖功)을 기념할 것을 청하였다. 이에 중앙관리들의 한 달치 봉급을 공제하였는데 지방 고을에까지 이어져 그 비용을 충당하게 하였다. 송성건의소(頌聖建議所)를 설치하여 조병식(趙秉式)을 추대하여 의장으로 삼고, 또 이유승(李裕承)을 부의장으로 삼았으나 이유승은 애써 그 직을 사양하였다. (그리고) 소를 올려 그 잘못을 논하였는데, 내용은 대략 다음과 같다.

"역대 제왕들인 요(堯)임금, 순(舜)임금, 우(禹)임금, 탕(湯)임금, 문왕(文王)과 무왕(武王)으로부터 한(漢) · 당(唐) · 송(宋)에 이르기까지 위아래 3, 4천 년 동안 그 덕망과 업적을 칭송해 서술함에 있어서는 오직 간책(簡冊, 書冊)으로 전했을 뿐입니다. 그 돌을 세워 스스로 기린다는 것은 진시황(秦始皇)에서 비롯된 것입니다. 지금 말하는 석고는 경전(經典)에서 찾아볼 수 없는 것이니, 혹은 문왕(文王)의 고(鼓)를 삼은 것은 선왕(宣王)에 이르러 새긴 것이라 합니다. 대저 선왕이 중흥을 일으켰다는 서적은 『시경(詩經)』과 사전(史傳)에 언급되어 있는 바, 이 또한 석고(石鼓)에 의지해서 후세에 전한 것은 아닙니다. 지금 우리나라의 홍업(弘業, 넓고 큰 업적)과 대훈(大勳, 큰 공로)은 반드시 훌륭한 사가(史家)들이 기록하여 대서특필할 것이니 천추만대에 이 시기만을 어찌 돌조각에 새기기를 바라겠습니까? 특별히 정파(停罷)할 것을 명하시어 위겸(撝謙, 겸양함)의 성덕을 밝히셔야 하옵니다."

이 상소는 궁 안에 들어갔으나 받아들여지지 않았다.

**原文**

金聲根建議請作石鼓　以紀中興聖功　於是減京官一月俸延及外郡　以充其費　設頌聖建議所　推趙秉式爲議長　又推

李裕承爲副議長 裕承力辭之 仍上疏 論其非 略曰 歷代帝王 自堯舜禹湯文武 以及漢·唐·宋 上下三四千載 稱述德業 惟是簡冊以傳而已 其立石自頌 則始於秦始皇 今此石鼓 無稽於經傳 或以爲文王之鼓 而至宣王刻詩 若夫宣王中興之盛 厥有詩雅史傳 亦非藉石鼓 而傳諸後世 則今我國家 弘業大勳 亦必有良史載筆 大書特書 而千秋是期者矣 何待片石之刻銘乎 特命停罷 以光撝謙之盛德焉 疏入不省.

(11월) 이근택(李根澤)은 동대문 밖 영미정에 나아가 원흥사(元興寺)를 창건하고 13도의 사찰을 통할했으며 승군 50명을 두고 호위대의 예에 따르도록 하였다. 이근택은 자신이 총사장(摠寺長)이 되어 일본 중 광안진수(廣安進修) 등을 맞아 단에 올라 불법을 강연케 하였는데, 서울 주변에 있는 서른두 개 사찰에 있는 중과 우파새(優婆塞)[1] 1천여 명이 모였으며 사녀(士女)들이 몰려들어 시장으로 들어가는 것 같았다. 이근택은 한규설(韓圭卨)의 생질로서 임금의 사랑을 받게 되었다. 일찍이 일본 상점을 들렀다가 수대(繡帶) 하나가 있는 것을 보고 혹 명성황후가 두르던 것이라 하였는데, 피의 흔적이 아직도 묻어 있었

다. 이근택은 6만 냥을 주고 구매하여 임금께 바치니 임금과 태자는 놀라며 슬피 흐느껴 울었으니 명성황후가 다시 살아난 것 같은 느낌이었다. 이근택은 이로 말미암아 날로 친밀한 사랑을 받았는데, 형인 이근호(李根澔)·이근용(李根鎔)과 아우인 이근상(李根湘)·이근홍(李根洪)과 함께 서로 교대로 중요한 자리에 앉아 당시 사람들은 다섯 귀한 사람〔五貴〕이라고 칭하였다.

**註解**

1) **우파새**(優婆塞) : 출가하지 않고 불제자가 된 남자. 청정남(淸淨男). 여자는 '우바'라고 한다.

**原文**

이근택 취동대문외영미정 창원흥사 통할십삼도사찰 치
李根澤 就東大門外潁尾亭 創元興寺 統轄十三道寺刹 置

승군오십인 의호위대예 근택자위총사장 영왜승광안진수
僧軍五十人 依扈衛隊例 根澤自爲摠寺長 迎倭僧廣安進修

등 등단강법 경산삼십이사승니 급우파새회자천여인 사
等 登壇講法 京山三十二寺僧尼 及優婆塞會者千餘人 士

여광무 여귀시 근택 한규설지생야 견닐어상 상출견왜
女狂騖 如歸市 根澤·韓圭卨之甥也 見昵於上 嘗出見倭

포 유수대일조 혹인지위명성황후소어 혈흔상지 근택이
鋪 有繡帶一條 或認之爲明成皇后所御 血痕尙漬 根澤以

육만냥구득지 헌우상 상급태자경비명열 여후재생 근택
六萬兩購得之 獻于上 上及太子驚悲鳴咽 如后再生 根澤

유시 총우일밀 여형근호 근용 제근상 근홍질거유요
由是 寵遇日密 與兄根澔·根鎔·弟根湘·根洪迭居腴要

時稱五貴.

지리산(智異山)이 3일간 울었는데 그 소리가 수백 리 밖까지 들렸다. 안영중(安永重)이란 자가 있었는데 예전에 남원땅에 살았다. 기술(技術)을 좋아하여 능히 역수(易數)[1]를 담론(談論)할 수 있어서 사람들은 그를 안주역(安周易)이라 칭했다. 갑오 동학란 때 모친 상중에 있었는데 상복을 벗어 붙이고 김개남(金介南)에게 붙어서 좌포장이 되었다. 싸움에 패하게 되자 가족을 모두 이끌고 서울로 도망했으며 그것으로 인해서 특별히 빨리 입대(入對)[2]하였는데, 지리산맥이 바다 속으로 뚫려서 일본 국토가 되었다고 말하였으며 그것을 파서 눌러 버리게 되면 일본은 마땅히 자멸할 것이라 하였다. 임금은 이상히 여겨 안영중을 양남도시찰(兩南都視察)을 제수하고 많은 남정(男丁)들을 동원하여 운봉(雲峰) 경계에 뻗은 산맥을 파서 끊어 놓도록 하였다. 겨울철에 역사를 시작하니 돌 틈에서 물줄기가 뻗쳐서 공사를 진행할 수 없었다. 관찰사 조한국(趙漢國)이 여러 번 그를 소환할 것을 청하였으나 임금은 듣지 않았다. 마침내 안영중은 산이 우는 소리를 듣고 두려워하여 중지하였다. 얼마 아니 되어 현풍 군수로 나아갔다.

註解

1) **역수**(易數) : 역(易)의 법칙에 의하여 길흉을 미리 아는 술법
2) **입대**(入對) : 대궐 안에 들어가 임금에게 진알하고 임금의 자문에

응하는 일.

**原文**

智異山鳴三日 聲聞數百里 有安永重者 舊居南原 好技術能談易數 人稱安周易 甲午匪亂 方居母憂 釋服附金介南爲左捕將 及敗 盡室逃入京 因別蹊入對稱旨 言智異山脈渡海爲倭國 若鑿以壓之 倭當自滅 上奇之 除永重兩南都視察 大發丁夫 鑿斷山脈于雲峰界 冬月始役 石出水湧 畚鍤無所施 觀察使趙漢國 屢請召還 不聽 泳重聞山鳴 懼而止 未幾 出爲玄風郡守.

이근호(李根澔)를 전남 관찰사에, 조정희(趙定熙)를 충남 관찰사에, 조기하(趙夔夏)를 경북 관찰사에, 민영철(閔泳喆)을 평남 관찰사에, 민경호(閔京鎬)를 평북 관찰사에 임명했다. 이때에 매관(賣官)의 범람은 갑오 이전에 비해서 훨씬 더 도가 지나쳤다. 비록 종척이나 친니(親昵)[1]라 해도 감히 한 자리도 은택을 구걸할 수도 없었다. 관찰사의 경우 10만 · 20만, 일등 수령이면 적어도 5만 냥 선을 내려가지 않았다. 관직에 앉으면 빚진 것을 갚을 길이 없어서 마침내 공전(公錢)을 다투어 나용(挪用)[2]하여 상환하며 꾀가 있는 무리들은 또한 공금을 사사로이 많이 바쳐서 높은 벼슬자리로 승진하기도 했다. 아전이나 서리들도 그것을 본받아서 또한 공전을 끌어내어 많은 땅과 재산을 점령하며 혹은 관작을 얻을 것을 도모하기도 했다. 이에 관리들이 범하는 것은 모두 공전이므로 국고는 자연히 조세로 납부되지 않고 새어 나가게 되었다. 그러나 임금은 국고를 들어 공물(公物)이라 하여 꽉 차 있거나 텅 비어 있음을 관리하지 않았으며 관직을 팔아서 얻은 돈은 사전(私錢)이므로 오직 없어질까 걱정만 하였으니, 관리들이 공전을 사기 치는 것을 엿보고 있는 줄을 알지 못했다.

서상욱(徐相郁)은 민영환(閔泳煥)의 외조부이다. 민영환은 오래 전부터 상감께 말하여 군수자리 하나라도 주기를 원하니 임금은 말하기를, "자네 외조부가 아직도 군수 한 자리 못했느냐?" 하였다. 조금 지나서 또 그 말을 고하자 임금은 고개를 끄덕이며, "내가 잊었었군. 그럼 내가 곧 글을 내리지." 하였다. 이에 광양군수에 제수하니 민영환은 집에 돌아가 기뻐하며 말하기를, "오늘 상감께서 외조부님을 군수로 임명했으니 천은(天恩)[3]에 가히 감동하였다."고 하자 그 모친이 웃으며 말하기를, "네가 이와 같이 어리석고 무디고서도 또한 척리(戚里)라 할 수 있겠느냐? 상감이 어찌 일찍이 한 자리의 은제(恩除)[4]를 베풀어 너를 편후(偏厚)하셨겠느냐? 내가 벌써 5만 민을 바쳤느니라."고 하였다.

**註解**

1) **친니**(親昵) : 친하고 화목함. 친한 사이.
2) **나용**(挪用) : 돈이나 물건을 일시 돌려씀.

3) 천은(天恩) : 하느님의 은혜. 임금의 은혜.

4) 은제(恩除) : 은혜를 베풀어 벼슬자리에 임명함.

**原文**

以李根澔爲全南觀察使 趙定熙爲忠南觀察使 趙夔夏爲慶北觀察使 閔泳喆爲平南觀察使 閔京鎬爲平北觀察使 是時 賣官之濫 比甲午以前殆過之 雖宗戚·親昵 不敢乞一恩澤 觀察則十萬·二十萬 一等守令則少不下五萬兩 及到官無以償債 競挪公錢償之 黠者又豊其私獻 得陞優秩以去 吏胥視傚 亦引公錢 侈占田産 或圖差官爵 於時官吏所犯 皆公錢也 國庫自致逋漏 然上以國庫則公物也 不管盈朒 賣官錢則私錢也 惟恐或損 而不知其爲狙公所欺也 徐相郁者 閔泳煥之舅也 泳煥久白上願乞一郡 上曰汝之舅而尙未郡耶 已而又白之 上頷之曰 予幾忘矣 便可書下 於是除光陽郡守 泳煥歸家 色喜曰 今日上許某舅一郡 天恩可感 其母笑曰 汝如此痴鈍 亦戚里耶 上何曾施一窠恩除 而偏厚於汝 吾已納五萬緡矣.

도둑이 선정신(先正臣)이 이황(李滉)의 서원에 들어가 그 신주(神主)를 훔쳐갔다. 예안 군수(禮安郡守)를 파출할 것을 명했는데, 그 서원이 예안군의 도산현(陶山縣)에 있기 때문이었다. 구례(舊例)에 비추어 봉상시(奉常寺)에서 신주를 다시 만들어 서원에 봉안하도록 하였다.

**原文**

도입선정신이황서원 절기신주이거 명출예안군수 이원
盜入先正臣李滉書院 竊其神主而去 命黜禮安郡守 以院
재예안도산야 조구예 자봉상시갱조신주 안우원
在禮安陶山也 照舊例 自奉常寺更造神主 安于院.

진남대(鎭南隊)를 진주로, 울산대(蔚山隊)은 경주(慶州)로 옮겼다.

**原文**

이진남대우진주 울산대우경주
移鎭南隊于晉州 蔚山隊于慶州.

일본이 우리나라에 그들 백성을 이민시킬 것을 논의하기 위해 토질(土質)을 채취해 갔다.

**原文**

왜의이민아국 취토질이거
倭議移民我國 取土質以去.

갑산군(甲山郡)에 있는 구리 광산이 붕괴되어 광부 600여 명이 사망했다.

**原文**

갑 산 군 동 광 퇴 함 광 부 사 육 백 여 인
甲山郡銅礦頹陷 礦夫死六百餘人.

12월, 군수의 부임 여비를 폐지했다. 구례(舊例)에 수령이 부임해 가면 쇄마전(刷馬錢)이 있었고, 갑오경장(甲午更張) 이후로는 여비를 주었다. 그러나 해당 군 임지에 도착하면 또한 백성들로부터 걷는 까닭에 여비를 폐지한 것이다.

**原文**

십 이 월 폐 군 수 부 임 여 비 구 예 수 령 부 임 유 쇄 마 전 갑 오 경
十二月 廢郡守赴任旅費 舊例守令赴任 有刷馬錢 甲午更
장 유 여 비 연 급 도 군 우 렴 어 민 고 파 지
張有旅費 然及到郡 又斂於民 故罷之.

민영철(閔泳喆)에게 명하여 평양에 행궁(行宮)을 짓도록 하고 서경궁(西京宮)이라 불렀다.

**原文**

명 민 영 철 건 행 궁 우 평 양 호 왈 서 경
命閔泳喆 建行宮于平壤 號曰西京.

이재각(李載覺)을 특명 대사로 삼아서 영국왕의 대관식에 축하 사절로 보냈으며, 민영찬(閔泳瓚)을 법국(法國) 주재 공사로 삼았다.

**原文**

이 이 재 각 위 특 명 대 사　왕 하 영 황 대 관 식　민 영 찬 위 주 법 공 사
以李載覺爲特命大使　往賀英皇戴冠式　閔泳瓚爲駐法公使.

함경북도 관찰사 서정규(徐廷圭)가 상을 당하였으나 그가 기복(起復)하기를 바랐으므로 이를 허락해 주었다.

**原文**

함 북 관 찰 사 서 정 규 조 상　도 기 복　허 지
咸北觀察使徐廷圭遭喪　圖起復　許之.

의친왕(義親王) 이강(李堈)의 학자금 9,500원 보냈다.

**原文**

발 의 친 왕 강 학 자 금 구 천 오 백 원
撥義親王堈學資金九千五百元.

남관묘(南關廟)를 중수하고 임금은 그 칭호를 높여서 '현령소덕의열무안관제(顯靈昭德義烈武安關帝)'라고 하였다. 이때에 임금은

일월성신(日月星辰)에게 기도하기를 숭상하여 서민들도 그것을 본받아 무풍(巫風)이 이루어졌다. 관제(關帝)를 봉안하는 자들은 집집마다 위패(位牌) 모시듯 하여 빌었는데 유독 서울에서 더욱 그러했다.

**原文**

重修南關廟 上崇號曰 顯靈昭德義烈武安關帝 時上尙祈醮 庶民效之 成巫風 其奉關帝者 殆家尸而戶祝 惟京師爲然.

김가진(金嘉鎭)이 국문학교(國文學校)를 설립했다.

**原文**

金嘉鎭 設國文學校.

서울에 진휼소를 베풀어 오부(五部)에서 굶주리는 시민 19,683명을 뽑아 등록시켰다. 얼어 죽거나 굶어 죽은 자가 수만 명에 달했으며 그 어려움을 참지 못하여 문을 닫고, 온 가족이 독약을 먹고 죽은 자도 있었다. 드디어 혜민원(惠民院)에서 날마다 죽을 끓여 두 차례씩 먹였으며, 경서(警署)에 칙지하여 집집마다 문전걸식하는 것을 금하도록 하였다.

**原文**

경사설진 오부초기구일만구천육백팔십삼 동아사자수
京師設賑 五部抄飢口一萬九千六百八十三 凍餓死者數
만 유불내곤췌 합실복독이사자 수자혜민원 일자죽이차
萬 有不耐困悴 闔室服毒而死者 遂自惠民院 日煮粥二次
궤지 칙경서 금연문걸반
饋之 飭警署 禁沿門乞飯.

진위대(鎭衛隊) 인원의 절반을 감축시키고, 그 시위대(侍衛隊)와 친위대(親衛隊) 양대(兩隊)는 매일 반으로 나누어 번(番)을 서도록 하여 향비(餉費)를 줄였다. 이는 예산이 부족하기 때문이었다.

**原文**

감진위대지반 기시 친위양대 매일분반상번 이감향비
減鎭衛隊之半 其侍·親衛兩隊 每日分半上番 以減餉費
이예산고출야
以預算告絀也.

이재면(李載冕)의 처가 사망한 지 이미 10여 년이나 되었는데, 장자 이준용(李埈鎔)이 감히 귀국할 수 없었고, 차자 이문용(李坟鎔) 또한 이번 겨울에 사망하였다. 임금은 이준용이 역적의 이름을 띠고 있으므로 대원왕(大院王)의 봉사손이 될 수 없다고 하여, 드디어 이문용의 후사로 둘째 적자(嫡子)를 세우도록 명했다. 이재면은 사양할 수가 없어서 슬하에 하나의 혈육이 없음을 말하고, 마땅히 재취하여 대를 이을 대책을 세워야 한다고 하였다. 임금이 그것을 허락하자 부평 민가의 이씨(李氏)를 맞이하여 계실(繼室)로 삼았다. 그때 나이 19세였다. 처음에 엄빈(嚴嬪)은 이준용이 멀리 있어서 족히 근심할 것이 없으며, 이문용은 나이가 어려서 잘 기르면 후일의 계책을 삼을 만하다 하여 자주 불러 은근히 대했다. 이해에 10만 민을 내어 운현궁을 수리케 하였다.

**原文**

이 재 면 처 망 이 십 여 년 　장 자 준 용 　불 감 귀 국 　차 자 민 용 　우 이
李載冕妻亡已十餘年 長子埈鎔 不敢歸國 次子墳鎔 又以
시 동 사 　상 이 준 용 대 역 명 　불 가 이 봉 대 원 왕 사 　수 명 입 민 용
是冬死 上以埈鎔帶逆名 不可以奉大院王祀 遂命立墳鎔
후 위 차 적 　재 면 무 이 사 　내 언 슬 하 무 일 괴 육 　당 재 취 위 사 속 계
後爲次嫡 載冕無以辭 乃言膝下無一塊肉 當再娶爲嗣續計
상 허 지 　빙 부 평 민 가 이 씨 위 계 실 　시 년 십 구 　초 엄 빈 이 준 용 재
上許之 聘富平民家李氏爲繼室 時年十九 初嚴嬪以埈鎔在
원 　부 족 우 　민 용 년 유 　가 환 지 　위 후 일 지 　삭 초 견 은 근 　시 년
遠 不足憂 墳鎔年幼 可豢之 爲後日地 數招見殷勤 是年
출 민 전 십 만 　즙 리 운 현 궁
出緡錢十萬 葺理雲峴宮.

벨기에 사람 무륵살(武勒薩)을 우리나라 명예 영사로 삼아서 벨기에 수도에 주둔하여 상무(商務)를 맡아보도록 하였다. 명예라는 것은 봉록(俸祿)을 주지 않고 일을 보는 것을 칭하는 말로 근년에 새로 만들어진 이름이다.

**原文**

이비국인무록살 위아국명예령사 주비경령상무 명예자
以比國人武勒薩 爲我國名譽領事 駐比京領商務 名譽者

무봉록이시사지칭 역근년신명사야
無俸祿而視事之稱 亦近年新名詞也.

최씨(崔氏) 성을 가진 과부가 있었는데 합천에 있는 해인사를 왕래하며 기도한 지가 30년이 되었다. '정씨(鄭氏) 성을 가진 아들이 있다'고 자신이 말하고 있으나 그를 본 사람들은 없었다. 전 판서 이용직(李容直)이 첩을 데리고 와서 해인사 곁에서 살 곳을 가려서 정하고 최녀(崔女)에게 자급(資給)[1]하여 사람들은 몹시 괴이하게 생각했다. 이해 겨울에 서울 군대가 이 절에 들어가 최녀를 체포하고 국문(鞫問)하였으며 그의 아들을 잡으려 하였으나 마침내 포획하지 못하였다. 이용직(李容直)은 와주(窩主)[2]로 몰려 납전 수십만 냥을 바치고서야 겨우 모면하였다. 서울 군대가 3, 4개월 동안 수색을 벌여 온 절간과 치류(緇類)[3]들이 모두 결딴났다.

**註解**

1) **자급**(資給) : 공급함. 베풀어 줌.
2) **와주**(窩主) : 도둑이나 노름꾼 소굴의 우두머리.
3) **치류**(緇類) : 중. 승려. 치도(緇徒).

**原文**

유과녀최성 왕래합천지해인사 기도자삼십년 자언기자
有寡女崔姓 往來陜川之海印寺 祈禱者三十年 自言其子

성 정　이 인 무 견 자　전 판 서 이 용 직　휴 첩 복 거 사 방　자 급 최 녀
姓鄭 而人無見者 前判書李容直 携妾卜居寺傍 資給崔女

인 다 괴 지　시 동　경 병 입 사　포 최 녀 국 지　근 기 자 경 불 획　용 직
人多怪之 是冬 京兵入寺 捕崔女鞫之 跟其子竟不獲 容直

이 와 주　납 전 수 십 만 근 면　경 병 수 포 삼 사 삭　치 유 진 쇄
以窩主 納錢數十萬僅免 京兵搜捕三四朔 緇流盡碎.

한성부(漢城府)가 금년의 호구(戶口)의 수를 올렸는데, 호수가 1,409,344이고 인구가 5,713,244명이었다. 지난해에 비해 11,114, 인구는 100,593명이 증가한 것이다. 이때에 전라북도 연해로부터 인천 · 통진 들판에 이르기까지 천리가 적지(赤地)[1]였고, 유민(流民)들이 사방으로 흩어졌다. (그런데도) 아무 소출도 없는 땅에서 세납을 강징하니 살고 있는 자들은 더욱 살아갈 수 없었다. 정부는 표재(俵災)[2]가 영성(零星)[3]하여 단지 3분의 1을 감하여 주었다. 경기도의 한 군에서는 2천 호가 모두 흩어진 곳도 있었으며, 오직 경남 · 전남 일대가 다소 어느 정도 수확이 있었을 뿐 부고(桴鼓)[4]의 소리는 드물게 들렸다.

**註解**

1) **적지**(赤地) : 흉년으로 농작물을 거둘 것이 없게 된 땅.
2) **표재**(俵災) : 흉년에 조세를 감하던 일.
3) **영성**(零星) : 수효가 적어서 보잘것없는 모양.
4) **부고**(桴鼓) : 북채와 북. 상응함. 본시는 도둑이 들어온 것을 경고하기 위하여 북을 울렸다. 여기서는 가을 수확이 나은 편인데도 도둑이 적게 들었다는 뜻이다.

**原文**

漢城府上是歲戶口之數 戶一百四十萬九千三百四十四口五百七十一萬三千二百四十四 比去年戶增一萬一千七百一十四 口增十萬五千九十三 是時 自全北沿海 至仁川·通津之野 千里赤地 流民四散 白地徵稅 居者尤不聊生 而政府俵災零星 只許三分減一 京圻有一郡二千戶盡散者 惟慶南·全南一帶稍熟 桴鼓之警 罕聞.

청국 황제가 7일 서안(西安)에서 북경으로 돌아왔다. 원세개(袁世凱)를 직예총독에 임명하여 이홍장(李鴻章)의 뒤를 잇도록 하였다. 팔기(八旗)[1]의 자제들을 뽑아 유럽에 유학시키고, 한족(漢族) 여성들의 전족(纏足)[2]을 금했으며, 만족(滿族)·한족에게 칙지하여 상호 결혼할 수 있도록 하였다. 임금은 전보를 보내서 청국 황제의 북경 귀환을 축하했으며, 우리나라 주재 청국 공사 허태신(許台身)은 답전(答電)을 임금께 봉정(奉呈)했다.

**註解**

1) **팔기**(八旗) : 청대의 병제. 청나라 창업에 공로가 있는 사람의 자손으로 만주인 8명, 몽고인 8명, 한인 8명으로 조직한 군대임. 팔기는 그 군기(軍旗)의 빛깔로 각군을 구별함.
2) **전족**(纏足) : 여자의 발을 천으로 묶어 그 성장을 방해하여 발을 작

게 만들던 중국의 풍습.

**原文**

청황제이칠일 자서안환북경 일이원세개위직예총독 계
淸皇帝以七日 自西安還北京 一以袁世凱爲直隷總督 繼
이홍장지후 선팔기자제 유학구주 금한녀전족 칙만한양
李鴻章之後 選八旗子弟 游學歐洲 禁漢女纏足 勅滿漢兩
족 호상혼가 상발전하회란 허태신봉정답전
族 互相昏嫁 上發電賀回鑾 許台身奉呈答電.

# 임인(1902) 광무 6년
(청 광서 28년, 일본 명치 35년)

1월(춘정월), 임금이 등극한 지 40년에 성수(聖壽)가 망륙(望六, 51세)이 되어 이 두 경사를 합하여 존호를 올리되 '건행곤정 영의홍휴(乾行坤定 英毅弘休)'로 하고, 아울러 전날에 올렸던 바, '통천융운 조극돈륜 정성광의 명공대덕 요준순휘 우모탕경 응명입기 지화신열 외훈홍업 계기선력(統天隆運 肇極敦倫 正聖光義 明功大德 堯埈舜徽 禹謨湯敬 應命立紀 至化神烈 巍勳洪業 啓基 宣曆)'을 아울러 48자로 삼았다. 인하여 문조익황제(文祖翼皇帝)를 '굉유신휘 수서우복(宏猷愼徽綏緖佑福)'으로 신정익황후(神貞翼皇后)를 '계지(啓祉)'로 명헌태후(明憲太后)를 유령(裕寧)으로, 명성황후(明成皇后)를 '성덕(誠德)'으로 각각 추존하고 드디어 대사면을 시행하였다.

근년에 사색당파 중에서 초사자(初仕者)로는 노론(老論)이 800명, 소론(少論)이 500명, 남북인 합해서 700명이었다. 존호도감(尊號都監)에는 감조관(監造官)이 있었는데, 이들은 음직으로 출륙(出六)하는 계단이 있어서 다투어 출륙해 나간 자가 2,000여 명이었다. 도감의 원역(員役)에게 상을 내리되, 그 별간역(別看役) 등은 한 사람마다 은 18원과 주단(紬端) 6필, 고원(雇員) · 공장(工匠)

· 사령(使令) 등은 은 10원과 면포 2필, 악생(樂生) · 악공(樂工) · 여령(女伶, 여배우) · 비장(裨將) 등은 은 10원과 주단 5필, 기생 53명은 각각 은 18원과 주단 13필, 여령 150명에게는 각각 은 4원과 면포 1필 및 이혜(泥鞋) · 건혜(乾鞋) 1부(部, 켤레)씩을 주었다.

**原文**

春正月 以上御極四十年 聖壽望六 合兩大慶 上尊號乾行坤定 英毅弘休 幷前所上 統天隆運肇極敦倫 正聖光義 明功大德 堯峻舜徽 禹謨湯敬 應命立紀 至化神烈 巍勳洪業 啓基宣曆 爲四十八字 因追上文祖翼皇帝 宏猷愼徽綏緖佑福 神貞翼皇后啓祉 明憲太后裕寧 明成皇后誠德 遂大赦 近年四色中 初仕者 老論八百人 少論五百人 南北合七百人 尊號都監有監造官 蔭途出六階也 以出六奔競者二千餘人 頒賞于都監員役 其別看役等 每人銀十八元 紬端六疋 雇員 · 工匠 · 使令等銀十元 · 布綿二疋 樂生 · 樂工 · 女伶 · 裨將等銀十元 紬端五疋 妓五十三名 各銀十八元 紬端十三疋 女伶一百五十名 各銀四元 布綿一疋 泥鞋 · 乾鞋一部.

심상훈(沈相薰)을 탁지부 대신으로, 신기선(申箕善)을 군부 대신으로, 한규설(韓圭卨)을 법부 대신으로, 이근명(李根命)은 경기도 관찰사로 각각 임명하였다.

**原文**

이심상훈위탁지대신 신기선위군부대신 한규설위법부
以沈相薰爲度支大臣 申箕善爲軍部大臣 韓圭卨爲法部
대신 이근명위경기관찰사
大臣 李根命爲京畿觀察使.

(1월) 러시아 사람들이 제멋대로 경흥부에 전주를 세웠다. 외부 대신 박제순(朴齊純)이 뽑아 버리게 하니, 러시아 공사 파우로후(巴禹路厚)가 크게 노하며 상감을 뵈옵고 박제순을 외부 대신직에서 갈아 치우도록 청하였다. 박제순 또한 상소하여 사직하니 파우로후는 스스로 이굴(理屈)[1]함을 부끄러이 여기고 다시 조정에 청하였는데, 언사가 매우 공손했으나 조정에서는 굳이 허락하지 않았다.

**註解**

1) **이굴**(理屈) : 이론이나 이치가 옳지 못함.

**原文**

아인천입전간우경흥부 외부박제순사발거지 아사파우
俄人擅立電桿于慶興府 外部朴齊純使拔去之 俄使巴禹
로후대노 현상청체제순 제순역상소사 로후자괴이굴 경
路厚大怒 見上請遞齊純 齊純亦上疏辭 路厚自愧理屈 更

청우조 사심손 조정고불허
請于朝 辭甚遜 朝廷固不許.

시찰사 파원(派員) 붙이들을 소환하도록 하고, 음직으로 차함(借啣)[1]한 자들을 관보(官報)에 게재하지 말도록 하였다. 이때에 영국과 일본이 협조하여 동맹을 맺고 우리나라의 내정을 관리할 것이라는 유언비어가 떠돌아 조정의 의론이 흉흉하였으므로, 이러한 조칙을 발표하기에 이른 것이다. 그러나 또한 시찰사 무리들에게 몰래 하달하여 바로 돌아오지 말고 형세를 살펴서 진퇴를 정하라고 하였다.

**註解**

1) 차함(借啣) : 실제로 근무하지 않고 벼슬의 이름만을 가지던 일. 또는 그 벼슬.

**原文**

소환시찰파원지속 음사차함자 물게관보 시유부와 영왜
召還視察派員之屬 蔭仕借啣者 勿揭官報 時有浮訛 英倭
협맹 욕관아내정 조의흉흉 지발차칙 연우잠촉시찰배 물
協盟 欲管我內政 朝議洶洶 至發此勅 然又潛囑視察輩 勿
거귀 가관세전각
遽歸 可觀勢前却.

일본인이 울릉군에 경찰서를 설치하였다. 일본인이 섬에서 산 지는 이미 5, 6년이 되었는데 해마다 증가하였으며, 스스로 삼림을 관장하고 도리어 우리나라 사람들이 산에서 채취하는 행위를 금하게 하였다. 군대의 위협으로 겁을 주어 우리나라 사람들은 능히 반항할 수 없어서 이에 이르러 순사를 파견했으니, 마치 자기 나라의 영토처럼 여긴 것이다.

**原文**

倭人設警察署于鬱陵郡 倭居是島 已五六年 逐年增加 自管森林 反禁我人採取 劫以兵威 我人莫能抗 至是派送巡查 視同其國區域焉.

박제순(朴齊純)을 주청 공사에 임명하여 북경에 가게 했다. 임금은 비로소 청국과 항례(抗禮)[1]로써 사신의 예가 예법이 간략하면 청국인의 조소거리가 될까 두려워서 특별히 내탕 은 15만 원을 내려 공관을 마련하고 깨끗하고 화려하게 꾸미게 하여 다른 건물보다 특이하게 하려고 하였다. 또한 박제순은 문장을 화려하게 꾸밀 줄 알고 외교에 능란하여 뽑아서 보냈던 것이다. 박제순이 이미 도착하여 신관(新館)을 꾸미고자 그 비용을 계산해 보니 수백만 원을 들이지 아니하면 마련할 수 없었다. 마침 미국 공사가 그들의 구 공관을 팔아서 14만 원으로 그 건물을 매입하니 자못 웅장하고 컸다. 각국 공사관과 서로 왕래하며 그들이 들어 있는 건물을 보니 모두 훌륭한 정원으로 꾸며져 있어 부족한 점을 찾아볼 수 없었다. 박태영(朴台榮)이 참서관으로 박제순을 따라갔었는데 일찍이 나에게 그 일들을 말하여 서로 희소(嘻笑)[2)]한 적이 있었다.

**註解**

1) **항례**(抗禮) : 한 편으로 기울지 않은 대등한 예를 대함. 또는 그 예.
2) **희소**(嘻笑) : 억지로 웃는 웃음.

**原文**

이박제순위주청공사 전왕북경 상이시여청항예 공사의
以朴齊純爲駐淸公使 前往北京 上以始與淸抗禮 恐使儀
구간 위청인치소 특하탕은십오만원 점공관 무정려 타물
苟簡 爲淸人嗤笑 特下帑銀十五萬元 佔公舘 務精麗 他物
칭지 우이제순유문화 한외교 택견지 제순기지 욕구신관
稱之 又以齊純有文華 嫺外交 擇遣之 齊純旣至 欲構新舘
계기비 비수백만불가 적미공사매기구관 이십사만원매지
計其費 非數百萬不可 適美公使賣其舊舘 以十四萬元買之
파굉걸 급여각공관상왕래 견기소거 개선원랑포 불각뇌
頗宏傑 及與各公舘相往來 見其所居 皆仙苑琅圃 不覺餒
핍 박태영이참서관 수제순왕 상향여도기사 상여희소
乏 朴台榮以參書官 隨齊純往 嘗向余道其事 相與嘻笑.

서울 모동(帽洞) 거리에 네쌍둥이가 길에 버려져 있었다.

**原文**

경사모동가 유기일태사아우도자
京師帽洞街 有棄一胎四兒于道者.

2월, 인천항에 전화(電話)를 가설하니 전화로 통화하게 된 것은 이것이 처음이다.

**原文**

이월 설전화우인천항 전화지기시차
二月 設電話于仁川港 電話之起始此.

전 의관 이용우(李容愚) 등이 벽옹(辟雍)[1]을 세울 것을 청하였다.

**註解**

1) **벽옹(辟雍)** : 고대 중국 천자의 나라에 설치한 학교. 천자의 학교는 물이 사방으로 둘러 흐르도록 한다하여 벽옹이라 하였다.

**原文**

전의관이용우등 청입벽옹
前議官李容愚等 請立辟雍.

함경남도에서 민요가 일어나서 관찰사 김종한(金宗漢)을 추방했다. 조칙을 내려 서정순(徐正淳)으로 대치하였으니 서정순은 함경도 지방에서 유애〔遺愛, 인애(仁愛)의 유풍(遺風)〕가 있었던 까닭에 특명을 내려 세 번째 북도 관찰사를 제수한 것이다. 서정순은 여섯 차례나 상소하여 사양할 것을 간청하였으나 임금은 허락하지 않아서 마침내 부임하였다.

**原文**

함남민요 축관찰사김종한 조이서정순대지 정순어북로
咸南民擾 逐觀察使金宗漢 詔以徐正淳代之 正淳於北路
유유애 고특명삼수 정순육소간사 불윤 경부
有遺愛 故特命三授 正淳六疏懇辭 不允 竟赴.

평양군이 궐패(闕牌)[1]를 분실하였다.

**註解**

1) 궐패(闕牌) : 각 고을 관아의 객사에 모셔놓은 궐(闕) 자를 새긴 위패 모양의 나무패. 그 안에서 임금을 향하여 망궐례(望闕禮)를 행하였다.

**原文**

평양군실궐패
平壤郡失闕牌.

인도에서 큰 전염병이 발생하여 1월 중에 7만여 명이 사망하였다. 그것을 흑사병이라 하였다.

**原文**

인도대역 일월중 사칠만여인 개흑사병운
印度大疫 一月中 死七萬餘人 蓋黑死病云.

3월, 전 참판 한기동(韓耆東)이 사망하였다. 한기동은 갑오변(고종 31, 1894) 이후로는 두문불출하고 세상일을 사절한 채

맑은 이름으로 (세상을) 마치니, 당대 사람들이 그를 고결하다고 칭찬했다.

**原文**

三月 前參判韓耆東卒 耆東自甲午(高宗三十一年)後 杜門謝事 以淸名終 一世高之.

(3월) 충북 관찰사 정태현(鄭泰鉉)이 장계를 올려 궁민(窮民)에게 역둔조(驛屯租)를 대여해 주었다가 가을을 기다려 상환토록 하자고 제의하여 허락해 주었다. 경기도 · 충청남도 · 전라북도 · 황해도에도 씨앗이 결핍되어 역둔조를 대여할 것을 명했으니 충청북도의 예에 따른 것이다.

**原文**

忠北觀察鄭泰鉉啓 請貸驛屯租于窮民 待秋償 許之 詔以京畿 · 忠南 · 全北 · 海西穀種方乏 命貸驛屯租 依忠北例.

경기도에서 백성들이 굶주려서 교하에 있는 장릉(長陵)[1]의 송림(松林)을 범하여 껍질을 모두 벗겨 먹었으나 능군(陵軍)은 금하지 못했다. 백성들이 소나무 밑에서 쓰러져 죽은 사람이 많이 있었다.

**註解**

1) **장릉**(長陵) : 조선 16대 왕인 인조와 그의 비 인열왕후 한씨의 능. 현재 파주군 탄현면 갈현리에 소재함.

**原文**

경기기민 범교하장릉송림 박피차진 능군불능금 민도사
京畿飢民 犯交河長陵松林 剝皮且盡 陵軍不能禁 民倒死
송하자상침
松下者相枕.

9월 17일을, 임금이 등극한 지 40년의 칭경길일(稱慶吉日)로 택해서, 주청 · 주일 · 주영 · 주덕 · 주아 · 주법의 우리 공사에게 전통(電通)을 보내 주둔하고 있는 해당 정부에 조회하여 대사를 파견하여 경연(慶宴)에 나올 것을 청하게 했다.

**原文**

택정구월십칠일 위상어극사십년칭경길일 전통우아사
擇定九月十七日 爲上御極四十年稱慶吉日 電通于我使
지주청 왜 영 아 법자 조회해정부 청파대사래부경
之駐淸 · 倭 · 英 · 俄 · 法者 照會該政府 請派大使來赴慶
연
宴.

안변군(安邊郡)의 학포사(鶴浦社)를 관동의 흡곡군(歙谷郡)으로 이속하였다.

**原文**

이 안 변 군 지 학 포 사　이 속 관 동 지 흡 곡 군
以安邊郡之鶴浦社 移屬關東之歙谷郡.

4월, 새로 지은 법전(法殿)[1]을 중화전(中和殿)[2]이라 부르고 옛 중화전은 다시 즉조당(卽祚堂)이라 일컬었다. 의정부를 포덕문(布德門) 안에 있는 화경당(和敬堂)으로 옮겼다.

**註解**

1) **법전**(法殿) : 임금이 조회를 받던 정전(正殿)을 일컬음.
2) **중화전**(中和殿) : 덕수궁의 정전(正殿)으로, 1902년 덕수궁을 본격적인 궁궐로 중건하기 전에는 즉조당(卽祚堂)을 정전으로 사용하였다.

**原文**

하 사 월　호 신 구 법 전 왈 중 화 전　구 중 화 전 환 칭 즉 조 당　이 의
夏四月 號新構法殿曰中和殿 舊中和殿還稱卽祚堂 移議
정 부 우 포 덕 문 내 지 화 경 당
政府于布德門內之和敬堂.

(4월) 임금이 기로사(耆老社)[1]에 나아가니, 숙종과 영조 두 임금의 고사(故事)에서 그 예를 끌어들인 것이다. 임금은 영수각(靈壽閣)[2]을 참배하고 양로연을 베풀었다. 서울의 벼슬아치들에게 은택을 내리되, 4품 이상으로 나이 70을 넘은 자와 5품 이하로 나이 80이 넘은 자들에게 담은(覃恩)[3]하여 모두 한 계급씩 승진시켰다. 전체 6백여 명이었으며, 서울 이외의 지역에

는 기(畿) · 호(湖) 양도가 760여 명에 이르렀다. 그 가운데에는 속여서 들어오려는 자가 매우 많았다. 서민으로 나이 백 살이 넘은 자는 모두 종1품을 주었는데, 고산에 사는 김제상(金濟相)이 106세, 흥양에 사는 박보득(朴普得)이 105세, 김두선(金斗善)이 102세이었다. 근세에 와서 꾀 있는 백성들은 노인과(老人科)를 넘겨다보고 호적을 으레 나이 많게 하였으나 가히 규명하여 힐책하지 못했다. 이제 백 세가 되었다는 자들도 왕왕 이러한 자들이 있었다고 한다. 바야흐로 양로연을 행하여 연일 두드리며 즐기니, 시민들은 궁중에 돌멩이나 기왓장 깨진 것을 집어던져서 별입시(別入侍)[4] 등이 청하여 별원(別院)으로 연회 장소를 옮기자고 하였다. 임금은 돌을 던진 변이 있었던 것을 알지 못하고 있었다.

이때에 탁지부에서 탁지 예산 청의안(請議案), 진찬양로연비용(進饌養老宴費用) 등을 실었는데, 그 비용은 69,246원 84리였으며, 법전 영건비(法殿營建費)가 315,000원이었고, 홍릉(洪陵)의 신역비(新役費)는 이미 45만 원을 발했고, 만수절 수용비 250,650원 13전과 또한 궁내부로부터 양등대(洋燈臺, 서양식 촛대)와 서양 그릇을 독일에서 사들여 장차 경연(慶宴)에 사용하도록 하였다.

**註解**

1) **기로사**(耆老社) : 기로소(耆老所). 기로는 예순 살 이상의 노인을 일컫는다. 태조는 60세에, 숙종은 59세에, 영조는 51세에 기사(耆社)에 들어가 직접 어첩을 써서 영수각에 보관하였다. 고종은 영조의

예에 따라 51세에 기사에 들었다.

2) **영수각**(靈壽閣) : 기로소 안에 어첩을 보관하던 누각. 신하의 경우, 문관 2품 이상으로 70세가 되면 영수각에 들어가 숙배하는 것을 허용하고 화상첩(畫像帖)을 걸어 두었다.

3) **담은**(覃恩) : 은혜를 널리 베풂음. 임금이 베푸는 은혜.

4) **별입시**(別入侍) : 신하가 임금에게 사사로운 용무로 뵙는 일. 또는 그 사람.

**原文**

상입기노사 원숙 영양조고사야 배영수각 행양노연 담
上入耆老社 援肅·英兩朝故事也 拜靈壽閣 行養老宴 覃
은경조관사품이상년칠십 오품이하년팔십 병가일자 계육
恩京朝官四品以上年七十 五品以下年八十 並加一資 計六
백여인 경외즉기호양도지칠백육십여인 기모입자 심다의
百餘人 京外則畿湖兩道至七百六十餘人 其冒入者 甚多矣
서민년과백세자 병수종일품 고산김제상 일백육세 흥양
庶民年過百歲者 並授從一品 高山金濟相 一百六歲 興陽
박보득 일백오세 김두선 일백이세 근세힐민 기노인과 호
朴普得 一百五歲 金斗善 一百二歲 近世黠民 覬老人科 戶
적예가년령 불가구힐 금차백세자 역왕왕여차운 방행양
籍例加年齡 不可究詰 今此百歲者 亦往往如此云 方行養
노연야 연일고락 시민투입와력우궁중 별입시등 청이연
老宴也 連日鼓樂 市民投入瓦礫于宮中 別入侍等 請移宴
별원 상흘미지투석지변야
別院 上汔未知投石之變也.

시시 도지예산청의안 재진찬양노연비 육만구천이백사
是時 度支預算請議案 載進饌養老宴費 六萬九千二百四
십육원팔전사리 법전영건비 삼십일만오천원 홍릉신역비
十六元八錢四厘 法殿營建費 三十一萬五千元 洪陵新役費
이발조사십오만원 급만수절수용비 이십오만육백오원십
已撥條四十五萬元 及萬壽節需用費 二十五萬六百五元十

삼전 우자궁내부 구무양등대 양반우우법국 장용우경연
三錢 又自宮內府 購貿洋燈臺 洋飯盂于法國 將用于慶宴
야
也.

미국인 보시욱(寶時旭)을 대한명예영사로 삼아서 미국 샌프란시스코〔桑港〕에 주둔시키며 그곳에 들어와 사는 아국의 교포들을 관리케 하였다.

**原文**

이미인보시욱위대한명예영사 주미국상항 관아민유우
以美人寶時旭爲大韓名譽領事 駐美國桑港 管我民流寓.

일본인들이 정토종(淨土宗)의 승려 사곡(獅谷)을 보내 우리나라 불교를 시찰하게 하였다.

**原文**

왜인견승정토종사곡 시찰아국불교
倭人遣僧淨土宗獅谷 視察我國佛教.

강원도의 낭천군(狼川郡)을 고쳐 화천군(華川郡)이라 이름하였다.

**原文**

개관동지낭천군 명화천
改關東之狼川郡 名華川.

서인도(西印度)에서 화산이 분출하여 2만여 명이 타죽었다.

**原文**

서인도화산병열 소사이만여인
西印度火山迸裂 燒死二萬餘人.

6월, 이헌영(李鑢永)을 경상북도 관찰사로 임명했으며, 홍승헌(洪承憲)을 충청남도 관찰사에 임명하고, 이용직(李容稙)을 황해도 관찰사에 임명했다. 일본인들은 임금이 관직을 팔아먹는 것을 보고 꾸짖는 소리가 날로 밀어닥쳤다. 그러므로 당시 명망이 높은 이 세 사람을 택하게 된 것이다. 이헌영은 이에 이르러 모두 세 번째 제수되었는데 힘써 사양하였으나 허락하지 않았고, 홍승헌도 네 차례나 소를 올렸으나 엄지(嚴旨)로써 외직에 보하게 된 것이다.

**原文**

유월 이이헌영위경북관찰사 홍승헌위충남관찰사 이용
六月 以李鑢永爲慶北觀察使 洪承憲爲忠南觀察使 李容
직위황해관찰사 왜인이상매관 기책일지 고삼인개택시망
稙爲黃海觀察使 倭人以上賣官 譏責日至 故三人皆擇時望
헌영지시 범삼제야 역사불허 승헌사소사 엄지시이보외
鑢永至是 凡三除也 力辭不許 承憲四疏辭 嚴旨施以補外.

예식원(禮式院)을 건축하여 경연(慶宴) 의절(儀節)에 대비하고 창덕궁(昌德宮)을 중수하여 각국 대사의 연회 장소로 삼고

자 하였다. 그런데 얼마 안 있어 도독떼가 함부로 침입하여 목창(木廠)을 파괴하고 장판지를 뜯어갔다.

**原文**

건예식원 비경연의절 중수창덕궁 위각국대사연향지소
建禮式院 備慶宴儀節 重修昌德宮 爲各國大使延享之所
미기군도난입 훼파목창 박장판지이거
未幾群盜闌入 毁破木廠 剝長板紙以去.

관리서(管理署)를 세워 오로지 국내의 사찰을 관할하도록 하였다.

**原文**

건관리서 전할국내사찰
建管理署 專轄國內寺刹.

서울에 큰 가뭄이 들어 기우제를 지내고, 하삼도에는 황충(蝗蟲, 누리)이 크게 성했다.

**原文**

경사대한 우제 급하삼도 대황
京師大旱 雩祭 及下三道 大蝗.

재신(宰臣, 판서급 신하) 한성근(韓聖根)과 심상한(沈相漢)이 각각 진신(搢紳)·장보(章甫, 선비) 수백 인을 이끌고 대궐 앞에 엎드려 엄비(嚴妃)를 봉하여 황후로 삼을 것을 청하였다. 김병익(金炳翊)·서상조(徐相祖)·김영목(金泳穆)·조병필(趙秉弼)·정낙용(鄭洛鎔)·조종필(趙鍾弼)·이건하(李乾夏)·이근수(李根秀)·김세기(金世基)·김학수(金鶴洙)·김가진(金嘉鎭)·이용태(李容泰)·정세원(鄭世源)·서공순(徐公淳)·김만수(金晩秀)·김승규(金昇圭)·이면상(李冕相)·정관섭(丁觀燮)·정인학(鄭寅學)·조정구(趙鼎九)·김유성(金裕成)·이치영(李致榮)·정인승(鄭寅昇)·원세순(元世洵)·구영조(具永祚)·이남희(李南熙)·이용한(李龍漢)·김재은(金在殷)·구종서(具鍾書)·이민섭(李敏燮)·이봉래(李鳳來) 등 벼슬아치 400여 인이 뒤를 이었고, 또 전라남도의 벼슬아치로 한신교(韓信敎) 등이 뒤를 이었다. 또 삼도(三道)의 유생들이 뒤를 이었는데, 이만직(李晩稙) 등 팔도 유생들이 만인소청(萬人疏廳)을 설치하였다. 이때에 엄비와 종형제간인 엄주익(嚴株益)과 엄준원(嚴俊源) 등이 일을 꾸미기를 한결같이 민영준(閔泳駿)·민응식(閔應植) 등 제민(諸閔)들이 한 것 같이하여, 그 뜻을 보여 백관을 움직였던 까닭에 나라 전체가 미친 듯이 들떠 있었고, 다른 일들은 불문에 붙였다. 그런데 임금은 평소 태자를 사랑하는 것이 돈독하여 엄비를 정위(正位)에 앉힐 것 같으면 태자는 응당 신하가 되어 어머니라고 불러야 되는 까닭에 차마 결단을 내리지 못하고 우물쭈물하였다.

**原文**

宰臣韓聖根·沈相漢 各率搢紳章甫數百人 伏闕請封嚴

妃爲皇后 金炳翊·徐相祖·金永穆·趙秉弼·鄭洛鎔·趙鍾弼·李乾夏·李根秀·金世基·金學洙·金嘉鎭·李容泰·鄭世源·徐公淳·金晩秀·金昇圭·李冕相·丁觀燮·鄭寅學·趙鼎九·金裕成·李致榮·鄭寅昇·元世洵·具永祚·李南熙·李用漢·金在殷·具鍾書·李敏燮·李鳳來 合紳衿四百餘人繼之 又全南紳士韓信敎等繼之 又三道儒生繼之 又李晩稙等 合八道儒生 設萬人疏廳 是時 妃之群從柱益·俊源等用事 一如諸閔之有泳駿·應植 授旨諷百官 故擧國若狂 不問他事 然上素篤愛太子 以妃若正位 則太子當稱臣呼母 故不忍決焉 依違者久之.

이범윤(李範允)을 파견하여 북간도(北間島)의 민생을 시찰하도록 하였다.

**原文**

遣李範允 視察北間島.

8월, 임금의 공덕기념비를 세웠다.

**原文**

팔 월　입 상 공 덕 기 념 비
八月　立上功德紀念碑.

이희하(李僖夏)가 사망하였다. 이지용(李址鎔)은 생부의 복을 입고 있다가 기복(起復)되었다.

**原文**

이 희 하 졸　지 용 이 본 생 복 기 복
李僖夏卒　址鎔以本生服起復.

윤황서원(尹煌書院, 노강서원)의 신패(神牌)를 도둑맞아서 봉상시로 하여금 다시 만들어 주기로 했다.

**原文**

도 절 윤 황 서 원 신 패　령 봉 상 시　갱 조 이 급
盜竊尹煌書院神牌　令奉常寺　更造以給.

도성 밖에 맹수가 나타나 어린아이들을 잡아먹었는데, 그 이름은 늑대(勒大) 혹은 낭(狼)이라 부르는 것이다.

**原文**

경 성 외　유 맹 수　담 소 아　명 호 늑 대　혹 왈 낭 야
京城外　有猛獸　噉小兒　名呼勒大　或曰狼也.

군·경(軍警) 양청의 관리 및 8도의 지방대에게 모두 머리를 깎도록 하였다. 김학수(金寉洙)가 소를 올려 간하였으나 그를 귀양 보낼 것을 명했다.

**原文**

軍·警兩廳官吏及外道地方隊 並薙髮 金寉洙上疏諫 命流之.

9월, 순비(淳妃) 엄씨(嚴氏)를 봉해서 황귀비(皇貴妃)로 삼았다. 이후에도 황후로 봉하자는 요청이 끊어지지 않았으나 끝내 윤허하지 않았다.

**原文**

九月 封淳妃嚴氏爲皇貴妃 是後請封皇后者不絶 而竟不允.

명성황후의 감모비(感慕碑)를 장원서(掌苑署)에 세웠다.

**原文**

立明成皇后感慕碑于掌苑署.

(9월) 도량형(度量衡)을 개정하여 일본인들이 제조한 것을 구입해 왔다. 그러나 민간인들은 그것을 행하지 않아서 실용에 보탬이 되지 않았다. 그런데 국고를 축내는 것이 모두 이와 비슷한 유들이었다.

**原文**

개도량형 구입왜인소제조 연민간불행 무비실용 이비국
改度量衡 購入倭人所製造 然民間不行 無裨實用 而費國
탕 개차류야
帑 皆此類也.

이기종(李璣鍾)을 비서승(秘書丞)으로 임명하였다. 이기종은 이범진(李範晋)의 아들로 부모를 뵙기 위해 아라사에서 귀국했던 것이다.

**原文**

이이기종위비서승 기종범진자야 자아래근
以李璣鍾爲秘書丞 璣鍾範晋子也 自俄來覲.

의관 이학규(李鶴圭)가 결세(結稅)를 올릴 것을 청하여 명년에 그것을 시행하기로 조서를 내렸다. 이로부터 1결당 80냥으로 정하여 백성들이 크게 궁핍해졌다.

**原文**

의관이학규 청가결 조이명년행지 자시 매일결위팔십냥
議官李鶴圭 請加結 詔以明年行之 自是 每一結爲八十兩

농 민 대 곤
農民大困.

조병식(趙秉式)이 소열묘(昭烈廟, 劉備의 사당)를 세우고 장비(張飛)도 함께 배향할 것을 청하여 그것을 받아들였다. 이해 사람을 청국에 파견하여 초상을 모사해 오도록 하고 그 사당을 숭의묘(崇義廟)라 불렀다.

**原文**

조 병 식 청 건 소 열 묘 　병 향 장 비 종 지 　견 인 모 진 우 청 호 기 묘 왈 숭 의
趙秉式請建昭烈廟　幷享張飛從之　遣人摸眞于淸號其廟曰崇義.

서울에 역질(疫疾)이 크게 번져 죽은 사람이 수만 명에 달했다. 전보를 발송해 각국의 축하사절이 오는 것을 정지시키고 경축연을 명년 3월로 물려서 정했다.

**原文**

경 사 대 역 　사 자 수 만 인 　전 정 각 국 하 사 　퇴 정 경 연 우 명 년 삼 월
京師大疫　死者數萬人　電停各國賀使　退定慶宴于明年三月.

일본 승려가 남산 기슭에 본원사(本願寺)를 창건하였다.

**原文**

왜 승 창 본 원 사 우 남 산 지 록
倭僧創本願寺于南山之麓.

10월, 박정양(朴定陽)이 사망하였다. 박정양은 전후로 봉은(俸銀, 녹봉의 은)을 모아서 임금께 되돌려 헌납하였다. 그런 까닭에 그 자리에 오래도록 있을 수 있었다.

**原文**

동 십 월 박 정 양 졸 정 양 전 후 취 봉 은 환 헌 지 상 고 능 구 어 기 위
冬十月 朴定陽卒 定陽前後聚俸銀 還獻之上 故能久於其位.

11월, 이용익(李容翊)은 안남에 가서 안남미를 사들여왔다. 이용익(李容翊)은 내장원 경(卿)으로써 임금의 개인 재정을 관리하며 판각(販榷)[1] 할박(割剝)하여 백성들의 원망하고 저주하는 것을 돌아보지 않았다. 이해 가을에 탁지 대신 서리가 되어 부군(府郡)의 포탈된 세금을 거두어들이는데, 독촉하기를 처자들을 가두며 진신(搢紳)들을 욕보여서 이에 조신들이 이를 갈아 사사로운 원한을 사게 되었다. 이용익은 안으로는 교활한 슬기를 보였고 밖으로는 채찍질을 가했다. 일찍이 임금의 허물을 면전에 대고 공격하여 말하기를, "폐하는 엄빈을 총애함이 중국 당나라 현종이 양귀비(楊貴妃)를 사랑하는 것과 다

를 바가 없습니다." 하니 임금은 웃으면서 그 어리석음을 죄주지 않았다고 한다. 또한 일찍이 엄비에게 신(臣)이라 칭하였는데, 엄비는 감히 황송해서 어찌할 줄을 몰랐다. 이에 여러 사람들이 이를 빙자하여 사직시켜 죄를 주려 하였다. 심순택(沈舜澤)・윤용선(尹容善)・조병세(趙秉世) 등은 혹은 연차(聯箚)를 올리거나 또는 독자적으로 상소를 올리기도 하였다. 10부(部)가 이를 계속했으며 그를 대역(大逆)으로 지적하고 대궐에 엎드려 물러나지 않았으며 이용익(李容翊)을 장차 박살하려고 기회를 엿보고 있었다. 임금은 이 사실을 몰래 탐지하고 그에게 궁궐에서 10일간이나 묵게 하고 추방시키라는 말씀을 하였으나 오히려 비화(蜚禍)[2]를 염려하게 되어 상해로 몰래 보내서 안남미 10만여 석을 사들이게 하였다. 그가 인천항에 이르자 기호(畿湖) 지방이 그것에 의지하게 되었다.

이용익(李容翊)은 청렴하고 재간이 있었으며, 식사에도 육식을 즐기지 않았으며, 도포자락도 해지고 사모도 해진 것을 쓰고 다니며 성색(聲色)[3]으로 받드는 일이 없었다. 임금은 그의 고고하고 청렴검박한 것을 믿었다. 그래서 매양 선색(宣索)[4]이 있으면 백만 냥이라도 마구 받아내므로 신임하는 양이 좌우의 측근 정도가 아니었다. 그러므로 온 세상 사람들이 모두 그의 살점을 씹으려 하였으나 임금은 시종 그를 비호해 주었다.

**註解**

1) **판각**(販榷) : 물건을 팔고 사며 이익을 독점함.
2) **비화**(蜚禍) : 터무니없는 참화.

3) 성색(聲色) : 말소리와 얼굴빛. 언어와 태도. 노래와 여색(女色).

4) 선색(宣索) : 왕명에 의하여 유사(有司)의 재물을 빼앗음.

**原文**

십일월 이용익 왕적안남미 용익이내장원경 관상사탕
十一月 李容翊 往糴安南米 容翊以內藏院卿 管上私帑
판각박할 불고원저 시추 서리탁지 독부군세포 수급처노
販榷剝割 不顧怨詛 是秋 署理度支 督府郡稅逋 囚及妻孥
육욕진신 어시 거조절치 약사수언 용익내힐외애 상면척
僇辱搢紳 於是 擧朝切齒 若私讐焉 容翊內黠外騃 嘗面斥
상과왈 폐하총엄빈 무이당명황지양귀비 상소기치부죄야
上過曰 陛下寵嚴嬪 無異唐明皇之楊貴妃 上笑其痴不罪也
우상칭신어엄비 비불감당 어시중위가자차위사 이죄지
又嘗稱臣於嚴妃 妃不敢當 於是衆謂可藉此爲辭 以罪之
심순택 윤용선 조병세 즉혹연답 혹독소 십부계지 지
沈舜澤·尹容善·趙秉世 則或聯劄 或獨疏 十部繼之 指
이대역 복궐불퇴 사용익장박살지 상형지 사복금중순일
以大逆 伏闕不退 伺容翊將撲殺之 上詗之 使伏禁中旬日
유지방축 유려비화 잠송상해 적안남미십여만석 지인항
有旨放逐 猶慮蜚禍 潛送上海 糴安南米十餘萬石 至仁港
기호뢰지 용익염이간 식부중육 폐포파모 무성색지봉 상
畿湖賴之 容翊廉而幹 食不重肉 弊袍破帽 無聲色之奉 上
신기고립청검 이매유선색 즉백만가입치 불시좌우수 고
信其孤立淸儉 而每有宣索 則百萬可立致 不啻左右手 故
거세욕담기육 이종시비지
擧世欲啗其肉 而終始庇之.

민영소(閔泳韶)를 학부 대신으로, 김성근(金聲根)을 탁지부 대신으로, 이재극(李載克)을 법부 대신으로, 김주현(金疇鉉)을 내부 대신으로 각각 삼았다.

**原文**

이민영소위학부대신 김성근위탁지대신 이재극위법부
以閔泳韶爲學部大臣 金聲根爲度支大臣 李載克爲法部
대신 김주현위내부대신
大臣 金疇鉉爲內部大臣.

홍릉(洪陵) 면례(緬禮)의 일을 다음 해 10월로 미루어 봉행하도록 하였다. 7, 8년 내려오면서 능지(陵地)를 고쳐 정한 것이 수차례나 되고 월일(月日)을 바꾼 것이 그 몇 번이나 되는지 알 수 없는 정도여서 헛되이 국고의 반이나 소모하였는데도, 임금은 끝내 만족스럽지 않게 여겨서 해마다 날짜를 늦추어 장례를 치르지 못한 것이다. 그것은 임금이 황후의 불에 탄 유해 몇 마디를 친히 보았기 때문에 길양(吉壤, 吉地)을 논할 필요가 없음을 알면서도, 백 세 후에 합부(合祔)의 예를 행하고자 했던 까닭에 자리 고르는 일에 대하여 신중을 기했던 것이다.

**原文**

갱정홍릉면봉우래년시월 칠팔년래 능지개복자수차 개
更定洪陵緬奉于來年十月 七八年來 陵地改卜者數次 改
월일부지기기 공모국탕지반 이상종불겸 년년퇴기 수불
月日不知其幾 空耗國帑之半 而上終不慊 年年退期 遂不
극장 개상친견후소해수절 작지길양 역무위 이백세후 의
克葬 蓋上親見后燒骸數節 炸知吉壤 亦無謂 而百歲後 擬
행합부지예 고필극기택운
行合祔之禮 故必極其擇云.

전 좌의정 송근수(宋近洙)가 사망하니 향년 84세였다. 송근수는 과목(科目)[1]으로써 벼슬에 나갔으며 학문이 정밀하고 깊었다. 그의 조카 송병선(宋秉璿)은 비록 유종(儒宗)이라 칭했지만 의의(疑義)가 있으면 매양 질문을 해왔다. 송근수는 자기 선조 송시열의 서독(書牘)을 발췌하여 『송서백선(宋書百選)』을 편찬하였는데, 『주서백선(朱書百選)』을 본받은 것이었다. 또한 송시열의 언행을 편찬하였는데 『송자언행록(宋子言行錄)』이라 칭하여 세상에 내놓았다.

**註解**

1) **과목**(科目) : 학문의 구분. 분류한 조목. 교과를 세분하여 계통을 세운 영역. 여기서는 과거(科擧)를 말함.

**原文**

전좌의정송근수졸 년팔십사 근수이과목진 이학문정심
前左議政宋近洙卒 年八十四 近洙以科目進 而學問精深
기질병선 수칭유종 유의의 매질지 근수선기조시열서독
其姪秉璿 雖稱儒宗 有疑義 每質之 近洙選其祖時烈書牘
정위송서백선 이의주서백선 우집기언행 위송자언행록
定爲宋書百選 以擬朱書百選 又輯其言行 爲宋子言行錄
행우세
行于世.

12월, 민형식(閔炯植)을 평안북도 관찰사로 삼고, 정인승(鄭寅昇)을 충청남도 관찰사로 삼았다.

**原文**

십이월 이민형식위평북관찰사 정인승위충남찰사
十二月 以閔衡植爲平北觀察使 鄭寅昇爲忠南察使.

12월, 평안남북도의 결세(結稅) 3분의 1을 감해 주고, 추호세(秋戶稅)도 감해 주었는데, 서경(평양)의 역(役)이 무거워 백성들이 힘들어했기 때문이었다.

**原文**

십이월 감평안남북도결세삼지일 우감추호세 이서경지
十二月 減平安南北道結稅三之一 又減秋戶稅 以西京之
역중노민야
役重勞民也.

(12월) 단종조(端宗朝)의 충신 이개(李塏) · 성삼문(成三問) · 유성원(柳誠源)의 후사를 세우게 하라고 명하였는데, 이는 방손(傍孫)들의 소청(疏請)에 인한 것이었다.

**原文**

명입단종조충신이개 성삼문 유성원후 인방손소청
命立端宗朝忠臣李塏 · 成三問 · 柳誠源後 因傍孫疏請
야
也.

이근명(李根命)을 의정으로 삼고, 이도재(李道宰)를 외부 대신으로 삼았다. 이근명은 궁금(宮禁)을 엄숙하게 하고 수령을 제대로 뽑을 것을 청하였는데, 그 말이 자못 절실하고 강직하였다.

**原文**

以李根命爲議政 李道宰爲外部大臣 根命請肅宮禁 擇守令 語頗切直.

해남 군민들 중 야소교(耶蘇敎)에 들어간 자와 천주교에 들어간 신자들이 상호 알력이 벌어져 소란을 피우며 서로 싸움이 벌어졌다. 안핵사 이응익(李應翼)에게 명하여 프랑스인 수을랑(秀乙郎)을 대동하고 현지에 내려가 심판하도록 하였다.

**原文**

海南民人耶蘇·天主教者 互相排軋 滋鬧交鬨 命按覈使李應翼 帶法人秀乙郎 前往審判.

이 해에 토지의 결수는 총 9십8만5백3십8결이었으며, 조세와 잡세의 총계는 1천만7십6만6천1백1십5원인데, 국채(國債)가 9십8만8천2백5십 원이었다.

**原文**

시 세 토 지 결　총 위 구 십 팔 만 오 백 삼 십 팔 결　조 세 잡 세　통 계
是歲土地結 摠爲九十八萬五百三十八結 租稅雜稅 統計
위 일 천 령 칠 십 육 만 육 천 일 백 십 오 원　이 국 채 위 구 십 팔 만 팔 천
爲一千零七十六萬六千一百十五元 而國債爲九十八萬八千
이 백 오 십 원
二百五十元.

서울에 지진이 났다.

**原文**

경 사　지 진
京師 地震.

이 달에 임금은 이도재(李道宰)와 신기선(申箕善)을 불러서 체발(薙髮)[1]할 것을 명하였다. 시종(侍從)을 시켜 면도칼을 갖고 임하게 하여 놓고 말하기를, "거부하는 자는 목을 잘라서 가져오라." 하니 이도재 등은 눈물을 떨어뜨리며 머리를 깎았다. 이로부터 민영준(閔泳駿) · 민영소(閔泳韶) · 심상훈(沈相薰) · 이윤용(李允用) 등이 차례로 머리를 깎았다. 공사(公私)의 연회 모임에 머리 깎은 사람이 가득히 앉으니 당시 사람들은 '원두객(圓頭客)'이라고 불렀다.

**註解**

1) 체발(薙髮) : 머리털을 깎음.

**原文**

시월상소이도재 신기선명체발 사시종지도임지왈 부
是月上召李道宰·申箕善命薙髮 使侍從持刀臨之曰 否
자단두래 도재등수루피체 자시민영준 영소 심상훈
者斷頭來 道宰等垂淚被剃 自是閔泳駿·泳韶·沈相薰·
이윤용등 차제체지 공사연집 곤독만좌 시인위지원두객
李允用等 次第剃之 公私宴集 髡秃滿座 時人謂之圓頭客.

# 계묘(1903) 광무 7년
(청 광서 29년, 일본 명치 36년)

1월, 양로연(養老宴)을 열었다.

**原文**

춘 정 월 행 양 로 연
春正月行養老宴.

일본인이 은행권(銀行券)을 만들었다. 스스로 백동화(白銅貨)를 주조한 이래 몰래 만드는 자의 형률을 엄히 하여 교형을 받는 자가 계속 나왔으나 그래도 능히 금할 수 없었다. 일본인들은 또한 스스로 자기 나라에서 몰래 만들어 운반해 왔으므로 이로 말미암아 물가가 날로 뛰어서 쌀이 섬당 1만5천 전이었다. 백동화폐는 많아졌는데, 엽전의 값은 올랐다. 백동화 한 개가 원래 엽전 25에 해당하였으나 도리어 엽전 6, 7개로 백동화폐 백 개를 바꾸게 되니 경중(輕重)이 정해짐이 없어서 우리나라의 농민과 상인이 모두 병들게 되었다. 이에 이르러 일본인은 또 지폐를 만들어 '제일은행권(第一銀行券)'이라 불렀다. 또

청국 상인으로 동순태(同順泰)라는 상호를 가진 자는 '동순태 상표'를 발행하였다. 모두 한 조각의 종이표로 앉아서 백 가지 물화를 조종하여 통화의 권리가 외국 사람에게 있으니 국가의 계책을 가히 다시 모을 필요조차 없게 되었다.

대개 각국의 지폐법은 공사를 막론하고 먼저 국고에 본위금(本位金)을 정립시켜 놓고 그 값이 천 원어치라면 지폐도 또한 천 원을 만들며, 만 원어치라면 또한 만 원어치를 만들어 내는 것이다. 그러므로 국가에서는 범람해서 발행하는 폐단이 없으며 지폐가 파손되면 국고에 환납하고, 국고는 본위금을 상환하는 까닭에 백성들은 백실(白失)[1]의 근심이 없다. 일본이 스스로 청국과 전쟁을 한 이래 국가의 재정이 텅 비어 능연(楞然)[2]하였고, 또한 우리나라의 철도를 운영하면서 지불할 돈이 없었다. 드디어는 지폐를 날조(捏造)하여 단지 우리 땅에서만 사용하게 하여 철도 건설의 비용에 충당하였으니, 그 실제로는 한 푼의 본위금도 없었다. 이에 우리나라 사람들이 들고 일어나 저항하였으나 일본은 위협하여 강행하게 해서 차차 통용하게 되었다.

**註解**

1) 백실(白失) : 밑천까지 몽땅 잃음.
2) 능연(楞然) : 옳지 못한 모양.

**原文**

왜인조은행권 자주백동화이래 엄도주지율 교자상속 이
倭人造銀行券 自鑄白銅貨以來 嚴盜鑄之律 絞者相屬 而

막능금 왜우자기국잠주운용 유시물가일용 미지석만오천
莫能禁 倭又自其國潛鑄運用 由是物價日踊 米至石萬五千
전 주유다이전유천 백동화일 원당엽전이십오 이반이엽
錢 鑄愈多而錢愈賤 白銅貨一 原當葉錢二十五 而反以葉
전육칠 환동화백 경중무정 이치민국농말지구병 지시 왜
錢六七 換銅貨百 輕重無定 以致民國農末之俱病 至是 倭
우조지폐 명왈제일은행권 우청상유호동순태자 발행동순
又造紙幣 名曰第一銀行券 又淸商有號同順泰者 發行同順
태상표 개이일편지표 좌롱백화 전폐지권 락재외인 국계
泰商票 皆以一片紙票 坐籠百貨 錢幣之權 落在外人 國計
불가부문의 개각국지폐지법 무론공사 선입본위금어국고
不可復問矣 蓋各國紙幣之法 毋論公私 先立本位金於國庫
여본가천원 지폐역조천원 가만원 가만원 역조만원 고국
如本可千元 紙幣亦造千元 可萬元 可萬元 亦造萬元 故國
무람출지폐 급지괴 즉환납국고 국고상이본금 고민무백
無濫出之弊 及紙壞 則還納國庫 國庫償以本金 故民無白
실지우 왜자전청이래 국용능연 우영아국철도 무이지부
失之憂 倭自戰淸以來 國用楞然 又營我國鐵道 無以支敷
수날조지폐 지행아경 이응철도지비 기실무일푼본위금야
遂揑造紙幣 只行我境 以應鐵道之費 其實無一分本位金也
어시아인군기저격 이왜이위겁행지 초초통용
於是我人群起抵格 而倭以威劫行之 稍稍通用.

서울에서 엷은 옥색 주의(周衣, 두루마기)를 금지하고, 검은색 종류를 입을 것을 명했다. 순병(巡兵)들이 길을 막고 지켜 행인이나 상려(商旅)[1]들이 검은 주의를 입지 않고는 감히 왕래할 수 없으니 길거리가 소란스러웠다. 이유인(李裕寅)이 말하기를, "나라의 원수를 갚지도 못했는데 어찌 차마 검은색 옷을 입을 수 있겠습니까?" 라고 하니 임금이 '그렇겠노라.' 하고 그

금지령을 풀었다.

**註解**

1) **상려**(商旅) : 타향으로 떠돌아다니면서 장사하는 사람. 행상(行商)이나 여상(旅商) 등.

**原文**

경사금주의천담색 명종흑색류 순병란로 상여비흑주의
京師禁周衣淺淡色 命從黑色類 巡兵攔路 商旅非黑周衣
불감왕래 행로요양 이유인언 국수미복 하인의흑 상연지
不敢往來 行路擾攘 李裕寅言 國讐未復 何忍衣黑 上然之
이기금
弛其禁.

충주 장호원(長湖院)에 감모궁(感慕宮)을 세웠는데, 명성황후가 일찍이 머물렀던 곳이기 때문이다.

**原文**

충주장호원 건감모궁 이명성황후상행행야
忠州長湖院 建感慕宮 以明成皇后嘗行幸也.

강화 · 원주 · 대구 · 진주 · 수원 · 전주의 진위대(鎭衛隊)에서 1,500명을 차출하여 장차 여단(旅團)을 편성하고 경연(慶宴)에서 사용하는 데 대비하려고 하였다. 진위대 병사들이 올라오자 도로가 시끄러웠는데, 얼마 후 예식이 미루어져서 다시 돌아가도록 명했다.

**原文**

徵江華・原州・大丘・晉州・水原・全州鎭衛隊一千五百人 將編成旅團 以備慶宴使用也 隊兵之來 道路騷然 已而以禮式退定 復命還送.

『대한회전(大韓會典)』과 『문헌비고속편(文獻備考續編)』[1]을 만들라고 명하여 참서관 김택영(金澤榮)・윤희구(尹喜求) 등이 편찬 작업을 하였다.

**註解**

1) **문헌비고속편**(文獻備考續編) : 조선 고금(古今)의 문물제도를 분류 정리한 책. 영조(英祖) 때 홍봉한 등이 중국 마씨(馬氏)의 『문헌통고』를 본떠 널리 공사(公私)의 기록에서 참고하여 편찬한 『동국문헌비고』를 증보하여 펴냈다.

**原文**

命撰大韓會典及文獻備考續編 參書官金澤榮・尹喜求等編摩之.

송축소(頌祝所)의 보조금을 다시 징수하였다. 지난해 조병식(趙秉式) 등이 임금의 기념비를 세울 때 그 비용을 경관(京官)

및 지방관들에게 징수하였는데 관찰사는 백 원이고 군수는 4등급으로 나누어 80원에서 40원까지 받았다. 그리고 또 각 고을에 나가 벼슬아치와 선비들을 조사하여 기록하고 응하지 않는 자는 군수가 드디어 요호(饒戶)[1]를 선택하여 강제로 10냥에서 백 냥까지 배정했다. 이미 한 번 거둔 것으로는 오히려 부족하여 이에 이르러 또 징수한 것인데, 종종 군수들의 염지(染指)[2] 행위도 있었다.

**註解**

1) **요호**(饒戶) : 살림이 넉넉한 사람의 집.
2) **염지**(染指) : 손가락을 솥 속에 넣어 국물의 맛을 본다는 뜻으로, 옳지 못한 방법으로 남의 물건을 몰래 가짐.

**原文**

부징송축소보조금 상년조병식등 건상사념비 징기비우
復徵頌祝所補助金 上年趙秉式等 建上祀念碑 徵其費于
경관급외임 관찰즉백원 군수즉분사등 팔십원지사십원
京官及外任 觀察則百元 郡守則分四等 八十元至四十元
우취각군 적기진신장보 이무응자 군수수택요호 늑파백
又就各郡 籍記搢紳章甫 而無應者 郡守遂擇饒戶 勒派百
십냥 기일도이유부족 지시우징지 군수왕왕유염지자
十兩 旣一度而猶不足 至是又徵之 郡守往往有染指者.

아비주(阿非洲, 아프리카)에 두 가지 이상한 병이 발생하였다. 하나는 잠자다가 깨어나지 못하고 죽는 병이요, 또 하나는 발뒤꿈치의 혈관이 팽창하여 큰 이빨 모양이 되는데, 칼로 도려내는 것 같은 아픔을 감당하지 못하다가 죽는 병이다.

**原文**

아비주유이기질 일즉수면불성이사 일즉족지혈관팽창
阿非洲有二奇疾 一則睡眠不醒而死 一則足趾血管膨脹
성거치형 통불가당 여력절이사
成鋸齒形 痛不可當 如力切而死.

2월, 황태자의 탄신을 경하하여 서울의 조관들 중에 구갑술년(舊甲戌年)생에게는 각각 한 품계를 올려 주었는데, 그 숫자가 모두 206명이었다. 서민 중에서 후갑술생(後甲戌生)에게는 각각 견(絹) 1필씩을 하사하였다.

**原文**

이월이황태자탄신경하 가경중조관구갑술생일자 범이
二月以皇太子誕辰慶賀 加京中朝官舊甲戌生一資 凡二
백육인 서민후갑술생 각사견일필
百六人 庶民後甲戌生 各賜絹一疋.

영흥 군수 이윤재(李允在)를 함경북도 관찰사에 임명했는데, 이용익(李容翊)의 조카였다.

**原文**

이영흥군수이윤재위함북관찰사 용익질야
以永興郡守李允在爲咸北觀察使 容翊姪也.

(2월) 악(岳) · 진(鎭) · 해(海) · 독(瀆=江)의 위호(位號)를 정하였다. 동악(東岳)은 회양의 금강산, 남악(南岳)은 남원의 지리산, 중악(中岳)은 서울의 삼각산, 서악(西岳)은 영변의 묘향산, 북악(北岳)은 무산의 백두산이며, 동진(東鎭)은 강릉의 오대산, 남진(南鎭)은 보은의 속리산, 중진(中鎭)은 서울의 백악산, 서진(西鎭)은 문화의 구월산, 북진(北鎭)은 경성의 장백산이다. 동해(東海)는 양양, 남해(南海)는 나주, 서해(西海)는 풍천, 북해(北海)는 경성으로 정하고 동독(東瀆)은 상주의 낙동강, 남독(南瀆)은 서울의 한강, 서독(西瀆)은 평양의 패강(대동강), 북독(北瀆)은 영흥의 용흥강(龍興江)으로 정하였다.

**原文**

定岳鎭海瀆位號 東岳淮陽金剛山 · 南岳南原智異山 · 中岳京師三角山 · 西岳寧邊妙香山 · 北岳茂山白頭山 · 東鎭江陵五臺山 · 南鎭報恩俗離山 · 中鎭京師白岳山 · 西鎭文化九月山 · 北鎭鏡城長白山 東海襄陽 · 南海羅州 · 西海豐川 · 北海鏡城 東瀆尙州洛東江 · 南瀆京師漢江 · 西瀆平壤浿江 · 北瀆永興龍興江.

이원일(李源逸) · 정현영(鄭顯英) · 이학재(李學宰) 등이 과거 제도를 복구할 것을 서로 잇달아 청하였다. 임금은 다시 과거

파는 문을 다시 열기 위해 여러 질이 좋지 않은 무리들로 하여금 주청하게 한 것이었다. 그러나 외국인들이 그것을 강력히 저지하여 시행하지 못했다.

**原文**

이원일 정현영 이학재등 상계청복과거 상욕부개매
李源逸·鄭顯英·李學宰等 相繼請復科擧 上欲復開賣
과지문 사군불령진청 연외국인견지지 불과행
科之門 使群不逞陳請 然外國人堅持之 不果行.

민응식(閔應植)이 사망하였다.

**原文**

민응식졸
閔應植卒.

계룡산(鷄龍山)에 깃발이 세워져 있는데, 푸른 글씨로, "광무일월에 금계(金鷄)는 새벽에 울고, 여후(呂后)가 이화(李花)에 터를 잡아 어버이를 영화롭게 하였도다! 왕성한 운수가 백이나 되는데 아는 자가 드물더라(光武日月 金鷄唱晨 女后基李花榮親 旺運數百 知者鮮)"라고 쓰여 있었다. 또 검은 글씨로 썼다고 하는 것이 있는데, "땅 위에 나무가 세 그루 있으니, 꽃은 희고, 열매는 푸르다(土上三木 花白子青)"라고 쓰여 있고, 끝에 "마이산(馬耳山) 갈처사(葛處士)가 기운을 바라보고 왔노라!"라고 쓰여 있었다.

**原文**

鷄龍山有竪旗 青書曰 光武日月 金鷄唱晨 女后基李花榮親 旺運數百知者鮮 墨書曰 土上三木 花白子青 末署 馬耳山葛處士 望氣而來.

봉산군(鳳山郡)에서 흰 꿩을 바쳤다.

**原文**

鳳山郡獻白雉.

3월 초하룻날 일식이 있었고, 3일 저녁에 천둥이 쳤다.

**原文**

三月朔 日食 三日夕天鼓.

성수(聖壽)를 미루어 은택을 펼치는 취지에서 사서인(士庶人) 가운데 70세 이상인 자에게 통틀어 통정 대부나 가선 대부의 품계를 내려 주었다. 이에 경향 각지의 무뢰배들은 옛 호적까지 들춰내어 70세 이상인 자는 생사를 불문하고 일체 수첩(壽帖)에 이름을 적어 넣었으니 한 고을에 수백 명은 어렵지 않게 되었다. 군수를 사주하여 수첩 하나마다 10냥이건 100냥이건 징수해서 그 돈을 나누어 가졌다. 먼 시골의 늙은이들까지 소란스러워 편안치가 않았다.

**原文**

推聖壽 覃恩士庶人七十以上 通授通政·嘉善階 於是京鄉無賴子 考出舊籍 凡七十以上毋問生死 一切塡名 壽帖一郡輒數百人 嗾郡守 一帖徵百十兩 分其贓 遐鄉黎耇 騷然不寧.

법부 협판 이기동(李基東)이 이용익(李容翊)을 죽이고자 육혈포(六穴砲, 권총)를 소매에 감추고 입궐하였다가 일이 탄로 나서 체포되었다.

**原文**

法部協辦李基東 欲殺李容翊 袖六穴砲入闕 事露被囚.

영친왕(英親王) 이은(李垠)이 두진(痘疹, 마마)을 잘 치러서 종묘에 고하고 대사면령을 내린 다음 백관의 하례를 받았다.

**原文**

英親王垠 痘疹善行 大赦告廟 受百官賀.

경례식(慶禮式)을 가을로 미루어 정하고 각국에서 온 경하 사절들을 사절해 보냈다. 이은(李垠)이 천연두를 앓고 있어서 궐 안의 금기하는 일이 만단(萬端)으로 많았는데 100일을 한정하여 재계(齋戒)하는 동안에는 척리(戚里)들도 출입할 수 없었다. 외국 사절들을 접견할 것 같으면 불결을 범할까 두려워 추연(秋宴)으로 늦추어 잡은 것이다. 태서인(泰西人, 서양인) 중에 이미 도착한 사람에게는 우물쭈물 변명해 사례하고 아울러 그 배 삯을 배상해 주었다. 내부(內部)의 관원이 감히 주본(奏本)[1]을 올리지 못해서 수령이 결원된 곳이 백여 군이나 되었다. 두신(痘神, 마마 귀신)을 돌려보내는 데에 금과 비단을 여섯 수레에 실어 내는 것을 세 번이나 하였다.

**註解**

1) 주본(奏本) : 임금에게 올리는 문서를 뜻하나, 여기서는 지방 수령을 임명하기 위한 망단자(望單子)를 가리킨다.

**原文**

퇴정칭경례식연우추간 사견각국하사 은환두 궐내구기
退定稱慶禮式宴于秋間 謝遣各國賀使 垠患痘 闕內拘忌
만단 한백일재계 척리부득출입 약접외사 공범불결 수정
萬端 限百日齋戒 戚里不得出入 若接外使 恐犯不潔 遂定
추연 태서인이도자 미봉사사지 병배기선비 내부관불감
秋宴 泰西人已到者 彌縫辭謝之 並賠其船費 內部官不敢
상주본 수령견궐자백여군 기송두신야 금기출육거자삼
上奏本 守令見闕者百餘郡 其送痘神也 金綺出六車者三
도
度.

의관 이해창(李海昌)을 보성 군수(寶城郡守)로, 경옥(慶鈺)을 김제 군수(金堤郡守)로, 박민준(朴珉準)을 영일 군수(迎日郡守)로 각각 임명하고 어의의 직함을 띠고 왕래하도록 하였는데, 이는 마마를 치료한 공로를 포상한 것이다. 임금은 이은을 몹시 사랑하여 손과 무릎에서 잠시도 떠나지 못하게 했다. 매번 주본(奏本)이 올라오면 이은이 그것을 들고 아는 이를 가리키며, '아무개 군이 좋겠다'고 하면, 임금은 웃으며 그것에 낙점(落點)하였다.

**原文**

이의관이해창위보성군수 경옥위김제군수 박민준위영
以醫官李海昌爲寶城郡守 慶鈺爲金堤郡守 朴珉準爲迎
일군수 허대어의왕래 상두의공야 상종애은 불이수슬 매
日郡守 許帶御醫往來 賞痘醫功也 上鍾愛垠 不離手膝 每
주본지진야 은반지 지소인자왈 모야가모군 상소이점지
奏本之進也 垠攀之 指所認者曰 某也可某郡 上笑而點之.

송축소(頌祝所)의 역비(役費, 비용)가 모자라서 다시 경강(京江)의 상선(商船)에 대해 세를 부과하였는데, 큰 배는 30냥, 중간 배는 22냥, 가장 작은 배는 15냥이었다.

**原文**

부이송축소역비지출 세경강상선 대선삼십냥 중선이십
復以頌祝所役費之絀 稅京江商船 大船三十兩 中船二十
이냥 최소자십오냥
二兩 最小者十五兩.

궁내부(宮內府)에서 간행한 신묘년(고종 28, 1891)과 갑오년(고종 31, 1894)의 『사마방목(司馬榜目)』[1]은 한 질(帙) 3책(冊)으로 빈부에 따라 값을 받았는데, 200냥에서 100냥에 이르렀다. 가난한 생원과 진사들은 책을 접하고 호곡(號哭)하는 자도 있었다.

**註解**

1) **사마방목**(司馬榜目) : 새로 합격한 진사·생원의 성명과 연령, 주소 및 4조(祖)를 기록한 책.

**原文**

궁 내 부 간 행 신 묘 · 갑 오 ( 고 종 이 십 팔 · 삼 십 일 년 ) 사 마 방
宮內府刊行辛卯·甲午(高宗二十八·三十一年)司馬榜
일 질 삼 책 제 이 빈 부 수 가 이 백 냥 지 백 냥 생 진 한 유 유 접 책
一帙三冊 第以貧富收價 二百兩至百兩 生進寒儒 有接冊
이 호 곡 자
而號哭者.

서울에 명헌태후(明憲太后)가 타계했다는 유언비어가 나돌아서, 시전 상인 중에는 몰래 포립(布笠)을 제조한 자가 있어서 경청에서 적발하여 치죄하였다.

**原文**

경 사 와 언 명 헌 태 후 상 선 포 민 유 암 제 포 립 자 자 경 청 적 치
京師訛言 明憲太后上仙 布民有暗製布笠者 自警廳摘治.

덕국(德國)의 수도 백림(伯林, 베를린)에 12시간 큰 눈이 내려

기차가 불통되었고, 포도나무가 다 말라죽었다.

**原文**

덕경백림 대설 십이시 기차불통 포도진고
德京伯林 大雪 十二時 汽車不通 葡萄盡枯.

4월, 윤용선(尹容善)을 의정으로 삼고, 이봉의(李鳳儀)를 군부 대신으로 삼았다.

**原文**

하사월 이윤용선위의정 이봉의위군부대신
夏四月 以尹容善爲議政 李鳳儀爲軍部大臣.

조종필(趙鍾弼)을 황해도 관찰사로, 심상훈(沈相薰)을 충청북도 관찰사로 삼았다.

**原文**

이조종필위황해관찰사 심상훈위충북관찰사
以趙鍾弼爲黃海觀察使 沈相薰爲忠北觀察使.

이항면(李恒冕) 등이 고황제(高皇帝)의 송덕비를 세울 것을 청했고, 이보영(李輔榮) 등이 호응했다.

**原文**

이항면등 청건고황제송덕비 이보영등계지
李恒冕等 請建高皇帝頌德碑 李輔榮等繼之.

학부(學部)에서 경의(經義, 經書)를 시험하여 박사(博士)를 뽑았다. 이보다 먼저 신기선(申箕善)과 서상봉(徐相鳳) 등이 학부의 일을 관리할 때, 경전의 뜻을 문제로 제시하여 유생들에게 지어 바치게 하였으나 일이 오래도록 실효가 없었다. 그 합격된 자들도 대개 다른 길을 통해서 진출했다. 한결같이 갑오년 이전의 과거시험의 폐습을 좇은 것이어서, 이로 말미암아 뜻있는 자들은 그것을 부끄럽게 여겨서 응시하지도 않았다.

**原文**

시 경 의 우 학 부　선 박 사　선 시 신 기 선　서 상 봉 등　관 학 정　반
試經義于學部 選博士 先是申箕善·徐相鳳等 管學政 頒
경 의 문 제　령 유 사 제 정　사 구 무 실　기 중 선 자　솔 유 타 도 진　일
經義問題 令儒士製呈 事久無實 其中選者 率由他道進 一
순 갑 오 전 장 옥 지 루　유 시 유 지 자 치 지　불 응
循甲午前場屋之陋 由是有志者恥之 不應.

박창화(朴彰和) 등이 온 나라에 통고하여 『삼강행실록(三綱行實錄)』의 속편을 편찬하겠다고 하였다. 호남 지방은 먼저 전주에 서국(書局)을 열고, 온 도내의 삼강의 사적을 취합하여 간행하였다. 재물을 바치는 데 따라서 기록에 올리고 빼니, 식자들은 그것을 보고 침을 뱉었다.

**原文**

박 창 화 등　통 고 국 중　장 속 삼 강 행 실　호 남　수 개 서 국 어 전 주
朴彰和等 通告國中 將續三綱行實 湖南 首開書局於全州

聚一道三綱事蹟 而刊行之 視財爲筆削 識者唾之.

일본 상인들이 기념잔(紀念盞)을 만들어 서울에서 팔았다. 일본 상인들은 우리 조정에서 날마다 경축회를 꾸미는 것을 보고 이에 백자잔 10만 개를 만들어 금박으로 명(銘)을 새기되, '수(壽)는 남산과 가지런하고 복(福)은 한강물처럼 넘치리(壽齊南山 福溢漢水)'라 하여 황제를 위해 송축한다고 했다. 외국인에게 희롱당하고 업신여김을 받음이 이와 같았다.

**原文**

倭商賣紀念盞于京師 倭見朝廷日飾慶會 乃燔造白磁十萬盞 泥金銘之曰 壽齊南山 福溢漢水 爲皇帝頌祝云 其爲外人玩侮如此.

아라사인들이 용천군(龍川郡)의 용암포(龍巖浦)에 들어와 주둔하고 삼림을 벌채하며 숙소를 세웠다. 이에 조정에서 관원을 보내 힐문하였으나 러시아 사람들은 들은 체도 하지 않았다.

**原文**

俄人來泊龍川郡之龍巖浦 伐森林 起房棧 朝廷遣官詰問 俄人不省.

(4월) 일본 군함 양무호(揚武號)를 구입하여 군부가 관리하였다. 삼정회사(三井會社)에서 주문했는데, 값은 20만 원이며 빚으로 인정하여 갚도록 하였다. 군함이 도착하자, 사람들이 급한 일이 아니라고 물리치려 하였으나 여러 번 일본의 힐책을 들어서 부득이 인수하게 되었다. (그러나) 또한 부서지고 새는 곳이 있어서 제 속력을 낼 수도 없었는데 일본인을 고용하여 보수하였으나 전후로 들어간 비용은 거액이었다.

**原文**

구 왜 군 함 양 무 호 군 부 관 지 주 문 우 삼 정 회 사 가 이 십 만 원
購倭軍艦揚武號 軍部管之 注文于三井會社 價二十萬元
인 채 교 제 급 함 지 혹 구 기 불 급 각 지 루 조 왜 책 불 득 이 수 지
認債交除 及艦至 或咎其不急却之 屢遭倭嘖 不得已受之
우 패 루 불 가 사 고 왜 보 저 전 후 비 거 액
又敗漏不可駛 雇倭補苴 前後費巨額.

윤용선(尹容善)과 조병세(趙秉世)에게 궤장(几杖)을 하사하고 〔사궤장(賜几杖)〕[1] 그 집에서 연회를 베풀 것을 명했다. 조병세는 본디 가난하여 집을 전당잡혀 자리를 배설하니 비용이 6만 원에 이르렀다.

**註解**

1) **사궤장(賜几杖)** : 늙어서 벼슬을 그만 두는 대신이나 중신에게 안석(의자)과 지팡이를 하사해 주던 일.

**原文**

賜几杖于尹容善·趙秉世 命設宴其第 秉世素貧 至典屋以排席 費可六萬元.

창성(昌城)의 진사 강 아무개가 역둔토(驛屯土)[1]의 파견원과 더불어 악한 짓을 일삼으며 백성들을 탐학하였다. 그러자 백성들이 크게 소요를 일으켜 강 아무개를 결박하여 콧잔등과 귓바퀴를 베고, 눈알을 뽑아 조리를 돌렸다.

**註解**

1) **역둔토**(驛屯土) : 역에 급전(給田, 경비를 충당하게 한 논밭)으로 나라에서 준 둔전(屯田)과 둔답(屯畓).

**原文**

昌城進士姜某 與驛屯派員 黨惡虐民 民大噪 縛姜割其鼻準·耳輪·眼胞以徇之.

보리 흉년이 크게 들었다. 이해 봄에 보리와 밀이 매우 무성하게 자랐으나 이삭이 나올 즈음에 온통 빛이 누렇게 시들어 털면 먼지만 풀썩풀썩 일며 악취가 심해 맡을 수가 없었다. 열흘 사이에 13개 도에 퍼져 온통 나라가 기근을 알려왔다. 보리가 한 석에 4천 전에 이르렀다. 거듭 흉년이 든 나머지 보리 흉작까지 겹치니 모든 사람들이 황황하여 큰 병란을 피하는 것 같았으며, 백 살 먹은 노인도 다 처음 겪는 일이라고 말했다. 나라의 역사를 살펴보아도 또한 없었던 일이다.

**原文**

대무맥 시춘이맥심무 토수지제 일색위황 탄지진봉봉
大無麥 是春二麥甚茂 吐穗之際 一色萎黃 彈之塵蓬蓬
취악불감후 순일편십삼도 통국고기 맥지석사천전 천겸
臭惡不堪嗅 旬日遍十三道 通國告饑 麥至石四千錢 荐歉
지여 중이맥흉 소대황황 여피대병 백세노인 개언초견 고
之餘 重以麥凶 小大遑遑 如避大兵 百歲老人 皆言初見 考
지국사 역무유
之國史 亦無有.

경기도 지방에 큰 우박이 내렸다. 영남 지방은 밀양(密陽)·청도(淸道)로부터 고령(高靈)과 성주(星州)에 이르는 수십 개 군에도 큰 우박이 내렸다. 우박이 지나간 땅에는 이랑에서 자라던 보리가 영글지 못했을 뿐 아니라 삼〔麻〕도 다 망가졌으며, 못자리 또한 피해가 심해서 모판을 다시 만들어야 할 지경이었다.

**原文**

경기대우박 영남자밀양 청도 지고령 성주수십군대
京畿大雨雹 嶺南自密陽·淸道 至高靈·星州數十郡大
박 박과지지 맥지서무자 공갈이이 마진손 앙역재중치앙
雹 雹過之地 麥之棲畝者 空秸而已 麻盡損 秧亦災重治秧
기
基.

서울에 크게 천둥 벼락이 쳐서 전주 세 개가 넘어지고, 청국인 한 명이 벼락을 맞아 죽었다.

**原文**

경 사 대 뇌 진　절 전 간 삼　진 사 청 인 일
京師大雷震 折電桿三 震死淸人一.

대동강(大同江)에 사흘간 붉은 흙탕물이 흘렀고, 용흥강(龍興江)은 연일 붉게 들끓었다.

**原文**

대 동 강 적 탁 삼 일　용 흥 강 연 일 적 비
大同江赤濁三日 龍興江連日赤沸.

청나라 북경(北京)의 호부(戶部)에 큰 불이 났다.

**原文**

청 북 경 호 부 대 화
淸北京戶部大火.

미국에 큰 홍수가 나서 집 2만500여 채가 떠내려갔다.

**原文**

미 국 대 수　표 이 만 오 천 여 가
美國大水 漂二萬五千餘家.

인도에 유행병이 크게 돌아 정월부터 5월에 이르기까지 사망자가 14만1989명이었다.

**原文**

인 도 대 역 정 월 지 오 월 사 십 사 만 일 천 구 백 팔 십 구 인
印度大疫 正月至五月 死十四萬一千九百八十九人.

5월, 홍은군(洪恩君) 이희빈(李熙斌) 등이 13개 도의 벼슬아치와 선비들을 인솔하고 귀비(貴妃) 엄씨(嚴氏)를 봉하여 황후로 삼을 것과 엄씨의 송덕비를 건립할 것에 대해 합소(合疏)를 올렸다.

**原文**

오 월 홍 은 군 이 희 빈 등 솔 십 삼 도 진 신 장 보 합 소 청 봉 귀 비
五月 洪恩君李熙斌等 率十三道搢紳章甫 合疏請封貴妃

엄 씨 위 황 후 건 엄 씨 송 덕 비
嚴氏爲皇后 建嚴氏頌德碑.

고려 두문동(杜門洞)의 제신(諸臣)들에게 제사를 지냈다.

**原文**

치 제 우 고 려 두 문 동 제 신
致祭于高麗杜門洞諸臣.

강홍대(康弘大)가 소를 올려 서북 지방의 산포수(山砲手)를 모집하여 변방대(邊防隊)를 설치하고, 둔전을 개간하여 군량

을 충족하게 할 것을 청하였다.

**原文**

강홍대상소 청모서북산포 설변방 개둔전 이족향
康弘大上疏 請募西北山砲 設邊防 開屯田 以足餉.

서울에서 민간인들이 공제회(共濟會)를 설립하였다. '동순태상표'와 '은행권(銀行券)'을 발매한 이래 온 나라가 병들었으나 감히 어찌할 수 없었다. 이에 이르러 윤이병(尹履炳) · 심상희(沈相禧) · 고석주(高石柱) 등이 여러 사람들을 모아 집회를 열고 서울 외의 각 항구에 통고하여 '동순태상표'와 '제일은행권'이 강제로 행하는 것을 금지하고 억제할 것을 통고하였다. 이에 외국의 책망이 사방에서 일어나고 주모자를 처벌하라고 하며, 또는 배상금을 청구하기도 하여 공제회는 마침내 무력하게 되었다.

**原文**

경사민설공제회 자동순태상표급은행권발수이래 통국
京師民設共濟會 自同順泰商票及銀行券發售以來 通國

병지 이막감격 지시 윤이병 심상희 고석주 대회인중
病之 而莫敢格 至是 尹履炳 · 沈相禧 · 高石柱 大會人衆

통고경외각항 통행금억 어시외책사기 청벌주모인 혹청
通告京外各港 痛行禁抑 於是外嘖四起 請罰主謀人 或請

배금 회경무력
賠金 會竟無力.

미국인이 서병달(徐丙達)을 수감하도록 하였다. 당초 서울 시내 전차의 통행은(이 일은 기해년에 있었다) 미국인이 3년간을 주재하기로 언약하고 마땅히 우리 정부에 돌려주겠다고 하였으나 약속한 기간이 지나가도 돌려줄 뜻을 비치지 않았다. 전 주사 서병달은 방문(榜文)을 붙이고 민중들을 충동하여 전차 타기를 금하도록 하였으며, 돌을 던져 전차를 부수는 데까지 이르렀다. 미국인은 크게 노하여 정부를 위협하고 그를 수감하도록 한 것이다. 얼마 지나지 않아서 승차하는 사람은 예전과 같이 늘어났다.

**原文**

美人囚徐丙達 初京中電車之通行也(事在己亥) 美人主之 約三年當還政府 約過而無還意 前主事徐丙達 張榜鼓衆 禁乘車者 至投石碎車 美人大怒 脅政府囚之 未幾乘者如故.

북간도 시찰관 이범윤(李範允)이 『북여요람(北輿要覽)』을 지어서 올렸다. '간도(間島)'라 함은 토문강(土門江) 이하와 두만강 서쪽 지역의 땅을 통칭하는 이름인데, '도(島)'라 한 것은 와전(訛傳)된 말이다. 예전에는 한국과 청국이 모두 금하여 그 땅을 비어둔 지 수백 년이 된다. 근래의 서북민들이 주구(誅求)의 곤란을 느껴 가족들을 이끌고 몰래 건너가 살아서 호수가 10만여 호에 이르렀으나 소속할 곳이 없었다. 이에 청국과 러시아가 서로 점령하여 우리 백성들은 양국의 침식을 입어 원통하고 한스러움이 뼈에 사무쳤으며 여러 차례 본국 정부에 호소하여 본국에 소속되기를 원했다. 그래서 우리 정부는 이범윤을 파견하여 그 일을 맡아보도록 하였다. 이범윤은 가시밭길을 헤치고 들어가서 그들을 불러들여 한데 편히 모이게 한 후 위로하며 안정시켰다. 이에 청국인들이 못마땅하게 여겨, 청국 공사 허태신(許台身)이 계속 우리 정부에 독촉하여 소환케 하였으나 백성들이 좇지 않아서 이범윤 또한 그곳에 머물러 있었다. 드디어 두 나라 지계(地界)에 관한 것이 기록에 전하는 것을 뽑아서 부문별로 나누어 사건을 기술하였으니, 책의 이름을 『북여요람(北輿要覽)』이라 하고 정부에 이것을 헌납한 것이다.

**原文**

북간도시찰관이범윤 찬진북여요람 간도자 토문이하두
北間島視察官李範允 纂進北輿要覽 間島者 土門以下頭

만이서지지통명 이도자 와전야 구위한청소금 공기지자
滿以西地之統名 而島者 訛傳也 舊爲韓淸所禁 空其地者

수백년 근래서북지민 곤어주구 부휴잠월 호지십여만 이
數百年 近來西北之民 困於誅求 扶携潛越 戶至十餘萬 而

무소속 어시 청아호점 민피교식 통한절골 루소정부 원속
無所屬 於是 淸俄互佔 民被交蝕 痛恨切骨 屢訴政府 願屬

본국 고견범윤안행지 범윤피형극 초래수집 청인불편지
本國 故遣範允按行之 範允披荊棘 招徠綏輯 淸人不便之

공사허태신연촉정부소환 이민불청거 범윤고유진지 수채
公使許台身連促政府召還 而民不聽去 範允姑留鎭之 遂采

양국지계소재 분문열류 서성명왈 북여요람 헌지정부
兩國地界所載 分門列類 書成名曰 北輿要覽 獻之政府.

군수직의 과기(瓜期)[1]를 개정하여 16개월로써 기한을 삼았다. 이때에 수령을 제수하면 돈이 많은가 적은가를 보고 채용하게 되었는데, 임금은 관직을 자주 팔게 되면 많은 돈이 들어오는 까닭에 1년이 채 되지도 않아서 금방 교체시켰다. 돈을 받고 후임자를 이미 엿보아 두었던 탓에 군수가 부임하면 곧바로 표략(剽掠, 수탈)을 자행하는데, 시일이 조금 지나면 교체되기 때문이었다. 그러나 대부분 바친 돈이 워낙 많아 마침내 관직을 샀을 때의 본전을 충당하질 못했다.

임금은 또한 마땅히 갈아 치울 사람을 조사하여 돈이 많은 사람이면 타군으로 전임시키고, 전임시킨 값을 징수하였는데, 한 사람이 한 해 동안에 다섯 군을 옮긴 사람도 있으며, 한 군이 한 해에 다섯 수령을 맞이한 곳도 있다. 그래서 부자로 군수가 된 자는 몇 해 동안에 가산을 탕진하게 되어 관직을 사려는 사람이 점차 적어졌다. 임금은 그것을 알아차리고 드디어 그 기한을 펼쳐서 16개월로 정한 것이다.

이때에 기호(畿湖) 북쪽 지방에서는 백동전을 사용했으며, 양남(兩南, 영호남) 지방에서는 엽전을 사용하였다. 백동전 1냥은 겨우 엽전 70문(文)에 해당하여 영호남 지방에서 관직을 사는 사람은 서울에 백동전을 바치고, 시골에서 엽전을 바꾸는 까닭에 10만 냥이라고 하면 실제로는 7만 냥이 되었다. 또한 양세(兩稅)를 바치는 백성들은 엽전으로써 바쳤는데, 서울은 백동전으로 납부하여 그 가운데에서 이익을 얻는 것이 자기가 받는 봉급의 10배가 되었다. 그러므로 영호남 지방의 군수 자리는 특별히 기

름진 단지로 꼽혔다. 밀양 사람 박병익(朴炳翊)은 35만 냥으로 경주 군수에 임명되었다.

**註解**

1) **과기**(瓜期) : 관리의 교체하는 시기. 임기가 만료된 때.

**原文**

개정군수과기 이십육월위한 시시 제수령 시전위솔 이
改定郡守瓜期 以十六月爲限 是時 除守令 視錢爲率 而
상이죽빈즉전다 고미기첩체지 기구이임자 이담지 보하
上以鬻頻則錢多 故未朞輒遞之 其購而任者 已頷之 甫下
차 즉사표략 이초완즉체야 연소입기과 종무이충기본 상
車 卽肆剽掠 以稍緩則遞也 然所入旣夥 終無以充其本 上
우심당체자부 즉이지타군 우징이군채 일인일세이천오군
又審當遞者富 則移之他郡 又徵移郡債 一人一歲而遷五郡
자 유지 일군이세영오수자 유지 고부이군자 수세 가첩파
者 有之 一郡而歲迎五守者 有之 故富而郡者 數歲 家輒破
응구자점희 상각지 수전기한위십육월
應購者漸稀 上覺之 遂展其限爲十六月.

시시 기호이북 용백동전 양남용엽전 백전일양 근당엽
是時 畿湖以北 用白銅錢 兩南用葉錢 白錢一兩 僅當葉
칠십문 양남구관자 경납백전 향환엽전 고십만이실즉칠
七十文 兩南購官者 京納白錢 鄉換葉錢 故十萬而實則七
만야 우양세민봉이엽 경납이백 거중확리 십배원봉 고양
萬也 又兩稅民捧以葉 京納以白 居中攫利 十倍原俸 故兩
남군특위유과 밀양인박병익 이삼십오만냥 득배경주군
南郡特爲腴窠 密陽人朴炳翊 以三十五萬兩 得拜慶州郡
수
守.

이용익(李容翊)이 병이 있어 일본인 의전에 가서 치료를 받고 있었는데, 홀연히 폭약이 터져서 그 구들장이 들어올려졌다. 그런데 마침 이용익은 바람을 쐬러 밖에 나가고 없어 화를 면할 수 있었다.

**原文**

李容翊有疾 就療于倭醫院 忽爆藥掀其炕 而適因納凉 獲免.

청국은 새로 인구를 조사하였는데 18개 성(省)과 동삼성(東三省)[1] · 몽고 · 서장 · 신강을 합하여 모두 4억 2644만 7325명이었다.

**註解**

1) **동삼성**(東三省) : 중국 동북 지방의 요녕성, 길림성, 흑룡강성을 가리킴. 그 당시에는 동삼성 지역을 '만주'라 불렀는데, 이는 지역 명칭이 아니라 종족 명칭이었다.

**原文**

淸國新調查人口 十八省及東三省 · 蒙古 · 西藏 · 新疆 合四億二千六百四十四萬七千三百二十五.

경상북도 영천군(榮川郡, 영주군)에서 며느리가 자기 시어머니를 살해하였다.

**原文**

경 북 지 영 천 군 부 시 기 고
慶北之榮川郡 婦弑其姑.

윤달, 풍선군(豊善君) 조동만(趙東萬) 등이 13개 도 벼슬아치 천여 명을 인솔하고 소를 올려, 귀비(貴妃) 엄씨(嚴氏)를 황후로 책봉할 것을 청하였다.

**原文**

윤 월 풍 선 군 조 동 만 등 솔 십 삼 도 신 사 천 여 인 상 소 청 봉 귀
閏月豊善君趙東萬等 率十三道紳士千餘人 上疏請封貴
비 엄 씨 위 황 후
妃嚴氏爲皇后.

전 주사 박기종(朴基鍾)이 서울 및 각 관찰부에 기자묘(箕子廟)[1]를 건립할 것을 청하였다.

**註解**

1) 기자(箕子) : 기자조선(箕子朝鮮)의 시조. 중국 은나라 주의 친척. 사기(史記)와 한서(漢書)에 의하면 나라가 망하여 조선에 들어와 예의·전잠(田蠶)·방직(紡織)과 팔조(八條)의 교(敎)를 가르쳤다 함. 진(晉)의 두예(杜預)에는 기자의 묘가 양(梁)나라 몽현(蒙縣)에

있다 하였으며, 최근에는 기자 동래설(東來說)을 부정하는 논의가 지배적이다.

**原文**

전 주 사 박 기 종　청 건 기 자 묘 우 경 급 제 관 찰 부
前主事朴基鍾　請建箕子廟于京及諸觀察府.

의관(議官)과 주사(主事)의 차함(借啣)[1)] 팔기를 잠시 중지할 것을 명했다.

**註解**

1) 차함(借啣) : 실제로 근무하지 않고 벼슬의 이름만을 가지던 일. 또는 그 벼슬.

**原文**

명 잠 정 의 관　주 사 차 함 지 매
命暫停議官・主事借啣之賣.

이용익(李容翊)이 내장원(內藏院)의 쌀 3만 섬을 시장의 상인들에게 팔 것을 청하였다. 한 되〔升〕에 9냥씩을 책정하여 사려는 사람에게 고루 팔았는데, 이는 서울에 쌀이 귀하였기 때문이다. 또한 부산에서 보유하고 있는 6천 섬도 경상도 지역에 팔게 하였다.

**原文**

이 용 익 청 하 내 장 원 미 삼 만 석 우 시 가　매 승 치 구 양　청 민 균
李容翊請下內藏院米三萬石于市賈　每升直九兩　聽民均

적 이경사미귀야 우이재부산자육천석 조매우경상도
糴 以京師米貴也 又以在釜山者六千石 糶賣于慶尙道.

윤웅렬(尹雄烈)을 군부 대신으로 삼고, 이윤용(李允用)을 경상남도 관찰사로 삼았다.

**原文**

이윤웅렬위군부대신 이윤용위경남관찰사
以尹雄烈爲軍部大臣 李允用爲慶南觀察使.

영국인과 일본인이 의주(義州)에 개시(開市)를 청하였는데 아라사인이 반대했다.

**原文**

영인 왜인 청개시의주 아인박지
英人·倭人 請開市義州 俄人駁之.

주미 공사 조민희(趙民熙)가 전보로 아뢰기를, 의친왕(義親王) 이강(李堈)이 미국 사람에게 구타당해 다쳤다고 하였다.

**原文**

주미공사조민희전주 의친왕강 위미인구상
駐美公使趙民熙電奏 義親王堈 爲美人毆傷.

6월, 이윤용(李允用)을 경상북도 관찰사로, 민형식(閔衡植)

을 경상남도 관찰사로, 이근교(李根敎)를 전라남도 관찰사로, 주석면(朱錫冕)을 경기도 관찰사로, 이범윤(李範允)을 북간도 관리(管理)로 각기 임명하였다.

**原文**

유 월 이 이 윤 용 위 경 북 관 찰 사 민 형 식 위 경 남 관 찰 사 이 근
六月以李允用爲慶北觀察使 閔衡植爲慶南觀察使 李根
교 위 전 남 관 찰 사 주 석 면 위 경 기 관 찰 사 이 범 윤 위 북 간 도 관
敎爲全南觀察使 朱錫冕爲京畿觀察使 李範允爲北間島管
리
理.

아라사 주재 공사 이범진(李範晉)이 전보로 아뢰기를, '벙어리 병에 걸렸다.'하고 교체해 줄 것을 청하였으나, 윤허(允許)하지 않았다. 이범진이 거짓 병이 들은 척한다고 의심하는 사람도 있었다. 그런데 이때에 심상훈(沈相薰)의 아들 심장섭(沈璋燮)이 학생으로 아라사에 들어갔다가 또한 벙어리 병에 걸려서 돌아왔다.

**原文**

주 아 공 사 이 범 진 전 주 병 아 청 체 불 윤 혹 의 범 진 양 병 이 시
駐俄公使李範晉 電奏病啞請遞 不允 或疑範晋佯病 而是
시 심 상 훈 자 장 변 이 학 생 입 아 역 병 아 이 환
時 沈相薰子璋變 以學生入俄 亦病啞而還.

대정 군수 채귀석(蔡龜錫)을 서울 감옥에 가두었다. 제주도

는 신축(辛丑, 1901)년 교인들의 소란이 있은 이래 교인들이 날로 성하여 백성들이 살아가기 어려웠다. 프랑스 공사 갈림덕(葛林德)이 들어왔을 때 교인들이 무고하고 날조하여 채귀석을 체포해 가도록 하여 배상금을 물리고, 3년간을 갇혀 있다가 비로소 석방되었다. 갈림덕은 또한 정부를 핍박하여 제주교인의 장지(葬地)를 정하여 주게 하니, 비옥한 땅을 다투어 점거하였다. 이는 곧 그들의 숙원을 보상받은 것이다.

이응익(李應翼)이 해서교안(海西教案)을 조사하여 그 사실을 추궁하자 교인들이 서양집에 뛰어들어 체포하는 것을 항거하였다. 프랑스 공사 갈림덕(葛林德)은 또한 법부를 협박하여 그들을 서울에 압송하여 처벌받지 못하도록 하였다. 이러한 일로 말미암아 간사한 무리들이 날뛰어도 징악(懲惡)[1]할 수 없게 되어 양민들은 모두 고개를 떨어뜨리고 기분이 저상해 있었다.

**註解**

1) 징악(懲惡) : 나쁜 사람을 제재함.

**原文**

繫大靜郡守蔡龜錫於京獄 濟州自辛丑教匪以來 教種日滋 民不聊生 法公使葛林德入 教民誣捏 逮龜錫徵賠 長繫三年 始得釋 林德又逼政府 定給濟州教民葬地 競占沃壤 償其宿怨.

李應翼覈海西教案 窮其事 教民入洋舘拒捕 林德又喝法部 護其解 京就勘者 由是姦民胥動 無懲惡 良民皆垂頭喪氣.

원수부(元帥府)에서 상인들로 군대를 편성하였다. 8개 대대를 만들었는데, 각 대대에 1천 명씩 배정하고, 동별영(東別營)을 소속처로 삼았다.

**原文**

自元帥府 編商民爲兵 作八大隊 隊各千人 以東別營 爲駐劄之所.

영남(嶺南)의 즙포관(戢捕官) 김상한(金商翰)에게, 정해일(鄭海日)이 반역을 모의했다고 무고한 죄로 반좌율(反坐律)을 적용하였다. 정해일이 붓장사를 하면서 돌아다닐 때에 해인사(海印寺)에서 정씨(鄭氏) 성을 가진 옥사(獄事)가 일어났다. 오래도록 잡지를 못하자 김상한은 정해일이 아주 어리석은 것을 알고 그를 꾀어 '자신을 스스로 정모(鄭某)라고 하면 부귀를 금방 이룰 수 있다'고 하였다. 정해일은 그렇게 하기로 밀약했다. 김상한은 이에 '반역자' 정모를 포획했다고 보고하면서, '이 자는 머리에 오악(五岳)이 나열되어 있고, 이마에는 천자(天子)

라는 글자가 쓰여 있으며, 가슴에는 28수(宿)가 벌려 있으며, 등에는 삼태성(三台星)이 있다'고 상주 하였다.

(정해일이) 서울로 압송되고 심문을 받음에 이르러 형구(形具)가 모두 갖추어져 있는 것을 보고, 정해일은 깜짝 놀라 말하기를, "김상한이 나를 보호하여 털끝 한 가닥도 건드리지 않고 부귀를 누릴 수 있다고 하더니 지금 어째서 형틀을 벌려놓았는가?"라고 하여 옥관(獄官)들이 실소를 하였다. 사실을 다 조사해 보니, 모두가 허망한 일인지라 그를 석방시켰다. 처음에는 김상한을 참수하려 하였으나 마침내 살리자는 쪽으로 의론이 바뀌었다. 영호남 백성 가운데 이 옥사에 걸려들어 의혹을 받고 낭패를 당한 사람들이 많았다.

**原文**

嶺南戢捕官金商翰 坐誣告鄭海日謀逆 擬反坐律 海日筆商 行乞 時海印寺鄭姓獄發 久未獲 商翰見海日惷騃 誘之使稱鄭某 富貴可立致 海日諾之 商翰乃報獲鄭某 頭列五岳 頂有天子字 胞羅二十八宿 背有三台 逮至京訊之 刑械畢具 海日愕然曰 金商翰保我 一髮不牽 可富貴 今何刑械爲 獄官失笑 及閱實皆烏有也 釋之 初擬商翰斬 竟傳生議 嶺湖之民 罹是獄 蕩覆者衆.

일본인이 경부선 철도를 부설하는데 상 · 중 · 하 세 곳으로 나누어 공사를 기공했다. 하지역은 부산에서 시작하고, 중지역은 천안에서 시작하며, 상지역은 서울에서부터 시작했다. 서울은 남대문 밖의 도동(桃洞)에서부터 공사를 시작하여 가옥을 철거하고 무덤을 파내며 곧은길로 한강까지 뚫었는데, 매 무덤 당 3원씩 지급하여 이장비로 충당하도록 하였다. 무덤을 파내게 된 사람들은 이장하여 또 파내게 될까 두려워 왕왕 화장하는 일도 있었다.

매 30리마다 철도 곁에 하나의 정거정(停車亭)을 설치했는데, 역부들이 모질고 독살스러워서 밤에는 모여서 도적떼가 되고 낮에는 행상들을 겁탈하였다. 조금이라도 저들의 뜻을 거스르면 그 자리에서 죽이고 살상하는 일이 일어났다. 어찌나 살벌한지 그들이 거치는 지방은 병화(兵禍)를 입은 것 같았다.

일본인들은 또한 우리 국민들을 모집하여 후한 품삯을 주었으나 일을 태만히 하여 힘써 하지 않는 사람은 때려 죽여서 구덩이에 집어던지고 흙으로 묻어 평평하게 하니 몹시 슬프고 애통했으나 그래도 나아가 응모하는 자가 있었다.

**原文**

왜 인 치 경 부 철 도 분 상 중 하 삼 기 하 시 부 산 중 시 천 안 상 시
倭人治京釜鐵道 分上中下三起 下始釜山 中始天安 上始
경 사 경 사 자 남 대 문 도 동 기 역 철 옥 굴 총 직 로 절 강 매 총 급
京師 京師自南大門桃洞起役 撤屋掘塚 直路截江 每塚給
삼 원 충 이 장 비 조 굴 자 공 우 굴 왕 왕 투 지 화 방 철 도 매 삼 십 리
三元充移葬費 遭掘者恐又掘 往往投之火 傍鐵道每三十里

치일정거정 역부광한 야취위도 주겁상여 소불기의 살월
置一停車亭 役夫獷悍 夜聚爲盜 晝劫商旅 小咈其意 殺越
입지 소경지방 여피병선 왜우고모아민 급후직 이유태연
立至 所經地方 如被兵燹 倭又雇募我民 給厚直 而有怠愞
불력자 부이폐지 투참곡 전토석이평지 애호산비 이유유
不力者 掊而斃之 投塹谷 塡土石以平之 哀號酸鼻 而猶有
모자
募者.

서울에 귀괴(鬼怪)한 일이 있었다. 기(氣)가 떨어지면 밤낮없이 발작하여 나대는데, 그것이 사람에게 부딪치면 문득 머리를 덮고 상투를 잘라가기도 하고, 혹은 연이어 탕건(宕巾)까지 베어가기도 하였다.

**原文**

경사유귀괴유 기타발작무주야 기촉인야 첩조수할고이
京師有鬼怪類 氣墮發作無晝夜 其觸人也 輒罩首割髻而
거 혹유연건탕이할자
去 或有連巾宕而割者.

7월, 이근명(李根命)을 의정으로 삼았다.

**原文**

추칠월 이이근명위의정
秋七月 以李根命爲議政.

경기도에 새로 결세(結稅)를 반포하고 시행하도록 명하였는데, 수원과 과천의 양전(量田)을 다시 하고, 그 비용을 전 감리 이종대(李鍾大)에게 징수하였다. 그것은 지나치게 집행됐다고 백성들이 호소했기 때문이다.

**原文**

경기도반행신결명 중양수원 과천전 징비우전감리이
京畿道頒行新結命 重量水原·果川田 徵費于前監理李

종대 이민소람집야
鍾大 以民訴濫執也.

(7월) 서울에서 이리〔狼〕를 잡는데 현상금을 걸었다. 우리나라는 예로부터 이리가 없었다. 『고려사(高麗史)』에 한두 곳에 쓰여 있을 뿐이었는데, 이는 기이한 일로써 기록한 것에 불과하였다. 그런데 5, 6년 내려오면서 곳곳에 이리떼가 나타나 어린이들이 잡혀 먹히는 일이 무수히 많았으며, 더욱이 돼지와 양 등 가축을 좋아하였다. 이에 이르러 상금을 정하여 한 마리 잡는데 50원씩 주기로 하였다.

**原文**

경사현상포랑 아국고무랑 려사일이서지 지이야 오육년
京師懸賞捕狼 我國古無狼 麗史一二書之 志異也 五六年

래 처처유지 소아피람자무수 우기저양 지시 정상격 일두
來 處處有之 小兒被嚵者無數 尤嗜猪羊 至是 定賞格 一頭

오십원
五十元.

해미(海美) 사람 이승화(李承和)가 소륜선(小輪船)을 본떠서 제작한 배가 뚝섬〔둑도(纛島)〕 앞 강에서 진수(進水)를 행하였다.

**原文**

해 미 인 이 승 화 방 조 소 륜 선 진 수 우 둑 도 전 강
海美人李承和仿造小輪船 進水于纛島前江.

미국인 흘법(訖法, Hulbert, H. B. 헐버트)[1]이란 사람이 있었는데, 그 사람은 그 나라에서 박사학위를 받고 우리나라에 왔다. 18년을 머무르면서 한문을 습득하고 우리나라의 공사(公私) 문자를 구입하여 모아서 조선 태조 때부터 지금 임금 을미(乙未, 1895)에 이르기까지 편년체(編年體) 역사 5권을 편찬하고, 책이름을『대동기년(大東紀年)』이라 하였다. (이 책을) 상해 미화관(美華舘)에서 간행하여 싣고 와서 판매하였는데, 일시에 서로 다투어 가며 사서 보았다. 그러나 글이 매우 속되고 비루했다.

**註解**

1) 흘법(訖法)은 할보퇴(割甫退), 혁륵패(赫勒貝), 할보퇴(割甫退), 할보(割甫)로 표기하기도 한다.

**原文**

미 인 유 흘 법 자 이 기 국 박 사 래 아 국 유 십 팔 년 습 한 문 구 모
美人有訖法者 以其國博士來我國 留十八年 習漢文 購募

아 조 공 사 문 자 자 태 조 지 금 상 을 미 고 종 삼 십 이 년 늑 성 편
我朝公私文字 自太祖至今上乙未(高宗三十二年) 勒成編

년사오책 명왈 대동기년 간행우상해지미화관 곤재매우
年史五冊 名曰 大東紀年 刊行于上海之美華館 梱載賣于
아지 일시쟁선구람 연문심이루의
我地 一時爭先購覽 然文甚俚陋矣.

8월, 곽종석(郭鍾錫)을 불러 서울에 이르자 연달아 비서승(秘書丞)과 의정부 참찬을 제수하였으나 곽종석은 사양하고 돌아갔다. 그는 몸이 불편하다고 은거해 있으면서 후진을 가르쳤고 여러 차례 불렀으나 기동하지 않았다. 당시 명망이 있어 경세제민(經世濟民)[1]의 인물로 추앙을 받았으며, 혹은 비술(秘術)이 있다고 의심하기도 하였다. 영남인으로 좌도에서 술법으로 상감께 아첨하던 자가 강석호(姜錫鎬)로 하여금 곽종석에 대해 추어올려 말하게 하였다. 임금은 평소 방술(方術)을 좋아해서 드디어 특이한 사람으로 인정하고 비밀히 불렀는데 그가 오지 않자 지방 관리를 독촉하여 모두 견책을 받게 되자 곽종석은 부득이 성 밖에 이르러 죄를 기다리고 있었다. 임금은 연이어 사관을 보내서 야복입대(野服入對)[2]를 허락하고 묻기를, "제갈량(諸葛亮)[3]은 어떠한 사람이냐? 능히 바람을 불게하고 비를 내리게 하며 귀신을 부릴 수 있었다고 하는데 참으로 그러한가?"라고 하니, 대답하여 말하기를, "신이 듣기로는 제갈량은 몸을 다스림에 있어 담박(澹泊)[4]하고 영정(寧靜)[5]할 뿐입니다. 임금을 섬기되 국궁(鞠躬)[6]하여 노력을 다할 뿐이며 나라를 다스리되 신상필벌(信賞必罰)[7]했을 따름이었습니다. 제동(齊東)[8]에 전해진 바와 같은 풍우귀신의 불합리한 말은 모두 패관(稗官)[9]들이 기이한 말을 전하고 없는 것을 꾸민 말들로써 한 글자도 정사(正史)에 나오지 아니하니 오늘날 마땅히 물을 말씀이 아닙니다." 하니 임금은 아무 말이 없었다. 그러나 점점 기이한 소문이 있어서 바로 비서승을 제수하고 참찬을 발탁하기에 이르렀다. (그리고) 그의 사위 노정용(盧正容)을 참봉으로 뽑고, 그가 천거하는 숙유(宿儒)인 허유(許愈)·이승희(李承熙)·정재규(鄭載圭) 등을 벼슬시키고, 집 한 구역을 내려주는 등 전후의 은례(恩禮)가 심히 푸짐했다.

곽종석(郭鍾錫)은 임금께 청하여 성학(聖學)에 힘쓰며 재용(財用)을 절약하고 행문(倖門)[10]을 막으며, 송병선을 불러들여 임하(林下)에 있는 이들을 불러들이게 하였다. 그리고 얼마 아니 되어 소를 올려 병을 핑계 대니, 임금은 환향을 허락하고 병이 나으면 다시 오게 하였으나 종석은 마침내 돌아간 뒤 다시 나타나지 않았다.

임금은 처음에는 그가 특이한 사람이라 하여 몹시 높은 자리에 등용하려 하였으나 곽종석은 유현으로 자처하며 정심(正心) 성의(誠意)의 말을 고하는데 지나지 않았다. 소위 동쪽을 물으면 서쪽을 대답하였으므로 또한 다시 묻지 못했다. 그러나 임금은 또한 변폭(邊幅)[11]을 돌아보고 생각하여 그 권여(權輿)[12]의 기찰함을 미워하였다. 그러므로 유현들을 다만 예우로써 대접하였으며, 곽종석 또한 지위(脂韋)[13]들을 두루뭉술하게 말하고 물러났을 뿐이다. 대체로 임금과 신하가 무도 진실한 마음으로 대하지 못한 것이다. 곽종석은 그의 명망에 부응하지 못하고 그의 숙망(宿望)[14]을 풀지 못하여 세상 사람들 대다수가 그를 헐뜯어 비웃었다. 곽종석은 초모(草茅)[15]에서 일어나 한 달간에 공경(公卿)을 취하고 능히 경연(經筵)에 출입하며 유가로 처해 있던 자로서 최고의 대우를 받았던 것이다. 경상도 선배들 중에서 찾아보아도 거의가 장현광(張顯光)[16]이나 이현일(李玄逸)[17]보다도 더 나은 예우를 받았다.

**註解**

1) **경세제민**(經世濟民) : 세상을 다스려 백성을 구제함.
2) **야복입대**(野服入對) : 관복을 입지 아니한 자가 임금을 뵙다. 즉 벼슬하지 아니한 자가 임금을 뵙는 일.
3) **제갈량**(諸葛亮) : 중국 산동성 기수현 사람. 유비(劉備)를 도와 촉한(蜀漢)을 세우고 나라의 기틀을 잡음. 유비가 죽은 뒤 아들 선(禪)을 섬기어 위(魏)를 치다 오장원(五丈原)에서 병사함. 그가 지은 『출사표(出師表)』와 『양보음(梁父吟)』은 유명함.
4) **담박**(澹泊) : 마음이 욕심이 없고 깨끗함.
5) **영정**(寧靜) : 편안하고 고요함.
6) **국궁**(鞠躬) : 존경하는 뜻으로 몸을 굽힘. 주의하고 힘씀.
7) **신상필벌**(信賞必罰) : 공이 있는 사람에게는 반드시 상을 주고 죄가 있는 사람에게는 반드시 벌을 줌.
8) **제동**(齊東) : 제동야인(齊東野人). 사라를 분별할 줄 모르는 시골뜨기. 제(齊)의 동부 지방 사람들은 어리석어 그들의 말을 믿을 수 없었다는 데서 나온 말.
9) **패관**(稗官) : 옛날에 임금이 민간의 풍속이나 정사(政事)를 살피기 위하여 가언향담(街言鄕談)을 모아 기록시키던 벼슬.
10) **행문**(倖門) : 가까운 친척이나 친지를 총칭함.
11) **변폭**(邊幅) : 겉을 휘갑쳐서 꾸밈.

12) **권여**(權輿) : 사물의 시작, 움틈, 맹아(萌芽).
13) **지위**(脂韋) : 시속에 아첨하여 세상과 함께 부침(浮沈)하는 사람.
14) **숙망**(宿望) : 오래도록 품은 소망, 전부터의 명망, 또는 명망이 있는 사람.
15) **초모**(草茅) : 풀과 띠, 민간, 재야(在野)에 있는 사람.
16) **장현광**(張顯光) : 조선 중기의 문신으로 명망이 있는 학자. 호는 여헌(旅軒).
17) **이현일**(李玄逸) : 조선 중기의 학자. 호는 갈암(葛菴), 이황의 학통을 계승한 영남학파의 거두. 이이(李珥)의 학설에 반대하고 이황의 이기호발설(理氣互發說)을 지지했다.

**原文**

팔월 징곽종석지경사 연제비서승 의정부참찬 종석사
八月 徵郭鍾錫至京師 連除秘書丞·議政府參贊 鍾錫謝
병귀 종석은거교수 루징불기 시망추이경제 혹의유비술
病歸 鍾錫隱居教授 屢徵不起 時望推以經濟 或疑有秘術
영인지이좌도미상자 인강석호용언지 상소신방술 수인이
嶺人之以左道媚上者 因姜錫鎬聳言之 上素信方術 遂認以
이인 비소돈촉 지방관리병피견 종석부득이지성외 대죄
異人 秘召敦促 地方官吏幷被譴 鍾錫不得已至城外 待罪
상연견사관 허이야복입대 문제갈량하여인 능호풍환우
上連遣史官 許以野服入對 問諸葛亮何如人 能呼風喚雨
역사귀신 신부 대왈 신문양지치신야 담박영정이이 사군
役使鬼神 信否 對曰 臣聞亮之治身也 澹泊寧靜而已 事君
야 국궁진췌이이 치국야 신상필벌이이 약제동소전풍우
也 鞠躬盡瘁而已 治國也 信賞必罰而已 若齊東所傳風雨
귀신불경지설 개패관전기조궤지사 일자불출정사 비금일
鬼神不經之說 皆稗官傳奇弔詭之詞 一字不出正史 非今日
소당문야 상묵연 연기기종유이문 즉제비서승 초지참찬
所當問也 上嘿然 然蘄其終有異聞 卽除秘書丞 超至參贊

택기서노정용참봉 관기소천숙유허유 이승희 정재규등
擇其婿盧正容參奉 官其所薦宿儒許愈 · 李承熙 · 鄭載圭等
사제일구 전후은예심지 종석청상면성학 절재용 두행문
賜第一區 前後恩禮甚摯 鍾錫請上勉聖學 節財用 杜倖門
소송병선 이호소임하 미기상소 인질 상허이환향 대료갱
召宋秉璿 以號召林下 未幾上疏 引疾 上許以還鄉 待廖更
래 이종석수귀불부출 개상시위기이인 심흠교지 이종석
來 而鍾錫遂歸不復出 蓋上始謂其異人 甚歆翹之 而鍾錫
이유현자거 불과이정심성의지설고지 소위문동답서야 고
以儒賢自居 不過以正心誠意之說告之 所謂問東答西也 故
역불갱문언 연상역고념변폭 오기유권여지기 고면언이유
亦不更問焉 然上亦顧念邊幅 惡其有權輿之譏 故勉焉以儒
현예수대지 종석역지위주차이퇴 개군신지제 균비정실
賢禮數待之 鍾錫亦脂韋周遮而退 蓋君臣之際 均非情實
이불능유이부기숙망 고세다자소지 종석굴기초모 기월취
而不能有以副其宿望 故世多訾笑之 鍾錫崛起草茅 朞月取
공경 능진퇴경연 처유자지극선 구지영남선배 태출어장
公卿 能進退經筵 處儒者之極選 求之嶺南先輩 殆出於張
현광 이현일지우운
顯光 · 李玄逸之右云.

삼림감리 조성협(趙性協)을 파견하여 용암포 조계(租界)를 조사토록 하였다. 용암포에 머무르고 있는 러시아 사람들이 점차로 땅을 차지해 들어와 변방의 근심이 날로 심각해져 갔다. 군수 이경직(李畊稙)은 능히 이를 막아내지 못해서 이에 조성협을 파견하여 입약(立約)을 심리토록 하였으나 저들의 횡포는 예전과 같았다.

**原文**

遣森林監理趙性協 查定龍巖浦租界 俄人留龍巖浦者 浸淫呑噬 邊虞日棘 郡守李畊稙 不能牴牾 乃遣性協 審理立約 而暴橫如舊.

충주와 진천 등 여러 군에 큰 우박이 내렸다.

**原文**

忠州 · 鎭川諸郡大雹.

9월, 심상훈(沈相薰)을 탁지부 대신에, 구영조(具永祚)를 충청북도 관찰사에, 이종건(李鍾健)을 평안북도 관찰사에 각각 임명하였다. 이종건은 얼마 안 있어 면직되고 백성기(白性基)가 그를 대신하였다.

**原文**

九月 以沈相薰爲度支大臣 具永祚爲忠北觀察使 李鍾健爲平北觀察使 已而免 白性基代之.

9월, 내부 대신 김주현(金疇鉉)이 면직되었다. 김주현이 주본(奏本)을 올려 새로 군수 70여 명을 제수하였는데, 임금의 뜻이 중간에 변하여 모두 면직되고, 아울러 김주현의 관직도 교체된 것이다. 당시 군수 한 자리는 5, 6만 냥 아래로 내려가지 않았는데, 갑자기 공짜로 자리를 빼앗겼으니, 서울이나 시골이나 간에 파산한 집안이 줄을 이었다. 시전에서 고별(侤莂)[1] 한 자들은 서로 잇달아 연계되어 수감되었다.

**註解**

1) 고별(侤莂) : 돈을 나중에 주기로 하고 어음 등으로 대신함.

**原文**

구월 내부대신김주현면 주현상주본 신제군수칠십여인
九月 內部大臣金疇鉉免 疇鉉上奏本 新除郡守七十餘人
상의중변 진행태면 병체주현관 시군수일과불하오육만냥
上意中變 盡行汰免 並遞疇鉉官 時郡守一窠不下五六萬兩
이졸피공탈 경향파가자상망 시전고별자 수계루루
而猝被空奪 京鄕破家者相望 市廛侤莂者 囚繫纍纍.

영친왕(英親王) 이은(李垠)이 마마를 잘 치러서 백관들이 진헌하고, 크게 사면령을 내렸다.

**原文**

영친왕은 마진선행 백관진하 대사
英親王垠 痲疹善行 百官陳賀 大赦.

정한조(鄭漢朝)를 평안남도 관찰사로 삼았다.

**原文**

이 정 한 조 위 평 남 관 찰 사
以鄭漢朝爲平南觀察使.

서울 화개동(花開洞)에 감모궁(感慕宮)을 지었다. 임오군란(壬午軍亂) 때 명성황후(明成皇后)가 이곳 윤용식(尹容植)의 사제(私第, 공직자의 개인 집)에 피신했는데, 거처했던 방 두 칸은 지금까지 잠가두고 있었다. 민충식(閔忠植)이 자금을 모아 감모궁을 세운 것이다.

**原文**

경 사 화 개 동 건 감 모 궁 임 오 고 종 십 구 년 군 변 명 성 황 후
京師花開洞 建感慕宮 壬午(高宗十九年)軍變 明成皇后
손 우 시 동 윤 용 식 사 제 소 어 이 간 지 금 봉 쇄 민 충 식 모 자 건
遜于是洞尹容植私第 所御二間 至今封鎖 閔忠植募貲建
궁
宮.

전 보국(輔國) 서상우(徐相雨)가 사망하였다. 서상우가 병이 위독했을 무렵 엄귀비를 황후로 승격시키자는 상소가 있었는데, 어떤 이가 찾아와서 서명할 것을 독촉하였다. 이에 서상우는 벌떡 일어나면서 말하기를, "만약 반대하는 상소가 있다면 내가 마땅히 누구보다도 앞장서서 먼저 서명할 것이다. 황후로 책봉하는데 이르러서는 죽음이 있을 뿐이다."라고 하였다.

**原文**

전보국서상우졸 상우질혁 유이엄귀비승후소 내독서명
前輔國徐相雨卒 相雨疾革 有以嚴貴妃陞后疏 來督署名
자 상우궐연기왈 약반대소 즉오당수서 지어봉후 유사이
者 相雨蹶然起曰 若反對疏 則吾當首署 至於封后 有死而
이
已.

신응조(申應朝)는 문경(文敬)으로, 송근수(宋近洙)는 문헌(文獻)으로, 이경응(李景應)은 효정(孝貞)으로, 민응식(閔應植)은 충문(忠文)으로 시호를 내렸다.

**原文**

시신응조왈문경 송근수왈문헌 이경응왈효정 민응식왈
諡申應朝曰文敬 宋近洙曰文獻 李景應曰孝貞 閔應植曰
충문
忠文.

10월, 의정 이근명(李根命)이 임금과 태자의 진용(眞容)을 서경의 풍경궁(豊慶宮)에 봉안했다. 민영철(閔泳喆)이 궁역(宮役)을 빙자해서 도 전체를 할박(割剝)하여 백성의 재물 3분의 1을 장부에 올려 관(官)으로 실어갔다. 유망(떠돌아다니는)하는 백성들이 서로 이어져 천리 땅에 소동이 이어졌으니, 전적으로 토목의 비용으로만 쓴 것이 아니었다. 궁이 완성되자 이름하여 '풍경궁'이라 하였다. 민영철은 백성들이 변란을 일으킬 것을 두려워하여 '어진을 봉안한다.'고 하면 혹 민심을 진정시킬 수 있을 것이라 하고 드디어 임금께 말하여 이러한 명령이 있게 된 것이다.

**原文**

동시월 의정이근명배왕상급태자진용 봉안정서경풍경
冬十月 議政李根命陪往上及太子進容 奉安丁西京豊慶
궁 민영철자궁역 박할일도 적민자삼지일 수우관 유망상
宮 閔泳喆藉宮役 剝割一道 籍民貲三之一 輸于官 流亡相
속 천리역소 부존위토목비야 궁성 명왈풍경 영철공민격
屬 千里繹騷 不尊爲土木費也 宮成 名曰豊慶 泳喆恐民激
변 위봉어진 즉혹가진압지 수언우상 유시명
變 謂奉御眞 則或可鎭壓之 遂言于上 有是命.

거창 백성 차성충(車聖忠)이란 자는 산골 사람이었다. 그는 특이한 도술이 있다고 알려지기도 하였는데, 임금이 관찰사 민형식(閔衡植)에게 위촉하여 그를 역마로 올려 보내도록 하였다. 민형식은 산간 고을을 물색하여 오래 걸려서야 글 찾아낼 수 있었는데, 쑥대머리에 손발이 얼어 터져 뭉개져서 마치 도깨비와 비슷했다. 임금이 기이한 술수를 좋아하였기 때문에 소수 군소배들이 이러한 인연으로 속이고 가리는 것이 다 이와 유사했다.

**原文**

거창민차성충자 협맹야 혹칭기유이술 상속관찰사민형
居昌民車聖忠者 峽氓也 或稱其有異術 上屬觀察使閔衡
식 전견지 형식물색산군 구내득지 수봉지축 유감개 상
植 傳遣之 衡植物色山郡 久乃得之 首蓬脂瘃 類魐魀 上

지 호 기 기 소 수 군 소 지 인 연 망 폐 개 차 유 야
之好奇技 小數群小之因緣罔蔽 皆此類也.

조희일(趙熙一)이 소를 올려 귀인 엄씨를 봉하여 황후로 삼을 것을 청하자, 그의 아들 조성재(趙性載)가 평창 군수를 얻을 수 있었다. 조희일은 자못 고상한 풍모로 사대부들 사이에서 이름이 나 있었다. 그런데 이 소가 올려지고부터는 친구들이 그것을 부끄럽게 여겼다. 이때부터 황후로 책봉하자는 소가 날마다 공거(公車)에 가득 찼는데, 임금은 태자 때문에 이것을 난처해한데다가 말하는 자들의 붙좇음을 헤아려 그 문제를 살펴보려고도 하지 않았다. 엄씨는 비록 총애를 독점하고 있었으나 기민하고 술수가 풍부하여 황후로 책봉하자는 상소가 올라옴을 들을 때마다 문득 놀라면서, '황후라니? 내가 죽는 날이다.' 라고 하면서 임금에게 윤허하지 말 것을 권하였다. 군소배들이 그것을 알고 또한 힘써 청하지 않았다. 그런 까닭에 엄씨는 단지 비(妃)로 책봉되는데 그칠 뿐이었다. 태자가 매양 입궁할 때마다, 임금은 성난 목소리로 묻기를, "네가 황후가 되고 싶으냐?"라고 하면 엄비는 겸손한 말로 대답하기를, "소인이 어찌 감히 그럴 수가 있겠습니까?" 하였다.

**原文**

조 희 일 상 소 청 봉 귀 인 엄 씨 위 황 후 기 자 성 재 득 제 평 창 군
趙熙一上疏 請封貴人嚴氏爲皇后 其子性載 得除平昌郡

수 희 일 파 이 풍 재 유 명 진 신 간 시 소 출 지 구 치 지 시 시 봉 후
守 熙一頗以風裁 有名搢紳間 是疏出 知舊恥之 是時封后

지소 일만공거 상이태자고난지 역췌언자지추부 부지성
之疏 日滿公車 上以太子故難之 亦揣言者之趨附 不之省
야 엄씨수전총 기민요권수 문유봉후소 첩경왈 후호 아사
也 嚴氏雖專寵 機敏饒權數 聞有封后疏 輒驚曰 后乎 我死
일야 권상물윤 군소지지 역불력청 고지비지이이 태자매
日也 勸上勿允 群小知之 亦不力請 故只妃之而已 太子每
입궁 려성문왈 여욕황후호 비손사대왈 소인하감
入宮 厲聲問曰 汝欲皇后乎 妃遜辭對曰 小人何敢.

고영근(高永根)이 일본에서 우범선(禹範善)을 찔러 죽였다. 을미역변 이후에 우범선과 이두황(李斗璜) 등이 일본으로 도망한 지 몇 년이 지났다. 고영근 또한 독립협회(獨立協會)의 일로 죄를 얻어 도망하여 서로 만나 환심들이 깊었다. 고영근은 홍종우(洪鍾宇)의 일을 생각하며 만약 우범선을 죽이고 환국할 것 같으면 가히 공을 가지고 죄를 벌충할 수 있을 것이라 믿고, 드디어 틈을 엿보다가 종자 노원명(盧遠明)과 더불어 불의에 찔러 죽이게 되었던 것이다. 일본인들은 '우범선(禹範善)이 이미 자기 나라의 국민이 되었으니 한국인이 원수라고 하여 죽인 것을 용납하기 어렵다.'고 하여, 자기들의 법률을 적용해서 고영근(高永根)을 교수형에 처하려고 광도(廣島)의 감옥에 가두었다. 이 사실이 알려지자 우리 조정에서는 그 죄를 씻어주고 소환하려 하였는데, 마침 아라사와 일본 사이에 전쟁이 시작되는 바람에 그 소용돌이 속에서 한 해를 보내고 나니 일이 결국은 파묻히게 되었다.

**原文**

고영근자살우범선어우일본 을미 고종삼십이년 역변이
高永根刺殺禹範善於于日本 乙未(高宗三十二年)逆變以
후 범선여이두황등 도입일본수년 영근역이독립회 득죄
後 範善與李斗璜等 逃入日本數年 永根亦以獨立會 得罪
이도 상견환심 영근사홍종우지사 약참범선환국 가이장
而逃 相見歡甚 永根思洪鍾宇之事 若斬範善還國 可以將
공보죄 수사극 여종자노원명 출불의자살지 왜인 이범선
功補罪 遂伺隙 與從者盧遠明 出不意刺殺之 倭人 以範善
기위기민 즉난용한인수살 언이기률 의영근교 수우광도
旣爲其民 則難容韓人讎殺 讞以其律 擬永根絞 囚于廣島
사문 조정욕탕척소환 이적회아왜개전지사 파탕경연 사
事聞 朝廷欲蕩滌召還 而適會俄倭開戰之事 波蕩經年 事
수침
遂寢.

목포항의 주민들이 일본인과 크게 싸웠다.

**原文**

목포항민여왜인대홍
木浦港民與倭人大鬨.

김병훈(金炳薰) 등이 소를 올려 문묘의 다섯 성인의 위호(位號)를 고쳐서 명나라 가정(嘉靖) 년간의 제도와 같이 할 것을 청했다.

**原文**

김병훈등상소 청개문묘오성위호 여황명가정지제
金炳薰等上疏 請改文廟五聖位號 如皇明嘉靖之制.

11월 15일 을미, 명헌태후(明憲太后) 홍씨(洪氏)가 붕(崩)하니 향년 73세였다. 빈전(殯殿)을 이름하여 '효혜전(孝惠殿)'이라 하였다.

**原文**

十一月十五日乙未 明憲太后洪氏崩 壽七十三 號殯殿曰孝惠殿.

임금은 명성황후(明成皇后)가 있을 때부터 명헌태후(明憲太后)를 대접함이 매우 박했다. 궁중에서 굶주림과 추위를 면치 못했으며, 사령(使令)이 없을 때도 있었다. 신정왕후(神貞王后)는 이를 불쌍히 여겨 사재를 털어 도와주기까지 하였다. 신정황후가 붕(崩)함에 미처 (명헌태후는) 더욱 우우(踽踽)[1]하게 지냈다. 혹 쓸 돈이 필요하면 문득 조카 홍순형(洪淳馨)에게 요청하여 홍순형 또한 궁색하게 되었다. 임금은 밖의 의론을 듣기 싫어하여 홍순형을 자주 외임(外任)으로 내보냈는데, 그는 진봉(進奉)한다는 것을 빙자해 자못 탐욕을 부린다는 소리도 있었다.

**註解**

1) 우우(踽踽) : 고독한 모양. 친근한 사람이 없는 모양.

**原文**

상자명성시 대태후심박 궁중불면기한 유시핍사령 신정
上自明成時 待太后甚薄 宮中不免飢寒 有時乏使令 神貞
후련지 주이사재 급신정붕 익우우언 유수용 첩선색우질
后憐之 賙以私財 及神貞崩 益踽踽焉 有需用 輒宣索于侄
순형 순형역출 상오외의 루제순형외임 순형이진봉자구
淳馨 淳馨亦絀 上惡外議 屢除淳馨外任 淳馨以進奉藉口
파유탐탁성
頗有貪濁聲.

12월 27일, 일본군은 인천에서 러시아 함대를 습격하여 격파하였다.

이에 앞서 갑오년 청일전쟁 때 일본은 요동을 점령하려 하였으나 러시아인은 독일·프랑스와 관계를 맺고 일본을 협박하였다. 청국에서 요동을 할양받고 대만과 교환하여 밖으로는 평화의 이름을 빌렸으나 실은 스스로 점령할 기회를 편승하여 동양을 엿보려는 것이었다. 연합군이 의화단을 물리치고 승리하자 러시아는 동삼성(東三省)에 들어와 여순구(旅順口)를 빼앗고 수륙의 요충을 얽어매고 요동 전체를 점거하려는 형세에 있었다. 일본인은 그 속임을 받은 것을 통분해 하였으나 또한 그들의 핍박을 두려워하여 여러 번 힐박(詰駁)[1]을 거쳐서 러시아가 철수하겠다는 약속을 받았으나 러시아는 마침내 듣지 않았다. 또한 용암포에 들어와서 한국과 청국의 요새를 손아귀에 넣고 형세가 날로 확장함이 심해지더니 이에 일본은 죄과를 떠들면서 투쟁하려 하였으나 양국의 강약(强弱)을 가려낼 수 없어서 국론이 둘로 갈라졌다. 이등박문(伊藤博文)과 같은, 정치에 관여하며 나이가 많고 벼슬이 높은 사람들은 자못 자중하여 늦추어 도모하자 하였으며, 성질이 날카롭고 민첩한 젊은 층과 민당(民黨) 일파들은 군사를 먼저 발하여 제지하여야 한다고 하였다. 만약 이때를 놓치고 도모하지 아니하면 50년이 지나지 않아서 동양 3국은 러시아가 병탄하지 않는 나라가 거의 드물 것이니, 쌓아 놓은 섶에 불씨를 두고 하루의 편안함을 꾀하려는 것은 옳지 못하다 하였다.

신문에서는 정부를 공격하여 각국으로 소식을 띄웠는데, 이등박문을 왕륜(王倫)[2]과 진회(秦檜)[3]에 비유함에 이르렀으며 수년간을 서로 버티었다. 그러나 러시아 사람들은 일본이 약소(弱小)하다 가벼이 보고 그들이 갑자기 전쟁을 일으킬 것을 생각하지 않았다. 이에 이르러 용병(用兵)할 것을 의결하고 선전포고문을 내려 한국 영토를 보전하겠으며 동양평화를 유지하겠다고 선언하였다. 이에 대산암(大山巖)을 육군 제독으로 삼고, 동향평팔랑(東鄕平八郞)을 수군 제독으로 임명하였다. 군함이 비밀리에 부산을 통과하여 속속 인천으로 향하자 기밀이 노출될 수밖에 없었다. 러시아인은 그 사실을 알게 되어 순양함 수척을 발하여 바다를 정찰케 하였다. 인천 팔미도(八尾島)에 이르러 일본 군함의 습격을 받고 선척이 모두 침몰하였다. 러시아와 일본의 화국(和局)은 이미 파괴되었고 동양 3국은 크게 놀랐다. 러시아인은 동부병을 일으켜 앞으로 나아가 적을 맞이하니 우리나라 서북 양계 지방이 먼저 참화를 받았다. 발

해만과 여순 사이에는 포차(砲車)와 화선(火船)이 서로 이어 겹겹이 싸여 있고 정고(鉦鼓)[4]의 소리가 천리에 들렸다.

**註解**

1) **힐박**(詰駁) : 힐책하고 논박함.
2) **왕륜**(王倫) : 중국 송나라 사람. 단(旦)의 족속으로 자는 정도(正道), 시호는 민절(愍節). 변경이 함락되자 흠종(欽宗)의 지(旨)를 받아 병부시랑이 되어 도민을 무마하였다.
3) **진회**(秦檜) : 송나라 강녕 사람. 자는 회지(會之), 정강(靖康) 초에 금나라에 잡혀갔다가 고종 초에 탈주하여 재상이 되었다. 화의를 주장한 인물임.
4) **정고**(鉦鼓) : 징과 북. 행군 때에 징을 치면 휴전의 신호로 군이 쉬고, 북을 치면 진군의 신호로 군이 움직임. 병사(兵事).

**原文**

십이월이칠일 왜인습아함우인천 파지 선시 갑오 고종
十二月二七日 倭人襲俄艦于仁川 破之 先是 甲午(高宗
삼십일년 지역 왜욕거료동 아인연락덕 법 협왜양료우
三十一年)之役 倭欲據遼東 俄人聯絡德·法 脅倭讓遼于
청 이대만교환 외차평화지명 이실욕승기자점 이규동양
淸 以臺灣交換 外借平和之名 而實欲乘機自佔 以窺東洋
야 급연군지첩 아입동삼성 탈여순구 관수육지충 유거전
也 及聯軍之捷 俄入東三省 奪旅順口 綰水陸之衝 有據全
료지형 왜인분기견기 우외기핍 루경힐박 약아철환 이아
遼之形 倭人憤其見欺 又畏其偪 屢經詰駁 約俄撤還 而俄
종불긍 우입용암포 액한청지요 세일장심 어시왜욕성죄
終不肯 又入龍岩浦 扼韓淸之要 勢日張甚 於是倭欲聲罪
쟁지 이강약불모 국론휴이 기처정지 이년관구고 여이등
爭之 而强弱不侔 國論携貳 其處政地 而年官俱高 如伊藤

박문일대 파지중완도 기봉예소배급민당일파 거욕선발제
博文一隊 頗持重緩圖 其蜂銳少輩及民黨一波 擧欲先發制
지 이위실금부도 불과오십년 동양삼국 불위아탄자기희
之 以爲失今不圖 不過五十年 東洋三國 不爲俄呑者幾希
불가조화적신 이행일일지안 기보관지공정부자 비전각국
不可厝火積薪 以幸一日之安 其報館之攻政府者 飛傳各國
지비박문어왕륜 진회 상지자수세 연아인막왜약소 불의
至比博文於王倫 · 秦檜 相持者數歲 然俄人藐倭弱小 不意
기졸발야 지시용병의결 하선전서 성언보전한국경토 유
其猝發也 至是用兵議決 下宣戰書 聲言保全韓國境土 維
지동양평화 내이대산암위륙군제독 동향평팔랑위수군제
持東洋平和 乃以大山巖爲陸軍提督 東鄕平八郎爲水軍提
독 병함잠과부산 육속향인천 기사파로 아인형지지 발순
督 兵艦潛過釜山 陸續向仁川 機事頗露 俄人詗知之 發巡
양함수척 정찰해면 지인천팔미도 위왜소습 전선침몰 아
洋艦數隻 偵察海面 至仁川八尾島 爲倭所襲 全船沈沒 俄
왜화국기괴 동양대진 아인기기동부병 전부영적 아국서
倭和局旣壞 東洋大震 俄人起其東部兵 前赴迎敵 我國西
북양계 선수기화 발해 여순지간 포차화선 수미사직 정
北兩界 先受其禍 渤海 · 旅順之間 砲車火船 首尾梭織 鉦
고지성 천리상문
鼓之聲 千里相聞.

일본인은 우리나라 주재 러시아 공사 파우로후(巴禹路厚)를 호위하여 본국으로 보내고, 러시아 주재 일본 공사 율야신태랑(栗野愼太郎) 또한 러시아 수도에서 독일의 수도로 옮기도록 하였다. 임금은 러시아 공관을 행궁(行宮)과 같이 보아왔기 때문에 지화(紙貨) 수십여 포대를 놓아두어 위급할 때 사용하려 하였는데, 이에 이르러 파우로후가 가지고 도망쳤다 하니 그

금액은 수백만 원에 이르렀다고 한다.

**原文**

倭人護駐我公使巴禹路厚 歸其國 倭駐俄公使栗野愼太郎 亦自俄京移駐德京 上視俄館如行宮 留紙貨十餘帒 以擬緩急 至是 路厚帶而走 蓋數百萬元云.

이재극(李載克)을 내부 대신으로 민영소(閔泳韶)를 농부 대신으로, 이지용(李址鎔)을 법부 대신으로 각각 삼았다.

**原文**

以李載克爲內部大臣, 閔泳韶爲農部大臣 李址鎔爲法部大臣.

양전(量田)을 끝낸 곳은 212개 군으로, 찾아낸 구결(舊結)은 1,004,066결이 되었다.

**原文**

量田已畢郡 爲二百一十二所 徵舊結爲一百萬四千六十六結.

이해에 일본은 크게 풍년이 들어 예상되는 쌀의 양이 가히 5,000만 석에 이르렀다.

**原文**

시 세 왜 대 유 년　예 산 미 액　가 지 오 천 만 석
是歲倭大有年　預算米額　可至五千萬石.

미국에 3형제가 있는데, 이들의 증손에 이르기까지 현재의 자손은 남녀 합해서 800명이라 한다.

**原文**

미 국 유 형 제 삼 인　지 우 증 손　현 존 자 손　남 녀 합 팔 백 구
美國有兄弟三人　至于曾孫　現存子孫　男女合八百口.

정부의 여러 신료들이 연명하여 소를 올려 김윤식(金允植)을 죽일 것을 청하였다. 사람들은 이르기를 후명(後命)[1]이 조석간에 있을 것이라 하였는데, 아라사와 일본간에 전쟁으로 인해서 조정에서는 경황이 없어 이 일이 중단되었다.

**註解**

1) 후명(後命) : 귀양살이를 하는 죄인에게 추후로 사약(賜藥)을 내려 죽이던 일.

**原文**

정 부 제 신 연 소　청 주 김 윤 식　인 위 후 명　조 석 차 하　이 인 아 왜
政府諸臣聯疏　請誅金允植　人謂後命　朝夕且下　而因俄倭

전역 조저황거 사득이
戰役 朝著惶遽 事得已.

이때 신문사의 수는 서울에 황성신문(皇城新聞)과 제국신문(帝國新聞)이 있는데, 이것은 우리나라 사람이 간행하는 것이다. 한성신보(漢城新報)·대동보(大同報)·기독교보(基督教報) 등은 외국인이 관리하였다. 인천에는 조선신보(朝鮮新報)·대한일보(大韓日報)·인천상보(仁川商報)가 있고, 옥구에는 군산보(群山報), 목포에는 목포신보(木浦新報), 부산에는 조선시보(朝鮮時報), 원산에는 원산신보(元山新報)가 있으며, 성진에는 북한시보(北韓時報) 등이 있었는데 또한 외국인이 내는 것이라고 한다.

**原文**

시시 보관지수 경사유황성신문 제국신문 아인소간행
是時 報舘之數 京師有皇城新聞·帝國新聞 我人所刊行

야 기한성신보 대동보 기독교보 외인관지 인천유조선
也 其漢城新報·大同報·基督教報 外人管之 仁川有朝鮮

신보 대한일보 인천상보 옥구유군산보 목포유목포신
新報·大韓日報·仁川商報 沃溝有群山報 木浦有木浦新

보 부산유조선시보 원산유원산신보 성진유북한시보 역
報 釜山有朝鮮時報 元山有元山新報 城津有北韓時報 亦

출외인운
出外人云.

일본인의 선전포고문을 생략하여 말하면 다음과 같다.

"우리 제국(帝國)이 한국을 보전함이 막중하다는 것은 하루 이틀된 일이 아니다. 이는 한갓 양국이 여러 대 관계를 맺어왔다는 것뿐이 아니며, 한국의 존망은 실제로 우리 제국의 안위(安危)와 관계되는 것이다. 그러나 저 러시아라는 나라는 비록 일찍이 청국과 함께 분명히 조약을 맺었고, 또한 열국에 대하여 여러 차례의 선언을 하였음에도, 오히려 만주를 점거하고 그들의 지위를 공고히 하며 마침내 병탄하려 한다. 만약 만주가 러시아에게 돌아간다고 하면 한국의 보전은 지탱할 수 없으며 극동의 평화도 가히 다시 바랄 수 없을 것이다."

**原文**

왜인선전서약왈 아제국지이보전한국위중야 비일일지
倭人宣戰書略曰 我帝國之以保全韓國爲重也 非一日之
고의 차부도인양국누세지관계이이 한국지존망 실제국안
故矣 此不徒因兩國累世之關係而已 韓國之存亡 實帝國安
위소유관야 연피아국자 수상여청국유명약 차대어열국
危所攸關也 然彼俄國者 雖嘗與淸國有明約 且對於列國
위누차지선언 연유점거만주 유공고기지보 종욕병탄지
爲累次之宣言 然猶占據滿洲 猶鞏固其地步 終欲倂呑之
약만주귀피 즉한국지보전 무유지지 극동지평화 불가부
若滿洲歸彼 則韓國之保全 無由支持 極東之平和 不可復
망운운
望云云.

梅泉野錄 卷之四

# 갑진(1904) 광무 8년

(청 광서 30년, 일본 명치 37년)

1월(춘정월), 박정양(朴定陽)을 탁지부 대신으로 삼고, 이용직(李容稙)을 학부 대신으로 삼았다가 바로 민영환(閔泳煥)으로 대신하게 하였다. 김가진(金嘉鎭)을 농부 대신으로 삼고, 이승우(李勝愚)를 충청북도 관찰사로 삼았다.

原文

春正月 以朴定陽爲度支大臣 李容稙爲學部大臣 旅以閔泳煥代之 金嘉鎭爲農部大臣 李勝宇爲忠北觀察使.

(1월) 일본인이 전보국(電報局)과 우체사(郵遞司)를 탈취하였다. 일본은 우리나라 사람이 러시아와 통하여 군사 기밀을 누설할까 염려한 나머지 전보국과 우체사를 탈취하여 자신들이 관리하였다. 전쟁을 끝내고 돌려줄 때까지 기다리라고 말했으나 그 후에도 그들은 그대로 점거하였으니 이로부터 우리 정부는 매년 세금 수백만 원을 잃게 되었다.

**原文**

왜 인 탈 전 보 국 　우 체 사 　왜 공 아 인 통 아 자 　설 기 군 기 　탈 전
倭人奪電報局·郵遞司 倭恐我人通俄者 泄其軍機 奪電
우 양 사 　자 관 지 　언 대 전 역 필 환 지 　이 기 후 　수 인 점 거 　자 시 국
郵兩司 自管之 言待戰役畢還之 而其後 遂因佔據 自是國
가 세 실 세 금 수 백 만
家歲失稅金數百萬.

일본인이 인천에서 서울로 계속해서 들어온 자는 군대가 5만여 명이며 군마가 1만여 필이다. 창덕궁(昌德宮)[1]·문희묘(文禧廟)[2]·원구단(圜丘壇)[3]·저경궁(儲慶宮)[4]·광제원(廣濟院)[5]·관리서(管理署)[6] 등을 빌려 들었는데 모두 18개 처에 연이어 군영을 삼고 주둔하였다. 그리고 서대문 밖 민가 수백 채를 사들여 헐어서 마구간을 만들었다. 또한 오강(五江, 한강) 연안에 천막을 치고 침처(寢處)를 만들었는데, 밥 짓는 연기가 수백 리까지 퍼졌다. 남쪽으로부터는 동래에서 대구로 나아가고, 남해에서 남원으로 나아갔으며, 군산에서 전주로 나아갔다. 서로(西路)에는 평양·삼화, 북로(北路)는 원산·성진으로 진출하였다. (부대의) 거리를 10리 내지 100리로 하여 차차 요동을 향해서 나아갔다. 이르는 곳마다 군기가 몹시 엄숙하여 감히 약탈 행위를 자행하는 일이 없었으며, 방문을 붙여 우리 국민에게 알리되 소란하여 동요하지 말라고 하였다. 그런 가운데 횡포하며 교활하여 불순한 자들은 모두 우리의 간민(姦民)들이 그렇게끔 인도한 것이다.

**註解**

1) 창덕궁(昌德宮) : 조선 왕조 역대의 왕이 정치하고 상주한 곳. 서울 원서동 소재.

2) 문희묘(文禧廟) : 정조의 아들 문효세자(文孝世子)를 모신 사당.

3) 원구단(圜丘壇) : 고려 때부터 천지(天地)를 제사하는 단. 현 조선호텔 구내에 있음.

4) 저경궁(儲慶宮) : 선조의 다섯째 아들 원종(元宗)의 생모 인빈 김씨의 사당. 본디는 인조(仁祖)의 잠저. 중구 소공동 한국은행 뒤편에 해당함.

5) 광제원(廣濟院) : 질병 구료에 관한 사무를 맡아보던, 내부(內部)에 속하는 관아.

6) 관리서(管理署) : 사찰 · 산림 · 성보(城堡)에 관한 사무를 맡아보는 궁내부에 딸린 마을.

**原文**

왜자인천 육속입경자 병오만여 마만여필 차창덕궁 문
倭自仁川 陸續入京者 兵五萬餘 馬萬餘匹 借昌德宮·文
희묘 원구단 저경궁 광제원 관리서 범십팔처 연영
禧廟·圜丘壇·儲慶宮·廣濟院·管理署 凡十八處 連營
둔주 매서문외민가수백구 절위마구 우어오강연안 결막
屯駐 買西門外民家數百區 折爲馬廐 又於五江沿岸 結幕
침처 연화긍수백리 기자남방자 유동래추대구 유남해추
寢處 烟火亘數百里 其自南方者 由東萊趨大丘 由南海趨
남원 유군산추전주 서로즉평양 삼화 북로즉원산 성진
南原 由群山趨全州 西路則平壤·三和 北路則元山·城津
상거백십리 차차향료동진발 소지군기심숙 무감사략 장
相距百十里 次次向遼東進發 所至軍紀甚肅 無敢肆掠 張
방유민 무자소요 이기횡활불순자 개아간민도지
榜喩民 毋滋騷擾 而其橫猾不馴者 皆我姦民導之.

일본군의 군량과 무기와 마초(馬草)·콩은 배로 운반해 와서 많이 쌓아 놓았다. 군량미는 한 포대가 5, 6말〔斗〕을 지나지 않았는데, 보리나 혹은 황두(黃豆)로 쌀은 5분의 1정도 섞여 있고 모두 소금물에 담근 것이었다. 군량 운반자를 모집하자 많은 사람이 달려 왔는데 10리에 우리나라 돈 1냥씩을 주었다. 우리나라 관리를 시켜서 관리케 했는데, 관리들은 서로 속임수를 써서 일본인이 10전을 주었으면 고용인은 단지 5전만을 받는 일도 있었다. 또한 볏짚·죽간(竹竿)·목판(木板)·닭과 계란 등을 민가에서 징수했으며, 부호들에게는 쌀을 내놓게 하여 일본인들은 제값을 쳐서 지급했는데 우리 관리들은 훔쳐 먹고 의젓하게 떳떳한 녹봉같이 생각했다. 혹은 일본인과 결탁해서 백성을 협박하는 자도 있었다.

## 原文

왜량계추두 선운산적 양일포불과오육두 이혹맥혹황두
倭糧械芻豆 船運山積 糧一包不過五六斗 而或麥或黃豆
미거오지일 개지염 임고각치신지 십리직아전일냥 사아
米居五之一 皆漬鹽 賃雇脚致汎地 十里直我錢一兩 使我
관리관지 관리호위기모 유왜급십전 이고민지령오전자
官吏管之 官吏互爲欺冒 有倭給十錢 而雇民只領五錢者
우징고갈 죽간 목판 계급란어여염 책부호출미 왜급
又徵藁秸·竹竿·木板·鷄及卵於閭閻 責富戶出米 倭給
준직 이관리양절 염연여상봉 혹유결왜이혁민자
準直 而官吏攘竊 恬然如常俸 或有結倭以嚇民者.

군량미 매 포대당 백 리 정도 운반하는 것으로 계산하면 운반비와 군량미 값이 서로 맞먹는 값이었다. 혹은 내륙에 쌓아 두었다가 갑자기 또한 해구(海口)로 실어 나르기도 하여 그 군량미를 옮기는 비용은 가히 숫자로 계산할 수 없을 정도였다고 한다. 호남 지방으로 말하면 남원 광한루에 쌓아둔 것이 6만 포나 된다고 하니 나머지는 추측할 수 있을 것이다. 어떤 이는 말하기를 일본은 갑신년(1882)부터 20년 동안 힘을 길러서 한 번 싸워 청나라를 이기고 또한 러시아에 적용하려고 공사의 재물을 아껴 군대 양성에 오로지 힘써왔다. 무릇 상비병이 40만, 예비 병력이 40만, 순라병(巡邏兵)이 또한 20만으로, 합해서 1백만 명이나 되며 식량을 쌓아둔 것이 가히 10년을 지탱할 수 있는 양이라고 한다. 우리나라 돈을 긁어모은 것이 우리나라가 현재 가지고 있는 액수보다 많았으며, 그것으로 인부들에게 뿌린 돈은 모두 녹이 슬고 헐은 것이었다. 그것은 수십 년간을 쌓아두었기 때문이라고 한다.

**原文**

계 매 포 재 운 백 리 기 고 치 여 량 가 상 등 혹 유 적 치 내 지 이 선
計每包纔運百里 其雇直與糧價相等 或有積置內地 而旋

우 퇴 수 해 구 자 기 왕 래 지 비 불 가 수 계 이 호 남 언 지 적 남 원
又退輸海口者 其往來之費 不可數計 以湖南言之 積南原

지 광 한 루 자 가 육 만 포 즉 여 류 추 혹 언 왜 자 갑 신 축 력 이 십
之廣寒樓者 可六萬包 則餘類推 或言倭自甲申 蓄力二十

년 일 전 극 청 인 우 욕 용 아 색 공 사 지 재 전 력 어 병 범 상 비 병
年 一戰克淸人 又欲用俄 嗇公私之財 專力於兵 凡常備兵

사 십 만 예 비 병 사 십 만 유 요 우 이 십 만 합 백 만 지 수 이 적 속
四十萬 預備兵四十萬 游徼又二十萬 合百萬之數 而積粟

가 지 십 년 취 아 전 과 어 재 아 지 수 기 산 고 치 야 전 개 수 후 개
可支十年 聚我錢過於在我之數 其散雇直也 錢皆銹朽 蓋
적 수 십 년 자 운
積數十年者云.

남원(南原)과 구례(求禮)에 주둔하고 있는 일본군은 단지 수백 명으로 서로 교대하며 저장한 양곡을 지켰다. 다른 곳도 또한 그러했다. 저들은 대병력이 장차 이를 것이라 말하였으며, 임금은 연도의 군(郡)에 칙지하여 길을 닦으라고 하였다. (그들은) 달포간 아무 말이 없더니 양곡을 수비하던 군인들도 차차 돌아갔다. 그것은 대개 불의의 사태를 염려하여 거짓 소문을 내어 대중들을 현혹시키려 거짓말을 하였던 것이다.

**原文**

왜 재 남 원 구 례 자 지 수 백 인 윤 환 래 왕 간 호 양 저 이 이 타
倭在南原·求禮者 只數百人 輪換來往 看護糧儲而已 他
처 역 연 성 언 대 병 장 계 상 칙 연 군 치 도 이 이 적 연 월 여 수 왜
處亦然 聲言大兵將繼 上飭沿郡治途 已而寂然月餘 守倭
초 초 귀 개 유 유 소 시 방 이 궤 언 혹 중 야
稍稍歸 蓋猶有所猜防 而詭言惑衆也.

명을 내려 정권(인사권)을 부(府)와 부(部)에 돌려주었으며 매관(賣官)의 길을 막았다. 당시 서울 성안은 크게 진동하고 사방으로 피난하였으며, 떠도는 말이 잇달아 일어나 장차 일본이 유구(琉球, 오키나와)와 안남(安南, 베트남)의 예와 같이 우리나라를 차지할 것이라고 하였다. 임금은 몹시 두려워하여 드디어

내비(內批)를 거두고, 제신들을 불러 각자 급무(急務)를 아뢰게 하였다. 사람들은, "성문은 닫혔어도 언로(言路)는 열렸다." 고 말했다.

**原文**

명 환 정 권 우 부 부 색 매 관 지 로 시 도 하 대 진 피 란 사 출 부 언
命還政權于府部 塞賣官之路 時都下大震 避亂四出 浮言
서 흥 위 왜 장 처 아 국 여 유 구 안 남 지 예 상 대 구 수 철 내 비
胥興 謂倭將處我國 如琉球・安南之例 上大懼 遂輟內批
소 제 신 각 진 급 무 인 위 성 폐 언 로 개
召諸臣 各陳急務 人謂城閉言路開.

은화(銀貨) 28만 원, 삼편주(三鞭酒, 샴페인) 20병, 왜주(倭酒) 30병, 소 50두(頭), 권연(卷烟) 100상자, 천구연초(天狗烟草) 300상자, 지권연 3만 갑을 일본 군영에 하사하여 호궤하도록 하였다.

**原文**

내 하 은 화 이 십 팔 만 원 삼 편 주 이 십 병 왜 주 삼 십 병 우
內下銀貨二十八萬元・三鞭酒二十甁・倭酒三十甁・牛
오 십 두 권 연 일 백 상 천 구 연 초 삼 백 상 지 권 연 삼 만 갑 이
五十頭・卷烟一百箱・天狗烟草三百箱・紙卷烟三萬匣 以
호 왜 영
犒倭營.

일본인이 이용익(李容翊)을 붙잡아 자기 나라로 송치하였다.

이용익은 러시아와 일본간의 전쟁이 발발한 것을 보고 시국이 갑자기 변하여 비화(蜚禍)를 입을까 두려워 10여 일간을 몰래 숨어 있었다. 사람들은 그가 도망하였다고 하여 공격하는 자가 위기(蝟起)[1]하였다. 윤웅렬(尹雄烈)은 재차 상소하여 복주(伏誅)를 청하기에 이르렀다. 일본은 이용익이 본래 아당(俄黨)이니 중간에서 불편한 일을 일으킬까 염려하고 그를 붙잡아 일본에 송치한 것이다. 이근명(李根命)은 처음에 그가 일본인에게 죽임을 당했다고 인정하고 복주를 청함에 힘을 다했다. 일본의 협박을 받고 있다는 소문을 듣자 또한 자신이 망발한 허물로 돌렸다. 이 말을 들은 사람들은 비웃었다고 한다.

## 註解

1) 위기(蝟起) : 벌 떼같이 일어남. 고슴도치의 털이 곤두섬. 사태가 엉클어져 일어남.

## 原文

왜인집이용익 송우기국 용익견아 왜기흔 시국졸변 공
倭人執李容翊 送于其國 容翊見俄・倭起釁 時局猝變 恐
중비화 잠닉십여일 인이위도 공자위기 윤웅렬지재소청
中蜚禍 潛匿十餘日 人以爲逃 攻者蝟起 尹雄烈至再疏請
주 왜이이용익 본아당 려종중위경 유집지송우일본 이근
誅 倭以李容翊 本俄黨 慮從中爲梗 誘執之送于日本 李根
명시인기견살우왜 청주심력 급문위왜소겁 우인기망발지
命始認其見殺于倭 請誅甚力 及聞爲倭所劫 又引其妄發之
구 문자소지
咎 聞者笑之.

우리 정부는 일본 공사 임권조(林權助)와 더불어 '한일의정서(韓日議定書)'를 체결하였다. 그 대략은 다음과 같다.

제1조, 조선과 일본의 두 제국은 항구적으로 변함이 없는 친교를 보지(保持)하며 동양의 평화를 확립하고자, 이후로부터 한국 정부는 마땅히 일본 정부를 확신하고, 모든 정치상의 개혁에 관하여 충고하는 바가 있으면 모두 듣고 따라야 한다.

(제2조는 생략됨)

제3조, 한국의 독립 및 그 영토 보존에 있어서 일본 정부는 확실한 보장을 한다.

제4조, 한국이 만약 제3국으로부터 침해를 받거나 혹은 내란이 일어날 것 같으면 일본 정부는 가히 기회나 고비에 따라 필요한 조치를 집행할 수 있도록 하며, 한국 정부는 일본 정부의 행동에 대해서 완전히 편의 행사(便宜行事)한 권한을 허락한다. 일본 정부는 이 항목들의 목적을 달성하기 위하여 모든 군사 전략상 필요한 지점은 모두 상황에 따라 수용(收用)할 수 있도록 한다.

**原文**

정부여왜공사임권조 정립한일의정서 약왈
政府與倭公使林權助 訂立韓日議定書 略曰.

제일조 조일양제국 인욕보지항구불역지친교 확립동양
第一條 朝日兩帝國 因欲保持恒久不易之親交 確立東洋

지평화 자후한국정부 당확신일본정부 범기관어정치상지
之平和 自後韓國政府 當確信日本政府 凡其關於政治上之

개혁 유소충고 개청종지 제삼조 일본정부어한국지독립
改革 有所忠告 皆聽從之 第三條 日本政府於韓國之獨立

及其領士保全 爲確實之保障 第四條 韓國若遇第三國之侵害 或遇內亂 日本政府得可執行臨機必要之措置 而韓政府對於日本政府之行動 許以完全便宜行事之權 日本政府因欲達此項之目的 凡軍略上必要之地點 皆得臨機收用.

민병석(閔丙奭)은 자기 처를 보내 임권조(林權助)와 내통하게 하였다. 종종 밤을 지내기도 하여 서울에서는 "숲속에서 자느라 돌아오지 않네(林間宿不歸)"라는 노래가 불리었다.

**原文**

閔丙奭遣其妻 通權助 往往經宿 京師爲之謠曰 林間宿不歸.

외국으로 입적(入籍)하는 자를 금지시켰다. 갑신정변(甲申政變) 이후 역도들이 체포망을 뚫고 연달아 해외로 도망하여 각자 소재지에 따라서 입적하였다가 기회를 타서 본국으로 돌아왔다. 이들은 외국인 세력을 빙자해서 국왕을 능모(凌侮)하고 조신(朝紳)들을 핍제(逼制, 위압)하였다. 서재필은 임금께 신하라 칭하지 아니하기에까지 이르렀으나 사람들은 누가 어떻다고 말 한마디 못했다. 그러므로 불량한 무리들 중에 본국에 살고 있으면서 외국인으로 입적한 자가 가히 헤아릴 수 없었다. (이런 자들은) 차츰 조금이라도 거슬리는 일을 당하면 팔을 걷어붙이고 꾸짖어 말하기를, "나는 아무 나라 사람이지 조선 사람이 아니다."라고 외쳤다. 이용익(李容翊) 또한 러시아에 입적하였다.

**原文**

禁入籍外國者 甲申(高宗三十一年)以後 逆徒漏網連逃海外 各從其所在入籍 乘便還國 藉外人之勢 凌侮君上 逼制朝紳 徐載弼 至不稱臣於上 而人莫誰何 故無良之徒 處本國 而投籍於外者 不可勝數 稍有忤者 扼腕詬曰 我某國人也 非朝鮮人也 李容翊 亦入俄籍.

평안남도 지방대 군사들이 박천(博川)에서 러시아 군대와 싸워 35명을 사살하는 전과를 올렸다. 당시 러시아 군대는 압록강 서쪽 지역에 있는 부대가 수개의 진영을 옮겨와서 일본 군대를 유인했으며, 또한 기병(奇兵)[1]을 발하여 두만강을 따라 남쪽으로 건너왔다. 청비(淸匪)들을 몰아 선봉을 삼아서 서북지방 여러 군읍으로 흩어져 들어왔으나 감히 그 예봉에 대항할 자가 없었다. 평안남도의 순초병(巡哨兵)[2]이 갑자기 박천 들판에서 이들과 만나 회피할 길이 없어서 드디어 사력을 다해서 싸웠다. 남녀 피난민들이 큰 소리로 외치며 관군을 도와서 러시아군은 드디어 패주하였고 관군은 사상자가 없었다. 다음날 일본군이 와서 격전지를 돌아보고 좋아하며 말하기를, "한국 사람도 또한 능히 적병을 죽였다." 하고, 후히 호궤한 다음 돌아갔다.

**註解**

1) **기병**(奇兵) : 적을 기습하는 군대.
2) **순초병**(巡哨兵) : 돌아다니며 적의 사정이나 정세를 살피는 군사.

**原文**

평남대병 거아우박천 격참삼십오급 시아재압수이서자
平南隊兵 拒俄于博川 擊斬三十五級 時俄在鴨水以西者

질수수진이유왜 이우발기병 종두만남도 구청비위전봉
迭輸數陣以誘倭 而又發奇兵 從豆滿南渡 駈清匪爲前鋒

산입서북제군 무감영기봉자 평남순초 졸우어박천지야
散入西北諸郡 無敢嬰其鋒者 平南巡哨 猝遇於博川之野

회피무로 수수사전 남부피란자 눌함조세 아수패주 이관
回避無路 遂殊死戰 男婦避亂者 吶喊助勢 俄遂敗走 而官

군무사상 명일 왜래관전지이왈 한인역능살적 후호이거
軍無死傷 明日 倭來觀戰地訑曰 韓人亦能殺賊 厚犒而去.

러시아의 서북부에 가살극(哥薩克, 코사크)이 있는데 그 사람들은 용감하고 사나우며 악독하여 유럽 사람들이 두려워하였다. 우리나라 사람들에게 와전되기를, 가살극의 군인들은 꼬리가 있는데 아직 진화되지 못했으며, 인육(人肉)을 먹어 양식을 삼는다고 하였다. 바야흐로 우리 경내에 들어와서 짓밟으며 남하하였다. 안주(安州)의 백성 중에 다 자란 암말〔牝馬〕을 잡아매고 편자를 입히다가 갑자기 러시아 군대를 만나 말을 풀지도 못하고 달아났다. 러시아 군인들은 그 암말을 보더니 번갈아 음란한 짓을 하였다고 한다. 어떤 이는 말하기를, "이들은 가살극이기에 성품이 가장 음탕하여 부인을 만나면 노소를 가리지 않고 문득 범하여 하루에 숫양〔牡羊〕 같이 수십 합을 하여 그들이 지나는 곳에는 부인의 그림자도 없었다."고 한다. "또한 의심이 많아서 매양 약탈을 함에 4, 5인이 모여 있는 것을 보면 감히 침입하지 못한다. 먹을 것을 보면 꼭 소나 말같이 생것을 씹어 먹으며 기마를 잘하여 한 번 휘파람을 불며 달리면 눈 깜짝할 사이에 몇 십리를 달음질한다. 용모는 비록 몹시 사납다고 하나 사람을 만나면 죽이지 아니하고 도리어 부드러운 모습을 보인다. (그렇지만) 보기만 해도 문득 어금니를 가는 자는 오직 일본인뿐이다."라고 하였다.

이때 일본군은 황해를 장악하고 있기 때문에 자기 나라의 군량과 무기를 운반하는 선박 외에 다른 나라 선박들의 통행을 허락하지 않았다. (또한) 다른 배로 우리나라 사람으로 분장하여 서북 지방을 출입하며 러시아의 병세를 정탐했으나 러시아는 그것을 알고 엄히 수색하여 머리를 깎은 자를 보면 가차 없이 죽였다. 그런 까닭에 승도(僧徒)들이 죽은 자가 수백 명이었다고 한다. 그때 날씨가 몹시 추워 사람들은 방한모를 쓰고 있었는데 러시아 군인이 그것을 보면 바로 칼끝으로 모자를 들추어 머리를 깎았는지 안 깎았는지를 확인하였다고 한다.

**原文**

俄之西北部 有哥薩克 其人勇悍獰惡 爲歐洲所畏 東人訛傳 哥薩克兵 有肉尾未化 食人爲粮 方入我境 蹂踐南下 安州民 有縛牝馬鑿蹄者 猝遇俄兵游奕 未解馬而走 俄兵見其牝 環淫之 或曰 此哥薩克也 性最淫 遇婦女 無問老少 輒犯之 一日數十合 如牡羊 故所過無婦人影 又多疑 每行掠 見四五人團聚 則不敢入 遇食料 必生啖之如牛馬 善騎馬 一嘯而馳 瞥眼十數里 貌雖甚獰 逢人不殺 反有呴呴之色 見輒磨牙者 惟倭人而已 是時倭人布黃海 除運其國糧械外 勿許通行 他船扮作我人裝 出入西北以偵俄 俄知之 嚴搜索 見剃頭者輒殺之 故僧徒死者數百人 時天寒 人戴煖帽 俄遇之 卽用刀尖剔之 驗其剃否.

현영운(玄映運)을 주일 공사로 임명했으니 조민희(趙民熙)를 대신한 것이다. 현영운의 집안은 서울의 역관 신분으로 그의 조부는 일본 역관으로 오랫동안 동래에 머물러 있었으며, 기생을 거느려 그의 부친을 낳았다. 그의 부친 또한 아들이 없어서 매첩(買妾)하여 현영운을 낳았다. 현영운이 이미 성장하여 일본에 건너간 지 10여 년에 부인을 데리고 돌아와서 일본 정세를 임금께 알려서 크게 총애를 받았다. 또한 일본 기생을 대궐에 들여보내 자기의 일본인 부인과 함께 교대로 출입하니 일시에 세력을 떨쳤다.

**原文**

以玄映運爲駐倭公使 代趙民熙 映運家世京中舌人 其祖以倭譯 久留東萊 蓄妓生其父 父又無子 買妾生映運 映運旣長 入倭十餘年 携婦而歸 以知倭情聞于上 大被寵昵 又進倭妓于大內 與其倭婦 交關出入 勢傾一時.

일본 대사 이등박문(伊藤博文)이 내한했다. 이보다 앞서 일본인이 보도한 바에 의하면, "우리 일본은 한국의 국정이 더욱 어지러워지는 것을 민망하게 여겨 궐내에서 모여 그 방략(方略)을 논의하였다. 황제는 '조선의 임금과 재상을 바꾸고 싶다'고 하였고, 아무개 친왕(親王)은 대만(臺灣)과 같이 한국을 관할해야 할 것이라 하였는데, 오직 이등박문은, 마땅히 한국 조정에 경고를 하고 그래도 고쳐지지 않으면 기다렸다가 서서히 도모함이 좋겠다." 라는 내용이었다. 대개 저들은 우리와 결탁한 것이 무르녹아 감에 따라 일찍이 하루도 우리나라를 잊은 적이 없었는데, 이등박문이란 자가 서서히 취하는 계책을 행하여 만전을 도모하고자 함이었다.

이등박문은 그 이름이 서양에까지 알려져서 중국의 이홍장(李鴻章)과 더불어 동아시아의 인걸로 칭하여졌다. 이때에 이르러 연로하여 자못 자중하는 자세를 견지하였는데, 러시아와의 싸움이 전개됨에 따라 더욱 우리나라의 비중이 중요하게 되어 스스로 내한하여 경략하기를 청했던 것이다. 임금은 민영환(閔泳煥)에게 명하여 그를 영접하게 하였는데 의장을 매우 성대하게 하였다. 당시 의론은 필시 이등박문이 비상한 행동이 있을 것이라 여겼는데, 임금을 알현함에 있어 정중히 예의를 갖추어 힘써 일에 정진하며, 우리 정부의 구태를 고치고 새로운 것을 좇을 것을 권고하였다. 겉으로는 악의가 없어 보였지만 임금은 그의 성망과 위세에 눌려서 열흘 남짓 사이에 내부(內部) 사람을 잘 고르도록 칙명을 내려 지시하고 궁중의 극장을 철거했다. 이등박문이 돌아감에 미처 도성을 빠져나가자마자 내비(內批)가 다시 내려졌다. 이때 서울에서는 '8일 동안 청명(淸明)'이라는 노래가 불려졌는데, 이등박문이 서울에 머무른 것이 8일간이었기 때문이다.

**原文**

왜대사이등박문래 선시왜인보장 유왈 아일본민한정유
倭大使伊藤博文來 先是倭人報章 有曰 我日本憫韓政愈

란 회의방약우궐중 황제 욕변치군상 모친왕즉욕자위관
亂 會議方略于闕中 皇帝 欲變置君相 某親王則欲自爲管

轄 如臺灣 惟博文以爲 當警告韓廷 待其不悛 可徐圖之云云 蓋其醞釀締搆 未嘗一日忘我國 而博文者 欲行其緩取之謀 期圖萬全也 博文名聞外洋 與中國李鴻章 幷稱東亞人傑 至是 年老頗持重 及搆俄釁 尤以我國爲重輕 自請前往經略 上命閔泳煥迎之 儀衛甚盛 時議以博文必有非常之擧 及陛見 雍容將禮 勉以淬厲 告政府改舊從新 泛觀無惡意 然上讋其聲威 旬日之間 勅內部擇人 輟宮中劇場 及其歸 甫出城 而內批又下 京師爲之謠曰 八日淸明 以博文留館八日也.

주청 공사 박제순(朴齊純)을 교체하여 돌아오게 하고 민영철(閔泳喆)로 대신하였다.

**原文**

駐淸公使朴齊純遞還 以閔泳喆代之.

이도재(李道宰)를 내부 대신으로 삼았다. 이도재는 충청남도 관찰사가 되어 길을 가다 수원에 이르러 소명을 받았다. 이때 군소배들 가운데 아라사당이 많아 바깥의 여론이 자자했다. 일본은 먼저 한국 정부를 개혁하여 안을 돌아보는 근심을 없도록 한 연후에 나아가 러시아 군대와 결전을 벌려야 할 것이라고 생각했다.

혹자는 시류를 타고 권세를 잡은 자들을 다 죽여서 민중의 분노를 씻어주어야 한다고도 하였다. 강석호(姜錫鎬)·이근택(李根澤) 등은 일본 공사 임권조(林權助)에게 뇌물을 후하게 주어 양해를 구해 놓았다. 이로 말미암아 내부 대신의 자리가 비어 있었으나 다투어 구하려는 자가 없었다. 열흘 사이에 이헌영(李鑢永)·조병호(趙秉鎬)·이재극(李載克)·민영환(閔泳煥) 등이 아침에 임명되었다가 저녁에 체직되는 등 내부(內部)는 마치 여인숙과도 같았다. 이도재는 인망이 높아 임명을 받게 된 것이다.

**原文**

이이도재위내부대신 도재이충남관찰사 행도수원피소
以李道宰爲內部大臣 道宰以忠南觀察使 行到水原被召
시시군소다아당 외의자자 이왜선개혁정부 무내고지우
是時群小多俄黨 外議藉藉 以倭先改革政府 無內顧之憂
연후 진여아결 혹언진주시귀 이설중노 강석호·이근택
然後 進與俄決 或言盡誅時貴 以洩衆怒 姜錫鎬·李根澤
등 후뢰왜사임권조 이구해 유시내부궐 이무경구자 십일
等 厚賂倭使林權助 以求解 由是內部闕 而無競求者 十日
지간 이헌영·조병호·이재극·민영환 조배석체 부사여
之間 李鑢永·趙秉鎬·李載克·閔泳煥 朝拜夕遞 部舍如
역여 도재이인망피명
逆旅 道宰以人望被命.

일본인들이 영호남 연안의 각군에 들어가 거주하였는데, 거제군(巨濟郡)·지도군(智島郡) 등에는 그들의 숫자가 모두 천백을 헤아릴 정도였다.

**原文**

왜 인 입 양 연 군 거 지　여 거 제　지 도 제 군　구 이 천 백 계
倭人入兩沿郡居之 如巨濟·智島諸郡 俱以千百計.

주일 공사 현영운(玄映運)이 극력 사퇴하여, 조민희(趙民熙)에게 그대로 머물러 있으면서 공사(公使)의 일을 수행하도록 명하였다.

**原文**

주 왜 공 사 현 영 운 역 사　명 조 민 희 유 행 사 사
駐倭公使玄映運力辭 命趙民熙留行使事.

이중하(李重夏)를 평안남도 관찰사로 삼고, 이종건(李鍾健)을 강원도 관찰사로 삼았으며, 홍만식(洪萬植)을 황해도 관찰사로 삼았다. 홍만식은 그 아버지 홍순목(洪淳穆)이 그의 아우 홍영식(洪英植)의 반역죄에 아직 연루되어 있다 하여 의리를 들어 강력히 사퇴하였다. 세 번 상소를 올려 체직을 허락받았는데, 비지(批旨)에 '역안(逆案)에 그가 이미 신원이 되었다는 증거가 없다'고 하였다. 사람들은 이로써 임금이 갑신정변의 여러 적당들에 대해서 끝내 마음이 풀리지 않았다는 것을 알았다.

**原文**

이이중하위평남관찰사 이종건위강원관찰사 홍만식위
以李重夏爲平南觀察使 李鍾健爲江原觀察使 洪萬植爲
황해관찰사 만식이기부순목 상좌기제영식역안 인의역사
黃海觀察使 萬植以其父淳穆 尙坐其弟英植逆案 引義力辭
삼소허체 비지 어역안부증기이경신설 인이시지상지어갑
三疏許遞 批旨 於逆案不證其已經伸雪 人以是知上之於甲
신 고종삼십일년 제적 종미석연야
申(高宗三十一年)諸賊 終未釋然也.

이지용(李址鎔)을 보빙대사(報聘大使)[1]로 삼아 일본에 파견하였다.

**註解**

1) 보빙대사(報聘大使) : 국제간에, 답례로서 외국을 방문하는 대사.

**原文**

이이지용위보빙대사 전부일본
以李址鎔爲報聘大使 前赴日本.

1월 29일 무신, 명헌태후(明憲太后)를 경릉(景陵)[1]에 부장(祔葬)하였다. 임금은 대궐문 밖에 나가 전송할 예정이었으나 의정 이근명(李根命)이 아뢰어 중지하도록 하였다. 당시 일본 군대가 도성에 가득하여 분위기가 어수선하고 불안했기 때문이었다. 사람들은 갈장(渴葬)[2]이 부득이한 것이라고는 하지만, 그 실상은 임금이 명헌태후를 박대하였던 관계로 상례도 한결같이 간소한 쪽을 따른 것이지 오로지 일본 군대 때문만은 아니었다.

인산(因山) 후에 예궐하는 백관들이 하얀 관모에 띠를 둘렀는데 임금은 손을 저으며, “지금 무슨 상복이 중하길래 보기 좋지 않은 상복을 지키려 하는가?” 하였다. 이로 말미암아 대궐 안은 모두 오모(烏帽)와 흑대(黑帶)를 착용하였다.

전주 아전 백남신(白南信)은 지방대의 향관(餉官, 식량 공급책)으로 이용익(李容翊)에게 줄을 대어 임금과 통하게 되었다. 임금에게 바친 물건이 매우 풍성하였는데, 매년 궁중의 접부채는 모두 백남신이 주관하게 되었다. 이해 여름 국휼(國恤, 國喪)이 났기 때문에 소선(素扇) 3만 자루를 받쳤는데 임금이 이를 뿌리쳤다. 백남신은 황공하고 겁이 나서 어쩔 줄을 몰랐는데 누군가가 말하기를, 장식 없는 흰 부채 때문이라고 하였다. 백남신은 다시 먹감나무로 그 자루에 상감을 하고 부채살에 그림을 찍어서 흰 부채를 바꾸어 올렸더니 비로소 받아들이라는 명을 내렸다.

**註解**

1) **경릉**(景陵) : 구리시에 소재한 동구릉의 하나. 헌종의 능.
2) **갈장**(渴葬) : 예월(禮月)을 기다리지 않고 급히 장사 지내던 일.

**原文**

이십구일무신 부장명헌태후우경릉 상장지송우문외 의
二十九日戊申 祔葬明憲太后于景陵 上將祗送于門外 議

정이근명주지지 시왜병만성 경색창황 인위갈장지부득이
政李根命奏止之 時倭兵滿城 景色倉皇 人謂渴葬之不得已
이기실상박어명헌 상례일종구간 부전유왜야 급인산후
而其實上薄於明憲 喪禮一從苟簡 不專由倭也 及因山後
백관예궐자 포모대 상휘수왈 금하중상 이수차순흉지복
百官詣闕者 布帽帶 上揮手曰 今何重喪 而守此純凶之服
호 유시궐내 개오모흑대
乎 由是闕內 皆烏帽黑帶.

전주이백남신 이대병향관 교결이용익 이통우상 진헌심
全州吏白南信 以隊兵餉官 交結李容翊 以通于上 進獻甚
풍 매세궁중절선 남신주지 시하 국휼진소선삼만접 상각
豐 每歲宮中節扇 南信主之 是夏 國恤進素扇三萬摺 上却
지 남신황구부지소출 혹왈순소고야 남신개이오시겸기병
之 南信皇懼不知所出 或曰純素故也 南信改以烏柿鉗其柄
락화기간 이난기소이진지 시명수지
烙畫其幹 以亂其素而進之 始命受之.

2월, 관리서(管理署)[1]를 폐지하고 그 건물을 신문사(新聞社)에 하사하였다.

**註解**

1) **관리서(管理署)** : 전국의 산림·성보(城堡)·사찰을 관장하던 궁내부 소속의 관리서. 후에 내부관방으로 바뀌었다.

**原文**

이월 폐관리서 이기옥우사신문사
二月 廢管理署 以其屋宇賜新聞社.

장호익(張浩翼) · 조택현(趙宅顯)을 참형에 처하고 김형섭(金亨燮) · 김의선(金義善) · 김교선(金敎先) · 방영주(方泳柱) · 김홍진(金鴻鎭) · 김영소(金永韶) · 김석구(金錫求) · 유성준(兪星濬) · 김봉석(金鳳錫) 등에게 차등을 두어 유배 보냈다. 지난 경자년(광무 4, 1900) 봄에 장호익 등은 유학생으로 일본에 있으면서 유길준(兪吉濬) · 이겸제(李謙濟) · 이범래(李範來) 등의 여러 범인들과 피를 마시며 동맹하고 권자(卷子)를 만들어, '혁명혈약(革命血約, 혁명할 것을 피로써 약속한다)'을 하고, 그 조목에 다음과 같이 썼다.

"하나. 대황제를 폐한다.

하나. 황태자를 폐한다.

하나. 유길준과 조희연(趙羲淵) 등으로 정부를 조직한다."

이에 이르러 일이 발각되었는데 유길준 등은 아직도 도피 중이었고 나머지는 모두 형률에 따라 처리되었다. 유성준(兪星濬)은 유길준의 아우이다.

**原文**

斬張浩翼 · 趙宅顯 流金亨燮 · 金義善 · 金敎先 · 方泳柱 · 金鴻鎭 · 金永韶 · 金錫求 · 兪星濬 · 金鳳錫等有差 往庚子(光武四年)春 浩翼等以 學生在日本 與兪吉濬 · 李謙濟 · 李範來諸犯 歃血同盟 立卷曰革命血約書 其目曰 一,廢大皇帝 一,廢皇太子 一,以兪吉濬 · 趙羲淵等 祖織政府

지 시 사 발 길 준 등 상 재 도 여 개 조 율 성 준 길 준 지 제 야
至是事發 吉濬等尙在逃 餘皆照律 星濬·吉濬之弟也.

전라북도 관찰사 김명수(金命洙)가 이용익(李容翊)의 당에 연좌되어 면직되었다. 김명수는 강직하여 지조를 굽히지 않는 성격으로 잘못에 대해 엄하게 처리하여 관내가 숙연하였다. 이에 백성들은 그가 떠나는 것을 애석해 여겼다.

**原文**

전 북 관 찰 사 김 명 수 좌 이 용 익 당 면 명 수 강 항 박 격 소 부 숙
全北觀察使金命洙 坐李容翊黨免 命洙强項搏擊 所部肅
연 민 석 기 거
然 民惜其去.

(2월) 함경남도 관찰사 서정순(徐正淳)을 면직시키고 이헌경(李軒卿)을 대신 임명했다. 서정순은 세 번이나 함경남도 관찰사를 지냈는데, 혜정(惠政)을 베풀어 백성들이 그의 공덕을 추사(追思)[1]하여 노래 불렀다. 이때에 함경남북도의 여러 군에서 동학교도가 치열하게 일어났다. 서정순은 동학의 괴수 3인을 죽이고 그 당을 해산하라고 타일러 차츰 실마리를 찾을 수 있었다. 그런데 그가 면직되자 다시 궤열(潰裂)[2]되었다.

**註解**

1) **추사**(追思) : 지나간 일을 뒤좇아 생각함.
2) **궤열**(潰裂) : 뿔뿔이 해져 갈라지거나 찢어짐.

**原文**

咸南觀察使徐正淳免 李軒卿代之 正淳三莅咸南 惠政甚洽 民追思歌之 是時 關南北諸郡 東學大熾 正淳誅其魁三人 喩散其黨 稍有緖 而及其遞復潰裂.

이항의(李恒儀)를 충청남도 관찰사에 임명하고, 이용관(李容觀)을 평안북도 관찰사에 임명하였다. 평안북도는 러시아와 일본 양국군에게 유린되어 아전과 백성들이 모두 흩어졌고, 10개 군이 연달아 한 사람의 관원도 남아 있지 않았다. 관찰사도 결원된 지 이미 반년이나 되어 사람들은 모두 마음에 꺼리어 피했다. 임금은 정부에 명하여 마땅한 사람을 추천케 하여 드디어 이용관을 임명하였는데, 그것도 잠깐 있다가 이용관과 이중하(李重夏)에게 평안남북도의 안무사를 겸직시켰다. 이중하는 혼자서 말을 타고 부(部)를 순시하며 온갖 괴로움을 무릅쓰고 백성들을 어루만져 주니 당시 사람들은 맡은 바 직책을 다한다고 칭찬하였다.

**原文**

以李恒儀爲忠南觀察使 李容觀爲平北觀察使 平北爲俄倭蹂躪 吏民俱散 連十郡無一官 觀察使缺已半年 而人皆厭避 上命政府會推 遂命容觀 已而以容觀及李重夏兼南北

道按撫使 李重夏單騎巡部 櫛風撫綏 時稱盡職.

경운궁(慶雲宮)에 큰 불이 일어났다. 8, 9년 동안의 토목공사가 모두 불에 탔으며, 여러 왕대의 보옥(寶玉)과 공사(公私)의 문적이 모두 불에 타 없어졌다. 그나마 남아 있는 곳은 정부(政府)·궁내부(宮內府)·원수부(元帥府)뿐이었다. 임금은 윤용선(尹容善)을 중건 제조로 삼고 시일을 끌지 않고 조속히 중건하려고 내탕금 2백만 원을 내어 공사를 진행코자 하였다. 그러나 영국 공사와 일본 공사가 춘궁기라 재정이 딸리니 마땅히 역사(役事)를 중지해야 한다고 주장하였다. 임금은 부득이 명을 거두어 즉조당(卽祚堂)만을 건축하고, 나머지 전각(殿閣)들은 잠시 추수기를 기다려 짓기로 하였다.

**原文**

慶雲宮大火 八九年土木之工皆燬 累朝寶玉 公私之籍 俱燼 所餘者政府·宮內部·元帥府而已 上以尹容善爲重建提調 不日營建 出帑金二百萬元以濟之 英·倭公使 以春荒財絀 宜停役 上不得已命止 建卽祚堂 其餘殿閣 姑待秋成.

효혜전(孝惠殿)의 졸곡제(卒哭祭)를 물렸는데, 화재 때문이었다.

**原文**

퇴효혜전졸곡제 화재고
退孝惠殿卒哭祭 火災故.

이하영(李夏榮)을 외부 대신으로 삼았다. 이하영은 일본에 의지해서 일을 하며 경재(卿宰)의 권한을 뛰어넘었다. 무릇 본국과 틈을 만들어내는 것은 대개 그의 비밀 모의가 많았기 때문이었다.

**原文**

이이하영위외부대신 하영의왜용사 엽치경재 범조흔본국 개다기밀모
以李夏榮爲外部大臣 夏榮倚倭用事 躐致卿宰 凡造釁本國 蓋多其密謀.

철도를 부산에서 부설하기 시작했는데, 청도군 성현(省峴) 땅에 이르러 구리광맥과 석탄광맥을 얻었다.

**原文**

철도지기부산자 도청도군성현지 득동맥 석탄맥
鐵道之起釜山者 到淸道郡省峴地 得銅脈 · 石炭脈.

일본인들이 평양에 들어가 선화당(宣化堂)에 거처하고, 또 풍경궁(豊慶宮)을 빌리는데 허락을 얻었다가 사양하였다.

**原文**

왜 입 평 양 처 선 화 당 우 차 풍 경 궁 득 허 이 사 지
倭入平壤處宣化堂 又借豊慶宮 得許而辭之.

아라사와 일본이 여순(旅順) 입구에서 서로 대치하였다. 여순은 발해(渤海) 제일의 요충지로서 아라사가 먼저 점거하고 수비를 매우 엄히 하였다. 일본군이 죽음을 무릅쓰고 돌진하였는데 끝내 내놓게 할 수 없었고 상호 사상자만 많이 내었다.

**原文**

아 왜 상 거 우 여 순 구 여 순 위 발 해 제 일 요 애 아 선 거 지 수
俄 · 倭相距于旅順口 旅順爲渤海第一要隘 俄先據之 守
비 심 엄 왜 모 사 돌 범 종 부 득 하 호 유 사 상
備甚嚴 倭冒死突犯 終不得下 互有死傷.

밀양(密陽) 표충사(表忠寺)에 큰 불이 나 100여 칸을 태웠다. 절에는 사당(祠堂)만이 온전하였는데, 승의장(僧義將) 휴정(休靜)을 모시는 사당이었다.

**原文**

밀 양 표 충 사 대 화 소 백 여 간 사 유 전 사 사 승 의 장 휴 정
密陽表忠寺大火 燒百餘間 寺有全祠 祀僧義將休靜.

3월, 지계아문(地契衙門)과 혜민원(惠民院)을 모두 폐하고, 탁지부에 양지국(量地局)을 설치하였다.

**原文**

삼 월 지 계 아 문 혜 민 원 구 폐 설 양 지 국 우 탁 지 부
三月 地契衙門 · 惠民院俱廢 設量地局于度支部.

내부 대신 이도재(李道宰)가 면직되고, 이용태(李容泰)가 대신하도록 했다. 이도재가 군수 19명을 제수할 것을 아뢰었는데, 일체 뇌물과 청탁을 사절하고 재주가 뛰어난 자를 선발하니, 사람들이 그의 공평함에 감복하였다. 조병식(趙秉式)이 그것을 질시하여 소를 올렸는데, "이도재가 주본(奏本)을 만들 때 정부에서 하지 않고 사저에서 하여 정격(政格, 인사에 관한 규례)을 어겼다."고 트집을 잡으니, 이도재는 드디어 극력 사퇴하였다. 이용태가 옆길을 뚫어 자리에 나가니 여론이 그를 비루한 사람이라고 하였다. 윤창근(尹昌根)과 박항래(朴恒來) 등은 이도재에 의해 발탁된 사람들인데 모두 능리(能吏, 유능한 관리)로 이름이 있었다.

**原文**

내 부 대 신 이 도 재 면 이 용 태 대 지 도 재 주 제 군 수 십 구 명 병
內部大臣李道宰免 李容泰代之 道宰奏除郡守十九名 屛
포 저 절 청 탁 견 발 재 준 인 복 기 공 조 병 식 질 지 상 소 알 기 주
苞苴 絶請託 甄拔才俊 人服其公 趙秉式嫉之 上疏訐其奏
본 지 수 불 우 정 부 이 우 사 제 유 위 정 격 도 재 수 력 사 용 태 이
本之修 不于政府而于私第 有違政格 道宰遂力辭 容泰以

방기진 물론비지 윤창근 박항래등 위도재소탁 이구이
旁岐進 物論鄙之 尹昌根 · 朴恒來等 爲道宰所擢 而俱以
능이명
能吏名.

(3월) 서북 지방의 여러 군으로 부임하는 군수의 여비를 다시 책정하고 각부(府)와 관찰사에게까지 혜택이 돌아가도록 하였다. 갑오경장 초기에는 부와 군에는 모두 여비가 있어서 다시 백성에게 거두지 말도록 하였다. (그런데) 이미 수년이 지났어도 관찰사나 군수들은 구습을 그대로 이어받아 여비를 받아들였으며 또한 민간에게서 부마(夫馬)의 값을 징수하였다. 조정에서는 그것을 미워하여 여비를 마침내 삭제하기에 이르렀다. 이에 이르러 함경도와 평안도 변경 지방은 약탈과 피폐가 심한 까닭에 관직에 부임하려는 사람이 없었다. 이에 다시 그 관습, 여비를 회복시켜 그곳으로 빨리 부임하기를 권장하였다. 또한 관찰사에게 주어진 책임은 무겁고 봉록은 박해서 혜택이 돌아가도록 두루 미쳤다. 그러나 이때에 부와 군의 피폐한 정치로 백성들은 척박하게 되고 관원들은 비대하게 됨이 옛날과 같이 쇄신되지 않고 왕왕 더 지나침이 있었다.

**原文**

갱정서북군수부임여비 이급각부관찰사 경장지초 부군
更定西北郡守赴任旅費 以及各府觀察使 更張之初 府郡
개유여비 무부렴민 기수세 부군지관 솔종구습 기취여비
皆有旅費 毋復斂民 旣數歲 府郡之官 率踵舊習 旣取旅費

우징부마지치어민간 조정오지 비수견삭 지시양계창잔
又徵夫馬之直於民間 朝廷惡之 費遂見削 至是兩界創殘
인무부관자 내복지 이권기용부 차이도신임중록박 편급
人無赴官者 乃復之 以勸其勇赴 且以道臣任重祿薄 遍及
지 연시시 부군폐정 소이척민이비관자 무불복구 왕왕유
之 然是時 府郡弊政 所以瘠民而肥官者 無不復舊 往往有
증선자
增羨者.

주 러시아 공사 이범진(李範晋)을 소환했는데, 그는 조칙을 받들지 않았다. 당초 이범진은 러시아의 군사 지원을 끌어들여서 을미정국(乙未政局)을 바꾸어 놓았으니, 항상 하루아침에 화가 발생할 것을 두려워하여 이에 외국 공사로 나갈 것을 기도하였다. 미국 공사로부터 러시아 공사로 부임하면서 온 가족을 거느리고 들어가 10년이 되어도 환국하지 않았다. 임금은 좋지 않게 생각했으나 오래 되었다고 하여 어찌할 도리가 없었다. 이윽고 그의 아들 이기종(李璣鍾)이 들어와 임금을 알현하니 임금은 도리어 직위를 높여 주고 사랑하였다. 이범진은 그것을 헤아려 깨닫고 벙어리가 되고 장님이 되었다고 핑계하고 전보로 상주하여 후임 공사를 대신 파견해 줄 것을 청하였던바, 실은 돌아올 뜻이 없어서 그랬던 것이다. 러시아와 일본이 전쟁을 하게 되니 일본은 이범진이 아당(俄黨)이라 소환시켜 처벌하려 하였다. (이범진이) 전보로 상주하되 러시아인은 군사 6백만을 발하여 요동을 구원한다고 하였으며, 시기는 6월경이 될 것이라 하였다. 이에 일본의 분노를 격동시키고 국민을 움직이게 하기를 바랐었던 것이다. 어쨌든 이범진은 변함없이 기세가 고상(翺翔)[1] 자약하였다.

### 註解

1) 고상(翺翔) : 새가 높이 나는 모양. 방황함. 득지(得志)한 모양.

### 原文

소 환 주 아 공 사 이 범 진  범 진 불 봉 조  초 범 진 인 아 원  환 을 미
召還駐俄公使李範晋 範晋不奉詔 初範晋引俄援 換乙未
고 종 삼 십 이 년  정 국  상 공 일 조 화 발  내 도 사 외  자 미 이 아
(高宗三十二年)政局 常恐一朝禍發 乃圖使外 自美而俄
전 가 수 왕  십 년 불 귀 국  상 겸 지  이 무 여 지 하 기 구  급 기 자 기
全家隨往 十年不歸國 上嗛之 而無如之何旣久 及其子璣
종 입 현  반 가 작 질 이 총 지  범 진 췌 지 지  탁 아 여 맹  전 주 청 대
鍾入見 反加爵秩以寵之 範晋揣知之 托啞與盲 電奏請代
임  실 무 환 의  급 아 왜 연 병  왜 이 범 진 당 아  욕 득 이 감 심 언  전
任 實無還意 及俄倭連兵 倭以範晋黨俄 欲得以甘心焉 電
주  아 인 발 병 육 백 만 원 료 동  기 재 육 월 운  기 이 격 왜 노  이 감
奏 俄人發兵六百萬援遼東 期在六月云 冀以激倭怒 而撼
국 민  연 범 진 고 상 자 여
國民 然範晋翺翔自如.

이근교(李根敎)를 경기도 관찰사로, 주석면(朱錫冕)을 강원도 관찰사로, 성기운(成岐運)을 경상남도 관찰사로, 김도수(金島洙)를 황해도 관찰사로, 이윤용(李允用)을 전라남도 관찰사로 삼았다. 김도수는 고사하였지만, 외직에 보임하는 은전을 베푼 것이다.

**原文**

이 이 근 교 위 경 기 관 찰 사 주 석 면 위 강 원 관 찰 사 성 기 운 위
以李根敎爲京畿觀察使 朱錫冕爲江原觀察使 成岐運爲
경 남 관 찰 사 김 도 수 위 황 해 관 찰 사 이 윤 용 위 전 남 관 찰 사 도
慶南觀察使 金島洙爲黃海觀察使 李允用爲全南觀察使 島
수 고 사 시 이 보 외 지 전
洙固辭 施以補外之典.

서울에 정예소(淨穢所)[1]를 설치하고 위원을 두어 감독하게 하였다. 일본인들이 우리 서울은 오물이 도랑과 길에 가득 차서 냄새를 풍기고 독기를 내뿜는다고 했기 때문이다. 이때에는 또 군대가 발흥하여 인마가 부산하게 휩쓸려 다녀서 더욱 악취가 심하였다. 내부(內部)로 하여금 방곡(坊曲)[2]에 엄히 신칙(申飭)[3]하여 날짜를 잡아 소제(掃除, 청소)하도록 하고 집집마다 오줌통을 묻어서 길가에 냄새나는 것이 보이지 않도록 하고, 길에 오물을 버리지 말도록 하였다. 이를 어기는 자는 벌금을 물렸다.

**註解**

1) **정예소**(淨穢所) : 청소 등 환경을 관리하기 위한 부처.
2) **방곡**(坊曲) : 리(里) 단위의 마을.
3) **신칙**(申飭) : 단단히 타일러 조심함.

**原文**

경 사 설 정 예 소 치 위 원 이 동 지 왜 인 이 아 경 혼 예 영 구 도 훈
京師設淨穢所 置委員以董之 倭人以我京溷穢盈溝 塗薰

양려독 시우군흥 인마잡답 우소기악 사내부엄칙방곡 각
釀沴毒 時又軍興 人馬雜沓 尤所忌惡 使內部嚴飭坊曲 刻
일소제 가매시통 도물견예 위도자벌환
日掃除 家埋屎桶 道勿見穢 違道者罰鍰.

익명서(匿名書)가 종로거리에 나붙었는데, "청룡(靑龍)의 옛적에, 송림(松林) 사이에 변고(變故)가 있으니 호랑이 꼬리가 먼저 감추었다."라는 내용이었다.

**原文**

유익명서 괘우종가왈 청용지석 송림유변 호미선 일본
有匿名書 掛于鍾街曰 靑龍之昔 松林有變 虎尾先(一本
작공 장
作共)藏.

4월, 이재극(李載克)을 학부 대신으로 삼았다.

**原文**

하사월 이이재극위학부대신
夏四月 以李載克爲學部大臣.

(4월) 러시아〔俄國〕와의 화친을 끊었다고 외국에 포고하였다. 임금은 아의(雅意)[1]로 러시아에 호감을 가지고 있었으나 일본의 협박으로 겉으로는 국교의 단절을 표시하였는데, 러시아도 또한 그것을 알고 있었다. 일본군과 러시아군이 관북 지방에서 맞부딪쳤을 때 우리 평양대 5백 명을 선봉에 세웠다. 러시아인은 평

양대 대장을 불러서 사적으로 말하기를, "당신 나라가 이제 우리와 절교를 하였으나 갑오년(1894) 청일 전쟁 때 청국과 단절한 양상과 같으니, 모두 일본인의 의사 때문일 것이다. 또한 당신들은 우리와 적이 아니니 우리들은 당신네들을 죽이지 않겠다. 그러니 모두 흩어져 돌아가서 두 나라간의 화기(和氣)를 손상시키지 마시오." 하니, 평양대 군사들은 그 말대로 각자 도망쳐 돌아왔다고 한다.

**註解**

1) **아의**(雅意) : 고상한 취미. 좋게 생각하여 여김. 남의 뜻을 존경하여 일컫는 말.

**原文**

절아인화 포고외국 상아의향아 이박어왜 외시절약 아
絶俄人和 布告外國 上雅意嚮俄 而迫於倭 外示絶約 俄
역지지 급왜거아우관북 이평양대오백위선봉 아인초대장
亦知之 及倭距俄于關北 以平壤隊五百爲先鋒 俄人招隊長
사어왈 여국금차절아 유갑오 고종삼십일년 지절청 개왜
私語曰 汝國今此絶我 類甲午(高宗三十一年)之絶淸 皆倭
의야 차여비오적 오불여살 여기감귀 물상양국화기 대병
意也 且汝非吾敵 吾不汝殺 汝其敢歸 勿傷兩國和氣 隊兵
여기언 각자주환
如其言 各自走還.

일본인에게 진황지(陳荒地)[1]를 빌려 주기로 하여 드디어 어공원(御公院)을 세우게 되었다. 당초 일본인들은 우리나라 영토에 식민사업(植民事業)을 벌이고자 하여, 더욱이 진황지로 개간되지 않은 지역을 눈독을 들였다. 대개 우리나라의 원야(原野) · 산림 · 강해(江海) · 제언(提堰)[2]이 있는 곳마다 황폐해져 이익이 많은 곳이지만 아깝게 버려진 곳이 많았다. 이해 봄에 일본 공사 임권조(林權助)가 휴가를 얻어 본국에 돌아가고, 공사 서리 추원수일(萩原守一)이 자국 상인 장삼등길(長森藤吉)과 함께 비밀히 음모하여 임금께 힘써 청하되, 개간지를 빌려 주어 납세를 받아들일 것 같으면 두 나라가 모두 이익을 얻을 수 있다 하였다. 이하영(李夏榮)과 현영운(玄映運) 등이 또한 종용하였다. 임금은 이하영에게 외부(外部)에서 조인하고 계약하되 50년 기한을 두는 것으로 허락하였다. 이에 서울 장안이 흉흉하고 동요되었으며 일본이 장차 우리 땅을 군현으로 삼는다 하니 임금은 비로소 후회하였다. 급기야 어공원(御公院)을 창설하고 진황지의 세금을 담당케 하여 왕의 사탕(私帑, 개인 재산)에 소속되도록 하였다. 그것은 일본인에게 빌려주는 것을 막으려는 것이었으나 그것으로 그치고 미치지 못하였다.

**註解**

1) **진황지**(陳荒地) : 손을 대서 않아 묵고 거칠어진 땅.
2) **제언**(堤堰) : 강이나 바다의 일부를 가로질러 둑을 쌓아 물을 가두어 두는 구조물.

**原文**

허차진황지우왜 수건어공원 초왜인욕식민아지 이우유
許借陳荒地于倭 遂建御公院 初倭人欲殖民我地 而尤流

연우진황미간지구 개아국원야 산림 강해 제언 소재
延于陳荒未墾之區 蓋我國原野·山林·江海·堤堰 所在
황폐 이수지가석자실다 시년춘 임권조청가귀국 서리추
荒廢 利藪之可惜者實多 是年春 林權助請暇歸國 署理萩
원수일 여기상민장삼등길 밀모력청우상 여득차간납세
原守一 與其商民長森藤吉 密謀力請于上 如得借墾納稅
즉양국구리 이하영 현영운등 우종용지 상사하영조외부
則兩國俱利 李夏榮·玄映運等 又慫慂之 上使夏榮調外部
인 작계허지 이오십년위한 어시도하흉요 이왜장군현아
印 作契許之 以五十年爲限 於是都下洶擾 以倭將郡縣我
야 상역회지 수창어공원 이진황지세속지 위사탕 개욕색
也 上亦悔之 遂創御公院 以陳荒地稅屬之 爲私帑 蓋欲塞
왜인지차 이이무급의
倭人之借 而已無及矣.

진황지(陳荒地)에 관한 허차약안(許借約案)을 요약하면 다음과 같다

1. 한국의 내부(內部)에 소속한 토지 및 관청에서 관할하는 토지로서 개간되지 않은 것은 모두 장삼등길(長森藤吉)에게 넘겨서 자본을 모아 개간 사업을 하도록 한다.

2. 장삼등길이 개간한 이상의 토지는, 개량한 이후에 곡식을 심고, 목축·어업·수렵 등 이익이 되는 사업은 모두 장삼등길에게 귀속시켜 전적으로 경영하도록 하며, 또한 그에게 완전한 사용권이 있다.

3. 개간 후 5년은 조세를 바치지 아니하고, 5년 이후 사업을 경영하여 이득이 있을 것 같으면 현재 이미 개간한 토지와 같은 세율로 한국 정부에 세금을 납부한다. 단 천재·시변(時變)

· 수한(水旱) 같은 것을 만나서 수확한 것이 부족되면 그 조세를 감해 주든가 혹은 면제해야 한다.

4. 본 계약은 각 부분을 경영하는 것으로 말미암아 경영이 이미 완성한 후로 기산(起算)하여, 무릇 50년을 만기로 삼고 만기 후에는 서로 상의하여 다시 속약(續約)할 수 있다.

**原文**

약안략왈
約案略曰

한국내부소속토지급관업토지미경개간자 실귀장삼
一, 韓國內部所屬土地及官業土地未經開墾者 悉歸長森
집자본종사개간 장삼개간이상지토지 이개량지이후
集資本從事開墾 二,長森開墾以上之土地 而改良之以後
종식 축목 어렵등유리사업 실귀장삼전권변리 차유완
種植 · 畜牧 · 漁獵等有利事業 悉歸長森全權辨理 且有完
전사용지권 개판오년불납조세 오년이후 약소경영사
全使用之權 三,開辦五年不納租稅 五年以後 若所經營事
업 기유이 즉여현재이개벽지토지 납동률지세어한정부 단
業 旣有利 則與現在已開闢之土地 納同率之稅於韓政府 但
우천재 시변 수한지류 목확부족 즉기조세혹감혹면
遇天災 · 時變 · 水旱之類 牧穫不足 則其租稅或減或免 四,
본약 유소경영각부분경이완성지후 기산 범오십년위만기
本約 由所經營各部分經已完成之後 起算 凡五十年爲滿期
만기지후 상의재속
滿期之後 商議再續.

임금께서 '염근공신 이안사민(廉勤公信 以安斯民, 청렴 · 근면 · 공정 · 신뢰로 백성을 편안케 함)' 여섯 글자를 친필로 써서 중앙과 지방에 반포하고, 관청에는 이를 새겨서 걸어놓도록 하였다. 전 의관 안종덕(安鍾悳)이 소를 올려 그 뜻을 설명해서 임금이 청렴하지도 않고, 근면하지도 않고, 공정하지도 않고, 믿음도 없다는 실책을 들어 공박하였다. 그 상소의 내용은 다음과 같다.

"사사로이 살펴보건대, 폐하께서는 임오년(고종 19, 1882) 이후로 무릇 환란이 있을 때마다 문득 조칙을 내렸는데, 애통해하며 측달(惻怛)[1)]해 하는 마음이 어찌 절실하고 지극하지 않은 적이 있었습니까? 또 어찌 일찍이 청렴 · 근면 · 신뢰를 기약하지 않은 적이 있습니까마는 일찍이 얼마 지나지 않아서 오히려 전과 다름없이 되고 말았습니다. 지금 조정의 신하들은 너나할 것 없이 보궤(簠簋)[2)]의 부끄러움이 있으며, 군현의 백성들은 거개가 먹을 것이 없어 굶주림이 심각하며, 회뢰(賄賂)[3)]가 저자를 이루었고, 관기(官紀)가 뒤섞여 어지러움이 넘치고, 탐학(貪虐)[4)]하여 한없는 욕심이 충만할 뿐만 아니라 도적들이 횡행하니, 과연 그 까닭이 어디에 있다고 생각하십니까? 이 모두 폐하의 청렴치 못한 데서 말미암은 것입니다. 대저 탁지부의 정공(正供, 조세)은 모두 폐하의 소유입니다. 또 어찌하여 별도로 내장원(內藏院)을 설치하고, 취렴(聚斂)[5)]을 일삼는 신하를 시켜서 일국의 재정을 주관하고, 탁지부에 속하는 것까지 다 긁어가도록 하신단 말입니까? 이에 탁지부의 경상비용이 고갈되었다고 알리면 문득 내탕(內帑)이라 칭하고, 대여하는 식으로 충당케 하고는 또 뒤따라 나라 빚같이 갚으라고 독촉하고 있습니다. (중략) 사사로이 행하는 것을 그만두게 하고 한결같이 신뢰로써 그것을 고수해야 할 것입니다. 이와 같이 수년간을 실행해도 정치가 다스려지지 않고, 국력이 떨치지 못하며, 재정이 부유해지지 못하고 병력이 강해지지 못하며, 사방 이웃이 복종하지 않는다면, 청컨대 신의 무망(誣妄)의 죄로써 죽여 주십시오.

폐하께서는 이미 염 · 근 · 공 · 신에 뜻을 두어 백성을 편안히 하는 것을 근본으로 삼으시고, 군신들이 거기에 도달하지 못함을 책하시니, 이는 바로 어지러움이 극에 달하여 잘 다스려지는 세상을 그리워하는 때라, 위기를 바꾸어 안정으로 삼으실 수 있는 기회가 되겠습니다. 그런 까닭에 신은 감히 거리낌 없이 말씀을 올려 만의 하나라도 유신의 정치에 도움이 되기를 바랍니다. 신의 한 몸의 화복(禍福)을 꾀하려는 바가 아니옵니다.

바라옵건대 폐하께서는 신의 마음을 살피시어, 조금이라도 남을 나무라고 비웃음에서 나왔다면 곧 주륙(誅戮)의 형을 가하시어 인신의 불공(不恭)을 경계하실 것이요, 그것이 만약 충정과 사랑에서 나와 자기 몸을 생각하지 않았다면 살펴 받아들이시고 실천하여 주신다면 천만 다행이겠습니다. 혹시라도 그것을 버려두고 살피지도 않으신 채 죄 주지도 않으시거나, 또 받아들이지도 않으시고 지난번 신료들의 연소(聯疏)와 같이 하신다면, 오직 신은 죽어도 여한이 없을 뿐만 아니라 또한 성주(聖主)께서 신하를 신(信)으로 대하는 바가 아니라고 생각됩니다.

이 소(疏)는 무릇 만여 글자인데 대강 추려서 기록한 것이다.

## 註解

1) **측달**(惻怛) : 가엾게 여기어 슬퍼함.
2) **보궤**(簠簋) : 제향(祭享) 때 쓰는 보(簠)와 궤(簋). '보'는 나라에 제사 지낼 때 서직(黍稷, 메기장과 찰기장)을 담는 대로 만든 제기(祭器). 안이 둥글고 바깥이 네모짐. '궤'도 같은 뜻으로 쓰임. 보와 달리 청렴하지 못하고 탐학한 신하를 탄핵하는 말. '보궤불식(簠簋不飾)'으로 쓰인다.
3) **회뢰**(賄賂) : 사사로운 이익을 꾀하기 위하여 권력자에게 비밀히 주는 정당하지 못한 돈이나 물자.
4) **탐학**(貪虐) : 탐욕이 많고 포학함.
5) **취렴**(聚斂) : 백성의 재산을 욕심내고 함부로 거두어들임.

## 原文

상어서 염근공신이안사민팔자 반중외 각게관청 전의관
上御書 廉勤公信以安斯民八字 頒中外 刻揭官廳 前議官
종덕상소 연기지 공상불염 불근 불공 불신지실 소략
鍾悳上疏 演其旨 攻上不廉·不勤·不公·不信之失 疏略
왈
曰.

절관폐하 임오 고종십구년 이후 범유환난 첩하명조 이
竊觀陛下 壬午(高宗十九年)以後 凡有患難 輒下明詔 而
애통측달지지 하상불절지 역하상불이염 근 공 신위
哀痛惻怛之旨 何嘗不切至 亦何嘗不以廉·勤·公·信爲
기야 증미기시 유부전일 금조정지신 구유보궤지수 군현
期也 曾未幾時 猶夫前日 今朝廷之臣 俱有簠簋之羞 郡縣
지민 거절저유지탄 회뢰성시 이관방효람 탐학충계이도
之民 擧切杼柚之歎 賄賂成市 而官方淆濫 貪虐充谿而盜
적충척 차기고하야 개유폐하지불염야 미탁지정공 개폐
賊充斥 此其故何也 皆由陛下之不廉也 未度支正供 皆陛

하유야 우하별설내장원 필사취렴지신 주일국재정지응
下有也 又何別設內藏院 必使聚斂之臣 主一國財政之應
속탁지자이진괄지 어시탁지경용고갈 즉첩칭내탕 이대충
屬度支者而盡括之 於是度支經用告竭 則輒稱內帑 而貸充
지 우종이책기상 약국채 중약 행지사즉이지 일이신고
之 又從而責其償 若國債(中略) 行之私則已之 一以信固
수지 여시수년 이정불리 국부진 재불부 병력불강 이사
守之 如是數年 而政不理・國不振 財不富 兵力不强 而四
린불복 즉신청복무망지주의 폐하기유의어염 근 공
隣不服 則臣請伏誣妄之誅矣 陛下旣有意於廉・勤・公・
신 이위안민지본 이책군신지불능도달 차정염난사치 전
信 以爲安民之本 而責群臣之不能導達 此正厭亂思治 轉
위위안지기야 고신능언지불휘 서기만일유보어유신지화
危爲安之機也 故臣能言之不諱 庶幾萬一有補於維新之化
이신신화복 비소계야 원폐하찰신지심 약일호출어방산
而臣身禍福 非所計也 願陛下察臣之心 若一毫出於謗訕
즉즉가주륙 이경인신지불공자 약기출어충애 이부지유신
則卽加誅戮 以警人臣之不恭者 若其出於忠愛 而不知有身
즉행찰납이치행언 여혹치지불성 기부죄지 우불납지 여
則幸察納而致行焉 如或置之不省 旣不罪之 又不納之 如
향시신료지연소 즉불유신유유감 역비성주소이대하이신
向時臣僚之聯疏 則不惟臣有遺憾 亦非聖主所以待下以信
야운운
也云云.

소범만여언 개종절록
疏凡萬餘言 概從節錄.

전 의관 정기조(鄭耆朝)・전 참봉 최동식(崔東植)・유생 김기우(金箕佑)・정동시(鄭東時) 등이 일본이 진황지(陳荒地)를 강제로 조차(租借)[1]한 데 항의하고 저지하기 위해 13도에 통문을 보내 모두 서울에서 집회를 가졌다.

**註解**

1) 조차(租借) : 특별한 합의에 따라 어떤 나라가 다른 나라 영토의 일부를 빌려, 일정 기간 통치하는 일.

**原文**

전의관정기조 전참봉최동식 유생김기우 정동시등
前議官鄭耆朝 · 前參奉崔東植 · 儒生金箕佑 · 鄭東時等
이왜늑차진황지 항의저격 통문십삼도 제회경사
以倭勒借陳荒地 抗議沮格 通文十三道 齊會京師.

일본 공사 임권조(林權助)는 자국의 백기(伯耆) · 인번(因幡) · 단마(但馬) · 단후(丹後) · 구주 연해를 교차 방식으로 우리 어민에게도 어채(漁採) 활동을 할 수 있도록 청해 와서 그것을 허락했다. 일본인이 우리 연해에서 어채 활동을 한 지 벌써 10년이 되어 동해로는 동래 · 울산으로부터, 서해에는 대동강 하류 · 의주에 이르기까지 돛단배가 바다를 덮었으며 우리 어민들은 직업을 잃고 할 일 없이 한숨을 쉬고 있었다. 임권조는 겉으로 민망스럽게 생각하는 체하고 우리 정부에 청하여 우리 어민으로 하여금 자국 연해에 출어(出漁)토록 하고, 20년으로 한정하여 교역하는 체하였다. 조정은 이러한 것을 알렸으나 우리 어민들은 그것을 비웃고 응하는 자가 없었으니, 단지 공문을 보내서 알린 데 그쳤을 뿐이다.

**原文**

倭公使林權助 請以其國之伯者·因幡·但馬·丹後·九州沿海 互借我民漁採 許之 倭之漁于我海 已十年 東自萊·蔚 西至浿·灣 帆檣蔽海 我民失業喁喁 權助假意憫念 請政府使民移漁于其國 限二十年 有若交易然 朝廷報聞 然民笑之 無應者 只文移而已.

서북 사람으로 재주와 명망이 있는 자를 뽑아서 본도의 군수로 임명하여 보내라고 명했다. 러시아와 일본이 서로 싸워 러시아가 비록 여러 차례 패했으나 바로 후속 부대가 이르러 군대가 더욱 많아지니 두만강 일대는 연달아 병화를 입어 천리에 밥짓는 연기가 그쳤다. 고을마다 군수의 자리에 있던 자는 도망하여 없고 새로 임명된 자는 이르지 않아서 이민(吏民)들은 의지할 바를 모르고 황황히 도망하여 피난하였으니, 대체로 몽고와 거란〔哈丹〕족이 침입한 이래 일찍이 볼 수 없었던 일이다. 그러므로 정부는 임금께 이 사실을 알려서 이러한 명령이 내려지게 된 것이나 길이 막혀서 서로 소식을 들을 수 없었다.

**原文**

命擇西北人才望者 差本道郡守送之 俄·倭相拒 俄雖屢

패 패자패이속지유중 두만일대 연피분탕 천리무인연 군
敗 敗者敗而續至愈衆 豆滿一帶 連被焚蕩 千里無人烟 郡
수재관자도 신차자미지 이민무소의 황황분찬 개몽고
守在官者逃 新差者未至 吏民無所依 遑遑奔竄 蓋蒙古·
합단이래 소미유야 고정부백상 유시명 이로경불상문
哈丹以來 所未有也 故政府白上 有是命 而路梗不相聞.

이때에 조야(朝野)가 모두 생각하기를, '일본인은 그래도 사람이라 할 수 있으나 러시아인은 짐승과 같다. 혹 일본을 이겨 석권하여 남으로 내려올 것 같으면 우리 인종은 장차 멸망할 것이다.' 하여 모두를 일본이 이기고 러시아가 패망하기를 빌었다. 그래서 가서 일해 줄 것이 있으면 물자를 수송해 주는 노고를 사양하지 않았다. 그렇지만 이는 일본인들이 속내를 감추고 오로지 싸워서 이기고 볼 것이며, 우리를 해치려는 그들의 생각이 선전포고 하던 날부터였음을 알지 못한 것이다.

**原文**

시시조야함이위왜유인야 아즉수이 약승왜 즉석권남하
是時朝野咸以爲倭猶人也 俄卽獸耳 若勝倭 則席捲南下
인종장멸 거축왜승아패 고소재왕역 불사수운지노 이부
人種將滅 擧祝倭勝俄敗 故所在往役 不辭輸運之勞 而不
지왜포장화심 고재어선전지일
知倭包藏禍心 固在於宣戰之日.

경무사 신태휴(申泰休)가 유녀(游女)들을 한군데로 모아 구역을 달리 해서 살아가도록 하였다. 옛 제도에는 외국 남녀와

교간(交奸)하는 자는 죽였었으나, 개항 후로 금지하였던 것이 조금씩 풀려 이미 동서양이 엇비슷하게 처하자 드디어 도저히 막을 수 없이 되었다. 이윤용(李允用)은 서양 여자를 첩으로 삼았고 송병준(宋秉畯)은 일본 여자를 첩으로 삼았다. 왕왕 외국 여자들을 축첩하지 못한 것이 못난 것처럼 여겨졌다. 경향 각지의 유녀(遊女)들은 일본 여자 행세를 하다 금방 서양 여자 행세를 하며 두 어깨를 드러내고 내방객을 기다려, 보는 사람들이 낯을 가렸다. 신태휴는 이것을 미워하여 힘써 유녀들을 몰아서 한 곳에다 모아 살게 하고 일반 국민들과 함께 섞어서 살지 못하도록 하였다. 그리고 내국인들이 출입하는 곳은 그 문에 '상화가(賞花家)'라 붙이고 외국인에게 매음하는 자는 매음가(賣淫家)라 붙이게 하였으나 마침내 능히 개혁하지 못했다. 인천항에 도화동(桃花洞)이 있는데 한 마을이 모두 매음가로 외국인으로 방탕한 자들은 금(金)을 휴대하고 대문을 두드려서 장사꾼들이 물건을 사라고 떠드는 것 같았다고 한다.

**原文**

경무사신태휴 취유녀 별기방이거지 구제교간외국남녀
警務使申泰休 聚游女 別其坊以居之 舊制交奸外國男女

자사 개항후 금초이기 이동서양난처 수탕무방한 이윤용
者死 開港後 禁稍弛旣 而東西洋闌處 遂蕩無防限 李允用

첩양녀 송병준첩왜녀 왕왕이불축외녀위록촉 경향유녀
妾洋女 宋秉畯妾倭女 往往以不蓄外女爲趢趗 京鄉游女

조왜모양 양단의문 관자엄면 태휴오지 역구유녀 취지일
朝倭暮洋 兩袒倚門 觀者掩面 泰休惡之 力駈游女 聚之一

坊 不得與民居混 其與國人往來者 則署其門曰賞花家 衒賣外人者 則署曰賣淫家 然終不能改革也 仁川港 有桃花洞 一村皆賣淫家 外人蕩冶者 帶金叩門 如商賈叫買.

평안남도의 덕천(德川)·숙천(肅川)·영유(永柔)군에 큰 우박이 내렸다.

**原文**

平南之德川·肅川·永柔郡 大雨雹.

5월, 조병필(趙秉弼)을 내부 대신으로 삼고, 윤헌(尹瓛)을 경상북도 관찰사로 삼았으며, 함흥 군수 이교영(李喬永)과 길주 군수 이익호(李翼鎬)를 함경남북도의 선유사(宣諭使)로 삼았으며, 서흥 군수 이병훈(李秉勳)을 황해도 선유사로 삼았다.

**原文**

五月 以趙秉弼爲內部大臣 尹瓛爲慶北觀察使 以咸興郡守李喬永·吉州郡守李翼鎬 爲咸鏡南北道宣喩使 瑞興郡守李秉勳 爲黃海道宣喩使.

함경도와 평안도의 금년도 호세(戶稅)를 감해 주었다.

**原文**

蠲咸鏡·平安道今年戶稅.

(5월) 북간도 관리 이범윤(李範允)을 소환했다. 이범윤은 우리 유민들을 소집하여 호구를 편성하고 갑령(甲令)[1]을 반포하였다. (그래서) 청비(淸匪)들의 침입을 방어했으며 여러 번 참획(斬獲)[2]한 일이 있고 포로로 잡혀간 남녀를 쇄환(刷還)[3]하는 등 변방 일이 점점 다스려지는 실마리가 보였다. 청국인들이 그를 불편하게 생각하여 주한 공사 허태신(許台身)이 계속 우리 정부를 힐책하여 '화의를 파괴시킨다'고 하고 소환할 것을 청해서 그의 뜻을 따르게 되었다.

**註解**

1) **갑령**(甲令) : 법령.
2) **참획**(斬獲) : 적을 죽이고 포로로 잡는 일.
3) **쇄환**(刷還) : 외국에서 유랑하던 동포를 데리고 돌아오던 일.

**原文**

召還北間島管理李範允 範允召集流寓 編戶口頒甲令 禦淸匪 屢有斬獲 刷還被擄男婦 邊事漸有緖可理 淸人不便之 公使許台身 連詰政府以壞和 請召還 從之.

개성의 소릉(韶陵, 고려 원종의 능)이 도굴당했다.

**原文**

도 발 개 성 소 릉
盜發開城韶陵.

평안도에 동학이 크게 일어나 포(包, 조직 단위)를 설치하고 선동하였는데, 큰 곳은 수만 명, 작은 곳은 4, 5천 명에 이르렀다. 부(府)나 군(郡)에서 금할 수 없을 지경이 되었다.

**原文**

평 안 도 동 학 대 기 설 포 선 동 대 자 수 만 소 자 사 오 천 부 군 부
平安道東學大起 設包煽動 大者數萬 小者四五千 府郡不
능 금
能禁.

종신형 죄인 김정식(金鼎植)과 김필제(金必濟) 두 사람을 방면하도록 명했다. 이들은 3월에 유배를 가게 되어 김정식을 흑산으로, 김필제는 추자도로 정해졌다. 이에 이르러 김정식은 아직까지 인천항에 머무르고 있었고, 김필제는 애당초 출발하지 않았는데, 모두 방면된 것이다.

**原文**

명 방 유 종 신 죄 인 김 정 식 김 필 제 양 인 이 삼 월 피 적 이 정
命放流終身罪人金鼎植·金必濟兩人 以三月被謫 而鼎

식 정 흑 산 도 필 제 정 추 자 도 지 시 정 식 상 유 인 항 필 제 초 불 발
植定黑山島 必濟定楸子島 至是鼎植尙留仁港 必濟初不發
행 이 구 석
行而俱釋.

천진 주재 일본 영사 이집원언길(伊集院彦吉)을 대한명예 영사로 겸직시켜 그곳에 흘러 들어가 사는 우리 백성들을 관할하여 다스리도록 하였다. 불과 몇 년 사이에 서북인으로 요동과 심양 등지에 흘러들어간 자가 수만 명에 달했는데, 소속할 곳이 없어 청국 관원에게 학대를 받아서 그 형상이 갖가지로 참담하고 괴로웠다. 이에 일본 영사에게 의탁하여 겸해서 다스려 주도록 한 것이다.

**原文**

이 왜 천 진 영 사 이 집 원 언 길 겸 임 대 한 명 예 영 사 할 치 아 민 유
以倭天津領事伊集院彦吉 兼任大韓名譽領事 轄治我民流
우 수 년 래 서 북 유 입 요 심 자 수 만 이 흘 무 소 속 청 관 학 지 참
寓 數年來 西北流入遼瀋者數萬 而訖無所屬 淸官虐之 慘
고 만 상 내 탁 왜 관 겸 리 지
苦萬狀 乃託倭官兼理之.

남평 군수 민희식(閔熹植)이 상서로운 보리를 바쳤는데, 한 가지에 세 줄기에서 다섯 줄기로 된 것 209본(本)이었다. 현풍 군수 안영중(安永重)은 한 줄기에 여섯 개의 이삭이 달려 있는 것을 바쳤다.

**原文**

남평군수민희식 진서맥 삼기지오기자 이백구본 현풍군
南平郡守閔熹植 進瑞麥 三岐至五岐者 二百九本 玄風郡
수안영중 진일경육수자
守安永重 進一莖六穗者.

서울에 가뭄이 심하여 기우제를 지냈다.

**原文**

경사항한 설우제
京師亢旱 設雩祭.

6월, 일본인이 서울에서 의주 사이의 철도 부설 공사를 시작했다. 철도는 그 길이 평양성을 관통하게 되어 민가 수백 채를 헐었으며, 풍경궁(豊慶宮)과의 거리가 200보 밖에 안 되었다. 서북철도국(西北鐵道局)[1]을 폐지하였는데, 경의선 철도 부설 공사가 시작되었기 때문이다.

**註解**

1) 서북철도국(西北鐵道局) : 경의선을 부설하기 위해 궁내부에 설치한 기구. 본래 러시아인에게 철도 부설권을 주었으나 일본이 노·일 전쟁을 치르기 위해 부설권을 차지했다.

**原文**

유월 왜인기경의철도 도관평양성 훼민옥수백구 거풍경
六月 倭人起京義鐵道 道貫平壤城 毁民屋數百區 距豊慶

궁 이 백 보　폐 서 북 철 도 국　이 경 의 시 역 야
宮二百步　廢西北鐵道局　以京義始役也.

박제순(朴齊純)을 법부 대신으로 삼았다.

**原文**

이 박 제 순 위 법 부 대 신
以朴齊純爲法部大臣.

(6월) 서울 사람들이 보안회(保安會)를 설립하고 윤시병(尹始炳)을 회장에 추대하였다. 정기조(鄭耆朝) 등이 통문을 보낸 이후로부터 재신(宰臣) 이건하(李乾夏) · 박기양(朴箕陽) 등이 다투어 상소를 올렸으며, 전 의관 윤병(尹秉) · 전 주사 이기(李沂) 등은 소청(疏廳)을 설치하고 회의소를 차리자, 경향 각지에서 모여든 사람이 수만 명이나 되었다. 신기선(申箕善)을 추대하여 회장에 삼았으나 그가 불응하여 이유인(李裕寅)으로 대체하였는데, 그 또한 사양하여 결국은 윤시병이 주재하였으니 그것은 윤시병 등의 뜻이 아니었다. 윤시병과 윤길병(尹吉炳)은 갑오년(1894)에 동학에 입교하였고, 기해년(1899)에 독립협회(獨立協會)에 들어갔다가 그로 인해 불우한 처지에 있었다. 그러던 차에 이에 이르러 반갑게 나선 것이다. 일본인은 보안회 위원 송수만(宋秀萬)과 송인섭(宋寅燮)을 잡아 가두었다.

**原文**

경사민설보안회 추윤시병위회장 자정기조등 통문이후
京師民設保安會 推尹始炳爲會長 自鄭耆朝等 通文以後
재신이건하 박기양등 전소쟁지 전의관윤병 전주사이
宰臣李乾夏·朴箕陽等 專疏爭之 前議官尹秉·前主事李
기등 설소청 건회의소 경향회자수만인 추신기선위회장
沂等 設疏廳 建會議所 京鄕會者數萬人 推申箕善爲會長
기선불응이 이 유인대지 유인역사 최후시병주지 개비병
箕善不應以(李)裕寅代之 裕寅亦辭 最後始炳主之 蓋非秉
등의야 시병여길병 갑오 고종삼십일년 입동학 기해입독
等意也 始炳與吉炳 甲午(高宗三十一年)入東學 己亥入獨
립회 좌시감가 지시락위지추언 왜인집보안회위원송수만
立會 坐是坎坷 至是樂爲之趨焉 倭人執保安會委員宋秀萬
송인섭 수지
·宋寅燮 囚之.

일본 공사 임권조(林權助)가 서울에 다시 돌아왔다. 당시 각계각층의 인민들이 진황지(陳荒地)를 허간(許墾)에 해준 일로 해서 군의(群義)가 가마에 물이 끓는 것같이 무서웠는데 약속 없이 모여드는 사람이 하루에도 수만 명씩이나 되었다. 외부(外部)로부터 일본 공사관에 독촉하는 조회문 또한 수십 건에 이르렀다. 일본측 또한 귀찮고 괴롭게 되어 돌려준다고 거짓으로 핑계대고 청하기를, "외부와 함께 다시 잘 처리하겠다."고 하였다. 그러나 그렇게 한 뜻은 이미 짜여진 각본이었는데 겉으로는 풀어주는 것처럼 표시했을 뿐으로 여러 사람의 노여움을 식히기 위한 것이었다.

**原文**

왜 공 사 임 권 조 환 지 경 사 시 대 소 민 인 이 진 황 허 간 사 군 의
倭公使林權助 還至京師 時大小民人 以陳荒許墾事 群義
정 비 불 기 이 회 자 일 수 만 계 자 외 부 촉 조 왜 관 자 역 수 십 함
鼎沸 不期而會者 日數萬計 自外部促照倭館者 亦數十函
왜 역 염 고 지 궤 칭 격 환 이 청 경 여 외 부 판 리 개 이 입 기 조 직
倭亦厭苦之 詭稱繳還 而請更與外部辦理 蓋已入其組織
이 외 시 해 종 이 잠 중 노 야
而外示解縱 以憯衆怒也.

봉상시 부제조 송규헌(宋奎憲)이 상소하여 조정 신하 28인의 죄과를 논하였다. 비답(批答)이 내리기를 기다린 지 50일이 되었으나 끝내 얻지 못하여 벼슬을 버리고 고향으로 내려갔다. 그 상소문은 대략 다음과 같다.

"신이 엎드려 근자의 일들을 살펴보니 일본 공사 대리 추원수일(萩原守一)이 진황지 개간의 안건을 조회로 청한 것은 전 국민의 이해와 관계가 있는 것이니, 정부는 반드시 조회가 온 것에 응해서 당일로 딱 잘라서 거절했어야 하옵니다. 각 보장(報章, 신용)에 논한 것과 여러 신하들이 함께 상소를 올려 헌의(獻議)한 바 일본 공사의 조청(照請)이 빈번했음에도 엄정히 거절하였다는 태도를 취했다 함을 듣지 못했사옵니다. 단지 구차스럽게 미봉책으로 호도(糊塗)[1] 외축(畏縮)[2]해서 그것을 허락하겠다, 거절하겠다함을 확실히 결정짓지 못하고 국민들로 하여금 의심케 하여 가슴만 답답하게 해주므로 백성들의 소요와 유언비어를 부채질할 뿐입니다. 현 시국이 들끓어 혼란스럽

고 인심 또한 술렁이고 있는 형편입니다.

아아! 국제간의 교섭은 단지 한 사람의 외교관이면 족한 것입니다. 거절할 것이면 거절하고 허락해야 될 것이면 허락해야 하는 것이지, 하필이면 몹시 소란하게 만들어 신의의 갈등을 일으키게 해야 되겠습니까? 지금 바야흐로 일본은 눈을 흘겨 쳐다보며 엿보고 사태가 발생하기를 바라고 있을 것입니다. 이제 이 교섭관계도 마치지 못했는데 갑자기 농광회사(農礦會社)를 인가하려 하니, 저들이 만약 이것을 빙자하여 틈을 비집고 시국을 그르치게 할 것 같으면 정부는 장차 무엇이라 말할 수 있겠습니까? 대저 조종의 강토는 한 자 한 치의 자그마한 땅이라도 다른 나라 사람과 할 수 없는 것이거늘, 땅이 비록 황무지라 하더라도 그 인가하여 허락하는 것은 옳지 못함이 분명합니다. 이러한즉 성상께서 몸소 이미 통촉하신 바 있지만, 제 사사로이 생각해봐도 한심스러운 데가 있습니다.

근래 나라의 형세가 급업(岌嶪)[3]하여 나라의 운명이 위태로우며, 종묘사직과 생령들이 위기일발에 처했는데, 한 명의 신하도 괴로움을 무릅쓰고 두려워하는 자세로 성지(聖旨)를 떨치게 하였다 함을 듣지 못했습니다. 단지 고식적으로 안일을 꾀하여 명령에 좇아 공손하기만 하고 매일 의논하는 바 관제를 변경해야 된다는 데 지나지 못합니다. 관제를 뜯어고치고 담당자를 바꿔치기 하는데 불과하다면 나라는 비록 망하려 하지 않아도 어찌 가히 버틸 수가 있겠습니까?

신은 매양 항간에서 논의되는 것을 들으면 근일 정부는 알기가 어렵지 않습니다. 정부 대신들 10여 명이 돌아가며 자리를 차지하는데 과연 이들 10여 명이 능히 정부의 책임을 담당하고 직책의 바람에 부응할 수 있는 자인지 알 수 없습니다. 신은 청컨대 이들에 대하여 차례로 아뢰겠습니다. 특진관 윤용선(尹容善)은 친한 사람이라고 함부로 벼슬을 시켜 요직을 주어도 전연(靦然)[4)]히 부끄러움이 없으며, 분수 넘치게 정승자리에 다시 앉는 것을 탐내고 있으며, 아무런 이익도 주지 못한 채 보필의 책임을 다하지 못하고 오직 총록(寵祿)만 탐내고 있습니다." (이하 생략)

송규헌(宋奎憲)은 우암 송시열(宋時烈)의 후예로서 이 상소문이 나오자 만조백관들은 크게 놀랐고 베껴서 외어 한 달 사이에 온 나라에 두루 퍼졌다. 군소배들은 사람을 모집하여 무고로 고소하여, 어지러운 말을 한 형률로 죄주려 하자, 송규헌은 성 밖에 나아가 죄를 기다리다가 오래 되어 귀향한 것이다.

**註解**

1) **호도**(糊塗) : 일시적으로 우물우물 덮어 버림.
2) **외축**(畏縮) : 두려워서 몸을 움츠림.
3) **급업**(岌嶪) : 몹시 위태로움.
4) **전연**(靦然) : 겁내지 않고 남을 바라보는 모양. 부끄러움이 없는 모양.

**原文**

봉상시부제조송규헌상소 논조신이십팔인지죄 대비오
奉常寺副提調宋奎憲上疏 論朝臣二十八人之罪 待批五
십일 경부득 기관귀 소약왈
十日 竟不得 棄官歸 疏略曰.

신절복견근일 일본공사대리추원수일 조청진황지개간
臣竊伏見近日 日本公使代理萩原守一 照請陳荒地開墾

사일안 이위차계전국이해 즉정부필응조래 당일단연거절
事一案 以爲此係全國利害 則政府必應照來 當日斷然拒絶

의 급도각보장소론 여제신사소진소헌의자 즉일사지조청
矣 及覩各報章所論 與諸紳士所陳疏獻議者 則日使之照請

빈번 이미문유엄정거절지웅 단구차미봉 호도외축 기허
頻煩 而未聞有嚴正拒絶之熊 但苟且彌縫 糊塗畏縮 其許

기거 미유확결 치령국민아울선동소와 효상분운 인심파
其拒 靡有確決 致令國民訝鬱煽動騷訛 爻象紛紜 人心波

탕 희 국제교섭 지일외교관족의 가거즉거 가허즉허 하필
蕩 噫 國際交涉 只一外交官足矣 可拒則拒 可許則許 何必

자생요단 이치신의지갈등재 현방일본휴우규사 이기생사
滋生擾端 以致信誼之葛藤哉 現方日本睢盱窺伺 以冀生事

이금차교섭미료 인어농광회사 피약자차집흔 치오시국
而今此交涉未了 認於農礦會社 彼若藉此執釁 致悞時局

즉정부장하이위사호 대저조종강토 불가이척촌여인 즉지
則政府將何以爲辭乎 大抵祖宗彊土 不可以尺寸與人 則地

수황무 기불가인허야명의 차즉성량지소이통촉 이절유소
雖荒蕪 其不可認許也明矣 此則聖諒之所已洞燭 而竊有所

개연한심자 근래국세급업 방명얼궤 종사생영 위제일발
慨然寒心者 近來國勢岌嶪 邦命臲卼 宗社生靈 危際一髮

이미문유일개신 단건진상 이대양성지 지이고식유휴승순
而未聞有一介臣 斷蹇震惕 以對揚聖旨 只以姑息婾隳承順

위공 매일소의 불과관제지변경 주임지체개 즉국수욕불
爲恭 每日所議 不過官制之變更 奏任之遞改 則國雖欲不

망 기가득호 신매문항의 즉이위근일정부 불난지야 정부
亡 豈可得乎 臣每聞巷議 則以爲近日政府 不難知也 政府

대신불과이십여인 순환윤회이이 부지차십여인자 과능담
大臣不過以十餘人 循環輪回而已 不知此十餘人者 果能擔

당정부지임 이부책성지망여 신청려열이진지 특진관신윤
當政府之任 而副責成之望歟 臣請臚列而陳之 特進官臣尹

容善濫膺甌卜 冒據鼎軸 覥然無恥 貪叨蹲仍 絲毫蔑輔弼之效 惟寵祿是饕(以下略).

奎憲爲尤庵之後 疏出滿朝大駭 傳鈔誦讀 期月遍國中 群小募人誣訴 欲坐以亂言之律 奎憲出城待罪 久而歸鄉.

최익현(崔益鉉)을 찬정(贊政)으로 임명하였다. 최익현은 세 번 소를 올려 힘껏 사퇴하였다.

**原文**

徵崔益鉉贊政 益鉉三疏力辭.

동학당의 손병희(孫秉熙)는 외국 유학생을 자칭하고 신문사에 편지를 보내고 보조금 1백 원을 보냈다. 계속하여 박남수(朴南壽)라는 자는 손병희 문인이라 칭하고 또한 편지를 보냈는데, 그 안에 정부에 올리는 글이 들어 있었다. 글에는 5조로 늘어놓았는데 그 내용은, 국회(國會)를 설치하고 종교를 주관하며 재정을 다스리고 정치를 개혁하며 외국 유학에 힘쓰도록 하라는 것이었다. 또한 최제우(崔濟愚) 문하에서 수업을 받은 지가 거의 20년이나 된다고 칭하였고 용기를 내어 바다를 건너 10년간을 떠돌아다녔으며 현재 호응하는 동지가 8백만 명에 이른다고 하였다. 그의 학문(學文)은 '수심정기 경천애인(守心

正氣敬天愛人)'이며 그의 도(道)는 '효제충신 보국안민(孝弟忠信 保國安民)'이다. 서양의 도〔西道〕는 서양에서 나왔으므로 '서학(西學)'이라 하고 이 도는 동방에서 나온 까닭에 '동학(東學)'이라 말한다 하였다. 신문사 안에 있던 사람들은 크게 놀라서 투서된 편지와 보조금 1백 원을 돌려주려 하였으나 박남수라는 자는 이미 자취를 감추고 없었다.

손병희는 청주의 아전 출신으로 갑오년에 동학의 우두머리가 되어 일본으로 도망해 들어갔으며, 이상헌(李相憲)이라 변성명하고 10여 년을 칩거(蟄居)해 있었다. 이에 이르러 본국이 더욱 어지러워지고 윤시병(尹始炳) 등이 정론(政論)에 참여하는 것을 알고 가히 뜻을 얻을 수 있다고 생각하여 방자하게 서신을 보내고 박남수와 함께 서로 호응한 것이었다.

**原文**

동학당손병희자 자칭외국유학생 투서신문사 부보조금
東學黨孫秉熙者 自稱外國游學生 投書新聞社 付補助金
백원 계유박남수자 칭병희문인 우투서이내유상정부서 서
百元 繼有朴南壽者 稱秉熙門人 又投書而內有上政府書 書
진오조 왈설국회 주종교 이재정 개정치 면유학 우
陳五條 曰設國會 · 主宗敎 · 理財政 · 改政治 · 勉游學 又
칭수업최제우지문 태이십여년 불의도해표박십재 목하동
稱受業崔濟愚之門 殆二十餘年 拂衣渡海漂泊十載 目下同
지호응자 지팔백만인 기학즉수심정기 경천애인 기도즉효
志呼應者 至八百萬人 其學則守心正氣 敬天愛人 其道則孝
제충신 보국안민 서도생어서 고왈서학 차도생어동 고왈
弟忠信 保國安民 西道生於西 故曰西學 此道生於東 故曰
동학운운 사중인대해 욕환기서병금 이남수이도거 병희청
東學云云 社中人大駭 欲還其書幷金 而南壽已逃去 秉熙淸

주이야 갑오 고종삼십일년 위비괴 도입일본 변성명이상
洲吏也 甲午(高宗三十一年)爲匪魁 逃入日本 變姓名李相
헌 칩복십여년 지시견본국유란 윤시병등참정론 위가이득
憲 蟄伏十餘年 至是見本國愈亂 尹始炳等參政論 謂可以得
지 사연기서 이여남수상호응야
志 肆然寄書 而與南壽相呼應也.

김세기(金世基)를 전라남도 관찰사로 삼고, 충주 군수 심건택(沈健澤)을 승진시켜 충청남도 관찰사로 삼았다. 김세기는 일찍이 담양 부사가 되었을 때 백성들이 민요(民擾)를 일으켜 파직되어 돌아왔다가 개성 유수가 되었는데, 또 민요가 일어났다. 이에 이르러 돈 200만 냥을 바치고 이 자리를 얻었다. 심건택은 충주에 있으면서 불법을 많이 저질러, 관찰사 이승우(李勝愚)의 장계로 파직되었다. 그의 아들 심상익(沈相翊)은 이승우의 자리를 빼앗아 대신하려고 성급히 굴다가 이루지 못하였는데, 결국 충청남도로 옮겨가게 되었다.

**原文**

이김세기위전남관찰사 승충주군수심건택위충남관찰사
以金世基爲全南觀察使 陞忠州郡守沈健澤爲忠南觀察使
세기증위담양부사 민요파귀 유수개성 우치민요 지시 납
世基曾爲潭陽府使 民擾罷歸 留守開城 又致民擾 至是 納
전이백만냥이득지 건택재충주 다불법 위관찰사이승우계
錢二百萬兩而得之 健澤在忠州 多不法 爲觀察使李勝宇啓
파 기자상익 모탈승우이대지 급거불과 수천충남도
罷 其子相翊 謀奪勝宇而代之 急據不果 遂遷忠南道.

일본인이 서울로부터 의주에 이르기까지 병참(兵站)을 설치하고, 식량과 병기를 운행하여 청국 안동(安東)까지 이르렀다. 내부(內部)로 하여금 경기와 양서(兩西, 황해 · 평안도)에서 삼남 지방에 미치기까지 훈시하여 역정(役丁) 고용자를 모집하였는데, 일당으로 우리 돈 7냥을 지급했다. 단지 자원한 사람만 받고 강제로 모집하지 못하게 하였는데, 관리들이 속이고 농간을 부려 민간인들이 크게 소요를 일으켰다. 전 시종 이유형(李裕馨)이 정부에 헌의하기를, "나라에 이미 지방대가 설치되어 있는데, 앉아서 국탕(國帑, 國庫)만 허비하고 전진(戰陣)의 쓰임으로는 거두어들이는 것이 없으니, 지금 저들의 요청을 들어 농사짓는 사람들을 모집하기 보다는 차라리 놀고먹는 병사들로 대체하는 것이 어떻겠습니까?" 라고 하였다. 이때 의론이 양쪽 다 괜찮다고 하였지만 채용되지는 않았다.

**原文**

왜인자경사지의주 설병참 운양계 달우청국안동지방 사
倭人自京師至義州 設兵站 運糧械 達于淸國安東地方 使

내부훈기보 · 양서 이급삼남 고모역정인 일급아전칠냥
內部訓畿輔 · 兩西 以及三南 雇募役丁人 日給我錢七兩

지청자원 불허늑모 연관리편사 민간대란 전시종이유형
只聽自願 不許勒募 然官吏騙詐 民間大亂 前侍從李裕馨

헌의정부 이위 국가기유지방대 좌비국탕 이미수전진지
獻議政府 以爲 國家旣有地方隊 坐費國帑 而未收戰陣之

용 금인피인지청 여기모남무지민 무령이유식지병이응지
用 今因彼人之請 與其募南畝之民 毋寧移游食之兵而應之

호 시의양편지 이불능용
乎 時議兩便之 而不能用.

경무사 신태휴(申泰休)가 무축(巫祝)의 금지를 더욱 더 엄하게 하여 민간에게서 받들고 있는 관제상(關帝像)[1]을 거두어 북묘(北廟)로 옮겨온 것이 3천 본이나 되었다. 아울러 향거(香車)와 청룡도(青龍刀) 등속을 옮겨 불살라버린 것도 또한 수백 본이었다. 술객(術客)[2] 정환덕(鄭煥悳)·조세환(曺世煥) 등도 도망하여 향리로 돌아갔으며, 무당으로 내궐에 출입하던 자들이 잇달아 수감되었다. 5월부터 일본군은 남산에 대포를 열지어 걸어 놓아 대적을 방어하는 것 같았다. 그런데 매일 밤 궁인들이 무당과 소경을 데리고 산기슭에서 경을 외우고 분향하는 것을 볼 수 있었으니, 이러한 소식을 전해 듣고 서로들 쓴웃음을 지었다.

**註解**

1) 관제상(關帝像) : 관우(關羽)가 비장한 죽음을 맞이한 이후, 민간에서 그를 신앙의 대상으로 삼아왔다. 임진왜란 때 명나라 원군이 오게 됨으로써 이 신앙이 유입되었다. 관우의 사당을 관왕묘(關王廟)로 불렀다.

2) 술객(術客) : 풍수·복서·점술에 능통한 사람. 술가(術家).

**原文**

경사신태휴 신엄무축지금 수민간소봉관제상 이우북묘
警使申泰休 申嚴巫祝之禁 收民間所奉關帝像 移于北廟
자삼천본 병향거 청룡도지속이소자우수백본 술객정환
者三千本 幷香車·青龍刀之屬而燒者又數百本 術客鄭煥
덕 조세환등 도귀향리 여무지출입대내자 인계상속 자오
悳 曺世煥等 逃歸鄕里 女巫之出入大內者 因繫相屬 自五

월중 왜열포남산 여방대적 이매야 견궁인솔무고 송경
月中 倭列砲南山 如防大敵 而每夜 見宮人率巫瞽 誦經·
분금기우산록 전상희소
焚金綺于山麓 傳相嘻笑.

이보다 먼저 서재필(徐載弼)이 미국인을 인도하여 운산(雲山)·은산(殷山)·평양(平壤)·금성(金城)·직산(稷山) 등 여러 금광을 열 것을 요구하였으며, 이범진(李範晋)은 러시아 사람에게 서북 지역(평안도)의 삼림(森林)을 팔았다. 이에 이르러 일이 다 드러났다.

**原文**

선시서재필 도미인요개운산 은산 평양 금성 직산
先是徐載弼 導美人要開雲山·殷山·平壤·金城·稷山
제금광 이범진 매서북삼림우아인 지시 사개발
諸金礦 李範晋 賣西北森林于俄人 至是 事皆發.

평안남도 영원군(寧遠郡)에 크게 우박이 내렸다. 함경남도 장진군에는 이틀밤 계속해서 된서리가 내렸다.

**原文**

평남지영원군대우박 함남지장진군연야엄상
平南之寧遠郡大雨雹 咸南之長津郡連夜嚴霜.

6월, 7월 사이에 서울에 세 종류의 전염병이 돌았다. 처음에는 오한이 나고 두통과 신열에 목구멍이 부어오르고 아프다가 한기로 상하는 것이었다. '대두온(大頭瘟)'은 머리 부분에 온통 아프고 심하면 피부가 터져 누런 물을 흘리다가 죽었다. 그리고 또 '노자온(鷺鶿瘟)'은 좌우 귀 끝에 부종이 생겼다. 그리고 '하마온(蝦蟆瘟)'은 뺨 아래 부종이 생기고, 안으로 목구멍에서 한기가 나고 물이나 장(漿)을 넣지 않으면 증상이 심한 자는 죽고 가벼운 자는 살았다. 처음에는 '형방패독산(荊防敗毒散)' 두세 첩을 써서 효험이 없으면, '이성구고환(二聖救苦丸)' 2, 3개를, 금문(錦文) · 대황(大黃) 3냥, 당조각(唐皂角) 1냥, '수화환양작(水和丸兩作)' 10환(丸)을 쓰되, 한 알을 먹을 때마다 냉수에 타서 삼켰다.

**原文**

六七月之交 京師有三種瘟疫 其始也 惡寒 · 頭痛 · 身熱 · 咽喉腫痛 類傷寒 其曰大頭瘟者 頭部通痛 甚則皮綻流黃水而死 其曰鷺鶿瘟者 左右耳根浮腫 其曰蝦蟆瘟者 臉下浮腫 內寒咽喉 水漿不入 重者死 輕者生 初用荊防敗毒散 二三貼不效 則用二聖救苦丸二三介 · 錦文 · 大黃三兩 · 唐皂角一兩 水和丸兩作十丸 每一丸冷水調下.

7월, 주일 공사 조민희(趙民熙)가 환국했다. 조민희는 본디 자신을 단속하지 못해 도기(賭技, 도박)를 즐겼는데, 더욱 골패(骨牌)는 목숨과 바꿀 정도였다. 그가 수제(守制)[1]할 때는 밤낮으로 대국을 벌이는데, 골패 쪽을 중단(中單, 속옷)에 넣고 돌리면서 비벼 대서 소매가 해져 다 떨어진 걸레같이 되었다. 당시 그를 골귀(骨鬼, 골패 귀신)이라고 칭했는데, 이밖에 장기(長技)라고는 하나도 없었다. 그런데도 누차 웅번(雄藩)[2]의 혜택으로 연달아 사명(使命)의 직임을 맡고 있어서 갑오년(고종 31, 1894) 이후로 쉬는 때가 없었다.

**註解**

1) **수제**(守制) : 조부모 · 부모상을 당하면 그 자손된 사람 가운데 관리는 그 직을 사임하고, 선비는 과거를 중지하고, 서민은 혼인을 중지하며 근신하여 만 37개월(3년상) 복상(服喪)하던 옛 제도.
2) **웅번**(雄藩) : 나라를 지키는 강한 번진(藩鎭). 세력이 있는 대제후(大諸侯).

**原文**

추칠월 주왜공사 조민희환 민희소불검기도기 우이골패
秋七月 駐倭公使 趙民熙還 民熙素不檢嗜賭技 尤以骨牌
위성명 기수제야 주야대국 환마중단 거폐성여 시칭골귀
爲性命 其守制也 晝夜對局 環摩中單 袪弊成袽 時稱骨鬼
차외무일장 이루전웅번 연대사명 갑오후무한일
此外無一長 而屢典雄蕃 連帶使命 甲午後無閒日.

일본인이 숭례문(崇禮門, 남대문)에서부터 한강에 이르기까지 스스로 구역을 점령하고 말하되 '군용지(軍用地)'라 하고 푯말을 세워 경계를 정하고 우리나라 사람들을 금하고 범치 못하도록 하였다. 이로부터 하고자 하는 바가 있으면 문득 말하기를 군용지라 하여 빼앗아 갔다. 일본인들은 보안회(保安會)를 미워하였는데, 보안회를 설립할 때부터 도성 사람들은 종로 거리에 모여서 가라 해도 흩어지지 않았다. 일인들은 이에 군대를 파견하여 회소(會所)에 난입하여 칼을 휘두르며 시위하고 회원 이범창(李範昌) 등 4, 5명을 잡아 가두었다. 이에 대중들은 노하여 더욱 격동하고 정부에 글을 올려 현영운(玄映運)을 참수할 것을 청하였다. 또한 이하영(李夏榮)이 진황지(陳荒地)를 일본인에게 허차(許借)한 까닭을 캐내지 않는 것을 힐책하였다. 이하영은 연달아 상소하여 스스로 결백함을 밝히고 현임(現任)을 해직해 줄 것을 애걸했으나 임금은 허락하지 않았다. 대개 임금은 처음에 현영운과 이하영에게 속은 바되어 몽롱히 진황지를 허차하였는데, 뒤늦게 화가 숨어 있는 것을 살폈으나 어떻게 할 수 없는 처지였다. 이에 다행히 민회가 혹 힘을 얻음으로써 천취(遷就)[1]하는 형세를 드러낸다면, 국민들 또한 믿을 곳이 있으므로 모여들게 된 것이다. 그렇지만 일본은 병력의 위력에 의지해서 하지 못할 것이 없다고 생각하였으나, 백성의 뜻을 꺾는 것을 싫어하여 서서히 목적을 달성하려고 하였다. 그러므로 오직 보안회를 해산시키기 위해 그 우두머리를 경계하였으며 그 힘을 추구하지 않았다.

**註解**

1) 천취(遷就) : 이미 한 약속을 번복하여 원상태를 이룸. 상합(相合)하기 위하여 무리한 이유를 붙임. 조화함. 적응함.

**原文**

왜인자숭례문지한강 자점구역 왈군용지 입표정계 금아
倭人自崇禮門至漢江 自點區域 曰軍用地 立標定界 禁我
인무범 자시유소욕 즉첩왈군용지이탈지 왜인오보안회
人毋犯 自是有所欲 則輒曰軍用地而奪之 倭人惡保安會
자보안회지설 도민일취종가 유지불산 왜인내파병 난입
自保安會之設 都民日聚鍾街 喩之不散 倭人乃派兵 闌入
회소 휘도시위 수회원이범창등사오인 어시 중노유격 이
會所 揮刀示威 囚會員李範昌等四五人 於是 衆怒愈激 貽
서정부 청참현영운 차힐불토이하영허차황지지고 하영연
書政府 請斬玄映運 且詰不討李夏榮許借荒地之故 夏榮連
소자명 걸해현임 상불허 개상시위현 이소사 몽롱허차
疏自明 乞解現任 上不許 盖上始爲玄·李所詐 朦朧許借
급심기태화 이무여지하 내행민회지혹가이득력 이시의위
及審其胎禍 而無如之何 乃幸民會之或可以得力 而示依違
천취지형 고민역유소호이성회언 차왜장기병위 사혹무소
遷就之形 故民亦有所怙而成會焉 且倭仗其兵威 似或無所
불위 이역오민지지불 욕우서이취지 고유도산기회 경기
不爲 而亦惡民志之拂 欲紆徐以就之 故惟圖散其會·警其
괴 이불구기력
魁 而不究其力.

윤시병(尹始炳) 등이 회명(會名)을 고쳐 유신회(維新會)라 하였으며, 조금 지나서 또한 일진회(一進會)라 개칭하고 그 주지(主旨) 네 조목을 공포하였다. 첫째 제실(帝室, 황실)을 안녕히 하고, 둘째 정부를 개혁하고, 셋째 인민의 재산을 보호하고, 넷째 군정(軍政)과 재정(財政)을 정리하며, 이 모두를 통틀어 대강령(大綱領)이라 하였다. 취지서를 만들어 전국 각지에 알렸는데 그 내용은 다음과 같다.

“대저 국가라는 것은 인민으로서 성립된 것이며, 인민이라는 것은 사회(社會, 집회 결사의 의미)를 유지하는 것이다. 진실로 인민들이 그 의무를 이행하지 아니하면 나라도 능히 나라가 될 수 없으며, 사회가 능히 그 단체를 조합하지 못하면 백성들은 백성이 됨을 얻지 못한다. 대개 인민의 의무는 단지 병역과 납세에만 있는 것은 아니며 무릇 국가의 치란(治亂)과 안위(安危)의 일에도 관계되어 그 평론(評論)·권고(勸告)의 권한도 부담을 진다. 그러므로 현금 열강 여러 나라들은 언론·출판이나 집회·결사에 있어 각기 자유로이 하도록 특별히 명하고 있다. 대저 정부라는 것은 군주를 보필할 책임이 있는 까닭에 직접 정치를 행사하는 것이며, 인민들은 협찬할 의무가 있고, 입법의 권한에 참여하여 논할 권리가 있다. 군주는 이러한 행정·입법의 대권을 총람(總覽)하며 일국을 통치하니 무상(無上)의 제일 존중자가 되는 것이다. 이러한 까닭에 종합하여 말하면, 정부와 인민의 상하가 일치해서 그 황실을 존중하고 주권을 통치함에 마땅히 고루 힘써야 되는 것이다. 나누어 말하면 정부란 것은 행정과 사법의 책임을 극진히 하여 인민의 생명을 보호하고 그 재산을 보살펴 주며 한 사람이라도 보호받지 못하는 일이 없도록 해야 할 것이다. 인민은 성명(性命)을 내어 공세(貢稅)를 바치고 군상(君上)을 호위하며 정치의 득실 또한 모름지기 감시하고 경고함이 마땅히 옳은 것이다. 이것이 국회(國會)와 사회 설립의 근본 취지인 것이다.

오직 우리 대한제국은 신식이 된 이래로부터 이제 10여 년이 되었으나 고질적인 비정(秕政)[1)]을 능히 도려내어 개혁하지 못했고, 정신 상태를 개량하는 것도 능히 관철하지 못했으며, 황실의 기초를 방해하고 손상시켰으며 독립의 기틀을 공고히 하지 못했다. 그러므로 이처럼 어렵고 위태로운 상태가 누란(累卵)[2)]보다 급하며, 급박한 국면은 눈썹에 불이 붙은 것보다 더욱 긴박하다. 그러나 정부에 앉아 있는 자들은 단지 쳐다만 보고 탐학한 짓을 하여 부귀를 누리려고만 하니, 법률이 해이해져 추락했는데도 '내가 근심할 것이 아니니다' 하며 풍교(風敎)[3)]가 문란해졌어도 '내가 책임질 것이 아니라'고만 한다. 국가 전체의 창생(蒼生)들이 모두 도탄(塗炭)에 빠졌어도 구제할 방도를 구하지 아니하며, 인민의 고혈을 짜내고 국가의 원기(元氣)를 쪼개 버리니 이러고도 진정으로 옳다고 참을 것인가?

아, 슬프다. 우리 동포여! 아직도 개혁해야 된다는 것을 생각하지 않겠는가? 국고의 3분의 2의 막대한 비용을 허비하면서 교병(驕兵)[4)]을 양성하여, 안으로는 호위하고 밖으로는 방어한다 하나 조금도 힘을 얻지 못했고, 악화(惡貨)를 남주(濫鑄)하고, 재용(財用)의 절제함이 없어 민생은 곤궁하고 국고는 고갈되었으니, 이런 지경에 이르러서는 다시 남은 희망이라고는 없다.

아, 슬프다! 5백년 종묘사직과 삼천리 강토의 위급함이 호흡하기에 급박하니, 시국을 생각하여 요량한다면 누가 통곡하지 않으리오? 이로써 본사를 발기한 몇 명의 동지들이 '일진회'라 이름 붙이고, 한 마음으로 진보해 나가는 것을 주의(主義)로 삼는다. 무릇 우리 일반 동포는 이것으로써 목적을 삼고 이것으로 의무를 삼기로 한다.

하나, 개개 모두가 혈성(血性)[5]으로 용진(勇進)한다.

하나, 한결같이 충성애국과 단침(丹忱)[6]의 마음을 지닌다.

이로써 한마음으로 단결하고 한 단체를 형성하여 비록 하루에 한 걸음일지라도 점차 개명의 역(役)으로 나아가야 할 것이다. 비로소 국가의 면목을 유신(維新)으로 일변시킨 연후라야만 본회의 명의를 부끄럽게 하는 것이 아닐 것이다."

**註解**

1) 비정(秕政) : 국민을 몹시 괴롭히고 나라를 그르치는 정치.
2) 누란(累卵) : 알을 포개어 쌓아 놓은 것처럼 매우 위태함.
3) 풍교(風教) : 교육과 정치의 힘으로 풍속을 잘 교화시킴. 백성을 선도하는 가르침. 사회의 규칙, 풍속.
4) 교병(驕兵) : 적을 위압하고자 하는 군대. 여럿의 힘을 믿는 군대.
5) 혈성(血性) : 의협심과 열의가 있는 성질.
6) 단침(丹忱) : 진심으로 우러나는 정성. 단성(丹誠).

**原文**

윤시병등 개회명왈 유신회 이이 우개일진회 공포기주
尹始炳等 改會名曰 維新會 已而 又改一進會 公佈其主

지자유사 일왈안녕제실 이왈개혁정부 삼왈보호인민재산
旨者有四 一曰安寧帝室 二曰改革政府 三曰保護人民財産

사왈정리군정재정 통칭왈대강령 작취지서 게포중외왈
四曰整理軍政財政 統稱曰大綱領 作趣旨書 揭布中外曰

부국가자 이인민성립자야 인민자이사회유지자야 구인민
夫國家者 以人民成立者也 人民者以社會維持者也 苟人民

이불복기의무 즉국불능위국 사회이능조합기단체 즉민부
而不服其義務 則國不能爲國 社會而能組合其團體 則民不

득위민 개인민지의무 부단재어병역급납세야 범계국가치
得爲民 蓋人民之義務 不但在於兵役及納稅也 凡係國家治

난안위지사 부담기평론권고지권 고현금열강지방 특허인
亂安危之事 負擔其評論勸告之權 故現今列强之邦 特許人

민 사지언의저작 혹집회결사 각득자유 대저정부자 임보
民 使之言議著作 或集會結社 各得自由 大抵政府者 任輔

필지책 고직접행정지권자야 인민자협찬의무 참론입법지
弼之責 故直接行政之權者也 人民者協贊義務 參論立法之

권자야 군주자총람차행정 입법지대권 통치일국 무상제
權者也 君主者總攬此行政·立法之大權 統治一國 無上第

일위존중자야 시이합이언지 정부야인민야상하일치 기어
一位尊重者也 是以合而言之 政府也人民也上下一致 其於

존황실 통주권 소당균위지노력야 분이언지 정부자 극
尊皇室·統主權 所當均爲之努力也 分而言之 政府者 極

진행정사법지책 사인민보기생명 호기재산 무사일부불획
盡行政司法之責 使人民保其生命 護其財産 毋使一夫不獲

가야 인민자출성명 납공세 이위군상 이정치득실 역수감
可也 人民者出性命 納貢稅 以衛君上 而政治得失 亦須監

관경고 가야 차국회 사회설립지본지야 유아대한 자신
觀警告 可也 此國會·社會設立之本旨也 惟我大韓 自新

식이래 지금십여년 고비비폐불능통혁 개량정신불능관철
式以來 至今十餘年 痼秕秕弊不能痛革 改良精神不能貫徹

방손황실지초 미공독립지기 간위지상 급어누란 급업지
妨損皇室之礎 未鞏獨立之基 艱危之狀 急於累卵 岌嶪之

국 박어소미 연이처정부 단인순완게 탐모부귀 법률이타
局 迫於燒眉 然而處政府 但因循玩愒 貪冒富貴 法律弛墮

이왈비오우야 풍교문란 이왈비오책야 거국창생 진추도
而曰非吾憂也 風敎紊亂 而曰非吾責也 擧國蒼生 盡墜塗

탄 이불구증제지방 교인민지고혈 착국가지원기 시고가
炭 而不究拯濟之方 絞人民之膏血 斲國家之元氣 是固可

인호 애아동포 상불사소이개혁자호 미비국탕 삼분지이
忍乎 哀我同胞 尙不思所以改革者乎 糜費國帑 三分之二

이양교병 이내한외어 호부득력 람주악화 재용무절 민생
以養驕兵 而內捍外禦 毫不得力 濫鑄惡貨 財用無節 民生
지곤출 국계지간핍 도차지두 갱무여망 오호 오백년종사
之困絀 國計之艱乏 到此地頭 更無餘望 嗚呼 五百年宗社
삼천리강토 박재호흡 사량시국 수불통곡 시이 자본사발
三千里疆土 迫在呼吸 思量時局 誰不痛哭 是以 自本社發
기 기개동지 칭이일진회 이일심진보위주의 범아일반동
起 幾個同志 稱以一進會 以一心進步爲主義 凡我一般同
포 이차위목적위의무 개개용진혈성 단단충애단침
胞 以此爲目的爲義務 一,個個勇進血性 一,段段忠愛丹忱
합성일단 수일일일보 점진개명지역 사국가면목일변유신
合成一團 雖一日一步 漸進開明之役 使國家面目一變維新
연후 서불부본회지명칭운운
然後 庶不負本會之名稱云云.

일본인들이 진황지(陳荒地) 계약안을 철회하고 내정 개혁안(內政改革案)을 제출하였다. 진황지 계약을 한 이래로 조야(朝野)의 상하는 모두 격렬히 저항하였으며, 일본 국내의 여론 또한 그 정부의 실책을 비난하였다. 그중 하나는 장삼등길(長森藤吉)은 본래 명망 있는 인사가 아니었음에도 불구하고 이처럼 사인(私人)의 경중을 따질 것도 없는 한낱 개인에게 한국의 전국토의 대권(大權)을 주었으며, 또 하나는, 한국에 대한 정책의 대강을 세우지 못하는 상태에서 이와 같은 구구(區區)한 문제로 한국인의 감정을 해친다는 것이었다. 이에 그 진황지 개혁안을 철회하고 이 안을 다시 내놓게 된 것이다. 임권조가 임금을 뵙고 계획한 것을 허락받는 데 성공하였다. 그 개혁안을 요약하면 다음과 같다.

1. 한국 정부가 재정을 정리하려 함에 특별히 탁지부 안에 감독(監督)을 두고 일본인 목하전종태랑(目賀田種太郎)을 초빙하여 충원키로 한다.
2. 재정을 정리함에 있어 일본 정부는 한국 정부에 차관을 대여하되 제 1기에는 3백만 원을 대여해 준다.

(3은 생략)

4. 앞으로 한국에 예전부터 있던 전환국(典圜局)을 폐지하고 달리 백동화폐를 운용하여 화폐제도를 확립한다.
5. 한 · 일 양국은 화폐제의 동맹을 체결하고, 모든 일본 정부가 주조한 화폐와 초폐(鈔幣)를 한국 내에서도 일률적으로 유통한다.
6. 특별히 중앙은행을 설치하고 조세의 징수와 기타 각 관공서의 공금을 맡아 처리하도록 한다.
8. 종래의 외교 사무가 잘못 처리되었던 까닭에 외부 고문을 특설하고, 영구히 일본 정부로부터 추천을 받도록 하는데, 지금은 미국인 전니손(典尼遜)〔우리말 번역은 수지분(須知分), 스티븐스〕를 천거하여 충당한다.
9. 한국 정부는 앞으로 일체의 외교 사무와 해외에 있는 한국인의 보호 사무는 모두 일본 정부에 위탁한다. 이 약안이 실시된 이후로는 즉시 각국에 파견하여 주재하고 있는 공사 및 영사를 모두 소환하도록 한다.
10. 한국은 각국에 주둔한 공사를 소환할 때에 각국이 파견하여 한국에 머무르고 있는 주한 공사 또한 동시에 철수시

키며, 오직 외국의 영사만을 남겨두어 국내에 주재토록 한다.

11. 재정을 정리하게 됨에 따라 장차 한국은 군비를 축소하여 많은 비용을 절감하도록 한다. 전에 전국의 성을 수비하던 2만 명에 이르는 정원을 1천 명 내외로 감축하고 경성의 수비를 제외한 각 지방 병정은 일제히 거두어들이기로 한다.
12. 한 · 일 병기(兵器)동맹을 체결하고 현재의 군기(軍器)를 정리한다.
13. 궁금(宮禁)[1]을 정리 숙청하여 왕 측근의 악(惡)을 제거하고, 무녀(巫女)들의 복축(卜祝)[2]을 금지하며 모든 일체의 잡배가 궁정에 출입하는 것을 허락하지 않는다.

(14에서 23에 이르기까지는 생략함)

24. 현재 정한 탁지 · 외교에 관련된 두 고문관을 제외한 외에는 고문관을 다시 두지 아니하며, 전에 초빙한 외국 고문관은 모두 면직시켜 내보낸다.

(제25는 생략함).

**註解**

1) 궁금(宮禁) : 궁성(宮城).
2) 복축(卜祝) : 잘 되리라고 축수하는 것.

**原文**

왜인철회진황지계약안 제출내정개혁안 자진황계약이
倭人撤回陳荒地契約案 提出內政改革案 自陳荒契約以

래 조야상하 개격열저항 이왜중여론 역구기정부실책 일
來 朝野上下 皆激烈抵抗 而倭中輿論 亦咎其政府失策 一

즉위장삼등길 본비지명사 내이차부족경중지사인 비지이
則謂長森藤吉 本非知名士 乃以此不足輕重之私人 畀之以

전한토지지대권 일즉이대한정책대강 미입제사 미일착수
全韓土地之大權 一則以對韓政策大綱 未立諸事 未一着手

이이차구구자 해한인지감정 어시기정부루경차마 수철회
而以此區區者 害韓人之感情 於是其政府屢經磋磨 遂撤回

장삼안 이개정차안 임권조폐현 득획낙 기안약왈
長森案 而改訂此案 林權助陛見 得畫諾 其案略曰,

한국인욕정리재정 특어탁지부내 설감독 빙일본인목
一,韓國因欲整理財政 特於度支部內 設監督 聘日本人目

하전종태랑충지 인정리재정지고 일본허대여관항어한
賀田種太郎充之 二,因整理財政之故 日本許貸與款項於韓

국 기제일기대관삼백만원 삼략 장한국구유지전환국
國 其第一其貸款三百萬圓(三略) 四,將韓國舊有之典圜國

폐거 별위백동화폐지처치 이확립폐제 결일한폐제동
廢去 別爲白銅貨幣之處置 以確立幣制 五,結日韓幣制同

맹 범일본정부소주조지화폐급초폐 재한국일률통행
盟 凡日本政府所鑄造之貨幣及鈔幣 在韓國一律通行 六,

특설중앙은행 사리징수조세급기타공금각사무 칠략
特設中央銀行 司理徵收租稅及其他公金各事務(七略) 八,

인향래외교사 무판리실 의고특설외부고문 영유일본정부
因向來外交事 務辦理失 宜故特設外部顧問 永由日本政府

추천 이현천미국인전니손 아역작수지분 충지 한정장
推薦 而現薦美國人田尼遜(我譯作須知分)充之 九,韓廷將

일절외교사무급보호해외한인지사무 개탁우일본정부 사
一切外交事務及保護海外韓人之事務 皆託于日本政府 俟

차약실시후 즉장전차파출주답각국지공사영사 진행소환
此約實施後 卽將前此派出駐劄各國之公使領事 盡行召還

한국소환각국공사지시 각국파래주한공사 역동시철퇴
十,韓國召還各國公使之時 各國派來駐韓公使 亦同時撤退

惟留外國領事駐紮境內 十一, 因欲整理財政之故 將韓國軍備縮小 以節糜費 前此全國二萬之兵額 當減爲一千內外 除守備京城之外 各地方兵丁 一齊撤退 十二, 結韓日兵器同盟 整理現在之軍器 十三, 整肅宮禁 除君側之惡 禁巫女卜祝 凡一切雜輩 不許出入宮廷 (十四 至二十三略) 二十四, 除現定度支·外交兩顧問官外 不復置總顧問官 前此所聘外國顧問 皆黜免(二十五略).

일본 공사 임권조(林權助)가 초2일 내정 개혁안을 제시했는데 그 후 여러 차례 협의를 거쳐서 비록 조금 고친 곳이 있다고는 하나 대체로 모두 허락하여, 12일에 먼저 3조를 선포하였다. 제1조는 앞의 제1항으로 재정 고문(고문을 고쳐 감독으로 한다)을 두는 일이고, 제2는 제8조로 하고 외교 고문을 두는 일이며, 제3은 특별히 자세한 내용을 첨가였는데, 조문을 말하면,

"한국 정부가 외국인과 함께 조약〔締約〕을 한다든가 외국인에 대하여 특권 등을 허여(許與)하는 것 같은, 기타의 중요한 외교의 안건을 체결할 것 같으면 일체 모두 반드시 먼저 일본 정부와 협의를 거치도록 한다.

**原文**

權助以初二日呈案 其後經屢次協議 雖稍有修改 而大較皆許諾 十二日先布三條 其一爲第一條 設財政顧問(改顧問爲監督)之事 其二爲第八條 設外交顧問之事 其三乃另加特詳者 文曰 韓國政府若欲與外國人締約及其他重要之外交案件 如對於外國人許與特權等事 一切皆須先經日本政府協議.

같은 날, 또 다른 별도의 조약을 맺었다.

조정에는 각국 공사가 한국 대황제를 알현할 때 으레 꼭 외부를 경유해서 궁내성(宮內省)에 청하고 그 지정한 시일을 기다려 알현할 수 있도록 했다. 앞으로는 내정을 개혁함에 따라 대황제가 일본 공사에게 하문하는 것과 일본 공사가 대황제에게 충고할 것이 모두 많아질 것이므로 특별히 전례를 폐지키로 한다. 또한 국서(國書)를 봉정(捧呈)하는 것은 고사(故事)대로 좇는 것을 제외하고 기타 문제로 폐현(陛見)하는 것은 어느 때를 구애받지 아니하고 임의대로 들어가 알현할 수 있다.

**原文**

同日又別訂一約曰 前此各國公使 謁見韓國大皇帝 例須

경 외 부 청 어 궁 내 성 대 기 지 정 시 일 내 허 소 견 자 금 이 왕 인
經外部 請於宮內省 待其指定時日 乃許召見 自今以往 因
내 정 개 혁 지 고 대 황 제 지 하 문 어 일 본 공 사 자 여 일 사 지 충 고
內政改革之故 大皇帝之下問於日本公使者 與日使之忠告
어 대 황 제 자 개 당 심 다 특 폐 차 례 제 봉 정 국 서 잉 순 고 사 외
於大皇帝者 皆當甚多 特廢此例 除捧呈國書 仍循故事外
기 여 불 구 하 시 득 이 임 의 입 알
其餘不拘何時 得以任意入謁.

진황지(陳荒地) 개혁안이 비록 철회되었다고는 하나 이 내정 개혁안에 의하면, 저들이 차지한 권리의 대가는 오히려 진황지 개혁안의 10배 백배뿐만이 아니라, 거의 나라를 꾸려나갈 수 없을 지경에 이르렀다. 목하전종태랑(目賀田種太郎)이란 자는 일찍이 일본 대장성에서 십수년간을 주세국장(主稅局長)을 지낸 재정가로 일본에서 널리 알려진 인물이며, 수지분(須知分) 즉 전니손(典尼遜)이란 자는 워싱턴의 일본 공사관에 재직하면서 추주(趨走)[1]한 지 수십년이 되어, 이름은 비록 미국 사람이라 하더라도 그 실상은 일본 사람이나 다름이 없었다.

**註解**

1) 추주(趨走): 빨리 좇아감. 공경의 뜻으로 윗사람 앞을 허리를 굽히고 붙좇아 감. 굽실거림.

**原文**

진 황 안 수 운 철 회 차 안 지 출 기 권 리 지 대 상 불 시 십 백 기
陳荒案 雖云撤回 此案之出 其權利之代償 不翅什佰 幾

호불능국의 목하전종태랑자 증임피중대장성주세국장자
乎不能國矣 目賀田種太郎者 曾任彼中大藏省主稅局長者
십수년 이재정가칭어일본 수지분즉전니손자 재화성돈지
十數年 以財政家稱於日本 須知分卽田尼遜者 在華盛頓之
왜공사관 추주수십년 명수미인 기실왜야
倭公使館 趨走數十年 名雖美人 其實倭也.

참정(參政) 심상훈(沈相薰)이 면직되고 신기선(申箕善)이 그를 대신하였다. 심상훈은 현영운(玄映運) · 이봉래(李鳳來) · 이근택(李根澤) · 조병필(趙秉弼) 등이 아부하고 방종한 죄를 아뢰고, 아울러 엄히 다스리도록 요청하였는데, 임금은 따르지 않고 오히려 심상훈 면직시켰다.

**原文**

참정심상훈면 이신기선대지 상훈주현영운 · 이봉래 ·
參政沈相薰免 以申箕善代之 相薰奏玄映運 · 李鳳來 ·
이근택 · 조병필아종지죄 병청엄구 상부종이면지
李根澤 · 趙秉弼阿縱之罪 幷請嚴究 上不從而免之.

전라북도 관찰사 이용직(李容稙)이 군산과 목포항에 거주하는 일본인이 사들인 우리 농토를 조사하였다. 임피 · 만경 · 부안 등 십여 군에서 무려 전체 790여 석락(石落, 섬지기)을 사들였다고 하였다.

**原文**

전북관찰사이용직 사검군산 · 목포항왜지매장아경자 임
全北觀察使李容稙 査檢群山 · 木浦港倭之買庄我境者 臨

피 만경 부안등십여군 통계위칠백구십여석락
陂·萬頃·扶安等十餘郡 統計爲七百九十餘石落.

군수로 있는 목천(木川)의 박정빈(朴正彬), 괴산(槐山)의 민영은(閔泳殷), 청산(青山)의 송희완(宋熙完), 만경(萬頃)의 정인희(鄭寅羲), 해남(海南)의 이용우(李容愚), 돌산(突山)의 마준영(馬駿榮), 용궁(龍宮)의 이용환(李龍煥), 의흥(義興)의 조병유(趙秉瑜), 김해(金海)의 이근홍(李根洪), 거창(居昌)의 이응익(李應翼)을 모두 집포관(戢捕官)으로 차출하여 삼남 지방의 도적의 소요를 대비하도록 하였다. 이근홍은 잘 다스린다는 명성이 있었고, 마준영은 함경북도 사람인데 더욱 더 능리(能吏)로 알려졌다. 참정 신기선(申箕善)이, 경상북도 관찰사 윤헌(尹瓛)의 부정을 조사시켰던 바 모두 15만 냥쯤이라고 보고하여 윤헌은 파면되었다.

**原文**

이군수목천박정빈 괴산민영은 청산송희완 만경정
以郡守木川朴正彬· 槐山閔泳殷· 青山宋熙完· 萬頃鄭
인희 해남이용우 돌산마준영 용궁이용환 의흥조병
寅羲· 海南李容愚· 突山馬駿榮· 龍宮李龍煥· 義興趙秉
유 김해이근홍 거창이응익 병차집포관 비삼남도경 근
瑜·金海李根洪·居昌李應翼 幷差戢捕官 備三南盜警 根
홍유치성 준영북인야 우이능이문 참정신기선주 안경북
洪有治聲 駿榮北人也 尤以能吏聞 參政申箕善奏 按慶北
관찰윤헌장 범십오만유기 헌좌파
觀察尹瓛贓 凡十五萬有奇 瓛坐罷.

일본인 목하전종태랑(目賀田種太郎)을 초빙하여 재무 고문관으로 삼고, 미국인 수지분(須知分, 스티븐스)을 초빙하여 외교 고문관으로 삼았다.

**原文**

빙왜인목하전종태랑위재무고문관 미인수지분위외교고
聘倭人目賀田種太郎爲財務顧問官 美人須知分爲外交顧
문관
問官.

7월 8일, 전라남북도 여러 군에 바람과 비가 크게 몰아쳤는데, 10년 만에 처음 있는 일이었다. (그로 인해) 이른 벼와 밭곡식이 큰 손상을 입었다. 20일에는 경상남도에도 폭풍이 일어 나무가 부러지고 해일이 있었다. 이에 큰 비가 와서 연해(沿海)의 군에 공해(公廨, 관청 건물) 190칸, 민호(民戶) 30,518집이 떠내려갔다. 익사자 419명, 파괴된 선박 959척이었고, 유실된 논밭과 염전(鹽田)이 155곳이었다. 김해의 명지도(鳴旨島)와 웅천의 신도(薪島)는 재해가 더욱 혹심하여 3,000여 가구가 물에 잠겼다.

**原文**

초팔일 전남북제군대풍우 위십년초유 조도한곡구손 이
初八日 全南北諸郡大風雨 爲十年初有 早稻旱穀俱損 二
십일 경남폭풍절목해일 인대우연읍표공해일백구십간
十日 慶南暴風折木海溢 因大雨沿邑漂公廨一百九十間·

民戶三萬五百一十有八 溺死四百十九人 破船九百五十九隻 壞水旱田二千二百五十六石落 決鹽田一百五十五處 金海鳴旨島·熊川薪島災尤酷 幷沒三千餘家.

일본군이 여순구(旅順口)에서 러시아군을 파하고 항구를 빼앗아 점거하였다.

**原文**

倭人克俄于旅順口 奪港據之.

8월 김노규(金魯圭)를 함경북도' 관찰사로 임명했다. 김노규는 관북 사람으로 유학(儒學)으로 이름이 높아 일찍이 곽종석(郭鍾錫)과 함께 조정에 불러들이려 하였으나 이르지 않아서 사람들은 그를 높이 평가했다. 이때에 관북 지방은 러시아군이 점거한 바 되어 조정의 의론이 관찰사 이윤재(李允在)를 아당(俄黨)이라 하여 파직시키고, 구장(舊將) 정기택(鄭騏澤)을 뽑아 보냈으나 길이 막혀 부임하지 못했다. 드디어 그 지방 선비들 중에 명망이 있는 사람을 택하여 김노규를 대신 임명한 것이다. 그러나 정부의 명령이 끝내 전달되지 못했는데, 혹은 김노규가 이미 죽었다고 전하기도 하였다. 러시아군은 이윤재가 파직되어 가는 것을 수긍하지 않고 그대로 일을 관장하며 자기들의 요구에 응하도록 하였다. 그 진위대장 심굉택(沈宏澤) 등으로 조도(調度)케 하였으나 능히 방어하지 못했으며 러시아는 도리어 그들을 이용하였다. 군수로 임명되어 그곳으로 부임하는 자는 러시아군에게 구금되거나 혹은 쫓겨나서 일본군에게 붙잡혀 그의 익직(溺職)[1]을 허물하여 원산관에 가두었다.

**註解**

1) 익직(溺職) : 직무를 감당하지 못함. 직무유기.

**原文**

팔월 이김노규위함북관찰사 노규북관인야 이유학저문
八月 以金魯圭爲咸北觀察使 魯圭北關人也 以儒學著聞
상여곽종석병소부지 인고지 시시북관위아소거 정의이이
嘗與郭鍾錫幷召不至 人高之 是時北關爲俄所據 廷議以李
윤재아당파지 이구장정기택차송 이로경부득부 수택토망
允在俄黨罷之 以舊將鄭騏澤差送 而路梗不得赴 遂擇土望
이노규대지 연조령종불통 혹전노규이사 아인불청윤재거
以魯圭代之 然朝令從不通 或傳魯圭已死 俄人不聽允在去
사응기조도진위대장심굉택등 불능어 아반위기용 군수지
使應其調度鎭衛隊長沈宏澤等 不能禦 俄反爲其用 郡守之
부북자 피아구 혹축지 위아소획 구기닉직 수지원산관
赴北者 被俄拘 或逐之 爲俄所獲 咎其溺職 囚之元山館.

8월, 김가진(金嘉鎭)을 법부 대신으로 삼고, 이용태(李容泰)를 다시 내부 대신으로 삼았다.

**原文**

팔월 이김가진위법부대신 이용태부위내부대신
八月 以金嘉鎭爲法部大臣 李容泰復爲內部大臣.

직산(稷山)의 광부들이 군수 유병응(劉秉應)을 살해했다. 유병응은 범법을 한 광부에게 태형(笞刑)을 가하다가 죽였다. 그 무리 수천 명이 난을 일으켜 유병응을 포위하고 살해한 것이다. 유병응은 치적(治績)이 있었으므로 그의 반장(返葬)[1]에 만인산(萬人傘)[2]이 상여를 따라갔다.

**註解**

1) **반장**(返葬) : 객지에서 죽은 사람을 그가 살던 곳이나 그의 고향으로 옮겨다가 장사를 지냄.
2) **만인산**(萬人傘) : 선정을 베푼 원에게 그 덕을 기르는 뜻으로, 그 고을 사람이 바치던 물건. 일산과 같은 모양으로 가장자리에 비단으로 된 여러 조각을 늘이고 유지(有志)의 성명을 기록한다.

**原文**

직산광도 살군수유병응 병응태광부범법자폐 기도수천
稷山礦徒 殺郡守劉秉應 秉應笞礦夫犯法者斃 其徒數千
작란 위병응살지 병응유치적 기반장야 만인산수여이행
作亂 圍秉應殺之 秉應有治績 其返葬也 萬人傘隨輿而行.

시흥 백성들이 군수 박우양(朴嵎陽)을 살해하였다. 박우양은 일본인들이 역부(役夫)를 모집함에 있어 그 삯을 건몰(乾沒)[1]했기 때문에 백성들이 무리지어 들고 일어나 아우성을 쳤다. 박우양은 일본군을 불러 해산시켰는데, 총탄에 맞아 죽은 사람들이 있어 많은 사람들이 드디어 크게 노하여 박우양과 그 아들 한 명을 살해하였다. 일본군 사망자도 2명이었다. 이 사건이 알려지자 임금은 크게 놀라서, “백성으로서 장리(長吏, 고을 관리의 우두머리)를 죽인 것은 근고(近古)에 처음 있는 일이다.” 라고 하면서, 백관들을 준절히 꾸짖고, 안종덕(安鍾悳)을 안핵사로 삼아 현지에 파견하였다. 아울러 직산(稷山)의 광부 사건도 조사하도록 하였다.

**註解**

1) **건몰**(乾沒) : 물건을 중간에서 가로챔. 범과(犯科)한 물건을 관청에서 거저 빼앗음. 매점(買占)한 물건을 관청에서 빼앗음.

**原文**

시흥민살군수박우양 우양인왜인모역 건몰고직 민군기
始興民殺郡守朴嵎陽 嵎陽因倭人募役 乾沒雇直 民群起
호조 우양소왜산지 유포사자 중수대홍 살우양급기일자
呼噪 嵎陽召倭散之 有砲死者 衆遂大鬨 殺嵎陽及其一子
왜사자이 사문 상대경 이민살장리 근고초유야 절책신공
倭死者二 事聞 上大驚 以民殺長吏 近古初有也 切責臣工
이안종덕위안핵사 전왕병안직산사
以安鍾悳爲按覈使 前往幷按稷山事.

유생 윤돈구(尹敦九)와 여영조(呂永祚) 등이 서울에 보인사(輔仁社)를 설립하고 유학(儒學)을 종교(宗敎)로서 천명한다고 일컬었다.

**原文**

유생윤돈구 여영조등 설보인사우경사 칭천명유학종
儒生尹敦九 · 呂永祚等 設輔仁社于京師 稱闡明儒學宗
교
敎.

일본인이 각도에서 역부(役夫)를 모집하던 일을 폐지하였다.

**原文**

倭人罷各道募役.

일진회 회원들이 모두 삭발하고 각도에 지회(支會)를 두었다. 회장 윤시병은 그의 무리 윤갑병(尹甲炳) · 윤길병(尹吉炳) · 염중모(廉仲謨) · 홍석후(洪錫厚) · 김명준(金明濬) 등과 밀의하여 일본의 후원을 맺지 않으면 마침내 세력이 고립될까 염려하고 드디어 일본인에게 투탁(投託)하였다. 자원해서 삭발함으로써 삭발의 길을 트겠다 하니, 일본인은 그것을 빙자하고 자기들에게 편하도록 이용하길 위해 비호하였으며 또한 자금까지 지원했다.

일진회는 대한제국 정치 개량의 본부라고 창언(倡言)하며 마땅히 협찬할 것이요, 막는 것은 옳지 않다 하며 일진회가 모은 곳에 군인을 보내서 회장(會場)에 참석시켰다.

이에 윤시병(尹始炳) 등은 그것에 의지하고 일제히 삭발하였다. 개회 연설을 할 때면 그때마다 회원을 파견해 정부를 성토하며 관직을 반납하고 떠나라고 하였다. 신기선(申箕善)과 이근명(李根命) 등은 저들에게 고개를 숙이는데 분하고 비굴하여 겸손히 사례하였으나, 그들의 세력이 두려워 감히 움직이지 못했다. 또한 갑오 동학란 후로부터 동학의 잔당들이 각지에 숨어 있으면서 안으로는 평민들과 견주지 못하는 바 되고, 밖으로는 지방대의 탄압을 받는 바가 되었으나, 그 원한을 풀지 못해, 은밀히 자기들끼리 조직을 유지하며 국가의 사변이 있기만을 기다리고 있었다.

윤시병 등이 일진회를 만들자 자기 교도들을 파견하고 각 기포(起包)[1]로 하여금 호응하게 하였다. 열흘이 채 못 되어 13도의 동학교도가 모두 움직여서 혹은 '진보회(進步會)'라 칭하고, 혹은 '진명회(進明會)'라 칭했고, '일진회 지회(一進會支會)'라 통칭해서 불렀다. 관찰부(觀察府)에서 개회하고 혹은 군관 안에서 집회를 개최하며 유민(莠民) 잡답(雜沓)[2]을 다스렸다. 따르는 자가 날로 번창하여 지방관에게 강력히 반항하며 평민을 위협하니 그 형세가 갑오년 동학란의 판국과 흡사하였다.

지방 관원이 먼저 그들을 제지하려고 혹 그 괴수를 죽이고 그 교도들을 가두려고 하면 윤시병 등이 정부를 협박하여 전보를 급히 보내 공박하고 힐책하니 왕왕 죄를 논감(論勘)[3]하는 일도 있었다.

일진회의 지회장은 다음과 같다.

경상남도에 박충일(朴忠一), 강원도에 박인흡(朴仁洽), 전라북도에 유인화(劉仁化), 황해도에 김상현(金祥鉉), 평안남도에 김광수(金光洙), 충청남도에 정태영(丁泰榮), 충청북도에 강덕모(姜德模), 경기도에 이종석(李鍾奭), 평안북도에 강재린(姜載麟), 함경남도에 이용구(李容九)였다.

**註解**

1) **기포**(起包) : 포(包)를 단위로 하여 봉기하는 것을 일컬음. 포(包)는 동학의 지방 조직.

2) 잡답(雜沓) : 사람이 많이 휩쓸려 분잡(紛雜)함. 잡배.
3) 논감(論勘) : 상급기관에서 하급기관을 문책하는 일.

## 原文

一進會皆削髮 建支會于各道 會長尹始炳 與其徒尹甲炳·尹吉炳·廉仲謨·洪錫厚·金明濬等密議 不結倭援 終恐勢孤 遂投託倭人 自願削髮 以示開剃之漸 倭欲藉爲己用 受而庇之 且給資力 倡言一進會爲大韓政治改良之本部 理當協贊 不可沮也 送其兵弁 參會場 於是始炳等倚之 一齊削髮 開會演說 逐日派員 責政府 使納官而去 申箕善·李根命等 憤屈遜謝 而畏其勢 莫敢動 且自甲午(高宗三十一年)後 東學餘孽 竄伏各地 內爲平民所不齒 外爲地方隊所彈壓 無以肆其怨毒 而潛相署置 以待國家之有事 及始炳等 創一進會 遣其徒 使各起包以應之 不旬日 十三道東學俱動 或稱進步會 或稱進明會 統稱一進支會 開會于觀察府 或郡治莠民雜沓 從者日熾 力抗守宰 威嚇平民 一如甲午之局 地方官 欲先發制之 或誅其魁 囚其徒 則始炳等

협정부 비전박힐 왕왕유론감자 기지회장 즉경남박충일
脅政府 飛電駁詰 往往有論勘者 其支會長 則慶南朴忠一
강원박인흡 전북유인화 황해김상현 평남김광수
· 江原朴仁洽 · 全北劉仁化 · 黃海金祥鉉 · 平南金光洙 ·
충남정태영 충북강덕모 경기이종석 평북강재인 함
忠南丁泰榮 · 忠北姜德模 · 京畿李鍾奭 · 平北康載麟 · 咸
남이용구
南李容九.

일진회(一進會)를 창설할 때 윤시병(尹始炳) 등은 사람들을 속이고 유혹하기를 조정의 판국이 장차 바뀌게 되면, 관인들도 모두 그 회 가운데서 가려서 뽑게 되어, 위로는 정부에 벼슬하는 자와 밑으로는 관찰사 · 군수는 물론 비록 향장(鄕長)[1]과 이장까지 회민(會民)이 아니면 감히 바라볼 수 없다 하였다. 이에 어리석은 백성들이 동요되고 전택(田宅)을 다투어 팔아서 회금(會金)으로 바치는가 하면, 멀리 떨어진 벽촌이나 물가에서도 빨리 서둘러 뒤질까 두려워하여 매달 경회(京會)에 바쳐지는 금액이 백만 금이나 되었다. 얼마 안가서 가산이 파탄되고 더 이상 자금이 고갈되어도 반응이 없고 벼슬자리가 돌아오지 않자 뒤늦게 뉘우치고 머리를 다시 기르는 자가 생겨났으며 혹은 신문에 투고하여 서로 욕을 퍼붓기도 하였다.

**註解**

1) **향장**(鄕長) : 주(州) · 부(府) · 군(郡) · 현(縣)에 있는 향청(鄕廳)의 수장. 곧 고을의 좌수(座首).

**原文**

회지창야 시병등상광유 이조국장환 관인개자회중윤선
會之創也 始炳等相誑誘 以朝局將換 官人皆自會中掄選
상자거정부 하자관찰 군수 수향장 이장 비회민막감망
上者居政府 下者觀察 · 郡守 雖鄕長 · 里長 非會民莫敢望
어시우민흠동 경매전택 이대회금 하황추서 광목공후 매
於是愚民歆動 競賣田宅 以貸會金 遐荒陬澨 狂騖恐後 每
월 경회소수납 회김 이백만계 미기 가파자갈 무이응 이
月 京會所收納 會金 以百萬計 未幾 家破貲竭 無以應 而
관직부지 회이장발심중 혹등고신문 이상후매
官職不至 悔而長髮甚衆 或謄告新聞 以相詬罵.

장승원(張承遠)을 경상북도 관찰사로 삼았다. 장승원은 판서 장석룡(張錫龍)의 아들이다. 대대로 인동(仁同)에 살았는데, 부자가 똑같이 악행을 자행하였다. 가는 곳마다 과도한 욕심을 부려 재물을 훔쳐서 가산이 거만금(巨萬金)이나 되었다. 이에 이르러 일진회(一進會)는 정부를 성토하여 영남 백성이 무슨 죄가 있느냐고 하였지만, 기실은 장승원이 임금에게 많은 뇌물을 주고 얻은 벼슬이지 정부로부터 얻은 벼슬이 아니었다. 장승원은 한참 후에 부임하였다.

**原文**

이장승원위경북관찰사 승원판서석용자야 세거인동 부
以張承遠爲慶北觀察使 承遠判書錫龍子也 世居仁同 父
자제악 소재탐도 가루거만 지시일진회책정부 이영민하죄
子齊惡 所在貪盜 家累巨萬 至是一進會責政府 以嶺民何罪
기실승원납중회우상이득지 비유정부야 승원구내부임
其實承遠納重賄于上而得之 非由政府也 承遠久乃赴任.

평양 백성들이 군수 팽한주(彭翰周)가 130만 냥을 부정한 수법으로 착복하였다고 호소하여 곧 죄명을 쓰고 면직될 지경이었다. 그런데 일본 공사 임권조(林權助)가 자기나라 군대가 평안도로 들어갈 때 팽한주의 수고가 컸다하여 파직하지 말 것을 청하였다. 또 관찰사 윤헌(尹瓛)은 교섭을 잘하여 비록 영남 관찰부에서 그의 부정을 조사했으나 끝까지 규명하지 말라고 하였다. 군소배들이 외국 사람에게 의부(依附, 의지하여 좇음)함이 대개 이와 같았다.

**原文**

平壤民訴郡守彭翰周贓一百三十萬兩 將坐免 倭使林權助 以其軍西入之時 翰周有勞勩 請勿罷 又以尹瓛善於交涉 雖有嶺府按贓 可勿究 群小之依附外人如此.

각도에 순찰사(巡察使)를 파견하였는데, 경상북도에 홍우철(洪祐哲), 경상남도에 김연식(金璉植), 전라북도에 박제빈(朴齊斌), 전라남도에 안종덕(安鍾悳), 강원도에 김성규(金星圭), 황해도에 정규회(丁奎會), 충청남도에 이시재(李時宰), 충청북도에 정인표(鄭寅杓), 경기도에 이용구(李容九)였다. 순찰사는 본시 민간의 괴로움을 묻고 수령들이 부정을 했는지와 선치(善治)의 여부를 논하였는데, 그 직권(職權)이 전날의 시찰관과 같지 않았다.

**原文**

遣巡察使于各道 慶北洪祐哲·慶南金璉植·全北朴齊斌·全南安鍾悳·江原金星圭·黃海丁奎會·忠南李時宰·忠北鄭寅杓·京畿李容九 問民間疾苦 論守令臟否 職權與前日之視察不同.

민영기(閔泳綺)를 탁지부 대신으로 삼았다. 민영기는 수염이 많아서 당시 사람들이 호자 대신(鬍子大臣)이라 칭했다.

**原文**

以閔泳綺爲度支大臣 泳綺多鬚 時稱鬍子大臣.

북한산성에 있는 중흥사(中興寺)에 화재가 크게 났다.

**原文**

北漢山城中興寺 大火.

평안남도 영유군(永柔郡)에 큰 우박이 내렸다.

**原文**

平南之永柔郡 大雨雹.

9월, 경연관 송병선(宋秉璿)과 곽종석(郭鍾錫), 전 판서 최익현(崔益鉉) 등을 불렀으나 모두 사양하고 오지 않았다.

**原文**

구월소경연관송병선 곽종석 전판서최익현 개사부지
九月召經筵官宋秉璿·郭鍾錫·前判書崔益鉉 皆辭不至.

(9월) 22일, 외부(外部)의 칙임관과 주임관에게 명하여 모두 머리를 깎게 하고 양복을 착용하도록 하였으며, 모든 외교관은 모두 이 예와 같이 하였다. 유독 참서관 서상욱(徐相郁)은 따르지 않아서 죄를 입고 면직되었다. 서상욱은 광양(光陽) 군수로 있을 때 장물 사건으로 파직된 일이 있었는데, 이에 이르러 상투를 자르지 않아 면직당하기에 이르렀다. 시중에 떠돌던 당시의 여론이 사람은 진실로 알기 쉬운 일이 아니라고 하였다.

**原文**

이십이일 명외부칙 주임관 병단발 복양장 범외교관
二十二日 命外部勅·奏任官 幷斷髮 服洋裝 凡外交官
동차개예 독참서관서상도불긍 좌면 상욱위광양수 이장
同此皆例 獨參書官徐相都不肯 坐免 相郁爲光陽守 以贓
파 지시이부단발 지어면관 시의이위 인고미이지
罷 至是以不斷髮 至於免官 時議以爲 人固未易知.

그때 또 이상천(李相天)이란 자가 있었는데, 이재극(李載克)의 시찰 행차에 수행하여 일본에 들어갔다. 유독 혼자만이 상투를 자르지 않아서 일본 황제가 상투를 풀어내리라 하고 서양

모자를 쓰라고 명했다. 그가 환국할 때 이르러 일본인들은 그 사실을 신문지상에 보도하였다.

**原文**

시우유이상천자 수이재극시찰지행 입일본 독불단발 왜
時又有李相天者 隨李載克視察之行 入日本 獨不斷髮 倭

황명해계산지 가이양모 급환 왜인파기사우신문
皇命解髻散之 加以洋帽 及還 倭人播其事于新聞.

28일 계묘, 황태자비 민씨(閔氏)가 죽었는데, 나이 33세였다. 태자가 천엄(天閹, 날 때부터 고자)이어서 남자 구실을 못해 태자비는 나이가 들자 우울한 마음이 화증(火症)을 이루었다. 홀로 부르짖으며 큰 소리를 치면서 매일 경대와 연상(硯床) 등을 부수었기 때문에 민영소(閔泳韶)가 매일 기물 하나씩을 들여보내야 했다. 이와 같이 한 것이 몇 해를 지나 어혈(瘀血)이 누적되었는데, 의관이 오진하여 임신한 것으로 잘못 알고 연달아 보약을 올렸으므로, 드디어 비만해져서 구제할 수 없게 되었다. 이해 봄, 서울과 지방에서 태자의 양도(陽道)가 회복되어 자식을 낳을 수 있는 징조가 보인다고도 하고 혹자는 말하기를, "이는 어혈 덩어리다."라고도 했는데, 이에 이르러 그 실상이 징험되었다.

**原文**

이십팔일계묘 황태자비민씨훙 수삼십삼 태자천엄 무인
二十八日癸卯 皇太子妃閔氏薨 壽三十三 太子天閹 無人

道 妃盛年幽鬱 致火症 獨自叫嚷 每日打碎奩臺·硯床之屬 閔泳韶日進一具 如是者有年 瘀血成積 醫官誤診爲胎兆 連進補劑 遂至痞滿 不可救 是春 中外盛傳太子陽道回有就館之徵 或曰 此血塊也 至是 果驗.

심상훈(沈相薰)의 부친 묘를 도굴하여 그 두골(頭骨)을 훔쳐갔다.

**原文**

盜掘沈相薰父墳 竊其頭骨而去.

이근명(李根命)을 다시 의정으로 삼았는데, 이번에는 사양하지 않았다. 인하여 태자비원(太子妃園)의 총호사(摠護使)로 삼았다.

**原文**

李根命復拜議政 不復辭 因命爲太子妃園摠護使.

10월, 황태자비 초상의 복제를 정하였다. 황제는 자최(齊衰)[1] 기년복(朞年服)[2]을 입고, 태자는 황제와 함께 흰 베옷에, 흰 갓과 흰 대(帶)로 13개월 뒤에 상제(祥祭)를 지낸 다음 길복

(吉服)을 입고, 종친 문무관도 자최(齋衰) 기년복을 입고, 사서인(士庶人)은 흰 베옷에 흰 갓과 흰 대를 하고 1년이 지나면 상복을 벗고, 군경(軍警)은 소속 복장에 상장 정식(喪章定式)을 달고 1년이 지나면 제거하게끔 하였다.

임금은 태자비가 울화증에 걸려 앓다가 요절한 것을 불쌍하게 여기고 슬픔과 연민이 특별히 심하여 장례를 힘써 융성하게 치러주려고 하였다. 종전에 없던 복제를 만들어 모후(母后)의 상과 같게 하게 하였는데, 그 일을 어렵게 여겨 대신과 유신(儒臣)및 관각(館閣)에 의논하도록 명했다. 의정 이근명(李根命)이 이르기를, "우리나라 소현세자(昭顯世子)의 상(喪)에 대전과 중궁은 자최 기년복을 입었습니다. (명나라) 의문태자(懿文太子, 명 태조의 장자)의 상에는 하루를 한 달로 쳐서 12일간 자최복을 입었다가 제사를 마친 후에 벗었는데, 장경태자(莊敬太子, 명 세종의 둘째아들)의 상에는 백관이 포모(布帽)에 질대(絰帶)를 하다가 12일만에 벗었습니다. 이것으로써 참작할 수 있으며, 신은 감히 억측으로 아뢸 수는 없습니다."라고 하였다.

김병국(金炳國)·심순택(沈舜澤)·조병식(趙秉式)·송병선(宋秉璿)·곽종석(郭鍾錫) 등은 지방에 있다는 핑계로 헌의(獻議)[3]하지 않았으며, 이도재(李道宰)·김학진(金鶴鎭)·홍순구(洪淳九)·박영대(朴永大)·임백영(任百瑛)·정현재(鄭顯載) 등은 모두 상례에 대하여 어둡다하여 사양하였다. 이에 임금은 중앙과 지방의 신민(臣民)들에게 특명을 내려 모두 아울러 기년복을 입도록 하였다. 백관들은 그렇게 하는 것이 예의가 아닌 것을 명확히 알면서도 누구 하나 나서서 감히 거스르지 못하였으며, 민간에서는 흰 갓을 벗어던지며 서로 야유하기를, "이게 무슨 복이냐?"라고 하였다.

## 註解

1) **자최**(齋衰) : 오복(五服)의 하나. 굵은 삼베로 짓되 아래 가를 좁게 접어 꿰맨 상복. 재최의 본딧말.
2) **기년복**(朞年服) : 일 년 동안 입는 상복.
3) **헌의**(獻議) : 윗사람에게 의견을 아룀.

## 原文

동시월 정황태자비상복제 황제자최기년 태자동황제 백
冬十月 定皇太子妃喪服制 皇帝齊衰朞年 太子同皇帝 白
포의립대 십삼월상후길복 종친문무자최기 사서인백의립
布衣笠帶 十三月祥後吉服 宗親文武齊衰期 士庶人白衣笠
대 기이제 군경소속복장 의상장정식 기이제 상련비광울
帶 期而除 軍警所屬服裝 依喪章定式 期而除 上憐妃曠鬱
천원 비민지특심 상장무종륭후 욕창무전지복 동어모후
天寃 悲愍之特甚 喪葬務從隆厚 欲創無前之服 同於母后
이난기사 명의대신 유신급관각 의정이근명이위 아조소
而難其事 命議大臣·儒臣及館閣 議政李根命以爲 我朝昭
현지상 대전 중궁자최기 명의문태자상 황제이일역월
顯之喪 大殿·中宮齊衰期 明懿文太子喪 皇帝以日易月
복자최십이일 제필석지 장경태자상 백관포모질대 십이
服齊衰十二日 祭畢釋之 莊敬太子喪 百官布帽絰帶 十二
일이제 차가이삼작 이신불감억대 김병국 심순택 조병
日而除 此可以參酌 而臣不敢臆對 金炳國·沈舜澤·趙秉
식 송병선 곽종석 이재외불헌의 이도재 김학진 홍
式·宋秉璿·郭鍾錫 以在外不獻議 李道宰·金鶴鎭·洪

순구 박영대 임백영 정현재등 구이매례사 상특명중
淳九 · 朴永大 · 任百瑛 · 鄭顯載等 俱以昧禮辭 上特命中
외신민병복기 백관명지기비례 이막감오 민간탈백립 상
外臣民幷服朞 百官明知其非禮 而莫敢忤 民間脫白笠 相
야유지왈 차하복야
揶揄之曰 此何服也.

전 비서승 박해룡(朴海龍)이 중추원에 헌의(獻議)하였는데 그 개략은 다음과 같다.

"예(禮)는 절문(節文)이 있고, 의(義)는 경중(輕重)이 있습니다. 한결같이 선왕께서 제도를 준수하여 감히 지나치게 할 수 없는 것은 상복입니다. 전(傳)에 이르기를, '기년상(朞年喪)은 대부(大夫)에 이르고, 삼년상은 천자에 이른다.'고 하였으니, 이 예는 더없이 엄하고 더없이 중하여 위로는 만승(萬乘)의 천자로부터 아래로는 여항(閭巷)[1]의 서민에 이르기까지 감히 추호도 어길 수 없는 것입니다. 지금 이 복제는 황제와 태자 모두 자최 기년복으로 마련하였고, 신민의 복제도 또한 기년복으로 정하여 마치 황후나 후비(后妃)의 상과 같으니, 이 어찌 예관이 살피지 못했단 말입니까? 비록 예가 정(情)에서 나오고 도타운 것을 중히 여긴다고 하지만, 그렇다고 어찌 비례(非禮)의 도타움을 태자비에게 쓴단 말입니까? 하늘에는 두 해가 없고 백성에게는 두 임이 없는 법인데, 지금 태자비의 복에 대해 모후의 복을 쓴다면 그 모후의 복에 있어서는 마땅히 무슨 복을 써야 한단 말입니까? 엎드려 바라옵건대 천자께 아뢰어 의주(儀注)[2]를 고쳐 정해서 신인(神人)의 도리를 편안하게 하옵소서."

**註解**

1) **여항**(閭巷) : 여염(閭閻). 일반 백성의 집에 모여 있는 곳.
2) **의주**(儀注) : 나라의 전례 절차. 또는 의례 제도를 주해(註解)하여 적은 책. 의주(儀註).

**原文**

前秘書丞朴海容 獻議樞院 略曰.
禮有節文 義有輕重 一遵乎先王定制 而不敢過者喪服也 傳曰 朞之喪達乎大夫 三年之喪達乎天子 斯禮也 莫嚴莫重 上自萬乘之尊 下至閭巷匹庶 不敢毫髮違越者也 今此服制 皇帝·太子幷齊衰朞磨鍊 臣民受服 亦定朞年 有若母臨后妃之喪 然是何禮官之不審也 雖諉以禮出於情 以厚爲重 寧可以非禮之厚加於妃宮乎 天無二日 民無二王 而今於妃宮之服 服以母后 則其在母后之服 當何服耶 伏乞上奏天陛 更定議注 以安神人之理云云.

전 참봉 우용택(禹龍澤) 등이 정부에 글을 올려 복제(服制)가 다 이치에 맞지 않음을 논하였는데, 황제는 마침내 받아들이지 않았다. 그 대략은 다음과 같다.

"대저 시아버지는 며느리에 대하여 대공복(大功服)을 입고, 총부(冢婦, 맏며느리)에 대해서는 기년복을 입습니다. 그러므로 태자비의 상에 황제는 응당 기년복을 입어야 합니다. 지아비는 지어미에 대해 본래 장기(杖朞)[1]로 하는데, 아버지가 살아 계시면 장자(長子)는 부장기(不杖朞)로 합니다. 그러므로 태자비의 상에 대해 태자는 부장기로 해야 합니다. 신민은 임금에 대해서는 은혜와 의리로써 복을 입지만 태자비에 대해서는 모후의 은혜와 의리가 없으므로, 태자비의 상에 신민은 상복을 입지 않습니다. 태자비는 국가 승통(承統)의 모후가 아니기 때문에, 그러므로 상에도 '붕(崩)'이라 하지 않고 '훙(薨)'이라 하며, 장사지낸 곳에도 '능(陵)'이라 하지 않고 '원(園)'이라 합니다. 그렇다면 지금 이 장례도감(葬禮都監)을 '국장(國葬)'이라 칭하고, 도제조를 총호사라 한 것은 사리에 저촉되는 혐의가 있는 것 같습니다.

엎드려 바라옵건대, 합하(閤下)께서는 모든 고례(古禮)를 찾아보시고 선헌(先憲)[2]을 참작하여 국장(國葬)의 호칭과 총호사의 명칭, 그리고 황제의 포과익선관(布裹翼善冠)과 포립(布笠)의 제도, 황태자의 포과익선관과 포립의 제도, 나아가 신민들의 기년복의 의식 등을 아울러 속히 개정하시어 국론의 의혹을 풀어주시기 바랍니다."

**註解**

1) **장기**(杖朞) : 상례(喪禮)에서, 상장(喪杖)을 집고 삼베로 지은 상복을 1년 동안 입는 거상.

2) 선헌(先憲) : 국조(國朝)의 선대에서 행하여 후세에 따라야 할 법이 된 것.

**原文**

前參奉禹龍澤等 上政府書 皆論服制之無謂 帝竟不納 略曰.

大抵 舅之於婦爲大功 而爲冢婦朞 故太子妃之喪 皇帝應服朞 夫之於妻本杖朞 而父在則長子不杖 故太子妃之喪太子不杖朞 臣民之於君 以恩義受服 而太子之妃無母后之恩義 故太子妃之喪臣民無服 太子之妃非國家承統之母后 故於喪則不曰崩而曰薨 於葬則不曰陵而曰園 則今此葬禮都監之稱以國葬 都提調之名以摠護使者 似有逼拶底嫌 伏願閤下 求諸古禮 參于先憲 國葬之稱摠護使之名 皇帝布裹翼善冠·布笠 皇太子布裹翼善冠·布笠之制 臣民服朞之節 幷亟改正 以解國論之惑云云.

태자비 민씨(閔氏)의 시호를 순명(純明)이라 하고, 혼전(魂殿)을 의효전(懿孝殿)이라 하였으며, 원호(園號)를 유강원(裕

康園)으로 정했다. 원이 있을 곳은 양주의 마장리(馬場里)로 잡았으며, 홍릉의 공역을 중지하도록 명하고, 이는 오로지 유강원(裕康園) 공역에 힘쓰도록 하였다. 시호를 처음에는 순열(純烈)이라 했다가 다시 고친 것이다.

**原文**

익태자비민씨왈순명 혼전호왈의효 원호왈유강 정원소
謚太子妃閔氏曰純明 魂殿號曰懿孝 園號曰裕康 定園所
우양주마장리 명정홍릉지역 전력우유강원 익시의순열
于楊州馬場里 命停洪陵之役 專力于裕康園 謚始擬純烈
우개지
又改之.

주청 공관의 서기생(書記生) 김균정(金均禎)에게 명하여 국서를 받들고, 청나라 서태후(西太后) 칠순경절(七旬慶節)을 축하하도록 하였다.

**原文**

명주청공관서기생김균정 봉국서 칭하청국서태후칠순
命駐淸公館書記生金均禎 奉國書 稱賀淸國西太后七旬
경절
慶節.

일본군의 위문 사절로 간 권중현(權重顯)이 요동(遼東)에서 돌아왔다.

**原文**

위문왜군사권중현 환자요동
慰問倭軍使權重顯 還自遼東.

(10월) 태천 향장 백경전(白景全)은 동비(東匪)를 방어하여 수십 명을 죽였다. 당시 평안도와 황해도 지방에 동학교도들이 크게 일어났는데, 외면으로는 일진회와 유사하였으나 난의 형태는 또한 같지 않았다.

**原文**

태천향장백경전 어동비 참수십인 시양서동비대치 외사
泰川鄕長白景全 禦東匪 斬數十人 時兩西東匪大熾 外似
일진회 이난형우부동
一進會 而亂形又不同.

경부선철도가 개통되었다.

**原文**

경부철도 시통
京釜鐵道 始通.

서울에는 19일에 뇌성이 크게 울리며 비가 왔고 지방의 각군에서는 종종 무지개가 나타났다.

**原文**

경 사 이 십 구 일 대 뇌 우 외 군 비 비 홍 견
京師以十九日大雷雨 外郡比比虹見.

11월, 전환국(典圜局)을 폐지하고 신구 화폐 교환소를 설치하였다.

**原文**

십 일 월 폐 전 환 국 설 신 구 화 교 환 소
十一月 廢典圜局 設新舊貨交換所.

경상북도 순찰사 홍유석(洪裕晳)이 파면되었다. 보고서 중에 황제의 소휘(小諱, 어릴 때 이름)를 범했기 때문이다.

**原文**

경 북 순 찰 사 홍 유 석 파 면 이 보 고 중 오 범 황 제 소 휘 야
慶北巡察使洪裕晳罷免 以報告中誤犯皇帝小諱也.

(11월) 일본 육군대장 장곡천호도(長谷川好道)가 서울에 와서 주둔하며 사령부를 세웠다. 일진회와 더불어 서로 연계하고 표리(表裏)를 같이 하므로, 임금은 그것을 근심하여 뇌물을 보냄이 그치지 않았다. 또한 서훈(敍勳)할 것을 명하여 이화장(李花章)을 내렸다.

**原文**

왜 육 군 대 장 장 곡 천 호 도 내 주 경 성 건 사 령 부 여 일 진 회 상
倭陸軍大將長谷川好道 來駐京城 建司令部 與一進會相
표 리 상 환 지 뇌 유 부 절 우 명 서 훈 사 이 화 장
表裏 上患之 賂遺不絶 又命敍勳 賜李花章.

참정 신기선(申箕善)과 내부 대신 이용태(李容泰)를 면직하고, 군사(軍事)와 경찰에 대한 조례를 반포했다. 24일, 일진회가 정부에 개혁하라고 요구하자, 정부는 경리(警吏)를 출동하여 탄압하였다. 일본군 또한 군대를 배치하여 비상사태를 갖추었다. 일진회 회원 중에 돌을 던진 자가 있어 일본인 한 사람이 부상당하자, 일본인은 드디어 경찰이 잘못한 것으로 책임을 물어 대대장 이하 장교 6명 · 사졸 7명을 포박했다. 다음날 공사 임권조(林權助)와 장곡천호도(長谷川好道)가 와서 담판을 열고 신기선 등의 직을 바꾸라 하였고, 수일 후 또 정부를 협박하여 우리나라의 경찰력으로는 치안을 유지하는 데 부족할 뿐만 아니라 도리어 방해가 되므로, 이제부터는 마땅히 전국의 경위(警衛)의 권한은 일본 군리(軍吏)의 손으로 넘겨받겠다 하였다.

임권조 등은 또한 문첩(文牒)을 지어 국내와 각국 공사에게 포고한 후 금후로는 한국인과 외국인을 막론하고 모두 마땅히 일본의 군사 및 경찰의 명령에 복종해야 한다고 하였다. 드디어 19개 조를 반포하여 범법하는 자가 있으면 모두 일본 사령관의 손을 거쳐서 직접 형사상의 처분을 한다고 하였다. 그 가운데 제4조에는 당을 만들어 일본에 반항하려 하거나 혹은 일

본군에 대하여 항적(抗敵)하는 자에 대한 규정이, 제15조에는 결사를 조직하거나 혹은 신문 · 잡지의 광고로써 혹은 다른 수단으로써 치안 질서를 문란 시키는 자에 대한 규정이, 제17조에는 군사령관의 명령을 위반한 자에 대한 규정이 있었으니 그 나머지 일들은 가히 추측할 수 있을 것이다.

**原文**

면참정신기선 내부대신이용태관 반군사 경찰조예
免參政申箕善 · 內部大臣李容泰官 頒軍事 · 警察條例

이십사일 일진회요정부이개혁 정부발경리탄압지 왜역진
二十四日 一進會要政府以改革 政府發警吏彈壓之 倭亦陳

병 이비비상 회원유투석자 상일왜 왜수구경찰불선 전령
兵 以備非常 會員有投石者 傷一倭 倭遂咎警察不善 傳令

포박대대장이하장교육 사졸칠 익일 임권조 장곡천 개
捕縛大隊長以下將校六 · 士卒七 翌日 林權助 · 長谷川 開

담판 체기선등직 수일우협정부 이아국경찰력 비유부족
談判 遞箕善等職 數日又脅政府 以我國警察力 非惟不足

이유지치안 반족이방지 자금의장전국경위지권 일수성어
以維持治安 反足以妨之 自今宜將全國警衛之權 一受成於

일본군리지수 권조등작문첩 포고국중급각국공사 위금후
日本軍吏之手 權助等作文牒 布告國中及各國公使 謂今後

무론한인 외국인 개당복종일본군사경찰지명 수반십구
毋論韓人 · 外國人 皆當服從日本軍事警察之命 遂頒十九

조 유범자개경일본사령관지수 직접위형사상지처분운 취
條 有犯者皆經日本司令官之手 直接爲刑事上之處分云 就

기중제사조왈 결당욕반항일본 혹대일군유항적자 제십오
其中第四條曰 結黨欲反抗日本 或對日軍有抗敵者 第十五

조왈 이결집회사 혹이신문 잡지 광고 혹이타수단 문
條曰 以結集會社 或以新聞 · 雜志 · 廣告 或以他手段 紊

란치안질서자 제십칠조왈 위군사령관지명령자운운 여가
亂治安秩序者 第十七條曰 違軍司令官之命令者云云 餘可
추야
推也.

11월 29일(계묘), 태자비 민씨(閔氏)를 장사지냈다. 등롱(燈籠)은 정해진 숫자 외에 1천 쌍을 더 준비했으며, 다른 물종도 이와 비슷했다.

**原文**

이십구일계묘 장태자비민씨 등총정수외 가비일천쌍 타
二十九日癸卯 葬太子妃閔氏 燈寵定數外 加備一千雙 他
물칭시
物稱是.

12월, 조병식(趙秉式)을 내부 대신으로 삼았다. 일본인이 내는 신문에서도 역시 그의 추잡함을 비방하였다.

**原文**

십이월 이조병식위내부대신 왜인보관 역극기추저언
十二月 以趙秉式爲內部大臣 倭人報館 亦極其醜詆焉.

주청 공사 민영철(閔泳喆)이 교체되어 돌아왔다. 관서 지방의 백성들이 그의 집을 둘러싸고 그가 궁역(宮役)을 맡아보았을 때, 착복한 돈을 내놓으라고 요구하였으며, 의주 신사(紳士, 양반) 김우용(金禹用)이 손에 칼을 들고 옆에서 독려하였다. 민영철이 임금에게 호소하자, 경관에게 지시하여 김우용을 잡아 가두기에 이르렀다.

**原文**

주청공사민영철체환 관서민위기제 색궁역시장전 의주
駐清公使閔泳喆遞還 關西民圍其第 索宮役時贓錢 義州
신사김우용 지수일감독 영철소우상 칙경관 수우용
紳士金禹用 至手釼監督 泳喆訴于上 飭警官 囚禹用.

(12월) 일본인이 정부를 억압해서 우리나라가 외국에 파견한 각 공사들은 이름만 존재하고 실상은 없는 것이나 같으며 한갓 국고만 허비하니 모두 철수시키라고 하였다. (그리고) 병제(兵制)도 갖추지 못해 한갓 소란만 피우니 청하여 서울과 지방에 단지 8천 명만 남겨 두고, 나머지는 모두 감축시키도록 종용했다. 조정에서는 우물쭈물 위배된다 하며 결정짓지 못했다.

**原文**

왜인늑정부 이아파외각공사 명존실망 도비국탕 사병철
倭人勒政府 以我派外各公使 名存實亡 徒費國帑 使竝撤
회 병제미성 도자소요 청경향지유팔천인 여실감방 조정
回 兵制未成 徒滋騷擾 請京鄉只留八千人 餘悉減放 朝廷
의위불능결
依違不能決.

재정 고문관 목하전종태랑(目賀田種太郎)이 우리 정부에 각 군(各郡)의 공금 식태(息駄, 세미(稅米)를 실어 나르는 마바리)를 영구히 혁파할 것을 권했다. 탁지부 대신 민영기(閔泳綺)는 거부하지 못하고 명년 봄에 시행하겠다고 기일을 정했다.

**原文**

재정고문관목하전종태랑 권정부 영혁각군공금식태 탁
財政顧問官目賀田種太郎 勸政府 永革各郡公金息駄 度
지대신민영기불능항 기이명춘실시정행
支大臣閔泳綺不能抗 期以明春實施定行.

김도진(金嶋鎭)과 이윤종(李胤鍾) 등이 연명소를 올려 시정의 궐실(闕失, 잘못)을 일일이 따져 진술하였다. (그러자) 일본인들이 그들을 지목해서 정우회(政友會)[1]라 하고, 불러가서 힐문을 하였다.

**註解**

1) **정우회**(政友會) : 일본의 주권 침략을 규탄하기 위해 궐기할 것을 호소한 단체. 1904년 6월 허위(許蔿) 등이 중심이 되어 결성했다.

**原文**

김도진 이윤종등상연소 진시정지궐 왜인목지왈정우
金嶋鎭·李胤鍾等上聯疏 陳時政之闕 倭人目之曰政友
회 초거힐문
會 招去詰問.

권중현(權重顯)을 군부 대신으로 삼고, 박제순(朴齊純)을 법부 대신으로 삼았으며, 이근명(李根命)을 경운궁(慶運宮) 중건도감 도제조(重建都監都提調)로 삼았다.

**原文**

이권중현위군부대신 박제순위법부대신 이근명위중건
以權重顯爲軍部大臣 朴齊純爲法部大臣 李根命爲重建
경운궁도감도제조
慶運宮都監都提調.

내탕금 187,400원을 갑오년 이래 우리나라 경내에서 죽은 일본인에게 내려주었다. 이는 일본인의 뜻에서 나온 것이다.

**原文**

하탕금십팔만칠천사백원 갑오 고종삼십일년 이래 왜
下帑金十八萬七千四百元 甲午(高宗三十一年)以來 倭
인지사어아경자 출왜의야
人之死於我境者 出倭意也.

일본인들이 웅천군(熊川郡, 진해)의 가덕진(加德鎭)과 천성진(天城鎭)에 들어가 군기고(軍器庫)를 부수고 병장기를 약탈해갔다.

**原文**

왜입웅천군지가덕 천성양진 파군기고 창탈병장이거
倭入熊川郡之加德·天城兩鎭 破軍器庫 搶奪兵仗而去.

최익현(崔益鉉)을 찬정(贊政)에 임명하였으나 그는 상소하여 힘써 사양하였다.

“신은 일전에 엎드려 성유(聖喩, 임금의 뜻)를 받고 편히 내려가 병을 조리하고 있었습니다. 그러던 차 또 성은을 받들게 되오니, 비록 즉일로 죽어서 구렁텅이에 처박힌다 해도 한스러울 것이 없습니다. 단지 엎드려 국가의 오늘날 처해 있는 사세(事勢)를 살펴보니 신이 폐하를 버리고 장차 어찌 떠나갈 수 있을까 하는 생각뿐입니다.

폐하의 좌우를 살펴보면 첨유(諂諛)[1] 교영(巧佞)[2]한 무리들이 염연(厭然)[3]히 어전 앞에서는 한껏 비위를 맞추면서 아첨하고 속으로는 기만(欺慢)하려는 마음을 품고서 백방으로 임금을 팔고 나라 팔아먹는 일을 저지르고 있습니다. 폐하의 조정을 말한다면 그 소인배들이 모두 안으로는 간세(奸細)한 무리와 결탁하고, 밖으로는 강한 외적(일본을 말함)을 끼고서 권력을 도용하여 국록만 취하는 꾀를 부리고 있습니다. 조금 체면이 있다고 하는 자는 모두 몸을 아껴 일을 피하고 번번이 뒤로 물러서서 우리 임금이 능(能)하지 못하다는 마음을 품고 있습니다.

폐하의 백성들로 말하면, 난리를 일으키려 생각하고 화란을 즐겨 하는 무리들이 소란하게 길에 꽉 차서 감히 망측한 언사를 하며 도적을 끌어들이는 데 앞장서기를 꺼려하지 아니합니다. 폐하의 이웃 나라로 말할 것 같으면, 여우가 사람을 호리듯이 아양을 떨며 미혹시키고 기미를 살펴서 모함하며 간사한 꾀로 맹약을 무너뜨리고 저버리면서, 오로지 전행(專行)하여 삼켜 버리려는 꾀를 쓰고 있습니다. 저들 스스로 정법(政法)의 권한을 거머쥐고는 우리의 수족을 묶고 우리의 입과 혀에 재갈을 물려 놓으니, 이들이 또 어떠한 양태로 화변을 만들어 낼지 알지 못합니다.

아아! 주상이 외롭기가 이와 같고 나라의 위태함이 이와 같으니 신은 능히 머리를 부수고 목을 자르더라도 폐하의 은혜에 만분의 일이라도 보답하지 못하고 어찌 편안히 차마 폐하를 버리고 죽겠습니까? 폐하께서는 이미 이러한 시기에 신을 부르셨으니 어찌 다시 이러한 시기에 신을 보내 주시겠습니까? 신은 대궐 밑에서 명을 기다린 지 이미 한 달이 되었습니다. 전에 말씀드린 여러 조목에서 이미 직언으로써 실효를 구하다가 성상의 책망을 입었으니, 신은 진실로 마땅히 입을 다물고 주상의 조화(造化) 여하를 기다리고 있을 뿐입니다. 대저 어찌 감히 다시 다른 말을 참소하여 두 번 다시 독요(瀆擾)[4]의 죄과를 범하겠습니까? 오직 그 애통함이 극에 달하고 정황을 택할 겨를이 없으며 부르짖음이 급하고 소리쳐도 절조를 택할 겨를이 없습니다. 이제 신은 애통한 마음이 극에 이르렀으며 분하여 부르짖음이 급하니, 어찌 정황의 맞고 안 맞고와 소리 질러 사악함을 가린다 안 가린다를 논할 겨를이 있겠습니까? 대저 옛날부터 나라를 잃은 것은 권신들이 음모해서 잃은 것과 적국과 싸워 이기지 못하여 잃은 예가 있습니다마는, 언어 문자로 계권(契券, 문서)을 만들고 조약을 맺어서, 전국을 들쳐서 공손히 적에게 바쳐서 싸움 한 번 하지 않고, 화살 하나도 쏘지 않은 채 나라를 잃어버린 경우는 듣지 못했습니다.

화폐를 바로 잡는다는 것은 참으로 옳은 것 같으나 저는 교정이 장차 어떻게 될 것인지 알지 못합니다. 꼭 외국에서 차관을 들여오려 한다면 반드시 마땅히 전질(典質)[5]이 있어야 할 것이며, 그 전질은 마땅히 토지가 되어야 할 것입니다. 토지로써 한다면 폐하께서 강토와 인민의 위탁을 받고 하루아침에 들어 다른 나라 사람에게 주시려 하십니까? 신은 차관이 장차 어느 곳에 사용될 것인지는 알지 못합니다마는 대개 차츰 악화(惡貨)를 거두어 교환하는 자금으로 쓰려고 하는 것입니다. 그런데 폐하께서는 능히 3백만 원과 1천만 원으로 악화를 모두 교환할 수 있다고 생각하십니까? 바꾸기 시작했다가 자금이 없어서 또 들여오면 화란이 일어나 마땅히 하루도 지탱하지 못할 것입니다. 설사 자금이 필요한 데 다 쓰이고도 남음이 있어 한 번 교환의 문을 열어 놓으면 내외국인을 막론하고 그 간교한 무리들의 도주(盜鑄)[6]가 더욱 심해질 것입니다. 이렇듯이 더욱 악화되면 보전하기 어려울 것이 틀림없습니다. 하물며 처음부터 가히 바꿔줄 자금이 없는 데서이겠습니까? 그렇다면 많고 적고를 불문하고 차관을 가져오는 날이 즉 나라가 없어지는 때라 할 수 있습니다.

이러한 계약이 이미 모두 이루어졌다는 소식을 들으니 신은 더욱 애통함이 극에 이르렀음을 참을 수가 없습니다. 그러나 다행히 아직 차관을 들여오지 않았다면 신은 바라건대, 곧 그 계권(契券)을 돌려주고 재물을 절약하고 검소하게 사용하여 차츰 국력이 펴지기를 기다린 연후에 (이 문제를) 다시 의논하는 것이 옳다고 생각합니다. 저들이 계약을 파기했다고 하여 우리를 책한다면 비록 수개월간의 이자를 변상할지언정, 자신의 살점을 베어 배를 채우려는 것보다는 낫지 않겠습니까?

그러나 진실로 이 화패(禍敗)[7]의 원인을 찾아본다면, 모두 '의부(依附, 외세 의존)' 두 글자를 저주할 뿐입니다. 갑오년(1894) 이래로부터 군신(群臣) 중, 아당(俄黨)이나 일당(日黨)으로 지적된 자들은 세상 전체에 모두 알려졌습니다. 그러나 소인인들 또한 어찌 떳떳하였겠습니까? 혹은 아침에는 아당에 들어갔다가 저녁에는 일당에 들어가고, 혹은 아침에 일당에 들어갔다가 저녁에는 아당에 들어가는, 모두 그러한 부류들입니다. 그런데 또한 한편으로는 아당에 붙고 한편으로는 일당에 붙어서 세력을 타고 이득을 취하려는 계책이었을 것입니다. 외국인들 또한 이랬다저랬다 하는 그 떳떳하지 못함을 미워합니다. 그러므로 완급(緩急)을 조정하여 항상 꾀 있게 처신하며, 그 중에서 취하고 버리니 '아당'이다 '일당'이다를 막론하고 모두 그들의 술책에 떨어진 것을 스스로 알지 못하게 된 것입니다. 결국은 그들의 취지가 매국(賣國)으로 향한다는 것은 매 한가지입니다.

근일 아당으로 저들에게 죄를 지었던 사람을 볼 것 같으면 이제 모두 소매를 걷어붙이고 득의(得意)해서 아무런 거리낌이 없으니 이 어찌 필시 조(趙)나라의 곽개(郭開)[8]가 된 자들입니다. 그러나 옛날의 곽개는 다른 사람에게 뇌물을 받아 자신의 나라에 바쳤는데, 이제의 곽개는 다른 나라 사람에게 뇌물을 갖다 바치면서 또 자기 나라를 바치고 있습니다.

아아! 이 어찌 가히 통탄하지 않을 수 있겠습니까? 폐하께서는 이런 사실을 모르고 그들을 쓰신 것입니까? 아니면 그것을 아시면서도 저들에게 제압되어 부득이 쓰시는 것입니까? 만약 알지 못하셨다면 폐하께서는 어찌 그 일을 보지 않으십니까? 만약 그것을 아신다면 저들이 비록 일본의 세력을 끼었다고 해도 또한 주상의 신하인데 어찌 꺼리어 능히 죽이지 아니하십니까? 신은 바라건대 성심(聖心)으로 먼저 다른 나라에 의부(依附)하는 우두머리들을 처단하셔서 주상의 뜻을 확립하시고 흔들리지 아니하고 굴하지 마소서. 차라리 자주(自主)를 지키다가 망할지언정 저들에게 의부해서 존립하려는 마음을 가져서는 아니 됩니다.

모든 군신 중에 아당이나 일당이 된 자들은 모두 아울러 사람이 모이는 저잣거리에서 처단하여 일국을 호령한 연후에 내수(內修)의 방도에 부지런히 힘써서 빨리 자강지책(自强之策)을 도모하셔야 할 것입니다.

신이 전에 올린 차(箚, 상소)에서 말씀올린 바와 같이 마음과 생각은 오직 백성을 편안히 하시고 나라를 보전하는 데 있으니 저들도 또한 마땅히 천하의 공의(公議)를 두려워하여 감히 우리 나라를 병탄하지 못할 것입니다. 이것이 신이 주야로 주상께 바라던 것입니다. 폐하께서 만약 못하실 일이시라 생각하시면, 꼭 번거롭게 온화한 말씀을 내리실 것조차 없습니다.

원컨대 하루빨리 무거운 부월(斧鉞)의 형벌을 내리시어 신으로 하여금 부로(俘虜, 포로)의 귀신이 되는 것을 면해 주시는 것이, 또한 폐하께서 시종 큰 은혜를 베푸시는 것으로 여기겠습니다.

**註解**

1) **첨유**(諂諛) : 알랑거리며 아첨함. 아첨 잘하는 소인배.
2) **교영**(巧佞) : 교묘한 재주. 교모하게 아첨함.

3) **염연**(厭然) : 엎드려 순순히 복종하는 체하는 모양. 숨기는 모양.
4) **독요**(瀆擾) : 모독하여 정신을 산란케 함.
5) **전질**(典質) : 물건을 전당잡힘.
6) **도주**(盜鑄) : 몰래 주전(鑄錢)함.
7) **화패**(禍敗) : 재화(災禍). 화란과 실패.
8) **조**(趙)**나라 곽개**(郭開) : 전국시대, 진시황에게 뇌물을 받고 조나라를 멸망케 한 인물.

## 原文

이최익현위찬정 익현상소력사왈
以崔益鉉爲贊政 益鉉上疏力辭曰.

신어일작 복승성유 취안하처조병 신봉유은언 수즉일귀
臣於日昨 伏承聖喩 就安下處調病 臣奉有恩言 雖卽日歸
사구학 무소한 단복도국가금일사세 신사폐하 장안왕재
死丘壑 無所恨 但伏覩國家今日事勢 臣舍陛下 將安往哉
이언호폐하지좌우 즉첨유교영지도 염연미어전 이잠회기
以言乎陛下之左右 則諂諛巧佞之徒 厭然媚於前 而潛懷欺
만지심 백방위판군매국지사의 이언호폐하지조정 즉기소
慢之心 百方爲販君賣國之事矣 以言乎陛下之朝廷 則其小
인자 고개내결간세 외협강적 이위도권취록지계의 기초
人者 固皆內結奸細 外挾强敵 以爲盜權取祿之計矣 其稍
존체면자 우개석신피사 루연각 후거회오군불능지심의
存體面者 又皆惜身避事 累然却 後擧懷吾君不能之心矣
이언호폐하지백성 즉사난락화지류 소연횡어도 이감사망
以言乎陛下之百姓 則思亂樂禍之類 騷然橫於塗 而敢肆罔
측지언 불탄위인구도적지창의 이언호폐하지인국 즉호미
測之言 不憚爲引寇導賊之倀矣 以言乎陛下之隣國 則狐媚
광사 패맹부약 전행병탄지술 자람정법지권 집아수족 겸
狂詐 敗盟負約 專行幷呑之術 自攬政法之權 縶我手足 箝

아구설 부지우양출하양화변의 오호 주고여차 국위여차
我口舌 不知又釀出何樣禍變矣 嗚呼 主孤如此 國危如此
신종불능쇄수문경 이보폐하어만일 영안인사폐하이거재
臣縱不能碎首刎頸 以報陛下於萬一 寧安忍舍陛下而去哉
억폐하기이차시소신 영부이차시견신재 신대명궐하 이협
抑陛下旣以此時召臣 寧復以此時遣臣哉 臣待命闕下 已浹
삭의 전소진제조 기이방언구효 몽성책즉신고당함구갑관
朔矣 前所陳諸條 旣以方言求效 蒙聖責則臣固當緘口甲管
이사상궁조화지여하이이 부하감갱참타설 중범독요지죄
以俟上穹造化之如何而已 夫何敢更攙他說 重犯瀆擾之罪
재 유기애통지극 정불가택중 호호지급 성불가택절 금신
哉 惟其哀痛之極 情不暇擇中 呼號之急 聲不暇擇節 今臣
포애통지극 이분호호지급 즉해가론급어정지중부중 성
抱哀通之極 而奮呼號之急 則奚暇論及於情之中不中 · 聲
지절부절사 개자고실국자 유위권신찬참절이실자 유여적
之節不節邪 蓋自古失國者 有爲權臣儹僭竊而失者 有與敵
국전불승이실자 미문유이언어문자작계성조약 거전국공
國戰不勝而失者 未聞有以言語文字作契成條約 擧全國拱
수여적 이불교일병 불발일실이실자의 여이화폐야 교정
手與敵 而不交一兵 不發一失而失者矣 如以貨幣也 矯正
지성시의 제미지교지장여하야 약필차관어외국 즉필당유
之誠是矣 第未知矯之將如何也 若必借款於外國 則必當有
전질 전질즉필당이토지의 이토지즉폐하수강토인민지탁
典質 典質則必當以土地矣 以土地則陛下受疆土人民之托
내욕일조거이여인야 신미지차관장용어하처호 개언초수
乃欲一朝擧以與人耶 臣未知借款將用於何處乎 蓋言稍收
악화 이위교환지자야 연폐하료능이삼백만원 일천만원
惡貨 以爲交換之資也 然陛下料能以三百萬元 · 一千萬元
진환악화야 시환지이무자이계지 즉화난지흥 당불사종일
盡換惡貨耶 始換之而無資以繼之 則禍亂之興 當不俟終日
의 설사자진유여 일개교환지문 즉무론내외국인 기간활
矣 設使資盡有餘 一開交換之門 則無論內外國人 其姦猾

지도지도주유악 난보기필의 황초무가환지자호 연즉불문
之徒之盜鑄愈惡 難保其必矣 況初無可換之資乎 然則不問
다소 차관지일 즉무국지추야 비문차약이성 신우불승애
多少 借款之日 卽無國之秋也 比聞此約已成 臣尤不勝哀
통지극야 연행이고미차래 즉신원즉격환기계권 절재검용
痛之極也 然幸而姑未借來 則臣願卽繳還其契券 節財儉用
초사국력초서 연후의지가야 피약이패약책아 즉수공징수
稍俟國力稍舒 然後議之可也 彼若以敗約責我 則雖空徵數
월지식 영불유어할육이충복재 연구구차화패지유 개의부
月之息 寧不愈於割肉而充腹哉 然苟求此禍敗之由 皆依附
이자위지수야 자갑오이래군신중 지위아당 일당자 거세
二字爲之祟也 自甲午以來群臣中 指爲俄黨·日黨者 擧世
개지지의 연소인역하상재 혹조아이모일 혹조일이모아자
皆知之矣 然小人亦何常哉 或朝俄而暮日 或朝日而暮俄者
개시이우일변부아 일변부일 위승세취리지계이이 외인역
皆是而又一邊附俄 一邊附日 爲乘勢取利之計而已 外人亦
오기무상 고조종완급 상유술이처지 이어중취사언 즉무
惡其無常 故操縱緩急 常有術以處之 而於中取捨焉 則毋
론아당여일당 개타기술중 이불자지 이기지취지동귀어매
論俄黨與日黨 皆墮其術中 而不自知 而其旨趣之同歸於賣
국즉일야 시이근일아당득죄어피자 관지 즉금개양비득의
國則一也 試以近日俄黨得罪於彼者 觀之 則今皆攘臂得意
무부기탄자 시하야 필개위조지곽개자야 연고지곽개수뢰
無復忌憚者 是何也 必皆爲趙之郭開者也 然古之郭開受賂
어인이헌기국 금지곽개납뢰어인이헌기국 오호 차기비가
於人而獻其國 今之郭開納賂於人而獻其國 嗚呼 此豈非可
통자야 억폐하부지이지야 지지이제어피 부득이이용지야
痛者耶 抑陛下不知而之耶 知之而制於彼 不得已而用之耶
약부지지즉폐하하불이기사관지야 약지지 즉피수협세 역
若不知之則陛下何不以其事觀之耶 若知之 則彼雖挾勢 亦
아지신자야 하탄이불능주야 신원자성심 선단의부타국지
我之臣子也 何憚而不能誅也 臣願自聖心 先斷依附他國之

근주 확립성지 불요불굴 영자주이망 불의부이존 범군신
根株 確立聖志 不撓不屈 寧自主而亡 不依附而存 凡群臣
중 위아당일당자 병개사제시조 이호령일국 연후무근내
中 爲俄黨日黨者 幷皆肆諸市朝 以號令一國 然後務勤內
수지방 극도자강지책 일여신전차소언 심심염염 유재어
修之方 亟圖自强之策 一如臣前箚所言 心心念念 惟在於
안민이보국 즉피역당외천하지공의 이불감수탄아의 차신
安民而保國 則彼亦當畏天下之公議 而不敢遂呑我矣 此臣
소이일야서기망성명자야 폐하약과불능 즉불필번강온유
所以日夜庶幾望聖明者也 陛下若果不能 則不必煩降溫諭
사신퇴거 원걸조사부월지주 사신득면위부로지귀 역폐하
使臣退去 願乞早賜斧鉞之誅 使臣得免爲俘虜之鬼 亦陛下
시종대은야
始終大恩也.

최익현(崔益鉉)은 여러 차례 소명(召命)을 받고 이에 8월에 서울 도성 밖에 이르러서 진정소(陳情疏)를 올리고, 아울러 당장의 어려움과 급한 일들을 아뢰니, 수옥헌(漱玉軒)으로 입대(入對)할 것을 명하였으니 이달 (12월) 2일이었다. 최익현은 옷소매에 차문(箚文)을 끼고 나갔으며 어조가 더욱 강직하고 성실하였다. 물러나와서도 또한 곧바로 연소(連疏)를 올리니 임금은 몹시 괴로워하였다. 처음에는 관(舘)에 있으며 병조리를 잘하라고 명하였다가 이어서 퇴거하라고 명하였다가 이에 최익현은 비지(批旨)[1]를 봉환(奉還)[2]하며 말하기를, "폐하께서는 무슨 연유로 신을 불렀다가 또 무슨 까닭으로 신을 쫓으십니까? 이제 나라가 장차 망하려 하니 신은 가히 돌아갈 수 없습니다." 하였고, 서울에 머물렀다.

앞의 상소는 그의 일곱 번째의 상소이다. 그가 소매에 끼고 들어갔던 차문은 방례(邦禮, 국가의 제반 법제)에 관계되는 다섯 가지 과오를 지적한 것이었다.

첫째가 종묘 위판(位板)에 명조(明朝)에서 받은 시호를 삭제해 없앤 것이요,

둘째는 4대까지 추존(追尊)할 때 진종(眞宗) · 헌종 · 철종이 궐하여 있는 것을 거행하지 않은 것이요,

셋째는 경효전(景孝殿) 홍릉의 궤전(饋奠)을 철수하지 않은 것이요, 넷째는 순명비(純明妃, 세자비) 상(喪)에 신민의 복제(服制) 또한 기년(朞年)으로 한 것이요,

다섯째는 문묘(文廟)의 축식(祝式)에 어휘(御諱)[3]를 쓰지 않는 일 등이었으니, 말이 더욱 깐깐〔侃侃〕하였다고 한다.

**註解**

1) **비지**(批旨) : 상소에 대한 임금의 대답의 말씀.
2) **봉환**(奉還) : 사표 따위를 수리하지 않고 그대로 되돌림.
3) **어휘**(御諱) : 임금의 이름. 어명(御名).

**原文**

익현루승소명 내이팔월지성외 상소진정 겸진시간급무
益鉉屢承召命 乃以八月至城外 上疏陳情 兼陳時艱急務
명입대우수옥헌 즉시월이일야 익현진수차 어우경절 퇴
命入對于漱玉軒 卽是月二日也 益鉉進袖箚 語尤鯁切 退
우연소 상고지 시명처관조병 계령퇴거 익현봉환비지왈
又連疏 上苦之 始命處館調病 繼令退去 益鉉封還批旨曰
폐하하고소신 이하고축신 금국가장망 신고불가거 수유
陛下何故召臣 而何故逐臣 今國家將亡 臣故不可去 遂留

도하 우소즉기제칠소야 기수차 미진방례지실오사 일왈
都下 右疏卽其第七疏也 其袖箚 尾陳邦禮之失五事 一曰
종묘위판명조사시지삭거야 이왈 추존사세시 진종 헌종
宗廟位板明朝賜諡之削去也 二曰 追尊四世時 眞宗·憲宗
철종지궐이불거야 삼왈 경효전홍릉궤전지불철야 사왈
·哲宗之闕而不擧也 三曰 景孝殿洪陵饋奠之不撤也 四曰
순명비상 신민복제지역이기년야 오왈 문묘축식 불서어
純明妃喪 臣民服制之亦以朞年也 五曰 文廟祝式 不書御
휘야 어우간간운
諱也 語尤侃侃云.

겨울이 봄 날씨처럼 따뜻하여 이 달 중에 이르러서야 서울 이북 지역에 처음으로 눈이 내렸다.

**原文**

동난여춘 지시월중 경사이북시견설
冬煖如春 至是月中 京師以北始見雪.

## 을사(1905) 광무 9년
### (청 광서 31년, 일본 명치 38년)

1월(정월), 최익현(崔益鉉)을 경기 관찰사에 임명했으나 그는 사직소를 올려 사양했다.

"비록 공적을 남긴 것은 없으나 어찌 하나의 관찰사직을 바라고 왔겠습니까? 신하가 죄가 있으면 찬축(竄逐)[1]하시든가, 죽음을 주시는 것이 옳지 이(利)로써 권유하며 가게한다는 말은 듣지 못했습니다."

이어서 국가의 어지럽고 망해가는 형상을 일일이 서술한 후, 저잣거리에서 오적(五賊)[2]을 책형(磔刑)[3]할 것을 청하였다.

**註解**

1) **찬축**(竄逐) : 죄인을 먼 곳으로 귀양 보내 쫓음.
2) **오적**(五賊) : 을사오적. 박제순, 이완용, 이지용, 이근택, 권중현 등. 일본에 의해 강요된 을사보호조약을 체결하는데 앞장선 자들이다.
3) **책형**(磔刑) : 몸뚱이를 찢어 죽이는 형벌.

**原文**

춘 정 월 이 최 익 현 위 경 기 관 찰 사 익 현 소 사 왈 신 수 무 상 기
春正月 以崔益鉉爲京畿觀察使 益鉉疏辭曰 臣雖無狀 豈
위 일 관 찰 사 이 래 재 신 하 유 죄 찬 축 지 가 야 사 지 사 가 야 미
爲一觀察使而來哉 臣下有罪 竄逐之可也 賜之死可也 未
문 이 리 유 지 이 사 지 거 야 수 력 진 난 망 지 형 청 책 오 대 적 신 우
聞以利誘之 而使之去也 遂歷陳亂亡之形 請磔五大賊臣于
시
市.

고 구성군(龜城君) 이준(李浚)[1)]에게는 충무(忠武), 고 정승 김병국(金炳國)에게는 충문(忠文), 고 유신(儒臣) 이항로(李恒老)에게는 문경(文敬)으로 각기 시호를 내리고, 흥인군(興寅君) 이최응(李最應)은 문충(文忠)으로 시호를 고쳤다.

최익현(崔益鉉)은 떠나가지 않고서 또 논사(論事)를 그치지 아니하니 임금은 몹시 그것을 꺼려했다. 이항로가 최익현의 스승이 되니 이항로를 포상하여 시호를 내리고 그의 아들 최영조(崔永祚)에게 참봉 벼슬을 주어 그의 뜻을 맞추어 보내기를 바랐던 것이다. 그러나 최익현은 확연히 갈 뜻이 없었고 살아서 왔다가 죽어서 돌아가기를 기약하였다. 지난해부터 기정진(奇正鎭)과 임헌회(任憲晦) 및 이항로에게 아울러 시호를 내리자는 의논이 있었으나, 이에 이르러 이항로의 시호만을 홀로 내리게 되었다.

**註解**

1) **구성군(龜城君) 이준(李浚)** : 세조 때의 공신. 세종의 넷째아들 임영대군의 아들로서 문무를 겸전하여 세조의 총애를 받았으며 18세로

도총사가 되어 이시애(李施愛)의 난을 토평하고 병조 판서가 되었다. 그 후 영의정에 임명되었으나 시의자의 반대로 파직되고 성종 25년에 영해에 귀양 갔다가 10년 후 배소에서 죽었다. 숙종 때 억울함이 풀리고 복관되었다.

**原文**

시 고 구 성 군 준 왈 충 무 고 상 김 병 국 왈 충 문 고 유 신 이 항 로
諡故龜城君浚曰忠武 故相金炳國曰忠文 故儒臣李恒老
왈 문 경 개 시 흥 인 군 최 응 왈 문 충 최 익 현 기 불 거 우 론 사 불 이
曰文敬 改諡興寅君最應曰文忠 崔益鉉旣不去 又論事不已
상 심 염 지 이 항 로 지 위 익 현 사 야 고 포 항 로 이 상 지 관 기 자 영
上甚厭之 以恒老之爲益鉉師也 故褒恒老以賞之 官其子永
조 참 봉 기 욕 중 기 의 이 거 연 익 현 확 연 무 거 지 이 생 행 사 귀 위
祚參奉 冀欲中其意而去 然益鉉確然無去志 以生行死歸爲
기 자 상 년 래 유 기 정 진 임 헌 회 급 항 로 병 시 지 의 지 시 독
期 自上年來 有奇正鎭·任憲晦及恒老 幷諡之議 至是獨
거 항 로
擧恒老.

이지용(李址鎔)을 농부 대신으로 삼고, 박제순(朴齊純)을 법부 대신으로 삼았는데, 이들은 서로 자리를 바꾼 것이다.

**原文**

이 이 지 용 위 농 부 대 신 박 제 순 위 법 부 대 신 상 환 야
以李址鎔爲農部大臣 朴齊純爲法部大臣 相換也.

일본인이 함경남도 관찰사 이헌경(李軒卿)이 군정(軍政)에

방해가 된다고 하며 파면을 요청했다. 이에 신기선(申箕善)으로 대신하게 하였다.

**原文**

왜인이함남관찰사이헌경 방애군정 청파면 신기선대지
倭人以咸南觀察使李軒卿 妨碍軍政 請罷免 申箕善代之.

북관(北關) 지방에 있던 러시아 군인들이 연달아 일본군에게 패하자 두만강 북쪽으로 퇴각하여 북청(北青) 이북에 세웠던 전신주를 모두 철거하였다.

**原文**

아병재북관자 연위왜소패 퇴주두만강북안 북청이북 전간개철거
俄兵在北關者 連爲倭所敗 退駐豆滿江北岸 北青以北 電桿皆撤去.

구영조(具永祚)를 황해도 관찰사로 임명하고 강원도 관찰사 주석면(朱錫冕)을 전라남도 관찰사로 옮겼다. 충청남도 관찰사 조종필(趙鍾弼)을 주석면의 후임으로 강원도 관찰사로 임명하고, 이건하(李乾夏)를 충청남도 관찰사 조종필의 후임으로 임명하였다. 또 이근풍(李根豊)을 평안북도 관찰사로 임명했으며, 이용익(李容翊)을 경상북도 관찰사로 임명하였다.

이용익이 일본에 구금되어 갈 때 모두들 반드시 죽일 것이라 생각했는데, 일본인들이 그를 신문하여 재물에 관해 조사를 하

였으나 사장(私臟)한 것이 없어서 놓아 돌려보냈다. 이용익이 귀국하여 다시 금중(禁中, 대궐)과 내통하므로, 윤시병(尹始炳) 등이 서신을 보내 그를 꾸짖고, 귀향하여 국정에 참여하지 말라고 권고하였다. 이용익이 듣지 않자, 윤시병은 일진회 회원들을 돌려가며 파견하여 그를 집에 감금하였다. (그런데 이용익이) 마침 달찰(達察)[1]의 임명을 받자, 또한 부임하지 못하도록 감금하고 위협했다. 이에 이용익은 틈을 엿보다 전차를 타고 빠져나와 급급히 대구에 도착하였는데, 이민(吏民)들이 그의 부임을 거절하고 받아들이려 하지 않았다.

아전과 백성들은 구 관찰사 장승원(張承遠)을 유임시킬 것을 원하며, 한편으로는 전보로 청하고, 한편으로는 상경하여 복궐(伏闕)[2] 하였다. 이는 장승원이 혜정(惠政)을 베풀었기에 그런 것은 아니었다.

**註解**

1) 달찰(達察) : 경상북도 관찰사의 별칭.
2) 복궐(伏闕) : 대궐 앞에서 시위하며 청원하는 일.

**原文**

以具永祚爲黃海觀察使 移江原觀察使朱錫冕于全南道 以忠南趙鍾弼代錫冕 李乾夏代鍾弼 以李根豊爲平北觀察使 以李容翊爲慶北觀察使 容翊之始爲倭拘也 咸謂必死 及

왜신지 이기위판재무사장 종지귀 용익기환 부통금중 윤
倭訊之 以其爲辦財無私贓 縱之歸 容翊旣還 復通禁中 尹
시병등 이서매지 권기귀향 물예국정 용익불청 시병륜파
始炳等 貽書罵之 勸其歸鄉 勿預國政 容翊不聽 始炳輪派
회민 감금기가 급피달찰지명 우늑지물부 용익사간승전차
會民 監禁其家 及被達察之命 又勒之勿赴 容翊伺間乘電車
졸지대구 이민거불납 원유구찰장승원 일변전청 일변상경
猝至大丘 吏民拒不納 願留舊察張承遠 一邊電請 一邊上京
복궐 비승원지유혜정야
伏闕 非承遠之有惠政也.

중앙 관서의 관제(官制)를 바로잡아 의정부의 찬정(贊政)을 줄였다.

**原文**

이정경관관제 감의정부찬정
釐正京官官制 減議政府贊政.

일본에게 각 항구를 전질(典質)[1]로 해서 1천만 원을 차관으로 들여왔다. 이때 정병원(鄭秉源)과 윤돈구(尹敦九)·이학재(李學宰) 등은 국가의 재정이 비록 고갈되었다고 하지만 외국에서 차관을 들여오는 것은 옳지 않다고 주장하였다. 드디어 서울과 지방에 통문(通文)[2]을 돌려 국민에게 의연금을 내도록 하고, 그 이름을 '자원민대(自願民貸)'라 하였다. 그러자 일본인들이 잡아다가 힐문한 후 10일을 감금하고 그 통문을 환수하였다. 이때 전하는 말에 의하면 일본 또한 재정이 고갈되어 미채(米債)

를 얻어서 우리에게 대여해 주었다고 하는데, 차여한 것은 이자가 싸고 대여한 것은 이자가 비싸다고 하였다. 이렇듯 일본인들은 우리 땅덩이를 빼앗으려 하는데 어려움도 사양치 않았고 정부를 위협하여 차관을 억지로 쓰도록 하는 한편, 속히 상환하지 못하도록 하였다. 공예나 농업・학습의 필요한 자금으로 쓸 것을 선언하였다. 그러나 그 돈은 단지 서울과 인천항의 수도 설치비용으로 쓰였으며, 또한 민영기(閔泳綺) 등이 중간에서 집어먹은 것이 수십만 원이었다고 한다.

### 註解

1) **전질**(典質) : 물건을 담보로 하여 돈을 꾸어 주고, 꾸어 씀
2) **통문**(通文) : 여러 사람의 성명을 적어 돌려보는 통지문.

### 原文

전각항구우왜　차관일천만원　정병원　윤돈구　이학재
典各港口于倭　借款一千萬元　鄭秉源・尹敦求・李學宰

등　이국재수출　불가차관외국　수통고중외　청민의연　명왈
等 以國財雖絀 不可借款外國 遂通告中外 請民義捐 命曰

자원민대　왜인촉거힐문　수십일　환수통문　시시전언　왜역
自願民貸 倭人促去詰問 四十日 還收通文 是時傳言 倭亦

재갈　대미채이대아　차이경식　이대이중식　개왜인욕확탈
財竭 貸米債以貸我 借以輕息 而貸以重息 蓋倭人欲攫奪

아지　이난호무사　협정부　늑행차관　이불허속상　선언자공
我地 而難乎無辭 脅政府 勒行借款 而不許速償 宣言資工

예　농업　학습지용　연기전지위경성급인항수도지비　우
藝・農業・學習之用 然其錢只爲京城及仁港水道之費 又

위민영기등　중포자수십만
爲閔泳綺等 中飽者數十萬.

유응두(柳應斗)를 불러들여 입대(入對)하게 하고 참봉(參奉)직을 제수하였다. 유응두는 풍천군(豊川郡, 황해도 송화) 사람으로 경술(經術)[1]에 능하다고 알려졌는데, 어떤 사람이 그가 특이한 재능이 있다고 전한 까닭에 그를 불러들인 것이다. 대개 곽종석(郭鍾錫)과 유사하게 알려졌는데, 6월에 이르러 다시 비서승(秘書丞)으로 임명되었다.

**註解**

1) **경술**(經術) : 유가(儒家)의 경서에 관한 학문.

**原文**

징 유 응 두 입 대 제 참 봉 응 두 풍 천 군 인 야 이 경 술 문 이 혹 전
徵柳應斗入對 除參奉 應斗豊川郡人也 以經術聞 而或傳
기 유 이 능 고 소 지 개 류 곽 종 석 운 지 유 월 우 배 비 서 승
其有異能 故召之 蓋類郭鍾錫云 至六月又拜秘書丞.

다시 참형(斬刑)[1]의 제도를 폐지하였다. 이것은 형법 교정관(刑法校正官) 김가진(金嘉鎭)의 의론을 좇은 것이다.

**註解**

1) **참형**(斬刑) : 목을 베어 죽임. 또는 그런 형벌.

**原文**

갱 폐 참 형 종 형 법 교 정 관 김 가 진 의 야
更廢斬刑 從刑法校正官金嘉鎭議也.

허위(許蔿)를 비서승에 임명하였다. 허위는 경상도 선산(善山) 사람으로 활달하여 실의에 빠져도 큰소리치기를 좋아했으며, 경륜(經綸)[1]을 스스로 펼칠 수 있다고 자부하였다. 서울에 올라와서 객지 생활 십여 년에 벼슬이 높고 권세 있는 사람들을 찾아보지 아니하고 소연히 한 집에서 머물러 있었다. (그런데) 서울에서 벼슬하던 영남 사람 유환자(游宦者)[2]들이 책사(策士)[3]라고 서로 추대하였는데, 그것이 인연이 되어 대궐에까지 알려지게 되었다. 처음에는 참봉직을 제수하였으나 임금은 사랑함이 날로 융성하여져서 1년이 못되어 참찬으로 뛰어오르고 저택을 내려 살게 해주었다.

## 註解

1) **경륜**(經綸) : 사리에 맞는 의론.
2) **유환자**(游宦者) : 먼 곳의 관리가 된 사람.
3) **책사**(策士) : 책략(策略)을 잘 쓰는 사람.

## 原文

이 허 위 위 비 서 승 위 선 산 인 야 락 척 호 대 언 이 경 륜 자 허 객
以許蔿爲秘書丞 蔿善山人也 落拓好大言 以經綸自許 客
경 사 십 여 년 불 간 알 권 귀 소 연 처 일 관 영 인 유 환 자 이 책 사
京師十餘年 不干謁權貴 蕭然處一館 嶺人游宦者 以策士
상 추 과 인 연 철 대 내 초 제 참 봉 상 권 일 륭 미 일 세 초 지 참 찬
相推夸 因緣徹大內 初除參奉 上眷日隆 未一歲 超至參贊
사 제 이 거 지
賜第以居之.

다시 경운궁에 수도관을 설치하였다.

**原文**

부 설 수 통 우 경 운 궁
復設水筒于慶運宮.

평안남도 강동군에서 석유 광맥이 발견되었다.

**原文**

평 남 지 강 동 군 현 석 유 광 맥
平南之江東郡現石油纊脈.

1월 7일에 지진이 있었다.

**原文**

초 칠 일 지 진
初七日 地震.

2월, 전 보국 조병세(趙秉世)를 불러 약원 도제조로 삼으니, 조병세는 입대(入對)하여 여섯 조목을 아뢰었다.

1. 명헌태후(明憲太后, 헌종의 계비 홍씨)와 순명비(純明妃, 태자비)의 복제가 경중의 순서를 잃은 것을 빨리 이정(釐正, 바로잡다)을 행할 것을 말하고,
2. 궁궐 안에 어지럽고 잡된 것으로 혼란해졌으니 먼저 마땅히 숙청할 것을 말하고,

3. 최익현(崔益鉉)이 올린 여러 상소의 지론(至論)[1] 격언(格言)[2]은 약석(藥石)[3]이 아닌 것이 없으니 곧 마땅히 시행해야 할 것을 말하고,
4. 군수는 백성을 가까이 하는 관원이니 매관매직(賣官賣職) 행위는 옳지 않다 말하고,
5. 정부를 다시 설치하라 말하고,
6. 군액(軍額)을 감해서는 안 된다고 말하였다.

마지막으로는, 만일 폐하께서 신의 말을 듣지 않으신다면 신은 다시 주상의 얼굴을 뵈올 날이 없을 것이라고 말하였다고 한다.

**註解**

1) 지론(至論) : 사리에 맞는 의론.
2) 격언(格言) : 사리에 맞아 격언이 될 만한 말.
3) 약석(藥石) : 약과 석침(石針), 각종의 약과 치료법, 훈계가 되는 말.

**原文**

二月 起舊輔趙秉世爲藥院都提調 秉世入對 陳六條 一, 言明憲太后・純明妃服制輕重失序 亟行釐正 二,言宮禁淆雜 首宜肅淸 三,言崔益鉉諸疏至論格言 無非藥石 卽當施行 四,言郡守近民之官 不可鬻賣 五,言復設政府 六,言軍額不可減 末言陛下不聽臣言 臣無復對天顔之日.

일본인들이 헌병을 파견하여 경운궁 문을 수비토록 하였다. 당시 좌도(左道)[1]로써 임금을 현혹시키며 아첨하는 자가 가히 그 수를 헤아릴 수 없을 정도였다. 혹은 구름을 타고 공중을 다니며 만 리를 순식간에 가며 러시아와 일본군의 진영을 내려다본다고도 칭하고, 혹은 돌비를 내리게 하여 적이 국경을 침범할 것 같으면 돌비로 때려 부수게 할 수가 있다고도 칭하여 요탄(妖誕)[2]하고 불경(不經)[3]함이 모두 이와 같았다. 민영환은 참정 대신이 되어 여러 번 임금에게 엄히 배척할 것을 청했으나 받아들여지지 않아, 마침내 일본인들이 헌병을 파견하여 살펴 금하게 하였으나 마침내 그치지 않았다.

**註解**

1) **좌도**(左道) : 바르지 못한 도, 사도(邪道).
2) **요탄**(妖誕) : 요망스럽고 속임수를 씀.
3) **불경**(不經) : 상도에 어그러짐. 불합리함.

**原文**

왜 파 헌 병 수 경 운 궁 문 시 협 좌 도 이 고 미 상 자 불 가 승 수 혹
倭派憲兵守慶運宮門 時挾左道 以蠱媚上者 不可勝數 或
칭 승 운 행 공 순 식 만 리 부 감 아 왜 병 진 혹 칭 능 우 석 여 적
稱乘雲行空 瞬息萬里 俯瞰俄·倭兵陣 或稱能雨石 如敵
인 범 경 석 우 미 쇄 요 탄 불 경 개 차 류 야 민 영 환 위 참 정 루 청
人犯境 石雨糜碎 妖誕不經 皆此類也 閔泳煥爲參政 屢請
엄 척 이 불 현 청 경 지 왜 인 파 병 형 금 이 종 부 지
嚴斥 而不見聽 竟至倭人派兵詗禁 而終不止.

일본인이 청하여 내시를 감원할 것을 요구하자 모든 내시들이 모여 곡성(哭聲)을 높였다. 김한종(金漢宗)은 이근택(李根澤)을 욕하며 말하기를, "너희들은 내시들이 나라를 그르쳤다고 하지만, 필경 나라를 팔아먹은 자는 너희들이라 생각하지 않느냐? 우리와 왜놈들과는 조금의 반면식(半面識)도 없거늘, 깜깜한 밤까지 슬피 애걸하던 자들이 도리어 내시에게 구실을 붙여 변명을 하려느냐?" 하였다. 얼마 지나지 않아서 일본인이 김한종을 체포하려 하자, 김한종은 도망쳤다.

**原文**

왜인청감내시 제환취곡 김한종매이근택왈 약조위내시
倭人請減內侍 諸宦聚哭 金漢宗罵李根澤曰 若曹謂內侍
오국 필경매국자 비약조호 아여제왜무반면 내혼야걸애
誤國 畢竟賣國者 非若曹乎 我與諸倭無半面 乃昏夜乞哀
자 반자구내시호 미기 왜욕엄포지 한종일
者 反藉口內侍乎 未幾 倭欲掩捕之 漢宗逸.

수십 년을 내려오면서 권세와 은총을 받고 세력을 부린 자들은 무릇 김규복(金圭福) · 황윤명(黃允明) · 이용선(李容善) · 나세환(羅世煥) · 강석호(姜錫鎬) · 김한종(金漢宗) 등이다. 이들은 서로 이끌어주며 기반을 튼튼히 하여 나라의 큰 좀이 되었는데, 강석호(姜錫鎬)가 가장 심했다. 오직 황윤명(黃允明)만은 스스로 조심하며, 또한 시율(詩律)을 공부하였고, 서화(書畵)에도 해득하였으며 아름다운 문장도 꾸몄다.

**原文**

수십년래 내시이권총훈작자 김규복 황윤명 이용선
數十年來 內侍以權寵熏灼者 金圭福 · 黃允明 · 李容善 ·
나세환 강석호 김한종지도 원인반거 위국대두 이석호
羅世煥 · 姜錫鎬 · 金漢宗之徒 援引盤據 爲國大蠹 而錫鎬
위지최 유윤명초자집 차공시률 해서화 작아사 이문지
爲之最 惟允明稍自戢 且攻詩律 解書畵 作雅事 以文之.

일본인이 최익현(崔益鉉)을 축출하여 포천으로 돌아가게 했다. 저들은 최익현이 여러 차례 상소를 올리자, 치안에 방해가 된다 하여 일본군 사령부에 구금하였다. (그러자) 최익현은 큰 소리를 외치며, '공사 임권조(林權助)와 장곡천호도(長谷川好道)가 어디에 있느냐?'고 하며 분하여 욕을 그치지 아니하였다. 며칠 있다가 일본인들은 그를 가마에 태워 포천 그의 옛집으로 돌려보내고 병참병(兵站兵)을 시켜 구금케 하였다.

**原文**

왜인축최익현 귀지포천 왜이익현루소불휴 무비방해치
倭人逐崔益鉉 歸之抱川 倭以益鉉累疏不休 無非妨害治
안 늑구우사령부 익현려성호임권조 장곡천안재 분매부
安 勒拘于司令部 益鉉厲聲呼林權助 · 長谷川安在 噴罵不
절 수일왜여지 반기포천구제 사병참구금지
絶 數日倭舁之 返其抱川舊第 使兵站拘禁之.

김도진(金嶋鎭)과 허위(許蔿) 또한 최익현(崔益鉉)과 함께 구금되었다. 허위는 항변하며 굴하지 않다가 여러 달 동안 붙잡혀 있었고 오직 김도진만은 석방되었다. 김도진이 끌려갈 때 수레에 오르며 다른 사람에게 말하기를, "오늘이 바로 청음(淸陰, 金尙憲) 선조께서 청나라 심양(瀋陽)으로 강제 납치되어 가시던 날이라." 하였는데, 듣는 사람들은 그의 기억력에 놀랐다.

**原文**

김도진 허위 역여익현병견수 위항변불굴 피수루열월
金嶋鎭·許蔿 亦與益鉉幷見囚 蔿抗辯不屈 被囚累閱月
독도진견석 도진지취구야 등거위인왈 금일정청음 김상
獨嶋鎭見釋 嶋鎭之就拘也 登車謂人曰 今日正淸陰(金尙
헌 선조입심지일 문자타기기성
憲)先祖入瀋之日 聞者詫其記性.

최익현(崔益鉉)이 서울집에 있을 때 어느 날 늦잠을 자고 있었는데 창 밖에서 사람들이 떠들썩하는 소리가 들리더니 십여 명의 일본인이 문을 잡아 열고 소리를 질렀다.

"우리 사령부에서 공을 부르니 우리와 함께 가셔야 되겠습니다." 하였다. "너의 사령관이 누구냐?"고 하니, "장곡천 대장이십니다." 하였다. 최익현이 노하여 말하기를, "반드시 너희들이 결박 지을 것은 없다. 내가 당당히 가겠다." 하니, 이에 일본인이 인력거를 불렀다. 최익현이 말하기를, "나는 한국의 대관이다. 너의 사령관이 말할 것이 있으면 와서 할 것이지 어찌하여 부르느냐?" 하니 일본인은 웃으면서 말하기를, "사령부에서 부르는데 어째서 말이 많으신가?" 하고 바로 뛰어올라 결박할 기세를 보였다. 최익현은 탄식하며 말하기를, "국가가 무력함이 이 지경에 이르렀는가? 내가 일찍 죽지 아니한 것인 한스럽구나. 비록 그렇지만 흉욕(凶辱)을 만났으니, 차라리 스스로 가서 통쾌하게 욕이나 하자." 하였다. 그리고는 말하기를, "반드시 너희들이 결박 지을 것은 없다. 내가 당당히 가겠다." 하니, 이에 일본인이 인력거를 불렀다. 최익현이 말하기를, "나는 내 가마가 있는데 어찌 너의 수레를 타고 가겠느냐?" 하며 드디어 세수를 하고 수건으로 씻은 다음 술을 두어 잔 마시고는 가마를 타고 가니, 그의 아들 영조(永祚)가 뒤따랐다. 명동(明洞) 사령부에 이르니, 다른 사람들은 문밖에서 중지시키고 단지 최익현 부자만이 들어갔다.

구례(求禮) 장사치 강모(姜某)라는 사람이 일찍이 최익현을 뵈올 일이 있었는데, 마침 서울에 올라와 있어서 저택을 방문하였다가 구금되어 가는 상황을 보았다고 돌아와서 나를 향해 말했다.

**原文**

익현재경저 일일수만 창외유인훤 십여왜인호 이규왈
益鉉在京邸 一日睡晚 牕外有人喧 十餘倭引戶 而叫曰
아사령부소공 공가해왕 왈여사령부수야 왈장곡천대장
我司令部召公 公可偕往 曰汝司令部誰也 曰長谷川大將
익현노왈 아아한대관 여수유욕언즉래 하소야 왜소왈 사
益鉉怒曰 我我韓大官 汝帥有欲言則來 何召也 倭笑曰 司
령부유소 해다언 즉제상 작곤박세 익현탄왈 국가불경 내
令部有召 奚多言 卽齊上 作梱縛勢 益鉉歎曰 國家不競 乃
지어차 오한불조사 수연여기횡조흉욕 영자왕쾌매 내왈
至於此 吾恨不早死 雖然與其橫遭凶辱 寧自往快罵 乃曰
불필여박 아당왕야 어시왜초인력거 익현왈 오유오교 해
不必汝縛 我當往也 於是倭招人力車 益鉉曰 吾有吾轎 奚
여거위 수관이건 진주수작 교이거 기자영조수지 지명동
汝車爲 遂盥而巾 進酒數酌 轎而去 其子永祚隨之 至明洞

사령부 지여인문외 지입익현부자 구예상인강모 유증알
司令部 止餘人門外 只入益鉉父子 求禮商人姜某 有曾謁
익현자 적입도 방우저 목격피구상 귀향여도
益鉉者 適入都 訪于邸 目擊被拘狀 歸向余道.

참정 대신 조병호(趙秉鎬)가 면직되었다. 전번에 경주 군수 박병익(朴炳翊)이 부정 축재한 것이 수십만 냥에 이르렀는데, 백성들의 고소에 의해서 평리원(平理院)에 오래도록 계류(繫留)되어 있었다. 조병식(趙秉式)이 내부 대신 자리에 있으면서 많은 뇌물을 받고 그의 관직을 복직시켜 주었다. 조병호가 정부에 들어가서는 앞장서서 그 사실을 폭로하고 조병식을 면직시키니, 조병식은 일본 공사 임권조(林權助)에게 호소하였다. 임권조는 조병호를 공박하기를, 단지 개인 원한을 보복한 것에 불과하니 혐의를 풀어주라 말하고, 드디어 정부를 위협하여 조병식을 다시 등용시키도록 하였다. 이에 조병호는 병을 핑계로 사직하여 면직되고 조병식은 이전과 같이 그 자리에 들어앉았다.

**原文**

참정조병호면 선시경주군수박병익 장지수십만 인민소
參政趙秉鎬免 先是慶州郡守朴秉翊 贓至數十萬 因民訴
구계평리원 급조병식거내부 수후뢰 복기관 병호입정부
久縶平理院 及趙秉式居內部 受厚賂 復其官 秉鎬入政府
수발지 면병식 병식소우임권조 권조박병호 위이보혐 수
首發之 免秉式 秉式訴于林權助 權助駁秉鎬 謂以報嫌 遂
협정부 필용병식 어시병호사병면 이병식거위여고
脅政府 必用秉式 於是秉鎬謝病免 而秉式居位如故.

신계 군수(新溪郡守) 김두환(金斗煥)이 화적에게 살해되고 공금 26,000여 냥도 아울러 강탈당했다.

**原文**

신계군수김두환 위화적소살 공전이만육천여냥 병피창
新溪郡守金斗煥 爲火賊所殺 公錢二萬六千餘兩 幷被搶

략
掠.

서울에 청년회(青年會)[1]와 헌정연구회(憲政硏究會)[2]가 있었고 삼남 지방에는 공진회(共進會)[3]가 있었다. 청년회는 야소 구세주의(救世主義)로서 종교를 삼았고, 헌정회는 구미(歐美)의 입헌정치를 본받은 것으로 모두 양학(洋學)을 초습(剿襲)[4]한 것이다. 그리고 공진회는 일진회를 배척하여 일어난 것이다.

**註解**

1) **청년회**(青年會) : YMCA. 곧 기독청년회.
2) **헌정연구회**(憲政硏究會) : 애국 계몽 단체. 독립협회(獨立協會)와 만민공동회(萬民共同會)의 영향으로 이준(李儁) · 윤효정(尹孝定) 등 지식인들이 중심이 되어 헌정을 연구, 실천하기 위한 것이었다. 1906년에는 '대한자강회'로 확대 재편됨.
3) **공진회**(共進會) : 혁신 운동 단체. 윤효정 · 나유석(羅裕錫) 등의 보부상들이 그들의 조직인 상민회(商民會)를 진명회(進明會), 다시 공진회로 개칭하고, 정부에 대하여 황실의 권위 · 국민의 권리와 의무 등에 관하여 건의하였음.

4) **초습**(剿襲) : 본뜨다. 남의 것을 슬그머니 제 것으로 만들음. 남의 학설이나 글귀를 따다가 씀.

**原文**

경 사 유 청 년 회 헌 정 연 구 회 삼 남 유 공 진 회 청 년 회 자 이
京師有青年會 · 憲政研究會 三南有共進會 青年會者 以
야 소 구 세 주 의 위 종 교 헌 정 회 자 효 구 미 립 헌 정 치 개 초 습 양
耶蘇救世主義爲宗教 憲政會者 效歐美立憲政治 皆剿襲洋
학 자 야 공 진 회 자 배 일 진 이 기
學者也 共進會者 排一進而起.

전주 부민(府民)들이 일진회의 방자하고 횡포한데 격분하였다. 부리(府吏) 김한수(金漢洙) 등이 창의소(倡義所)를 설치하고 민중을 모집하여 일진회 사람들과 항거하여 싸웠으나 패하여 많은 사망자를 냈다. (그들은) 은진의 강경포로 물러나 모여 있었는데, 전주부는 계엄을 내려 경계를 엄격히 하는 한편, 여러 읍에 통문을 보내어 부의(赴義, 궐기)할 것을 독려하니 전라북도는 크게 소란했다.

**原文**

전 주 부 민 분 일 진 회 지 자 횡 부 리 김 한 수 등 설 창 의 소 모 중
全州府民 憤一進會之恣橫 府吏金漢洙等 設倡義所 募衆
거 격 회 인 패 뉵 다 사 자 퇴 둔 은 진 지 강 경 포 부 중 계 엄 통 문
据擊會人 敗衄多死者 退屯恩津之江鏡浦 府中戒嚴 通文
열 읍 독 기 부 의 전 북 대 요
列邑 督其赴義 全北大擾.

충청북도 관찰사 이승우(李勝愚)를 전라북도 관찰사 겸 섬무사로 삼았다. 이승우는 재간과 지략이 있어 민요(民擾)를 진정시킬 수 있다고 여겼기 때문이다. 이승우가 이르러 설득하는데 원칙을 두었다. 의민(義民)들 또한 일진회의 사람들을 갑자기 없앨 수 없다고 여겨 마침내 서로 화해하게 되었다.

**原文**

이충북이승우위전북관찰사겸선무사 이승우요간약 자
移忠北李勝宇爲全北觀察使兼宣撫使 以勝宇饒幹略 藉
진회요야 승우지 순어유방 의민역이회인지불가졸제 수
鎭會擾也 勝宇至 馴御有方 義民亦以會人之不可猝除 遂
상강해
相講解.

주한 미국 공사 안련(安連, Allen, H. N.)이 체임되어 귀국하고 신임 모간(摸杆, Morgan, Edwin V.) 공사가 대신 왔다. 알렌은 우리나라에 머무른 지 십수 년이 되었는데, 돌아갈 때 임해서 사람들에게 탄식하여 말하기를, "한국민은 불쌍하다. 내가 일찍이 9만 리를 돌아다녀 보고 위아래로 4천 년의 역사를 보았지만 한국 황제(임금) 같은 임금은 또한 처음 나온 인종이었다." 라고 하였다고 한다.

**原文**

미국공사안련체귀 신임모간대지 연유아국자십수년 임
美國公使安連遞歸 新任摸杆代之 連留我國者十數年 臨

귀 대 인 탄 왈　한 민 가 련　오 상 주 유 구 만 리　상 하 사 천 년　여 한
歸對人歎曰 韓民可憐 吾嘗周流九萬里 上下四千年 如韓
국 황 제 자　기 역 초 출 지 인 종 호
國皇帝者 其亦初出之人種乎.

의양군(義陽君) 이재각(李載覺)을 대사로 임명하여 일본으로 보냈는데, 일본군의 여순(旅順) 승첩을 축하하기 위해서였다.

지난해 겨울은 따뜻하기가 수십 년에 처음 있던 일로써 요동에서 싸운 일본군은 추위로 괴로움을 느끼지 않았다. 러시아군은 혼하(渾河, 아무르강)가 얼지 않아서 방어하기가 확고하다고 믿고 방비하지 않았는데, 갑자기 하룻밤 사이에 강물이 꽁꽁 얼어붙어서 일본군은 얼음을 타고 불의에 습격하여 석권하고 나아가 러시아군은 마침내 크게 패하고 말았다. 당시 사람들은 하늘이 러시아를 패망케 했다고 말들을 했다.

이재각(李載覺)은 국서(國書)를 싸가지고 건너갔는데 그 내용은,

"짐은 이번에 귀국이 군사를 일으켜 무력을 떨치니 진실로 우리 동양의 대세를 유지하려는 데서 나온 것으로, 이것은 옛날에도 보기 드물었던 쾌거라 하겠습니다. 오직 병대가 출정한 것은 명분이 있었기 때문에 의기(義旗)가 가리킨 바 형세도 함께 파죽지세로 나아가 요양(遼陽)의 점령과 여순의 함락이 있었고, 봉천의 승첩에 이르러 군성(軍聲)이 더욱 떨치게 되었습니다. 장차 폐하의 위엄과 믿음이 먼 곳까지 퍼지고 공리가 널리 전파하게 되었습니다. 짐은 의당 동맹관계에 있으니 어찌 모여 축하하지 않

을 수 있겠습니까? 이에 황족 의양군(義陽君) 이재각(李載覺)을 특파하여 대사로 삼아서 친서를 써 보내 축하하며, 아울러 토산품 몇 종류를 보내어 짐의 우의의 정성을 표하려 하니 잘 받아주시고 후망(厚望)이 있으시기를 빌겠습니다."

**原文**

이의양군이재각위대사 입일본 하왜인여순지첩 거년동
以義陽君李載覺爲大使 入日本 賀倭人旅順之捷 去年冬
난 위수십년초유 왜지전료동자 부지한고 급봉천지전 아
煖 爲數十年初有 倭之戰遼東者 不知寒苦 及奉天之戰 俄
인시혼하위고 불설비 홀일야동합 왜비도 출불의 석권이
人恃渾河爲固 不設備 忽一夜凍合 倭飛渡 出不意 席捲而
진 아수대패 시위천망아 전각행뢰국서 왈 짐유 차차귀국
進 俄遂大敗 時謂天亡俄 戰覺行賚國書 曰 朕惟 此次貴國
지흥사양무 단출유지아동양대국 내한고쾌거야 유기병출
之興師揚武 亶出維持我東洋大局 乃罕古快擧也 維其兵出
유명 고의기소지 세동파죽 요양지점령 여순지함락상의
有名 故義旗所指 勢同破竹 遼陽之占領 旅順之陷落尚矣
지어봉천지첩 이군성익진 장견폐하위신원포 공리보흡
至於奉天之捷 而軍聲益振 將見陛下威信遠布 功利普洽
짐의재동맹 갈임찬축 자특파황족의양군이재각위대사 뢰
朕誼在同盟 曷任攢祝 玆特派皇族義陽君李載覺爲大使 賚
왕친서축하 병장토의수품 요표짐우목지침 당몽감납 식
往親書祝賀 幷將土儀數品 聊表朕友睦之忱 倘蒙鑑納 寔
유후망언
有厚望焉.

최익현(崔益鉉)은 포천에서 샛길로 서울에 들어와서 또한 장차 진소(陳疏)하려 하였다. 일본인은 그 사실을 알아차리고 그가 머물 만한 여관을 수색하느라 새문 밖에서부터 서강에 이르기까지 여관들은 모두 큰 소동이 일어났다. (최익현을 체포한 후) 곧 화차(火車)에 싣고 정산(定山) 고향으로 강제로 돌려보냈다. 대체로 최익현이 포천에서 정산으로 옮겨 산 지 이미 해가 지나고, 그가 비록 두 번째 일본인에게 축출당했어도 일본인들은 그를 몹시 경탄(敬憚)[1]하였다.

신문에서 주장하는 바 최익현을 품제(品題)[2]로 하였는데 '충장우직(忠戇愚直)'[3] '충직감언(忠直敢言)'[4] '경불외사(勁不畏死)'[5]라는 제목으로 신문에 연재하였으며, 그의 가세(家世)[6]와 사우 연원(師友淵源)[7] 및 평생 언행・출처(出處)・대절(大節)[8] 등을 채집하여 한 권의 책자를 만들어 '최익현약사(崔益鉉略史)'라 하였는데 서로 전하여 돌려가며 읽었다.

註解

1) **경탄**(敬憚) : 공경하고 꺼림.
2) **품제**(品題) : 제목, 인물의 가치를 비평함.
3) **충장우직**(忠戇愚直) : 충성스럽고 우직하다.
4) **충직감언**(忠直敢言) : 충성스러움과 강직함으로 감히 하기 어려운 말을 하다.
5) **경불외사**(勁不畏死) : 강직하여 죽음을 두려워하지 않았다.
6) **가세**(家世) : 전부터 대대로 내려오는 생업. 또는 문벌.
7) **사우 연원**(師友淵源) : 스승과 교우의 근원.
8) **대절**(大節) : 중한 절의(節義), 직분상의 큰 책임. 나라의 큰 사건.

**原文**

최익현 자포천간행입경 우장진소 왜인형지지 색기유관
崔益鉉 自抱川間行入京 又將陳疏 倭人詗知之 索其留館
자신문외지서강 여저소연 즉재지화차 늑귀정산전리 개
自新門外至西江 旅邸騷然 卽載之火車 勒歸定山田里 蓋
익현 자포천 우정산 이유년야 익현수중피왜축 왜심경탄
益鉉 自抱川 寓定山 已有年也 益鉉雖重被倭逐 倭甚敬憚
지 기소주보관 품제익현 유왈충당우직 왈충직감언 왈경
之 其所主報館 品題益鉉 有曰忠戇遇直 曰充直敢言 曰勁
불외사 연게신문 지채기가세 사우연원 평생언행 출
不畏死 連揭新聞 至採其家世·師友淵源·平生言行·出
처 대절 성일편문자 왈최익현약사 상여전송지
處·大節 成一篇文字 曰崔益鉉略史 相與傳誦之.

일본 중〔僧〕들이 서울 명동에 정토종(淨土宗) 교회를 세웠다. 일본인들은 평소 석가(釋迦)를 존경하여 왕공(王公) 이하가 모두 항례(抗禮)[1]를 한다. 그 나라 유승(游僧, 떠돌이 중)들까지 우리나라 서울에 이르러 단에 올라 불경을 설법하니, 장관(將官)과 병졸들까지 청강한 자들이 숙연하여 감히 거스르지 못했다. 우리 국민들은 바야흐로 일본인의 횡포를 근심하였는데, 그들이 중을 존경하는 것을 보고 정토종에 의탁하면 가히 일본인과 항례할 수 있다고 생각하여 마침내 뒤질세라 성중에 가득 모여들었다. 곳곳에 정토종 교회를 설치하고 교활한 신도들은 그들에게 의부(依附)하여 정토종(淨土宗)의 교패(敎牌)를 호신용으로 팔아서 자기의 몸을 보호하며 재물을 편취하기에 이르렀다.

**註解**

1) **항례**(抗禮) : 대등(對等)의 교제(交際), 대등의 예(禮).

**原文**

왜 승 창 정 토 종 교 회 우 경 사 명 동 왜 소 존 석 씨 왕 공 이 하 개
倭僧創淨土宗教會于京師明洞 倭素尊釋氏 王公已下皆
항 례 기 유 승 지 아 경 등 단 설 경 장 관 병 변 청 강 자 숙 연 무
抗禮 其游僧至我京 登壇說經 將官·兵弁聽講者 肅然無
감 오 아 민 방 환 왜 횡 이 견 기 경 승 위 일 탁 정 토 즉 가 이 항 왜
敢忤 我民方患倭橫 而見其敬僧 謂一托淨土 則可以抗倭
수 분 추 공 후 미 만 역 중 처 처 설 회 활 민 의 부 지 유 매 정 토 종
遂奔趨恐後 彌滿域中 處處設會 猾民依附 至有賣淨土宗
교 패 이 호 신 이 잠 재 자
教牌 以護身而賺財者.

의친왕(義親王) 이강(李堈)이 귀국하여 근친(覲親)하고자 미국에서 돌아오던 중 일본에 이르렀으나 임금이 전보를 보내오지 못하게 하였다. 다시 학자금 5만 원을 보내면서 미국으로 돌아가 유학 공부를 마치도록 하였는데, 그것은 엄비(嚴妃)의 뜻이었다.

**原文**

의 친 왕 강 욕 귀 근 자 미 국 환 지 일 본 상 발 전 지 지 경 발 학 자
義親王堈 欲歸覲 自美國還至日本 上發電止之 更撥學資
금 오 만 원 명 환 입 미 국 이 졸 유 학 개 엄 비 의 야
金五萬元 命還入美國 以卒游學 蓋嚴妃意也.

청나라 주재 공사관에 명하여, 단지 참서관(參書官)과 서기(書記) 각 1명씩만 머물게 하고 그 나머지는 모두 철수하여 돌아오게끔 하였다.

**原文**

명주청공사관 지유참서관 서기각일인 이기여진행철
命駐淸公使館 只留參書官 · 書記各一人 而其餘盡行撤
회
回.

전국의 전화, 우편 사업을 일본 정부에 소속시켰고, 서북철도(西北鐵道) 건설도 전부 일본 철도감부(鐵道監部)에 의존하였다. 외부 대신 이하영(李夏榮)이 임권조(林權助)와 협약하여 조인한 것이다.

**原文**

이전국전우사업 속지왜정부 서북철도건축 전부차부왜
以全國電郵事業 屬之倭政府 西北鐵道建築 全部借付倭
철도감부 외대이하영 여임권조협약조인
鐵道監部 外大李夏榮 與林權助協約調印.

각 항구에 지시하여 유민(流民)이 해외로 빠져나가는 것을 금지시켰다. 근래 우리 국민들 중에 포와(布哇, 하와이)로 흘러들어간 자가 1만여 명이나 되었는데, 여러 차례 외부(外部)에 전보를 보내 본국의 영사를 보내서 각국의 예와 같이 보호해줄 것을 원하였다. 조정은 재정이 궁색하여 능히 영사를 특파할 수 없는 지경이라 일본의 포와 영사 제등간(齊藤幹)에게 전탁(轉託, 부탁)하여 겸하여 관리하도록 하였다. (그러자) 우리 유민들이 그것을 반대하고 우리 주미 공사를 파견해 줄 것을 외부에 전보를 보내와서 이 소식을 듣는 사람들은 슬퍼하였다. 또한 일본인 대정관일(大庭寬一)이란 자는 굶주리는 우리 국민을 유인하여 남녀 수천 명을 배에 싣고 묵서가(墨西哥, 멕시코)로 데리고 가서 판매하여 노비가 되었다. 멕시코 사람들은 그들을 농사일에 부려먹어 소나 말처럼 혹사시키니 도망치거나 사망하여 거의 없어지게 되었다. 유학생 신태규(申泰圭)·황용성(黃溶性)·안정수(安鼎洙)·박화중(朴和重) 등이 미국 샌프란시스코에 있으면서 본국 정부에 글을 보내 조속히 소환할 것을 촉구하였다. 그러자 정부는 민망하게 생각했으나 계책이 나올 곳이 없어 결국 유민의 해외 금지령을 내리게 되었던 것이다.

오래 지나서 윤치호(尹致昊)에게 명하여 일본으로부터 가서 시찰토록 하였는데, 윤치호가 6월에 포와(하와이)에 이르렀으나 또한 앉아 있다가 자금이 없어 그대로 돌아왔다. 혹은 말하기를, 묵서가(멕시코)와 고역(雇役)하는 청국인들은 우리 국민들이 부지런히 일하는 데 연유되어 자신들이 배척당하자 일부러 터무니없는 거짓말을 퍼뜨려 우리나라 사람들이 계속 건너가는 것을 막으려 했다고 한다.

**原文**

勅各港口 禁流民出洋 近來我民流入布哇者萬餘人 屢電外部 願得本國領事 以保護之如各國例 朝廷以財絀 不能特派領事 轉託倭之布哇領事齊藤幹 使之兼管 流民拒之 願派我官駐美公使 電于外部 聞者悲之 又倭人大庭寬一瞞誘我民窮丐 搭載男婦數千 入墨西哥 販賣爲奴婢 墨人驅之農役 虐使類牛馬 轉徙死亡略盡 游學生申泰圭·黃溶性·安鼎洙·朴和重等 在美國桑港 貽書政府 願早刷還 政府憫之 而計無所出 故有是命 久之 命尹致昊 自倭往視之 致昊以六月至布哇 亦坐無資而還 或言 淸人之雇役於墨者 緣我民勤敏 以致見擠 遂動淨訛 沮其續渡云.

(2월) 20일, 지리산(智異山)이 일주일 동안 울었다. 23일에는 지진이 있었다.

**原文**

二十日 智異山鳴一周日 二十三日 地震.

3월 이근호(李根澔)를 경기도 관찰사로 삼고, 민영선(閔泳璇)을 경상남도 관찰사로 삼았으며, 경상남도 관찰사 성기운(成岐運)을 옮겨 충청북도 관찰사로 삼았다. (그리고) 한창교(韓昌教)를 함경북도 관찰사로 삼았는데, 함경북도는 이윤재(李允在)가 사임한 이후 1년여 동안 관찰사가 없었다.

**原文**

삼월 이이근호위경기관찰사 민영선위경남관찰사 이경
三月 以李根澔爲京畿觀察使 閔泳璇爲慶南觀察使 移慶
남성기운위충북관찰사 한창교위함북관찰사 함북자이윤
南成岐運爲忠北觀察使 韓昌教爲咸北觀察使 咸北自李允
재후 무관찰사자세여
在後 無觀察使者歲餘.

3월, 서울병과 지방병의 정원을 감축하였다. 서울에는 시위병 3개 대대를 두었는데, 매 대대는 8백 명으로 하며, 각도에는 지방병 8개 대대를 두고 매 대대는 6백 명으로 하였다. 제1연대는 수원 · 강화 · 개성 · 북한(北漢) · 안성에, 제2연대는 청주 · 공주 · 황간 · 제천 · 충주에, 제3연대는 광주 · 전주 · 남원 · 강진에, 제4연대는 대구 · 진남 · 진주 · 울산 · 경주 · 안동 · 상주에, 제5연대는 황주 · 해주에, 제6연대는 평양 · 의주 · 강계에, 제7연대는 원주 · 고성 · 여주 · 춘천에 주둔시켰다. 함경도는 지방이 아직도 동요하여 설치하지 못하고, 각도의 나머지 군사 2천여 명을 징발하여 헌병 · 기병 · 공병의 3개 대대를 편성하였는데, 매 대대를 또한 각각 6백 명으로 하였다.

**原文**

三月 減京鄕兵額 京城置侍衛三大隊 每隊八百人 外道設地方八大隊 每隊六百人 第一 聯隊水原·江華·開城·北漢·安城 第二 淸州·公州·黃澗 堤川·忠州 第三 光州·全州·南原·康津 第四 大邱·鎭南·晉州·蔚山·慶州·安東·尙州 第五 黃州·海州 第六 平壤·義州·江界 第七 原州·高城·驪州·春川 咸鏡道以地方尙擾 姑未設置 徵上各道餘兵二千餘 編成憲兵·騎兵·工兵三大隊 每隊亦各六百人.

법부 대신 이지용(李址鎔)이 징포신율(徵逋新律)[1]을 아뢰어 정하였다. (그 신율은) 100원에서 1,000원까지는, 징역은 1년에서 15년에 이르렀으며, 2,000원 이상은 교형(絞刑)에 처한다고 하였다. 그러나 또한 문구(文具)[2]에 그쳤다.

**註解**

1) **징포신율**(徵逋新律) : 장정(壯丁) 신역(身役)의 대신으로 군포(軍布)를 징수함.
2) **문구**(文具) : 실속은 없이 거죽만 잘 꾸밈. 문식(文飾).

**原文**

법부이지용 주정징포신률 백원지천원자 역일년지십오
法部李址鎔 奏定徵逋新律 百元至千元者 役一年至十五
년 이천원이상교 연역문구이이
年 二千元以上絞 然亦文具而已.

순천군(順川郡) 학교생(學校生) 이희경(李喜儆)은 유학을 위해 일본에 들어가 동경에 있으면서 신문사에 서신을 보내어 천하의 대세를 열거하면서 본국의 비정(秕政, 惡政)을 힐난하였다. 무릇 수천 언이었는데 문사(文詞)가 힘차고 뛰어나게 아름다웠으며, 의론도 강개하였다. 그의 나이 겨우 15세였다.

**原文**

순천부학교생이희경 유학입왜 재동경 기서신문사 역진
順川部學校生李喜儆 游學入倭 在東京 寄書新聞社 歷陳
천하대세 폄본국비정 범수천언 문사위려 논의강개 년보
天下大勢 砭本國秕政 凡數千言 文詞偉麗 論議慷慨 年甫
십오
十五.

인도(印度)에서 지진이 발생하여 13,000명이 압사당하였다.

**原文**

인도지진 압사일만삼천인
印度地震 壓死一萬三千人.

4월, 정주 군수 이교영(李喬榮)이 내부(內部)에 보고하여 말하기를, “본군에 어비(御碑)가 있는데 태조가 북원(北元)을 방어하실 때 주필(駐驆)[1]했던 자초지종과 선묘(宣廟, 선조)가 임진왜란을 당하셨을 때 회란(回鑾)[2]하시던 일들이 적혀 있는데, 비문 중에 왜적이 침범하였다는 문귀가 들어 있어 지나다니는 일본 군인들이 ‘왜적(倭賊)’이라고 쓴 글자를 쪼아냈다.”고 하였다.

**註解**

1) **주필**(駐驆) : 왕이 거둥길에 잠시 머무르거나 묵어가던 일.
2) **회란**(回鑾) : 임금의 수레를 돌림. 임금이 돌아오는 일.

**原文**

四月 定州郡守李喬榮 報內部言 郡有御碑 載太祖禦北元時駐驆始末及宣廟壬辰回鑾時事 中有倭賊侵犯句語 日兵過者 琢去倭賊字樣.

일본인은 서울의 거류지에 ‘동(洞)’을 ‘정(町)’으로 고쳐서 불렀다. 이현(泥峴)을 본정(本町)이라 하고, 남산동(南山洞)·회동(會洞)·주동(鑄洞)을 합해서 남산정 또는 수정(壽町)이라 하였으며, 명동(明洞)을 명치정(明治町), 죽동(竹洞)을 영락정(永樂町)이라 하였다. 또한 각도에 명령하여 민간이 소유한 마

필을 조사해서 기록하여 보내라 하고 『토산마필통계표(土産馬匹統計表)』라는 책자를 만들어 냈다.

**原文**

倭人就京城居留地 改洞曰町 泥峴則曰本町 南山洞·會洞·鑄洞則曰南山町 又壽町 明洞則曰明治町 竹洞則曰永樂町 又令各道 搜括民間馬驢 籍記以聞 撰土産馬匹統計表.

4월, 일본인들이 늑청(勒請)하여 내지(內地) 하천의 자유로운 항행을 허락하였다. 진황지(陳荒地) 개척안을 철회한 이후 일본인은 자못 앙앙(怏怏)[1]하였다. 그러나 일본인들 중 우리나라에 건너온 자들이 도처에서 간척(墾拓) 사업을 벌였으나 어찌할 수 없었다. 올봄에 또한 하천일안(河川一案)을 제안한 것이다. 참정 대신 민영환(閔泳煥)은 힘을 다하여 반대하였는데, 상하가 그것에 의지하였다. 그러나 민영환은 끝내 반항하기가 어려움을 알고 여러 차례 사직을 간청하다가 면직하게 되었다. 심상훈(沈相薰)이 그를 대신하여 후임으로 들어갔으나 마침내 인허(認許)하기에 이르렀다.

**註解**

1) 앙앙(怏怏) : 마음에 만족하지 않는 모양. 즐거워하지 않는 모양.

**原文**

사월 왜인늑청 내지하천자유항행 허지 자진황철회이후
四月 倭人勒請 內地河川自由航行 許之 自陳荒撤回以後
왜파앙앙 연기민이도자 도처간척 고자여야 시춘우제하
倭頗怏怏 然其民移渡者 到處墾拓 固自如也 是春又提河
천일안 참정민영환력거지 상하의지 연영환료기난항 루
川一案 參政閔泳煥力拒之 上下倚之 然泳煥料其難抗 屢
사획면 급심상훈대지 경지인허
辭獲免 及沈相薰代之 竟至認許.

4월, 경기·강원·충청도 및 경상북도 일대에서 의병(義兵)이 봉기했다. 모두 일본을 토벌하자는 것을 표적으로 삼았다.

**原文**

사월 경기 · 강원 · 충청도급경북일대 의병기 개이토왜
四月 京畿·江原·忠淸道及慶北一帶 義兵起 皆以討倭
위사
爲辭.

문선왕(文宣王)[1]의 성적도(聖蹟圖)[2]를 간행하여 각도에 배포하였다. 수원 백성 공재헌(孔在憲)이 신묘년(고종 28, 1891)에 청국에 들어갔는데, 영해부(寧海府)의 공소겸(孔昭謙) 집에 이르러 여성부(呂聖符)가 그린 「선니성적도(宣尼聖蹟圖)」 108폭을 구입하여 돌아와서는 사적으로 모각(摹刻)하여, 이때에 이르러 그 일을 끝냈다. 전 국장 이명륜(李命倫) 등과 몇 경향의 간사한 무리들은 그것을 기화(奇貨)로 여겨, 학부 대신 이재

극(李載克)과 전 참정 조병식(趙秉式)에게 뇌물을 주고 이 사실을 임금에게 알리라고 했다. 조병식은 통문에 서명을 하고 통고하여 파원(派員)을 정하고 13도에 분송하자, 각군에서는 그것을 성묘(聖廟)[3]에 봉안하였다. 각군에서 거두어들인 돈은 400냥, 500냥으로 균등하지는 않았지만, 그때 파원을 '공자파원(孔子派員)'이라 칭하여 식자들은 통탄하였다.

얼마 지나서 관찰사와 수령들이 은밀히 저지하여 그 일은 마침내 실질(實質)을 거두지 못했다.

**註解**

1) **문선왕**(文宣王) : 공자(孔子)의 시호(諡號). 당(唐)나라의 현종(玄宗) 개원 27년에 드림.
2) **성적도**(聖蹟圖) : 문선왕과 관련 있는 유적이나 사적을 그린 그림.
3) **성묘**(聖廟) : 문묘(文廟). 공자를 모시는 사당. 우리나라에는 성균관과 향교에 베풂.

**原文**

간 포 문 선 왕 성 적 도 우 각 도 수 원 민 공 재 헌 자 이 신 묘 고 종
刊布文宣王聖蹟圖于各道 水原民孔在憲者 以辛卯(高宗
이 십 팔 년 입 청 국 지 영 해 부 공 소 겸 가 득 여 성 부 자 소 화 선
二十八年)入清國 至寧海府孔昭謙家 得呂聖符者所畫 宣
니 성 적 도 일 백 팔 폭 구 이 봉 환 사 자 모 각 지 시 공 준 전 국 장
尼聖蹟圖一百八幅 購以奉還 私自摹刻 至是工竣 前局長
이 명 륜 등 급 경 향 간 민 인 작 기 화 뇌 학 대 이 재 극 전 참 정 조
李命倫等及京鄉姦民 認作奇貨 賂學大李載克·前參政趙
병 식 전 문 우 상 병 식 서 명 통 고 정 파 원 분 송 십 삼 도 각 군 봉
秉式 轉聞于上 秉式署名通告 定派員 分送十三道 各郡奉

안우성묘 매군수전오백 사백냥불등 시칭공자파원 식자
安于聖廟 每郡收錢五百 · 四百兩不等 時稱孔子派員 識者
통언 기이관찰 수령 개음조지 사경무실
痛焉 旣而觀察 · 守令 皆陰阻之 事竟無實.

경상북도 관찰사 이용익(李容翊)이 중앙에 들어와 군부 대신이 되었는데, 정주영(鄭周永) 대신이었다. 내부 대신 이도재(李道宰)가 강력히 사직을 요청하여 면직되고, 법부 대신 이지용(李址鎔)이 (그 자리를) 대신했다.

**原文**

경북관찰사이용익 입위군부대신 이정주영대지 내부대
慶北觀察使李容翊 入爲軍部大臣 以鄭周永代之 內部大
신이도재 력사면 이법부이지용대지
臣李道宰 力辭免 以法部李址鎔代之.

운현궁(雲峴宮)을 수리할 것을 명했다. 이준용(李埈鎔)이 돌아오지 않자 이재면(李載冕)은 문을 걸어 닫고 손님을 사절하여 담장과 집이 무너져 주저앉았다. 이에 이르러 내탕금 270만 냥과 백미 370석을 운현궁에 내려주어 쌓였던 빚을 다 갚도록 하고, 또 영선사(營繕司)에 명하여 그 무너져 주저앉은 곳을 보수하게 하였다. 사람들은 일본 공사가 장차 이르게 되면 보기가 좋지 않기 때문이라고 말들을 했다.

당시 이재면은 매우 궁핍한 처지에 있어서 대원군의 장역(葬役)을 오래도록 마감하지 못했다.

**原文**

명수리운현궁 자이준용부득반 재면두문사객 원호일임
命修理雲峴宮 自李埈鎔不得返 載冕杜門謝客 垣戶一任
퇴비 지시하탕전이백칠십만냥 백미삼백칠십석우운현궁
頹圮 至是下帑錢二百七十萬兩·白米三百七十石于雲峴宮
비청적채 우명영선사 즙기퇴비 인언왜사장지 유애관첨
俾淸積債 又命營繕司 葺其頹圮 人言倭使將至 有碍觀瞻
고야 시재면파환빈 대원군장역 구미완
故也 時載冕頗患貧 大院君葬役 久未完.

일본의 회답사(回答使) 박공왕(博恭王) 모(某)가 왔는데, 이재각(李載覺)이 간 것에 대한 답례였다. 조정에서는 답사가 곧 온다는 것을 듣고 그의 숙소를 종정부(宗正府)로 정하였다. 박공왕은 도착하여 종정부의 예모가 융숭하지 않다하여 시어소(時御所)로 바꾸어줄 것을 청하였다. 임금은 부득이 경운궁의 돈덕전(敦德殿)에 거처하게 하였다. 그러나 돈덕전은 빈대가 많아서 박공왕은 밤에 잠을 이룰 수 없었다. 아침이 되자 매우 화가 난 기색을 보였다. 7일간 머물다가 떠났는데, 그가 처음 도착했을 때 임금은 친히 임하여 만나보고 회사례를 행하였다.

**原文**

일본회답사 박공왕모 연 래 이재각지회야 조정문답사
日本回答使 博恭王某(衍)來 李載覺之回也 朝廷問答使
장지 명관우종정부 급박공지 이종정부례모불융 청개이
將至 命館于宗正府 及博恭至 以宗正府禮貌不隆 請改以
시어소 상부득이 이경운궁지돈덕전처지 전내다비 박공
時御所 上不得已 以慶運宮之敦德殿處之 殿內多蜰 博恭

야 부 득 수 힐 조 심 유 온 색 유 칠 일 이 발 기 시 도 야 상 친 임 견
夜不得睡 詰朝甚有慍色 留七日離發 其始到也 上親臨見
지 행 회 사 례
之 行回謝禮.

정주영(鄭周永)을 경기도 관찰사로 삼고, 이도재(李道宰)를 평안남도 관찰사로 삼았다.

**原文**

이 정 주 영 위 경 기 관 찰 사 이 이 도 재 위 평 남 관 찰 사
移鄭周永爲京畿觀察使 以李道宰爲平南觀察使.

김윤식(金允植)과 정만조(鄭萬朝) 등을 석방할 것을 명했다. 이 조서를 반포하려다가 다시 취소하였다. 그것은 박공왕의 청으로 잠시 용서하겠다는 의사를 보였으나 임금은 끝내 석방해 줄 생각이 있지 않았다.

**原文**

명 방 김 윤 식 정 만 조 등 사 조 장 반 부 령 격 소 개 잠 인 박 공
命放金允植 · 鄭萬朝等 寫詔將頒 復令繳消 蓋暫因博恭
지 청 시 이 장 유 이 상 종 유 불 석 연 야
之請 示以將宥 而上終有不釋然也.

러시아군이 일본을 습격하려고 대마도 해협에 들어갔으나 일본군이 대적하여 그들을 대파시켰다. 러시아는 여순(旅順) 항구를 잃은 이래로 황해(黃海) 항로가 끊어졌다. 이에 제2함

대를 출동하여 파라적해(波羅的海, 발트해)로 진출한 후 인도양을 돌아서 남양군도(南洋群島)[1]를 지나 십만 리를 위이(逶迤)[2]하였으며, 무려 8, 9개월의 기간이 걸렸다. 갑자기 대마도 해구에 이르렀으나 일본은 그것을 정탐해서 미리 알고 맞아 격파시킬 것을 준비하였다. 표면으로는 드러내지 않고 쉬면서 러시아군이 피로하기를 기다렸다. 러시아군이 드디어 대패하니 침몰한 군함과 붙잡힌 군함이 23척이었고 장교 이하 사망자가 수만 명이나 되었다. 거제(巨濟)와 동래(東萊)에서부터 동쪽으로 울릉도 해면에 이르기까지 어뢰 터지는 소리가 연일 그치지 않았다. 일본은 우리나라에 공문을 보내어 상선의 항해를 금지하도록 하였다.

이 전투에서 일본 해군대장 동향평팔랑(東鄕平八郎)의 전공이 가장 뛰어났으니, 일본은 충도(冲島) 지방에 기념 등대를 세우고 '동향등대(東鄕燈臺)'라 이름을 붙였다.

**註解**

1) **남양군도**(南洋群島) : 태평양의 적도를 경계로 하여 그 남북에 걸친 지역의 총칭.
2) 위이(逶迤) : 비틀거리며 가는 모양. 빙빙 돌아가는 방향.

**原文**

아인습왜 입대마해협 왜거격대파지 아자실여순이래 황
俄人襲倭 入對馬海峽 倭拒擊大破之 俄自失旅順以來 黃

해로절 내발제이함대 출파라적해 요인도양 과대남양 위
海路絶 乃發第二艦隊 出波羅的海 繞印度洋 過大南洋 逶

이십만리 간관팔구삭 돌지대마도구 왜정지지 준비요절
迤十萬里 間關八九朔 突至對馬島口 倭偵知之 準備邀截

객주세수 이일대로 아수대패 병함피굉침포자 이십삼척
客主勢殊 以逸待勞 俄遂大敗 兵艦被轟沈捕者 二十三隻

장교이하사자수만인 자거제 동래동지울도양면 붕뢰지
將校以下死者數萬人 自巨濟·東萊東至鬱島洋面 崩雷之

성 연일부절 왜이조아국 금상선하해자 시역야 왜해군대
聲 連日不絶 倭移照我國 禁商船下海者 是役也 倭海軍大

장동향평팔랑 전공최저 왜립기념등대우충도지방 명왈동
將東鄕平八郎 戰功最著 倭立紀念燈臺于沖島地方 名曰東

향등대
鄕燈臺.

영국 주재 공관 참서관 이한응(李漢膺)이 자살하였다. 일본은 지난해부터 우리나라를 보호하기로 했다고 기만하면서 그 기사를 신문에 내고 구미 각국에 전파하니 구미 사람들이 또한 그렇게 인정하였다. 이한응은 영국 런던에 있었는데 어떤 이들은 나라가 망한 국민이라며 희롱하였다. 이한응이 본국의 정형을 여러모로 생각하였으나 영원히 회생할 가망이 없다고 판단하고 어떤 이의(나라가 망한 국민이란) 희롱은 당연한 일이라 자책하면서 그 비분함을 참지 못하고 집에 서신을 보내 그의 심정을 알리고 약을 먹고 자살하니, 영국 사람들은 그를 의롭게 생각하고 그의 시신과 유물을 본국에 돌려보내 주었다.

**原文**

주영공관참서관이한응자살 왜자거년이래 이보호아국
駐英公館參書官李漢膺自殺 倭自去年以來 以保護我國

自擔 瞞出報章 謄播歐美 歐美人姑認之 漢膺在倫敦 或戲語以亡國之人 漢膺揣本國情形 永無回蘇之望 或人之戲固其當責 不勝悲憤 裁家書 陳其情 仰藥自裁 英人義之 還其柩 幷其遺物于本國.

일본인이 서북 지방의 사무를 스스로 관장하면서 강제로 세 조목의 새로운 조례를 정하였다.

첫째, 지방관의 임명과 면직은 반드시 일본군 사령부에 통지할 것.

둘째, 각 고을에 군수가 부임해 갈 때는 반드시 일본군 사령부의 문빙(文憑)을 휴대할 것.

셋째, 서북 지방의 광산·산림은 사령부의 인준 없이는 채굴을 허락하지 못한다.

**原文**

倭人自管西北地方事務 勒定三條新例 一,地方官任免 必通知其司令部 二,各郡守赴任 必帶其司令部文憑 三,西北礦山·森林 無司令部認准 不許採堀.

5월, 임금은 청나라 서태후(西太后)의 수연(壽宴)에 홍삼 20

근, 수대련(繡對聯) 4폭, 은화병(銀花甁) 2개, 금지환 1쌍을 보내어 축하하였다.

**原文**

오월 상이청국서태후수연 증송홍삼이십근 · 수대련사
五月 上以淸國西太后壽宴 贈送紅蔘二十斤 · 繡對聯四
폭 은화병이구 금지환일쌍 이하지
幅 · 銀花甁二口 · 金指環一雙 以賀之.

권중현(權重顯)을 충청남도 관찰사로 삼고, 광주 군수 이용선(李容善)을 충청북도 관찰사로 삼았다. 종2품 윤충구(尹忠求)를 함경북도 관찰사로 삼았으며, 이근호(李根澔)를 경상북도 관찰사로 삼았다.

**原文**

이권중현위충남관찰사 광주군수이용선위충북관찰사 종
以權重顯爲忠南觀察使 光州郡守李容善爲忠北觀察使 從
이품윤충구위함북관찰사 이근호위경북관찰사
二品尹忠求爲咸北觀察使 李根澔爲慶北觀察使.

박제순(朴齊純)을 법부 대신으로 삼고, 이근택(李根澤)을 농부 대신으로 삼았다.

**原文**

이박제순위법부대신 이근택위농부대신
以朴齊純爲法部大臣 李根澤爲農部大臣.

공진회장(共進會長) 이준(李儁)이 자신의 첩으로 하여금 북서(北署) 지방의 안현(安峴)에 여상점(女商店)을 개설하게 하였다.

**原文**

공 진 회 장 이 준 사 기 첩 개 여 상 점 우 북 서 안 현
共進會長李儁 使其妾 開女商店于北署安峴.

이보다 앞서 방흥주(方興周) · 김교선(金敎先) · 김관현(金寬鉉) · 김홍남(金鴻南) · 장인근(張寅根) · 이기각(李基珏) 등이 죄를 얻어 일본으로 망명했으나, 이에 이르러 일본의 위협을 받고 그들의 죄를 모두 없애주고 소환하였다.

**原文**

선 시 방 흥 주 김 교 선 김 관 현 김 홍 남 장 인 근 이 기
先是 方興周 · 金敎善 · 金寬鉉 · 金鴻南 · 張寅根 · 李基
각 등 획 죄 망 명 우 일 본 지 시 피 왜 협 병 탕 척 소 환
珏等 獲罪亡命于日本 至是被倭脅 幷蕩滌召還.

일본이 각부(各部)에 고문관(顧問官)을, 13부(部)에 경시관(警視官)을 두고, 목하전종태랑(目賀田種太郎)은 탁지부의 재정을 관리하였다. 임금이 지출을 요구해도 응하지 않았으므로 임금은 가슴만 칠뿐이었다. 이에 날마다 돌아가면서 비서승과 참봉 등의 가함(假啣, 직함만 줌)을 팔아 궁색함을 면하였다.

**原文**

倭置顧問官各部 警視官于十三府 目賀田管度支財政 上有宣索 而亦不應 上拊膺而已 乃日輪賣秘書丞·參奉等假啣 以紓窘.

제주도의 어채권(漁採權, 고기잡이 권한)을 일본 사람 망월룡태랑(望月龍太郎)에게 허락하였다.

**原文**

許濟州漁採權于倭人望月龍太郎.

송규헌(宋奎憲)을 양근 군수(楊根郡守)로 삼았다. 송규헌은 지난해에 상소를 한 번 올려 온 나라를 떠들썩하게 하였는데, 이에 이르러 군수 자리를 제수 받았다. 예의상 사양하다가 선뜻 부임하였다. 당시 의론은 그를 비웃었으나, 치적(治積)이 있다는 소문이 들렸다.

**原文**

以宋奎憲爲楊根郡守 奎憲去年一疏 震國中 至是得除郡 例辭旋赴 時議嗤之 然以治績聞.

(5월) 경기도 지평에서 이문호(李文鎬), 광주(廣州)에서 구만서(具萬書), 강원도 원주에서 원용팔(元容八) 등이 의병을 일으켰는데, 원용팔은 이해 8월에 일본군에게 붙잡혔다.

**原文**

지평이문호 광주구만서 원주원용팔등병기 용팔이팔
砥平李文鎬·廣州具萬書·原州元容八等兵起 容八以八
월위왜금
月爲倭擒.

관리들의 봉급을 개정하여 칙임관(勅任官)은 6급, 주임관(奏任官)은 8급, 판임관(判任官)은 10급으로 하였다.

**原文**

개정관봉 칙임유육급 주임유팔급 판임유십급
改定官俸 勅任有六級 奏任有八級 判任有十級.

일본인은 각도에 지금고(支金庫)를 설치하였다. 이때에 기호(畿湖)·관동·양서(兩西) 지방에서는 동전을 사용하고, 관북지방과 영남·호남 지방에서는 엽전을 사용했다. 엽전을 가지고 동전을 바꿀 때 엽전을 더 얹어주었다. 그것은 엽전 한 개를 동전 두 닢에 해당되었기 때문이다. 그래서 관리들은 앉아서 장사를 하여 갑절의 이득을 보았고, 그 병폐는 국민과 국가에 돌아갔다. 또한 몰래 동전을 만드는 일〔도주(盜鑄)〕이 날로 많아져서 동전도 태반이 열악(劣惡)하게 되었다. 일본인은 병폐라 하여 동전과 엽전을 막론하고 일체 녹여 없애고 신화폐를 만들어 바꾸어 주려 하였다.

그러므로 서울과 각 항구에 교환소를 설치하고 일본으로부터 새 화폐를 운반하겠다고 성언하고, 새 화폐 1원에 구 화폐 2원으로 바꿔주며 7월 초순까지 기한을 잡았다. 그러나 일본에서도 화폐가 고갈되어 많은 돈을 인출할 수가 없었으므로 단지 공권(空券)으로 우리 옛날 돈을 모아 그것을 융해한 후 본보기로 만들자 근량도 차이가 없었다. 그런데 신화폐는 광곽(匡郭)하여 하나를 가지고 둘을 바꾸어 매양 한 용광로를 끓여 낼 때마다 수만 원의 이익을 보게 된다. 옛날 돈과 교환할 때도 가짜 돈을 가려내어 기준대로 교환해 주지 않고 폐기 처분하였다. 이에 신화폐가 퍼지기도 전에 구화폐는 이미 고갈되어 민정이 옹옹(喁喁)[1]하여 도적에게 큰 침략을 만난 것 같았다고 한다. 양남 지방은 세호전(稅戶錢)을 엽전으로 내라고 독촉하여 한꺼번에 지금고(支金庫)에 집어넣어 녹여버려서 엽전을 한 번 내면 돌려줄 기약이 없어서 한 해가 저물자 서남 지방은 또한 크게 궁색하여 곤란을 받았다.

**註解**

1) **옹옹(喁喁)** : 소란스러움. 물고기가 입을 쳐들고 오물거리는 모양. 어찌할 바를 모름.

**原文**

왜 건 지 금 고 우 각 도　시 시 기 호　관 동　양 서 용 동 전　관 북
倭建支金庫于各道　是時畿湖 · 關東 · 兩西用銅錢　關北

及嶺湖 用葉錢 以葉換銅率有加 計葉錢一當銅錢二 官吏商佔 坐籠倍息之利 而病歸民國 且盜鑄日興 銅錢太半劣惡 倭人病之 毋論銅錢 欲一切銷廢 出新貨以易之 設交換所于京師及港 聲言自其國運新貨 以新一元易舊二元 限以七月初旬 然倭亦貨竭 無以廣布 但以空劵聚我舊貨 瀜而範之 斤兩無差 而新其匡郭 以一獲二 每一爐 輒收數萬之利 其換舊也 揀別盜鑄 不準換 歸之廢棄 於是新未敷而舊已竭 民情喁喁 如逢大侵 其兩南則稅戶錢 幷督以葉錢 一入支金庫 便銷之 故葉錢一出 無返期 至歲終 西南亦大困.

민영철(閔泳喆)을 탁지부 대신으로, 박제순(朴齊純)을 학부 대신으로, 민영기(閔泳綺)를 법부 대신으로, 이재극(李載克)을 궁내부 대신으로 삼았다.

**原文**

以閔泳喆爲度支大臣 朴齊純爲學部大臣 閔泳綺爲法部大臣 李載克爲宮內大臣.

이명화(李明和)란 자가 청국과 일본 두 나라에는 다 도관(道觀, 도교의 사원)이 있는데, 우리나라만이 유독 없다고 하면서 일본인과 더불어 북서(北署) 원동(苑洞)에 도관을 세우고 나라의 기초소(祈醮所, 기도와 제사지내는 곳)로 삼았다.

**原文**

유이명화자 이청 왜양국 개유도관 이아국독무유야 여
有李明和者 以清·倭兩國 皆有道觀 而我國獨無有也 與
왜인건도관우북서원동 위국가기초지소
倭人建道觀于北署苑洞 爲國家祈醮之所.

일본에서 생산되는 포목(布木)이 하복(夏服)을 만드는데 좋겠다고 하여 작년 여름에 비로소 우리나라에 들여와 성수기에 큰 이익을 얻었다. 이에 이르러 서울 상인들이 5만여 필을 사들여 표백(漂白)하니 그것은 면(綿)이었고, 포목(布木)이 아니었다. 5원에 사들여 팔 때는 2원에 미치지 못했으니, 드디어 큰 손실을 보게 되었다. 일본인의 눈속임이 이와 같았다.

**原文**

왜중산포 가작하복 작년하시입국 성수획리 지시경상무
倭中產布 可作夏服 昨年夏始入國 盛售獲利 至是京商貿
오만여필 표이백지 내면야 비포야 무이오원 이수불급이
五萬餘匹 漂而白之 乃綿也 非布也 貿以五元 而售不及二
원 수치대손 왜지기사 개차류야
元 遂致大損 倭之欺詐 皆此類也.

개성부(開城府)에 큰 비가 내렸다. 나비 수백만 마리가 제각기 다른 모습으로 도성 안에 가득히 날아들었다.

**原文**

개성부대우 호접수백만 분시이체 비만성중
開城府大雨 蝴蝶數百萬 分翅異體 飛滿城中.

6월, 민영기(閔泳綺)·민병석(閔丙奭)·민상호(閔商鎬)·조동윤(趙東潤)·윤치호(尹致昊) 등을 파견하여 일본의 관제(官制)를 시찰하게 하였다.

**原文**

유월 견민영기 민병석 민상호 조동윤 윤치호등 시
六月 遣閔泳綺·閔丙奭·閔商鎬·趙東潤·尹致昊等 視
찰일본관제
察日本官制.

적십자병원(赤十字病院)을 세웠는데, 이 또한 서양의 법을 따른 것이다.

**原文**

입적십자병원 역준서법야
立赤十字病院 亦遵西法也.

의주 군수 구완희(具完喜)를 경무사로 삼았다. 구완희는 일본의 사나운 개노릇을 하여 그들과 매우 친숙하였다. 임권조(林權助)가 힘써 말하여 내직(內職)으로 불러들인 것이다.

**原文**

이 의 주 군 수 구 완 희 위 경 무 사 완 희 위 왜 응 견 심 견 닐 압 임
以義州郡守具完喜爲警務使 完喜爲倭鷹犬 甚見昵狎 林
권 조 역 언 지 내 소
權助力言之內召.

허위(許蔿, 정우회 중심인물)가 일본 사령부에서 석방되었다.

**原文**

허 위 견 석 우 왜 사 령 부
許蔿見釋于倭司令部.

임원호(任原鎬)를 함경북도 관찰사로, 신태희(申泰熙)를 평안남도 관찰사로 이도재(李道宰)를 충청남도 관찰사로 삼았다.

**原文**

이 임 원 호 위 함 북 관 찰 사 신 태 희 위 평 남 관 찰 사 이 도 재 위
以任原鎬爲咸北觀察使 申泰熙爲平南觀察使 李道宰爲
충 남 관 찰 사
忠南觀察使.

일본인들이 평양의 함구문(含毬門)을 훼손하였다. 갑오년(고종 31, 1894) 이후 10년 사이에 평양은 조금 안정되었는데, 아

라사와 일본과의 전쟁이 시작되면서부터, 그곳을 요충지로 삼아서 유린하고 짓밟아서 상처가 심하고 쇠잔하여 관리와 주민들이 놀라 뿔뿔이 흩어졌다. 관사와 성첩(城堞, 성가퀴)도 훼손된 채로 내버려지고 보이는 곳마다 쓸쓸하여 다시금 옛날의 경관을 찾아볼 수 없었다.

**原文**

왜인훼평양함구문 갑오 고종삼십일년 후십년지간 평양초안집 급아 왜구병 시지위관요 유천창잔 이민해산 해우타첩 임기점훼 극목소조 무복구관

倭人毁平壤含毬門 甲午(高宗三十一年)後十年之間 平壤稍安集 及俄·倭搆兵 視之爲關要 蹂踐創殘 吏民駭散 廨宇垜堞 任其佔毁 極目蕭條 無復舊觀.

장선규(張善奎)가 기선을 만들어 진수식(進水式)을 가졌는데 그때 나이가 20세였다.

**原文**

장선규조기선진수 시년이십

張善奎造汽船進水 時年二十.

평안북도 여러 군에 큰 비가 내렸다.

**原文**

평북제군대수

平北諸郡大水.

7월, 정토회(淨土會)에서 황제와 황태자의 진용(眞容, 초상화)을 가지고 13도의 여러 군으로 내려갔다.

**原文**

추칠월 정토회봉황제 황태자진용 왕십삼도제군
秋七月 淨土會奉皇帝·皇太子眞容 往十三道諸郡.

공금 태비식(公金駄費式)을 정하였다. 육지의 태가(駄價, 운반비)는 매 10리마다 엽전 125냥으로 하되, 구백동화 500원 금화 10전을 지불하고, 기차와 기선에는 이 규정을 적용하지 않았다. 금고가 있는 항구는 50리 이내로 하되 민간인이 운반하였으며, 50리 밖은 관에서 정한 금액을 납부토록 하였다.

**原文**

정공금태비식 범육태지지 매십리엽전일백이십오냥 구
定公金駄費式 凡陸駄之地 每十里葉錢一百二十五兩 舊
백동화 오백원 급금화십전 기차 기선지로 부재차예 금고
白銅貨 五百元 給金貨十錢 汽車·汽船之路 不在此例 金庫
재항구자 오십리이내 민인운지 오십리이외 정관영납
在港口者 五十里以內 民人運之 五十里以外 定官領納.

7월, 일본인 연상정조(淵上貞助)가 우리나라 『여지승람(輿地勝覽)』을 간행하여 판매하였다.

**原文**

칠월 왜인연상정조 간매아국여지승람
七月 倭人淵上貞助 刊賣我國輿地勝覽.

한성소윤(漢城小尹) 박승조(朴承祖)가 면직되었다. 이때 일본인들이 오강(五江)의 민가를 헐어버려 호소가 답지하였으나 정부의 많은 관리들은 감히 가(可)타, 부(否)타 말 한마디를 하지 못하고 있었다. (이에) 박승조가 탄식하여 말하기를, "백성들을 키운다고 칭하는 사람들이 그들이 죽어가는 것을 보면서 능히 한 가지 대책도 세우지 못하고 있으니, 어찌 부끄럽지 아니한가?"라고 하면서 분함을 참지 못하고 강력히 사임하고자 하여 체직된 것이다.

**原文**

한성소윤박승조면 왜인절훼오강민거 호소답지 이정부
漢城小尹朴承祖免 倭人折毁五江民居 呼訴沓至 而政府
다관 불감가부 승조탄왈 호칭민목 이립시사 불능획일책
多官 不敢可否 承祖歎曰 號稱民牧 而立視死 不能畫一策
능무괴호 수력사득체
能無愧乎 遂力辭得遞.

한강 연안 12개의 동민(洞民)들이 정부로 몰려 들어가서 창문과 벽을 부수었는데, 일본 병사들을 빌어 진압하는 데까지 이르렀다. 서로 격투가 벌어져 사상자가 발생했다.

**原文**

연강십이동민 난입정부 쇄창벽 지차왜병진지 호상투격
沿江十二洞民 欄入政部 碎牕壁 至借倭兵鎭之 互相鬪格
유사상
有死傷.

(7월) 일본 공사 임권조(林權助)가 한국 내지의 하천(河川) 자유 항행(自由航行)의 권한을 얻기 위하여 오랫동안 우리 정부와 서로 버티고 맞서면서 협상하였다. 이하영(李夏榮) 등은 그러한 청을 문득 응낙하는 것을 부끄러이 여겨, 겉모양새라도 동등한 권리를 얻은 듯 체모를 지켜서 우리 국민들을 설득하고자 하였다. 이에 임권조와 언약하기를, '우리 국민들도 또한 일본 하천을 마음대로 항행할 수 있도록 하자' 하니, 임권조는 쾌히 응낙하였다. 그러나 우리 국민은 열약(劣弱)하여 일본이 비록 자국에 하천 항행을 하라 해도 마음대로 다닐 수 있는 형편이 아니었다. 이것은 어로작업(漁撈作業)의 약조와 같이 반드시 행할 수 없을 것이니 명분에 그칠 뿐이었다. 이하영은 이지용(李址鎔)과 함께 임금을 뵙고 회의하여 조인의 결재를 얻었다.

**原文**

왜사임권조 청득한내지하천자유항행지권 구여정부상
倭使林權助 請得韓內地河川自由航行之權 久與政府相
지 이하영등 수기유청첩낙 욕모취동등권이득당 이사국
持 李夏榮等 羞其有請輒諾 欲貌取同等權以得當 以謝國
인 내약권조 아민역향일본하천항행 권조만구승응 연아
人 乃約權助 我民亦向日本河川航行 權助滿口承應 然我
민렬약 왜수강지 필불행 여호어지약 명언이이 하영여이
民劣弱 倭雖强之 必不行 如互漁之約 名焉而已 夏榮與李
지용 폐현회의 조인취결
址鎔 陛見會議 調印取決.

심상훈(沈相薰)을 군부 대신으로 삼고, 이용익(李容翊)을 강원도 관찰사로, 조종필(趙鍾弼)을 평안남도 관찰사로, 신태희(申泰熙)를 충청북도 관찰사로 삼았다.

**原文**

이심상훈위군부대신 이용익위강원관찰사 조종필위평
以沈相薰爲軍部大臣 李容翊爲江原觀察使 趙鍾弼爲平
남관찰사 신태희위충북관찰사
南觀察使 申泰熙爲忠北觀察使.

상업회의소(商業會議所)에 30만 원을 하사하였다. 이는 자금 유통을 원활히 하고 전황(錢荒)[1]을 구제하기 위함이었다. 일본인이 관리하던 삼정물사(三井物社)와 제일은행(第一銀行)은 목하전종태랑(目賀田種太郎)의 지시가 없었으므로 지급을 허락하지 않았다. 이때 여러 상점들이 모두 철시를 하고 있었는데, 태아(泰阿)[2]의 전도(뒤바뀜)됨이 모두 이와 같았다.

**註解**

1) **전황**(錢荒) : 돈의 유통이 잘 안 되어 돈이 귀함.
2) **태아**(泰阿) : 춘추시대 초나라에서 제조한 보검(寶劍)의 이름. 태아(太阿)로도 표기됨. '태아의 전도'라 함은 권력이 정당하게 행사되지 못하고, 제삼자에 의해 잘못 행사되는 것을 비유한 말임.

**原文**

하삼십만원우상업회의소 이자유통 이구전황 왜인소관
下三十萬元于商業會議所 以資流通 而救錢荒 倭人所管
삼정물사급제일은행 이무목하전지휘 불허지발 제상점병
三井物社及第一銀行 以無目賀田指揮 不許支撥 諸商店幷

철시 태아지도여차
撤市 泰阿之倒如此.

조병호(趙秉鎬)를 참정으로 삼고, 박용대(朴容大)를 법부 대신으로 삼았다. 이때 일본인들이 강원도 관찰사 이용익(李容翊)을 감금하고, 우리 조정으로 하여금 서용(敍用, 죄가 있어 면직되었던 사람을 다시 쓰던 일)하지 못하도록 하였다.

**原文**

이조병호위참정 박용대위법부대신 왜인고강원관찰사
以趙秉鎬爲參政 朴容大爲法部大臣 倭人錮江原觀察使

이용익 영조정물서
李容翊 令朝廷勿敍.

경리원(經理院)에 비축해둔 구 은화 93만7천여 원을 새 화폐로 주조하였다.

**原文**

소경리원소저구은화구십삼만칠천여원 이주신화
銷經理院所儲舊銀貨九十三萬七千餘元 以鑄新貨.

의친왕(義親王) 이강(李堈)이 미국으로부터 일본에 돌아와서 장차 귀국하여 근친(覲親, 부모를 뵙는 일)하려 하였으나, 엄비(嚴妃)가 이근상(李根湘)을 일본으로 보내서 은 300만 원을 그에게 주고 거기에서 계속 머물게 하였다.

**原文**

의 친 왕 강 자 미 환 왜 장 귀 근 엄 비 사 이 근 상 입 왜 이 은 삼 백
義親王堈自美還倭 將歸覲 嚴妃使李根湘入倭 貽銀三百
만 원 사 유 지
萬元 使留之.

하천안(河川案)을 조인함에 우용택(禹龍澤)은 이하영(李夏榮)을 방문하고 그의 얼굴에 침을 뱉으며 말하기를, "네가 나라를 팔아먹는 짓을 그치지 않고 내지의 하천항행(河川航行)까지 허락하였으니, 이제 하천은 그만이다. 그리고 또 앞으로는 무엇을 팔아먹을 것인가?" 하고 큰 소리로 악을 쓰며, "저 역적을 죽여라!" 하며 발길로 차고 위협하며 뺨을 때려 형세가 험악하게 되자, 이하영이 집안사람들을 불렀다. 그러자 집안 식구들이 몰려들어 구타하니 우용택은 간신이 살아 나왔다. 이에 앞서 우용택은 온양에 있는 이성렬(李聖烈)을 방문하였다. 그에게 상소할 것을 권하여 시사(時事)를 통렬히 비판하면 혹여 주상이 깨우침이 있을 것이라 생각한 것이다. 그러나 이성렬이 듣지 않자 우용택은 크게 노하여 한 주먹으로 쳐서 쓰러뜨리고, 쥐새끼 같은 놈이라 크게 꾸짖고 욕을 하고 나오며 말하기를, "너 같은 놈은 죽여도 시원치 않다."고 하였다.

**原文**

하 천 안 지 조 인 야 우 용 택 방 이 하 영 타 기 면 왈 여 매 국 불 이
河川案之調印也 禹龍澤訪李夏榮 唾其面曰 汝賣國不已
지 허 이 내 하 항 행 하 천 이 의 우 장 하 건 매 호 대 호 살 역 적 인
至許以內河航行 河川已矣 又將何件賣乎 大呼殺逆賊 因

척협비협 세심험 하영환가인 군기구복 용택근이면 선시
踢脅批頰 勢甚險 夏榮喚家人 群起毆扑 龍澤僅而免 先是
용택방이성열우온양 권기소진시사 혹유이오주만일 성열
龍澤訪李聖烈于溫陽 勸其疏陳時事 或有以悟主萬一 聖烈
만응지 용택대노 일권타도 매서자이출왈 여부족살야
漫應之 龍澤大怒 一拳打倒 罵鼠子而出曰 汝不足殺也.

일진회 윤시병(尹始炳) · 송병준(宋秉畯) 등이 선언서를 게시 포고하였다. 그 전체의 뜻을 말하면, '아국의 위망(危亡)은 이미 표면화되었으니 공사 대소가 모두 일본의 명을 듣기를 원한다' 운운하였다. 그것은 10월에 맺을 을사보호조약의 연장선에서 나온 것이다. 전문은 잃어버려서 기록하지 못한다.

**原文**

일진회윤시병 송병준등 게포선언서 대의언 아국위망
一進會尹始炳 · 宋秉畯等 揭布宣言書 大意言 我國危亡
이형 공사대소 서원거국청명어일본운운 개위시월늑약지
已形 公私大小 胥願擧國聽命於日本云云 蓋爲十月勒約之
인선야 문일불록
引線也 文逸不錄.

일본인이 성진군(城津郡)에 들어가서 성묘(聖廟, 문묘)를 탈취하여 북진군(北進軍)의 처소로 삼았다.

**原文**

왜인입성진군 탈성묘 처기북진군
倭人入城津郡 奪聖廟 處其北進軍.

창원군(昌原郡)에 동광(銅礦, 구리광산)을 개설했다.

**原文**

개 동 광 우 창 원 군
開銅礦于昌原郡.

7월 22일, 춘천군에 큰 우박이 내렸다.

**原文**

이 십 이 일 춘 천 군 대 빙 박
二十二日 春川郡大氷雹.

8월, 이완용(李完用)을 학부 대신으로, 이하영(李夏榮)을 법부 대신으로, 박제순(朴齊純)을 외부 대신으로 삼았다.

**原文**

팔 월 이 완 용 위 학 부 대 신 이 하 영 위 법 부 대 신 박 제 순 위 외
八月 以完用爲學部大臣 李夏榮爲法部大臣 朴齊純爲外
부 대 신
部大臣.

(8월) 러시아와 일본의 강화조약이 성립되었다. 두 나라는 개전한 이래 미국 신문에 의거하면 러시아 장병의 사망자가 40만 명, 비용이 18억 불이며, 일본은 장병 사망자가 17만 명, 비용이 15억 불이라고 한다. 나라가 적어서 더욱 곤궁하여 음성

적으로 미국에 뇌물을 바치고 화의를 주장하게 하였으며, 러시아 또한 일본군이 강한 것을 꺼려서 마침내 강화가 체결되었다. 드디어 미국 수도 뉴욕에 강화회의를 설치하고 상호 위원을 차출하여 보냈는데, 러시아는 우익덕(禹益德), 일본은 소촌수태랑(小村壽太郎)이었다.

이 강화 회담은 러시아가 굴복하여 이루어진 것이 아니기 때문에 배상금 문제는 논하지 않고 단지 동삼성(東三省) 철도를 양보하고 요동에서 철병하며 화태(樺太)섬(사할린 반도)의 반을 떼어 일본에 소속시켰을 뿐이었다. 이에 일본 국민들은 들고 일어나 정부를 욕하고 소란을 피우자, 군대를 파견하여 진정시켜 가까스로 안정을 회복하기에 이르렀다.

이때 서재필은 미국에 있으면서 일본이 한국을 저버린 것을 한탄하며, 여러 방면으로 운동을 전개하며 그들을 제지하려 하였다. 러시아 강화위원 우익덕(禹益德)이 주장하기를, "일본은 갑오년 이후부터 앞장서 한국 독립을 정약(訂約)했으나 이제 갑자기 한국을 배반하여 현재 병탄하려는 형편에 있으니 공법(公法)이란 것이 어디 있느냐? 우리 러시아는 장차 모든 열방(列邦)들과 함께 이 문제를 논하겠다." 하니 일본 대표 소촌수태랑은 아무 대답도 하지 못했다. 그러므로 강화에 있어서도 능히 말을 다하지 못하고 초초히 미봉(彌縫)[1]하였다고 한다.

**註解**

1) **미봉(彌縫)** : 결점이나 잘못된 것을 임시변통으로 이리저리 주선해서 꾸며댐.

**原文**

俄倭和約成 兩國開戰以來 據美國新聞 俄兵死者四十萬 費用十八億弗 倭人物故十七萬 費至十五億弗 而國小尤困 陰賂美人 唱和議 俄亦厭兵强諾 遂設媾和 會于美京紐育府 互差委員赴之 俄則禹益德倭則小村壽太郎 是議也 非俄力屈求成 故不論賠償 但讓東三省鐵道 而自遼撤兵 割樺太島半部以屬倭而已 於是倭民 群譁詬政府 至波兵鎭之僅定 時徐載弼在美 恨倭之負韓 綢繆運動 欲有以抵制之 俄員禹益德倡言 日本自甲午(高宗三十一年) 首訂韓國獨立 而今忽背之 現有呑噬之形 公法安在 我俄將與列邦辨之 小村無以應 故於和事 不能索言 草草彌縫云.

이때 합군(合郡)에 대한 논의가 있었으나 각군의 관리와 백성들은 옛 제도를 보존하기 위해 분주히 돌아다니며 호소하므로, 한 달 남짓되어 중지되었다.

**原文**

時有合郡之議 各郡吏民 胥欲保舊 奔走呼訴 月餘乃寢.

강원도 관찰사 이용익(李容翊)은 금(金) 수백만 냥을 가지고 청국 상해로 잠입하였다. 그것은 중지(中旨)[1]로 말미암아 러시아 및 프랑스와 결탁하려 하였던 것이다. 민영돈(閔泳敦)을 이용익의 다음으로 강원도 관찰사에 임명하였다.

**註解**

1) 중지(中旨) : 임금이 내린 교지(敎旨), 임금의 의지(意志).

**原文**

강 원 관 찰 사 이 용 익 연 금 수 백 만 잠 입 청 국 상 해 개 유 중 지
江原觀察使李容翊 輦金數百萬 潛入淸國上海 蓋由中旨
욕 결 아 법 야 이 민 영 돈 대 용 익 위 관 찰 사
欲結俄·法也 以閔泳敦代容翊爲觀察使.

각도의 유생들이 만인소(萬人疏)를 올려 왕후의 결혼 기념 행사를 거행할 것을 청하였다.

**原文**

각 도 유 생 상 만 입 소 청 상 거 주 량 지 례
各道儒生上萬入疏 請上擧舟梁之禮.

원주 의병장 원용팔(元容八)이 일본 병사에게 체포되었다.

**原文**

원 주 의 병 장 원 용 팔 위 왜 소 금
原州義兵將元容八 爲倭所擒.

서봉장(瑞鳳章)[1]을 만들어 공훈이 있는 명부(命婦)[2]에게 하사하였다.

**註解**

1) **서봉장**(瑞鳳章) : 내명부와 외명부 가운데 숙덕(淑德)과 훈로(勳勞)가 뛰어난 사람에게, 황후의 영지(令旨)로 내리던 훈장. 1907년에 제정하였음.
2) **명부**(命婦) : 봉호(封號)를 받은 부인. 여관(女官)으로 품위 있는 자, 종친의 딸과 아내 및 문무관의 아내 등으로 내명부와 외명부의 구별이 있음.

**原文**

제 서 봉 장 사 명 부 지 유 훈 노 자
製瑞鳳章 賜命婦之有勳勞者.

이지용(李址鎔) · 이재극(李載克) · 민영환(閔泳煥) · 민영철(閔泳喆) · 민상호(閔商鎬) · 이하영(李夏榮) 등 수십 명은 그들의 부인들이 부인회(婦人會)를 만드는 것을 들어주었다. 일본인 추원수일(萩原守一)의 처와 국분상태랑(國分象太郎)의 처도 참여하였다. 이지용의 처 홍씨(洪氏)와 민영철의 처 유씨(柳氏)는 총명하고 예쁘게 생겼는데, 그들은 일본군 사령관 장곡천과 함께 악수하고 입까지 맞추었으며, 아무 때나 마구 출입하여 추한 소리가 나라 안에 떠들썩했다.

**原文**

이지용 이재극 민영환 민영철 민상호 이하영등
李址鎔·李載克·閔泳煥·閔泳喆·閔商鎬·李夏榮等
수십인 청기처설부인회 왜부추원수일·국분상태랑지처
數十人 聽其妻設夫人會 倭婦萩原守一·國分象太郎之妻
역예언 지용처홍씨·영철처유씨 우혜이염 여장곡천 악
亦預焉 址鎔妻洪氏·泳喆妻柳氏 尤慧以艶 與長谷川 握
수접문 출입무시 추성훤국중
手接吻 出入無時 醜聲晅國中.

권중현(權重顯)을 농부 대신으로 삼고, 이근택(李根澤)을 군부 대신으로 삼았다.

**原文**

이권중현위농부대신 이근택위군부대신
以權重顯爲農部大臣 李根澤爲軍部大臣.

전 주사(主事) 이기(李沂)·오기호(吳基鎬)·나인영(羅寅永)이 일본에 들어가서 일본 천황에게 글을 올려 일본은 마땅히 구약(舊約)을 지켜서 한국의 독립을 보장할 것을 논하였다. 그 내용은 다음과 같다.

"이제 교전 국가의 강화조약도 이미 체결되었고, 개선군의 예식 또한 거행하여 멀리 다른 나라 국민들도 모두 찬송하고 있습니다. 하물며 우리 외신(外臣) 등이 우방에서 살고 있으면서 순치보거(脣齒輔車)[1]하며 서로 돕고 있는 입장에서 더 말할 필요조차 없습니다. 대저 한·일 두 나라는 모두 동양에 처하여 있고 더구나 서로 이웃에 살고 있으며 그 사람들은 형제와 같습니다. 근래 백인들이 동아시아에 들어와 그 세력이 밀어닥쳐도 가히 막을 수 없게 되었습니다. 비록 우리 한국이 약소하더라도 그 믿는 바가 있어 두려워하지 않는 것은 한갓 귀국이 있기 때문입니다. 그러므로 갑오년(1894)에 우리 대한의 독립을 먼저 말한 것도 귀국이었으며, 갑진(광무 7, 1904)년에도 한국 독립을 정약한 것 또한 귀국입니다. 그리고 만주에서 전쟁을 벌이던 날 세상 사람들은 의로운 싸움이라 칭하여, 첫 번째 여순에서 승리하였고, 두 번째는 봉천(奉天)에서 승리하였습니다. 기고(旗鼓)가 향하는 곳마다 용기백배하여 전승을 거두게 된 까닭이 되었습니다.

금년 8월 강화를 할 때에 외신들의 생각에는 전쟁에 이기면 태만하게 되기 쉽고, 공훈을 이루면 교만하기 쉽습니다. 그 우리 한국과 관계되는 것이 심히 크므로 도의상 감히 앉아서 볼 수만 없었습니다. 그러므로 바다를 건너 일본으로 건너온 것이며, 또한 서신 한 편을 정부 제인(諸人)에게 보내고 이곳에서 명을 기다린 지 이미 수개월이 되었습니다. 그러나 약서(約書)에 공포한 것을 보면 정치상·군사상·경제상의 이익을 끊는다는 구절이 있는데, 이것은 독립이라는 말뜻과 함께 많은 곳이 위배되는 것 같습니다. 그러나 이것은 혹 적(러시아)의 야욕을 끊으려는 계책에서 나왔다면 가히 스스로 이해할 것 같습니다.

그런데 근일 보호국(保護國)의 말 같은 것이 신문지상에 실리기에 이르러 드디어 우리 한국인들로 하여금 울분을 터트리게 하여, 도리어 덕이 원망이 되고 은혜가 번복되어 원수가 된다면, 외신 등이 홀로 생각할 때 이것은 폐하의 뜻이 아니라 생각되는데 어찌된 것입니까?

갑오 8월 1일 칙서에 있는 것을 살펴보면 다음과 같이 되어 있습니다.

"조선은 본래 우리가 계유(啓諭)한 바, 구아(歐亞) 열국의 하나로 자주국임이 분명하다. (그러나) 청국이 속방으로 여기고 음으로 권유하고 양으로 위협하여 내정을 간섭하고 있으므로 이에 짐은 명치 15년(1882) 조약에 의거하여 군대를 파견하여 만일의 사변에 대비하며, 다시 조선으로 하여금 영원히 화란을 면하게 하고, 장래의 치안을 보전시키며 동양 전체의 평화를 유지하려 한다." 운운 하였습니다.

갑진년 2월 10일 칙서에 있는 말은 다음과 같습니다.

"일본제국이 한국에 대하여 그 위치를 보전하는 것은 하루의 연고가 아니요, 한국의 존망은 실로 제국의 안위에 매어 있는 것이며, 러시아는 맹약을 저버리고 만주를 점거하였다. 만주가 만일 러시아로 귀속될 것 같으면 한국 보전도 지탱할 수 없으며, 극동의 평화 또한 가히 희망할 수 없다. 그러므로 짐은 이 기회를 헤아려 시국을 타개하려고 한다" 로 되어 있습니다.

대개 이 두 칙서는 모두 한 가지 뜻으로 귀일한다 함은 밝기가 일월(日月) 같고 믿음이 금석(金石) 같으며 이미 세상에 공포된 것입니다. 옛사람의 말에 '필부도 거짓말을 하지 않는데 하물며 일국의 황제이겠습니까?' 그러므로 외신 등은 근일의 일이 폐하의 뜻이 아니라고 생각하고 있습니다. 고금을 헤아려 보아도 덕과 힘은 서로 번갈아 소장(消長)하는데, 덕이 힘을 이기면 나라가 태평하고 힘이 덕을 이기면 나라가 어지러워지는 것이니, 이것은 천지의 정해진 이치인 것입니다. 제가 폐하의 성신문무(聖神文武)를 생각할 때, 등극하신 지 38년에 나라를 부강하게 하시어 울연히 동양의 패주(霸主)가 되셨습니다. 어찌 다른 술책이 있어 그러셨겠습니까? 바로 천하에 믿음을 잃지 아니하신 까닭입니다. 엎드려 폐하께 빌건대, 폐하께서는 싸움에 이기며 공을 성취하신 것을 계(戒)로 삼으시어 반드시 동아시아의 황인종을 생각하시고, 우리 한국을 독립시켜 함께 의지하고 살 수 있게 하신다면 한갓 우리 한국의 행복만이 아니요, 또한 귀국의 행복이며, 한갓 귀국만의 행복만이 아니요, 실로 천하의 행복이라 할 것입니다."

**註解**

1) **순치보거**(脣齒輔車) : 순망치한(脣亡齒寒)과 보거상의(輔車相依)를 합친 말로, 서로 없어서는 안 될 밀접한 관계를 일컬음.

**原文**

前主事李沂 · 吳基鎬 · 羅寅永入倭 上書于倭皇 論日本宜守舊約 保韓獨立者.

伏以交戰國之和約已成 凱旋軍之禮式又擧 疏人遠民 猶皆贊誦 而況外臣等 生在友邦 脣齒輔車 勢必相須者乎 夫

한 일양국 구처동양 기거즉유린이야 기인즉유형제야
韓·日兩國 俱處東洋 其居則猶隣里也 其人則猶兄弟也

근세백인지유연동아 기세지래 막가저알 수이아한지약소
近世白人之流涎東亞 其勢之來 莫可沮遏 雖以我韓之弱小

기소유시이무공자 도이귀국재언 고갑오 고종삼십일년
其所有恃而無恐者 徒以貴國在焉 故甲午(高宗三十一年)

지창아한독립자 귀국야 갑진 광무팔년 지정아한독립자
之倡我韓獨立者 貴國也 甲辰(光武八年)之訂我韓獨立者

역귀국야 만주개장지일 천하칭위의전 일극우여순 재첩
亦貴國也 滿州開仗之日 天下稱爲義戰 一克于旅順 再捷

우봉천 기고소향 용기백배 차소이획전승야 본년팔월 구
于奉天 旗鼓所向 勇氣百倍 此所以獲全勝也 本年八月 媾

화지시 외신등자이위 전승즉이태 공성즉이교 기위아한
和之始 外臣等自以爲 戰勝則易怠 功成則易驕 其爲我韓

관계자심대 의불감좌시 고가해동부 역상이일서비진어정
關係者甚大 義不敢坐視 故駕海東赴 亦嘗以一書備陳於政

부제인 이대명우자 이수월의 급견약서소공포자 즉기왈
府諸人 而待命于玆 已數月矣 及見約書所公布者 則其曰

정사상군사상경제상 탁절이익등구어 사여독립지의 다소
政事上軍事上經濟上 卓絶利益等句語 似與獨立之義 多所

위배 연차혹출어사적인단망지계 즉유유가이자해자 이지
違背 然此或出於使敵人斷望之計 則猶有可以自解者 而至

약근일보호지설 담전보지 수사아한인비울분만 반덕이위
若近日保護之說 謄傳報紙 遂使我韓人沸鬱憤懣 反德而爲

원 번은이작구 즉외신등독이위 차비폐하지의 하야 근안
怨 飜恩而作仇 則外臣等獨以爲 此非陛下之意 何也 謹按

갑오팔월일일 칙서유왈 조선본아소계유 이오구아열국
甲午八月一日 勅書有曰 朝鮮本我所啓諭 以伍歐亞列國

즉기위자주지국 명의 내청국속방시지 음유양혁 간섭내
則其爲自主之國 明矣 乃淸國屬邦視之 陰誘陽嚇 干涉內

정 자짐거명치십오년조약 출병비변 경욕사조선 면화난
政 玆朕據明治十五年條約 出兵備變 更欲使朝鮮 免禍亂

어영원 보치안어장래 유지동양전국지화평운운 갑진이월
於永遠 保治安於將來 維持東洋全局之和平云云 甲辰二月
십일칙서유왈 제국지어한국 보전기위치자 비일일지고
十日勅書有曰 帝國之於韓國 保全其位置者 非一日之故
한국존망 실계어제국안위 이아국불구맹약 점거만주 약
韓國存亡 實係於帝國安危 而俄國不拘盟約 占據滿州 若
만주귀아 한국보전 말유지지 극동평화 역불가희망 고짐
滿州歸俄 韓國保全 末由支持 極東平和 亦不可希望 故朕
규차기 타협시국운운 개차양칙 동귀일의 소여일성 신여
揆此機 妥協時局云云 蓋此兩勅 同歸一義 昭如日星 信如
금석 기이전포어천하자야 석인유왈 필부유불식언 황만
金石 旣已傳布於天下者也 昔人有曰 匹夫猶不食言 況萬
승호 고외신등 즉근일사 유비폐하지의자야 역관고금 덕
乘乎 故外臣等 則近日事 有非陛下之意者也 歷觀古今 德
여력질상소장 덕승력즉치 역승덕즉난 차천지지상리야
與力迭相消長 德勝力則治 力勝德則亂 此天地之常理也
제념폐하성신문무 임어삼십유팔년 치국어부강 울연위동
第念陛下聖神文武 臨御三十有八年 致國於富强 蔚然爲東
양지패주자 기유타술재 직이기미상실신의어천하고이 복
洋之覇主者 豈有他術哉 直以其未嘗失信義於天下故爾 伏
걸폐하 필이전승공성위계 필이동아황종위념 이사아한독
乞陛下 必以戰勝功成爲戒 必以東亞黃種爲念 而使我韓獨
립 여지정족이거 즉비도아한지행 역귀국지행 비도귀국
立 與之鼎足而居 則非徒我韓之幸 亦貴國之幸 非徒貴國
지행 실천하지행야
之幸 實天下之幸也.

처음에 이기(李沂) 등은 러시아와 일본이 강화한다는 말을 듣고 미국의 수도로 가서 맹약(盟約)을 방청하려 하였다. 그러나 일본에 이른즉 이미 때가 늦어 동경에 머무르며 일본 정부에 글을 보내 양국의 정형을 모두 알리고 또한 일본 천황에게 글을 올렸으나 모두들 살펴보지 아니했다. 이미 이등박문(伊藤博文)이 장차 우리나라에 대사로 온다 하니 시의(時議)가 흉흉하였는데, 이등박문은 큰 문제를 싸들고 건너온다 하였다. 이기(李沂) 등은 또 이등박문에게 글을 주어 몹시 책망하였으니, 그 내용은 다음과 같다.

"내 사사로이 듣건대 각하는 특파 대사로서 우리나라에 건너가라는 명을 받았다 하니 슬프다. 우리 한국은 망하는 것입니다. 대저 우리 한국은 불행하게도 귀국과 인접하여 불행하게도 각하를 맞이하게 되었습니다. 하늘이시여! 하늘이시여! 어찌 우리 한국을 돕지 아니하시어 정말 이 지경에까지 이르게 하시는 것입니까? 곰곰이 생각해보니 각하께서는 우리 한국에 대해 겉으로는 한국을 유지시키겠다는 허울을 쓰고 내심으로는 집어먹으려는 꾀를 품고 그 스스로 멸망시키려 하는 것이오. 서서히 일어나 거두려는 것이 참으로 평생의 장책이니 금일의 나옴은 또한 이것에 지나지 않는 것입니다. 그 말은 좋지만 음모를 꾸미고 있을 뿐이오. 우리 한국의 도적의 무리들이 궁중을 출입하며 임금님의 들으시는 것을 막고 가리는 것도 적잖이 합니다. 이제 또한 각하를 시켜 그들 사이에서 조정하고 꾀를 부리게 하니 그 직위는 우방의 후작(侯爵)이요, 그 명성은 근세의 정치가이며 그 소리도 웃는 모습으로 다른 사람을 흠복(欽服)시키는 데 족함이 있습니다. 내가 각하의 계책을 알고 있으니 그 반드시 시행토록 하시오. 그러나 공자께서 말씀하시기를, '처음에 허수아비를 만들려는 자는 그 후손이 없을 것이다.' 하셨으니, 그것은 사람의 형체를 만들어 죽은 사람과 함께 묻었기 때문입니다. 이제 우리 한국이 비록 작으나 인구 또한 2천만을 내려가지 않고 모두 혈육 성명(性命)[1]이 있어 결단코 짚으로 만든 허수아비에 가히 비할 것이 아닙니다. 거사하여 각하의 손에서 벗어나지 못한다면 그들 뿔뿔이 흩어져 추위에 떨며 배를 굶주릴 터이니 그 통곡하는 소리를 들을 때 과연 어떠하겠습니까? 보응(報應)의 빠름이 영향(影響)을 이기는 법이니 우리는 각하가 사람의 화에 있지 않고 반드시 천앙(天殃)이 있을 것을 두려워하고 있소이다. 한 번 무고한 사람을 죽이고 천하를 얻는다 함은 예전 사람도 오히려 하지 않았는데, 각하는 반드시 이러한 의(義)를 알지 못하고 우리 2천만 인을 죽여 하나의 탄환의 땅덩이를 얻는다면 그 이해는 심히 자명한 일로 어찌할 것입니까?

어떤 이는 말하기를, "사람마다 각기 주(主)가 되는 계책을 삼으면 좋다" 하였는데, 자네의 책(責)하는 것이 심함은 옳지 않네. 슬프다! 어찌 그렇게 어리석은가? 지금 한・일 양국은 순치보거(唇齒輔車)하여 형세 반드시 서로 의지해야 되는데 한국이 망하면 일본도 그 다음에 망한다는 것은 천하가 공지하는 바이니, 그 틈을 노리는 열강들이 6대주에 가득하오. 일본이 한국을 대함이 형제라 한다면 영국이나 미국에 대하는 것은 붕우입니다. 스스로 형제를 죽이고 붕우가 나를 좋게 보기를 바란다면 천하에 이런 이치는 없을 것이오. 영국과 미국이 동맹

한 것을 그 과연 믿을 수 있겠는가? 우리들의 말은 홀로 우리 한국을 위한 계책만을 말하려는 것이 아니며 또한 귀국의 계책도 되는 것이오. 그리고 귀국의 계책만을 삼으려는 것이 아니라 동양의 전국면을 위한 것이외다. 오직 각하는 추요(芻蕘)[2]의 말이라 버리지 말고 (뒤늦게나마) 상유(桑榆)[3]의 거둠〔收〕을 구한다면 참으로 다행으로 생각하겠소."

이에 대해 이등박문(伊藤博文)은 답하지 않았다. 얼마 지나지 않아서 이기(李沂)는 정우(丁憂)[4]로 귀국하였고 나인영(羅寅永) 등도 따라왔다. 이기가 이등박문에게 준 글은 말솜씨가 혹독하고 엄해서 사람들은 위험하게 생각했으나 이기는 탄연(坦然)[5]히 돌아보지도 않았다.

## 註解

1) **성명**(性命) : 인성(人性)과 천명(天命), 만물이 제각기 가지고 있는 천부의 성질.
2) **추요**(芻蕘) : 자기의 문장이나 시의 겸칭. 시골 농부의 말.
3) **상유**(桑榆) : 해질 무렵, 저녁 해의 그늘이 뽕나무나 느릅나무 가지에 걸려 있다는 뜻. 매우 시간이 늦은 모야.
4) **정우**(丁憂) : 부모의 상을 당함.
5) **탄연**(坦然) : 마음이 가라앉아 아무 걱정이 없는 모양.

## 原文

초기등 문아 왜강화 욕부미경 빙칭맹약 지일본 즉이
初沂等 聞俄·倭講和 欲赴美京 傍聽盟約 至日本 則已

무급의 수유동경 이서왜정부 비진양국정형 우상왜황서
無及矣 遂留東京 移書倭政府 備陳兩國情形 又上倭皇書

이개불성 기이이등박문 장사우아 시의흉흉 이박문대유
而皆不省 旣而伊藤博文 將使于我 時議洶洶 以博文大有
포장 기우이박문서 절책지
包藏 沂又貽博文書 切責之.

절문 각하이특파대사 함명서도 오호 아한기망의 부아
竊聞 閣下以特派大使 啣命西渡 嗚呼 我韓其亡矣 夫我
한불행 이접근귀국 우불행조각하 천호천호 부조아한 과
韓不幸 而接近貴國 又不幸遭閣下 天乎天乎 不祚我韓 果
지시야 복념각하지어아한 외탁유지지명 내회흡취지계
至是耶 伏念閣下之於我韓 外託維持之名 內懷吸取之計
사기자멸 욕서기이수지자 고기평생장책 이금일지출 역
使其自滅 欲徐起而收之者 固其平生長策 而今日之出 亦
불과시 호기언사 행기음모이이 아한소소지배 출입궁금
不過是 好其言辭 行其陰謀而已 我韓宵小之輩 出入宮禁
옹폐신청자 역자불소 이금우사각하조술어기간 기위즉우
壅蔽宸聽者 亦自不少 而今又使閣下操術於其間 其位則友
방지후작야 기명즉근세지정치가야 이기성음소모 유족이
邦之侯爵也 其名則近世之政治家也 而其聲音笑貌 有足以
경인야 오지각하지계 기필획시의 연공자왈 시작용자기
傾人也 吾知閣下之計 其必獲施矣 然孔子曰 始作俑者其
무후호 개오기상인종사이 금아한수소 기인구 역불하이
無後乎 蓋惡其象人從死耳 今我韓雖小 其人口 亦不下二
천만 이개유혈육성명 결비추우지가비야 이거불면어각하
千萬 而皆有血肉性命 決非芻偶之可比也 而擧不免於閣下
지수 즉기유이동뇌 질통호호지성 과하여재 보응지속 첩
之手 則其流離凍餒 疾痛呼號之聲 果何如哉 報應之速 捷
어영향 오공각하기불유인화 필유천앙야 살일불고 이득
於影響 吾恐閣下其不有人禍 必有天殃也 殺一不辜 而得
천하 고인유유불위자 각하미필지차의 연살이천만인 이
天下 古人猶有不爲者 閣下未必知此義 然殺二千萬人 而
득일탄환지 기이해심현연의 내하내하 혹자위 인각위기
得一彈丸地 其利害甚顯然矣 奈何奈何 或者謂 人各爲其

主計則善矣 子不可責之甚也 噫 何其愚也 目今韓·日兩國 脣齒輔車 勢必相須 韓亡則日居其次 天下所共知 而列強之窺其隙者 彌滿六洲矣 日之於韓 猶兄弟也 於英·美猶朋友也 自戕其兄弟 而猶望乎朋友之善我 則天下無是理也 英美同盟 其果足恃乎 僕等之言 非獨爲我韓計 而亦爲貴國計 非獨爲貴國 而亦爲東洋全局也 惟閣下毋棄芻蕘之說 以求桑楡之收 則幸甚.

博文不答 未幾沂丁憂歸 寅永等隨還 沂貽博文書 詞旨峻厲 人危之 而沂坦然不顧.

서울에서는 8월 2일에 큰 바람이 불고 비가 내렸는데, 전국 13도가 다 그러했다. 혹 3, 4일 동안 계속되기도 하여 나무들이 뽑히고 집이 무너지기도 했으며, 강둑이 무너지고 바닷물이 넘쳤다. 외신 보도에 의하면, 청나라와 일본, 동남아 지방도 또한 그러하였다고 한다.

**原文**

京師 以初二日大風雨 十三道同然 或延至三四日 拔木折屋 江海潰溢 及據外報 淸倭東南境 亦然.

9월, 일진회(一進會)에서 회민(會民) 이광수(李光洙)를 파견하여 서간도(西間島)를 순시하도록 했다. 서간도는 압록강 서쪽, 영고탑(寧古塔, 길림성 영안현) 동쪽의 비워둔 구역인데, 우리나라 백성들의 유입된 수가 수만 호(戸)나 되었다. 이에 청나라 사람들이 이들을 강제로 관할하여 그 침학(侵虐)을 이겨내기 어려웠다. 본국의 관리를 보내줄 것을 요청한 지가 이미 여러 해가 되었다. 그러나 조정에서는 그럴 경황이 없었다.

**原文**

구월 일진회 견회민이광수 순시서간도 서간도자압록이
九月 一進會 遣會民李光洙 巡視西間島 西間島者鴨綠以
서영고탑이동 공광지구야 아민유입자수만호 청인강할지
西寧古塔以東 空曠之區也 我民流入者數萬戸 清人强轄之
불승기학 원득본국관리자 이유년 이조정미황야
不勝其虐 願得本國官吏者 已有年 而朝廷未遑也.

심상훈(沈相薰)이 제천에 있는 농장에 갔다가 의병들의 협박을 받고 충주 목계(木溪, 남한강 상류)까지 끌려갔다. 심상훈은 거기서 도망하여 서울로 돌아왔다.

**原文**

심상훈 재제천향장 위의병소겁 옹지충주목계 상훈도환
沈相薰 在堤川鄕庄 爲義兵所劫 擁至忠州木溪 相薰逃還
경사
京師.

한규설(韓圭卨)을 기복(起復)시켜 참정으로 삼았다. 한규설은 복색(服色)의 개정을 아뢰었는데, 관민 공사복(公私服)의 위아래 옷은 청색, 흑색, 감색, 자색을 쓰도록 하였다. 광무 10년(1906) 1월 1일부터 시행하도록 청하고 담색(淡色)과 백색(白色)은 일체 금하였으나 끝내 금할 수가 없었다. 근년에 들어와서 서울의 경박한 잡배들이 머리를 깎고 양복을 입기 위하여 미친 듯이 날뛰었는데, 이 영(令)이 내렸을 때는 마침 순명비(純明妃)의 상복을 벗을 즈음이었다. 이에 사람들은 다투어 청색, 황색, 자색, 흑색으로 새로 염색하여 입으니, 현란한 빛이 눈을 어지럽게 하여 염색하는 곳에 들어간 것 같았다.

原文

기복한규설위참정 규설주개복색 관민공사복상하의고
起復韓圭卨爲參政 圭卨奏改服色 官民公私服上下衣袴
용청흑감자 청자광무십년일월일일위시 금일절담색백색
用青黑紺紫 請自光武十年一月一日爲始 禁一切淡色白色
연흘불능금야 근년이래 경중조잡지도 욕치발양복 조무
然訖不能禁也 近年以來 京中刁雜之徒 欲薙髮洋服 躁騖
약광 급시령 적재순명비복결지제 어시 쟁천신염청황자
若狂 及是令 適在純明妃服闋之際 於是 爭穿新染青黃紫
흑 현황탈목 여입완염국
黑 眩晃奪目 如入浣染局.

전 참서관(參書官) 김택영(金澤榮)이 바다를 건너 청국에 들어갔다. 김택영은 자가 우림(于霖), 호가 창강(滄江)으로 진양(晉陽, 진주) 사람이다. 전래의 왕조(고려)부터 대대로 중경〔中

京, 개경(開京)]에 살았는데, 일찍이 문사(文詞)로서 이름을 떨쳤다. 신묘년(고종 28, 1891)에 진사가 되고, 갑오년(고종 31, 1894)에 정부에서 주사(主事)로 불러 마지못해 벼슬살이에 종사했으나, 그가 좋아하는 바가 아니었다. 당시의 의론이 또한 세정에 어두운 그를 극직(劇職, 매우 바쁜 자리)에 앉힌다는 것은 옳지 않다 하여 곧 학부에 특별히 보좌원(輔佐員) 자리를 두어 편찬의 일을 맡도록 하였다. 그런데 그는 박봉에 의지해서 구차하게 조석으로 끼니를 이어가며, 나이도 늙은 데다 자식도 없이 서울에서 셋방살이를 하노라니 마음이 홀홀(忽忽)히 즐겁지 않았다.

이해 봄에 그의 친구 황현(黃玹)에게 보낸 편지에 쓰기를, "세상일을 가히 알 만하군요. 늙은 몸으로 섬놈(일본인)들의 종노릇하기 보다는 차라리 강소(江蘇), 절강(浙江) 지역의 우민(寓民)으로 살다가 여생을 마치고자 합니다. 그대는 나를 좇아 떠날 수 있겠습니까?" 하였다. 이에 이르러 그는 자신의 말대로 한 것이다. 얼마 안 있어 나라를 잃는 변고가 있게 되어 온 세상이 그를 높게 받들어 하늘에 높이 솟은 소나무로 여겼다.

이보다 먼저 상해(上海) 사람 장건(張謇)이 오장경(吳長慶)을 따라 우리나라에 왔을 때 김택영이 장건과 잘 알게 되었는데, 그 후에도 자주 소식이 오고 갔다. 그런데 장건이 이미 과거에 올라 주현(州縣)에서 벼슬을 하였기 때문에, 김택영은 장건을 기대하고 떠났던 것이다. 장건은 마침 남통주(南通州)의 각관(榷關)[1)]에서 벼슬하고 있었는데, 김택영을 데리고 관서에 이르러 한림묵관(翰林墨館)[2]에 근무하도록 하였다. 김택영이 떠날 때에 아내와 딸 단지 두 식구를 데리고 갔는데, 남통주에 이르러 아들 하나를 얻어 광호(光虎)라고 이름 지었으며, 어릴 때 이름은 희랑(喜郎)이다. 정미년(1907) 여름 황현에게 보낸 편지에서 이러한 사실을 말하였다.

## 註解

1) **각관(榷關)** : 소금 등 전매에 관련된 업무를 담당한 기관.
2) **한림묵관(翰林墨館)** : 강소성의 남통주에 있던 출판사. 한림묵인서관. 김택영이 이곳에서 근무한 관례로 그의 문집 저술을 포함해서 『연암집(燕巖集)』·『자하시집(紫霞詩集)』·『명미당집(明美堂集)』·『매천집(梅泉集)』 등 우리나라의 문헌들도 많이 간행하였다. 특히 국내에서는 일제의 검열로 출판할 수 없는 책을 여기서 간행하기도 하였다.

## 原文

전참서김택영 부해입청국 택영 자우림 호창강 진양인
前參書金澤榮 浮海入淸國 澤榮 字于霖 號滄江 晉陽人

자승국 세거중경 조이문사명 신묘 고종이십팔년 진사
自勝國 世居中京 早以文詞名 辛卯(高宗二十八年)進士

갑오 고종삼십일년 정부피주사 민면종사 비기호야 시의
甲午(高宗三十一年)政府辟主事 黽勉從仕 非其好也 時議

역이기소우 불처이극직 취학부 특치보좌원 사관편찬지
亦以其疏迂 不處以劇職 就學部 特置輔佐員 使管編纂之

역 이자박봉 구활조석 연로무자 추거경사 의홀홀불낙 시
役 而藉薄俸 苟活朝夕 年老無子 僦居京師 意忽忽不樂 是

춘 이기우황현서왈 시사가지 여기노작도아지노 무녕작
春 貽其友黃玹書曰 時事可知 與其老作島兒之奴 毋寧作

소 절 우 민 이 종 노 자 능 종 아 유 호 지 시 과 여 기 언 미 기 국 변
蘇浙寓民 以終老 子能從我遊乎 至是果如其言 未幾 國變
작 거 세 고 지 여 소 한 지 교 송 운 선 시 상 해 인 장 건 수 오 장 경
作 擧世高之 如霄漢之喬松云 先是 上海人張謇 隨吳長慶
동 래 택 영 여 지 상 식 기 후 수 상 문 이 건 이 등 제 관 주 현 고 택
東來 澤榮與之相識 其後數相聞 而謇已登第 官州縣 故澤
영 향 건 이 왕 건 적 관 남 통 주 각 관 휴 지 지 서 처 우 한 림 묵 관
榮向謇而往 謇適官南通州榷關 携之至署 處于翰林墨館
택 영 거 시 대 처 여 지 이 구 급 지 통 주 득 일 남 명 광 호 소 명 희
澤榮去時 帶妻女只二口 及至通州 得一男 名光虎 小名喜
랑 이 정 미 광 무 십 이 년 하 부 기 현 서 도 지
郎 以丁未(光武十二年)夏 復寄玹書道之.

일본군이 평양에 사령부를 설치하였는데, 군사 1만 명에, 말 1,500필이었다. 또 인천에서 서울로 군대가 들어왔다.

**原文**

왜 치 사 령 부 우 평 양 병 만 인 마 천 오 백 필 우 자 인 천 입 경
倭置司令部于平壤 兵萬人 · 馬千五百匹 又自仁川入京.

관서 지방에 이리의 폐해가 크게 성했다.

**原文**

관 서 낭 환 대 치
關西狼患大熾.

10월 6일, 칙임관 · 주임관 · 판임관들은 모두 머리를 깎도록

명했다.

**原文**

동 시 월 초 육 일 명 칙 주 판 임 관 병 단 발
冬十月初六日 命勅 · 奏 · 判任官 幷斷髮.

(10월) 13일 일본 대사 이등박문(伊藤博文)이 내한했다. 러시아와 일본이 강화를 맺을 때 러시아는 동삼성(東三省) 철도를 일본에게 돌려주고 그 관할을 허락하였는데, 원세개(袁世凱)는 주장하기를, "마관조약에서 일본은 먼저 조선 독립을 보증하였는데 이제 보호조약을 맺으려고 하니 이것은 맹약을 무시하는 처사이다. 조선은 우리의 속번(屬藩)으로 3백 년이나 내려왔는데 하루아침에 일본에게 복속됨은 마땅히 대청제국의 구속(舊屬)에 의거해야 될 것이다. 또한 동삼성은 우리가 발원한 중요한 땅인데, 어찌 러시아가 제멋대로 허락하는 것을 용납할 수 있겠는가?"라고 하였다. 이에 일본은 이등박문을 우리나라에 보내서 정권을 박탈하려는 수작을 하여 영구히 청국인의 희망을 끊으려 하는 한편, 소촌수태랑(小村壽太郎)을 청국에 보내서 원세개와 담판을 짓게 하여 이 둘이 동시에 함께 발표된 것이다.

**原文**

십 삼 일 왜 대 사 이 등 박 문 래 자 아 왜 구 맹 아 귀 동 삼 성 철 도
十三日 倭大使伊藤博文來 自俄倭媾盟 俄歸東三省鐵道

우왜 허기관할 원세개양언 마관조약 일본수증조선독립
于倭 許其管轄 袁世凱揚言 馬關條約 日本首證朝鮮獨立
금욕인작보호 시불유맹약야 조선위오속번 수삼백년 여
今欲認作保護 是不有盟約也 朝鮮爲吾屬藩 垂三百年 與
기일조속왜 당의구속지대청 차동삼성 시아발상중지 기
其一朝屬倭 當依舊屬之大淸 且東三省 是我發祥重地 豈
용아소천허 어시 왜송박문우아 위박탈정권계 영단청인
用俄所擅許 於是 倭送博文于我 爲迫奪政權計 永斷淸人
지망 일변송소촌수태랑우청 여세개담판 동시구발
之望 一邊送小村壽太郎于淸 與世凱談判 同時俱發.

미국 영토인 포와(布哇, 하와이)에 사는 우리나라 사람들이 돈을 갹출하여 신문사를 설립하고 우리 국문으로 신문을 간행했는데, 이름을 '신조신문(新朝新聞)'이라 하였다.

**原文**

아민지재미영포와자 갹금설신문사 이아국문간행 명왈
我民之在美領布哇者 醵金設新聞社 以我國文刊行 名曰
신조신문
新朝新聞.

봉산군(鳳山郡)에서 탄광이 발굴되었다

**原文**

봉산군출탄광
鳳山郡出炭礦.

21일 경신(庚申), 밤에 일본인들이 대궐을 침입하여 강제로 새 조약을 성립시키고, 참정 대신 한규설(韓圭卨)을 면직시켜 유배를 보냈다. 이등박문(伊藤博文)이 도착하자 서울 장안이 흉흉하여 변고가 있을 것을 우려하였다. 내부 대신 이지용(李址鎔), 외부 대신 박제순(朴齊純), 군부 대신 이근택(李根澤), 학부 대신 이완용(李完用), 농부 대신 권중현(權重顯) 등은 두려워 입을 다물고 암암리에 관망하며 막으려 하였고 혹은 몰래 서로 주무(綢繆)하였다. 장안 사람들이 목도하니 이날 밤에 구완희(具完喜)·박용화(朴鏞和) 등이 일본군을 이끌고 궁궐 담장을 포위하고 대포를 매설했다. 이등박문은 임권조(林權助)와 장곡천호도(長谷川好道) 등과 함께 곧바로 어전에 들어가 5개 조의 새로운 조약을 내놓고 임금께 서명, 날인을 청했으나 임금은 듣지 않았다. 구완희가 꾀어 말하기를, "이렇게 벽력같이 날인하라 하니 주상께서 떨면서 능히 결정하지 못하시지 않는가?" 하였다. 그때 이지용 등이 입시하였는데 한규설은 분개하여 말하기를, "나라가 가히 망할지언정 이 조약은 가히 허락할 수 없다."고 하였다. 이등박문은 여러 수단을 부려 위협하고 권유했다. 마지못해 임금이 말하기를, "이것은 외부의 소관이니 가히 대신에게 물으라." 하니, 박제순은 주사(主事)를 불러서 외부의 인장을 가져오게 하고 도장이 도착하자 날인하였다. 임금은 끝내 날인하지 않았으며 한규설 또한 날인하지 않았다. 날인한 자는 오직 외부 대신 이하 각부 대신들뿐이었으며, 한규설은 이 신조약이 끝난 것을 보고 바로 분규하니 이등박문은 교제(矯制)[1]하여 3년의 유형(流刑)[2]을 내렸다. 이로부터 서울 장안은 초상난 기분이었고, 방방곡곡에서 백 명 혹은 천 명씩 집단을 이루어 '나라가 이미 망했으니 우리들은 어떻게 살아갈 것이냐'고 부르짖었다. 혹자는 몹시 술을 마시고 취하여 비통하게 울부짖었으며 몸 둘 곳이 없는 듯 움츠러들었다. 대개는 밥 짓는 연기를 내지 않았으며 정경이 참담하여 난리를 맞이했던 것 같았다. 일본인들이 군대를 파견하여 순찰하며 비상경계를 갖추었다. 그런데 마주앉아 저주해도 마침내 능히 금하지 못했으며 이러한 상황이 한 달이나 계속되었다.

**註解**

1) **교제**(矯制) : 임금의 명이라고 거짓 꾸며댐.
2) **유형**(流刑) : 중죄에 대한 형벌로 죄인을 먼 곳이나 섬 등으로 귀양 보냄.

**原文**

이십일일경신야 왜인범궐 늑성신조약 면참정한규설유
二十一日庚申夜 倭人犯闕 勒成新條約 免參政韓圭卨流
지 박문기지 도하흉흉 의유변 내부이지용 외부박제순
之 博文旣至 都下洶洶 疑有變 內部李址鎔 · 外部朴齊純 ·
군부이근택 학부이완용 농부권중현등 혹저음관망 혹
軍部李根澤 · 學部李完用 · 農部權重顯等 或沮喑觀望 或
잠상주무 도인이목 지시야 구완희 박용화등 도왜환궁
潛相綢繆 都人以目 至是夜 具完喜 · 朴鏞和等 導倭環宮
원 매대포 박문여임권조 장곡천 직입상전 출오조신약
垣 埋大砲 博文與林權助 · 長谷川 直入上前 出五條新約
청상서압 상불윤 완희출지왈 여차벽력강의 상전률 불능
請上署押 上不允 完喜怵之曰 如此霹靂降矣 上戰栗 不能

決 時址鎔等 俱入侍 參政韓圭卨奮曰 國可亡 此約不可許 博文嚇誘萬端 上曰 此外部事 可問大臣 齊純呼主事 持外部印來 印至捺之 蓋上終不署押 圭卨亦不捺印 捺印者 惟外部以下 各部大臣已 圭卨見勒案已勘 一直奮叫 博文矯制 流三年 自是都下喪氣 坊曲千百成群 大呼國已亡矣 我曹何以生爲 狂醉悲叱 跼蹐如靡容 烟火不擧 景色慘沮 如經兵燹 倭人派兵巡綽 以備非常 而偶語詆詛 終不能禁 如是者旬月.

이지용(李址鎔)은 나오면서 다른 사람에게 말하기를, "내가 오늘 지천(遲川) 최명길(崔鳴吉)[1]이 될 것이다. 국가 일을 우리가 아니하면 누가 하겠느냐?"고 하였다.

**註解**

1) **최명길**(崔鳴吉) : 1627년 정묘호란과 1636년 병자호란 때 청과의 강화를 주장한 인물. 지천은 그의 호이다.

**原文**

址鎔出語人曰 吾今日 庶幾爲崔遲川(鳴吉) 國家事我輩不爲 爲者誰也.

이등박문(伊藤博文)이 군대를 파견하여 오적(五賊)의 집을 순시하며 보호하도록 하였다. 그때 사람들이 이지용(李址鎔) 등을 지목하여 오적이라 하였다.

原文

박문파병순호오적등가 시인지지용등 위오적
博文派兵巡護五賊等家 時人指址鎔等 爲五賊.

이근택(李根澤)의 아들은 한규설(韓圭卨)의 사위가 되는데, 한규설의 딸이 시집갈 때 비녀(婢女) 하나를 데리고 갔으니 속칭 교전비(轎前婢)라 한다. 이에 이르러 이근택이 대궐에서 돌아오며 숨이 차서 땀을 흘리며 집안 식구들에게 강제로 늑약(勒約)을 맺은 일을 말하며, "내 다행히 죽음을 면했다." 하니 비녀가 부엌에 있다가 그 소리를 듣고 부엌칼을 집어 들고 뛰어오면서 소리쳐 말하기를, "이근택아! 네놈이 대신이 되어 국은(國恩)이란 것이 어떠한 것인데, 나라가 위태함에 능히 죽지 아니하고 다행히 목숨을 건졌다 하느냐. 너는 참으로 개와 돼지만도 못하구나. 내 비록 천인이기로서니 어찌 개·돼지의 종이 되고 싶겠는가? 내 힘이 약해서 능히 너를 만 토막으로 참하지 못하는 것이 한스럽다. 차라리 옛 주인에게 돌아가겠다." 하였다. 그리고는 한규설 집으로 뺑소니쳐 돌아왔다. 그 비녀의 이름은 잊었다.

原文

이근택지자 위한규설여서 한녀지가야 휴일비래 속소위
李根澤之子 爲韓圭卨女壻 韓女之嫁也 携一婢來 俗所謂

교전비야 지시 근택자궐귀 한천대가인 화늑약사왈 오행
轎前婢也 至是 根澤自闕歸 汗喘對家人 話勒約事曰 吾幸

이면사 비재주하문지 제난도출규왈 이근택 여신위대신
而免死 婢在廚下聞之 提鸞刀出叫曰 李根澤 汝身爲大臣

국은운하 이국위불능사 내왈오행이면 여진구체불약 오
國恩云何 而國危不能死 乃曰吾幸而免 汝眞狗彘不若 吾

수천인 기감작구체지노호 한오력불능참여만단 녕환구주
雖賤人 豈甘作狗彘之奴乎 恨吾力不能斬汝萬段 寧還舊主

야 수주귀한가 비실기명
也 遂走歸韓家 婢失其名.

(을사) 5조약의 내용은 다음과 같다.

제1조, 지금 이후로 한국의 외교 사무는 일본 동경의 외무성으로부터 감리 지휘를 받으며, 또한 한국 신민으로 외국에 거주하는 자의 이익은 가히 일본의 외교 대표자 및 영사로 하여금 일체 보호받도록 한다.

제2조, 한국과 타국 간에 현존하는 조약의 완전한 임무는 모두 일본에서 담당토록 한다. 또한 한국 정부는 이제부터 일본 정부의 중계를 경유하지 아니하면 국제적 성격을 지니는 하등의 조약도 체결하지 못한다.

제3조, 일본 정부는 그 대표자로서 한국 황제 밑에 통감(統監) 1명을 두어 오로지 외교사항을 관리하게 하며 경성에 주재한다. 아울러 친히 스스로 한국 황제를 내알(內謁)하는 권리가 있다. 또한 한국 개항장 및 일본 정부가 인정하는 필요한 땅에 대하여 일본 정부는 이사관(理事官)을 두어 그 권리가 있는 곳을 소유하되 통감 지휘 아래 전일 영사의 직임을 장악하고 일

체의 직권을 집행한다. 아울러 본 협약 조문을 실행하기 위하여 일체의 필요한 사무를 관장하여 처리한다.

제4조, 한·일 양국간에 현존하는 조약은 본 협약 조약에 저촉되는 것을 제외한 그 밖의 것은 모두 그 효력을 계속한다.

제5조, 일본 정부는 한국 황실의 유지 및 안녕과 존엄을 보증한다.

**原文**

오조약 기제일왈 금후한국외교사무 가유일본동경외무
五條約 其第一曰 今後韓國外交事務 可由日本東京外務

성 수기감리지휘 우한국신민 재외국자지이익 가사일본
省 受其監理指揮 又韓國臣民 在外國者之利益 可使日本

지외교대표자급영사 일절보호사 제이왈 한국급타국간
之外交代表者及領事 一切保護事 第二曰 韓國及他國間

현존조약실행완전지임 개자일본담당 우한국정부자금위
現存條約實行完全之任 皆自日本擔當 又韓國政府自今爲

시 약불유일본정부중개 즉국제적성질상소유하등조약 병
始 若不由日本政府仲价 則國際的性質上所有何等條約 幷

불허약속사 제삼왈 일본정부 사기대표자 치통감일명어
不許約束事 第三曰 日本政府 使其代表者 置統監一名於

한국황제궐하 전위관리외교사항 주재경성 병유친자내알
韓國皇帝闕下 專爲管理外交事項 駐在京城 竝有親自內謁

한국황제지권리 우일본정부어한국개항장 급기타일본정
韓國皇帝之權利 又日本政府於韓國開港場 及其他日本政

부소인필요지지 치리사관 유기권리처 통감지휘지하 장
府所認必要之地 置理事官 有其權利處 統監指揮之下 掌

전일영사지임 집행일절직권 병위실행본협약조관 장리일
前日領事之任 執行一切職權 幷爲實行本協約條款 掌理一

절필요사무 제사왈 일한양국간 현존조약 제저촉본협약
切必要事務 第四曰 日韓兩國間 現存條約 除抵觸本協約

조관이외 총가계속기효역사 제오왈 일본정부보증한국황
條款以外 總可繼續其效力事 第五曰 日本政府保證韓國皇
실유지 안녕 존엄지방
室維持·安寧·尊嚴之方.

황성신문(皇城新聞)사가 폐간되었다. 일본은 러시아와 전쟁을 벌인 이래 패전할 경우 신문에 바로 실려 민중을 선동할까 봐 우려해서 사장 장지연(張志淵)을 얽어 매번 신문을 간행할 때마다 반드시 먼저 자기들 공관을 거치게 하여 그 허가를 받은 후에 발행하도록 하였다. 이에 이르러 장지연은 분통하여 바로 을사 5조약의 시말을 검열을 받지 않고 바로 실어 그대로 발행하니 이등박문(伊藤博文)은 크게 노하여 장지연을 구속하고 그 신문사를 폐쇄한 것이다. 이제 그 신문의 기고한 내용을 수록하겠다.

**原文**

폐황성신문사 왜자전아이래 시유패뉵 이환신문직재동
廢皇城新聞社 倭自戰俄以來 時有敗衄 而患新聞直裁動
중 늑사장장지연 매당간행 필선경기공관 빙기허가 시반
衆 勒社長張志淵 每當刊行 必先經其公館 憑其許可 始頒
행지 지시지연분분 직재겁약시말 경자등전 박문대노 구
行之 至是志淵奮憤 直載劫約始末 經自謄傳 博文大怒 拘
지연수지 훼기사 금록기고우좌
志淵囚之 毁其社 今錄其稿于左.

10월 14일 7시, 이등박문(伊藤博文)이 서울로 들어와 손택랑저(孫澤娘邸)[1]에 여장을 풀고, 15일에 임금을 알현하였으며 일본 황제의 친서를 올렸다. 요약하여 말하면, "짐은 동양의 평화를 유지하기 위하여 대사를 특파하였으니 대사의 지휘를 좇는 것이 옳습니다." 하였다. 또한, "국제간의 방어는 곧 짐이 공고히 할 것이며 황실의 안녕은 짐이 꼭 보증하겠습니다." 라고 운운하였다. 18일 이등박문이 인천항에 도착해서 19일에 서울에 들어와, 하오 3시에 서기관 국분상태랑(國分象太郎)과 제실심사국장 박용화(朴鏞和)와 함께 임금을 알현하였다. 이등박문은 5개 조로 된 문안을 상주하였다. 요약해서 말하면 다음과 같다.

1. 외부를 폐지하고 일본 동경에 외교국을 설치하여 내외교권(內外交權)을 아울러 일본에 위탁한다.
2. 경성에 주재한 일본 공사는 통감부로 개칭한다.
3. 한성 및 각 개항장의 영사관은 이사관(理事官)으로 개칭한다.

이상의 세 조문에 대한 인가를 요청한다는 것이었다.

**註解**

1) **손택랑저**(孫澤娘邸) : 손택 호텔. 손택(sontag)은 독일 여자로서 1895년 고종으로부터 덕수궁 근처, 현 이화여고 교정의 땅과 집을 하사받아 호텔을 지었다.

**原文**

십월십사일칠시 이등박문입성 관우손택랑저 십오일폐
十月十四日七時 伊藤博文入城 館于孫澤娘邸 十五日陛

현 정일황제친서 약왈 짐위유지동양지평화 특파대사 일
見 呈日皇帝親書 略曰 朕爲維持東洋之平和 特派大使 一
종대사지휘가야 우왈 국제방어 즉짐필공고 황실안녕 즉
從大使指揮可也 又曰 國際防禦 則朕必鞏固 皇室安寧 則
짐필보증운운 십팔일 박문왕인항 십구일환경 하오삼시
朕必保證云云 十八日 博文往仁港 十九日還京 下午三時
여서기관국분상태랑 제실심사국장박용화폐현 박문제오
與書記官國分象太郎 帝室審査局長朴鏞和陛見 博文提五
대조상주 약왈 일 폐외부 설외교국우일본동경 내외교권
大條上奏 略曰 一, 廢外部 設外交局于日本東京 內外交權
병위탁일본 이 경성소주일공사 이통감개칭 삼 한성급
幷委托日本 二, 京城所駐日公使 以統監改稱 三, 漢城及
각항장영사관 이이사개칭 우삼건고청인허
各港場領事官 以理事改稱 右三件固請認許.

임금이 이렇게 말하였다.

"짐이 들으니 근일에 보호조약이라는 내용이 각 신문에서 떠들어대고 있는데, 짐은 작년 귀국 황제의 전쟁 선포 조칙에 '한국 독립을 도와 유지하도록 한다' 등의 구절이 있고, 또한 '한·일 의정서에 독립을 보증한다'는 내용이 있어, 적확(的確)할 뿐만이 아니었으므로 이 같은 부언(浮言)은 믿지 않았다. 또한 이번에 후작(侯爵, 이등박문)이 친히 사명을 받고 왔으므로 크게 환영하고 다행하다고 생각했다. 이제 이러한 요구는 실로 생각 밖의 일로 어찌 평소에 의도하였던 바이겠느냐?" 하였다.

이등박문(伊藤博文)은 계속 확고히 청하기를 그치지 아니하며 말하기를, "이것은 외신(外臣)의 스스로의 뜻이 아니라 실로 본국 정부의 명령을 받들고 온 것입니다. 이 일이 인준을 얻을 것 같으면 비단 두 나라가 행복할 뿐만 아니라 동양 평화도 가히 영구히 유지될 수 있으니, 청컨대 속히 인허(認許)해 주십시오." 하였다.

임금이 말하기를, "조종(祖宗) 이래로 입국규모(立國規模)는 무릇 큰 일이 있으면 정부의 대소 관리 및 시·원임 대신과 그리고 재야에 있는 유현(儒賢)과 대저 양반·인민과 함께 필수적으로 널리 알려서 의논하여 결정하는 것이지, 짐 한 사람이 가히 마음대로 결정하는 것이 아니다." 하였다. 이등박문이 또한 아뢰어 말하기를, "인민들이 제멋대로 논의하면 마땅히 병력으로 진정하겠으며, 폐하는 특별히 양국의 교의를 각별히 생각하시어 즉시 처분을 내리십시오." 하였다.

임금이 말하기를, "이 조약을 허락할 것 같으면 문득 나라가 망하니 짐은 차라리 사직을 위해 죽으면 죽었지 결단코 허락하는 것은 옳지 못하다." 하였다. 드디어 상호 버티다가 4, 5시간이 지나서 파해 물러났다.

20일 하오 3시에 이등박문은 참정 대신 이하 각 대신 및 경리원경 심상훈(沈相薰)을 대사관에 불러들이고, 또한 5개 조를 제시하며 사람마다 간청하였으나 각 대신은 힘써 옳지 않다고 반대하였다. 잠시간에 힐변하다가 밤이 깊어서 파해 돌아왔고 곧장 대궐에 들어가 상주하였다. 이등박문은 또한 공관으로 박제순(朴齊純)을 불러들여 위의 조약에 대해 의논하였다.

21일 하오 2시에 공사 임권조(林權助)를 시켜 각 대신들을 공관으로 불러들이고 요구를 간절히 간청하였으나 각 대신들 또한 반대하였다. 임권조는 어전회의를 열 것을 청하여 각 대신들은 사양하고 돌아서서 대궐로 들어가니 임권조는 뒤를 따라 이르렀다. 모든 대신들은 드디어 어전회의를 열고 모두 '부(否)' 자(字)를 쓰니, 임권조는 옆에서 열심히 쳐다보았다. 조금 지나서 일본 군대가 입궐하여 철통같이 수옥헌(漱玉軒)을 포위하고 총칼이 삼엄하게 벌여 있더니, 장곡천(長谷川)과 이등박문이 일시에 따라 들어와 다시 회의를 열 것을 청하자, 참정 대신 한규설(韓圭卨)은 안 된다고 고집했다. 이등박문은 한규설의 손을 잡고 백방으로 간청했으며, 또한 이 궁내부 대신으로 하여금 임금을 알현할 것을 청하니, 마침 임금은 목이 아파서 사양을 했다. 이등박문은 힘써 청했으나 임금은 "짐을 반드시 볼 필요가 없으니 가히 정부로 돌아가서 대신들과 협의하라."고 말했다. 이등박문은 물러나오며 말하기를, "폐하께서 협약을 허락하셨으니 곧 다시 회의를 열자." 하고, 드디어 스스로 정부 주사를 초청하여 해당 안건을 기초하라고 명했다. 한규설은 한 번에 바로 반대하고 법부 대신 이하영(李夏榮) · 탁지부 대신 민영기(閔泳綺)는 '부(否)' 자(字)를 썼다. 외부 대신 박제순(朴齊純) 또한 '부(否)' 자(字)를 썼는데, '부(否)'자 밑에 주(註)를 달아 쓰기를, "위 조약의 자구(字句)를 조금 변경하여 고친다면 마땅히 인준하겠다." 고 운운하였다. 이등박문은, "어찌 어려운 것이 있으리오." 하고는 붓을 당겨 두세 곳을 고치고, 또한 다시 논의하게 하니, 한규설(韓圭卨) 참정 대신과 법부 · 탁지부 대신 또한 '부(否)' 자(字)를 썼고 그 나머지 사람들은 일제히 '가(可)' 자를 썼다.

한규설은 몸을 일으켜 임금을 뵈려고 하였으나 들어갈 수 없었다. 이에 협실(夾室)에 들었다. 조금 있으니 추원수일(萩原守一)은 일본 순병(巡兵)을 이끌고 한규설을 붙잡아 수옥헌의 협방에 구치하고 좌우에서 지켰는데, 이등박문이 들어와 한규설을 보고 위협하며 온갖 꼬임을 다했다. 한규설은 정색을 하고 대답하여 말하기를, "내 이 몸은 이미 순국할 것을 결정했으니 다시 무슨 말이 있으리오?" 하니, 이등박문은 노하여 말하기를 "칙령이 있는데 어찌하겠소?" 했다. 한규설이 말하기를, "사직이 중한 것이고 임금은 경(輕)하니 비록 칙령이 있다해도 결단코 가히 받들어 복종할 수 없다." 하였다. 이등박문은 크게 노하여 말하기를, "그렇다면 충성하지 않는 신하다." 하고 나가버렸다. 궁내부 대신 이재극(李載克)을 시켜 임금께 아뢰기를, '한규설은 칙령을 받지 못하겠다고 하니, 이것은 큰 불충(不忠)으로, 청컨대 그 관직을 파면시키라." 청했다. 또한 박제순을 시켜 외부인(外部印)을 가져오게 하며 말하기를, "참정 대신이 비록 날인하지 않는다고 해도 이것은 스스로 관계없는 일이니, 나머지 모든 대신들이 도장을 찍으면 됐소." 하였다. 이에 일제히 날인하니, 장곡천과 이등박문 등이 드디어 물러갔다.

그 사이 이미 하룻밤이 지나 22일 상오 2시가 되었다. 한규설은 이등박문 등이 물러가는 것을 보고 홀로 내정부(內政府)에 이르렀는데, 조금 지나서 각 대신들이 모두 모였다. 비로소 이미 각자가 날인한 것을 알고 한바탕 통곡하였으며 박제순 또한 따라 울었다. 한규설은 박제순을 책하여 말하기를, "오늘 아침에 서로 만났을 때 공은 반대의 뜻을 보이면서 '협박에 못 이겨 날인하게 될지도 모르니 연못에 인장을 던져버리자'고 하더니 도장을 연지(蓮池)에다 집어던졌느냐?"고 하였다. 이에 곧바로 정부 관리들을 소집하고 차자(箚子)[1)]를 지어 상주하여 법부·탁지부 대신 이외에 모든 대신 및 조약을 초안한 주사 3인을 파면시키고 아울러 조약을 유중(留中)[2)]할 것을 청하였다.(신문기사는 여기에서 그쳤다).

**註解**

1) **차자**(箚子) : 간단한 서식으로 하는 상소문. 상관이 하급 관리에게 내려 보내는 공문서.
2) **유중**(留中) : 임금이 신하가 올린 주장(奏章)을 궁중에 유치(留置)해 두고 아무런 조치를 취하지 않는 일.

**原文**

상왈 짐문 근일이보호조약등설 훤전우각신문 연짐이작
上曰 朕聞 近日以保護條約等說 喧傳于各新聞 然朕以昨

년귀국황제선전조 유부식한국독립등구어 급한일의정서
年貴國皇帝宣戰詔 有扶植韓國獨立等句語 及韓日議定書

독립보증지설 불시적확 고불신차등부언 차금번후작친함
獨立保證之說 不翅的確 故不信此等浮言 且今番侯爵親啣

사명이래 고대단환행의 금차요구 실시망외 기평일소의
使命以來 故大段歡幸矣 今此要求 實是望外 豈平日所意

도야 박문고청불이왈 차비외신자의 실봉본정부명령이래
到也 博文固請不已曰 此非外臣自意 實奉本政府命令以來

차사약경인준 즉비단양국행복 동양평화가이영원유지 청
此事若經認准 則非但兩國幸福 東洋平和可以永遠維持 請

속인허 상왈 조종이래 입국규모 범유대사 즉정부대소관
速認許 上曰 祖宗以來 立國規模 凡有大事 則政府大小官

리 급시원임대신 급재야유현 여부신사인민 필수박변광
吏 及時原任大臣 及在野儒賢 與夫紳士人民 必須博采廣

순 이결지 비짐일인소가천단 박문우주왈 인민횡의 즉당
詢 以決之 非朕一人所可擅斷 博文又奏曰 人民橫議 則當

이병력진정 폐하특념양국교의 즉사처분 상왈 약허차약
以兵力鎭定 陛下特念兩國交誼 卽賜處分 上曰 若許此約

변시망국 짐녕순사 결불가허 수호상지난 역사오시파퇴
便是亡國 朕寧殉社 決不可許 遂互相持難 歷四五時罷退

이십일하오삼시 박문초참정이하각대신급경리원경심상훈
二十日下午三時 博文招參政以下各大臣及經理院卿沈相薰

우대사관 우제출오조 면면간청 각대신력언불가 이시힐
于大使館 又提出五條 面面懇請 各大臣力言不可 移時詰

변 야심파귀 즉병예궐상주 박문우초박제순우공관 의급
辨 夜深罷歸 卽竝詣闕上奏 博文又招朴齊純于公館 議及

우약 이십일일하오이시 사공사임권조 초각대신우공관
右約 二十一日下午二時 使公使林權助 招各大臣于公館

절간요구 각대신역반대 권조청개어전회의 각대신사귀입
切懇要求 各大臣亦反對 權助請開御前會議 各大臣辭歸入

궐 권조미이지 제대신수개어전회의 개서부자 권조재방
闕 權助尾而至 諸大臣遂開御前會議 皆書否字 權助在傍

숙시 이이일병입궐 위수옥헌 여철통 총도삼열 장곡천
熟視 已而日兵入闕 圍漱玉軒 如鐵桶 銃刀森列 長谷川·

이등 일시수입 갱청개의 한참정뇌집불가 박문즉집규설
伊藤 一時隨入 更請開議 韓參政牢執不可 博文卽執圭卨

수 백단간청 우사이궁대청폐현 적상환인후사지 박문력
手 百端懇請 又使李宮大請陛見 適上患咽喉辭之 博文力

청 상왈 불필요견 가지정부 여대신협의 박문퇴출왈 폐하
請 上曰 不必要見 可至政府 與大臣協議 博文退出曰 陛下

기허협약 즉갱개의 수자초정부주사 명초해건 한규설일
旣許協約 卽更開議 遂自招政府主事 命草該件 韓圭卨一

직반대 법대이하영 탁지민영기서부자 외대박제순역서
直反對 法大李夏榮·度支閔泳綺書否字 外大朴齊純亦書

부자 부자하현주갱서왈 우건자구 약초변개 즉당위인준
否字 否字下懸註更書曰 右件字句 若稍變改 則當爲認准

운운 박문왈 하난지유 원필도개이삼처 우사갱의 한참정
云云 博文曰 何難之有 援筆塗改二三處 又使更議 韓參政

급법 탁양대신 우서부 여외일제서가 규설기신 욕알상
及法·度兩大臣 又書否 餘外一齊書可 圭卨起身 欲謁上

이부득입 수투협실 이이추원수일 솔일순병 옹규설 구치
而不得入 遂投夾室 已而萩原守一 率日巡兵 擁圭卨 拘置

수옥헌협방 좌우파수 박문입견규설 위혁이유 무소부지
漱玉軒夾房 左右把守 博文入見圭卨 威嚇利誘 無所不至

규설정색대왈 아이차신 이허순국 갱유하언 박문노왈 유
圭卨正色對曰 我以此身 已許殉國 更有何言 博文怒曰 有

칙령즉여지하 규설왈 사직위중 군위경 수유칙령 단불가
勅令則如之何 圭卨曰 社稷爲重 君爲輕 雖有勅令 斷不可

봉승 박문대노왈 연즉불충지신야 수퇴거 사궁대이재극
奉承 博文大怒曰 然則不忠之臣也 遂退去 使宮大李載克

주왈 한규설칭불수칙령운 차대불충 청면기관 우사박제
奏曰 韓圭卨稱不受勅令云 此大不忠 請免其官 又使朴齊

순 지입외부인왈 참정수불날인 차자무관 여외제대신 날
純 持入外部印曰 參政雖不捺印 此自無關 餘外諸大臣 捺

장즉가 어시일제날인 장곡천 이등등 수퇴 기간이경일
章則可 於是一齊捺印 長谷川·伊藤等 遂退 其間已經一

야 지이십이일상오이점의 규설견박문등퇴 독지내정부
夜 至二十二日上午二點矣 圭卨見博文等退 獨至內政府

소언각대신재회 시지이각날인 통곡일장 제순역수곡 규
少焉各大臣齊會 始知已各捺印 痛哭一場 齊純亦隨哭 圭

설책제순왈 금조상견야 공이반대지의 공피겁날 장투인
卨責齊純曰 今朝相見也 公以反對之意 恐被劫捺 將投印

우연지운의 내경여차야 직소정부관 선차상주 청면법
于蓮池云矣 乃竟如此耶 直召政府官 繕箚上奏 請免法·
탁이외제대신급초약주사삼인관 병유중 신문지차
度以外諸大臣及草約主事三人官 幷留中 新聞止此.

전라북도 관찰사 민영철(閔泳喆)을 참정 대신으로 삼아서 한규설(韓圭卨)을 대신하도록 하였다. 조서를 내려, "한규설은 임금을 지척에 두고도 행동거지가 합당함을 잃었으므로 먼저 본직에서 해임하고 3년간 유배를 보낸다."고 하였다.

**原文**

이전북관찰사민영철위참정대신 대한규설 조왈한규설
以全北觀察使閔泳喆爲參政大臣 代韓圭卨 詔曰韓圭卨
어궁금지척 거조실당 위선면본관 유삼년
於宮禁咫尺 擧措失當 爲先免本官 流三年.

전 참판 홍만식(洪萬植)이 을사보호조약(乙巳保護條約)의 체결 소식을 듣고 자살하였다. 홍만식은 그때 여주 병사(丙舍)[1]에서 살았다. 마침 손님과 함께 바둑을 두고 있었는데, 늑약(勒約)의 보고가 이르자 그는 얼굴색을 변하지 않고 바둑을 끝냈다. 그는 손님을 물리치면서 말하기를, "내가 일이 있으니 자네는 가 주게." 하고 곧 의관을 단정히 갖추고 집 뒤로 올라가서 부친 묘소에 인사하고 돌아와 가묘(家廟)에 참배하였다. 약을 가져오라 명하고 장차 마시려는데, 그의 아들 표(杓)가 울부짖으며 참으시라 하니 홍만식은 꾸짖어 물리치며 말하기를, "네 행동은 부자의 정리로서 진실로 당연한 것이다. 그러나 국세가 이에 이르렀는데 죽지 아니하면 어찌하라는 것이냐? 갑오년에 우리 집이 신원(伸冤)되었으니 이것이 망국의 징조이다. 법강(法綱)이 이와 같으니 어찌 오늘과 같은 변란이 없겠는가? 내가 죽은 후에 백관에 안치하고 처사(處士)로서 제(題)를 부치고 선롱(先隴)[2]에 장사지내지 말거라. 너 또한 죽을 때까지 죄인으로 자처하며 숨어 지내 내 뜻을 어기지 말라." 하였다. 아들 표가 또한 청하기를, "상소 한 번이라도 하시어 혹 개오(開悟)하시기를 바라시고 듣지 않으실 것 같으면 그때 돌아가셔도 늦지 않습니다." 하니, 홍만식은 탄식하며 말하기를, "지금의 일을 가히 알 수 있으니 충언(忠言)도 무익할 것이다. 말이 많아봤자 마침내 어찌하겠는가?" 하고 드디어 독약을 먹고 목숨을 끊었다.

홍만식은 홍순목(洪淳穆)의 아들로 백부 홍순경(洪淳敬)에게 양자로 들어갔으며 홍영식(洪英植)과는 종부형제(從父兄弟)가 된다. 그러나 홍영식의 역모를 몹시 수치스럽게 생각하고 전후 수십 년간 마의(麻衣) 고천(藁薦)[3]으로써 죄인으로 자처하며 숨어 지냈다. 이에 이르러 태연하게 자결함이 또한 이와 같으니 사람들은 더욱 어진 사람이라 여겨 슬퍼하였다.

**註解**

1) **병사**(丙舍) : 향제(鄕第). 고향에 있는 집.
2) **선롱**(先隴) : 조상의 묘, 선영(先塋).
3) **고천**(藁薦) : 짚자리, 짚방석을 깔음.

**原文**

전 참 판 홍 만 식 문 변 자 살 만 식 시 거 여 주 병 사 방 여 객 기 이
前參判洪萬植聞變自殺 萬植時居驪州丙舍 方與客棋 而
늑 약 보 지 만 식 용 색 불 변 대 료 국 서 감 자 납 렴 필 휘 객 퇴 왈
勒約報至 萬植 容色不變 待了局 徐歛子納奩畢 麾客退曰
아 유 사 군 기 거 즉 숙 의 관 왕 옥 후 사 부 묘 환 알 가 묘 명 화 약
我有事 君其去 卽肅衣冠 往屋後 辭父墓 還謁家廟 命和藥
장 음 기 자 표 호 곡 이 복 지 만 식 질 퇴 왈 정 리 고 당 이 야 연 국
將飮 其子杓 號哭而覆之 萬植叱退曰 情理固當爾也 然國
세 지 차 불 사 하 위 갑 오 지 오 가 신 원 내 국 망 지 징 야 법 강 여
勢至此 不死何爲 甲午之吾家伸寃 乃國亡之徵也 法綱如
차 안 득 무 금 일 지 변 호 사 후 렴 이 백 관 제 이 처 사 물 장 선 롱
此 安得無今日之變乎 死後斂以白棺 題以處士 勿葬先隴
여 역 필 생 죄 폐 무 부 오 지 표 우 청 상 일 소 기 혹 개 오 여 불 윤
汝亦畢生罪廢 毋負吾志 杓又請上一疏 冀或開悟 如不允
즉 사 역 미 만 만 식 탄 왈 시 사 가 지 충 언 무 익 첩 첩 자 경 하 위
則死亦未晩 萬植歎曰 時事可知 忠言無益 喋喋者竟何爲
수 앙 약 이 절 만 식 이 순 목 자 출 후 백 부 순 경 여 영 식 위 종 부 형
遂仰藥而絶 萬植以淳穆子 出後伯父淳敬 與英植爲從父兄
제 연 통 치 기 역 모 전 후 수 십 년 마 의 고 천 이 죄 폐 자 처 지 시
弟 然痛恥其逆謀 前後數十年 麻衣藁薦 以罪廢自處 至是
종 용 인 결 우 여 차 인 익 현 이 비 지
從容引決又如此 人益賢而悲之.

특진관 조병세(趙秉世)가 양근(楊根)에서 입성하여 각국 공관에게 글을 띄워 이등박문(伊藤博文)이 늑약(勒約)을 체결한 사실을 분명히 밝혔다. 그 글의 내용은 다음과 같다.

"우리나라가 세계 각국에 대하여 자주독립국이라 한 것은 천하가 다 아는 바이요, 일본이 우리나라에 대해서 마관조약(馬

關條約)으로부터 오늘날 노·일 전쟁 때에 이르기까지 선전 조칙과 한일의정서(韓日議定書)에서 우리의 독립과 영토를 보전하겠다고 말했으며, 각국에 성명하였다는 것도 또한 천하가 다 아는 바입니다. 지금 일본 대사와 공사가 한 약고(約稿, 약정서)를 가지고 우리나라의 궁궐에 들어가 억압의 조약을 강제로 체결하고자 하는데, 조약 문서의 내용은 우리나라에 일본 통감부를 두어 우리나라의 외교를 일본에 이양케 하였으니, 이와 같이 하면 독립은 변해서 속지(屬地)[1]로 되는 것이며, 속지라 함은 마침내 나라를 망치는 것입니다. 우리나라 황제께서도 허락을 내리시지 아니하셨고 참정 대신도 굳게 버티며 따르지 아니하였습니다. 일본 대사가 무력으로 겁을 주며 협박하여 군대를 이끌고 대궐을 포위하고 군소배(群小輩)에게 겁을 주어 가부를 재촉하여 물었습니다. 처음부터 격식을 갖추지 아니하고 강제로 외부의 도장을 취하여 찍어 가지고 간 것을 정약(定約)[2]이라 떠들어대고 있습니다.

이제 대저 천하대국은 약소국이 열강 사이에서 약소하다고 해도 스스로 독립을 보존할 수 있는 것은 다름이 아니라 믿는 것은 이웃 우방의 정분이며 의지하는 것은 만국의 공법(公法)입니다. 「공법회통(公法會通)」을 살펴볼 것 같으면, 제405장에서 '입약(立約)은 반드시 국주(國主)의 승인을 기다려 가히 준행한다'고 되어 있으며, 제409장에서는 '협약을 논의하는 자가 혹 핍박하면 그 약조는 또한 폐지되는 것이다'라고 되어 있습니다. 그러한즉 조약을 체결하는 법칙은 위로는 국왕의 승낙을 받아야 하며, 아래로는 타협하여 서로 도모하여 양쪽이 좋게 타결되어야 마땅히 약정이라 할 수 있습니다. 무력으로 위협하고 공박하여 강제로 체결한 것은 비록 약정한 것일지라도 효력이 없는 것이니, 그 어찌 가히 강제로 입 다물게 하고 억압하여서 자기들 마음대로 할 수 있단 말입니까? 일본이 우리나라에 대해서 강한 것을 믿고 약한 것을 능멸하니, 이미 이것은 법 밖의 일로써 하물며 우리나라와 귀국 공사가 우호관계를 맺은 지 이미 여러 해가 되었는데, 이에 마음대로 외교를 빼앗아 옮기려고 하니 이것은 자신만을 믿고 우리나라를 모욕하는 것일 뿐만 아니라 귀 공사들을 업신여기는 처사입니다. 귀 공사가 우리나라에 주재하며 의를 동포에게 나누는데 다른 나라에게 억지로 빼앗겨 외교의 도를 강탈당한다면 양국간에 우호를 행하는 데 있어서 비단 우리나라가 위박(危迫)[3]하고 통민(痛憫)[4]할 뿐만 아니라 실로 귀 공사의 체면과 권한에도 손상이 되는 것입니다.

지금 우리나 군소(群小)들이 그 억압을 받고 신리(申理)함을 알지 못하니, 이 조병세는 원로 대신으로 우리나라의 사리에 합당한 선례(先例)를 헤아리고 국무를 익숙히 알고 있는지라 한 선례(先例)를 힘써 방권(邦權)[5]을 회복코자 이에 감히 서신을 띄워 뜻을 펴고자 함입니다. 그러므로 귀 공사는 각국 공관에 공문을 띄워 이웃으로서 공법이 마땅하니, 의리로 보아 앉아서 보고 있을 수 없다 하시고 빨리 회동 담판하여 그들의 늑약을 부인하며 우리나라로 하여금 구권(舊權)을 잃지 말고 나라를 망하지 않게 해주면 우리나라는 실로 큰 은혜를 받는 것이며 천하가 모두 의거를 칭송할 것입니다. 글로써 내 뜻을 다 하지 못하는 것을 양찰해 주시기를 빌겠습니다."

### 註解

1) **속지**(屬地) : 식민지가 되어 남의 나라 땅이 됨
2) **정약**(定約) : 약속을 정함. 또는 그 약속.
3) **위박**(危迫) : 위험을 가해 아주 절박함.
4) **통민**(痛憫) : 애통하여 통분을 느낌.
5) **방권**(邦權) : 우리나라의 고유 권한.

### 原文

特進官趙秉世 自楊根入城 貽書于各國公館 以辨伊藤勒約之事.

敝國之於世界 爲自主獨立 天下所知也 日本之於敝國 自馬關條約 至今日露開戰時 宣戰詔勅與韓日議定書 無不以保全我獨立與領土爲言 聲名於各國 亦天下之所知也 亦貴公使之所知也 今者日本大使與公使 以一約稿 特入敝國國中 勒要鈐約 而約章辭意 則置日本統監於敝國 移敝國外交於日本也 如此則獨立變爲屬地於淪亡 敝國皇上 未賜准

허 참정대신견집부종 일본대사 위릉협박 솔병위궐 공동
許 參政大臣堅執不從 日本大使 威凌脅迫 率兵圍闕 恐動
군소 핍문가부 초불구예비식 이강사취외부지인 날지이
群小 逼問可否 初不具例備式 而强使取外部之印 捺之而
거 위지약정 금부천하지대국 이약소처어열강지간 득이
去 謂之約定 今夫天下之大局 以弱小處於列强之間 得以
자전자 무타언 소시자인의야 소빙자공법야 근안공법회
自全者 無他焉 所恃者隣誼也 所憑者公法也 謹按公法會
통 제사백오장왈 입약필사국주유윤 방가준행 제사백구
通 第四百五章曰 立約必俟國主兪允 方可遵行 第四百九
장왈 의약자혹피핍 기약역가폐지 연즉정약지법 상몽윤
章曰 議約者或被逼 其約亦可廢之 然則訂約之法 上蒙允
허 하협순모 양화타결 방위지약야 위혁협제 수약무효 기
許 下協詢謀 兩和妥決 方謂之約也 威嚇脅制 雖約無效 其
하가금피압제 임기소위호 일본지어폐국 시강릉약 이시
何可噤被壓制 任其所爲乎 日本之於敝國 恃强淩弱 已是
법외 황폐국여귀공사 체호유년 내천욕탈이외교 차비독
法外 況敝國與貴公使 締好有年 乃擅欲奪移外交 此非獨
시릉폐국 내시시릉귀공사야 귀공사주절폐국 의균동포
恃淩敝國 乃是恃淩貴公使也 貴公使駐節敝國 義均同胞
이피인양이무직 행교호지도 즉비단위폐국지위박통민 실
而被人攘移無直 行交好之道 則非但爲敝國之危迫痛憫 實
유손어귀공사지체면여권한 금군소피기억압 부지신리 병
有損於貴公使之體面與權限 今群小避其抑壓 不知申理 秉
세신위원로대신 규이폐국선예사합 여문국무 무회방권
世身爲元老大臣 揆以敝國先例事合 與聞國務 務回邦權
자감함사앙포 만기귀공사사조지회우각공관 이인의공법
玆敢緘辭仰佈 萬祈貴公使査照知會于各公館 以隣誼公法
의불해좌시지의 각즉회동담판 부인기늑약 비폐국물실구
義不該坐視之意 刻卽會同談判 否認其勒約 俾敝國勿失舊
권 부지윤망 즉폐국실하대혜 천하함송의거의 사부진의
權 不至淪亡 則敝國實荷大惠 天下咸頌義擧矣 辭不盡意

乞垂鑑諒.(걸수감량)

또한 일본 공사 임권조(林權助)에게 서신을 보내서 그 정부에게 알려 그 조약을 폐기하도록 하였다.

그 내용은 다음과 같다.

"우리나라와 귀국은 옛날부터 이웃간의 우의를 두터이 해서 교호(交好)가 날로 친밀하였으며, 마관조약으로부터 소촌수태랑(小村壽太郎) 외상이 열국에 보낸 성명서에 이르기까지 우리나라의 독립을 보전한다고 하지 않은 적이 없다. 이제 와서 귀 대사와 공사가 군대를 이끌고 대궐을 포위하고 참정 대신을 잡아 꼼짝 못하게 하고, 외부 대신을 공박 위협하여 식례(式禮)[1]를 갖추지 않고 강제로 조인하여 우리나라의 외교권을 강탈하고자 하니, 이는 스스로 공법을 어기는 일이요, 전날 했던 말을 달게 집어삼키고 돌리려는 것이 아닌가? 귀 공사에게 시청(試請)[2]하노니 돌이켜 생각해 보라. 그 정의와 공리(公理)에 있어서 어찌 이럴 수가 있는가? 내가 생각할 때 천하가 장차 귀국에 대하여 거론함이 있을까 두렵다. 다행히 꼭 귀 공사가 번연히 개오(改悟)[3]해서 귀 정부에 품명하여 모든 조약을 철회하고 우리 동서의 대국을 보전할 것을 지극히 요구한다."

**註解**

1) **식례**(式禮) : 전부터 정해놓은 일의 전례.
2) **시청**(試請) : 다시 한번 생각하기를 청하다.

3) 개오(改悟) : 지난날의 잘못을 깊이 뉘우쳐 깨달음.

**原文**

우여왜공사임권조서 청품기정부 작소기약
又與倭公使林權助書 請稟其政府 繳消其約.

폐국여귀국 숙돈인의 교호일밀 자마관조약 이지소촌외
敝國與貴國 夙敦隣誼 交好日密 自馬關條約 以至小村外

상지치열국변명서 무불이보전아독립위사 이내어금자 귀
相之致列國辨明書 無不以保全我獨立爲辭 而乃於今者 貴

대사급공사 솔병위궐 구집참정 박협외상 불구식예 늑사
大使及公使 率兵圍闕 拘執參政 迫脅外相 不具式例 勒使

조인 욕강탈아외교지권 무내자위공법 감식기언지귀호
調印 欲强奪我外交之權 無乃自違公法 甘食其言之歸乎

시청귀공사 반이사지 기어정의 공리 녕유시야 절공천
試請貴公使 反而思之 其於正義·公理 寧有是也 竊恐天

하장유이의귀국야 행수귀공사번연개오 품명귀정부 작소
下將有以議貴國也 幸須貴公使幡然改悟 稟明貴政府 繳消

해약 이보아동서대국 지이위요
該約 以保我東西大局 至以爲要.

또 백관을 거느리고 소를 올려 박제순(朴齊純) 등 오적(五賊)의 죄를 논했다.

"엎드려 듣건대 정부의 여러 신하가 일본 사신이 요청한 5개 조약에 대해 제멋대로 서로 '가(可)'타 '부(否)'타 하여 조인하기에 이르렀다고 하니, 마음이 놀라고 넋이 빠져서 어떻게 조치를 취해야 할지 알 수 없습니다. 아직도 다행스러운 것은 폐하께서 성지(聖志)가 확연하시어 누차 곤궁과 핍박을 받으면서

도 흔들리지 않으셨으며, 또한 다행히 참정 대신 한규설(韓圭卨)이 완강히 거부하고 승인하지 않았다는 것입니다. 그러나 단지 두려워하는 것은 저들이 흉계와 속임수로 이들 적신(賊臣)들을 가지고 제멋대로 조약을 맺어놓고 핑계될 만한 구실의 단서를 만들었으니 노예처럼 유린할 근심이 눈앞에 박두해 있어서 종묘사직이 장차 폐허로 돌아가고 생민이 장차 어육이 될 것입니다.

아! 분통합니다. 박제순(朴齊純)의 죄는 어찌 죽이는 것으로 끝날 수 있겠습니까? 주무 대신(主務大臣)의 몸이 되어가지고 비록 혹시라도 폐하께서 허락하시어 조인하라고 하셨다고 한들, 그래도 마땅히 죽음으로써 막아 나라의 은전에 보답하고 신하의 직분을 다해야 하는 것이었습니다. 그런데도 성상의 뜻을 헤아리지 못하고 멋대로 스스로 조약을 체결하였습니다. 나라를 팔아먹은 도적이 어느 시대인들 없었겠습니까마는 어찌 이들 도적같이 심할 수가 있겠습니까? 천하의 일은 명분을 바르게 하는 것이 우선이 되는 것이니, 폐하께서 이들 도적을 죽이지 않으신다면, 안으로는 만인이 같은 말로 성토하고 있는 분노를 풀 길이 없고, 밖으로는 천하만국의 공론에 대처할 방도가 없습니다. 엎드려 바라옵건대 폐하께서는 속히 박제순의 머리를 베어 여러 고가(藁街)[1)]에 걸어 놓고, 그 밖에 '가(可)'자를 쓴 제신(諸臣)들도 '반드시 죽이고, 주범과 공범이 따로 있을 수 없다'는 국법의 뜻에 따라 모두 잡아들여 즉시 나라의 형벌로 바로잡으소서.

그리고 다시 굳세고 밝으며 죽음으로써 절개를 지킬 수 있는 신하를 택하셔서 외부장관을 뽑으시고, 각 공관에 성명을 내어 회동 담판을 다시 하게 하여 늑약(勒約, 을사오조약)을 말소하여 국권을 회복하고, 백성과 사적을 보존케 하소서. 신 등은 윤허를 받지 못하면 차라리 대궐 섬돌에 머리를 부수고 죽을지언정, 의리상 차마 살아서 대궐 밖을 나갈 수는 없습니다."

임금이 비답하기를, "대소 신료들의 소장이 날마다 이르는 바, 어찌 공분이 대동(大同)에서 나오는 것을 모르겠는가? 또한 스스로 헤아려 조처할 것이 있으니, 경 등은 이것을 헤아려 모두 집으로 돌아가라."고 하였다.

**註解**

1) 고가(藁街) : 한(漢)나라 장안성(長安城) 남문 안에 있던 거리. 속국(屬國)의 사신들이 머물렀다.

**原文**

우 솔 백 관 상 소 논 박 제 순 등 오 적 지 죄
又率百官上疏 論朴齊純等五賊之罪.

복 문 정 부 제 신 이 일 사 요 청 오 건 사 천 상 가 부 지 어 조 인
伏聞 政府諸臣 以日使要請五件事 擅相可否 至於調印

경 심 상 백 망 지 소 조 상 행 폐 하 성 지 확 연 지 어 루 피 곤 박 이
慶心喪魄 罔知所措 尙幸陛下 聖志確然 至於屢被困迫 而

불 지 요 역 행 유 참 정 신 한 규 설 지 견 거 불 준 연 단 공 이 피 지 휼
不之撓 亦幸有參政臣韓圭卨之堅拒不准 然但恐以彼之譎

사 지 차 적 신 천 조 지 서 이 위 자 구 지 단 즉 유 란 노 례 지 환 박
詐 持此賊臣 擅調之書 而爲藉口之端 則蹂躪奴隷之患 迫

재목전 종사장구허의 생민장어육의 오호통의 박제순지
在目前 宗社將丘墟矣 生民將魚肉矣 嗚呼痛矣 朴齊純之
죄 가승주재 신위주무대신 수혹폐하허 이사지조인 유당
罪 可勝誅哉 身爲主務大臣 雖或陛下許 而使之調印 猶當
이사쟁지 이보국은 이진신분가야 내자불체성의 천자체
以死爭之 以報國恩 以盡臣分可也 乃者不體聖意 擅自締
약 매국지적 하대무지 이기유여차적지심자호 천하지사
約 賣國之賊 何代無之 而豈有如此賊之甚者乎 天下之事
정명위선 폐하불주차적 즉내무이설만구일사지여분 외무
正名爲先 陛下不誅此賊 則內無以泄萬口一辭之輿憤 外無
이대천하만국지공론의 복걸폐하 극참제순지두 현제고가
以對天下萬國之公論矣 伏乞陛下 亟斬齊純之頭 懸諸藁街
기타제신지서가자 기재왕장필주지의 불가유수종지별 병
其他諸臣之書可者 其在王章必誅之義 不可有首從之別 幷
령구나 극정방형 갱택정량사절지신 칙차외부장관 성명
令拘拿 亟正邦刑 更擇貞亮死節之臣 勅差外部長官 聲明
각공관 회동담판 작환늑약 이복국권 이존민사언 신등미
各公館 會同談判 繳還勒約 以復國權 以存民社焉 臣等未
몽준허 즉녕쇄수천폐 의불인생출궐외의운운
蒙準許 則寧碎首天陛 義不忍生出闕外矣云云.

비왈 대소신료장독 식일사지 기부지공분지출어대동 역
批曰 大小臣僚章牘 式日斯至 豈不知公憤之出於大同 亦
자유상량조처 경등기량지 상솔귀제
自有商量措處 卿等其諒之 相率歸第.

조병세(趙秉世) 등이 재차 소를 올렸는데, 그 대략은 다음과 같다.

"신 등은 망령되이 위급한 충정을 아뢰고 머리를 모아 명을 기다렸습니다. 비록 헤아려 조치하시겠다는 비답이 있었지만, 쾌히 허락하시는데 아직도 인색함이 있어 더욱 민망하고 우울한 마음을 가눌 길이 없습니다. 생각건대 종묘사직의 존망이 여기에 있고, 폐하의 안위도 여기에 있으며, 신민의 생사 또한 여기에 달려 있는 것이니, 진실로 마땅히 분발하시어 굳센 마음을 떨쳐야 할 것입니다. 먼저 나라를 팔아먹은 모든 도적을 참수하여 천하에 사죄하고, 이어서 곧바로 각국 공관에 성명을 내고 회동하여 담판하면 늑약(勒約)을 폐지하고 국권을 회복할 수 있을 것입니다. 만약 꾸물대면서 눈치만 보고 시일을 끌게 되면 폐하께서 하실 수 있는 것은 끝날 것입니다. 폐하께서 하실 수 있는 일이 끝난다면 종묘사직과 신민들은 장차 어느 곳에 두시려 하십니까? 이에 신 등은 가슴을 치고 피를 뿌리며 머리를 우러러 마음을 드러내어 보이며 그칠 줄을 모르겠습니다."

**原文**

병세등 재소왈 신등망진위충 취수사명 수복승상량조처
秉世等 再疏曰 臣等妄陳危衷 聚首俟命 雖伏承商量措處
지비 이쾌유상근 우불승민울지지 절이위종사존망재차
之批 而快愈尙靳 尤不勝悶鬱之至 竊以爲宗社存亡在此
폐하안위재차 신민생사역재차 성의분발진려 선참매국제
陛下安危在此 臣民生死亦在此 誠宜奮發振厲 先斬賣國諸
적 이사천하 잉즉성명각관 회동담판 즉겁약가폐 국권가
賊 以謝天下 仍卽聲明各館 會同談判 則劫約可廢 國權可
복 약혹인순고담 타과시일 즉폐하사거의 폐하사거 즉종
復 若或因循顧膽 拖過時日 則陛下事去矣 陛下事去 則宗
사신민 장치하지호 차신등 소이추흉말혈앙수신폭 이부
社臣民 將置何地乎 此臣等 所以搥胸沫血仰首申暴 而不
지지자야운운
知止者也云云.

그에 대한 비답은 다음과 같다.

"어제 내린 비답을 양해하는 바가 있다면 꼭 이처럼 장황하게 떠들 필요가 없을 것이다. 또한 잘 헤아려 처분함이 있을 것이니 경들은 이점을 헤아리고 돌아갔으면 한다."

민영규(閔泳奎)·조병식(趙秉式)·이한영(李漢英)·정명섭(丁明燮)·홍우철(洪祐哲)·안용화(安鏞和)·이용태(李容泰)·박기양(朴箕陽)·김완수(金完秀)·박제황(朴齊璜)·이재극(李載克)·윤병□(尹秉□)·홍순형(洪淳馨)·이근수(李根秀)·이위래(李渭來)·강윤희(姜允熙)·최재학(崔在學)·이명상(李明翔)·이종태(李鍾泰)·윤두병(尹斗炳)·정홍석(鄭鴻錫)·고정주(高鼎柱)·신성균(申性均)·강원형(姜遠馨)·안병찬(安秉瓚) 등 여러 신하들도 서로 이어서 소를 올려 아뢰었는데, 조병세의 뜻과 같았다.

임금은 일체 의례적인 비답을 내릴 뿐이었다. 이때에 각국 공사들은 우리나라가 할 수 있는 일이 없다고 헤아렸으며, 또한 일본의 위촉을 받은 상태여서 혹자는 일본의 후한 뇌물을 받았다고 말하기도 하였다. 그렇기 때문에 다들 중립을 지키고 가부(可否)를 말하지 않았기 때문에 비록 조약을 되돌리려 해도 형세가 미칠 수 없었다.

제적(諸賊)에 대해서도 죽이려면 죽일 수는 있었으나 또한 일본을 두려워하여 행동에 옮기지도 못했으며, 소장(疏章)이

공거(公車)에 가득 찼어도 끝내 도움이 되지 못했다.

**原文**

批曰 昨日之批 有可以諒會者 不必如是張大 且有商量處分 卿等其諒之 相率退去 諸臣先後 如閔泳奎 · 趙秉式 · 李漢英 · 丁明變 · 洪祐哲 · 安鏞和 · 李容泰 · 朴箕陽 · 金宗秀 · 朴齊璜 · 李載克 · 尹秉□ · 洪淳馨 · 李根秀 · 李渭來 · 姜允熙 · 崔在學 · 李明翔 · 李鍾泰 · 尹斗炳 · 鄭鴻錫 · 高鼎柱 · 申性均 · 姜遠馨 · 安秉瓚等 相繼陳疏 如秉世意 上一切例批 時各國公使 度我國之不可有爲 而且受倭囑 或言倭有厚賂 故皆中立無可否 雖欲繳約 勢無及矣 至於諸賊 誅則可誅 而亦畏倭不敢動 雖章滿公車 竟無益也.

이등박문(伊藤博文)이 이번에 올 때 300만 원을 가지고 와서 정부에 두루 뇌물을 주고 늑약을 성사시킬 것을 도모하였다. 여러 도적 중에 조금이라도 약삭빠른 자는 그 돈을 가지고 넓은 농장을 구입하고 귀향하여 편안히 지냈으니 권중현(權重顯) 같은 사람이 그러했다. 이근택(李根澤)과 박제순(朴齊純) 등도 또한 이로 인해서 벼락부자가 되었다.

**原文**

박문차행 대금삼백만원 편뢰정부 이도성약 제적힐자
博文此行 帶金三百萬圓 遍賂政府 以圖成約 諸賊黠者
이기금광치전원 귀향안와 약권중현시이 근택·제순등
以其金廣置田園 歸鄉安臥 若權重顯是已 根澤·齊純等
역인차취부
亦因此驟富.

이등박문(伊藤博文)이 돌아갔는데, 특사의 임무를 마쳤기 때문이다. 당시 일본 공관에는 전보가 끊이지 않았으니 조약이 성사된 것을 축하하기 위한 것이었다. 일진회에서는 술잔을 돌리며 서로 경하하여 더욱 의기양양하였다.

**原文**

이등박문회거 이사사이준야 시왜관전보여직 교하약성
伊藤博文回去 以使事已竣也 時倭館電報如織 交賀約成
이일진회력주상경 우양양언
而日進會瀝酒相慶 尤陽陽焉.

11월 1일, 일본인이 조병세(趙秉世)를 구속하여 가두어놓았다. 조병세가 재차 소를 올린 뒤로부터 대안문(大安門, 大漢門) 밖에서 석고대죄(席藁待罪)[1]하며 윤허를 받지 않으면 물러갈 수 없다고 맹세하였다. 일본이 군사를 보내 잡아다가 정동(貞洞)에 있는 헌병소에 가두었다.

**註解**

1) 석고대죄(席藁待罪) : 거적을 깔고 엎드려서 벌주기를 기다림. 죄과에 대하여 처벌을 기다림.

**原文**

십일월초일일 왜인구조병세수지 병세자재소후 석고대
十一月初一日 倭人拘趙秉世囚之 秉世自再疏後 席藁大
안문외 서부득윤불퇴 왜파병구거 수우정동헌병소
安門外 誓不得允不退 倭派兵拘去 囚于貞洞憲兵所.

시종무관장(侍從武官長) 민영환(閔泳煥)이 조병세를 대신해 소수(疏首)가 되어 백관을 거느리고 소를 올렸으나(상소문은 잃어버려 기록하지 못함), 임금은 윤허하지 않았다.

**原文**

시종무관장민영환 대병세소수 솔백관상소 문일불록
侍從武官長閔泳煥 代秉世疏首 率百官上疏(文逸不錄)
상불윤
上不允.

11월 4일 계유, 민영환(閔泳煥)이 스스로 목을 찔러 자결하였다. 민영환이 소수(疏首)로 궁내부에 들어가자 이지용(李址鎔)과 이근택(李根澤)이 아뢰기를, "저 소수를 그대로 놔두고 불문에 부친다면 일본병이 반드시 다시 들어올 것입니다." 하였다. 이어 성난 소리로 꾸짖기를, "너희들은 칙령을 따르지 않으니 이는 역신

(逆臣)이다."라 하고 순검을 불러 포박하도록 하였다. 순검들이 서로 돌아보며 말하기를, "비록 무법의 세상이라고 해도 저들은 다 충신인데 무슨 죄목을 붙여 포박한단 말인가?" 하였다. 이지용 등은 왕명이라 속이고 법률에 비추어 징계하라는 명을 내렸다. 민영환은 여러 재상들과 더불어 평리원(平理院)[1]에서 명령을 기다렸는데, 조금 지나서 용서한다는 판결이 내렸다. 이때가 (11월) 2일이었다.

여러 재상들이 각자 집으로 돌아가자 민영환은 탄식하며 말하기를, "어찌 반드시 집으로 가야 하겠는가?" 하고는 옛 겸인(傔人, 시종) 이완식(李完植)의 집에 가서 머물렀다. 하룻밤을 보내고 가서 그의 어머니 서씨(徐氏)를 뵙고 뺨을 마주대고 비비면서 어린아이 모양을 했다. 서씨가 웃으며 말하기를, "우리 아이 마음이 약한가 보구나. 그만 나가서 자거라." 하자 이에 드디어 처의 침실로 들어갔는데, 아내 박씨는 바야흐로 임신 중이었다. 등불을 켜고 앉아보니 세 아이가 이불 밑에서 코를 골고 자고 있었다. 민영환이 웃으며 말하기를, "관상가가 아들 다섯을 둘 것이라고 했으니 부인은 지금 쌍둥이를 가졌구려." 하였다. 박씨는 그 말이 무엇을 뜻하는지 모른 채 단지 미소를 짓고만 있었다. 민영환이 섬돌을 내려가면서 홀연히 대성통곡을 하면서 다시 이완식의 집으로 갔다.

밤이 되자 시자(侍者)를 물리치고 일어나 측간에 갔다가 이완식을 불러 말하기를. "내가 지금 변을 봐야겠다. 물을 데어가지고 와서 내가 손을 씻을 수 있게 해 달라."라고 하였다. 이완식이 자

청하여 씻겨드리고 끝내자 지게문 밖에 이르렀는데, 고통스러운 목소리로, "내가 무슨 죄가 많기에 이리 죽지를 못하고 있단 말인가?" 하였다. 그 말을 듣고 놀라 지게문을 차고 들어가니 선혈이 발뒤꿈치까지 흘러내렸고 벽에 몸을 기대어 반쯤 쓰러져 있는 것을 보았다. 부측해서 자리에 눕혔지만, 이내 절명하고 말았다. 벽에 핏자국이 있어 촛불을 비춰보니 손자국이 완연하였다. 그것은 짧은 패도(佩刀)라 한 번 찔러 죽지 않고 피가 칼자루에 흥건하여 끈적거려 잡을 수가 없어, 그런 까닭에 벽에 닦고 씻어버린 다음 다시 찔러서 목구멍이 다 찢어진 채 죽어 있었다. 이완식이 크게 통곡하자 온 집안 식구가 따라서 통곡하였다. 곡성이 전해져서 얼마 지나자 도성 안이 통곡 소리로 가득 차 산이 무너지는 것 같았다. 그때, 큰 별 하나가 서쪽으로 떨어졌으며, 까치 수백 마리가 그의 집을 에워싸고 흩어지지 않았다.

각국 공관에서 이 소식을 전해 듣고는 모두 할 말을 잊은 채 온통 슬퍼하였으며, 일본인도 크게 놀라 몰려와서 울면서 매우 슬퍼하였다. 서울에 있는 동서양의 각국 사신과 상민들도 뒤질세라 달려와서 조문을 하고 다투어 비단조각에 피를 닦아 품으면서, "이것은 충신의 피다!"라고 하였다. 부고를 듣고 임금도 크게 통곡하며 비서승 조남승(趙南升)에게 명하여 조문하도록 하였다. 서씨가 이를 대하여 말하기를, "신첩의 아들이 못나서 국가의 위급함을 부지할 수 없었으니, 한 번 죽어 어찌 죄를 갚을 수 있겠습니까?" 하였다. "바라건대 폐하께서는 힘써 중흥하실 것을 도모하셔서 위로는 종묘사직을 편안케 하시고 아래로는 아들 민영환의 한(恨)을 씻어 주소서!"라고 하였다. 조남승이 돌아와 궁정문에 이르자 들이지 말라는 명이 있었다. 그것은 대개 영왕(英王) 이은(李垠)이 마침 병이 들어 초제(醮祭)[2]를 지내느라 상가에 다녀온 사람을 꺼려한 때문이다.

민영환(閔泳煥)은 자가 문약(文若)이고 계정(桂庭)이란 호를 하사받았으며, 민겸호(閔謙鎬)의 아들로, 백부 민태호(閔泰鎬)의 양자로 들어갔다. 처음 임신했을 때 서씨가 꿈에 구슬 세 개를 얻었고, 또 여러 장로가 공복(公服)을 입고 바깥채에 이르니 민겸호가 나배(羅拜)[3]하는 것을 보았다. 철종 신유년(12, 1861)에 태어나서 이에 이르러 45세가 되었다. 키가 크고 마른 체격에 얼굴은 희고 명철하였으며, 수염이 없었다. 오직 턱에 난 사마귀에 털 몇 개가 있을 뿐이며 두 눈이 빛났다. 민영환은 외척의 귀한 신분으로 태어났으며, 15년간에 후한 봉록(俸祿)으로 벼슬했으며 언의(言議)와 설명하는 말과 의론과 풍채가 다른 사람보다 뛰어난 것은 없었다. 오직 조금 몸을 닦고 검소했던 것이 다른 민씨들과 다를 뿐이었다. 구라파와 미국을 둘러보고 돌아온 후로부터 자못 천하대세를 궁구하고 국사가 날로 잘못되어가는 것을 아파하면서 매양 임금 앞에 이르면 눈물을 흘리면서 극간(極諫)을 하고 물러나오면 조용히 앉아 깊은 상념에 잠겼으며, 욕심 없이 세리(勢利, 권세와 이욕)에 마음을 두지 않았다. 사람들이 그것을 기이하게 여겨 말하기를, '지난날과는 다른 사람이 되었다'고 하였다. 이때에 이르러 과연 큰 절개를 뚜렷이 밝혀 늠연히 옛날 열사의 풍모를 보여주었다. 죽은 뒤에 서적을 점검하다가 주머니에서 유서(遺書) 두 통을 발견했다. 하나는 '국민에게 고함〔告國民〕'이었고, 다른 하나는 '각국 공사에게 고함〔告各國公使〕'이었다.

국민에게 고하는 글의 내용은 다음과 같다.

"아! 국가의 치욕과 백성의 욕됨이 여기에 이르렀으니, 우리 인민은 장차 생존경쟁 가운데서 멸망하게 될 것이로다. 대저 살기를 요구하는 자는 반드시 죽을 것이며, 죽기를 기약하는 자는 반드시 삶을 얻을 것이니 제공들은 어찌 이를 모르는가? 민영환은 한갓 한 번 죽어서 우러러 황은에 보답하고, 우리 2천만 동포 형제에게 사죄하려 한다. 영환은 죽되 죽지 않고 구천지하(九泉之下)에서 제군(諸君)들을 도울 것을 기약하노니 바라건대 우리 동포들은 천 갑절 만 갑절 더 분발하고 힘써서 뜻과 기운을 굳게 하여 학문에 힘쓰고 마음을 모으고 협력하여 우리나라의 자유와 독립을 회복한다면 죽은 자는 명명지중(冥冥之中)[4]에서라도 웃음을 잃지 않을 것이리라. 아! 조금도 실망하지 말라. 우리 대한제국 2천만 동포에게 마지막으로 고하노라!"

註解

1) **평리원**(平理院) : 대한제국 때 재판을 맡은 관아. 1895년에 의금부를 고등재판소라 고쳐 일컫다가, 1899년에 그 이름을 고치고, 1907년에 폐하여 공소원(控訴院)과 대심원(大審院)으로 나누어 붙임.
2) **초제**(醮祭) : 무속 신앙이나 도교에서 별(辰)에게 지내는 제사.
3) **나배**(羅拜) : 여럿이 늘어서서 함께 절함.
4) **명명지중**(冥冥之中) : 듣거나 볼 수 없이 은연중에 느껴지는 가운

데, 어두운 저승을 가리킴.

**原文**

초사일계유 영환자문사 영환이소수 진입궁내부 이지용
初四日癸酉 泳煥自刎死 泳煥以疏首 進入宮內部 李址鎔

이근택주왈 피소수자 약치지불문 일병필부입의 잉려성
李根澤奏曰 彼疏首者 若置之不問 日兵必復入矣 仍厲聲

질왈 여등부종칙령 시역신야 호순검박지 순검등상고왈
叱曰 汝等不從勅令 是逆臣也 呼巡檢縛之 巡檢等相顧曰

수무법지세 피개충신 하사포박 지용등 내교하조률징판
雖無法之世 彼皆忠臣 何辭捕縛 址鎔等 乃矯下照律懲判

지명 영환여제재 서명평리원 이이분간 시초이일야 제재
之命 泳煥與諸宰 胥命平理院 已而分揀 時初二日也 諸宰

각환기가 영환탄왈 하필가야 입구겸이완식가지언 경숙
各還其家 泳煥歎曰 何必家也 入舊傔李完植家止焉 經宿

왕알기모서씨 대협뇌마 유영해상 서씨희왈 아심약야 가
往謁其母徐氏 對頰挼摩 類嬰孩狀 徐氏嘻曰 兒心弱耶 可

출수 수역입처침 처박씨방신 장등좌 삼아한피저 영환소
出睡 遂歷入處寢 妻朴氏方娠 張燈坐 三兒鼾被底 泳煥笑

왈 상자증오오남 부인금정련의 박씨불해기위 단미신 영
曰 相者證吾五男 夫人今定孿矣 朴氏不解其謂 但微哂 泳

환하개 홀대통 부환완식가 입야병시자 기여측 호완식왈
煥下堦 忽大慟 復還完植家 入夜屛侍者 起如厠 呼完植曰

오적유시 가구탕수래 공오수한 완식청자한 한필 지호외
吾適遺矢 可具湯水來 供吾手澣 完植請自澣 澣畢 至戶外

문통초성왈 아호대죄 불사내이 대경파호입 선혈천과 견
聞痛楚聲曰 我胡大罪 不死乃爾 大驚破戶入 鮮血濺踝 見

영환 의벽반도 부이취석 이절의 벽유혈적 촉지지흔완연
泳煥 倚壁半倒 扶而就席 已絶矣 壁有血跡 燭之指痕宛然

개패도단소 일자불수 이혈지도병 진골거악 고식우벽 부
蓋佩刀短小 一刺不殊 而血漬刀柄 津滑拒握 故拭于壁 復

이두수자 상관할진이사 완식대호이통 전가수곡 곡성상
以抖擻刺 嗓管割盡而死 完植大呼而慟 全家隨哭 哭聲相

전 경각만성 여산붕연 시유대성운우서 작수백환기제 조
傳 頃刻滿城 如山崩然 時有大星隕于西 鵲數百環其第 噪

폐불산 각공관문지 개실성거애 왜인역대경 균집곡심비
吠不散 各公館聞之 皆失聲擧哀 倭人亦大驚 麕集哭甚悲

동서양사객상민재성중자 내조공후 쟁이금단식혈 회지왈
東西洋使客商民在城中者 來弔恐後 爭以錦緞拭血 懷之曰

차충신혈야 부문 상대통 명비서승조남승왕언 서씨대왈
此忠臣血也 訃聞 上大慟 命秘書丞趙南升往唁 徐氏對曰

신첩유자무상 불능부국가지급 일사하능속죄 원폐하려도
臣妾有子無狀 不能扶國家之急 一死何能贖罪 願陛下勵圖

중흥 상이안종사 하이설영환지한 남승반 즉지우궁문 명
中興 上以安宗社 下以洩泳煥之恨 南升返 則止于宮門 命

물입 이영왕은적미양기초 기인종상차래야 영환자문약
勿入 以英王垠適微恙祈醮 忌人從喪次來也 泳煥字文若

사호계정 이겸호자 출후백부태호 시신야 서씨몽획삼주
賜號桂庭 以謙鎬子 出後伯父泰鎬 始娠也 徐氏夢獲三珠

우견제장노공복 지외사 겸호나배 이철종 십이년 신유생
又見諸長老公服 至外舍 謙鎬羅拜 以哲宗(十二年)辛酉生

지시년사십오 장신소수 면백석 무수염 유이지표수경 양
至是年四十五 長身疏瘦 面白晳 無鬚髥 惟頤痣飄數莖 兩

안형연 영환척원생귀 반세무사 언의풍변 무과인자 유초
眼炯然 泳煥戚畹生貴 半世膴仕 言議風釆 無過人者 惟稍

자수집 불여타민등이이 급자구미환 파구천하대세 통국
自修戢 不與他閔等而已 及自歐美還 頗究天下大勢 痛國

사일비 매지상전 읍체극간 퇴즉단거심념 박연불이세리
事日非 每至上前 泣涕極諫 退則端居深念 泊然不以世利

위념 인이지 이위비부전일인 지시 과능판대절 늠연유고
爲念 人異之 以爲非復前日人 至是 果能辦大節 凜然有古

열사지풍언 사후검서 낭유서이 일고국민 일고각국공사
烈士之風焉 死後檢書 囊有書二 一告國民 一告各國公使

오호 국치민욕 내지어차 아인민 행장진멸어생존경쟁지
嗚乎 國恥民辱 乃至於此 我人民 行將殄滅於生存競爭之
중 부요생자필사 기사자득생 제공기불량지 영환도이일
中 夫要生者必死 期死者得生 諸公豈不諒只 泳煥徒以一
사 앙보황은 이사아이천만동포형제 영환사이불사 기조
死 仰報皇恩 以謝我二千萬同胞兄弟 泳煥死而不死 期助
제군어구천지하 행아동포천만배가분려 견내지기 면기학
諸君於九泉之下 幸我同胞千萬倍加奮勵 堅乃志氣 勉其學
문 결심륙력 이복아자유독립 즉사자당함소어명명지중의
問 結心戮力 以復我自由獨立 則死者當含笑於冥冥之中矣
오호 소물실망 결고아대한제국이천만동포
嗚乎 少勿失望 訣告我大韓帝國二千萬同胞.

민충정공이 각국 공사에게 고하는 것이 있었는데, 그 내용은 다음과 같다.

"이 민영환이 나라를 위해 잘하지 못해서 국가의 위세와 백성의 삶이 여기에 이르렀으니, 한갓 한번 죽음으로써 황제의 은혜에 보답하고 2천만 동포에게 사죄하노라. 죽은 자는 그것으로 그치나 이제 우리 2천만 인민이 장차 생존 경쟁하는 가운데 진멸(殄滅)할 것이니 귀 공사들은 어찌 일본의 행위를 살피지 아니하는가? 귀 공사 각하께서 다행히 천하의 공의가 중하니 돌아가 귀 정부와 인민에게 보고하여 우리 인민의 자유 독립을 도와준다면 죽어도 마땅히 웃으며, 죽어진 후에도 기꺼이 감사하겠소. 슬프다! 각하들께서는 우리 대한을 경시하고 우리 인민의 혈심(血心)을 오해하지 말기를 바라오." 라고 하였다. 또한 남겨 놓은 상소문이 있으나 찾지 못하여 기록하지 못한다.

**原文**

일고각국공사왈 영환위국불선 국세민계 내지어차 도이
一告各國公使曰 泳煥爲國不善 國勢民計 乃至於此 徒以
일사보황은 이사이천만동포 사자이의 금아이천만인민 행
一死報皇恩 以謝二千萬同胞 死者已矣 今我二千萬人民 行
장진멸어생존경쟁지중의 귀공사기불량일본지행위야 귀
將殄滅於生存競爭之中矣 貴公使豈不諒日本之行爲耶 貴
공사각하 행이천하공의위중 귀보귀정부급인민 이조아인
公使閣下 幸以天下公議爲重 歸報貴政府及人民 以助我人
민지자유독립 즉사자당함소감하어명명지중의 오호 각하
民之自由獨立 則死者當含笑感賀於冥冥之中矣 嗚乎 閣下
물경시아대한 오해아인민지혈심 우유유소 이일부득록언
勿輕視我大韓 誤解我人民之血心 又有遺疏 而佚不得錄焉.

민영환(閔泳煥)에게 화원(花園) 한 곳이 있었는데 값이 10만 냥은 되었다. 그는 화원을 꾸미는데 마음을 두지 않았지만, 세월이 쌓여져감에 따라 자연히 아름답고 그윽한 정취가 북리(北里) 중에 으뜸이 되었다. 또한 한때의 부귀가 극성했다는 것을 여기에서 알 수 있다.

**原文**

영환유화원일소 가치십만 수불유심장점 적이세월 자연
泳煥有花園一所 可直十萬 雖不留心粧點 積以歲月 自然
요조유정위북리지관 역가견일시부귀지극야
窈窕幽靜爲北里之冠 亦可見一時富貴之極也.

특진관 조병세(趙秉世)가 독약을 마시고 자결했다. 일본인이

조병세를 구금하여 하룻밤을 지낸 뒤에 석방하였다. 조병세는 민영환이 자결하였다는 소식을 듣고 탄식하며, "내 죽을 때가 되었구나." 하자 객이 있어 이를 말리며, "한갓 죽는 것은 이득이 될 것이 없으니 조금 기다리시라." 하였다. 조병세는, "내가 죽지 아니하면 죽는 날에 어찌 민영환을 대할 것인가?" 하고 소매에서 아편을 꺼내 삼켰다. 이용직(李容稙)은 그의 사위로 그때 곁에 있다가 바로 싣고 그 집으로 돌아갔으나 잠시 후에 사망했다. 일본인이 그 소식을 듣고 의사를 데리고 가서 진단을 하려 하였으나 이용직이 크게 꾸짖으며 말하기를, "우리는 한국의 대신이다. 나라를 위해서 스스로 목숨을 끊었는데 어찌해서 너희들이 참견하려느냐? 또한 죽은 뒤에까지 모욕을 끼치려 하느냐?" 하니, 몰려온 일본인들은 놀라서 물러갔다. 조병세가 죽음에 임해서 유소(遺疏)가 있고 또한 각국 공사관에 투서하였다.

"조병세는 일본 사신들이 강제로 겁약(劫約)한 일에 대하여 각국 공사 각하에게 알렸으나 끝내 한 차례 회합조차 얻지 못하여 걱정하며 분해서 주먹을 쥐고 죽음으로써 나라에 보답하고자 합니다. 삼가 엎드려 바라건대 공사 여러분께서는 인방의 우의를 생각하고 약소국을 불쌍히 여기어 공동 협의하시어 우리의 독립권을 회복해 주신다면, 조병세는 죽어도 마땅히 결초(結草)[1]하겠습니다. 정신이 어지럽고 숨이 가빠 말을 다하지 못하겠습니다." 하였다.

**註解**

1) 결초(結草) : 죽어서도 은혜를 잊지 않고 갚는 것. 결초보은(結草報恩).

**原文**

特進官趙秉世仰藥卒 倭拘秉世 經宿釋之 秉世聞閔泳煥死 歎曰 吾可以死矣 客有止之者曰 徒死無益 盍少待 秉世曰吾不死 死日何以對文若(閔泳煥) 袖出鴉片呑之 李容稙其壻也 時在側 卽載之歸其家 有頃絕 倭人聞之 帶醫欲行審查 容稙大罵曰 我大韓大臣 爲國自死 何預汝輩事 而又欲逞侮辱於身後乎 群倭愕眙而退 秉世臨死 有遺疏 又投書各公館 秉世向以日使劫約事 知照各館僉閣下 而竟未得一次會辨 憂憤撑中 以死報國 伏願僉尊 垂念隣誼 矜惻弱小 共同協議 以復我獨立之權 則秉世死當結草矣 神眩氣促 不知所云.

또 국내 인민에게 영결하는 유서를 남겼다.

"병세는 죽음에 임하여 국내 인민에게 경계하여 알리노라. 아! 강한 이웃나라가 맹약을 어기고, 역적이 나라를 팔아 5백 년 종묘사직의 위급함이 깃대의 술처럼 껍데기만 나부끼고 2천만 생령이 장차 노예가 되려 한다. 차라리 나라를 위해 죽을지언정 금일의 이와 같은 치욕을 차마 볼 수 있겠는가? 이때야말로 진실로 지사가 피를 토하고 충신이 울음을 머금을 때이다. 병세는 충분(忠憤)이 치솟아 역량을 헤아리지 않고 글을 올려 대궐에서 울부짖고 대궐 밖에서 석고대죄하며 이미 옮겨간 국권을 만회하고 벽이 무너져 내리는 위태로움에서 생령을 구하고자 하였으나 일은 따라주지 않고 대세는 이미 틀려 버렸도다. 오직 한번 죽음으로써 위로는 나라에 보답하고 아래로는 많은 인민에게 사죄하노라! 그러나 죽어도 여한이 되는 것은 국세가 회복되지 못했고 임금께서 근심이 풀어지지 않는 것이다. 우리 전국의 동포는 내가 죽었다는 것을 슬퍼하지 말고 각자 스스로 분발하여 더욱 충의에 힘써 나라를 도와 독립의 기초를 공고히 해서 회계지치(會稽之恥)[1]를 씻어줄 수만 있다면, 병세는 비록 구천지하(九泉之下)[2]에서도 기뻐 춤추고 뛰면서 기뻐할 것이니 각자 힘쓰고 또 힘쓸지어다!"

**註解**

1) **회계지치**(會稽之恥) : 패전의 치욕. 옛 춘추시대(春秋時代)에 월왕(越王) 구천(句踐)이 오왕(吳王) 부차(夫差)에게 회계산(會稽山)에서 패전한 고사(故事)에서 온 말.
2) **구천지하**(九泉之下) : 죽은 뒤에 넋이 돌아간다는 곳.

**原文**

우 위 서 결 고 국 내 인 민
又爲書訣告國內人民.

병 세 임 사 경 고 국 내 인 민 오 호 강 인 투 맹 적 신 매 국 오 백
秉世臨死 警告國內人民 嗚乎 强隣渝盟 賊臣賣國 五百

年宗社 危如綴旒 二千萬生靈 行將奴隸 寧以國斃 忍見今日如此羞辱乎 此誠志士沫血·忠臣飮泣之秋也 秉世忠憤所激 不揣力量 封章叫閽 席藁闕外 將欲挽國權於已移 救生靈於阽危 而事不從 大勢已去 惟以一死 上報國家 下謝衆人 然死有餘恨者 國勢未復 主憂未解也 惟我全國同胞勿以我死爲悲 各自奮發 益勉忠義 左右邦家 鞏固我獨立基礎 以雪會稽之恥 則秉世雖九泉之下 蹈舞悅豫矣 其各勉之 其各勉之.

이보다 먼저 조병세(趙秉世)가 의정을 제수 받고 처음으로 경연에 나왔을 때 임금이 눈길을 보내면서 좌우에 이르기를, "이 사람은 정직하여 뜻을 바꾸지 않을 것이다."라고 하였다. 그 뒤에 일을 처리할 때면 과감하여 직언을 서슴지 않아 '수교 대신(水橋大臣)'이라는 칭찬이 일시에 떠들썩했는데, 이때에 이르러 사람들이 더욱 말하기를 임금의 알아보았음을 저버리지 않았다고 하였다. 백년 이래 경재(卿宰, 재상)들이 여러 관직에 벼슬할 때는 비록 장장(鏘鏘, 높은 모양)의 명성이 있었지만, 한 번 상부(相府, 정승자리)에 들어가면 갑자기 무너져 떨어져 명망을 잃게 되는데, 오직 조병세만은 재상이 되어 처음으로 이름이 있었다. 그런데 그는 임금이 운현대감의 영연(靈筵, 영위를 모신 자리)에 가는 것을 막아서 세상의 비판을 받은 바 있다.

**原文**

先是秉世大拜 始登筵 上目送之 謂左右曰 此人有正直不回意 其後遇事敢言 水橋大臣之稱 喧一時 至是 人尤以爲 不負主知 百年以來 卿宰處庶官 則雖鏘鏘有聲 一入相府 輒頹唐失宿望 惟秉世作相始有名 然阻上勿幸雲峴靈筵 爲世所訾.

평양 징상대(徵上隊)[1] 상등병 김봉학(金奉學)이 칼을 물고 엎드려 죽었으니 초6일의 일이었다. 김봉학은 을사늑약(乙巳勒約)이 체결된 후 분하여 날뛰며 죽으려 하였다. 민영환(閔泳煥)과 조병세(趙秉世)가 죽었다는 소식을 듣고 더욱 비분하여 자신을 이기지 못하고 술에 취해 걸으며 흥얼대어 광마(狂魔)와 비슷했다. 이 날 부대에 들어와서 통곡하며 모든 장졸에게 일러 말하기를, "우리들은 병사라 호칭하면서 나라가 망했는데, 한번 결사 투쟁하지 않고 한갓 국록만 절취하는 것이 옳단 말인가? 어찌 각자 원통한 주먹을 휘둘러 왜놈 하나를 잡아 물어뜯어 죽이지 아니하느냐?" 하니 여러 장졸들은 비웃었다. 김봉학은 꾸짖어 말하기를, "네놈들은 참으로 개와 돼지 같은 놈들이다. 인생은 한번 죽게 마련인데 죽음을 어찌 두려워할 것이냐? 죽음을 두려워할 것 같으면 나를 보라." 하고 드디어 영문(營門)을 뛰어나와 칼을 물고 뛰어 엎드리니 칼은 등을 뚫고 나와 그대로 죽으니 사람들이 크게 놀랐으며 나라 안의 사람들은 모두 칭찬하여 말하기를, "민영환은 족히 죽은 것이라 할 수도 없겠다."고 하였다.

대개 일본인은 조약을 맺기 하루 전에 각 부대의 서양총을 모두 거두어 가고 몰래 무기를 가지고 돌아갔다. 그러므로 김봉학은 죽으려 해도 어찌할 수 없었다고 한다. 참령(參領) 홍창길(洪昌吉)과 정위(正尉) 전면조(全冕朝) 등이 글을 지어 통곡하였다.

"아아! 가슴이 메어지는구나! 군의 나이 35세로 성격은 몹시 곧았으며 입대한 지 6년만에 임금의 부름을 받고 징발되어 서울에 주둔하였고, 우리 부곡(部曲)에서 기거하며 즐거움과 괴로움을 같이 했고 성실한 마음을 다해 사역하였으며 힘을 다해 공사(公事)를 받들었다. 국가가 다난하자 눈물을 흘리며 슬퍼했고 뜻을 지키고 나라에 보답할 것을 도모했으며 의를 취하여 삶을 버렸도다. 황제 폐하께 상달하여 마땅히 포장(褒奬)이 있게 할 것이며 나라 전체가 흠모하게 될 것이다. 군영의 모든 이들이 구슬피 우노라. 장렬한 영이시여! 부디 박주(薄酒)[2]이나마 흠향(歆饗)하소서."

이 사실을 듣고 임금은 민망하게 생각하여 정3품의 법부 참서관에 증직하고 훈4등을 추증하고 그의 집 대문에 정문을 세우라고 명하였다. 그리고 궁내부에 명하여 목·포(木布) 각 30필, 돈 200원, 백미 5석을 지급하여 장례비용에 충당하도록 하고 관원을 보내 치제(致祭)하도록 하였다.

그 제문은 다음과 같았다.

"유세차 광무 9년 을사년 11월 경오(庚午) 삭(朔) 9일 무인(戊寅)에 황제는 신 예식원 장례 이창선(李昌善)을 보내서 증 법부 참서관 김봉학의 묘에 치제(致祭)하노라. 국사가 위태하고 긴박하니 충분(忠憤)이 격렬하여 다른 생각을 할 겨를이 없이 목숨을 가벼이 하여 절개를 지켜 나라를 위해 대의(大義)가 일월(日月)과 쟁광(爭光)[3]하는도다. 몸은 군위(軍位)에 있으나 생각은 커서 윤균(輪囷)[4] 단침(丹沈)[5]은 옛날에도 없었던 바이다. 이에 죽어 저승으로 갔으니 고상하고 아름다움을 무어라고 찬미해야 좋을까? 전례로 작설(綽楔)[6]하여 치제하니 신(神)은 흠향하소서."

**註解**

1) **징상대**(徵上隊) : 평양 진위대 소속으로 서울에 올라와 있는 군대.
2) **박주**(薄酒) : 맛이 좋지 않은 술. 자기가 내는 술의 겸칭.
3) **쟁광**(爭光) : 빛을 다툼. 곧 훌륭한 것을 이루는 말.
4) **윤균**(輪囷) : 높고 큰 모양. 위아래 좌우로 꺾이고 굽은 모양.
5) **단침**(丹沈) : 진심으로 충성함.
6) **작설**(綽楔) : 충신 · 효자 · 열녀 등을 표창하기 위하여 그 집 앞에 세운 붉은 문. 정문(旌門).

**原文**

평양징상대상등병김봉학 복일사 초육일야 봉학자겁약
平壤徵上隊上等兵金奉學 伏釰死 初六日也 奉學自劫約

후 분규욕사 급문민 조제공사 우비분부자승 침취행구
後 奮叫欲死 及聞閔·趙諸公死 尤悲憤不自勝 沈醉行謳

유광마 시일입영오 통곡위제장졸왈 오등호칭병사 국망
類狂魔 是日入營伍 痛哭謂諸將卒曰 吾等號稱兵士 國亡

불일사투 도절국록가호 합각분권포일왜질살야 중개소지
不一死鬪 徒竊國祿可乎 盍各奮拳抱一倭咥殺也 衆皆笑之

봉학매왈 약조진구체이 인생회유일사 사하족파 여파사
奉學罵曰 若曹眞狗彘耳 人生會有一死 死何足怕 如怕死

기시오 수분출영문 함일일약이복 도출배이사 어시대경
其視吾 遂奔出營門 含釖一躍而伏 刀出背以死 於是大驚

국중인함책책왈 민영환부족사야 개왜어겁약전일일 실수
國中人咸嘖嘖曰 閔泳煥不足死也 蓋倭於刧約前一日 悉收

각대양총 잠거기정이환지 고봉학욕유위이무내운 참령홍
各隊洋銃 潛去機釘而還之 故奉學欲有爲以無奈云 參領洪

창길 정위전면조등 조문곡지왈 희희통재 군년삼십오
昌吉 · 正尉全冕朝等 操文哭之曰 噫嘻痛哉 君年三十五

경직기성 입대육재 징상주경 거아부곡 감고여동 실심사
勁直其性 入隊六載 徵上駐京 居我部曲 甘苦與同 實心使

역 갈력봉공 국가다난 체읍비상 수지도보 취의연생 청문
役 竭力奉公 國家多難 涕泣悲傷 守志圖報 取義捐生 聽聞

천폐 당유포장 거세흠차 일영진창 신기영장 서흠박상 사
天陛 當有褒奬 擧世欽嗟 一營盡悵 神其靈壯 庶歆薄觴 事

문 상민지 증정삼품법부참서관훈사등 명정기문 영궁내
聞 上憫之 贈正三品法部參書官勳四等 命旌其門 令宮內

부제급목포각삼십필 전이백원 백미오석 비조장수 견
部題給木布各三十疋 · 錢二百元 · 白米五石 俾助葬需 遣

관치제 유광무구년세차을사년십일월경오삭 구일무인 황
官致祭 維光武九年歲次乙巳年十一月庚午朔 九日戊寅 皇

제견신예식원장례이창선 치뢰우증법부참서관김봉학지묘
帝遣臣禮式院掌禮李昌善 致酹于贈法部參書官金奉學之墓

왈 국사위박 충분격열 미황타고 경명정절 위국대의 쟁광
曰 國事危迫 忠憤激烈 未遑他顧 輕命定節 爲國大義 爭光

일월 신재군위 일념즉대 윤균단침 긍고미유 내졸내서 왈
日月 身在軍位 一念則大 輪囷丹沈 亘古未有 乃卒乃逝 曰

상 왈 가 운 하 찬 미 작 설 전 례 치 뢰 위 의 신 기 격 지
尙曰嘉 云何贊美 綽楔典禮 致酹爲儀 神其格止.

학부 주사(學部主事) 이상철(李相哲)이 자살하였다. 조서에 이르기를, "이상철은 충분(忠憤)[1]이 강개(慷慨)[2]하여, 생명을 던졌으니 그 뜻이 안타깝고 그 절개가 가상(嘉尙)하도다."라 하고, 관판(棺板) 1부(部)를 제급(題給)하고 특별히 학부 협판(學部協辦)의 직을 추증하였으며 작설지전(綽楔之典)[3]을 베풀어 주었다. 예부의 낭관을 보내 치제(致祭)하고, 장례에 필요한 물품을 궁내부에 영(令)을 내려 넉넉하게 지급하도록 하였다. 이상철이 순절한 자초지종은 상고할 길이 없다. 이때 서울 북서(北署)[4]의 관리가 검사할 일이 있다면서 그의 의형(義兄) 한재경(韓在敬)을 잡아 가두었다고 한다. 이상철은 당시 나이가 30세였으며, 늙은 어머니가 살아 있었다.

**註解**

1) **충분**(忠憤) : 임금께 충성을 다하려는 마음에서 우러나는 분개심.
2) **강개**(慷慨) : 의롭지 못한 것을 보고 의기(義氣)가 복받치어 슬퍼하고 한탄함.
3) **작설지전**(綽楔之典) : 충신 · 효자 · 열녀 등을 표창하기 위하여 나라에서 그 집에 정문(旌門)을 세워주던 일.
4) **북서**(北署) : 서울 북부를 관할하는 경무관서(警務官署). 1895년에 설치했다.

**原文**

학부주사이상철자살 조왈 이상철충분유격 강개연생 기
學部主事李相哲自殺 詔曰 李相哲忠憤攸激 慷慨捐生 其
의가민 기절가상 관판일부제급 특증학부협판지직 시이
意可憫 其節可尙 棺板一部題給 特贈學部協辦之職 施以
작설지전 견례랑치유 장수영궁내부종우획급 상철순의본
綽楔之典 遣禮郎致侑 葬需令宮內部從優劃給 相哲殉義本
말 무소고 시시경사북서관리 칭유검사지사 구수기의형
末 無所考 是時京師北署官吏 稱有檢查之事 拘囚其義兄
한재경 상철시년삼십 유노모
韓在敬 相哲時年三十 有老母.

계동(桂洞)의 인력거꾼 아무개성명은 알지 못함가 스스로 목숨을 끊었다. 인력거꾼은 예전에 민영환(閔泳煥)의 행랑채에 살았었는데 이미 물러나 계동에서 살면서 인력거를 끄는 것으로 업(業)을 삼았다. 이때에 이르러 민영환이 자결했다는 소식을 듣고 통곡하며 집에 돌아와 종일토록 통곡을 하고 눈물을 흘리더니, 인력거를 거주(車主) 김참령(金參領) 집에 돌려준다고 나가더니 돌아오지 않았다. 집안사람들이 아침에 일어나 찾아보니 경우궁(景祐宮) 뒤 소나무 가지에 목을 매 죽어, 그 시신이 얼어 있었다.

**原文**

계동거용모 실기성명 자경사 용구거민영환랑무 기퇴거
桂洞車傭某 失其姓名 自經死 傭舊居閔泳煥廊廡 旣退居
계동 업예인력거 지시민영환사 통곡귀가 종일호읍 귀인
桂洞 業曳人力車 至是閔泳煥死 痛哭歸家 終日呼泣 歸人

력 거 우 거 주 김 참 령 가 불 반 가 인 조 기 적 지 치 경 우 경 우 궁 후
力車于車主金參領家 不返 家人朝起跡之 雉經于景祐宮後
송 지 시 이 동 의
松枝 尸已凍矣.

심순택(沈舜澤)과 이근명(李根命)이 백관을 거느리고 정청(庭請)[1]하여 역적을 토벌하고 조약을 파기할 것을 청하였다. 심순택은 한 번 하고는 그쳤으며, 이근명은 두 번에 걸쳐서 면주(面奏)[2]를 하다가 일본군 사령부에 구금되었다.

**註解**

1) **정청**(庭請) : 세자 또는 의정(議政)이 백관을 거느리고 궁정(宮庭)에 이르러 대사(大事)를 계품(啓稟)하여 전교를 기다리는 일.
2) **면주**(面奏) : 임금을 뵙고 상주(上奏)함.

**原文**

심 순 택 이 근 명 솔 백 관 정 청 토 적 파 약 순 택 일 차 변 지 근
沈舜澤·李根命 率百官庭請 討賊破約 舜澤一次便止 根
명 면 주 지 재 피 구 우 왜 사 령 부
命面奏至再 被拘于倭司令部.

일본군이 특진관 박기양(朴箕陽)을 구금하였다. 박기양은 힘껏 이근명(李根命)에게 권하여 정청에 앞장서도록 하였다. 일본군이 박기양을 협박하면서, "정청을 하려거든 네가 스스로 나가서 할 일이지 어찌 이의정(李議政)을 종용하였느냐?"고 하자, 박기양이 분연히 말하기를, "우리나라의 법은 상신(相臣)이 아니면 백

관을 인솔하고 정청할 수가 없기 때문이다. 이 의정을 굳이 일으켜 세운 것은 나다."라고 하고는 드디어 입을 다물고 7, 8일 동안 음식을 먹지 않았다. 일본인은 그가 이로 인해 죽는 것을 싫어하여 의사를 옆에 두고 치료시켰다. 오래 있다가 석방되었는데 박기양은 마침내 수원의 시골집으로 돌아갔다.

**原文**

倭囚特進官朴箕陽 箕陽力勸李根命 倡庭請 倭迫箕陽曰 欲庭請 則汝自爲之 何慫慂李議政 箕陽奮曰 我國之法 非相臣 不能率百官庭請 故果起李議政者我也 遂閉口 不食七八日 惡其因死 挾醫調治 久而見釋 箕陽遂歸于水原田廬.

전 첨사(詹事) 이상설(李相卨)이 비통함과 울분으로 번민하다가 죽으려 하였으나 이루지 못하고, 이에 종로 거리에서 대중을 향하여 통곡을 하며 국가가 망하게 된 원인과, 나라의 신하로서 마땅히 죽어야 될 의리를 낱낱이 아뢰며 몸을 땅에 던지고 돌에 머리를 부딪쳐 넘어지더니 머리가 깨져 피가 쏟았다. 혼절하여 깨어나지 못하자 사람들이 떠메고 집으로 데려갔는데, 한 달이 지나서야 비로소 살아났다.

**原文**

전 첨 사 이 상 설 정 민 비 울 구 사 부 득 내 지 종 가 향 중 인 통 곡
前僉事李相卨 恇悶悲鬱 求死不得 乃之鍾街 向衆人痛哭
역 진 국 가 상 난 지 유 인 신 당 사 지 의 투 신 어 지 촉 석 이 도 두
歷陳國家喪亂之由 人臣當死之義 投身於地 觸石而倒 頭
쇄 혈 용 인 혼 절 불 성 중 여 이 귀 협 월 시 소
碎血湧 因昏絶不省 衆舁而歸 浹月始甦.

민영철(閔泳喆)이 도망하여 청나라 상해로 들어가니, 정부는 그를 면직시키도록 아뢰고 박제순(朴齊純)을 참정으로 삼았다.

**原文**

민 영 철 도 입 청 국 상 해 정 부 주 면 관 이 박 제 순 위 참 정
閔泳喆逃入淸國上海 政府奏免官 以朴齊純爲參政.

전 찬정(贊政) 최익현(崔益鉉)이 현도봉소(縣道封疏)[1]를 올렸다. 상소는 초3일에 임금에게 올려졌는데, 그 대략은 다음과 같다.

"엎드려 생각하옵건대, 난신적자(亂臣賊子)가 어느 시대인들 없겠습니까마는, 금번 외국과의 조약을 제멋대로 조인한 박제순(朴齊純)·이지용(李址鎔)·이근택(李根澤)·이완용(李完用)·권중현(權重顯)과 같은 자들이 어디 있겠습니까? 당초 저들은 이미 이 조약을 성립시키기 위해 온 것인즉, 우리 정부가 반드시 알지 못할 이치가 없습니다. 이미 그것을 알고 있으면서도 온 나라에 알려 백성들이 필사(必死)의 의리를 보여주지 못하고 이에 한밤

중 사람들이 알 수 없을 때에 회의를 열었으니, 그들의 행동거지를 보건대 나라를 팔아먹을 일이 이미 10분의 7, 8분은 이루어진 것이었습니다. 회의의 자리에 임하여서는 폐하가 비록 일이 곤란하고 시세가 급하다고 하더라도, 능히 한번 천위(天威)를 떨쳐서 손토로(孫討虜, 손권)[2]의 작안(斫案)과 같이 했어야 합니다.

참정 및 모든 대신들이 죽음을 무릅쓰고 통렬히 배척하기를 선정신(先正臣) 김상헌(金尙憲)이 국서(國書)를 찢던 것과 같이 하여 머리를 내줄지언정 조약은 맺을 수 없게 하였다면, 저들이 비록 군대의 위협으로 억지로 협박을 해도 마땅히 우리를 어찌했겠습니까? 또 하물며 각국 공관의 이목(耳目)이 곁에서 보고 있는데, 우리나라 인사들이 분발해서 일어난다면 저들 또한 어찌 가히 모두 도륙을 감행할 수 있었겠습니까? 설사 저들이 흉악한 행동을 스스로 그치지 않고 감히 대포로써 일처리를 밀어붙인다 해도, 머리를 숙이고, 마음을 굽혀 치욕과 오명을 받고 사는 것이, 북지(北地) 왕심(王諶)[3]의 말처럼 어찌 모두 기력을 떨쳐 군신 부자가 성(城)을 등지고 일전(一戰)을 벌여 사직(社稷)을 위해 함께 죽는 것만 같겠습니까?

돌이켜보면 계책이 먼저 정해있지 않은데도 두려워하며 떨었으니, 비록 폐하가 윤허하지 않음이 있다고 하나 끝내 유약하고 온순한 작태를 면치 못했으며, 비록 참정 대신이 굳게 항거한 사실이 있었다고는 하지만, 겨우 또한 '가(可)' 자를 쓰지 않았을 뿐입니다. 이러한 것들이 왜적이 감히 강압적으로 압박을 하게 된 까닭이며, 박제순 등 여러 역적들이 감히 멋대로 승인할 수 있었던 까닭이 되겠습니다. 그렇다면 박제순 이하 여러 역적들은 본디 왜적들의 창귀(倀鬼)[4]가 되어 나라 팔아먹기를 재주로 삼고 기탄없이 뻔뻔스럽게 자신들의 행동을 괴이하게 여기지도 않았으니, 이자들은 진실로 만 번 능지처참(陵遲處斬)을 한다 해도 오히려 여죄가 있을 것입니다.

한규설(韓圭卨)도 정부 장관의 몸으로, 애당초에 일을 염려하지 못했으며 그 아랫사람들을 바로잡지 못했으니 또한 어찌 직무를 제대로 감당하지 못한 죄를 면할 수 있겠습니까?

또 저 왜적들은 그들이 조금 강하다는 것을 믿고 마음이 교만한 기세가 넘쳐서 이웃을 협박하여 원한을 맺는 것을 능사로 삼고, 맹약을 파기하는 것을 장기로 여기어 동문(同文)의 대의를 염두에 두지 않고 각국의 공론을 돌아보지 않고서 오로지 병탄할 욕심으로 사행함이 거리낌이 없으니, 실로 일조일석(一朝一夕)의 연고가 아니며, 여러 해를 두고 경영하여 이룬 것인즉, 그 형세는 단지 이와 같은 것에서 그치지 않을 것입니다. 저들이 마관조약(馬關條約)으로부터 일아(日俄)의 선전 포고문에 이르기까지 무릇 우리나라의 독립 및 영토를 보전한다고 한 것이 몇 차례이며, 우리나라의 이익을 약탈하여 치지하면서 걸핏하면 한일(韓日) 두 나라의 우의가 더욱 밀접하다고 한 것이 또한 몇 차례입니까? 그들이 사기치고 비웃고 조롱함에 가히 헤아릴 수 없는 것이 이와 같은즉, 지금 저들이 이른바 황실 보전 운운하는 것을 폐하께서는 과연 믿으실 수 있겠습니까?

지금 임금의 지위가 아직 바뀌지 않았고, 인민들이 아직 죽지 않았으며, 각국의 공사들이 아직 돌아가지 않은 때입니다. 계약을 맺은 문서가 그래도 다행히 폐하의 준허(準許)와 참정 대신의 인가가 나지 않았은즉, 저들이 믿는 것은 특히 여러 역적이 억지로 조인한 헛조약에 지나지 않습니다. 의당 먼저 속히 오적(五賊)의 머리를 베어 그 나라를 팔아먹은 죄를 바로잡으시고, 외부(外部)의 관리를 뽑아 세워 일본 공관에 빨리 공문을 보내서 강요된 조약은 거짓 조약임을 밝혀 말소해야 됩니다. 또 급히 각국 공관에 조회(照會)를 보내 대동(大同)의 담판을 모아 일본이 강한 힘을 믿고 약자를 능멸한 죄를 설명해야 할 것입니다.

이와 같이 한다면 폐하의 심사(心事)와 인민의 정원(情願)도 가히 천하에 밝게 펼 수 있어 만국의 인민들로 하여금, 또한 우리나라 군신들의 본마음을 알 수 있게 할 것이니, 분발하여 떨쳐 일으킨 공은 가히 멸망한 상태로부터 돌려 보존할 수 있게 되어 죽음에서 일어나 삶으로 돌릴 수 있을 것입니다.

지금 모두가 외축(畏縮)되어 있을 뿐이니 두려워하는 것은 망하는 것입니다. 지금 이미 망하였으니 다시 무엇이 두려울 것이 있겠습니까? 가령 이것으로 인해서 저들의 노여움을 더한다 하더라도 폐하께서는 홀로 명나라 의종(毅宗)이 사직과 더불어 죽은 의리를 듣지 못하였단 말입니까? 또 폐하께서는 박제순 등 여러 역적들을 어찌하시렵니까? 저들이 비록 외국 세력에 의지하여 군부(君父)를 협박하고 있으나 아직도 우리의 신자(臣子)입니다.

지금 만약 한번 호령을 발한다면, 온 백성들은 공동의 원수라는 의리에서 사법의 행형(行刑)을 기다릴 것 없이 역적의 몸뚱이를 고가(藁街)에 효수할 것입니다.

신은 이 망극한 소식을 듣고서 병이 깊어 죽을 지경에 이른지라 들것에 실려 대궐에 나가 의리를 펴고 싶은 소원을 이루지 못하고, 억지로 남은 기운을 거두어 피눈물로 간곡히 고합니다. 머리를 돌려 북쪽을 바라보니 눈물이 비 오듯 쏟아질 뿐입니다."

이에 비답하기를, "경이 근심과 울분의 정성으로써 이러한 말을 한 것을 진실로 잘 안다. 그런데 또한 스스로 침량(斟量)[5)]할 것이 있으니, 대신들의 연달은 상소에 대한 비답을 보면 거의 이해할 수 있을 것이다."라고 하였다.

**註解**

1) **현도봉소**(縣道封疏) : 시골에 있는 재신(宰臣)이 현(縣)이나 도(道)를 통하여 올리는 소(疏).
2) **손토로**(孫討虜)**의 작안**(斫案) : 손토로는 중국 삼국시대 오(吳)의 손권(孫權)을 가리킴. 조조(曹操)의 침략을 받아 위급할 때 조조의 투항 요구를 반대하고 칼로 책상을 내려치며 항전을 선언하여 적벽대전의 승리를 거두었다는 고사(故事).
3) **왕심**(王諶) : 중국의 남조(南朝) 사람. 명제(明帝) 때 임금의 잘못을 누차 간했던 인물.
4) **창귀**(倀鬼) : 귀신 이름. 전설에 범에게 물려서 죽은 사람의 귀신이 범에게 붙어 다니며 범의 심부름꾼이 되었다고 함.
5) **침량**(斟量) : 사물을 헤아리고 사정을 참작하여 잘 처리함.

**原文**

전 찬 정 최 익 현 이 현 도 봉 소 소 이 초 삼 일 등 철 약 왈
前贊政崔益鉉 以縣道封疏. 疏以初三日登徹 略曰.

복 이 난 신 적 자 하 대 무 지 이 기 유 여 금 번 천 인 외 약 지 박 제
伏以亂臣賊子 何代無之 而豈有如今番擅印外約之朴齊

순 이 지 용 이 근 택 이 완 용 권 중 현 자 호 당 초 피 사 기
純·李址鎔·李根澤·李完用·權重顯者乎 當初 彼使旣

위 차 약 성 립 이 래 즉 아 부 필 무 부 지 지 리 기 지 지 이 불 능 유 일
爲此約成立而來 則我府必無不知之理 旣知之 而不能喩一

국 시 민 이 필 사 지 의 내 설 회 의 석 어 야 반 인 부 지 지 시 관 기 거
國 示民以必死之義 乃設會議席於夜半人不知之時 觀其擧

조 매 국 지 사 이 칠 팔 분 성 의 지 임 의 석 폐 하 수 피 곤 박 능 일
措 賣國之事已七八分成矣 至臨議席 陛下雖被困迫 能一

진 천 위 여 손 토 노 지 작 안 참 정 급 제 대 신 능 변 사 통 척 여 선
震天威 如孫討虜之斫案 參政及諸大臣 能弁死痛斥 如先

정 신 김 상 헌 지 열 서 사 견 두 가 득 이 약 불 가 득 즉 피 수 병 위 늑
正臣金尙憲之裂書 使見頭可得 而約不可得 則彼雖兵威勒

박 당 내 아 하 재 차 황 유 각 관 이 목 지 방 시 아 국 인 사 지 분 기
迫 當奈我何哉 且況有各觀耳目之傍視 我國人士之奮起

즉 피 우 기 가 진 행 도 륙 호 설 사 피 부 자 집 흉 학 감 이 대 포 종 사
則彼又豈可盡行屠戮乎 設使彼不自戢凶虐 敢以大砲從事

여 기 굴 수 하 심 몽 치 수 오 이 생 갈 약 일 분 기 력 군 신 부 자 배 성
與其屈首下心蒙恥受汚而生 曷若一奮氣力 君臣父子 背城

일 전 동 사 사 직 여 북 지 왕 심 지 언 호 고 내 계 불 선 정 췌 췌 율
一戰 同死社稷 如北地王諶之言乎 顧乃計不先定 惴惴慄

율 수 유 폐 하 지 불 윤 이 종 미 면 유 나 손 열 지 태 수 유 참 정 지 고
慄 雖有陛下之不允 而終未免柔懦巽悅之態 雖有參政之固

거 이 근 역 불 서 가 이 이 차 왜 적 소 이 감 어 늑 박 이 제 순 제 적
拒 而僅亦不書可而已 此倭賊所以敢於勒迫 而齊純諸賊

소 이 감 어 천 허 야 연 즉 약 제 순 이 하 제 적 자 소 이 왜 적 지 창 귀
所以敢於擅許也 然則若齊純以下諸賊者 素以倭賊之倀鬼

이매국위기량 무기무탄 염불위괴 차고만과능지 이유유
以賣國爲伎倆 無忌無憚 恬不爲怪 此固萬剮凌遲 而猶有
여죄자야 지어한규설 신위정부장관 기불능려사어시 이
餘罪者也 至於韓圭卨 身爲政府長官 旣不能慮事於始 而
우불능정기하 우오득면닉직지죄호 차피왜적자 시기초강
又不能正其下 又烏得免溺職之罪乎 且彼倭賊者 恃其稍强
지교기일 이겁인구원위능사 이패맹괴약위장기 불념동문
志驕氣溢 以刦隣搆怨爲能事 以敗盟壞約爲長技 不念同文
지대의 불고각국지공론 전욕탄서 자행무탄 실비일조일
之大義 不顧各國之公論 專欲呑噬 恣行無憚 實非一朝一
석지고 이내사적년경영이성자 즉기세불단여시이지이 피
夕之故 而乃使積年經營而成者 則其勢不但如是而止耳 彼
자마관조약 급일 아선전서이래 범칭보전아독립급영토
自馬關條約 及日·俄宣戰書以來 凡稱保全我獨立及領土
운자 기차의 기점탈아국이익야 동칭한일양국교의유밀자
云者 幾次矣 其占奪我國利益也 動稱韓日兩國交誼愈密者
우기차의 기기사모롱 불가측자여차 즉금피소위황실보전
又幾次矣 其欺詐侮弄 不可測者如此 則今彼所謂皇室保全
운자 폐하과신지호 태차군위유미체 인민유미망 각국공
云者 陛下果信之乎 迨此君位猶未替 人民猶未亡 各國公
사유미환지시 이계약지서 행이불출어폐하지준허 참정
使猶未還之時 而契約之書 幸而不出於陛下之準許·參政
지인가 즉피지소지자 특불과제적늑조지허약야 의선극취
之認可 則彼之所持者 特不過諸賊勒調之虛約也 宜先亟取
오적지수 정기매국지죄 택건외부지관 비조일관 작멸기
五賊之首 正其賣國之罪 擇建外部之官 飛照日館 繳滅其
요맹비맹지위계 우급통조우각국공관 대동회판 설명일본
要盟非盟之僞契 又急通照于各國公館 大同會辦 說明日本
시강능약지죄 여시 즉폐하지심사 인민지정원 가이소포
恃强凌弱之罪 如是 則陛下之心事 人民之情願 可以昭布
우천하 사만국지인 역지아군민지본심 이분발진기지공
于天下 使萬國之人 亦知我君民之本心 而奮發振起之功

가 이 전 망 위 존 회 사 위 생 의 금 자 일 직 외 축 이 이 즉 소 외 자 망
可以轉亡爲存 回死爲生矣 今玆一直畏縮而已 則所畏者亡
이 금 기 망 의 부 유 하 외 가 령 인 차 이 증 피 지 노 폐 하 독 불 문
耳 今旣亡矣 復有何畏 假令因此而增彼之怒 陛下獨不聞
대 명 의 종 순 사 지 의 호 차 폐 하 이 제 순 제 적 위 하 여 야 피 수 의
大明毅宗殉社之義乎 且陛下以齊純諸賊 爲何如也 彼雖倚
자 외 세 이 협 군 부 유 아 지 신 자 야 금 약 일 호 령 즉 이 만 민 공
藉外勢 以脅君父 猶我之臣子也 今若一號令 則以萬民共
수 지 의 부 대 법 사 행 형 이 역 시 이 고 가 의 신 문 차 망 극 지 보
讐之義 不待法司行刑 而逆尸已藁街矣 臣聞此罔極之報
이 융 병 수 사 불 능 담 여 부 궐 이 신 필 의 지 원 강 수 단 정 체 공
而癃病垂死 不能擔舁赴闕 以伸畢義之願 强收短精 替控
혈 간 전 수 북 망 읍 체 여 우 이 이 운 운
血懇 轉首北望 泣涕如雨而已云云.

비 왈 이 경 우 분 지 침 고 지 유 시 언 이 역 자 짐 량 자 존 견 대 신
批曰 以卿憂憤之忱 固知有是言 而亦自斟量者存 見大臣
연 소 지 비 서 가 양 회 사
聯疏之批 庶可諒會事.

최익현(崔益鉉)은 11월 14일에 또 소 한 통을 올렸다.

그 내용은 다음과 같다.

"신은 엎드려 비지(批旨)를 받아 읽고 당혹스러웠습니다. 생각하건대 '짐량(斟量, 미루어 짐작함)한다.'고 말씀하신 것은 의심하여 아직 정하지 못한다는 말이니, 그 사람들을 죄 줄 수도 있고 죄 주지 않을 수도 있다는 분간하기 애매함이 있습니다. 이 오적(五賊) 같은 자들은 위로는 사직을 지키라는 성교(聖敎)를 돌아보지 않고, 아래로는 참정 대신의 강력히 거부한다는 각료들의 의론을 돌아보지도 않았으며, 제멋대로 조종으로부터 전해오는 강

토와 인민을 가지고 한밤중에 종이쪽지 하나로 적에게 넘겨주었으니, 곧 곽개(郭開)[1)]와 진회(秦檜)[2)]도 할 수 없었던 일을 박제순 등은 그 짓을 저지르고 말았습니다. 이들은 그 죄가 비록 다섯 수레로 거열(車裂)[3)]하고, 그 십족(十族)[4)]을 도륙을 해도 오히려 신령(神靈)과 사람의 분노를 씻기에 부족합니다.

대저 무슨 의심이 있으시길래 임금의 교시가 늑장을 부림이 이와 같단 말입니까? 이에 대소 신민(臣民)들이 주먹을 불끈 쥐고 혀를 내두르며 역적의 머리를 얻을 것을 청하고, 상소가 이어져서 쌓이고 있을 뿐만 아니라, 또 대신과 재신 및 미관 · 하품인 병졸 · 거부(車夫)까지 죽음을 무릅쓰고 간하는 자가 앞뒤로 끊이지 않고 이어지니, 하늘의 지극한 뜻을 능히 돌릴 수 없다고 근심할 것은 없습니다. 신은 목을 잡아 빼고 눈을 주시하며 폐하께서 한 번 크게 노하시는 위엄을 보여 주실 것을 바랐습니다만, 오래되도록 아직도 듣지 못한즉, 신은 또 의심하기를 폐하가 여러 적들은 죽여야 되겠다는 것을 알지 못하는 것이 아니라, 특히 더욱 공의(公議)가 무섭게 일어나는 것을 기다려 나라 사람들과 더불어 그들을 죽이려 하는 것이거나, 역적들을 애호하여 차마 죽이지 못하는 것이 아니고, 저들이 끼고 있는 세력이 두려워서 감히 죽이지 못하고 있는 것이 아니겠습니까? 어찌하여 천지 · 조종 · 귀신 · 초목과 내외 국민이 모두 이 역적들을 원수로 삼지 않음이 없는데, 유독 폐하께서만 그것을 원수로 삼지 않으시는 이치가 있겠습니까?

언간에 날이 지나 달이 옮겨간 지가 수십 일이 지났는데, 단지 마침내 역적을 죽였다는 소식이 들리지 않았을 뿐만 아니라, 이에 도리어 역적들을 승진시켜 정부의 장관을 삼고, 또 혹 제신들을 권유하여 그들과 화호(和好)하도록 하신다니, 신은 이에 깨닫지 못하고 가슴을 치고 발을 동동 구르며 하늘에 외치다가 실성을 하고 슬퍼할 뿐입니다.

아! 폐하께서는 진정 이 역적들이 죽일 만한 죄가 없다고 보십니까? 참으로 이 역적들을 애호해야 한다고 여기시어 그들의 벼슬을 승진시키고 화호하라고 하시는 것입니까? 그 진정 폐하의 큰 원수가 되지 않는다고 하시어 천지 · 조종 · 귀신 · 초목 · 내외 국민의 여망을 다 족히 돌아보시지 않는 것입니까? 또한 그들이 역적이 되고 원수가 된다는 것을 아시고도 곧 저들의 위협하는 세력이 두려워서 감히 죽이지 못하는 것입니까? 설사 저들이 끼고 있는 바가 참으로 두렵다고 해도 이제 폐하께서 두려워하는 것이 과연 무슨 일입니까? 나라를 갖고 있습니까? 토지를 갖고 있습니까? 인민이 있습니까? 국가가 없고, 토지가 없고, 인민이 없다면 폐하가 두려워하는 바는 진(晉)나라의 회제(懷帝)[5]와 민제(愍帝)나, 송나라의 휘종(徽宗)과 흠종(欽宗)[6]처럼 될 것을 두려워하는데 지나지 않습니다.

저들 역신배들은 진실로 가히 이득을 더할 것이 있다고 하더라도, 폐하가 비록 가해줄 것이 없이 높은 작위와 도타운 녹봉을 내려주더라도 저들이 어찌 일본의 큰 훈신(勳臣)이 되는 것을 버리고 폐하에게서 그들의 이득을 얻으려 하겠습니까? 역적을 죽이더라도 면할 길이 없고, 역적을 죽이지 않는다고 해도 또한 면할 수가 없으니, 차라리 역적을 죽여 천지 · 조종 · 귀신 · 초목 · 내외 국민들의 바람을 시원하게 하는 것이 나을 것입니다. 폐하가 두려워하는 까닭이 과연 무슨 일이겠습니까? 또 저들의 이른바 통감(統監)이란 것이 머지않아 내한할 것입니다.

여러 도(道)의 길가에서 들리는 소문으로는 장차 경복궁을 저들에게 내줄 것이라고 합니다. 이는 폐하께서 단지 나라도 없고, 땅도 없고 인민도 없을 뿐만이 아니라 아울러 집도 잃게 되는 것입니다.

오호 통재라! 폐하께서 40년간 인군으로 계시다가 어찌하여 집 없는 사람이 되신단 말입니까? 또한 폐하께서 살피지 못한 일이 있습니다. 대저 저 민영환(閔泳煥) · 조병세(趙秉世) · 홍만식(洪萬植)들은 혹은 원로 대신으로, 혹은 폐부 중신(肺腑重臣)으로, 혹은 시골에 있는 한산(閒散, 직책이 없고, 품계만 갖고 있는 사람)으로 삶을 홍모(鴻毛)[7]와 같이 버렸으며, 이상철(李相哲) · 김봉학(金奉學) 같은 이들은 혹은 미관으로 하위직에 있었거나, 하찮은 병졸로서, 나라가 망하는 치욕을 알아서 하루아침에 목숨을 끊었으니 이들의 정충(精忠) 대의(大義)는 해와 달처럼 빛나고 있습니다. 폐하께서 그들을 표창하고 장려한 것은 진실로 잘하신 일입니다.

그런데 이미 자결한 자를 충(忠)이라고 한다면, 죽은 자들의 죽게 한 원인은 과연 무슨 일 때문이겠습니까? 역적을 성토하지 못하고 임금에게 간해도 얻지 못한데다가 삼천리강토와 수천만 생령이 멸망에 빠지는 것을 차마 볼 수 없었던 때문이 아니겠습니까? 그렇다면 저 오적이 역적이 된다는 것을 폐하 또한 그렇지 않다고 말할 수는 없을 것입니다. 아! 곽공(郭公)[8]은 선한 자를 훌륭하게 여기고, 악한 자를 미워하면서도 나라를 망하게 했는데, 어찌 폐하한테서 다시 보리라고 마음이나 먹었겠습니까?

아! 오늘은 군신과 백성이 함께 죽는 날이니, 비유컨대 장차 목숨이 끊어지는 사람에게는 백약이 무효이니, 오적 독삼탕(獨蔘湯)[9] 한번 써보는 것으로 여한이 없게 하는 것과 무엇이 다르겠습니까? 그 반드시 죽게 될 것을 명백히 알면서도 후일에 여한을 남겨두면 어찌 더욱 슬픈 일이 아니겠습니까? 역적을 성토해 죽이고 일본과 담판해서 조약을 말소하는 것이야말로 이것이 지금 바로 시험해야 할 '독삼탕(獨蔘湯)'인 것입니다. 그러나 이것은 폐하께서 여러 가지로 두려워하셔서 말씀드리지만, 기실은 천지간의 정도요, 대의로서 그만두어서는 안 되는 일이며, 한(漢)나라나 당(唐)나라의 중간 정도의 군주로서도 이미 행하였던 것입니다. 폐하께서는 또 무엇을 의심하신단 말입니까?

신이 또 떠돌아다니는 말들을 전해들은 바로는 폐하께서 여러 신하께 권유하여 '역적들과 함께 화호하라'고 시킨 것은 폐하의 본뜻에서 나온 것이 아니라, 중간에서 주선한 사람이 있다고 하는데, 과연 그러한 것인지 모르겠습니다. 그렇다면 이 주선하는 역적들은 도리어 박제순(朴齊純)・이지용(李址鎔)의 무리들보다 더 나쁜 역적들이옵니다. 속히 의당, 먼저 이들 역적을 참수하여 간교한 음모를 꺾어야 할 것입니다. 그런데 이 일을 아울러 행할 수 없다면 이는 폐하께서 모든 조정 신하들로 하여금 역적질을 가르치게 되는 것이니 그것을 막을 수 없을 것입니다. 신은 사사로이 생각하건대 폐하를 위하여 몹시 가슴 아프고 애석합니다."

**註解**

1) **곽개**(郭開) : 진시황(秦始皇)에게 뇌물을 받고 자기의 조(趙)나라를 멸망하게 한 사람.
2) **진회**(秦檜) : 금(金)나라와의 투쟁을 강력히 주장한 악비(岳飛)를 죽이고 장준(張浚)·조정(趙鼎)을 귀양 보내는 등 송나라 멸망에 앞장섰던 역신(逆臣).
3) **거열**(車裂) : 옛날 형벌의 한 가지. 두 대의 수레에 다리를 한 쪽씩 묶어서 몸을 두 갈래로 찢는 형벌.
4) **십족**(十族) : 구족(九族)에다 문하생(門下生)까지 포함시킨 것. 구족은 부계 4대, 모계 3대, 처가 계통 2대를 통틀어 일컫는 것과 직계친 4대와 방계친 4대에 자기를 포함한 것이 있다.
5) **회제**(懷帝) : 회제(懷帝)와 민제(愍帝). 사마씨(司馬氏) 진(晉)의 두 임금. 민제는 회제의 아들인데, 회제가 죽자 추대를 받아 등위했으나 4년 만에 살해되었다.
6) **휘종**(徽宗)**과 흠종**(欽宗) : 북송의 마지막 황제로 금(金)의 포로가 되어 죽음을 당함.
7) **홍모**(鴻毛) : 새털 같이 가벼운 것. 가벼운 사물을 이르는 말.
8) **곽공**(郭公) : 곽은 춘추시대 나라 이름. 제나라에 있었던 작은 나라. 곽공의 이름은 적(赤). 그는 훌륭한 사람을 훌륭한 줄 알면서도 등용하지 못하였고, 악한 자를 악한 줄 알면서도 물리치지 못하여 결국 나라를 잃었다.
9) **독삼탕**(獨蔘湯) : 삼 한 가지만 넣고 끓인 약.

**原文**

익현이십사일 우정일소왈
益鉉以十四日 又呈一疏曰

신복승비지 봉독창혹 이위짐량운자 의이미정지사 이기
臣伏承批旨 奉讀惝惑 以爲斟量云者 疑而未定之辭 以其

인재가죄불가죄지간야 여오적자 상불유녕순사직지성교
人在可罪不可罪之間也 如五賊者 上不有寧殉社稷之聖教

하불유참정뢰거지료의 천이조종상전지강토인민 지이여
下不有參政牢拒之僚議 擅以祖宗相傳之疆土人民 持以予

적어반야편지지간 내곽개·진회지소불위 이제순등위지
敵於半夜片紙之間 乃郭開·秦檜之所不爲 而齊純等爲之

차기죄수열이오거·도기십족 유미족이설신인지분자야
此其罪雖裂以五車·屠其十族 猶未足以雪神人之憤者也

부유하의 이성교지완완내여시호 기이문대소신서 액완장
夫有何疑 而聖教之緩緩乃如是乎 旣而聞大小臣庶 扼腕張

설 청득역적지수 불시연장이루독 우유대신·재신급미관
舌 請得逆賊之首 不啻聯章而累牘 又有大臣·宰臣及微官

하품병졸·거부지이사간자 항배상망 불환불능회상천지
下品兵卒·車夫之以死諫者 項背相望 不患不能回上天之

지의의 신연경주목 기현폐하일노지위 이구미유문 즉신
至意矣 臣延頸注目 冀見陛下一怒之威 而久未有聞 則臣

우의폐하비부지제적지가살 특유사공의지준발 이여국인
又疑陛下非不知諸賊之可殺 特愈俟公議之峻發 而與國人

공륙지야 비애호역적 이불인살야 비외피소협지세 이불
共戮之也 非愛護逆賊 而不忍殺也 非畏彼所挾之勢 而不

감살야 안유천지조종·귀신·초목·내외국민 막불수차
敢殺也 安有天地祖宗·鬼神·草木·內外國民 莫不讐此

역적 이독폐하불수지지리재 어언일전월이 타지수십여일
逆賊 而獨陛下不讐之之理哉 於焉日轉月移 拖至數十餘日

비단종불문살적지거이이 내반증진극역위정부지장관 우
非但終不聞殺賊之擧而已 乃返增進劇逆爲政府之長官 又

혹권유제신 사지화호 신어시호 불각추흉돈족호천실성이
或勸喩諸臣 使之和好 臣於是乎 不覺搥胸頓足呼天失聲而

비야 오호 폐하기진이차역위무가살지죄야 기진이차역위
悲也 嗚乎 陛下其眞以此逆爲無可殺之罪耶 其眞以此逆爲

가애가호 이사지진관 사지화호야 기진불위폐하지대수
可愛可護 而使之進官 使之和好耶 其眞不爲陛下之大讐

이천지 조종 귀신 초목 내외국민지망 개부족고야
而天地·祖宗·鬼神·草木·內外國民之望 皆不足顧耶

억역지기위역위수 이직외피소협지세 이불감살야 가사피
抑亦知其爲逆爲讐 而直畏彼所挾之勢 而不敢殺耶 假使彼

지소협 진가외야 금폐하소외자 과하사야 폐하금일유국
之所挾 眞可畏也 今陛下所畏者 果何事也 陛下今日有國

가호 유토지호 유인민호 무국가 무토지 무인민 즉폐하소
家乎 有土地乎 有人民乎 無國家 無土地 無人民 則陛下所

외자 즉불과외위회민휘흠 피역신배 구유가이익기이자
畏者 卽不過畏爲懷愍徽欽 彼逆臣輩 苟有可以益其利者

즉폐하수가이불가가지고작후록 피기긍사위일본지대훈신
則陛下雖加以不可加之高爵厚祿 彼豈肯舍爲日本之大勳臣

이불이폐하위기이재 살적불면 불살적역불면 녕살적이쾌
而不以陛下爲其利哉 殺賊不免 不殺賊亦不免 寧殺賊以快

천지 조종 귀신 초목 내외국민지망이 폐하소외자하
天地·祖宗·鬼神·草木·內外國民之望耳 陛下所畏者何

사야 차피소위통감자 비구출래 이문제도도 장이경복궁
事也 且彼所謂統監者 非久出來 而聞諸道塗 將以景福宮

여지 즉시폐하 비단무국무지무민이이 병역무가의오호
予之 則是陛下 非但無國無地無民而已 并亦無家矣嗚乎

통의 폐하위사십년인군 내하위무가지인호 억우유불심폐
痛矣 陛下爲四十年人君 奈何爲無家之人乎 抑又有不審陛

하소위자 부피민영환 조병세 홍만식 혹이원로대신 혹
下所爲者 夫彼閔泳煥·趙秉世·洪萬植 或以元老大臣 或

이폐부중신 혹이재향한산 연생약홍모 지이상철 김봉학
以肺腑重臣 或以在鄕閒散 捐生若鴻毛 至李相哲·金奉學

배 혹미관거하 혹측신졸오 이내능지치망국 일조판명 차
輩 或微官居下 或厠身卒伍 而乃能知恥亡國 一朝判命 此
기정충대의휘요일월 폐하성포장지시의 연기이사자위충
其精忠大義輝耀日月 陛下誠褒奬之是矣 然旣以死者爲忠
즉사자지소유사 과하사야 기무내토역미수 간군부득 이
則死者之所由死 果何事也 其無奈討逆未遂 諫君不得 而
불인견삼천리강토 수천만생령지윤어망멸야야 연즉범피
不忍見三千里疆土·數千萬生靈之淪於亡滅也耶 然則凡彼
오적자지위역 폐하역불왈비연의 희 곽공선선악악지망국
五賊者之爲逆 陛下亦不曰非然矣 噫 郭公善善惡惡之亡國
기의부현어폐하호 오호 금일내군신백성공멸지추야 비여
豈意復見於陛下乎 嗚呼 今日乃君臣百姓共滅之秋也 譬如
장절지인 백약불수 유일시독삼탕 이무유한언의 명지기
將絶之人 百藥不受 惟一試獨蔘湯 而無遺恨焉矣 明知其
필사 이유차일한어후일 기불중가비야 토살역적 회판작
必死 而遺此一恨於後日 豈不重可悲也 討殺逆賊 會辦繳
약 차금당시지독삼탕야 연차위폐하다외이언야 기실내천
約 此今當試之獨蔘湯也 然此爲陛下多畏而言也 其實乃天
경지의 불가이지사야 한당중주지소이행자야 폐하우하의
經地義 不可而之事也 漢唐中主之所易行者也 陛下又何疑
언 신우문유전소급자 폐하소권유제신 사여역적화호자
焉 臣又聞流傳所及者 陛下所勸喩諸臣 使與逆賊和好者
비출폐하본의 이내유거간주선지인 불심과연호재 심이즉
非出陛下本意 而乃有居間周旋之人 不審果然乎哉 審爾則
차적자반유심어제순 지용배지위역야 극의선참차적 이
此賊者反有甚於齊純·址鎔輩之爲逆也 亟宜先斬此賊 以
절간모 이병차미능언 즉시폐하진사정신 회지위역 이막
折姦謀 而幷此未能焉 則是陛下盡使廷臣 誨之爲逆 而莫
지금야 신절위폐하통석지
之禁也 臣竊爲陛下痛惜之.

〈제3권 계속〉

# 찾아보기

## (가)

## (나)

## (다)

## (라)



## (마)

## (바)

## (사)

## (아)

## (자)

## (차)

(카)



(타)

## (파)

(하)